2023
공중보건

단기완성

2023 SD에듀 공중보건 단기완성

머리말

공중보건학이란 국가의 전 국민을 대상으로 지역사회의 노력을 통해 각종 질병을 예방·치료하여 건강을 유지·향상시키고 나아가 수명을 연장시키는 기술이자 과학입니다.

공중보건학은 환경보건, 질병관리, 보건관리 분야를 폭넓게 아우르는 광범위한 학문이며, 환경오염이 날로 심해지고 사회의 고령화, 건강에 대한 관심이 높아지는 현대사회에서 그 중요성이 더욱 강조되고 있습니다.

「2023 SD에듀 공중보건 단기완성」은 서울시·지방직 보건직, 보건진료직, 의료기술직 공무원 등의 시험을 준비하는 수험생들을 위한 기본서입니다. 본서는 간결하고 이해하기 쉬운 핵심이론과 최근 기출문제 그리고 출제 가능성 높은 예상문제를 통하여 수험생들이 효율적으로 시험에 대비할 수 있도록 구성하였습니다.

최근 몇 년간 공무원을 준비하는 수험생들이 감소하고 있으나, 9급 보건직 공무원 임용시험은 경쟁률이 높아지고 있습니다. 이에 따라 보다 체계적인 수험 준비가 필요하게 되었고, 수험생의 입장에서 무엇이 더 필요하고 중요한지를 생각하며 본서를 출간하게 되었습니다.

아무쪼록 본서가 보건직 공무원 시험을 준비하는 수험생들에게 합격의 지름길을 제시하는 안내서가 될 것을 확신하면서, 모든 수험생들에게 행운이 함께하기를 기원합니다.

편저자 일동

Always with you

사람의 인연은 길에서 우연하게 만나거나 함께 살아가는 것만을 의미하지는 않습니다.
책을 펴내는 출판사와 그 책을 읽는 독자의 만남도 소중한 인연입니다.
SD에듀는 항상 독자의 마음을 헤아리기 위해 노력하고 있습니다. 늘 독자와 함께하겠습니다.

2022년 서울특별시 지방공무원 보건직 공중보건 출제분석

2022년 서울특별시 지방공무원 보건직 공중보건 문제는 그동안의 시험과 비교했을 때 난도는 약간 높은 수준으로 출제되었으나 새롭거나 수험생이 전혀 모를만한 문제가 출제되지는 않았습니다.

2022년 서울특별시 지방공무원 보건직 공중보건 기출문제를 분석해보면 공중보건 이해에서는 공중보건의 발전사, 제5차 국민건강증진종합계획(Health Plan 2030, 2021~2030)에서 제시한 기본원칙, 일차보건의료(Primary health care)에 대한 문제 등 4문항이 출제되었으며, 역학과 질병관리에는 단면조사연구, 기여위험도, 법정감염병 등 5문항이 출제되었습니다. 환경보건에서는 기온, 다이옥신, 대기오염 문제 등 5문항이 출제되었으며, 인구문제와 가족계획에서는 순재생산율에 관한 문제 1문항이 출제되었습니다. 학교보건과 보건교육에서는 심포지엄에 관한 문제 1문항이 출제되었으며, 보건행정과 보건통계에서는 요양급여비용, 인두제, 코로나19 선별검사 민감도, 유병률에 관한 4문항이 출제되었습니다.

구 분	출제 문항수	출제율
공중보건의 이해	4	20%
역학과 질병관리	5	25%
식품위생	0	0%
보건영양	0	0%
환경보건	5	25%
모자보건	0	0%
인구문제와 가족계획	1	5%
학교보건과 보건교육	1	5%
정신보건 및 노인보건	0	0%
보건행정과 보건통계	4	20%

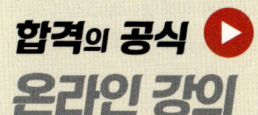

보다 깊이 있는 학습을 원하는 수험생들을 위한 SD에듀의 동영상 강의가 준비되어 있습니다.
www.sdedu.co.kr → 회원가입(로그인) → 강의 살펴보기

시험안내

보건직 업무

보건직 공무원은 기술직 공무원으로서 보건복지부 산하의 각 기관, 보건소, 시·군·구청, 병원 및 의료원 등에서 보건에 관련한 업무를 수행한다.

- 국민보건 행정계획 및 집행에 관한 업무
- 환경위생, 식품위생, 산업보건, 검역, 예방접종 등에 관한 업무
- 방역업무 및 감염병의 국내침입과 국외 전파를 막는 검역 업무

임용과정

구분		내용
필기시험	필수과목(5)	국어, 영어, 한국사, 공중보건, 보건행정
	구성내용	매 과목당 100점 만점, 과목당 20문항
면접시험		필기시험에 합격한 자만 응시할 수 있으며, 인성검사(서울시)와 면접시험을 실시한다.
최종합격		최종발표일에 해당 응시처의 인터넷 홈페이지를 통해서 확인이 가능하다.

응시자격

구분	내용
연령	18세 이상
응시자격	「지방공무원법」 제31조(결격사유) 또는 제66조(정년)에 해당되는 자 또는 「지방공무원 임용령」 제65조(부정행위자 등에 대한 조치) 및 「부패방지 및 국민권익위원회의 설치와 운영에 관한 법률」 등 관계법령에 따라 응시자격이 정지된 자는 응시할 수 없다.

2022년 서울특별시 지방공무원 보건직 필기시험 결과

구 분	직 급	선발예정 인원	접수		응시	필기합격
			인 원	경쟁률	응시율	합격선
보 건 (일반)	9급	7	600	85.7:1	59.3%	93
보 건 (장애인)	9급	3	18	6:1	72.2%	44
보 건 (저소득층)	9급	1	26	26:1	38.5%	67

2023년 서울특별시 지방공무원 보건직 임용시험 시험일정

구 분		시험일정
필기시험	응시원서 접수	2023. 3. 13. ~ 2023. 3. 17.
	시험일자	2023. 6. 10.
	합격자 발표	2023. 7. 12.
인성검사 및 면접시험	인성검사	2023. 7. 29.
	면접시험	2023. 8. 9. ~ 2023. 8. 23.
최종합격자 발표		2023. 9. 13.

※ 2023년 서울특별시 지방공무원 보건직 임용 공개기준으로 작성

구성과 특징

STEP 1 핵심이론 학습

핵심이론
CHAPTER별로 출제경향을 분석한 출제포인트와 출제된 내용을 중심으로 구성한 핵심이론

심화 Tip & The 알아보기
심화내용 및 용어를 더 쉽게 이해할 수 있도록 구성한 심화 Tip & The 알아보기

STEP 2 기출·출제예상문제로 실전대비

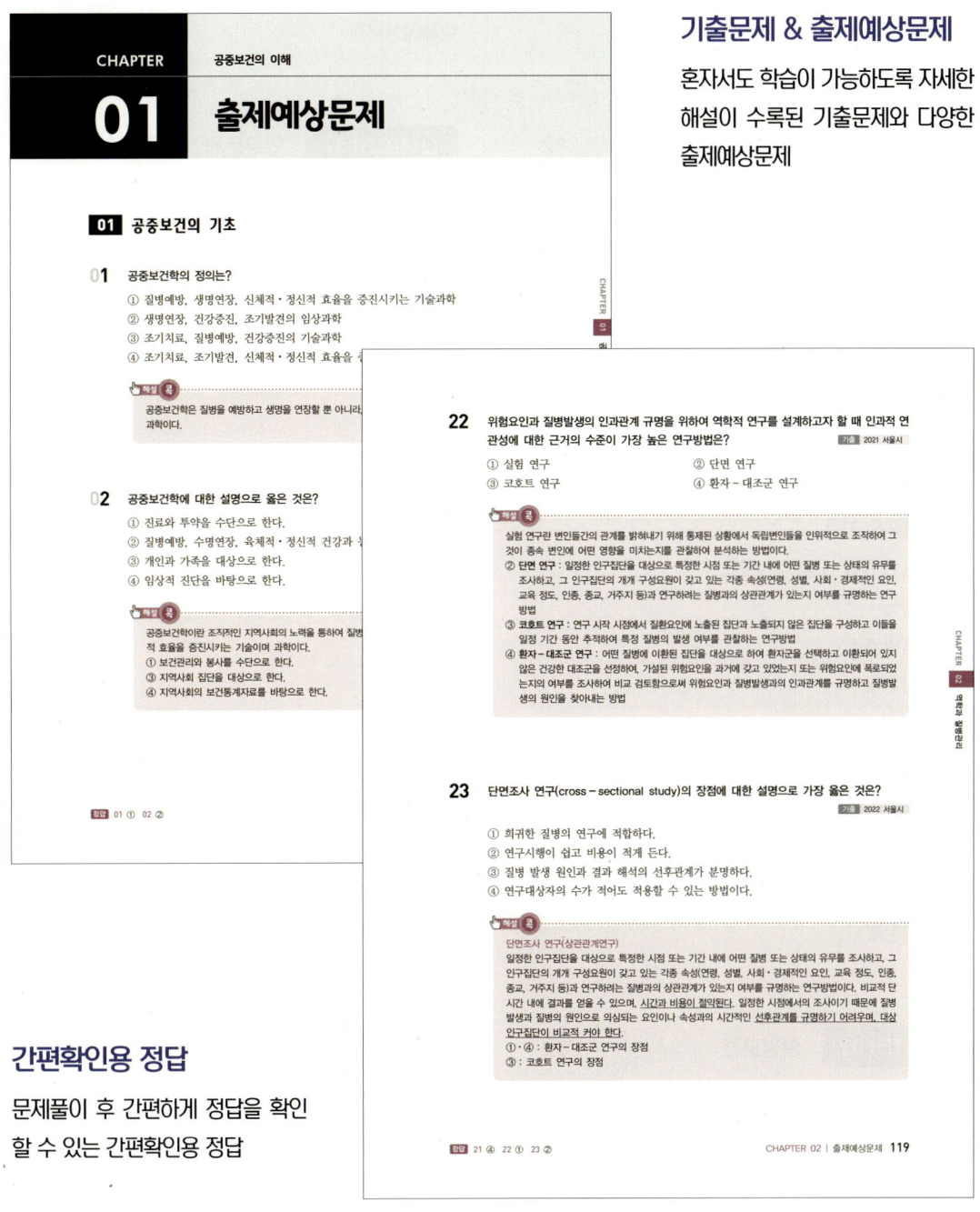

기출문제 & 출제예상문제
혼자서도 학습이 가능하도록 자세한 해설이 수록된 기출문제와 다양한 출제예상문제

간편확인용 정답
문제풀이 후 간편하게 정답을 확인할 수 있는 간편확인용 정답

차 례

CHAPTER 01 공중보건의 이해 4
01 공중보건의 기초
02 건강과 질병
출제예상문제

CHAPTER 02 역학과 질병관리 42
01 역학
02 감염병
03 성인병(만성질환)
04 기생충 질환
출제예상문제

CHAPTER 03 식품위생 160
01 식품위생 일반
02 식품의 변질, 오염 및 보존
03 식중독
04 식품위생행정
출제예상문제

CHAPTER 04 보건영양 238
01 보건영양 일반
02 국민건강보건 영양관리
출제예상문제

CHAPTER 05 환경보건 262
01 환경위생
02 산업보건
출제예상문제

CHAPTER 06 모자보건 350
01 모자보건 일반
02 모성보건 및 영유아보건
출제예상문제

CHAPTER 07 인구문제와 가족계획 368
01 인구문제
02 가족계획
출제예상문제

CHAPTER 08 학교보건과 보건교육 400
01 학교보건
02 보건교육
출제예상문제

CHAPTER 09 정신보건 및 노인보건 444
01 정신보건
02 노인보건
출제예상문제

CHAPTER 10 보건행정과 보건통계 474
01 보건행정
02 보건통계
출제예상문제

공중보건 단기완성

CHAPTER 01 공중보건의 이해
CHAPTER 02 역학과 질병관리
CHAPTER 03 식품위생
CHAPTER 04 보건영양
CHAPTER 05 환경보건
CHAPTER 06 모자보건
CHAPTER 07 인구문제와 가족계획
CHAPTER 08 학교보건과 보건교육
CHAPTER 09 정신보건 및 노인보건
CHAPTER 10 보건행정과 보건통계

공중보건 단기완성

CHAPTER 01
공중보건의 이해

01 공중보건의 기초
02 건강과 질병

CHAPTER 01 공중보건의 이해

공중보건

출제포인트
❶ 공중보건의 개념 및 발전과정을 학습한다.
❷ 우리나라 공중보건의 역사를 학습한다.
❸ 건강과 건강증진, 포괄보건의료, Leavell과 Clark의 질병예방활동에 대하여 학습한다.

01 공중보건의 기초

1 근로기준법의 실효성 확보

(1) 공중보건(학)의 정의
① 윈슬로우(E. A. Winslow)의 정의
  공중보건(학)이란 조직적인 지역사회의 노력을 통하여 질병을 예방하고 수명을 연장시키며, 신체적·정신적 효율을 증진시키는 기술이며 과학이다.
② 윈슬로우(E. A. Winslow)의 조직적인 지역사회의 노력
  ㉠ 환경위생관리
  ㉡ 감염병관리
  ㉢ 개인위생에 관한 보건교육
  ㉣ 질병의 조기발견과 예방적 치료를 할 수 있는 의료 및 간호서비스의 조직화
  ㉤ 모든 사람들이 자기의 건강을 유지하는데 적합한 생활수준을 보장받도록 사회제도를 발전시키는 것

(2) 공중보건(학)의 특징
① 질병의 '치료'보다는 '예방'을 목적으로 한다.
② 개인이 아닌 지역사회가 주 대상이다. → 보건사업 수행의 최소단위

(3) 공중보건학과 유사한 학문

① 공중위생학

위생학은 환경위생에 중점을 둔 개인위생이 주가 된다. 반면에 공중위생학은 인간집단의 건강관리와 질병예방을 다루는 학문이다.

② 예방의학

의학을 기초로 하여 개인 또는 가족 중심으로 질병을 예방하고 건강을 증진시키는 학문이다.

③ 지역사회보건학

지역사회를 이루는 모든 요소를 고려하여 지역사회가 주도적으로 지역사회의 보건문제를 해결하는 것에 관한 학문이다.

④ 지역사회의학

보건의료인 및 지역사회의 자발적인 노력을 통하여 주민들에게 포괄적인 보건의료서비스를 제공하는 것을 목적으로 하는 학문이다.

⑤ 사회의학

질병 또는 건강과 관련된 사회적인 요인을 규명하여 유해요인을 제거함으로써 건강을 증진시키는 학문이다.

⑥ 건설의학

최고 수준의 건강을 목표로 하여 건강을 향상시키기 위한 적극적인 건강관리 방법을 연구하는 학문이다.

심화Tip 공중보건학과 예방의학

구 분	공중보건학	예방의학
공통점	질병 예방, 인류 건강 증진, 육체적·정신적 건강과 능률 증진	
대 상	지역사회 집단	개인, 가족
내 용	불건강의 배경이 되는 사회적 요인 제거(행정기관 중심), 보건교육	투약 치료
진 단	지역사회의 보건통계자료	임상 진단

(4) 앤더슨(G. Anderson)의 공중보건사업 수행의 3대 요소

미국의 미네소타 대학의 교수였던 앤더슨(G. Anderson)은 공중보건의 목적을 달성하기 위한 3요소로 보건서비스, 법규에 의한 규제, 보건교육을 들었으며, 이중 가장 중요한 것은 보건교육이라 하였다.

2 공중보건의 발전과정 기출 2018, 2019 서울시

(1) 고대(기원전~A. D. 500년)
① 그리스
　㉠ 히포크라테스(Hipocratese)는 「공기, 물 그리고 토지」라는 저서에서 장기설과 4체액설을 주장하였다. 특히, 그의 저서에 기록되어 있는 보건과 위생에 관한 내용은 보건에 관한 학문의 효시라고 할 수 있다.
　㉡ 유행병(epidemic)이라는 용어가 처음 사용되었다.

> **심화Tip 장기설과 4액체설** 기출 2013 경남
>
> • **장기설(독기설)**
> 오염된 공기(독기)나 물 등의 주위환경(miasma ; 장기)이 질병을 발생시킨다는 장기설을 주장하여 질병과 환경요인의 연관성을 제기하였다.
> • **4체액설**
> 인체 내부에는 혈액·점액·황담즙·흑담즙 네 가지 체액이 있으며, 이 네 가지 체액이 균형 잡힌 상태일 때 건강하고, 균형을 잃게 되면 질병이 발생한다고 주장하였다.

② 이집트
　㉠ 도시의 상·하수도시설, 사체매장제도, 목욕장, 수육검사제도 등이 있었을 뿐만 아니라 위생이나 주택청결법 등에 관한 기록도 남아 있다.
　㉡ 함무라비 법전에 의료제도와 의사의 지위 등에 관한 기록이 있다.

③ 로마
　㉠ 대규모로 상·하수도시설이 건설되었으며, 그 일부는 오늘날에도 사용되고 있다.
　㉡ 위생이란 용어가 처음 사용되어 집집마다 목욕장이 설비되었고, 시내에서는 시체의 매장·화장을 금하였다.
　㉢ 부패하지 않은 음식물의 유통확립과 같은 공중보건 서비스가 발달하였으며, 효과적인 행정 조직체계가 갖추어졌다.

(2) 중세(500~1500년) 기출 2020, 2021 서울시
① 중세는 종교의 영향으로 선악설에 의존하여 의술의 암흑기라 할 수 있다. 질병의 원인은 죄에 대한 벌이거나, 악마의 저주에 의한 것이라고 믿었으며, 신에 의한 기도나 구원에 의하여 치유될 수 있다고 믿었다.
② 1346~1353년 사이에 흑사병으로 유럽인구의 1/4(2,500만명)이 사망하였다.
③ 이후에도 콜레라, 페스트, 한센병(나병) 등의 감염병이 집단적으로 만연되었기 때문에 환자의 격리와 검역 등이 보건사업의 중요 내용이었으며, 1386년 마르세이유에서 최초로 「검역법」에 의한 검역소가 설치되었다.
④ 중세 말에는 방역규정과 과밀한 주거, 채광·환기가 불완전한 가옥, 협소한 가로(街路), 불충분한 배수구, 불량한 음료수, 비위생적인 사체매장 등에 관한 규정이 있었다.

(3) 문예부흥기(1500~1760년) 기출 2017 지방직

문예부흥(르네상스)으로 근대과학기술이 태동한 시기로, 이를 바탕으로 감염성 질환의 원인과 본태를 증명하였으며, 이 시기에 얻어진 각종 지식은 그 후 근대 보건운동의 기초가 되었다.

① 1530년대 : 이탈리아 프레카스트로(G. Fracastro)에 의해 감염병이 최초로 이론화되었다.
② 1662년 : 영국의 그라운트(J. Graunt)는 「사망표에 관한 자연적 및 정치적 관찰」을 저술하여, 사망자수, 남녀수, 기혼자와 독신자수 등을 최초로 수량적으로 분석하였다.
③ 1670년대 : 영국의 통계학자 윌리암(William Petty)은 "인구의 사망, 질병, 기타 생리적 통계에 대한 업적 등은 신뢰할 수 있는 통계적 수치로서 정부의 정책 확립의 기본이 된다"고 역설하여 보건행정의 과학화를 뒷받침하였다.
④ 1683년 : 네덜란드의 레벤후크(Antonie van Leeuwenhoek)는 현미경을 발견하고, 미생물학을 창시하였다.
⑤ 1713년 : 이탈리아 라마치니(B. Ramazzini)는 「직업병에 관하여」란 서적을 저술하여 근대 산업보건의 기초를 쌓았다.

(4) 여명기(1760~1850년)

산업혁명(1760~1830)의 영향으로 근로자들의 도시집중화를 초래하여 보건문제가 사회문제화되었다. 즉, 인구의 도시집중화로 도시가 팽창되면서 불량한 환경위생상태, 비위생적인 오물과 오수의 처리문제 발생, 불량한 작업환경으로 인한 근로자의 건강악화, 불량주택의 개선문제가 논의되었다.

① 1775년 : 영국의 포트(P. Pott)는 굴뚝 청소부에게서 최초로 직업성 암인 음낭암을 발견하였다.
② 1798년 : 영국의 제너(E. Jenner)는 천연두 접종법을 개발하였다.
③ 1800년경 : 영국의 프랭크(P. Frank)는 최초의 공중보건학 저서인 「전의사 경찰체계」(12권)를 출간하였다.
④ 1822년 : 프랑스에 최초로 고등공중위생회의가 설치되어 세계적으로 공중위생의 중요성을 일깨웠다.
⑤ 1842년 기출 2019 서울시
 ㉠ 영국의 채드윅(E. Chadwick)은 열병환자를 조사하여 「열보고서(Fever report)」를 발표하였으며 "영국 노동인구의 위생상태에 관한 보고서"에서 감염병은 불결한 환경, 즉 좋지 못한 급수와 배수 그리고 가옥이나 거리의 쓰레기 등과 밀접한 관계를 가지고 유행한다는 사실을 입증함으로써 보건행정의 기틀을 마련함과 아울러 「공중보건법」이 제정될 수 있는 계기를 만들었다. 1843년 도시빈민지역 생활환경을 조사하기 위한 특별위원회가 구성되고, 그 후 1846년 「공해방지법」과 「질병예방법」, 1847년 「도시개선법」, 1848년 「공중보건법(Public Health Act)」이 제정되었다.

ⓒ 미국에서는 1842년에 새턱(Lamuel Shattuck)이 보건 분야의 지침서라고 불리는 「매사츄세츠위생위원회 보고서」를 제출하였는데, 그 내용은 중앙 및 지방보건국 설치, 보건정보교환체계 확립, 위생감시제도 확립, 매연공해대책, 도시 및 건물위생관리, 정기신체검사, 결핵 및 정신병 관리, 학교보건, 보건교육, 예방사업 등으로 공중보건 분야를 총망라함으로써 미국 공중보건 역사의 이정표가 되었다.

(5) 근대(공중보건의 확립기 ; 1850~1900년) [기출 2022 서울시]

① 모든 질병은 세균의 침입에 의한 것이며, 적절한 치료란 "생의학적 측면에서 세균의 활동을 억제하거나 제거하는 것"이라고 하였다. 이 시기는 20세기 공중보건을 확립한 시기이다.
② 세균학, 면역학 발전 등 예방의학적 사상이 시작된 시기이며, 역학조사가 대두된 시기이다.
③ 1855년 : 영국의 존 스노우(J. Snow)는 「콜레라 전파에 대한 보고서」를 저술하여 근대 역학의 시조라 불리고 있다. 장기설을 뒤집고 접촉감염설을 주장하였다.
④ 1855년 : 프랑스 파스퇴르(L. Pasteur)는 질병도 미생물에 의해 발생한다는 「미생물 병인설」을 발표하였다. 이후에 닭콜레라 백신(1880년), 탄저병 백신(1881년), 광견병 백신(1895년) 등을 개발함으로써 근대의학의 창시자가 되었다.
⑤ 1862년 : 영국의 라스본과 리버풀시에서 최초로 방문간호사업을 실시하여 오늘날 보건소 제도의 효시가 되었다.
⑥ 1866년 : 독일의 페텐코퍼(M. Pettenkofer)는 1866년에 최초로 뮌헨대학에 위생학 교실을 창립하고, 실험위생학의 기초를 확립하여 자연환경이 인체에 미치는 영향을 과학적으로 규명하였다.
⑦ 1876년 : 독일의 코흐(R. Koch)는 1876년에 역사상 최초로 예방이 가능한 박테리아성 질병인 '탄저병'을 발견하였고 1882년에는 '결핵균'을 발견했으며, 1883년에는 '콜레라균'을 발견하여 세균학의 선구자가 되었다. 1890년에 결핵에 관한 연구의 성과로 '투베르쿨린 반응요법'을 창안했다.

심화Tip | 특정병인론

특정 질병은 특정균에 의해 발병한다는 '특정병인론'은 코흐(Robert Koch)에 의해 확립된 세균학이다. 예를 들면, 결핵균이 없으면 결핵에 걸리지 않는다는 것이다. 현재는 당연하게 생각되는 이론일 수도 있지만, 파스퇴르와 코흐가 살아있을 당시만 해도 이 이론이 통용되지 않았다. 결핵은 심한 과로나 영양결핍으로 인하여 발병한다고 생각되었기 때문이다.

⑧ 1883년 : 독일의 비스마르크(O. Bismarck)는 사회보장제도의 창시자로 노동자를 위한 최초의 사회보험법인 「근로자질병보호법」을 제정하였다.

(6) 현대(공중보건의 발전기 ; 1900년 이후)

① 환경위생의 개선과 질병의 원인균의 발견, 항생제와 백신의 개발, 사회보건 및 사회보장의 체계화로 사망률이 계속 감소하여 인구가 급격하게 증가하였고, 도시화·산업화로 인한 환경문제가 발생하였다.
② 1919년 세계 최초로 영국에 보건부가 설치되었다.
③ 1935년 세계 최초로 미국에서「사회보장법」이 제정되어 노령연금, 실업연금 등이 운영되었고, 극빈노인, 맹인, 보호를 요하는 아동을 위한 공적 부조제도와 사회복지서비스가 제공되었다.
④ 1942년 발표된「베버리지 보고서」는 무상의료서비스와 실업급여 제공, 자녀수에 따른 최저생계비지원 등을 담고 있다.
⑤ WHO(세계보건기구) : WHO는 뉴욕 회의에서 만들어졌으며, 회원국으로서의 자격은 UN의 가입 여부와 관계없이 회원국이 될 수 있도록 하였다. 그 후 UN 가입국의 비준서가 스위스에 도착한 날인 1948년 4월 7일에 효력이 발생하였으며, 이 날을 기념하여 '세계보건의 날'이 제정되었다.
⑥ 1974년 발표된「라론드보고서」는 보건정책을 의료중심에서 건강증진중심으로 바꾸는 계기를 제공하였다. 이 보고서에 의해 공식적으로 건강증진(Health Promotion)이라는 개념이 표명화되었다. 이 조사결과에 의하면 개인의 건강을 결정하는 요인은 크게 유전적 요인(20%), 환경적 요인(20%), 개인의 생활습관(51%), 의료서비스(8%)로 구분할 수 있다.
⑦ 러시아는 1978년 일차보건의료를 확립하였으며, 사회보장의 확충으로 의료보장 및 의료보호 사업을 전개하여 양질의 의료를 주민 모두에게 공급하고자 하였다.

[공중보건의 역사]

시 대	시기명	연 대	주요 특징	주요 연구자
고 대	고대기	기원전~500년	장기설, 4체액설 이집트, 로마시대	히포크라테스, 갈레누스
중 세	중세기(암흑기)	500~1500년	검역법 제정, 검역소 설치	
근 세	문예부흥기	1500~1760년	산업의학의 시초, 인구학 및 보건통계학 발달	라마치니
	여명기	1760~1850년	천연두 접종법, 보건행정의 기초	제너, 채드윅
근 대	확립기	1850~1900년	예방의학, 세균학설	코흐, 파스퇴르, 비스마르크
현 대	발전기	1900년 이후	WHO 설립 알마아타회의, 리우환경선언	

3 우리나라 공중보건의 역사

(1) 고 대
  ① 고구려
    중국 의학과 더불어 소수림왕 때 불교가 전파되면서 불교의학이 들어오게 되었고, 왕실 치료자인 시의(侍醫)가 있었다.
  ② 백 제
    불교의 전래와 함께 많은 승의가 배출되었다. 관직으로서는 의박사(질병 치료를 담당하는 관직), 채약사(의약품 담당하는 관직), 약부(질병을 치료하거나 약제를 관장)가 있었다. 일본으로 많은 의박사, 의서 등을 전수하여 일본 고대의술의 발전에 지대한 영향을 끼쳤다.
  ③ 신 라
    중국의학의 수입이 다소 늦었으나, 불교가 융성함에 따라 승의들이 많이 배출되었다. 의사양성을 위한 의학교육기관이 설치되었다.
  ④ 통일신라
    의학교육과 의사제도가 정착·발전되었으며, 왕실의료를 담당하는 내공봉의사와 의약행정을 담당하는 약전이 있었다.

(2) 중세(고려시대)
  ① 초기에는 신라의학을 계승하였으며, 성종 때 의학제도가 정비되어 의사(시어의, 상약, 직장, 태의, 의정 등)를 두었다.
  ② 개성과 평양에 의학원을 설립하고 의박사를 두었다. 의사제도상으로는 중앙에 태의감(왕실 의약과 질병치료 담당), 상약국(왕실 어약 담당)을 두었다.
  ③ 서민 의료로는 빈민구제와 질병치료 사업기관인 제위보를 신설하였고, 역병의 유행시에는 방역구호도 하였다.
    ㉠ 제위보 : 고려 시기에 백성의 구호와 질병 치료를 맡은 기관이다.
    ㉡ 동서대비원 : 굶주림과 추위, 그리고 질병으로 오갈데 없는 이들을 거처하게 하면서 의복과 식량을 지급하기도 하였다.
    ㉢ 혜민국 : 시약을 맡은 의료기관 및 구제기관으로, 감염병이 퍼지는 것을 막고 백성들에게 약을 무료로 나누어 주는 기관이다.

(3) 근세(조선시대)
  ① 조선 전기에는 고려 의학의 계승, 중국의학의 수입과 더불어 이들을 소화·발전시키는 작업이 매우 활발하게 이루어졌다.
  ② 향약집성방·의방유취·동의보감·신주무원록 등의 대표적 의술서가 편찬되어 그 어느 시기에도 볼 수 없었던 의학의 발전이 이룩되었다.

③ 주요 기구
　㉠ 혜민서 : 조선시대에 의약과 일반 서민의 치료를 맡아본 관청이다.
　㉡ 활인서 : 한양 도성 안의 병자와 오갈데 없는 자들을 구휼하고, 감염병이 창궐할 때는 환자의 치료를 맡았고, 사망시에는 매장을 담당하던 관청이다.
④ 갑오개혁(1894년)
　㉠ 서양의학이 도입되어 광혜원(한국 최초의 서양식 병원) 등 병원이 설립되었다.
　㉡ 보건·의료제도에서 관제개혁을 단행하여 내무아문 안에 위생국을 설치하고, 감염병 예방을 비롯한 공중보건사업을 권장하게 되었다.

(4) 근대
① 일제총독부 시대(식민지 의료)
　㉠ 세브란스 의학교를 중심으로 한 미국의학과 일본의학이 주류를 이루었다.
　㉡ 보건·의료행정은 경찰행정으로 일원화되었으며, 위생국이 경찰국위생과(의약행정 담당)로 축소되었다.
② 광복 직후(1945~1948년)
　㉠ 해방과 더불어 미군정하에서 공중보건사상이 각 방면에 반영되었던 시기로서 '위생과'는 '위생국'으로, 이는 다시 '보건후생국'으로, 다시 '보건후생부'로 승격되었다.
　㉡ 치료의학에서 예방의학으로 전환되어 시·도에 모범보건소가 운영되었으며, 이 기간 중에 많은 관계법령들이 공포되었다.
③ 정부수립과 공중보건
　1948년 7월 17일 대한민국「헌법」이 제정·공포되면서「정부조직법」에 의해 보건후생부 업무를 정부기관인 사회부에서 관장하게 되었다. 현재는 보건복지부에서 공중보건의 발전과 국민보건 향상을 위한 최고의 행정부서로의 역할을 하고 있다.

> **심화Tip** 보건복지부의 역사
>
> 정부수립과 함께 사회부에서 관장(1948) → 보건부가 독립(1949) → 보건사회부로 재조직(1955) → 보건복지부로 개칭(1994) → 보건복지가족부(2008) → 보건복지부(2010)

④ 「보건소법」 공포(1956년)
　각 시·군·구에 보건소가 설치·운영되었다.
⑤ 공중보건 및 의료관련 법규 제정　[기출] 2017 서울시
　「지역보건법」(1995년),「농어촌 등 보건의료를 위한 특별조치법」(1980년),「국민건강증진법」(1995년),「공공보건의료에 관한 법률」(2000년) 등

02 건강과 질병

1 건강과 건강증진

(1) 건강
① WHO(세계보건기구)의 정의(1948년)
  ㉠ 건강이란 단순히 질병이 없거나 허약하지 않을 뿐만 아니라 육체적, 정신적 및 사회적으로 안녕한 완전한 상태에 놓여 있는 것을 말한다.
  ㉡ 사회적 안녕이란 사회 속에서 각자에게 부여된 기능과 역할을 충실히 수행하면서 사회생활을 영위할 수 있는 상태를 의미한다.
② WHO의 종합적 건강지표
한 나라의 건강수준을 표시하여 다른 나라와 비교할 수 있는 종합적인 건강지표로서 세계보건기구(WHO)는 다음 세 가지를 추천한다.
  ㉠ 평균수명 : 0세의 평균수명(평균여명)
  ㉡ 조사망률 : 1년간의 사망자수를 그 해의 인구로 나누어 1,000분비로 나타낸 것으로, 인구 1,000명당 그 기간 동안 몇 명이 사망했는지를 나타낸다.

$$\frac{연간\ 사망자수}{그\ 해의\ 인구} \times 1,000$$

  ㉢ 비례사망지수(PMI) : 연간 총사망자수에 대한 50세 이상의 사망자수를 백분율로 표시한 지수

$$\frac{50세\ 이상의\ 사망자수}{연간\ 총사망자수} \times 100$$

(2) 건강증진 기출 2017 지방직
① 건강증진의 개념

협의의 건강증진	• 건강증진의 좁은 의미로서 건강증진의 범위를 일차 예방수단으로 국한하는 것을 말한다. 질병과 건강의 연속선상에서 볼 때 중심점에서 적극적 건강의 향상을 위한 방향을 추구한다. • 안녕을 위한 1차적 예방수단을 통하여 이룩하는 건강상태에 주된 관심을 갖는 개념이다. • 비병원성기에 1차적 예방수단을 강구하는 것이다. • 적당한 운동, 영양, 휴식과 스트레스 관리를 통한 저항력을 길러주는 것이다.
광의의 건강증진	• 협의의 건강증진 + 질병위험요인의 조기발견과 관리를 위한 2차적 예방수단을 말한다. • 질병과 건강의 연속선상에서 볼 때 중심점에서 건강하지 않은 상태로 인한 아픔이나 질병 이환 등 부정적 건강으로부터의 예방을 포함한 건강 향상을 지향하는 것이다.

② 오타와(Ottawa) 헌장
  ㉠ 제1회 국제건강증진회의(1986년, 캐나다 오타와)에서 채택되었으며, 건강증진은 사람들이 자기건강에 대한 관리를 증가시켜 건강을 개선할 수 있도록 하는 과정이다.
  ㉡ 건강증진의 개념정립, 건강평등실현에 초점을 두고 3대 원칙과 5대 실천전략을 제시하였으며, 건강증진을 통한 모든 사람들의 건강평등실현에 초점을 두고 있다.

건강증진의 3대 전략	5대 실천전략
• 옹 호 • 역량강화 • 연합(중재)	• 건강한 공공정책수립 • 지원적 환경의 조성 • 지역사회활동의 강화 • 개인적 기술개발 • 보건서비스로 재정립

③ 건강증진에 대한 학자들의 주요 견해

학 자	견 해
그린과 레번 (Green & Raeburn)	건강을 산출해내기 위한 건강교육, 그리고 그와 관련된 조직적·경제적·환경적 지지이다.
브루베이커 (B. H. Brubaker)	일반 대중의 생활양식 혹은 생활환경의 변화를 촉진하는 방법을 통해서 건강수준을 향상시키려는 건강관리이다.
오도넬 (M. P. O'Donnell)	• 건강증진이란 사람들의 건강상태가 최적의 건강상태로 향하도록 그들로 하여금 생활양식을 바꾸도록 돕는 과학이자 예술이다. • 최적의 건강은 육체적·정서적·사회적·영적·지적 건강의 균형을 이룬 상태이다.
펜 더 (Nola J. Pender)	인간의 자기실현 성향에 대한 표현으로서 특정 질병이나 문제와 관련되지 않으며, 개인의 안녕, 자아실현, 자가 성취를 유지·증진시키는 것을 목적으로 하는 행위이다.
다우니, 파이페, 테너힐 (Downie, Fyfe & Tannahil)	건강교육, 예방, 건강보호에서 부분적으로 일치하는 영역들을 통해 긍정적인 건강상태는 향상시키고, 나쁜 건강상태는 예방하는 일련의 노력이다.
리벨과 클라크 (Leavell & Clark)	• 예방을 1차 예방, 2차 예방, 3차 예방으로 구분하고, 질병의 형태에 따라 적절한 예방 수준을 달리 사용한다. 질병을 예방하고 대상자들의 건강상태를 향상시키는데 사용된다. • 건강증진은 1차 예방의 일부이며, 건강증진의 목적은 최적의 건강을 조장하고 질병에 대한 인간의 저항력을 증가시키는 것이다.
브레슬로 (L. Breslow)	건강증진은 질적·양적으로 충분한 삶의 가능성을 향상시키는 모든 수단들로서 특정 질환에 대한 예방 이상의 의미를 갖고 있다. 즉 신체적·정신적 기능을 유지·증대시키고, 건강에 해로운 요인에 대한 저항력을 기르기 위한 수단을 포함한다고 하였다. 접근방법으로는 예방의학적 수단, 환경적 수단, 행동적 수단 등이 있다. • **예방의학적 수단** : 사전에 질병의 발생을 막는 1차 예방과 질병의 조기발견 및 조기치료를 의미하는 2차 예방 등을 말한다. 건강검진, 보건의료서비스 제공 등이 있다. 예를 들면 고혈압에 대한 조기발견 및 조기치료이다. • **환경적 수단** : 건강보호를 위한 환경통제를 말한다. 위해환경요소의 규제, 식·의약품 안전관리 등이 있다. 예를 들면 고혈압을 방지하기 위하여 식품에 지방이나 염분함유량을 줄이는 것이다. • **행동적 수단** : 건강에 유익한 방향으로 행동하도록 하는 것을 말한다. 금연, 절주, 운동, 영양, 식생활개선, 스트레스 관리, 개인위생 관리 등이 있다.

④ 제3차 HP2020과 제4차 HP2020 비교(Health Plan 2020) 기출 2014, 2015, 2016, 2020 서울시

분야 목표	제3차 HP2020(2011~2015년) 건강형평성 추가	제4차 HP2020(2016~2020년) 건강수명의 연장과 건강형평성의 제고
건강생활실천 확산	1. 금연 2. 절주 3. 신체활동 4. 영양	1. 금연 2. 절주 3. 신체활동 4. 영양
만성 퇴행성 질환관리	5. 암 6. 건강검진 7. 관절염 8. 심뇌혈관질환 9. 비만 10. 정신보건 11. 구강보건	5. 암 6. 건강검진 7. 관절염 8. 심뇌혈관질환 9. 비만 10. 정신보건 11. 구강보건
감염질환관리	12. 예방접종 13. 비상방역체계 14. 의료관련감염 15. 결핵 16. 에이즈	12. 예방접종 13. 비상방역체계 14. 의료관련감염 15. 결핵 16. 에이즈
안전환경보건	17. 식품정책 18. 손상예방 19. **건강영향평가**	17. 식품안전 18. 손상예방
인구집단 건강관리	20. 모성건강 21. 영유아건강 22. 노인건강 23. 근로자건강증진 24. 군인건강증진 25. 학교보건 26. **다문화가족건강** 27. 취약가정방문건강 28. 장애인건강	19. 모성건강 20. 영유아건강 21. 노인건강 22. 근로자건강증진 23. 군인건강증진 24. 학교보건 25. 취약가정건강 26. 장애인건강
사업체계관리	29. **기반(인프라)** 30. **평가** 31. **정보 및 통계** 32. **재원**	27. 사업체계관리

⑤ 제5차 국민건강증진종합계획(Health Plan 2030, 2021~2030) 기출 2022 서울시

「국민건강증진법」(제4조)의 '국민건강증진종합계획의 수립'에 따라 질병의 사전예방 및 건강증진을 위한 중장기 정책방향을 제시하고, 성과지표 모니터링 및 평가를 통해 국민건강증진종합계획의 효율적인 운영 및 목표 달성을 추구한다.

비전		모든 사람이 평생건강을 누리는 사회
목표		건강수명 연장, 건강형평성 제고
기본 원칙		1. 국가와 지역사회의 모든 정책 수립에 건강을 우선적으로 반영한다. 2. 보편적인 건강수준의 향상과 건강형평성 제고를 함께 추진한다. 3. 모든 생애과정과 생활터에 적용한다. 4. 건강친화적인 환경을 구축한다. 5. 누구나 참여하여 함께 만들고 누릴 수 있도록 한다. 6. 관련된 모든 부문이 연계하고 협력한다.
중점과제	건강생활 실천	1. 금연 2. 절주 3. 영양 4. 신체활동 5. 구강건강
	정신건강 관리	6. 자살예방 7. 치매 8. 중독 9. 지역사회 정신건강
	비감염성질환 예방관리	10. 암 11. 심뇌혈관질환 12. 비만 13. 손상
	감염 및 환경성질환 예방관리	14. 감염병예방 및 관리 15. 감염병위기대비, 대응(검역/감시, 예방접종 포함) 16. 기후변화성 질환
	인구집단별 건강관리	17. 영유아 18. 청소년(학생) 19. 여성 20. 노인 21. 장애인 22. 근로자 23. 군인
	건강친화적 환경 구축	24. 건강친화적법제도 개선 25. 건강정보 이해력 제고 26. 혁신적 정보 기술의 적용 27. 재원마련 및 운용 28. 지역사회지원 확충 및 거버넌스 구축

2 포괄보건의료

(1) 1차 보건의료(알마아타 선언) 기출 2022 서울시

① 개 요
   ㉠ 1978년 알마아타 선언은 선진국과 개발도상국 사이의 건강불평등뿐만 아니라, 각 나라 안에 존재하는 건강상의 불평등에 대처하기 위한 전략을 개발하자는 것이다.
   ㉡ 구체적으로 일차보건의료라는 새로운 전략 개념을 통해 정부의 적극적이고 체계적인 보건의료 투자로 2000년까지 인류 모두가 건강을 누리게 하자는 것이었다.
   ㉢ 일차보건의료란 지역사회 수준에서 지역사회 주민들에게 필요한 가장 기본적이고 필수적인 보건의료를 말한다.

② 일차보건의료의 접근방법 기출 2014 서울시
   ㉠ 이용이 용이하여 쉽게 보건의료를 이용할 수 있어야 한다.
   ㉡ 지역사회가 쉽게 받아들일 수 있는 방법으로 사업이 제공되어야 한다.
   ㉢ 지역사회의 적극적인 참여로 사업이 이루어져야 한다.
   ㉣ 지역사회의 지불능력에 맞는 보건의료비로 사업이 제공되어야 한다.

③ 일차보건의료의 원칙
   ㉠ 사람들의 생활양식을 둘러싼 친근하고 설득력 있는 일차보건의료
   ㉡ 지역사회 주민의 참여
   ㉢ 지역사회의 동원가능한 자원은 모두 활용
   ㉣ 지역사회나 개인을 위한 치료, 예방, 증진의 통합적인 접근
   ㉤ 보건의료체계의 일선에 있는 사람은 간단한 훈련으로 제공되는 모든 서비스를 현장에서 제공할 수 있음
   ㉥ 이러한 일선의 서비스 제공을 위해 필요한 전문적 상담지원 등 기술지원이 가능하도록 할 것
   ㉦ 지역사회개발의 관점에서 보건 분야와 타 부서의 협조 및 조정

④ 일차보건의료를 위한 9가지 사업영역 기출 2021 서울시
   ㉠ 널리 퍼져있는 주요 보건문제의 그 예방 및 그 관리방법에 대한 교육
   ㉡ 식량 및 적절한 영양 공급의 촉진
   ㉢ 안전한 식수와 기초위생의 적절한 공급
   ㉣ 가족계획을 포함한 모자보건
   ㉤ 주요 감염성 질환에 대한 예방접종
   ㉥ 지역적 풍토병의 예방과 관리
   ㉦ 흔한 질병과 외상의 적절한 치료
   ㉧ 필수 의약품의 제공
   ㉨ 심신장애자의 재활

(2) 2차 보건의료(Secondary Health Care)(건강검진 : 조기진단 및 조기치료)
주로 응급처치를 요하는 질병이나 급성 환자의 관리사업과 병·의원에 입원치료를 받아야 하는 환자관리사업 등이 중심이기 때문에 종합병원 등 전문병원의 활동이 요구된다.

(3) 3차 보건의료(Tertiary Health Care)(노인의 재활)
회복기 환자의 재가치료사업이나 재활을 요하는 환자 및 노인의 간호 등 장기요양이나 만성 질환자의 관리사업 등이 중심이 되며, 특히 노령화 사회에서 노인성 질병의 관리가 중요하다.

3 Leavell과 Clark 교수의 질병예방 활동 기출 2017 지방직

(1) 제1차적 예방
① 개 념
  ㉠ 증상이 없고 질병의 증거가 없는 사람들을 대상으로 질병이 발생하기 전에 실시하는 예방이다.
  ㉡ 현재까지 알려진 위험인자를 파악하고 위험을 낮추거나 제거하는 방법을 확립하는 예방이다.
  ㉢ 신체의 기능장애나 질병보다는 생체의 조절기능이 변해가는 과정에 깊은 관심을 가지고 대상 기능이 완전히 파탄되기 이전에 예방조치를 취하여 건강한 사람이 병들지 않고, 그들의 건강상태를 최고수준으로 향상시키도록 노력하는 예방이다.
② 방 법
  ㉠ 건강저해인자를 배제하거나 회피한다(예방접종, 환경관리, 안전관리 등).
  ㉡ 가정이나 직장에서의 생활조건을 개선한다(직장 점심식사에서 저지방식 제공 등).
  ㉢ 생체의 환경 순응성으로 건강상태 증진을 위한 보건지식 습득 및 실천을 한다(지역 성인교육센터의 영양 강좌 등).

(2) 제2차적 예방 기출 2021 서울시
① 개 념
  ㉠ 질병초기증상 발현 전기 또는 임상질환기에 적용되는 것으로 건강을 해쳐서 질병상태에 있는 사람은 물론이고, 어떤 질병에 걸릴 가능성이 있는 개인 또는 집단에 대하여 개별적 또는 집단적으로 건강진단을 실시하여 질병을 조기에 발견하고 적절한 의료 혜택을 받도록 하는 예방이다(직장인 건강검진, 심혈관질환 가족력이 있는 사람들의 콜레스테롤 선별검사 등).
  ㉡ 질병의 진행을 저지하고, 합병증과 후유증을 방지하여 빨리 원래의 건강상태를 되찾도록 주선하는 것이다.
② 방 법
  ㉠ 검사방법이 정확하고 민감도가 높아야 한다.
  ㉡ 조기 발견된 환자에게 적절하고 효과적인 치료방법으로 치료를 한다.

(3) 제3차적 예방 기출 2014, 2017, 2020 서울시

질병이나 장애가 이미 발생한 환자에게서 재활을 통해서 환자의 사회적 역할을 복구시켜 주거나 혹은 발전시켜 주는 예방이다.

① 의학적 재활

장애된 신체기능을 회복시키는 재활이다(물리치료 등).

② 직업적 재활

기능장애를 최소한으로 경감시키고 남아 있는 기능을 최대한으로 활용케 하여 정상적인 사회생활을 할 수 있도록 직업훈련을 시켜주는 것(평가, 상담지도, 직업훈련, 작업배치, 가정내 취업 등)을 말한다.

③ 정신·사회적 재활

사회 평가, 심리적 봉사, 정신적 봉사, 사회봉사, 영적 상담 등을 말한다.

[질병의 자연사와 예방의 수준 및 평가]

제1차적 예방		제2차적 예방		제3차적 예방
제1기 비병원성기	제2기 초기병원성기	제3기 불현성 감염기	제4기 발현성 질환기	제5기 회복기
무병기	전병기	증병기(잠복기)	진병기	정병기
• 병원성이 없는 비병원성기로 병에 걸리지 않는 시기 • 병원체의 숙주에 대한 침입을 억제 또는 극복할 수 있는 시기	• 예방접종이나 특수예방이 이루어지는 소극적 예방 시기 • 병원체의 자극이 시작되고 질병에 대한 저항력이 요구되는 시기	• 병에 이환되었으나 증상이 나타나지 않는 시기로 감염병의 경우는 잠복기에 해당되고 비감염성 질환의 경우는 자각증상이 없는 초기단계에 해당 • 병원체의 자극에 대한 반응이 시작되는 상태, 조기치료, 건강검진 및 조기발견	• 임상적인 증상이 구체적으로 나타나는 시기 • 적절한 치료가 필요한 시기	후유증의 최소화, 재활 및 사회생활 복귀

심화Tip 정신보건 예방관리사업[캐플란(P. J. Caplan)] 기출 2022 서울시

구 분	예방활동
1차 예방	• 정신병이 발병하지 않도록 미연에 예방하는 활동 • 스트레스원을 피하거나 보다 적응적으로 대처함 • 더 이상 스트레스를 야기하지 않게 하고, 기능을 향상시키도록 함
2차 예방	• 발병했을 때 조기발견, 조기치료하여 악화나 만성화를 막는 예방활동
3차 예방	• 질병의 중증도를 감소시키고 재발을 방지함 • 치료된 사람이 사회 복귀 후 재발을 막는 예방활동

CHAPTER 01 출제예상문제

공중보건의 이해

01 공중보건의 기초

01 공중보건학의 정의는?

① 질병예방, 생명연장, 신체적·정신적 효율을 증진시키는 기술과학
② 생명연장, 건강증진, 조기발견의 임상과학
③ 조기치료, 질병예방, 건강증진의 기술과학
④ 조기치료, 조기발견, 신체적·정신적 효율을 증진시키는 임상과학

> **해설 콕**
> 공중보건학은 질병을 예방하고 생명을 연장할 뿐 아니라, 신체적·정신적 효율을 증진시키는 기술이자 과학이다.

02 공중보건학에 대한 설명으로 옳은 것은?

① 진료와 투약을 수단으로 한다.
② 질병예방, 수명연장, 육체적·정신적 건강과 능률의 향상을 목적으로 한다.
③ 개인과 가족을 대상으로 한다.
④ 임상적 진단을 바탕으로 한다.

> **해설 콕**
> 공중보건학이란 조직적인 지역사회의 노력을 통하여 질병을 예방하고 수명을 연장시키며, 신체적·정신적 효율을 증진시키는 기술이며 과학이다.
> ① 보건관리와 봉사를 수단으로 한다.
> ③ 지역사회 집단을 대상으로 한다.
> ④ 지역사회의 보건통계자료를 바탕으로 한다.

정답 01 ① 02 ②

03 윈슬로우(E. A. Winslow)가 정의한 공중보건의 목적에 도달하기 위한 지역사회의 공동노력에 해당되지 않는 것은?

① 사회복지서비스(사회제도 개선)
② 질병의 치료
③ 개인위생에 대한 보건교육
④ 환경위생관리

윈슬로우(E. A. Winslow)의 조직적인 지역사회의 노력
1. 환경위생관리
2. 감염병관리
3. 개인위생에 관한 보건교육
4. 질병의 조기발견과 예방적 치료를 할 수 있는 의료 및 간호서비스의 조직화
5. 모든 사람들이 자기의 건강을 유지하는데 적합한 생활수준을 보장받도록 사회제도의 발전

04 앤더슨이 주장한 공중보건사업의 3대 수행요소에 해당하는 것은?

① 교육, 법규, 행정
② 교육, 법규, 제도
③ 법규, 인력, 예산
④ 인력, 예산, 제도

미국의 미네소타 대학의 교수였던 앤더슨(G. Anderson)은 공중보건의 목적을 달성하기 위한 3요소로 보건행정서비스, 법규에 의한 규제, 보건교육을 들었으며, 이 중 가장 중요한 것은 보건교육이라 하였다.

05 지역사회사업 중 가장 효율적인 방법은?

① 보건교육을 통한 보건의식 개선
② 보건행정, 보건법규의 엄격한 통제
③ 식품위생관리, 보건위생관리
④ 환경위생, 지역폐기물처리

공중보건의 목적을 달성하기 위한 3요소인 보건행정서비스, 법규에 의한 규제, 보건교육 중 가장 중요하고 효율적인 방법은 보건교육이다.

06 공중보건학과 유사한 학문으로 볼 수 없는 것은?

① 예방의학　　　　　　　② 건설의학
③ 사회의학　　　　　　　④ 임상의학

임상의학은 투약, 수술, 재활, 상담 등을 목적으로 하므로 공중보건과 유사하다고 볼 수 없다.
① 예방의학은 의학을 기초로 하여 개인 또는 가족 중심으로 질병을 예방하고 건강을 증진시키는 학문이다.
② 건설의학은 최고 수준의 건강을 목표로 하여 건강을 향상시키기 위한 적극적인 건강관리 방법을 연구하는 학문이다.
③ 사회의학은 질병 또는 건강과 관련된 사회적인 요인을 규명하여 유해요인을 제거함으로써 건강을 증진시키기 위한 학문이다.

07 질병발생설 중 환경보건의 발달과 밀접한 관련이 있는 것은?

① 접촉설　　　　　　　② 점성설
③ 자연발생설　　　　　④ 장기설

장기설(독기설)
히포크라테스는 더러운 공기(독기)나 물 등의 주위환경(miasma ; 장기)이 질병을 발생시킨다는 장기설을 주장하여, 질병과 환경요인의 연관성을 제기하였다.

08 중세에 감염병이 크게 유행하여 많은 사망자가 발생하였다. 이 시대에 유행한 감염병과 관련이 적은 것은?

① 폐결핵　　　　　　　② 한센병
③ 흑사병　　　　　　　④ 콜레라

중세에는 콜레라, 흑사병(페스트), 한센병 등의 감염병이 집단적으로 만연되었기 때문에 환자의 격리와 검역 등이 보건사업의 중요 내용이었으며, 1386년 마르세이유에서 최초로 「검역법」에 의한 검역소가 설치되었다.

정답　03 ②　04 ①　05 ①　06 ④　07 ④　08 ①

09 다음은 공중보건학의 발전과정 중 어느 시기에 해당하는가? 기출 2017 지방직

- 라마치니(B. Ramazzini)의 직업병에 대한 저서가 출간되어 산업보건의 기초 마련
- 제너(E. Jenner)의 우두접종법 개발

① 확립기 ② 여명기
③ 중세기 ④ 발전기

공중보건의 발전과정

시대	내용
고대기 (기원전~ 서기 500년)	• 이집트, 함무라비 법전 • 로마 : 대규모의 상하수시설과 공동목욕탕 시설 등 위생시설의 흔적, 공중보건 서비스의 발달과 효과적인 행정조직체계 정비 • 그리스 : 히포크라테스 – 장기설과 4체액설 주장
중세기 (500~1500년)	• 종교가 지배한 암흑기로 선악설에 의존했던 시기 • 흑사병(1346~1353년)으로 2,500만명이 사망 • 한센병, 흑사병(페스트) 등의 감염병을 거치면서 마르세유에서 검역법이 통과되고, 최초로 검역소 설치
여명기 (1500~1850년)	르네상스 시대 (1500~1750년) : 문예부흥기	• 문예부흥으로 근대과학기술이 태동하고 산업혁명으로 공중보건 사상이 싹트기 시작한 시기 • 안톤 반 레벤후크 : 현미경을 발명하여 최초로 세균을 관찰 • 라마치니 : **직업병에 대한 저서를 출간하여 산업보건의 기초를 마련**
	계몽주의 시대 (1750~1850년) : 산업혁명기	• 위생개혁운동의 기틀을 세운 기간으로 보건문제와 질병문제를 대중의 관심에 기울여야 하는 중요한 사회현상으로 인식 • 제너 : **우두접종법을 개발**(1798년) • 채드윅 : 영국에서 공중보건법의 제정(1848년)
근 대 (1850~1900년) : 확립기	• 예방의학적 사상이 싹트기 시작한 시기 • 세균학 및 면역학의 발전 • 영국에서 최초로 방문간호사업 실시 • 비스마르크 : 최초의 사회보장제도 실시(1883년)
현 대 (20세기 이후) : 발전기	• 포괄적인 보건의료, 일차보건의료, 건강증진 개념의 대두 • 치료의학과 공중보건학의 조화 • 사회보장제도의 발전 • 세계보건기구 탄생(1948년)

10 〈보기〉는 공중보건학의 발달사이다. 시대 순으로 옳게 나열한 것은? 기출 2018 서울시

> ㄱ. 히포크라테스(Hippocrates) 학파의 체액설
> ㄴ. 최초로 검역소 설치
> ㄷ. 최초로 공중보건법 제정
> ㄹ. 우두종두법을 제너가 발견
> ㅁ. 최초로 사회보장제도 실시

① ㄱ - ㄴ - ㄷ - ㄹ - ㅁ ② ㄱ - ㄴ - ㄷ - ㅁ - ㄹ
③ ㄱ - ㄴ - ㄹ - ㄷ - ㅁ ④ ㄱ - ㄴ - ㄹ - ㅁ - ㄷ

ㄱ(고대기) - ㄴ(중세기) - ㄹ(여명기, 1798년) - ㄷ(여명기, 1848년) - ㅁ(근대) 순이다.

11 다음 중 가장 최근에 있었던 역사적 사실은?

① 영국 리버플시에서 방문보건사업 실시
② 유럽 페스트 유행
③ Leeuwenhoek에 의해 미생물학 창시
④ Fracastro에 의해 감염병이 최초로 이론화

① 1862년
② 1346~1353년에 전 유럽에 대유행되어 전 인구의 1/4인 2,500만명이 사망하였다.
③ 1683년
④ 1530년대

12 다음 중 연결이 잘못된 것은?

① B. Ramazzini - 직업병 저술
② P. Frank - 위생학 교실
③ E. Chadwick - 위생보고서
④ R. Koch - 결핵균 발견

영국의 프랭크(P. Frank)는 최초의 공중보건학 저서인 「전의사 경찰체계」(12권) 출간하였다. 최초로 뮌헨대학에 위생학 교실을 창립한 사람은 독일의 피텐코퍼(M. Pettenkofer)이다.

정답 09 ② 10 ③ 11 ① 12 ②

13 다음 중 연결이 잘못된 것은?

① L. Pasteur – 프랑스 – 미생물 병인설
② J. Snow – 영국 – 콜레라 전파경로
③ M. Pettenkoffer – 독일 – 실험위생학
④ P. Pott – 영국 – 최초 사망표 작성

1662년 영국의 그라운트(J. Graunt)는 '사망표에 관한 자연적 및 정치적 관찰'을 저술하여, 사망자수, 남녀수, 기혼자와 독신자수 등을 최초로 수량적으로 분석하였다.
영국의 포트(P. Pott)는 1775년에 굴뚝 청소부에서 최초로 직업성 암인 음낭암을 발견하였다.

14 다음 공중보건학의 발전단계 중 발전기에 해당하는 특징은?

① 예방의학의 확립기
② 세균학의 발달
③ 위생개혁운동
④ 포괄적 보건의료

예방의학의 확립기, 세균학, 면역학, 위생개혁운동은 모두 '확립기'에 해당하는 특징이다.

15 공중보건의 발전과정으로 옳은 것은?

① 고대기 – 중세기 – 발전기 – 여명기 – 확립기
② 여명기 – 고대기 – 중세기 – 발전기 – 확립기
③ 여명기 – 고대기 – 중세기 – 확립기 – 발전기
④ 고대기 – 중세기 – 여명기 – 확립기 – 발전기

고대기(기원전~서기 500년) – 중세기(500~1500년) – 여명기(1500~1850년) – 확립기(1850~1900년) – 발전기(20세기 이후)

16 질병의 자연발생설을 부정하고 미생물설(Germ Theory)을 주장하였으며, 근대의학의 창시자로 불리는 사람은?

① E. Jenner
② R. Koch
③ L. Pasteur
④ B. Ramazzini

③ L. Pasteur : 1880년 공수병 연구, 생물의 자연발생설을 부정하였다.
① E. Jenner : 종두법을 개발하였다.
② R. Koch : 결핵균을 발견하였다.
④ B. Ramazzini : 산업의학의 발전을 가져왔다.

17 개인위생 중심에서 공중위생을 중심으로 하는 공중보건학으로 발전되기 시작한 시기는?

① 산업혁명 이후
② 세계보건기구 탄생 이후
③ 희랍시대
④ 중세 아라비아시대

프랑스 혁명과 영국의 산업혁명 이후 공중을 대상으로 하는 위생학으로서 공중보건학의 개념이 정립되기 시작하였다.

18 라론드보고서(Lalonde report)에서 가장 강조한 결정요인은?

① 환경적 요인
② 개인의 생활습관
③ 생물학적 특성(human biology)
④ 의료서비스

라론드보고서(Lalonde report)
이 조사결과에 의하면 개인의 건강을 결정하는 요인(Health Determinants)은 크게 개인의 생활습관(51%), 생물학적 특성(유전적 요인, 20%), 환경적 요인(20%), 의료서비스(8%)로 구분된다고 하였다.

정답 13 ④ 14 ④ 15 ④ 16 ③ 17 ① 18 ②

19 1842년 「영국 노동인구의 위생상태에 관한 보고서(Report on the sanitary condition of the labouring population of Great Britain)」를 작성하여 공중보건활동과 보건행정조직의 중요성을 알린 사람은? 기출 2019 서울시

① 레벤후크(Leeuwenhoek)
② 존 그라운트(John Graunt)
③ 채드윅(Edwin Chadwick)
④ 존 스노우(John Snow)

> **해설 콕**
> 1842년에 채드윅(E. Chadwick)은 「영국 노동인구의 위생상태에 관한 보고서」를 작성하여 보건행정의 기틀을 마련함과 아울러 공중보건법이 제정될 수 있는 계기를 만들었다.
> ① 1683년에 레벤후크(Leeuwenhoek)는 현미경을 발견하고, 미생물학을 창시하였다.
> ② 1662년에 존 그라운트(John Graunt)는 「사망표에 관한 자연적 및 정치적 관찰」을 저술하여 사망자수, 남녀수, 기혼자와 독신자수 등을 최초로 수량적으로 분석하였다.
> ④ 1855년에 존 스노우(John Snow)는 「콜레라 전파에 대한 보고서」를 저술하여 근대 역학의 시조라 불리게 되었으며, 장기설을 뒤집고 접촉감염설을 주장하였다.

20 사회보장제도의 창시자는?

① 영국의 Graunt
② 이탈리아의 Ramazzini
③ 영국의 Chadwick
④ 독일의 Bismarck

> **해설 콕**
> 독일의 비스마르크(O. Bismarck)는 사회보장제도의 창시자로 노동자를 위한 최초의 사회보험법인 「근로자질병보호법」을 제정하였다.
> ① 1662년 영국의 그라운트(J. Graunt)는 「사망표에 관한 자연적 및 정치적 관찰」을 저술하여 사망자수, 남녀수, 기혼자와 독신자수 등을 최초로 수량적으로 분석하였다.
> ② 이탈리아의 라마치니(B. Ramazzini)는 「직업병에 관하여」란 서적을 저술하였는데, 오늘날에도 산업의학의 고전이 되고 있다.
> ③ 1842년 영국의 채드윅(E. Chadwick)은 「영국 노동인구의 위생상태보고」로 보건행정의 기틀을 마련함과 아울러 공중보건법이 제정될 수 있는 계기를 만들었다.

21 다음 중 공중보건 역사 순으로 알맞게 나열한 것은? 기출 2013 경남

> ㄱ. 라마치니 – 산업보건
> ㄴ. 히포크라테스 – 장기설
> ㄷ. 채드윅 – 공중보건법의 제정
> ㄹ. 라론드 – 건강증진중심 보건정책
> ㅁ. 피텐코퍼 – 위생학교실

① ㄱ – ㄴ – ㄷ – ㄹ – ㅁ
② ㄴ – ㄱ – ㄷ – ㅁ – ㄹ
③ ㄴ – ㄷ – ㄱ – ㄹ – ㅁ
④ ㄷ – ㄱ – ㄴ – ㅁ – ㄹ

> ㄴ. 히포크라테스 – 장기설(고대)
> ㄱ. 라마치니 – 산업보건(1713년)
> ㄷ. 채드윅 – 공중보건법의 제정(1842년)
> ㅁ. 피텐코퍼 – 위생학교실(1866년)
> ㄹ. 라론드 – 건강증진중심 보건정책(1974년)

22 공중보건학의 발전사를 고대기, 중세기, 여명기, 확립기, 발전기의 5단계로 구분할 때 중세기에 대한 업적으로 가장 옳은 것은? 기출 2021 서울시

① 세계 최초의 국세조사가 스웨덴에서 이루어졌다.
② 프랑스 마르세유(Marseille)에 최초의 검역소가 설치되었다.
③ 영국 런던에서 콜레라의 발생 원인에 대한 역학조사가 이루어졌다.
④ 질병의 원인으로 장기설(miasma theory)과 4체액설이 처음 제기되었다.

> 중세기인 1386년 마르세유(Marseille)에서 최초로 「검역법」에 의한 검역소가 설치되었다.
> ① 여명기(1760~1850년)
> ③ 확립기(1850~1900년)
> ④ 고대기(기원전~500년)

정답 19 ③ 20 ④ 21 ② 22 ②

23 공중보건학의 발전사 중 시기적으로 가장 늦은 것은? 〔기출〕 2022 서울시

① L. Pasteur의 광견병 백신 개발
② John Snow의 「콜레라에 관한 역학조사 보고서」
③ R. Koch의 결핵균 발견
④ Bismark에 의해 세계 최초의 근로자 「질병보호법」 제정

① L. Pasteur의 광견병 백신 개발 : 1885년 7월 6일
② John Snow의 「콜레라에 관한 역학조사 보고서」 : 1855년
③ R. Koch의 결핵균 발견 : 1882년
④ Bismark에 의해 세계 최초의 근로자 「질병보호법」 제정 : 1883년

24 공중보건의 역사적 사건 중 가장 먼저 발생한 사건은? 〔기출〕 2020 서울시

① 제너(E. Jenner)가 우두 종두법을 개발하였다.
② 로버트 코흐(R. Koch)가 결핵균을 발견하였다.
③ 베니스에서는 페스트 유행지역에서 온 여행자를 격리하였다.
④ 독일의 비스마르크(Bismarck)에 의하여 세계 최초로 「질병보험법」이 제정되었다.

베니스에서 페스트가 유행한 시기는 1347~1348년 사이이다.
① 1798년
② 1876년
④ 1883년

25 조선시대 서민의 의료를 담당했던 부서는?

① 혜민서
② 내의원
③ 전의감
④ 제위보

① **혜민서** : 서민의료 담당
② **내의원** : 왕실의료 담당
③ **전의감** : 보건행정 담당
④ **제위보** : 고려시대의 서민의료 담당부서

26 대한민국 정부수립 후 가장 먼저 시행된 보건행정 조직은?

① 위생국 ② 보건후생부
③ 사회부 ④ 보건사회부

1948년 7월 17일 대한민국 헌법이 제정·공포되면서 「정부조직법」에 의해 미군정의 보건후생부 업무를 정부기관인 사회부에서 관장하게 되었다.

27 우리나라의 공중보건 및 의료제도를 규정하는 다양한 법 가운데 가장 최근에 제정된 법은?

기출 2017 서울시

① 보건소법
② 공공보건의료에 관한 법률
③ 농어촌 등 보건의료를 위한 특별조치법
④ 국민건강증진법

- 보건소법 : 1956년 제정(1995년 지역보건법으로 개정)
- 농어촌 등 보건의료를 위한 특별조치법 : 1980년
- 국민건강증진법 : 1995년
- 공공보건의료에 관한 법률 : 2000년

02 건강과 질병

01 WHO에서 규정한 건강의 정의로 옳은 것은?

① 육체적 완전과 사회적 안녕이 유지되는 상태
② 사회적 안녕과 정신적으로 완전한 상태
③ 질병이 없고, 육체적으로 완전한 상태
④ 육체적·정신적·사회적 안녕이 완전한 상태

건강이란 단순히 질병이 없고 허약하지 않은 상태만을 의미하는 것이 아니고 육체적·정신적·사회적 안녕의 상태를 말한다(WHO).

02 WHO에서 추천한 3대 종합적 건강지표에 해당하지 않는 것은?

① 평균수명
② 조출생률
③ 조사망률
④ 비례사망지수

WHO의 종합적 건강지표
- 평균수명
- 조사망률
- 비례사망지수(PMI)

03 건강증진활동, 질병의 예방·치료, 재활서비스 등을 포함하는 개념은?

① 의 료
② 보건의료
③ 포괄적인 보건의료
④ 3차 의료

건강증진활동, 질병의 예방, 치료, 재활서비스, 사회복귀훈련 등을 포함하는 보건의료를 포괄적인 보건의료라 한다.

04 건강증진에 대한 정의로 옳은 것은? 기출 2017 지방직

① 협의의 건강증진은 적당한 운동, 영양, 휴식과 스트레스 관리를 통한 저항력을 길러주는 것이다.
② 오타와(Ottawa) 헌장의 건강증진은 건강교육, 건강보호, 질병예방 등을 통하여 좋은 습관을 유지하는 것이다.
③ 광의의 건강증진은 비병원성기에 1차적 예방수단을 강구하는 것이다.
④ 다우니(Downie) 등에 의하면 건강증진은 사람들이 자기건강에 대한 관리를 증가시켜 건강을 개선할 수 있도록 하는 과정이다.

② 다우니(Downie) 등에 의한 주장이다.
③ 협의의 건강증진에 대한 설명이다.
④ 오타와(Ottawa) 헌장의 내용이다.

05 우리나라 국민건강증진종합계획(Health Plan) 2030의 목표는? 기출 2014 서울시 변형

① 요람에서 무덤까지 질병 없는 세상
② 온 국민이 함께 만드는 건강세상
③ 질병으로부터 해방과 국민 건강증진
④ 국민의료비의 절감과 평균수명 연장
⑤ 건강수명의 연장과 건강형평성의 제고

국민건강증진종합계획 2030(Health Plan ; 2021~2030년)의 목표는 건강수명의 연장과 건강형평성의 제고이다.

06 제5차 국민건강증진종합계획(Health Plan 2030)에서 중점과제의 내용으로 가장 옳지 않은 것은? 기출 2020 서울시 변형

① 정신건강관리 - 자살예방, 치매
② 감염 및 환경성질환 예방관리 - 감염병예방 및 관리, 기후변화성 질환
③ 인구집단별 건강관리 - 장애인, 노인
④ 건강생활 실천 - 신체활동, 비만

건강생활 실천 - 금연, 절주, 신체활동, 영양, 구강건강
※ 비만은 비감염성질환 예방관리의 중점과제의 내용이다.

정답 01 ④ 02 ② 03 ③ 04 ① 05 ⑤ 06 ④

07 보건복지부에서 발표한 제5차 국민건강증진 종합계획(Health Plan 2030)의 사업분야 중 인구집단별 건강관리 분야의 내용으로 옳지 않은 것은? *기출 2016 서울시 변형*

① 여성건강
② 영유아건강
③ 다문화가족건강
④ 근로자건강증진

제5차 국민건강증진종합계획(Health Plan 2030, 2021~2030)

비전	모든 사람이 평생건강을 누리는 사회	
목표	건강수명 연장, 건강형평성 제고	
기본 원칙	1. 국가와 지역사회의 모든 정책 수립에 건강을 우선적으로 반영한다. 2. 보편적인 건강수준의 향상과 건강형평성 제고를 함께 추진한다. 3. 모든 생애과정과 생활터에 적용한다. 4. 건강친화적인 환경을 구축한다. 5. 누구나 참여하여 함께 만들고 누릴 수 있도록 한다. 6. 관련된 모든 부문이 연계하고 협력한다.	
중점과제	건강생활 실천	1. 금연　　　　　2. 절주 3. 영양　　　　　4. 신체활동 5. 구강건강
	정신건강 관리	6. 자살예방　　　7. 치매 8. 중독　　　　　9. 지역사회 정신건강
	비감염성질환 예방관리	10. 암　　　　　11. 심뇌혈관질환 12. 비만　　　　13. 손상
	감염 및 환경성질환 예방관리	14. 감염병예방 및 관리 15. 감염병위기대비, 대응(검역/감시, 예방접종 포함) 16. 기후변화성 질환
	인구집단별 건강관리	17. **영유아**　　18. 청소년(학생) 19. **여성**　　　20. 노인 21. 장애인　　　22. **근로자** 23. 군인
	건강친화적 환경 구축	24. 건강친화적법제도 개선 25. 건강정보 이해력 제고 26. 혁신적 정보 기술의 적용 27. 재원마련 및 운용 28. 지역사회지원 확충 및 거버넌스 구축

08 제5차 국민건강증진종합계획(Health Plan 2030, 2021~2030)에서 제시한 기본원칙에 해당하지 않는 것은?   기출 2022 서울시

① 건강친화적인 환경 구축
② 전문가와 공무원 주도의 건강 책무성 제고
③ 보편적인 건강수준 향상과 건강 형평성 제고
④ 국가와 지역사회의 모든 정책 수립에 건강을 우선적으로 반영

제5차 국민건강증진종합계획(Health Plan 2030, 2021~2030)의 기본원칙
1. 국가와 지역사회의 모든 정책 수립에 건강을 우선적으로 반영한다.
2. 보편적인 건강수준의 향상과 건강 형평성 제고를 함께 추진한다.
3. 모든 생애과정과 생활터에 적용한다.
4. 건강친화적인 환경을 구축한다.
5. 누구나 참여하여 함께 만들고 누릴 수 있도록 한다.
6. 관련된 모든 부문이 연계하고 협력한다.

09 일차보건의료에 대한 설명으로 옳은 것은?

① 필수적인 보건의료
② 전문의에 의한 치료
③ 특수 질환에 대한 치료
④ 특수 병원에서의 치료

일차보건의료란 지역사회 수준에서 지역사회 주민들에게 필요한 가장 기본적이고 필수적인 보건의료를 말한다.

10 일차보건의료의 접근방법으로 거리가 먼 것은?

① 이용의 용이성
② 지역사회의 수용성
③ 고가 의료장비의 사용
④ 저렴한 비용

정답 07 ③ 08 ② 09 ① 10 ③

일차보건의료의 접근방법
- 이용의 용이성으로 쉽게 보건의료를 이용할 수 있어야 한다.
- 지역사회의 수용성으로 지역사회가 쉽게 받아들일 수 있는 방법으로 사업이 제공되어야 한다.
- 지역사회의 적극적인 참여로 사업이 이루어져야 한다.
- 저렴한 비용으로 지역사회의 지불능력에 맞는 보건의료비로 사업이 제공되어야 한다.

11 일차보건의료(primary health care)의 접근 방법이라고 하기 어려운 것은?

기출 2014 서울시

① 예방을 중시
② 여러 부문 사이의 협조와 조정 강조
③ 일차진료 의사의 역할이 핵심적임
④ 지역 특성에 맞는 사업
⑤ 지역사회 참여를 강조

일차보건의료는 지역사회 주민의 역할이 핵심적이다.

12 알마아타 선언에서 제시한 일차보건의료(primary health care)의 필수적인 사업 내용에 해당하는 것은?

기출 2021 서울시

① 전문 의약품의 공급
② 직업병 예방을 위한 산업보건
③ 안전한 식수공급과 기본적 위생
④ 희귀질병과 외상의 적절한 치료

일차보건의료를 위한 필수적인 사업영역(9가지)
1. 널리 퍼져있는 주요 보건문제의 그 예방 및 그 관리방법에 대한 교육
2. 식량 및 적절한 영양 공급의 촉진
3. 안전한 식수와 기초위생의 적절한 공급
4. 가족계획을 포함한 모자보건
5. 주요 감염성 질환에 대한 예방접종
6. 지역적 풍토병의 예방과 관리
7. 흔한 질병과 외상의 적절한 치료
8. 필수 의약품의 제공
9. 심신장애자의 재활

13 1978년 카자흐스타에서 열린 일차보건의료에 대한 국제회의에서 채택된 「알마아타 선언(Declaration of Alma-Ata)」에서 정의한 일차보건의료(Primary health care)에 대한 설명으로 가장 옳지 않은 것은?   기출 2022 서울시

① 국가와 지역사회의 경제적, 사회문화적, 정치적 특성을 반영한다.
② 지역사회 건강문제, 건강증진, 질병 예방, 치료, 재활서비스를 다룬다.
③ 농업, 축산, 식품, 산업, 교육, 주택, 공공사업 등 지역 및 국가개발과 관련된 다양한 분야가 고려된다.
④ 지역사회의 필요에 대응하고자 전문의를 중심으로 한 수준 높은 의료서비스 제공을 강조한다.

지역사회에서 필요하다면 전통의료 시술자를 포함하여 의사, 간호사, 조산사, 의료보조원 등의 보건의료 종사자와 사회사업가에 의존한다. 이들은 보건의료조직으로 일하고 지역사회의 보건의료 요구에 반응하도록 사회적으로나 기술적으로 충분히 훈련되어야 한다.

14 질병을 조기에 진단 또는 치료하여 질병의 진전을 막는 예방에 해당하는 것은?

① 1차 예방   ② 2차 예방
③ 3차 예방   ④ 4차 예방

공중보건의 예방의학적 대책
• **1차 예방** : 질병의 근원을 제거한다.
• **2차 예방** : 질병의 조기발견 및 조기치료를 한다.
• **3차 예방** : 재활을 통해 정상기능을 발휘하게 한다.

15 질병의 1차 예방대책으로 맞는 것은?

① 예방접종, 건강검진
② 예방접종, 금연교육
③ 건강검진, 재활치료
④ 건강검진, 약물치료

정답 11 ③ 12 ③ 13 ④ 14 ② 15 ②

해설 콕

질병예방의 원칙

구 분	특 징	대 책
1차 예방	질병의 발병 원인에 대한 폭로를 방지함으로써 발병 자체를 예방하는 것으로, 이론적으로는 가장 이상적인 차원의 예방이다.	금연, 규칙적인 운동, 영양상담, 각종 예방접종, 화학적 예방요법 등
2차 예방	1차 예방에 실패하여 질병이 발생한 후 가능한 한 조기에 진단하고, 조기에 치료 및 관리를 실시하여 조숙사망 및 불구, 심각한 합병증으로의 진행을 막는 예방이다(조기진단, 조기치료).	선별검사(집단검진)항목의 대부분이 이에 속하며, 2차 예방의 핵심 대상 분야가 암을 포함한 만성퇴행성 질환군이다.
3차 예방	만성퇴행성 질환이 발병하였을 때, 불구으로의 진행을 예방하며, 재활치료를 통하여 정상생활 및 사회생활로의 복귀를 촉진시키는 예방이다.	재활치료

16 질병예방적 관점에 따른 보건의료의 분류로 가장 옳은 것은? `기출` 2021 서울시 9급

① 재활치료는 1차 예방에 해당한다.
② 금주사업은 1차 예방에 해당한다.
③ 예방접종은 2차 예방에 해당한다.
④ 폐암 조기진단은 1차 예방에 해당한다.

질병예방
- 1차 예방은 질병 발생을 예방하는 것으로 예방접종, 금주·금연 캠페인, 건강관리교육 등을 예로 들 수 있다.
- 2차 예방은 질병을 조기에 진단하여 치료하는 예방이다. 폐암 조기진단은 2차 예방에 해당한다.
- 3차 예방은 질병이나 장애가 이미 발생한 환자에게서 재활을 통해서 환자의 사회적 역할을 복구시켜 주거나 혹은 발전시켜 주는 것을 의미한다. 재활치료가 대표적이다.

17 만성 질환은 발생률 감소, 유병률 감소, 장애 감소 등 모든 단계에 걸치는 포괄적인 예방이 중요하다. 다음 영양과 관련된 만성 질환의 예방 사례 중 2차 예방에 해당하는 것은? `기출` 2017 서울시

① 심혈관질환 가족력이 있는 사람들의 콜레스테롤 선별검사
② 신장병 환자의 합병증 예방을 위한 영양 의학적 치료
③ 지역 성인교육센터의 영양 강좌
④ 직장 점심식사에서 저지방식 제공

② 3차 예방, ③ 1차 예방, ④ 1차 예방

18 Leavell과 Clark 교수의 질병예방 활동에서 40세 이상 여성을 대상으로 유방암 검진을 위한 유방조영술(mammography)을 시행한 것은 몇 차 예방인가?

① 1차 예방 ② 2차 예방
③ 3차 예방 ④ 4차 예방

Leavell과 Clark 교수의 질병예방

구 분	특 징	예 시
1차 예방	증상이 없고 질병의 증거가 없는 사람들을 대상으로 질병이 발생하기 전에 실시하는 예방	• 지역 성인교육센터의 영양 강좌 • 직장 점심식사에서 저지방식 제공
2차 예방	질병을 조기에 발견하여 치료함으로써 악화되거나 사망하는 것을 방지하는 예방	• 40세 이상 여성을 대상으로 유방암 검진 • 심혈관질환 가족력이 있는 사람들의 콜레스테롤 선별검사 • 직장인 건강검진
3차 예방	질병이나 장애가 이미 발생한 환자에게서 재활을 통해서 환자의 사회적 역할을 복구시켜 주거나 혹은 발전시켜 주는 예방	• 신장병 환자의 합병증 예방을 위한 영양 의학적 치료 • 재활치료

19 리벨과 클라크(Leavell & Clark)의 질병의 자연사 5단계 중 예비적 조치로 악화방지, 장해의 제한을 위한 치료를 실시하는 단계는? 기출 2014 서울시

① 비병원성기 ② 초기 병원성기
③ 불현성 감염기 ④ 발현성 질환기
⑤ 회복기

리벨과 클라크(Leavell & Clark)의 질병의 자연사 5단계
1. 1단계(비병원성기) : 병에 걸리지 않은 단계
2. 2단계(초기 병원성기) : 질병에 걸리게 되는 초기의 단계
3. 3단계(불현성 감염기) : 이미 감염은 되었으나 증상이 나타나지 않는 단계
4. 4단계(발현성 질환기) : 질병의 증상이 나타나는 시기로 악화방지, 장해의 제한을 위한 치료를 실시하는 단계
5. 5단계(회복기) : 질병에 이환되어 회복되거나 불구 또는 사망에 이르게 되는 단계

20 리벨과 클라크(Leavell & Clark, 1965)가 제시한 질병의 자연사 5단계 중에서 병원체에 대한 숙주의 반응이 시작되는 조기 병적 변화기에 해당하는 단계에서 건강행동으로 가장 적절한 것은?

기출 2017 지방직

① 예방접종
② 환경위생 개선
③ 치료 및 재활
④ 조기진단

조기 병적 변화기는 제3기 불현성 감염기에 해당되며, 건강행동으로 조기진단과 조기치료를 한다.

21 리벨과 클라크(Leavell & Clark)의 질병의 자연사에서 불현성 감염기에 취해야 할 예방조치로 가장 옳은 것은?

기출 2020 서울시

① 재활 및 사회복귀
② 조기진단과 조기치료
③ 악화방지를 위한 적극적 치료
④ 지역사회 전체에 대한 예방접종

불현성 감염기(제3기)
- **특징** : 병에 이환되었으나 증상이 나타나지 않는 시기로, 감염병의 경우는 잠복기에 해당되고 비감염성 질환의 경우는 자각증상이 없는 초기단계에 해당한다.
- **예방조치** : 병원체의 자극에 대한 반응이 시작되는 상태로, 건강검진, 조기진단과 조기치료가 필요하다.

22 지역사회주민을 대상으로 한 정신보건 예방관리사업에서 3차 예방수준의 사업 내용은?

기출 2022 서울시

① 우울증 예방에 대한 홍보 책자 배포
② 우울증 위험군을 대상으로 정기적 선별검사 시행
③ 지역내 사업장의 직무 스트레스 관리 프로그램 운영·지원
④ 정신병원 퇴원 예정자를 대상으로 사회생활 적응 프로그램 운영

① · ③ 1차 예방
② 2차 예방

정신보건 예방관리사업[캐플란(P. J. Caplan)]

구 분	예방활동
1차 예방	• 정신병이 발병하지 않도록 미연에 예방하는 활동 • 스트레스원을 피하거나 보다 적응적으로 대처함 • 더 이상 스트레스를 야기하지 않게 하고, 기능을 향상시키도록 함
2차 예방	• 발병했을 때 조기발견, 조기치료하여 악화나 만성화를 막는 예방활동
3차 예방	• 질병의 중증도를 감소시키고 재발을 방지함 • 치료된 사람이 사회 복귀 후 재발을 막는 예방활동

23 Myers(1969)는 지역사회 또는 사회적 수준에서 요구되는 바람직한 보건의료의 조건으로 4가지를 제시하였는데, 이 중 치료과정에서 최소의 자원을 투입하여 건강을 빨리 회복시키는 것을 의미하는 것은?   기출 2021 서울시

① 형평성   ② 접근성
③ 효과성   ④ 효율성

Myers(1969)가 제시한 보건의료의 4가지 조건 중 효율성은 보건의료의 목적을 달성하는데 투입되는 자원의 양을 최소화하거나 일정한 자원으로 최대의 목적을 달성하는 것을 의미한다.
① **형평성** : 성별, 인종, 지역, 사회경제적 수준과 같은 개인특성에 의해 제공하는 의료의 질을 차별화하지 않을 것
② **접근성** : 지리적·경제적·시간적인 이유로 인하여 주민들에게 필요한 보건의료서비스를 제공하는데 있어서 장애를 받아서는 안 된다는 것
③ **효과성** : 과학적 지식에 근거한 의료서비스를 제공하는 것(근거중심의학)

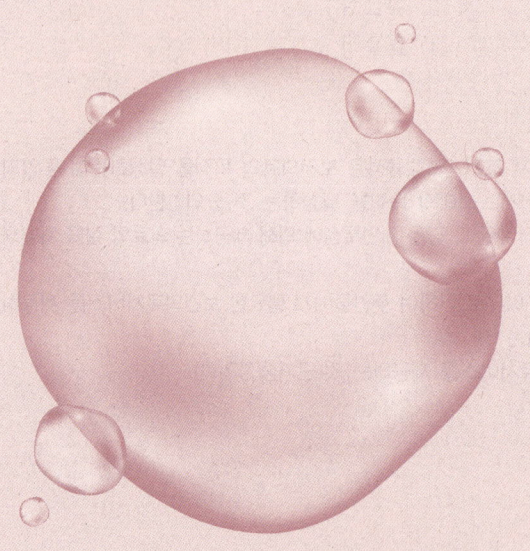

우리가 해야할 일은 끊임없이 호기심을 갖고
새로운 생각을 시험해보고
새로운 인상을 받는 것이다.

- 월터 페이터 -

CHAPTER 02
역학과 질병관리

01 역 학
02 감염병
03 성인병(만성질환)
04 기생충 질환

CHAPTER 02 역학과 질병관리

공중보건

출제포인트
❶ 역학과 질병에 대하여 학습하고, 역학적 연구방법을 알아본다.
❷ 감염병의 신고 및 보고, 감염병의 진행 과정, 유행의 현상 및 조사, 감염병별 관리 방법을 학습한다.
❸ 성인병과 기생충 질환을 학습한다.

01 역 학

1 역학의 개요

(1) 역학(Epidemiology)의 의의 및 범위
① Epidemiology[Epi(upon) + demi(the people) + ology(science)]는 B.C. 3세기경 그리스의 의성 히포크라테스(Hippocrates)의 저서에서 유래된 용어이며, 본래의 의미는 인간집단에서의 감염병에 관하여 연구하는 학문으로 사용되어 왔다.
② 1930년대까지 역학의 연구내용은 감염병이 대부분이었으나, 현재는 여러 가지 만성 퇴행성 질환인 각종 암, 심장질환, 당뇨병, 고혈압 및 뇌혈관질환뿐만 아니라 사고사(교통사고, 자살) 및 건강에 관한 역학까지 그 범위가 확대되었다.

(2) 역학의 정의
① 인간집단을 대상으로 한다.
② 질병의 발생이나 분포 및 유행경향을 밝히고, 그 원인을 규명한다.
③ 그 질병의 관리와 예방을 목적으로 하는 과학 또는 학문이다.

(3) 역학의 역할
① 질병의 발생원인을 규명하는 역할
② 질병의 자연사에 대한 연구 역할
③ 건강 수준과 질병 양상에 대한 기술적 역할
④ 임상의학에 대한 기여

⑤ 연구 전략 개발의 역할
⑥ 보건사업의 기획과 평가의 역할

> **심화Tip** 질병의 자연사(Natural History of Disease)
>
> 어떤 질병의 의학적인 처치를 하지 않은 자연상태에서의 감수성이 있는 시기(=감수성기), 증상이 나타나기 전의 시기(=임상질환전기), 증상이 나타난 시기(=이환기), 불구가 되는 시기(=회복기) 그리고 사망에 이르는 시기까지의 모든 과정

(4) 역학의 기본 요인 기출 2021 서울시

역학의 기본 요인은 병인, 숙주, 환경의 세 가지이며, 생태계에서 발생하는 질병은 적어도 두 가지 이상의 여러 가지 요인이 겹쳐서 생기게 된다.

> **The 알아보기**
> 역학의 3요소
> • 병인
> • 숙주
> • 환경요인

① 병 인
   ㉠ 영양소적 병인(단백질, 지방, 비타민, 수분 등) : 이들 영양소의 결핍 또는 과잉이 병인으로 작용하여 영양결핍증이나 비만증, 당뇨병, 심장병 등을 일으킨다.
   ㉡ 생물학적 병인(질병이나 감염병의 병원체) : 박테리아, 바이러스, 리케차, 기생충, 곰팡이 등의 살아 있는 미생물 병원체를 말한다.
   ㉢ 물리적 병인 : 기계적인 힘에 의한 외상, 열에 의한 화상이나 동상, 고산병이나 잠함병 같은 기압의 변화에 의한 질환, 방사선에 의한 암, 백혈병, 그리고 소음, 진동, 전기, 광선 등에 의한 질환 등을 말한다.
   ㉣ 화학적 병인 : 강산이나 강알칼리, 일산화탄소, 청산가스, 독가스 등과 같은 유독가스는 기도를 통해 들어가는데 뇌, 혈액, 폐에 여러 가지 장애를 유발한다.
   ㉤ 정신적 병인 : 신경성 두통, 기능성 소화불량, 정신질환, 고혈압, 위궤양 등 거의 모든 신체적 질병의 원인과 관계가 있다.
   ㉥ 사회환경적 병인 : 환경오염에 의한 공해, 산업재해에 의한 직업병, 식품에 의한 중독증, 의료행위의 부작용으로 일어나는 외인성 질환, 폐기물에 의한 중독, 사회적 스트레스가 원인인 신경정신질환 등의 요인을 말한다.
② 숙주(질병 발생에 관련되고 영향을 미치는 인간숙주)
   ㉠ 인적 요인 : 성, 연령, 인종, 결혼 상태, 직업, 사회경제적인 상태 등의 요인을 말한다.
   ㉡ 신체적 요인 : 해부학적 구조와 숙주의 생리적인 변화에 따라 사춘기나 임신 중에 결핵의 이환율이 높게 나타나는 것과 영양상태 등의 요인을 말한다.
   ㉢ 정신적 요인 : 숙주가 가지고 있는 스트레스(Stress)로 인해 질병이 발생한다.

③ 환 경
병인과 인간숙주를 제외한 모든 것으로, 특히 숙주 주위에 모든 유·무형의 것으로, 질병발생과 유행에 큰 변수로 작용한다. 환경요인은 간접적으로 영향을 미치는 경우가 훨씬 많다.
㉠ 물리적 환경 : 지형, 지질, 기후, 지세, 주거 그 밖에 인간이 생활하는데 관여되는 지상·지하공간이 모두 물리적 환경이다.
㉡ 생물학적 환경 : 주위의 모든 동물이나 식물은 서로 상호작용을 하여 인간에게 영향을 준다.
㉢ 사회경제적 환경 : 인구밀도와 인구분포, 자연자원, 경제수준, 직업, 사회, 정치, 문화, 과학의 발달 등이 영향을 준다.

2 질 병

(1) 질병의 개요
① 정신적 질병
신체적 손상이나 변화 없이 형질적으로 발생하는 질병과 기질적 변화로 발생하는 질병을 말한다.
② 육체적 질병
㉠ 감염성 질병 : 감염병은 감염된 사람이나 동물 등의 병원소로부터 감수성이 있는 새로운 숙주로 병원체 혹은 병원체의 산물이 전파되어 발생하는 질병을 말한다. 감염이란 일반적으로 병원체가 숙주 내로 침입하여 숙주의 체내에서 증식하여 숙주에서 임상적인 증상을 나타내거나, 항체를 만들거나 하는 등의 어떤 반응을 나타내는 것을 말한다.
ⓐ 급성 감염병 : 병원체가 숙주 체내에 침입하여 임상증상 또는 숙주의 반응이 급격하게 나타나는 질병
ⓑ 만성 감염병 : 병원체가 숙주 체내에 침입한 후 서서히 진행하는 질병
㉡ 비감염성 질병
ⓐ 비감염성 질병은 병원체나 독소 이외의 원인에 의해 발생하는 것이며, 감염성이 없다.
ⓑ 비감염성 질병의 특성
• 직접적인 원인이 없다.
• 원인이 다인적이다.
• 잠재기간이 길다.
• 질병 발생시점이 분명하지 않다.

(2) 질병이론 모형
① 생의학적 모형 기출 2014 서울시
㉠ 건강과 질병을 이분법적으로 구분하여 질병이 없는 상태를 건강한 상태로 보는 모형이다. 즉, 질병을 세포가 기능하지 못하거나 화학적 불균형 상태라고 단순화시키는 모형이다.

ⓒ 모든 질병을 생화학적 불균형이나 신경생리적인 병리와 같은 비정상적인 신체적·육체적 과정을 바탕으로 설명할 수 있으며, 심리적(정신적)·사회적 과정은 질병 진행과정에 크게 상관이 없다고 추정한다(정신-신체의 이원론).
　　ⓒ 질병을 주로 생물학적 구조와 기능의 이상(비정상)으로 해석한다.
　　② 질병은 특정 세균이나 화학물질 등 단일한 원인에 의하여 발생된다고 본다(**특정병인론**). 그리고 과학의 발전을 통해 특정원인을 발견하고, 그 관리방법을 개발하게 되면 질병을 극복할 수 있다고 하였다.
　　⑩ 모든 질병이 인류에게 보편적인 어떤 형태로 나타난다고 본다.
　　ⓗ 질병을 개인적인 차원에서 정의하고 전문가에 의한 치료 중심적인 입장을 취한다. 즉, 건강의 개념을 건강을 증진시키는 행동에 초점을 맞추기보다는 질병을 없애는 것만 강조한 모형이다.
② **전체론적(총체적) 모형**
　　⊙ 건강과 질병을 이분법적으로 구분하는 것이 아니라, 정도에 따른 연속선상에 있는 것으로 파악하는 전인적 모형이다.
　　ⓒ 질병은 환경이나 개인행태요인 등이 복합적으로 작용하여 발생한다고 본다.
　　ⓒ 치료는 질병 제거만이 아니라 건강을 증진시키고, 사회적 도움, 교육, 건강관리 능력을 향상시키는 등의 넓은 개념으로 본다.
　　② 건강에 영향을 미치는 기본 요인으로 생활방식(50%), 환경(20%), 인간생물학(20%), 보건의료체제(10%) 등을 들고 있다.
③ **생태학적 모형** 기출 2008 서울시
　　⊙ 건강의 3대 요인

병 인 (병원체)	• 질병 발생의 핵심적인 역할을 하는 부분이다. • 생물학적, 화학적, 물리적, 유전적, 신체적 요인 등
숙 주	• 성격, 유전적 소인, 성, 연령, 개인 또는 집단의 습관, 사회 계급, 생물학적 특성 등
환 경	• 사회적, 물리적, 화학적, 생물학적, 경제적 환경 등을 포함하며, 가장 중요한 요소이다. • 지렛대 역할을 수행한다.

　　ⓒ 병원체, 숙주, 환경 이 세 가지 요인이 균형을 이룰 때 건강이 이루어진다.
　　ⓒ 숙주요인이 우세하거나 환경요인이 숙주요인 쪽에 유리하게 작용하여 숙주요인 쪽으로 기울어지면 건강의 증진을 의미한다.
　　② 병인요인이 우세하거나 환경요인이 병인요인 쪽에 유리하게 작용하면 평형파괴로 건강저해와 질병의 발생을 의미한다.
　　⑩ 감염성 질환의 발생기전 설명에는 적합하지만, 만성 퇴행성 질환을 설명하지 못한다.

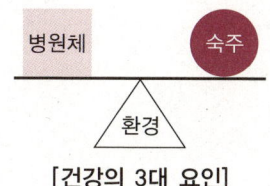

[건강의 3대 요인]

④ 사회생태학적 모형
  ㉠ 생태학적 모형에서 강조하던 병원체를 개인행태요인으로 대체한 이론으로, 개인의 행태적 측면이 질병발생의 원인으로 작용한다는 모형이다.
  ㉡ 만성 퇴행성 질환의 발생과 관리를 설명하는 데에 적합하다.
⑤ 역학적 삼각형 모형
  ㉠ 질병발생의 3대 주요인자인 병인적 인자, 숙주적 인자, 환경적 인자의 상호관계에서 질병이 발생된다는 설이다.
  ㉡ 세 개의 요인 중 어느 한 가지 요인이라도 변동을 일으켜 평형이 깨지고 어느 한쪽으로 기울어진 상태일 때 질병 혹은 유행이 발생된다는 것이다.
  ㉢ 이 모형은 감염병 발생을 설명할 수 있는 장점이 있는 반면에, 선천성 질환 등 유전적 소인이 있는 질병이나 비감염성 질환의 발생을 설명하는 데에는 한계가 있다.

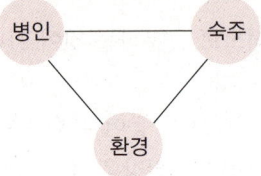

[병인, 숙주, 환경의 상호관계]

⑥ 거미줄(원인망) 모형
  ㉠ 질병발생의 요인이 어느 특정한 요인에 의해서 이루어지는 것이 아니라, 여러 가지 요인들과 연결되어 질병이 발생된다는 이론이다. 복잡한 상호관계가 마치 거미줄 모형과 같이 얽혀져서 있어 거미줄 모형이라 한다.
  ㉡ 이 모형은 심근경색증과 같은 비감염성 질환의 발생을 이해하는데 유리하다.

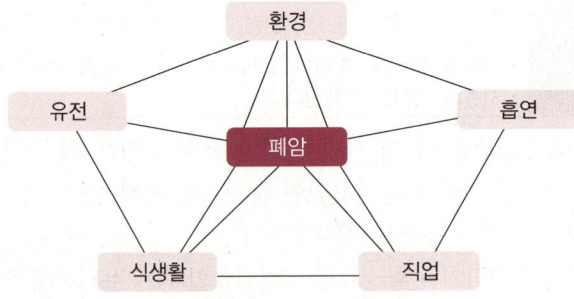

[거미줄(원인망) 모형]

⑦ 수레바퀴 모형
  ㉠ 바퀴의 중심부분은 숙주가 되며, 그 핵심은 인간의 유전적 요인에 해당된다. 숙주를 중심으로 그 밖을 환경이 둘러싸고 있으며, 환경은 생물학적, 사회적, 물리화학적인 환경으로 분리한다.
  ㉡ 이 모형에서 질병의 발생에 기여하는 비중은 질병에 따라서 다르다.
  ㉢ 원인망 모형이 질병이 발생하는 경로를 표현함으로써 질병예방대책수립에 도움이 되는 반면에, 수레바퀴 모형은 질병발생에 대한 원인요소들의 기여정도에 중점을 두어 표현함으로써 역학적 분석에 도움이 된다.
  ㉣ 원인망 모형과 같이 비감염병질환 발생의 이해에 용이하다.
  ㉤ 수레바퀴 모형은 다른 모형과 달리 병원체요인은 넣지 않는다.

[수레바퀴 모형]

3 역학적 연구방법

(1) 역학적 연구방법의 유형

			기술역학
관찰적 연구	어떤 실험적 자극이나 행위를 가하지 않고 자연상태하에서 일어나는 현상으로부터 정보를 입수하여 비교·평가·분석하는 연구	분석역학	• 단면조사 연구 • 환자 – 대조군 연구 • 코호트 연구
실험적 연구	인위적으로 어떠한 실험적 자극이나 조건을 준 상태하에서 실험군과 대조군간의 차이를 비교·평가·분석하는 방법	임상실험	• 생물학적 연구 • 사례군 연구
		지역사회 실험	
기 타			이론역학, 작전역학 등

① 기술역학 기출 2020 서울시
  인구집단을 대상으로 하여 집단에서 발생되는 질병의 분포, 경향 등을 그 집단의 특성에 따라 조사, 연구하여 사실적 현상 그대로 기록하는 1단계 역학을 말한다.
  ㉠ 인적 특성(Who – Person) : 연령, 성, 인종, 결혼, 교육 정도, 직업, 사회경제적인 상태 및 출생순위 등 가족상태에 따라 유행 양상이 다르다.

ⓛ 지역적 특성(Where – Place) : 국가나 지역사회의 특성을 말한다.

구 분	정 의	예 시
범세계적 (범발적)	범세계적으로 발생 또는 유행하는 것	유행성 독감
전국적	한 국가에 전반적으로 질병이 발생하는 것	우리나라의 장티푸스
지방적 (편재적)	일부 지역에서 특수하게 발생하는 것	우리나라 낙동강 유역에서 많이 발생하는 간디스토마
산발적	일부 한정된 지역에서 산발적으로 발생하는 것	렙토스피라증

ⓒ 시간적 특성(When – Time) : 토착성, 유행성, 추세변화, 주기변화, 계절적 변화 및 불규칙 유행을 말한다. 기출 2015 서울시

구 분	정 의	예 시
추세변화 (장기변화)	어떤 질병을 수십년간 관찰하였을 때 증가 혹은 감소의 경향을 보여 주는 것 → 시대적 또는 연대적 변동으로 장기간에 걸쳐 발병률과 사망률이 변동함	장티푸스(30~40년 주기), 디프테리아(약 10~24년), 인플루엔자(약 30년) 등
주기변화 (순환변화)	수년의 간격으로 질병의 발생이 반복되는 경우	인플루엔자A(2~3년), 백일해(2~4년), 홍역(2~3년) 등
계절변화	계절변화는 넓은 의미로 주기변화에 속하나 1년을 주기로 질병이 발생하는 것	여름철에는 소화기계 감염병, 겨울철에는 호흡기계 질병이 유행
단기변화	시간별, 날짜별 혹은 주 단위로 질병발생 양상이 변화되는 것	급성 감염병
불규칙변화	외래 감염병의 국내 침입시 돌발적으로 유행하는 경우	외국에서 신종 H7N9형 조류인플루엔자(AI) 감염자가 계속 확산되다가 한국에 조류인플루엔자(AI)가 침입하여 돌연 국내에서 유행

② 분석역학

기술역학(1단계 역학)에서 관찰을 통해 얻어진 결과를 토대로 질병발생과 질병발생의 요인 또는 속성과의 인과관계를(Cause – Effect) 밝혀내는 2단계 역학으로, 단면조사 연구, 환자 – 대조군 연구 및 코호트 연구의 3가지 조사방법이 있다.

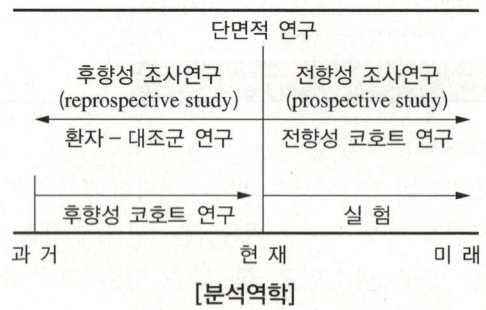

[분석역학]

㉠ 단면조사 연구(상관관계연구) 기출 2018, 2022 서울시
ⓐ 일정한 인구집단을 대상으로 특정한 시점 또는 기간 내에 어떤 질병 또는 상태의 유무를 조사하고, 그 인구집단의 개개 구성요원이 갖고 있는 각종 속성(연령, 성별, 사회·경제적인 요인, 교육 정도, 인종, 종교, 거주지 등)과 연구하려는 질병과의 상관관계가 있는지 여부를 규명하는 연구방법이다.
ⓑ 장점 및 단점 기출 2016 서울시

장 점	• 시간과 비용이 절약된다. • 일반화가 쉽다. • 어떤 사실을 찾거나 가설검증에 도움이 된다. • 비교적 단시간 내에 결과를 얻을 수 있다. • 동시에 여러 종류의 질병과 발생요인과의 관련성을 조사할 수 있다. • 환자 – 대조군 연구보다 편견(bias)이 적고, 정확도가 높다. • 변하지 않는 요인과 질병과의 관계 및 환자 – 대조군 연구에서 원인적 연관성이 의심되는 질병조사에 활용할 수 있다. • 모집단을 대표하는 표본인구를 추출하기 때문에 유병률을 포함한 어떤 사실을 찾거나 가설을 검증하는데 도움이 된다.
단 점	• 복합요인 중에서 원인요인만을 찾아내기 어렵다. • 대상 인구집단이 비교적 커야 한다. • 빈도가 낮은 질병이나 이환기간이 짧은 급성 감염병에는 적절하지 못한 연구방법이다. • 일정한 시점에서의 조사이기 때문에 질병 발생과 질병의 원인으로 의심되는 요인이나 속성과의 시간적인 선후관계를 규명하기 어렵다. • 후향성 조사이므로 미래예측력이 낮다.

㉡ 환자 – 대조군 연구 기출 2019, 2021 서울시
ⓐ 어떤 질병에 이환된 집단을 대상으로 하여 환자군을 선택하고 이환되어 있지 않은 건강한 대조군을 선정하여, 가설된 위험요인을 과거에 갖고 있었는지 또는 위험요인에 폭로되었는지의 여부를 조사하여 비교 검토함으로써 위험요인과 질병발생과의 인과관계를 규명하고 질병발생의 원인을 찾아내는 방법이다.
ⓑ 연구시작 시점에서 과거의 관찰시점으로 거슬러 올라가 관찰시점으로부터 연구시점까지의 기간 동안 조사한다.
ⓒ 환자군 및 대조군의 선택

환자군의 선택	• 한 지역사회 인구 전체를 대상으로 어느 시점 또는 일정기간에 발생된 모든 환자 또는 그 대표 표본을 선택하는 방법이 있다. 이러한 방법을 이용해 환자군과 대조군을 선택할 때 이를 '지역사회 환자 – 대조군 연구'라고 한다. • 환자를 색출하는데 소요되는 시간과 경제성을 고려하여 이미 하나 또는 여러 개의 병·의원에서 진단이 확정된 환자를 선택하는 방법이 있다. 이 방법을 이용해 환자군과 대조군을 선택하는 경우 '병원 환자 – 대조군 연구'라고 한다. • 기타 : 의료보험가입자, 학교나 군대 또는 산업장 등의 특수집단으로부터 환자군을 선택할 수 있다.
대조군의 선택	• 대조군 선정에서 가장 중요한 원칙은 비교성이 높아야 한다. 즉 양군의 연령, 성, 인종 및 경제상태 등이 비슷하여야 한다. • 연구대상이 되는 요인에 대한 정보제공 상태가 양군에서 비슷하여야 한다. • 환자군과 대조군의 비교성을 높이고 선택하는 사람의 편견을 줄이기 위해서는 대조군의 선택시 표본추출법(Sampling Method)과 짝짓기법(Matching Method)을 이용하여야 한다.

ⓓ 장점 및 단점

장점	• 연구가 비교적 용이하며, 시간, 경비, 노력이 적게 든다(연구결과가 빠르게 산출된다). • 적은 표본으로도 연구가 가능하다. • 희귀질병이나 잠복기가 긴 만성 질환 연구도 가능하다. • 기존의 자료 등을 활용한 연구도 가능하다. • 특정 질병과 여러 위험요인간의 관계를 조사할 수 있다.
단점	• 환자군과 모든 조건이 비슷한 대조군의 선정이 어렵다. • 연구에 필요한 정보가 과거행위에 관한 것이므로, 환자의 기억력이 흐려 착오가 생길 수 있고, 편견의 발생, 정확도나 신뢰도에 문제가 발생할 수 있다(정보수집이 불확실하다). • 표본을 일반화하여 설명하기 어렵다(표본의 대표성 문제). • 상대위험도(비차비) 밖에 얻을 수 없다.

ⓒ 코호트 연구 [기출] 2014, 2020 서울시

ⓐ 코호트(Cohort)란 '동일한 특성을 가진 인구집단'이란 뜻으로, 어떤 특정기간에 출생한 자의 집단은 '출생 코호트(Birth Cohort)'라 하고, 어떤 특정기간에 결혼한 자의 집단은 '결혼 코호트(Marriage Cohort)'라고 말하는데, 시간적인 개념이 포함되어 있다는 것이 특징이라 할 수 있다.

ⓑ 후향성 코호트 연구와 전향성 코호트 연구

후향성 코호트 연구	과거에 이미 일어난 사건에 대한 연구인 후향성 코호트 연구는 과거의 기록에 의하여 원인되는 요소를 먼저 분류하고 거기에 따른 질병발생의 결과를 관찰 분석한다. [예] 과거에 원전사고로 노출된 사람들이 현재는 어떤 상태인지 조사하는 것
전향성 코호트 연구	앞으로 일어날 사건을 연구대상으로 하는 전향성 코호트 연구는 질병발생의 어떤 요인이나 속성에 폭로된 인구집단과 폭로되지 않은 인구집단간에 앞으로 어떤 결과가 나타나는 지를 비교 연구하는 것이다. [예] 최근에 일어난 원전사고로 노출된 사람들이 앞으로 어떻게 될지 추적조사 하는 것

ⓒ 장점 및 단점

장점	• 시간적 선후관계를 알 수 있다. • 현재 일어나고 있는 원인에 대한 미래의 결과를 관찰하는 것이므로 비교위험도와 귀속위험도를 직접 측정할 수 있다. • 속성 또는 요인에 편견이 들어가는 일이 적다. • 단일 노출요인에 대해 여러 질병에 대한 가설검증이 가능하다(부수적으로 다른 질환과의 관계를 알 수 있다). • 신뢰성이 높아 연구결과의 일반화가 가능하다. • 질병의 자연사 파악이 가능하다.
단점	• 많은 대상자를 필요로 한다. • 질병분류에 착오가 생길 수 있다. • 조사기간이 길어 비용이 많이 든다. • 대상자의 도중 탈락이 많다. • 진단방법과 기준에 변동이 생길 수 있다. • 발생률이 낮은 질병에는 적합하지 않다.

ⓔ 질병발생 위험도의 측정 기출 2015 서울시

[흡연과 폐암발생의 관계]

폐암 유무 흡연 여부	환 자	비환자	합 계
흡 연	a	b	$a+b$
비흡연	c	d	$c+d$
합 계	$a+c$	$b+d$	$a+b+c+d$

ⓐ 교차비(Odds Ratio ; 비차비) 기출 2021 서울시

환자 – 대조군 연구에서 주로 사용되며, 질병을 갖고 있는 사람과 갖고 있지 않는 사람 간의 위험요인 노출 여부(폭로 여부)에 대한 비(比)이다.

$$교차비 = \frac{ad}{bc}$$

교차비 > 1	위험요인에 대한 노출이 환자집단에서 더 높음을 의미
교차비 = 1	환자집단과 대조집단의 위험요인에 대한 노출이 같음
교차비 < 1	위험요인에 대한 노출이 환자집단에서 더 낮음을 의미

ⓑ 비교위험도(Relative Risk ; 상대위험도) 기출 2017, 2018, 2020 서울시

비교위험도의 측정은 질병발생의 위험요인(Risk Factor)을 갖고 있거나 폭로된 군(Group)에서의 질병발생률을 폭로되지 않은 군(Group)에서의 질병발생률로 나누어 준 것이다.

$$비교위험도 = \frac{폭로군에서의\ 질병발생률}{비폭로군에서의\ 질병발생률}$$

$$비교위험도 = \frac{\dfrac{흡연자\ 중\ 폐암에\ 걸린\ 자(a)}{흡연자(a+b)}}{\dfrac{비흡연자\ 중\ 폐암에\ 걸린\ 자(c)}{비흡연자(c+d)}} = \frac{\dfrac{a}{a+b}}{\dfrac{c}{c+d}} = \frac{a(c+d)}{c(a+b)}$$

ⓒ 위험비와 귀속위험도(Attributable Risk ; 기여위험도) 기출 2022 서울시

귀속위험도는 어떤 위험요인에 의해서 초래되는 결과의 위험도를 측정하는 방법으로, 폭로군에서의 발생률에서 비폭로군의 발생률을 뺌으로써 구할 수 있으며, 위험(Risk)차라고도 한다. 귀속위험도는 어떤 요인이 있음으로써 질병 발생에 얼마나 기여했는지를 나타내며, 이 요인을 제거하면 질병 발생이 얼마나 감소될 것인지를 나타낸다.

- $\dfrac{a}{a+b} = R_1$: 흡연시의 폐암발생률
- $\dfrac{c}{c+d} = R_2$: 비흡연시의 폐암발생률
- 위험(Risk)비 $= \dfrac{R_1}{R_2}$
- 귀속위험도(위험차) $= R_1 - R_2 = \dfrac{a}{a+b} - \dfrac{c}{c+d}$

심화Tip 측정의 타당도와 신뢰도

1. 타당도

측정값 또는 측정방법이 측정하고자 하는 것을 얼마나 정확하게 측정하였는지를 평가하는 정도를 나타낸다.

구 분	산 식	정 의
민감도	$\dfrac{a}{a+c}$	실제 병이 있는 사람을 검사한 후 병이 있다고 판정할 수 있는 정도
특이도	$\dfrac{d}{b+d}$	병이 없는 사람을 병이 없다고 판정할 수 있는 정도
예측도	양측 예측도 $(a/a+b)$	양성이라고 판정된 사람 중 실제 양성일 확률
	음성 예측도 $(d/c+d)$	음성이라고 판정된 사람 중 실제 병이 아닐 확률

2. 신뢰도

같은 대상을 같은 방법으로 측정할 때 얼마나 일관성 있게 검증하느냐를 의미한다.

③ 실험역학(임상역학) 기출 2021 서울시

실험적으로 대상요인을 인위적으로 투여하거나 제거한 후 그 영향을 측정하는 2단계 역학이다. 대상요인 이외의 변수는 실험군과 대조군이 동일하다.

㉠ 임상 실험(Clinical Trial) : 역학에서 이차예방효과의 측정 등을 위하여 오래전부터 사용해 온 연구방법으로 백신(Vaccine)의 효과 측정, 새로운 치료약품이나 처치방법 등의 효과 및 효능 등을 규명하기 위하여 입원환자를 대상으로 연구하는 방법이다.

㉡ 지역사회 실험(Community Trial) : 어떤 인구집단을 대표하는 집단을 대상으로 이러한 요인 또는 위험요소를 제거하거나 또는 생활태도를 변화시킴으로써 대상 질병의 발생이 감소되는지를 규명하려는 일차예방사업의 효과를 측정하는 연구이다.

ⓐ 단일맹검법 : 실험자나 피실험자가 사실을 인지함으로써 발생할 편견을 최소화 하기 위해 실험대상자 본인이 실험군에 속하는지 대조군에 속하는지 모르게 하는 방법이다.

ⓑ 이중맹검법 : 피실험자와 실험자 모두 누가 실험군이고 누가 대조군인지 모르게 하는 방법이다.
ⓒ 위약투여법 : 심리적 작용으로 인한 편견을 제거하기 위해 약리작용이 전혀 없는 위약을 투여하는 방법이다.
ⓒ 장점 및 단점

장 점	• 인과관계를 가장 정확히 알 수 있다. • 연구하고자 하는 많은 요인들이 연구자에 의해 조작이 가능하다. • 시간적 속발성에 대한 판단이 용이하다.
단 점	• 도덕적·윤리적 문제가 발생한다. • 실험결과의 실제 적용상 한계점을 내포하고 있다.

④ 이론역학
㉠ 질병발생 양상에 관한 모델과 유행현상을 수리적으로 분석하여 이론적으로 유행법칙이나 현상을 수식화하고, 실제로 나타난 결과와 비교해 봄으로써 그 모델의 타당성을 검정하고 또는 그 모델 내에서의 여러 요인들간의 상호관계를 수리적으로 규명해내는 3단계 역학이다.
㉡ 감염병의 발생이나 유행을 예측하는데 활용된다.

⑤ 작전역학
㉠ 오므란(A. Omran)이 개발한 것으로, 보건서비스를 포함하는 지역사회 서비스(Community Service)의 운영에 관한 계통적 연구를 통해 이 서비스의 향상을 목적으로 하는 역학이다.
㉡ 내 용
ⓐ 사업의 수용 또는 거부반응을 일으키는데 영향을 미치는 요인들을 규명하는 것
ⓑ 지역사업 보건문제 해결을 위한 여러 가지 접근방법을 비교평가하는 것
ⓒ 목적 성취 여부를 근거로 보건사업의 효과를 평가하는 것
ⓓ 사업의 운영과정에 관하여 연구하는 것
ⓔ 투입된 예산, 경비, 노력에 대한 결과 혹은 효과를 관련시켜 연구하는 것
㉢ 장점 및 단점

장 점	• 원인을 제거함으로써 인과관계의 예방효과를 측정할 수 있다. • 실용성의 증명이 가능하다. • 경비의 효율성을 평가할 수 있다.
단 점	여러 가지 요인이 함께 작용하여 구별이 어렵다.

(2) 역학적 인과관계의 판단기준 기출 2017 서울시

연관성의 강도	위험비와 위험차가 크면 연관성이 강하여 인과관계를 지지하는 근거가 된다. 예 폐암의 발생률이 비흡연자에 비해서 흡연자에서 월등히 높다면 흡연과 폐암 사이의 인과관계 가능성을 지지하는 근거가 된다.
생물학적 설명 가능성	원인으로 추정되는 인자와 결과의 관계가 생물학적, 병태생리학적으로 설명이 가능하면 인과관계가 있다. 예 흡연은 실험을 통해서 수많은 발암물질을 포함한다는 것이 밝혀졌다. 또한 호흡기계 암의 발생률은 흡연력이 증가할수록 증가한다. 위와 같은 사실들은 담배와 호흡기계 암 발생의 인과관계를 강하게 뒷받침한다.
실험적 입증	인과성이 의심되는 요인에 인위적인 조작(실험)을 가하여 해당 질병의 발생이 변화되는 것이 확인되면 연관성이 높은 것이다.
연관성의 일관성	서로 다른 지역에서 다른 연구자가 동일한 가설에 대하여 서로 다른 방법으로 연구하였음에도 같은 결론에 이르렀다면 일관성이 높은 것이다.
원인과 결과의 시간적 관계	원인으로 추정되는 인자가 결과발생 이전에 있으면 인과관계가 인정된다. 예 헬리코박터균이 명백하게 만성 위염과 관련되며, 만성 위염 환자의 약 11%가 10년에 걸쳐 십이지장궤양으로 진전된다. 따라서 헬리코박터균은 십이지장궤양의 원인균으로 인과관계가 인정된다.
용량 의존성	위험요인에 노출이(폭로가) 많이 될수록 질병발생의 확률이 높아지는 양(+)의 상관관계가 있을 경우 연관성이 높다.
관련의 가역성 (기존 지식과의 일치성)	해당 질병의 발병과정 또는 자연사 등이 기존 지식과 부합한다면 연관성이 높다.
특이성	한 가지 원인이 한 가지 결과만을 초래하는 경우 인과성이 인정된다.
유사성	해당되는 것과 유사한 원인들의 예가 많을수록 인과관계에 대한 증거는 강화된다. 예 임신 초기 풍진의 감염이 태아의 선천적 기형의 원인이 된다는 인과관계가 이미 밝혀져 있는데, 비슷한 종류의 바이러스에 감염된 임산부에서도 선천성 기형이 발생하였다면, 이 바이러스와 선천성 기형간에 인과관계가 인정된다.

02 감염병

1 감염병의 개요

(1) 감염병의 분류

구 분	유 형
병원체의 특성에 따른 분류	말라리아, 매독, 트라코마, 장티푸스, 콜레라, 홍역 등
침범하는 기관에 따른 분류	호흡기계질환, 위장관질환, 간질환, 급성 열성 질환 등
전파방법에 따른 분류	수인성질환, 식품매개질환, 동물(곤충, 절족동물)매개질환, 인수감염병(동물에서 사람으로 전파), 사람간 전파, 성인성질환(성적 접촉에 의한 전파) 등

> **The 알아보기**
>
> **감염병의 정의**
> 감염병이란 제1급감염병, 제2급감염병, 제3급감염병, 제4급감염병, 기생충감염병, 세계보건기구 감시대상 감염병, 생물테러감염병, 성매개감염병, 인수(人獸)공통감염병 및 의료관련감염병을 말한다(감염병예방법 제2조 제1호).

심화Tip 법정감염병의 분류 [기출] 2022 서울시

- **제1급감염병**: 생물테러감염병 또는 치명률이 높거나 집단 발생의 우려가 커서 발생 또는 유행 즉시 신고하여야 하고, 음압격리와 같은 높은 수준의 격리가 필요한 감염병
- **제2급감염병**: 전파가능성을 고려하여 발생 또는 유행시 24시간 이내에 신고하여야 하고, 격리가 필요한 감염병
- **제3급감염병**: 그 발생을 계속 감시할 필요가 있어 발생 또는 유행시 24시간 이내에 신고하여야 하는 감염병
- **제4급감염병**: 제1급감염병부터 제3급감염병까지의 감염병 외에 유행 여부를 조사하기 위하여 표본감시 활동이 필요한 감염병
- **기생충감염병**: 기생충에 감염되어 발생하는 감염병 중 질병관리청장이 고시하는 감염병
- **세계보건기구 감시대상 감염병**: 세계보건기구가 국제공중보건의 비상사태에 대비하기 위하여 감시대상으로 정한 질환으로서 질병관리청장이 고시하는 감염병
- **생물테러감염병**: 고의 또는 테러 등을 목적으로 이용된 병원체에 의하여 발생된 감염병 중 질병관리청장이 고시하는 감염병
- **성매개감염병**: 성 접촉을 통하여 전파되는 감염병 중 질병관리청장이 고시하는 감염병
- **인수공통감염병**: 동물과 사람간에 서로 전파되는 병원체에 의하여 발생되는 감염병 중 질병관리청장이 고시하는 감염병
- **의료관련감염병**: 환자나 임산부 등이 의료행위를 적용받는 과정에서 발생한 감염병으로서 감시활동이 필요하여 질병관리청장이 고시하는 감염병
- **관리대상 해외 신종감염병**: 기존 감염병의 변이 및 변종 또는 기존에 알려지지 아니한 새로운 병원체에 의해 발생하여 국제적으로 보건문제를 야기하고 국내 유입에 대비하여야 하는 감염병으로서 질병관리청장이 보건복지부장관과 협의하여 지정하는 것

(2) 감염병의 유행

① 발생하는 정도에 따른 분류

풍토병 수준 (endemic)	한 지역사회 또는 인구집단에서 일정 수준으로 지속적으로 발생하는 경우
유행 수준 (epidemic, outbreak)	한 지역사회 또는 인구집단에서 평소에 비하여 많은 환자가 발생하는 경우
범유행 수준 (pandemic)	한 질병이 매우 넓은 지역, 특히 여러 국가의 많은 사람들에게 유행하는 경우

② 전파경로 및 시간에 따른 분류
  ㉠ 공동매개체 유행
    ⓐ 많은 사람들이 병원체에 한번에 폭로되어 일어나는 유행이다.
    ⓑ 그 원인으로 물, 음식, 우유 등이 있다.
    ⓒ 특 징
      • 많은 환자들이 동시에 폭발적으로 발생한다.
      • 환자들이 특정 잠복기 기간에 몰려 있다.
      • 매개체에 폭로된 사람들에게만 환자들이 발생한다.
      • 공동매개물을 규명하여 예방 대책을 수립하는 것이 효과적이다.
      • 감수성 있는 대상자들이 동일한 시점에 동일한 원천의 병원체에 폭로될시에는 점유행 (point epidemic)의 형태로 나타난다.
  ㉡ 점진형 전파(사람과 사람간 전파)
    지역사회에 병원소 또는 감염원이 지속적으로 존재하면서 직접 또는 간접전파 경로를 통하여 계속적으로 환자가 발생하는 경우이다.

(3) 감염병의 위기경보 수준

수 준	특 징	비 고
관 심 (Blue)	• 해외의 신종감염병 발생 • 국내의 원인불명 감염환자 발생	징후활동 감시 대비계획 점검
주 의 (Yellow)	• 해외 신종감염병의 국내 유입 ※ 세계보건기구의 감염병 주의보 발령 • 국내에서 신종·재출현 감염병 발생	협조체제 가동
경 계 (Orange)	• 해외 신종감염병의 국내유입 후 타 지역으로 전파 • 국내 신종·재출현 감염병의 타 지역으로 전파	대응체제 가동
심 각 (Red)	• 해외 신종감염병의 전국적 확산 징후 • 국내 신종감염병의 전국적 확산 징후 • 재출현 감염병의 전국적 확산 징후	대응역량 총동원

(4) 감염병의 중증도 기출 2017 서울시

구 분	정 의	공 식
감염력	병원체가 숙주에 침입하여 알맞은 기관에 자리 잡는 능력	감염자수 ÷ 감수성자수
이차발병률	감수성자 중 이들이 병원체에 노출되었을 때 발병할 확률(접촉에 의하여 전파되는 질병에 국한)	해당 병원체의 잠복기간내 발병환자수 ÷ 접촉자수
병원력 (발병력)	병원체가 숙주에서 현성질병을 일으키는 능력	(현성감염자수 / 감염자수) × 100
치명률	어떤 질환의 환자수(이환자수)에 대한 그 질환으로 인한 사망자수의 비율	(사망수 / 환자수) × 100

2 감염병의 신고 및 보고

(1) 의사 등의 신고(감염병의 예방 및 관리에 관한 법률 제11조) 기출 2017, 2022 서울시

① 의사, 치과의사 또는 한의사는 다음의 어느 하나에 해당하는 사실(표본감시 대상이 되는 제4급감염병으로 인한 경우는 제외한다)이 있으면 소속 의료기관의 장에게 보고하여야 하고, 해당 환자와 그 동거인에게 질병관리청장이 정하는 감염 방지 방법 등을 지도하여야 한다. 다만, 의료기관에 소속되지 아니한 의사, 치과의사 또는 한의사는 그 사실을 관할 보건소장에게 신고하여야 한다.
  ㉠ 감염병환자 등을 진단하거나 그 사체를 검안(檢案)한 경우
  ㉡ 예방접종 후 이상반응자를 진단하거나 그 사체를 검안한 경우
  ㉢ 감염병환자 등이 제1급감염병부터 제3급감염병까지에 해당하는 감염병으로 사망한 경우
② 감염병병원체 확인기관의 소속 직원은 실험실 검사 등을 통하여 보건복지부령으로 정하는 감염병환자 등을 발견한 경우 그 사실을 그 기관의 장에게 보고하여야 한다.
③ 보고를 받은 의료기관의 장 및 감염병병원체 확인기관의 장은 제1급감염병의 경우에는 즉시, 제2급감염병 및 제3급감염병의 경우에는 24시간 이내에, 제4급감염병의 경우에는 7일 이내에 질병관리청장 또는 관할 보건소장에게 신고하여야 한다.
④ 육군, 해군, 공군 또는 국방부 직할 부대에 소속된 군의관은 제1항의 어느 하나에 해당하는 사실(표본감시 대상이 되는 제4급감염병으로 인한 경우는 제외한다)이 있으면 소속 부대장에게 보고하여야 하고, 보고를 받은 소속 부대장은 제1급감염병의 경우에는 즉시, 제2급감염병 및 제3급감염병의 경우에는 24시간 이내에 관할 보건소장에게 신고하여야 한다.
⑤ 감염병 표본감시기관은 표본감시 대상이 되는 제4급감염병으로 인하여 제1항 ㉠ 또는 ㉢에 해당하는 사실이 있으면 보건복지부령으로 정하는 바에 따라 질병관리청장 또는 관할 보건소장에게 신고하여야 한다.

(2) 그 밖의 신고의무자(감염병의 예방 및 관리에 관한 법률 제12조)
① 다음의 어느 하나에 해당하는 사람은 제1급감염병부터 제3급감염병까지에 해당하는 감염병 중 보건복지부령으로 정하는 감염병이 발생한 경우에는 의사, 치과의사 또는 한의사의 진단이나 검안을 요구하거나 해당 주소지를 관할하는 보건소장에게 신고하여야 한다.
  ㉠ 일반가정에서는 세대를 같이하는 세대주. 다만, 세대주가 부재 중인 경우에는 그 세대원
  ㉡ 학교, 사회복지시설, 병원, 관공서, 회사, 공연장, 예배장소, 선박·항공기·열차 등 운송수단, 각종 사무소·사업소, 음식점, 숙박업소 또는 그 밖에 여러 사람이 모이는 장소로서 보건복지부령으로 정하는 장소의 관리인, 경영자 또는 대표자
  ㉢ 「약사법」에 따른 약사·한약사 및 약국개설자
② 제1항에 따른 신고의무자가 아니더라도 감염병환자 등 또는 감염병으로 인한 사망자로 의심되는 사람을 발견하면 보건소장에게 알려야 한다.

(3) 보건소장 등의 보고(감염병의 예방 및 관리에 관한 법률 제13조)
① 신고를 받은 보건소장은 그 내용을 관할 특별자치도지사 또는 시장·군수·구청장에게 보고하여야 하며, 보고를 받은 특별자치도지사 또는 시장·군수·구청장은 이를 질병관리청장 및 시·도지사에게 각각 보고하여야 한다.
② 보고를 받은 질병관리청장, 시·도지사 또는 시장·군수·구청장은 감염병환자로 의심되는 사람(제1급감염병 환자로 의심되는 경우에 한정한다)에 대하여 감염병병원체 검사를 하게 할 수 있다.

(4) 인수공통감염병의 통보(감염병의 예방 및 관리에 관한 법률 제14조)
① 「가축전염병예방법」 제11조 제1항 제2호에 따라 신고를 받은 국립가축방역기관장, 신고대상 가축의 소재지를 관할하는 시장·군수·구청장 또는 시·도 가축방역기관의 장은 같은 법에 따른 가축전염병 중 다음 각 호의 어느 하나에 해당하는 감염병의 경우에는 즉시 질병관리청장에게 통보하여야 한다.
  ㉠ 탄 저
  ㉡ 고병원성 조류인플루엔자
  ㉢ 광견병
  ㉣ 그 밖에 대통령령으로 정하는 인수공통감염병(동물인플루엔자)
② 통보를 받은 질병관리청장은 감염병의 예방 및 확산 방지를 위하여 「감염병예방법」에 따른 적절한 조치를 취하여야 한다.
③ 신고 또는 통보를 받은 행정기관의 장은 신고자의 요청이 있는 때에는 신고자의 신원을 외부에 공개하여서는 아니 된다.

3 감염병의 진행 과정

① 병원체 → ② 병원소 → ③ 병원소로부터 병원체의 탈출 → ④ 전파 → ⑤ 새로운 숙주로의 침입 → ⑥ 숙주의 감수성(저항성)
※ 연쇄과정으로 진행되며, 이 과정 중 하나라도 결여, 방해, 차단되면 감염병 생성이 안됨

(1) 병원체

① 분 류

분 류	특 징	종 류
박테리아 (세균)	바이러스나 리케차보다 더 발전한 생물로, 적절한 온도와 습도의 환경 조건하에서는 급속하게 증식한다. 항생제의 남용으로 항생제에 저항성이 높은 돌연변이 박테리아들이 많이 생겼는데, 이를 슈퍼박테리아라고 부른다.	• 간균 : 디프테리아, 장티푸스, 결핵균 등 • 구균 : 연쇄상구균, 폐렴균, 임균 등 • 나선균 : 콜레라균 등
바이러스	0.01~0.3μm 정도의 크기로 전자현미경으로만 볼 수 있고, 세포 내에 기생한다.	홍역, 폴리오(Polio), 유행성 간염, 일본뇌염, 광견병, 유행성 이하선염, AIDS 등
리케차	박테리아와 크기가 흡사하며, 세포 내에 기생하는 점은 바이러스와 비슷하다.	발진티푸스・발진열・쯔쯔가무시병(양충병)・록키산 홍반열
기생충	단세포와 다세포 기생충으로 구분된다.	말라리아, 아메바성 이질, 회충, 십이지장충, 유구조충, 무구조충, 간디스토마, 폐디스토마 등
진 균 (사상균)	진핵세포를 가진 고등 미생물로 곰팡이라고도 한다.	무좀 및 칸디다증

② 병원체의 병인성, 병독성 및 감염력

병인성 (병원성)	• 감염된 숙주로 하여금 발병하게 하는 병원체의 능력(발병력) • 환자수 / 총감염자수
병독성 (독성, 독력)	• 중증 이상의 질병을 일으키는 능력 • (중환자수 + 사망자수) / 환자수
감염력	• 병원체가 한 숙주에서 다른 숙주로 이행해 나가는 능력 • 병원체의 배출경로, 침입부위, 숙주체내에서의 생존기간, 외계에서의 저항성, 침입균의 양 등이 문제가 된다.

(2) 병원소 기출 2014 서울시

병원체가 생존하고 증식하면서 감수성 있는 숙주에 전파시킬 수 있는 생태적 지위에 해당하는 사람, 동물, 곤충, 흙, 물 등을 말한다.

① 인간 병원소

인간 병원소에는 환자, 무증상 감염자 그리고 보균자의 세 가지가 있다.

㉠ 환자 : 병원체에 감염되어 임상증상을 나타내는 사람이다.
㉡ 무증상 감염자 : 임상증상이 아주 미약하여 간과되기 쉬운 환자로 무증상 감염을 흔히 일으키는 질병은 장티푸스, 세균성 이질, 콜레라, 성홍열 등이 있다.
㉢ 보균자 : 자각적, 타각적으로 인지할 만한 임상증상은 없는데 체내에 병원체를 보유하여 항시 또는 때때로 균을 배출하는 병원체 보유자를 말한다.
　ⓐ 보균자의 특징
　　• 보균자는 사회생활면에서 자유롭게 활동하기 때문에 감염시킬 수 있는 영역이 넓다.
　　• 주위 사람들이 경계하지 않기 때문에 전파기회가 많다.
　　• 보균자수는 일반적으로 환자수보다 많다.
　ⓑ 보균자의 분류

구분	정의	예시
회복기 보균자 (병후 보균자)	감염병을 경과하고 그 임상증상이 전부 소실되었는데도 불구하고 병원체를 배출하는 자	장티푸스, 세균성 이질, 디프테리아 등
잠복기 보균자	발병전 보균자로서 잠복기간 중에 병원체를 배출하여 감염성을 가지고 있는 자	디프테리아, 홍역, 백일해 등
건강 보균자	병원체의 감염을 받고도 전혀 임상증상을 나타내지 않고 발병하지 않는 건강자와 구별이 어려운 보균자	폴리오, 디프테리아, 일본뇌염 등

② 동물 병원소
동물이 감염된 질병 중에서 2차적으로 인간숙주에게 감염되어 질병을 일으킬 수 있는 감염원으로 작용하는 경우를 말하며, 이러한 감염병을 '인수공통감염병'이라고 한다.
㉠ 쥐 : 양충병, 발진열, 선페스트, 렙토스피라증
㉡ 소 : 탄저, 결핵, 브루셀라증, 살모넬라증, 보툴리즘
㉢ 개 : 광견병, 톡소플라스마증, 일본주혈흡충증
㉣ 고양이 : 살모넬라증, 톡소플라스마증
㉤ 양 : 큐열(Q fever), 탄저, 브루셀라증, 보툴리즘
㉥ 돼지 : 일본뇌염, 탄저, 렙토스피라증, 살모넬라증

③ 토양(Soil)
토양은 진균류와 파상풍의 병원소 역할을 한다.

(3) 병원소로부터 병원체의 탈출

① 호흡기 계통으로 탈출
호흡기 감염병이 주가 되는데, 해부학상으로 코, 비강, 기도, 기관지, 폐 등의 여러 부분에서 생장하는 많은 병원체가 외호흡을 통해서 나가며 주로 대화, 기침, 재채기를 통해 전파된다.
　예 폐결핵, 폐렴, 백일해, 홍역, 수두, 천연두, 디프테리아, 발진티푸스, 성홍열, 유행성 이하선염, 인플루엔자 등

② 소화기 계통으로 탈출
위장관을 통한 탈출로 분변이나 토물에 의해서 소화기 감염병이나 기생충 질환의 병원체가 체외로 배설되는 경우이다. 예 이질, 콜레라, 장티푸스, 파라티푸스, 소아마비, 기타의 장질환
③ 비뇨생식기 계통으로 탈출
소변이나 분비물 등을 통하여 탈출한다. 예 성병 등
④ 개방병소(상처)를 통해 탈출(Open Lesion)
신체 표면의 농양, 피부병, 옴 등의 병원체가 병변 부위에서 직접 탈출하게 된다.
⑤ 기계적 탈출
병원체가 병원소로부터 탈출할 때 자기의 힘으로 탈출하지 못하고, 제3자의 힘으로 간접으로 이루어지는 탈출을 말한다. 모기, 이, 벼룩 등의 흡혈성 곤충에 의한 탈출(뇌염, 황열, 재귀열)과, 주사기(매독) 및 감염된 육류에 의한 탈출(발진티푸스, 발진열, 말라리아 등)이 있다.

(4) 전 파 기출 2018, 2022 서울시

① 직접전파
병원체가 매개체에 의한 중간역할 없이 병원소에서 직접적으로 새로운 숙주에게 전파되는 경우이다.
㉠ 직접접촉감염 : 신체의 일부가 직접 토양이나 퇴비에 접촉하여 파상풍, 탄저, 사상균증 및 구충증에 걸리는 경우 또는 육체적 직접접촉에 의한 전파(성병)가 있다.
㉡ 태반감염(수직감염) : 임부가 감염되어 태반을 통해 태아에게 감염이 파급되는 경우(매독, 풍진, 톡소플라스마증)
㉢ 비말감염 : 기침, 재채기, 대화를 통한 감염(인플루엔자, 백일해, 수막알균 등)

심화Tip 비말전파와 공기전파

구 분	비말전파(직접전파)	공기전파(간접전파)
특 징	상대적으로 크고 무거운 에어로졸 물질로 기침, 재채기, 대화 등으로 생성된다.	$5\mu m$ 미만 크기의 건조된 비말핵으로 매우 작은 에어로졸 물질이다.
질 병	인플루엔자, 백일해, 수막알균, A군사슬알균	홍역, 수두, 결핵, 두창(인플루엔자, 대상포진, 노로바이러스 등도 특수한 상황에서 전파 가능)
전파거리	대개 반경 90cm 이내	매우 작은 비말핵은 기류를 타고 먼 거리까지 이동하여 전파 가능

〈참고자료 : 서울삼성병원 감염병대응센터〉

② 간접전파
㉠ 병원체가 어떤 매개체를 통하여 전파되어 감염이 성립되는 경우를 말한다.
㉡ 간접전파가 이루어지기 위해서는 병원체를 옮기는 매개체가 있어야 하고, 병원체가 병원소 밖으로 탈출하여 어느 기간 동안 생존할 수 있는 능력이 있어야 한다.

③ 전파체의 종류
　㉠ 활성 전파체 : 매개 역할을 하는 생물
　　　예 모기, 이, 파리, 벼룩 등과 같은 각종 절족동물과 흡충류의 중간숙주인 패류(貝類), 담수어와 개구리나 뱀과 같은 중간숙주 등
　㉡ 비활성 전파체 : 병원체를 매개하는 모든 무생물로서 물, 우유, 식품, 공기, 토양이 대표적이다.

> **심화Tip** 개달물과 개달물 감염
>
> - 개달물(介達物)
>   비활성 전파인 물, 우유, 식품, 공기, 토양 다섯 가지를 제외한 병원체를 운반하는 수단으로서만 작용하는 모든 무생물을 말한다.
> - 개달물 감염
>   특히 의복, 책, 침구, 완구와 같은 개달물에 의한 감염병의 전파를 개달물 감염이라고 한다.

④ 식품매개전파
　소화기계 감염병은 환자 또는 보균자의 기침이나 분뇨를 통해서 병원체가 탈출하는 기회가 많으며, 이에 오염될 가능성이 있는 식품은 두부, 야채류, 어개류(생선과 함께 석회질이나 키틴질의 껍데기가 있는 절지동물) 등이 있다.
　　예 이질, 장티푸스, 파라티푸스 등의 소화기계 감염병
⑤ 물에 의한 전파
　사람의 배설물에 의해 오염될 가능성은 지표수가 지하수보다 더 크며, 물에 의해 전파되는 병원체로는 장티푸스균, 콜레라균, 이질균 등이 대표적이다.
⑥ 우유매개 전파
　㉠ 우유나 유제품은 미생물에 대해서 양호한 배양기가 되기 때문에 병원체가 증식할 수도 있다.
　㉡ 우유 오염의 3가지 원인
　　ⓐ 소의 질병 : 우형결핵, 브루셀라증 등
　　ⓑ 사람의 질병에 의해서 소의 유방이 오염된 경우 : 연쇄상구균 등
　　ⓒ 착유된 후 우유가 직접 오염된 경우 : 장티푸스, 이질
⑦ 절지동물에 의한 전파
　㉠ 기계적 전파 : 매개곤충이 병원체가 들어 있는 인축(人畜)의 배설물, 혈액, 조직액 등을 체표면이나 주둥이 및 다리 등에 묻힌 후 음식물이나 식기를 오염시키는 경우와 오물을 일단 섭취한 후 다시 토해내거나 분(糞)을 통해서 살아 있는 병원체를 음식물에 오염시키는 경우
　　　예 장티푸스, 파라티푸스, 이질, 살모넬라증, 결핵, 흑사병, 회충 및 편충 같은 기생충 등

ⓛ 생물학적 전파 `기출` 2017 지방직

구 분	특 징	사 례
증식형	곤충의 체내에서 병원체가 수적으로 증식만 한 후, 곤충에게 자교(물림)시에 인체 내로 감염되는 감염형태	• 페스트 : 쥐, 벼룩 • 뇌염과 황열 : 모기 • 발진티푸스와 재귀열 : 이 • 뎅기열 : 모기 • 발진열 : 벼룩
발육형	곤충체내에서 병원체가 수적 증식은 하지 않고 단지 발육만 하여 전파되는 형태	• 로아사상충증 : 모기
발육증식형	병원체가 곤충체 내에서 증식과 발육을 함께 하여 전파되는 형태	• 말라리아 : 모기 • 수면병 : 체체파리
배설형	병원체가 곤충의 체내에서 증식한 후 장관을 거쳐 분(糞) 배설물로 배설되어 숙주의 피부 상처 부위나 호흡기계 등으로 전파되는 형태	• 발진티푸스 : 이 • 발진열과 페스트 : 벼룩
경란형	병원체에 이미 감염된 암컷의 난소에서 병원체가 증식하여 알을 통해 자동으로 다음 세대의 개체들이 병원체를 보유하여 감염능력을 갖게 되는 전파 형태	• 록키산 홍반열 : 진드기 • 재귀열 : 이 • 쯔쯔가무시병 : 진드기

(5) 신숙주에의 침입
병원체가 신숙주에 침입하는 양식은 병원소로부터 탈출하는 양식과 대체로 같다.
① 소화기계 감염병
오염된 음식물 섭취로 병원체가 경구로 침입한다.
② 호흡기계 감염병
병원소의 미세 비말이나 비말액을 흡입함으로써 침입한다.
③ 성 병
직접접촉을 통하여 침입한다.
④ 기 타
동물의 교상(咬傷 : 물림), 감염병매개 곤충의 자상(刺傷 : 쏘이거나 물리는 것), 오염된 혈액의 수혈이나 주사기, 유충의 경피 침입 등을 통하여 침입한다.

(6) 신숙주의 감수성과 면역
① 감수성
숙주에 침입한 병원체에 대항하여 감염 또는 발병을 막을 수 있는 능력이 안되는 방어력의 상태를 감수성이 있다고 한다.

> **심화Tip** 감수성 지수(Rudder, 접촉감염지수)
>
> • 급성 호흡기계 감염병의 경우 감수성 보유자가 감염 후 발병 확률이 일정한 것을 말한다.
> • 두창 및 홍역(95%), 백일해(60%~80%), 성홍열(40%), 디프테리아(10%), 폴리오(0.1%) 순으로 홍역 및 두창이 가장 높고, 폴리오가 가장 낮다.

② 면 역 `기출` 2017, 2018, 2019, 2021 서울시

병원체의 침입에 대한 절대적인 방어를 의미하는 것으로서 저항력이 충분히 클 때를 면역이라 하는데 주로 후천적으로 얻어지는 면역을 말한다. 특히 선천적으로 지니고 있는 비특이적 저항력을 선천적 면역이라고 하는데, 면역의 종류는 다음과 같다.

㉠ 선천적 면역 : 종속, 인종, 개인, 지역 특성 등에 의한 면역
㉡ 후천적 면역(획득면역)

능동면역		수동면역(피동면역)	
자연 능동면역	인공 능동면역	자연 수동면역	인공 수동면역
감염병에 감염되어 생기는 면역	인공적으로 항원을 투여해서 생기는 면역(예방접종)	태아가 모체의 태반을 통해 항체를 받거나, 생후에 모유수유를 통해서 생기는 면역	항체를 사람 또는 동물에게서 얻어 주사하는 면역

ⓐ 능동면역

병원체 자체 또는 이로부터 분비되는 독소의 침입 등으로부터 생체의 세포가 스스로 방어활동을 통하여 생기는 면역으로서, 어떤 항원의 자극에 의해 체내의 조직세포에서 항체가 만들어지는 면역이다. 수동면역에 비하여 비교적 영구히 지속된다.

자연 능동면역	각종 감염병에 이환된 후 성립되는 이환 후 면역과 불현성 감염에 의한 잠복면역의 두 가지가 있다.

인공 능동면역	생균백신, 사균백신 및 톡소이드(순화독소)를 사용해서 인위적으로 면역이 생기게 한 것을 말한다.
	• 생균백신 : 병원미생물의 독력을 약하게 만든 생균의 현탁액
	  예 홍역, 결핵(BCG) 등
	• 사균백신 : 병원미생물을 물리적, 화학적 방법으로 죽인 것
	  예 장티푸스, 콜레라 등
	• 톡소이드 : 유독소, 세균의 체외독소를 변질시켜 약하게 만든 것
	  예 파상풍, 디프테리아

ⓑ 수동면역

다른 사람이나 동물에 의하여 이미 형성된 면역원을 체내에 주입하는 것으로, 능동면역에 비해 효력이 빨리 나타나고 빨리 사라진다.

자연 수동면역	• 태아가 모체의 태반을 통해 항체를 받거나, 생후에 모유수유를 통해서 생기는 면역이다. • 이는 생후 차차 없어지며, 평균 4~6개월 지속된다.
인공 수동면역	• 회복기혈청, 면역혈청, 감마글로불린(γ – Globulin) 등을 주사하여 항체를 주는 방법이다. • 예방목적 외에 치료목적으로 이용되며, 접종 즉시 효력이 생기는 반면에 비교적 저항력이 약하고 효력의 지속시간이 짧다.

③ 집단면역(herd immunity)
　㉠ 지역사회 혹은 집단에 병원체가 침입하여 전파하는 것에 대한 집단의 저항성을 나타내는 지표이다.
　㉡ 집단면역은 아래의 공식과 같이 집단의 총인구 중 면역성을 갖고 있는 사람의 비율로 정의된다.

$$집단면역 = \frac{면역을\ 가지고\ 있는\ 사람}{총인구수} \times 100$$

　㉢ 집단면역의 병원체가 집단 내에서 퍼져나가는 힘을 억제하게 되면 유행은 일어나지 않는다. 홍역, 풍진, 백일해 등의 질병은 3~4년마다 유행을 일으키는데 이는 집단면역으로 설명된다. 즉, 어떤 지역사회 혹은 집단에 유행이 일어나면, 집단면역이 높아져 그 후 몇 년간은 유행이 일어나지 않는다.
　㉣ 그동안 면역이 없는 신생아가 계속해서 태어나면서 집단면역의 정도는 점차 감소하다가 일정한 한도 이하로 떨어지면 유행이 일어난다. 이 집단면역의 한계를 한계밀도(threshold density)라고 한다. 이 한계밀도는 각 질병에 따라 차이가 있다. 또한 한계밀도는 집단의 인구밀도에 따라 변하게 되는데, 인구밀도가 높으면 집단의 구성원간에 접촉의 가능성이 높아지므로 한계밀도도 높아야 유행이 일어나지 않으며, 인구밀도가 낮으면 결과적으로 한계밀도는 낮지만 이 경우에도 유행은 일어나지 않는다.

4 감염병 유행의 현상 및 조사

(1) 감염병 유행의 4대 현상
① 생물학적 현상
　㉠ 연령(Age) : 질병과 연령간에는 밀접한 관계가 있다. 영유아기에는 감염병에 대한 저항력이 약하고, 백일해, 디프테리아, 홍역에 감염되기 쉽다. 노령층에서는 뇌졸중, 암, 심장질환 등의 이른바 성인병 또는 노인병이 증가한다.
　㉡ 성별(Sex) : 병원체에 대한 반응이나 저항력은 남녀간의 차이가 있다. 일반적으로 사망률은 여자보다 남자가 더 높고, 이환율은 여자가 더 높다.
　㉢ 인종(Race) : 인종간에 이환율의 차이가 있는데, 이것이 인종에 따르는 감수성의 차이에서 오는 것인지, 생활환경의 차이에서 오는 것인지에 관하여는 질병에 따라서 그 특성을 달리하고 있다.
② 시간적 현상
　유행의 장·단기, 규칙성 여부 등에 따라 추세변화, 순환변화, 계절적 변화, 불규칙 변화 등으로 구분할 수 있다.

③ 지리적 현상

기후대, 토지의 고저 등 지리적 현상에 따라서 유행의 양상이 달라지는 것을 말한다.

④ 사회적 현상

거주, 인구이동, 직업, 문화제도 등 감염병의 유행 양식과 관계를 가지는 것을 말한다.

㉠ 높은 인구 밀도 : 성홍열과 같은 호흡기 계통의 감염병
㉡ 위생환경이 나쁜 농어촌과 빈민촌 : 소화기 계통의 감염병
㉢ 교통기관이 발달한 도시 : 감염병의 유행속도가 빠르다.
㉣ 가난한 사람들 : 결핵이 많다.
㉤ 부유한 사람들 : 당뇨병, 심장병이 많다.
㉥ 보건의료시설이 제대로 갖추어지지 않을수록 감염병 유행의 빈도가 높다.

(2) 감염병 유행의 조사

① 진단의 확인

임상적, 세균학적, 생화학적으로 종합하여 실제 질병을 진단한다.

② 유행 여부의 확인

질병을 지역별, 시기별 등으로 검토한다.

③ 발생일시의 확인

잠복기를 고려하여 유행의 기간 및 변화의 추이를 확인한다.

④ 유행지역의 분포 확인

발생지역의 이환 상태와 지역별 집적성을 확인한다.

⑤ 환자의 인적 특성 확인

연령, 성별, 직업 등의 변수를 확인한다.

⑥ 가설의 설정

가장 가능성 있는 감염원, 전파 방법, 통제 방법을 찾아낸다.

⑦ 가설의 검정

추가적으로 발생한 건수를 찾고, 모든 자료를 평가하고, 실험실 조사를 시행한다.

⑧ 예방대책의 수립

조사결과를 정리, 검토하여 보고하고, 건의사항을 제출한다.

5 감염병 관리 방법

(1) 전파예방

① 병원소 제거

동물 병원소로 되어 있는 인수공통감염병인 동물 질환에서는 감염원이 되는 이환동물을 제거함으로써 감염병의 전파를 차단한다.

예 우형(牛型)결핵, 페스트, 탄저병, 광견병 등

② 감염력의 감소

적절한 치료를 하면 환자가 완전히 치유되기 전이라도 감염력이 감소되어 환자로 하여금 감염을 전파시키지 않게 할 수 있다.

③ 병원소의 격리

감염된 사람이나 동물을 사회에서 격리시켜 다른 사람에게 전달하지 못하게 하는 것을 말하는 것으로서, 격리와 건강격리의 방법이 있다.

㉠ 격리 : 감염된 사람이나 동물로 하여금 병원체를 운반하는 위험성이 지나갈 때까지 격리하는 것으로서, 격리의 필요기간은 세균학적 방법을 사용한 검사실 소견으로 결정하게 된다.
예 결핵, 한센병(나병), 콜레라, 페스트, 디프테리아, 장티푸스, 세균성 이질 등

㉡ 건강격리 : 외래감염병의 국내침입을 방지하기 위한 수단으로 취해지는 검역에서 유래된 것으로 감염병 유행지역에서 입국하는 감염병 감염이 의심되는 사람이나 감염되어 있는 환자와 접촉이 있던 사람에 대해 취해지는 강제격리이다.
ⓐ 격리기간 : 감염병 환자의 경우 완치될 때까지 격리하고, 병원체에 감염되었다고 인정되는 자는 병원체 배출이 없을 때까지 격리한다.
ⓑ 감시기간 : 콜레라(5일), 페스트(6일), 황열(6일), SARS(10일), 조류인플루엔자 인체감염증(10일), 신종인플루엔자감염증 및 감염병의 전파 우려로 고시한 감염병(최대 잠복기간)

㉢ 격리와 건강격리의 효과 감소 요인
ⓐ 은닉환자 : 격리조치를 두려워하여 가족이나 의사가 고의로 감염병 발생보고를 하지 않아 숨겨진 환자를 말한다.
ⓑ 간과환자 : 임상증상이 미약하여 감염성 질환인지 모르고 지나쳐 버리는 경우로서 이들은 사회활동을 자유롭게 하기 때문에 감염병을 전파시키기 쉽다.
ⓒ 보균자
ⓓ 발병전 기간의 감염성 : 임상증상이 나타나기 전인 잠복기 동안에 감염력이 강한 경우로서 백일해, 홍역이 대표적인 예이다.

④ 환경위생 관리

병원체가 병원소를 탈출해서 새로운 숙주로 전파되기까지 상당기간 우리의 주변에서 생존하므로 환경조건을 개선하여 전파과정을 차단하는 것이 중요하다.

㉠ 멸균 : 물체의 표면 또는 그 내부에 분포하는 아포(미생물의 포자)를 포함한 모든 미생물을 살균 또는 제거하여 무균 상태를 만드는 것으로, 유익한 세균과 유해한 세균을 모두 제거하는 것이다.

㉡ 소독 : 물체의 표면 또는 그 내부에 있는 병원균을 죽여 전파력 또는 감염력을 없애는 것으로, 아포는 제거되지 않으며 비병원성 미생물은 남아 있어도 무방하다(소독은 미생물의 오염을 방지하기 위해서 사용한다).

㉢ 살균 : 물리적, 화학적 방법으로 모든 형태의 미생물을 제거하여 무균상태로 만드는 것을 말하나, 유익한 것은 되도록 남기고 유해한 것을 선택적으로 제거하는 것이다.

(2) 면역증강(예방접종)

① 예방접종의 개요

기본접종과 추가접종으로 구분하여 실시하는데 기본접종으로 얻어지는 역가(Titer : 적정에서 표준용액 작용의 세기)는 어느 시기에는 떨어지기 때문에 이 역가를 높이기 위해 실시되는 것이 추가접종(Booster Injection)이다. 추가접종으로 얻어지는 역가는 기본접종에서 얻어진 역가보다는 상승하게 되는데 이런 상승현상을 회복반응이라 한다.

② 예방접종의 종류

㉠ 기본접종

연 령	예방접종의 종류
0~1주	간염(1차)
0~4주	비씨지(BCG)
1개월	간염(2차)
2개월	경구용 소아마비, 디피티(D.P.T)
4개월	경구용 소아마비, 디피티(D.P.T), 간염(3차)
6개월	경구용 소아마비, 디피티(D.P.T), 간염(4차)
12~15개월	홍역, 볼거리, 풍진(MMR)

㉡ 추가접종

연 령	예방접종의 종류
18개월	디피티(D.P.T)
3세	일본뇌염(유행지역에서는 매년)
4~6세	경구용 소아마비, 디피티(D.P.T), 홍역, 볼거리, 풍진(MMR)
6세, 12세	일본 뇌염
14~16세	티디(성인용 Td)
매 10년	티디(성인용 Td)

㉢ 홍역의 유행이 있는 경우에는 6개월부터 홍역 단독백신을 접종한다. 이 경우 생후 12개월에 다시 MMR로 접종한다.

㉣ 생후 12개월 이후 수두예방접종이 가능하다.

③ 예방접종의 내용

㉠ 결핵(BCG)

ⓐ BCG는 가장 기본적인 예방접종 항목이다. 접종 후 2~3주 정도 되면 빨갛게 곪다가 4주일 뒤에는 딱지가 앉는다. 결핵은 아직도 개발도상국에서는 사망과 질병의 주요 원인이다. 특히 5~6세 미만의 아이가 결핵에 걸리면 결핵성 뇌막염이나 속립성 결핵 등의 중증감염으로 진행되기 쉽다. 소아결핵에 걸렸을 때는 초기증상이 없는 경우가 흔하다. 그러나 곧 발열, 기침, 식욕부진, 체중증가의 정지, 잦은 감기증세 등이 나타난다.

ⓑ 금기 : 아기가 피부질환을 앓고 있거나 발열, 면역기능이 저하되었을 때에는 일단 접종을 피해야 한다.

ⓒ 부작용 : 부분적인 궤양이나 화농성 임파선염 증상이 나타날 수 있는데 이때는 의사의 진찰을 받는 것이 좋다.

ⓒ 디프테리아, 파상풍, 백일해(DTP)
ⓐ 디프테리아는 디프테리아균에 감염되어 인후점막에 염증이 생기면서 호흡이 곤란해지거나 심장마비, 심근염을 일으키는 병이다.
ⓑ 파상풍균의 감염으로 생기는 파상풍은 특유의 신경증상이 나타나서 치명률이 가장 높다. 두 가지 모두 심각한 증상이므로 반드시 예방접종을 해야 한다.
ⓒ 백일해는 엄마로부터 면역을 물려받지 않으므로 꼭 맞아야 하며, 예방접종 전에 백일해에 걸리면 맞지 않아도 된다.
ⓓ 금기 : 1회 접종 후 부작용이 심했다면 접종을 하지 않아야 한다. 또한 DPT 접종을 할 때는 가급적 같은 부위에 접종하지 않는다. 백신이 흡수되는데 1~3개월이 걸리기 때문이다.
ⓔ 부작용 : 주로 백일해 백신에 의해 오는데 주사부위의 종창, 압통, 발열, 4시간 이상 지속되는 울음 및 경련 등이 있다.

ⓒ 소아마비
ⓐ 소아마비는 예전에는 많이 발생하였지만 최근에는 거의 발생하지 않는 것으로 보고되고 있다. 소아마비 백신은 생백신으로 먹도록 되어 있는데 백신을 먹은 직후 바로 토했다면 다시 먹여야 하지만 몸에 어느 정도 흡수될 만큼 시간이 지났다면 먹이지 않아도 된다. 소아마비 백신은 아주 조금만 흡수돼도 면역이 생기기 때문이다. 백신 복용 후 30분 정도는 먹을 것을 주지 않는 것이 바람직하다.
ⓑ 금기 : 면역결핍, 면역요법을 실시하고 있는 아기는 접종을 실시하지 않으면 안 되며, 아기가 저항력이 몹시 약할 때는 접종시기를 미루는 것이 좋다.
ⓒ 합병증 : 드물게 접종 후 마비가 오기도 한다.

ⓔ B형간염
ⓐ 우리나라의 경우는 간염 보균자율이 높기 때문에 효과적인 간염 예방을 위해 출생시 모든 신생아에게 간염접종을 하도록 하고 있다. 항원 항체검사가 안 된 임산부의 아이는 출생 후 가능한 한 빠른 시간 내에 B형간염 백신을 접종한다. 그러나 산모가 B형간염 바이러스 보균자일 경우 신생아는 백신접종만으로 부족하고 B형간염 면역 글로불린(HBIG)을 같이 주사해야 한다.
ⓑ 합병증 : 약 15%의 접종아에게 주사부위에 경미한 국소 통증이 있을 수 있다.

ⓜ 홍역, 풍진(MMR), 볼거리
ⓐ 홍역은 발열, 열꽃을 동반하는 감염성이 높은 질환이다. 홍역바이러스에 의해 발병되는데 10~11일 정도의 잠복기를 거쳐 발열, 콧물, 기침과 같은 감기 증상이 시작되다가 발진이 나타나는데 폐렴, 중이염, 뇌수막염 등의 합병증이 수반된다. 홍역은 이전에는 생후 9개월이 되면 홍역 예방접종을 했으나, 1997년 예방접종표가 개정되면서 임의접종이 되어 홍역이 유행할 때만 생후 6개월 이후부터 접종한다. 홍역을 접종한 후 5~15%의 아기가 접종 후 6일쯤에 열이 날 수도 있다. 또한 5% 정도는 접종 후 7~10일 사이에 일시적인 발진이 2~4일간 지속되기도 한다.

ⓑ 풍진 바이러스에 의해 발병되는 풍진은 2~3주간의 잠복기를 거쳐서 가벼운 발열과 함께 작은 발진이 온몸에 퍼진다. 어릴수록 가볍게 극복하는데 임신 중인 엄마가 풍진에 걸리면 태아가 기형아가 될 확률이 높아진다. 선천성 풍진증후군이라고 하는데 심장의 기형, 난청, 시력장애와 같은 장애가 나타나며 유산이 되는 경우도 있다.

ⓒ 볼거리는 15세 이하의 아이들에게 흔한 바이러스에 의한 질환으로 홍역, 풍진과 함께 접종하면 된다. 그러나 가끔 미열, 발진, 두드러기 등의 알레르기 반응이 나올 수도 있다.

ⓓ 합병증 : 홍역을 접종한 후 6일쯤에 열이 날 수 있고, 접종 후 7~10일 사이에 일시적인 발진이 2~14일간 지속되기도 한다. 볼거리나 풍진을 접종한 후의 부작용은 매우 드물지만 가끔 미열, 발진, 두드러기 등의 알레르기 반응이 있을 수 있다.

6 급성 감염병 관리

(1) 소화기계 감염병

① 소화기계 감염병에는 장티푸스, 세균성 이질, 콜레라, 파라티푸스, 폴리오, 유행성 간염, 세균성 및 아메바성 이질 등이 있다.

② 소화기계 감염병의 일반적 예방대책
  ㉠ 분뇨를 위생적으로 폐기한다.
  ㉡ 보균자의 식품취급과 식품조리를 금한다.
  ㉢ 상하수도를 위생적으로 관리한다.
  ㉣ 위생 해충을 구제한다.
  ㉤ 식품위생 강화, 특히 방충망이나 수세식 설비 등을 한다.
  ㉥ 어패류와 식품의 처리 및 판매를 위생적으로 관리한다.
  ㉦ 손을 깨끗이 씻는다.
  ㉧ 감염원인 환자나 보균자를 조기발견, 격리, 치료 및 주변의 소독을 철저히 해야 한다.
  ㉨ 정기적인 예방접종을 실시한다.

③ 장티푸스
  일종의 열병으로 알려진 장티푸스 감염은 장의 임파조직, 담낭, 신장 등에서 발생하며, 계절별로는 여름철에 가장 많이 발생하나 최근에는 동절기에도 계속 발생을 하며, 그 발현증상도 일정하지 않은 것이 특징이다. 장티푸스균은 발병 초기에는 혈류 중에서 증명되나, 1주일 후에는 대변이나 소변에서 균이 분리된다.
  ㉠ 병원체 : *Salmonella typhi*, *Eberthera typhi*의 감염에 의하며, 이 균은 그람(gram)음성으로, 아포·협막이 없는 간상균이다.
  ㉡ 병원소 : 환자와 보균자가 병원소가 된다.
  ㉢ 감염원 : 오염된 음식물 및 오염된 해산물이 감염원이 된다.

② 전파(탈출, 전파, 침입) 및 잠복기 : 직접전파와 환자와 보균자의 대소변에 오염된 매개물로 인한 간접전파가 있다. 직접전파는 오염된 손으로 인해서 경구적으로 전파된다. 잠복기는 10일부터 14일이다.
⑩ 감수성 및 면역성 : 감수성은 전반적이며, 회복 후에는 일반적으로 영속면역을 얻지만, 화학요법으로 치료된 자는 영속면역을 얻기가 힘들고 인공능동면역은 사균백신에 의한다.
⑪ 증 상
　ⓐ 전구증상으로 입맛이 없어지고 권태로우며, 열이 나고 머리가 무거워진다.
　ⓑ 고열과 오한이 난다.
　ⓒ 열에 비해 맥박수가 적으며(1분간 90 전·후), 혀는 침이 마르고 설태가 끼며 검붉은 색깔이 된다.
　ⓓ 복부가 팽창하며, 변비·설사 등이 생긴다. 또한 신경증상이 일어나고 기타 합병증이 생긴다.
ⓢ 예방대책
　ⓐ 손씻기 등 개인위생을 철저히 깨끗하게 유지할 것
　ⓑ 음식물을 날 것으로 먹지 말 것
　ⓒ 급수시설 및 주방용구 소독실시

④ 세균성 이질
급성 세균성 질환으로서 적은 수의 세균으로 감염이 가능하여 음식내 증식 과정 없이 집단 발병이 가능하다. 발열, 구토, 경련, 후중기(변이 남아있는 느낌) 증세를 나타낸다.
㉠ 병원체 : 이질균(*Shigella species*)이 병원체로, Gram 음성균이며 편모가 없고, 아포 및 협막을 형성하지 않는다.
㉡ 병원소 및 감염원 : 병원소는 환자이며 잠복기는 2~7일 정도로 평균 4일이다.
㉢ 전파 : 이 균은 외계에서 저항력이 약한 관계로 오랫동안 외계에서 생존할 수 없으며, 분변으로 탈출하여 파리나 불결한 손을 통하여 음식물 등으로 경구 침입된다. 이질균(*Shigella dysenteriae*)이 살 수 있는 시간은 물에서 2~6주, 우유나 버터에서 10~12일, 과일이나 야채에서 11일, 의복에서 1~3주일, 습기가 있는 흙에서 수개월이며, 다른 이질균은 이보다 저항력이 강하다.
㉣ 감수성 및 면역성 : 소아가 성인에 비해 감수성이 높고 회복 후에는 가벼운 면역이 생기나 균주간의 교차 면역은 없다.
㉤ 예방대책 : 장티푸스와 같은 관리가 필요하며 예방접종은 실시되지 않는다.

⑤ 콜레라 기출 2015 서울시
심한 위장장애와 전신증상을 호소하는 급성 감염병으로서 발병이 빠르고, 구토, 설사, 탈수, 허탈 등을 일으키며, 발병 후 수시간 내에 사망하는 경우도 많다.
㉠ 병원체 : 비브리오 콜레라(*Vibrio cholerae*)로 Gram음성이며, 작고 운동성이 있고, 콤마 모양을 하고 있으며, 다른 세균은 자라지 못하는 알칼리성 환경에서도 잘 자란다.
㉡ 병원소 및 감염원 : 병원소는 환자이며, 감염원은 배변 및 토사물에 의한 오염수, 오염 음식물 및 식기 등이다.

ⓒ 전파 : 주로 분변, 오염수 및 오염 음식물로 전파되며, 잠복기는 최단 수시간부터 최장 5일간이며, 보통 1~3일이다.

ⓔ 감수성 및 면역성 : 지역내 주민의 사회경제상태가 낮은 곳에서 집단발생하며, 불현성 감염률은 높고 유행이 지나가면 대부분 면역(50~60%)이 된다. 사균백신에 의한 인공 능동 면역도 유효하다.

ⓜ 예방대책
ⓐ 환자의 발생시 신속한 보고, 격리, 치료가 필요하다.
ⓑ 환자를 중심으로 한 식기, 식품, 분변관리를 철저히 해야 한다.
ⓒ 환경위생관리를 철저히 한다.
ⓓ 예방접종을 실시한다.

⑥ 소아마비 폴리오

폴리오(Poliomyelitis)는 중추신경계의 손상으로 나타나며, 소아에게 주로 영구적인 마비를 일으키는 급성 감염성 질환으로 감기증상을 나타내는 부전형(Abortive Type), 마비형 폴리오의 85% 정도를 차지하는 척수형(Spinal Type), 마비형 환자의 6~10%에서 나타나고 매우 중한 연수형(Bulbar Type) 등이 있다.

ⓐ 병원체 : Polio Virus로 면역학적으로 Ⅰ형, Ⅱ형, Ⅲ형의 3종이 있고, Ⅰ형이 가장 마비형 소아마비와 관계가 깊다.

ⓑ 병원소 : 환자 및 불현성 감염자

ⓒ 전파 : 환자와 불현성 감염자의 호흡기계 분비물과 대변에 직접접촉 혹은 비말산포로 감염되며, 잠복기는 1~3주 전후이다.

ⓔ 감수성 및 면역성 : 면역항체가 없는 개체는 연령의 고하를 불문하고 감염되며, 대부분은 불현성 감염으로 끝난다. 연장자가 연소자보다 마비형이 되는 수가 많다. 일반적으로 소아기에 면역을 획득한다.

ⓜ 예방대책 : 예방접종이 제일 좋으며, 예방접종은 혼합형 Sabin Vaccine의 사용이 좋으나 불가능하면 Salk Vaccine을 사용한다. 예방접종은 생후 1개월부터 1~2개월 간격으로 3회 기본접종을 실시하고 추가접종(booster)은 18개월에 실시한다.

⑦ 파라티푸스

장티푸스와 비슷한 증세를 나타내나 기간이 짧고 증세가 미약하다. 때로는 위장염을 일으켜서 임상적으로 다른 식중독과 구별할 수 없는 증상을 나타낸다.

ⓐ 병원체 : 살모넬라A, 살모넬라B, 살모넬라C 등으로 분류되며, 감별진단은 검사실 소견으로만 장티푸스와 구별된다. 파라티푸스 A에 의한 감염은 장티푸스의 감염과 거의 같으나 치명률이 약간 낮으며, A형보다 B형이 비교적 흔하다. 우리나라에서 파라티푸스 유형은 A형·B형의 유행비율이 1 : 20 정도로 B형의 유행이 많고, C형은 거의 없다.

ⓑ 병원소 및 감염원 : 환자와 보균자의 대소변이 감염원이다.

ⓒ 전파 : 환자 또는 보균자의 배설물을 통하여 직접 또는 간접 감염된다. 감염균량은 장티푸스 균보다도 많은 것으로 추정된다. 섭취균량이 많을 때는 위장염 같은 증상을 나타낼 때도 있다.

② 감수성 및 면역성 : 감수성은 보편적이고 한 번 앓고 나면 수년간은 재감염이 잘 안 된다. 잠복기는 1~2주일이지만 섭취균량이 많아지면 1~10일에도 발병한다.

⑩ 예방대책 : 장티푸스와 같다.

⑧ 유행성 간염

이전부터 산발적으로 발생하였으나, 1951년경부터 전국 각지에서 더러 유행하였다. 계절적으로 연중 발생하나 봄과 가을에 다소 높은 발생률을 보였고, 연령적으로는 2~10세의 소아와 30~39세의 성인층에 비교적 많다. 위생시설이 나쁜 기숙사, 군대, 공장과 농촌지역 등에서 집단적으로 발생하며, 간세포의 변성과 염증성 변화가 생기는 질병으로 황달이 생기나 때로는 급성 황색 간위축으로 사망(치명률은 2% 내외)하는 수도 있다.

㉠ 병원체 : 간염 바이러스 A형

㉡ 병원소 및 감염원 : 환자가 병원소이며 오염된 음식물, 물의 경구 감염에 의한 전파가 가장 많다.

㉢ 전파 : 분변을 통하여 탈출, 음식물 오염으로 경구적 침입이 되거나, 수혈을 통해 감염이 이루어지며, 잠복기간은 25일(10~40일)이다.

㉣ 감수성 : 대체로 일반적이며 병이 완쾌된 후 다소의 저항성이 있다. 잠복기간은 15~40일이 보통이다.

㉤ 예방대책 : 능동예방접종은 없으며, 수동면역으로 "감마글로불린"의 주사가 효력이 있는 것으로 본다.

(2) 호흡기계 감염병 [기출] 2008 서울시

호흡기계 감염병에는 디프테리아, 백일해, 인플루엔자, 홍역, 결핵 등이 있으며, 환자나 보균자의 객담, 콧물, 재채기 등으로 배설되어 감염되는 비말감염과 공기전파로 이루어지는 비말핵 감염 및 먼지에 의한 감염 등으로 이루어진다.

① 호흡기계 감염병의 일반적인 특징

㉠ 대체로 초기에 다량의 삼출성 분비물을 배출한다.

㉡ 대부분 보균자에게서 감수성자에게 직접 전파된다.

㉢ 연령, 성, 사회경제적 상태에 따라 그 발생에 많은 차이를 나타낸다.

㉣ 계절적으로 많은 변화 양상을 나타내 소화기 감염병에 비해 관리가 어려운 경우가 많다.

㉤ 대부분의 인구집단에서 이병손실일수(질병에 걸려 입게 되는 손실)의 가장 높은 비율을 차지한다.

② 디프테리아

제1급감염병으로 인후, 코 등의 상피조직에 국소적 염증을 일으키며, 장기조직에도 장애를 일으키는데 체외독소를 분비하여 신경조직 등에 장애를 일으킨다.

㉠ 병원체 : *Corynebacterium diphtheria*로 gram 양성균이며, 아포를 형성하지 않는다.

㉡ 병원소 및 감염원 : 인간이 병원소이며 환자와 보균자의 코, 인두점막과 피부 및 기타 병소에서의 배설물과 분비물이 감염원이다.

㉢ 전파 : 환자나 보균자의 콧물, 인후분비물, 기침 또는 피부의 상처를 통하여 직접 전파되고, 물건에 의해서 간접 전파된다. 잠복기는 대체로 2~5일간이다.

㉣ 감수성 및 면역성 : 감수성 여부는 Shick Test로 판정한다. 모체로부터 받는 면역은 생후 수개월 유효하며, 완쾌 후에는 일반적으로 영구면역을 얻게 되나 재발되는 경우도 있다. 감수성 지수는 10%이다.
   ㉤ 증상 : 먼저 감기증상과 같이 두통, 권태, 인두통 등이 일어나고 열이 38~40℃까지 오르며, 국소의 점막에 피가 고이고 흰빛의 위막으로 쌓이게 된다. 심장마비, 신장염, 근육마비 등의 합병증을 일으킨다.
   ㉥ 예방대책 : 환자의 격리 및 소독이 필요하며, 예방접종으로는 순화독소(Toxoid)가 이용되고, 감염이 의심될 때는 항독소(Antitoxin)가 이용된다.

③ 성홍열

성홍열은 전 세계적으로 분포하는데, 특히 온대지방에 계절과 관계없이 많이 유행한다. 우리나라의 경우는 5월 전후에 가장 많이 발생한다.
   ㉠ 병원체 : 용혈성 연쇄상구균(group A Hemolytic streptococcus)으로 발적독소(erythrogenic toxin)를 산출한다.
   ㉡ 병원소 : 환자나 보균자
   ㉢ 전파 : 잠복기는 보통 2~5일이며 환자나 보균자의 비말에 의한 직접전파가 가장 많고, 드물게 손이나 물체에 의해 간접 전파된다. 극히 드물게 우유 같은 식품으로도 전파된다.
   ㉣ 감수성 및 면역성 : 대부분 사람은 불현성 감염으로 항독소성 면역 또는 항균면역 항체를 갖게 된다. 발진을 나타내는 성홍열의 발적독소 면역항체는 발진 후 1주 이내에 형성되어 평생 지속된다.
   ㉤ 증상 : 자각증상 없이 지나는 경증에서 발진을 나타내는 중증까지 매우 다양하다. 특징은 발열, 인후염, 편도선염, 경부임파선 통증이 있다. 또 맥박이 크게 증가하거나 피부가 뜨겁거나 건조하게 느껴지며 합병증으로는 중이염, 유양돌기염, 임파절염, 뇌막염 등이 있다.
   ㉥ 예방대책 : 환자의 색출과 격리가 필요하며, Dick toxin에 의한 능동면역방법을 실시한다. Dick toxin은 성홍열의 감염 여부를 검사하는 skin test(면역이 있으면 음성, 없으면 양성)이다.

④ 수 두

미열과 동시에 발진이 가슴과 배에 생기며 이어서 얼굴, 팔, 다리에도 나타나고 1~5일간 지속된다. 처음에는 반점이던 것이 수포가 되고 표면이 커지고, 마르면서 딱지가 된다.
   ㉠ 병원체 : Varicella – Zoster Virus(또는 V – Z virus)
   ㉡ 병원소 : 환자
   ㉢ 전파 : 직접접촉, 비말감염 또는 공기전파로 사람에서 사람으로 감염된다. 발진의 가피에서는 감염되지 않지만 발진 초기에는 감염이 된다. 환자의 피부 분비물이나 점막에서 오염된 기물로 간접 감염된다. 잠복기는 보통 13~17일이다.
   ㉣ 감수성 및 면역성 : 감수성은 이환된 일이 없는 사람은 보편적이다. 이환되면 어린이보다 어른이 중증이 되고 한번 걸리면 면역이 오래가지만 대상 포진은 재감염 되는 수가 있다.
   ㉤ 예방대책 : 감마글로불린은 예방효과가 없으나 경하게 앓게 하므로 유행시 허약자, 백혈병 같이 면역이 저하된 자 및 타질환 이환자에게 접종한다.

⑤ 홍 역

홍역의 유행은 주기적으로 대개 2~3년의 간격을 두고 많은 유행을 하는데 일반적으로 1~2세에 많은 감염이 되며, 열과 전신발진이 생기는 급성 감염병이다.

㉠ 병원체 : Measles Virus
㉡ 병원소 : 환자
㉢ 전파 : 홍역 바이러스는 전구기(前驅期) 및 발진기(發疹期)의 환자의 비인강이나 결막의 분비물, 혈액이나 오줌 속에 많이 있는데, 보통 재채기·기침 등에 의하여 비말감염된다. 가장 감염력이 강한 것은 발병에서 발진의 제1일째까지이며, 그 후에는 감염의 위험이 급속히 감소하고, 발진 제4일 이후에는 감염의 염려가 없다.
㉣ 감수성 및 면역성 : 모든 사람이 감수성이 있으며, 한 번 이환되면 평생 면역을 가진다. 생후 6개월까지는 모체로부터 받은 항체로써 방지된다.
㉤ 예방대책 : 예방접종으로 라이루겐을 많이 사용하고 있다.

⑥ 풍 진

풍진은 임신 초기에 이환될 경우 태아에게 영향(기형아 유발)을 미치므로 특히 주의를 요하는 질병이다.

> 임신 가능성이 있는 여성은 반드시 예방접종을 해야만 한다. 임신 전 풍진 예방접종을 한 경우에는 보통 최소한 1~3개월이 지난 후 임신해야 한다.

㉠ 병원체 : Rubella Virus
㉡ 병원소 : 환자
㉢ 전파 : 환자와 접촉하거나 비말감염으로 전파되거나, 오염된 물건을 통해 간접감염도 되며 선천성으로 감염되어 분만한다. 잠복기는 보통 18일이며, 발진이 나온 전후 1주일이 감염력이 매우 강하다.
㉣ 감수성 및 면역성 : 보편적이며 모체에서 받은 면역은 6~12개월이다. 그 후에 감염이 되며, 완쾌 후 영구면역이 된다.
㉤ 증상 : 홍역에 비해 증상은 가벼우나 대개는 열이 나고, 전신의 임파절, 특히 목 뒤, 귀 뒤에 있는 임파절이 부어서 만지면 아프고 약 2~7일간 계속되며 발진이 생긴다. 발진은 한번에 다 생기지는 않고 첫날 얼굴과 목에 생기고 다음날은 희미해지면서 가슴, 등, 팔 등에 새로운 홍진이 생기는 가장 특이한 증상 중의 하나이다.
㉥ 예방대책 : 1회의 피하접종으로 95% 이상이 면역항체를 얻게 된다. 임신부에게는 기형아 출생우려가 있기 때문에 예방접종을 하여서는 안 되고, 환자와 접촉한 임신 초기의 부인에게는 감마글로불린을 주사하는 것이 좋다.

⑦ 인플루엔자

급성 호흡기 감염병으로 호흡기증상은 열이 떨어지면서 심해지고 재채기를 하며 콧물이 나오거나 코가 막히는 때가 많다. 눈은 충혈되고 인두는 건조해지며, 기침은 환자의 약 3/4에서 나오고 기침을 할 때 앞가슴이 아프다. 38~40℃의 발열과 오한, 근육통, 사지통, 때로는 전신쇠약감 같은 특이한 전신증상이 돌연 나타난다.

⊙ 병원체 : 인플루엔자 바이러스로 면역학적으로 A, B 및 C형이 있으며, 주로 A형이 유행하고 있다. B형이나 C형은 산발적으로 소유행을 일으키고 있다.
ⓒ 병원소 : 환자
ⓒ 전파 : 잠복기는 24~72시간이며, 감염기간은 환자가 임상적으로 증상을 나타낸 후 3일까지이다. 환자가 재채기를 하거나 호흡할 때 비말이 직접 감염된다. 콧물이나 인두분비물로 오염된 물건을 통해 간접감염도 가능하며, 인구밀도가 높은 곳에서는 주로 포말감염으로 직접 감염된다.
ⓔ 감수성 및 면역성 : 늙은 연령층보다 어린이나 학령기 소아가 높은 이환율을 나타낸다. 감염된 사람은 그 바이러스주에 대해서는 면역이 된다.
ⓜ 예방대책
　ⓐ 환자, 접촉자 환경위생관리 : 대중이 많이 모이는 공공장소를 피하는 것은 감염 기회를 줄이는데 효과적이므로 많은 사람과의 접촉을 피하는 것이 좋다.
　ⓑ 저항력의 증강 : 최근 인플루엔자의 예방접종이 시행되고 있으며, 백신이 유행균주와 같은 균주를 사용했을 때는 중등도의 효력이 있으나, 유행시의 균주를 미리 알 수 없기 때문에 유행과 동일한 백신을 준비하기가 곤란하다.

⑧ 백일해
개발도상국에서는 발생률이 높고 소아의 감염병 중에서 가장 사망률이 높은 질병 중의 하나이다. 예방접종에 의한 관리가 가장 효과적이며 9세 이하에서 많이 발생하는데, 특히 5세 이하의 소아에게 다발하며, 계절적으로는 늦은 겨울부터 초봄에 많은 유행을 한다.
⊙ 병원체 : 백일해균(Bordetella pertussis)으로 운동성이 없는 그람음성균
ⓒ 병원소 : 환자
ⓒ 전파 및 잠복기 : 환자와의 직접접촉감염과 호흡기계를 통한 비밀감염이 있고, 환자의 객담 오염이나 배설물에 의한 간접전파로도 가능하며, 잠복기는 1주일 전후이다.
ⓔ 감수성 및 면역성 : 감수성은 보편적이고 모체에서 받는 수동면역은 없다. 그러므로 신생아가 더 감염이 잘 된다. 완쾌 후에는 영구면역을 얻게 되며, 감수성 지수는 60~80%이다.
ⓜ 증상 : 기침, 고열, 구역질 등이 나타나고, 얼굴이 붉어지며 심한 청색증(cyanosis ; 손발이 파래지는 증상)을 나타내고 기관지염, 폐렴을 일으킨다.
ⓗ 예방대책 : 예방접종은 DPT(디프테리아, 백일해, 파상풍)를 생후 2개월부터 2개월 간격으로 3회 기초접종하고, 생후 18개월이 되었을 때 추가접종한다.

(3) 동물매개 감염병(인수공통감염병)
① 중증 급성 호흡기증후군(SARS, Severe Acute Respiratory Syndrome)
전 세계적 신종 감염병이며, 우리나라의 검역감염병으로 2~7일이 지나면 가래가 없는 마른기침을 한다. 혈중 산소포화도가 낮아지면서 대부분의 환자는 회복이 되지만, 10~20%의 환자에게서는 호흡부진이 나타나고, 인공호흡이 필요해지는 질환이다.
⊙ 병원체 : 사스코로나바이러스(SARS - associated coronavirus)이다. SARS - coV는 동물 숙주 coronavirus변종에 의해 동물로부터 사람으로 종간의 벽을 넘어 감염이 일어난 것으로 추정하고 있다.

ⓒ 병원소 : 사향고양이, 오소리, 너구리
  ⓒ 전파 및 잠복기 : 사스 환자와의 직접적인 접촉, 사스 환자의 분비물에 오염된 물건을 통해서 전파가 될 수 있다. 환자가 기침, 재채기를 하거나 대화 중에 튀는 비말(작은 침방울)에 병원체가 포함되어 있어 눈, 코, 입 등을 통해 감염된다. 비행기 여행에 의한 2차 감염 사례도 보고된 바 있다. 발병 후 2주차에 주로 전파된다. 평균 잠복기는 4~6일이다(2~10일, 더 길게 보고된 경우도 있음). 발병 전에 전파된 사례는 보고된 적이 없다.
  ⓔ 감수성 및 면역성 : 환자의 대부분은 성인이며, 소아에서도 드물게 발병하였다.
  ⓜ 증상 : 발병 첫째 주에는 인플루엔자 의사 증상이 발생한다. 주요 증상은 발열(38도 이상), 권태감, 근육통, 두통, 오한 등이며, 특이적인 증상이나 증후는 없다. 발병 둘째 주에 기침(초기에는 객담 없는 마른기침), 호흡곤란, 설사가 나타난다. 특히 중증 환자는 급속히 호흡부전이 진행되어 약 20%에서는 집중치료가 필요할 정도로 산소부족을 겪게 되며, 많은 환자에게서 대량 수양성 설사 증상을 보고하고 있다.
  ⓑ 예방 : 손씻기를 철저히 하는 것이 가장 중요하다.

② **공수병(광견병)**
발병하면 거의 100% 사망하는 급성 뇌염의 하나로 광견병독에 의한 모든 온혈동물, 특히 개에 발생하는 급성 감염병이다. 미친개의 교상에 의하여 사람에 감염되면 물을 마시지 못하고, 물에 대하여 공포를 느끼고 발작하는 증세를 나타내게 된다. 수일(평균 4일) 이내에 섬망, 경련, 혼미, 혼수에 이르며 호흡근 마비 또는 합병증으로 사망하게 된다.
  ⓐ 병원체 : 라비에스 바이러스(Rabies Virus)
  ⓒ 병원소 : 공수병에 감염된 개, 너구리, 고양이 등 포유동물이 병원소인데 그 감염동물의 침(Saliva)이 감염원이 된다.
  ⓒ 전파 : 감염된 동물의 교상(咬傷)에 의해서 사람에게 감염된다. 아주 드물게는 동굴 속의 유독박쥐의 분진을 호흡하여 감염된 예도 있다. 잠복기는 교상 후 보통 2~12주로, 물린 곳이 중추신경과 가까울수록 짧다. 머리, 목, 얼굴을 물렸을 때는 사지를 물렸을 때보다 더 짧아진다.
  ⓔ 감수성 및 면역성 : 사람을 포함한 모든 포유동물은 감수성이 있다. 동물에게는 생균백신의 접종으로 면역효과를 거두고 있으나, 사람은 아직 생균백신을 접종하지 못하고, 샘플형(Sample Type) 백신을 접종할 경우 부작용으로 마비증을 나타낸 예가 많으므로 치료나 예방 목적으로 백신을 접종할 때는 신중을 기해야 한다.
  ⓜ 예방대책 : 동물 수입시 동물검역을 실시하고 야견(野犬)의 도살, 집개의 예방접종을 강력하게 실시한다. 개에 물린 사람에 대한 처치로서는 물린 상처를 즉시 비눗물이나 소독약으로 닦고 상처 주위에 면역혈청을 주사한 후 개를 10일간 구금하여 발병 여부를 관찰하여 백신접종의 여부를 결정한다.

③ **탄 저**
원래 소, 양, 말, 산양 등의 가축에 급성 패혈증을 일으키게 하며, 동물의 치명률은 75~100%에 달하는 중요한 가축감염병이다.
  ⓐ 병원체 : 바킬루스 안트라키스(*Bacillus anthracis*)로 포자를 형성하므로 외계에서도 저항력이 강하다.

ⓒ 병원소 : 소, 말, 양, 산양 등
ⓒ 전파 : 잠복기는 보통 4일이며, 가축의 감염은 오염된 풀이나 사료에 의한 경구감염이 가장 많고, 또한 사람의 감염률 90% 이상이 경피감염에 의한 피부탄저인데 이는 오염된 모발, 수피 같은 원료와 제품에서 직접 전파된다. 그리고 동물의 털을 취급하거나 골분공장에서 종사하는 사람은 기도감염에 의해 폐탄저를 일으키며, 드물게 오염된 육류를 먹어서 장탄저를 일으키기도 한다.
ⓔ 감수성 : 이환 후 어느 정도 면역이 생기며 얼마나 지속되는지 확실치 않다.
ⓜ 예방대책 : 가축은 약독화 생균백신을 접종한다. 작업상 가축과 접촉하며, 수육, 수모, 수피 등을 취급하는 사람은 탄저가 의심되는 경우 세균학적 진단을 실시해야 하고, 이미 이 병에 감염된 가축은 도살처분, 소각, 소독을 실시해야 한다.

④ 브루셀라증 [기출] 2022 서울시

원래 동물질환이지만 브루셀라속 세균에 의해 감염된 동물(소, 염소, 양, 돼지, 개)로부터 사람이 감염되어 발생한다.

ⓐ 병원체 : 그람음성 간구균으로 브루셀라균(Brucella)
ⓑ 병원소 : 말, 소, 돼지, 양, 산양, 개
ⓒ 전파 : 유즙은 간접전파의 유일한 중요매개물이 되며, 잠복기는 대체로 10일이다. 감염된 조직에 직접 접촉함으로써 또는 우유나 유제품을 통해서(경피, 경구, 흡입감염) 전파되며, 감염된 소나 돼지를 취급하는 도살업자나 수의사가 접촉을 통해서 감염되는 경우도 있다.
ⓓ 증상 : 임상조사에서 발열 93.8%, 파상열 70.3%, 오한 71.4%, 발한 73.4%, 권태 67.2%, 쇠약 68.8%, 그 외 임파절염, 관절통, 요통 등이 있는 것으로 나타났다.
ⓔ 예방대책 : 농부나 도축장, 통조림 공장의 종업원에 대해 병의 실태와 감염동물의 시체나 그 제품취급에 대한 교육을 실시해야 한다. 동물에는 백신(Vaccine)을 주사하고 유산한 동물의 배설물이나 태아를 소각한다.

⑤ 렙토스피라증

벼농사 지역(극동 및 동남아시아)에서 주로 발생하는 급성 발열성 질환군의 하나이다. 균에 노출되기 쉽다는 이유 때문에 9~11월 추수기에 주로 농부에게서 발병한다.

ⓐ 병원체 : 렙토스피라 균(*Leptospira icterohaemorrhagiae*)
ⓑ 병원소 : 들쥐
ⓒ 전파 : 감염된 들쥐의 배설물로 배출된 병원체에 의하여 오염된 물과 토양에 접촉하여 경피감염이 흔히 되고, 또한 오염된 식품과 음료수를 통한 경구감염도 일어난다. 잠복기는 보통 7~10일이다.
ⓓ 감수성 : 연령적으로 논밭에서 일할 수 있는 20~60세의 연령층에서 많이 발생한다.
ⓔ 증상 : 발병 초기에는 발열, 두통, 오한 등의 증세가 있다가 발병 후기에는 용혈성 황달, 결막충혈, 간장 장애 등을 일으킨다.
ⓕ 예방대책 : 논과 밭 등에서 작업할 때는 구두, 장화, 장갑을 사용하여 피부를 보호토록 하여야 하고, 작업 후에는 손발을 깨끗이 씻는 생활습관을 지니도록 보건교육을 실시하여야 한다.

(4) 절족동물 매개 감염병 기출 2014 서울시

절족동물(몸속에 뼈가 없어 여러 개의 환절로 되고, 마디가 있는 발이 달린 동물) 매개 감염병은 페스트(벼룩), 발진티푸스(이), 일본뇌염(모기), 발진열(벼룩), 말라리아(모기), 유행성 출혈열(진드기) 등이 있다.

① 페스트(흑사병)

야생 설치류가 매개되어 임파선종 또는 폐렴을 일으키는 급성 감염병이다.

- ㉠ 병원체 : 페스트균(*Pasteurella pestis*)으로 그람음성균이다.
- ㉡ 병원소 : 야생설치류나 집쥐이며, 잠복기는 선페스트는 1~6일, 폐페스트는 2~5일이다.
- ㉢ 전파 : 페스트균에 감염된 쥐에 기생하는 벼룩이 쥐의 피를 빨아먹는 동안 페스트균에 감염이 되고, 이 벼룩이 다시 사람을 물면 사람도 페스트균에 감염된다.
- ㉣ 감수성 및 면역성 : 감수성은 전반적이며 완쾌 후에는 일시적 면역이 인정된다.
- ㉤ 예방대책 : 신속한 발생보고, 격리, 소독, 구충, 구서를 실시하고, 특히 벼룩구제가 중요하다. 백신은 예방 효과가 불충분하여 일반인에게는 사용하지 않고, 노출위험이 높은 직업에 종사하는 사람에게만 권고된다.

② 발진티푸스

이(Louse)로 인하여 매개되어 발열, 근통, 정신신경증상, 발진(장미진) 등을 나타내는 급성 감염병이다.

- ㉠ 병원체 : 리케챠 균(*Rickettsia prowazeki*)
- ㉡ 병원소 : 환자 또는 보균자
- ㉢ 전파 : 환자로부터 이의 흡혈에 의하여 이의 장관내 증식배설물로 탈출되어 상처로 침입되거나 먼지를 통하여 호흡기계로 감염되기도 하며, 잠복기는 보통 1~14일이다.
- ㉣ 감수성 및 면역성 : 감수성은 전반적이며, 완쾌 후에는 영구면역을 얻는다.
- ㉤ 예방대책 : 신속한 발생보고, 격리, 소독, 이의 구제 및 예방접종 등이 필요하다.

③ 말라리아(Malaria)

학질, 하루거리, 초학 등으로 불리며, 우리나라에서는 경기 북부지방을 중심으로 발생하고 있다.

- ㉠ 병원체 : 기생충 중 원충류로서 *Plasmodium vivax*(3일열 말라리아), *P. falciparum*(열대성 말라리아) 등이다.
- ㉡ 병원소 : 환자, 보균자이며 양성 3일열 말라리아(*P. vivax*)는 간조직에서 3년까지도 잠복한다.
- ㉢ 전파 및 잠복기 : 환자로부터 모기가 흡혈하면 모기 체내에서 유성생식을 거쳐서 여름에 약 2주일이면 인체에 감염된다. 잠복기는 13~15일이다.
- ㉣ 감수성 및 면역성 : 감수성은 전반적이며, 면역은 인정되지 않으나 저항력은 있는 것으로 본다.
- ㉤ 예방대책 : 중국얼룩날개모기의 구제와 환자의 근치 요법의 실시가 필요하다.

④ 유행성 일본뇌염

8월(늦여름)부터 10월 사이에 많이 발생하는데 이것은 뇌염모기에 의해 뇌에 염증을 일으키는 질환이며, 치명률은 평균 40% 정도이다.

㉠ 병원체 : 일본뇌염 Virus로 B군에 속한다.

㉡ 병원소 : 돼지이며, 잠복기는 5~15일이다. 현성감염은 500~1,000명에 한 명 정도가 임상 증상을 나타내며, 대부분 불현성 또는 무증상 감염자가 많다.

㉢ 전파 및 잠복기 : 바이러스혈증을 일으키고 있는 돼지를 흡혈한 일본뇌염모기(작은빨간집모기)가 사람을 흡혈할 때 전파된다. 잠복기간은 5~14일이다.

㉣ 감수성 및 면역성 : 3~15세의 어린이가 감수성이 높다. 이환 후 면역이 형성된다. 4세 이하의 어린이에게서 경련증상을 보이며, 치명률이 높다.

㉤ 예방대책 : 신속한 발생 보고와 모기구제 및 모기에 물리지 않도록 주의하고 피로하지 않도록 건강관리를 하여야 하며, 3~15세의 위험 연령은 예방접종을 실시한다.

⑤ 유행성 출혈열(신증후군 출혈열)

늦봄(5~6월)과 늦가을(10~11월), 특히 주로 가을에 발생하는 급성 감염병으로, 고열, 결막 충혈, 구토 등이 나타나며, 치명률은 대체로 10~15% 이하이다.

㉠ 병원체 : 한탄 바이러스(Hantan Virus)

㉡ 병원소 : 등줄쥐

㉢ 전파 및 감수성 : 등줄쥐의 배설물과 등줄쥐에 기생하는 좀 진드기가 전파한다. 상습 발생지역에 새로 이주하는 사람은 일정한 감수성이 있다.

㉣ 잠복기 : 9~35일

㉤ 예방대책 : 들쥐를 구제하고, 들쥐 배설물에 접촉하거나 감염되지 않도록 노숙을 하지 않아야 하며, 들에서 피부를 노출시켜서는 안 된다. 예방접종약이 개발되어 있다.

⑥ 발진열

급성 감염병으로 발열과 발진증상은 발진티푸스와 비슷하며, 주로 9~11월(가을철)에 집중적으로 발생한다.

㉠ 병원체 : 리케차 타이피(*Rickettsia typhi*)

㉡ 병원소 : 쥐

㉢ 전파 : 리케차(*Rickettia typhi*)라는 균에 감염된 쥐벼룩이 사람을 물었을 때 또는 감염된 벼룩의 배설물을 흡입했을 때 일어난다.

㉣ 잠복기 : 6~14일이며, 보통은 12일 정도이다.

㉤ 감염기간 : 리케차에 오염되어 있는 쥐벼룩과 사람이 접촉하고 있는 동안이다.

㉥ 감수성 : 한 번 앓고 나면 평생 면역이 되고, 감수성은 누구나 없다. 남성과 여성에게 비슷한 비율로 발생하고 연령별로는 50세 이상에서 주로 발생한다.

㉦ 예방대책 : 쥐벼룩에 물리지 말아야 하며, 잔류효과가 있는 살충제(10% DDT, 린덴)를 쥐의 통로, 쥐구멍, 쥐집 등에 뿌려서 발진열 리케차의 숙주인 쥐를 없애야 한다. 환자로부터 직접 전파되는 일은 없으므로, 환자의 격리나 소독은 필요 없다. 백신은 사용되지 않는다.

⑦ 쯔쯔가무시병 기출 2022 서울시

급성 발열성질환으로 주로 가을철 야외활동시 털진드기에 물려 감염된다. 사람간 감염이 되지 않아 격리 및 소독이 필요 없다.
㉠ 병원체 : 리케차 쯔쯔가무시(*Rickettsia tsutsugamushi*)
㉡ 병원소 : 털진드기 등의 감염된 유충들이며 사람에게 가장 흔한 매개체이다. 감염은 털진드기에서 경란전파로 유지된다.
㉢ 전파 : 감염된 털진드기가 물어서 생긴 상처에 의해 전파되며, 잠복기는 6~21일로 다양한데, 보통 10~12일이다.
㉣ 감수성 : 한 번 감염되면 동종주에 대해서는 영구적인 면역을 얻을 수 있으나 이종주에 대한 면역은 일시적이므로 재감염될 수 있는 것으로 알려져 있다. 특히 토착지역에 일생 동안 사는 사람들은 여러번 감염될 수도 있다.
㉤ 예방대책 : 노출된 피부에 진드기 구산제(Diethyl Toluamide)를 바르고 진드기 죽이는 화합물인 벤질 벤조에이트(Benzyl Benzoate)로 옷과 담요를 처리함으로써 진드기 매개체에 대항하는 개별적 예방을 성취하고 감염된 털진드기와의 접촉을 방지한다.

> **The 알아보기**
> 경란전파(transvarial passage) 벌레의 알을 통해서 바이러스가 다음 대에 전해져 감염되는 것

7 만성 감염병 관리

(1) 결 핵 기출 2017 서울시

결핵은 공기를 통해 감염되는 감염병으로 결핵균이 폐, 심장, 장기관, 뼈, 피부 및 후두 등에 침입하여 병을 일으킬 수 있으나, 90% 이상은 폐에 침입하므로 주로 폐결핵이라 부른다.

① 병원체
그람양성의 간균인 결핵균(*Mycobacterium tuberculosis*)

② 전 파
감염성을 가진 결핵환자의 기침시에 나온 결핵균이 공기를 통해 전파된다. 잠복기, 즉 감염으로부터 1차 병소가 나타날 때까지는 약 1~3개월이 걸리는데 이때 투베르쿨린 반응이 양성으로 바뀐다. 감염 후 1~2년 내에 폐결핵이나 폐외결핵으로 진행될 위험이 가장 크며, 발병하지 않더라도 결핵균은 잠재감염의 형태로 일생 동안 체내에 머물 수 있다.

③ 종 류
폐결핵이 대부분이나, 혈액을 통해 전신에 퍼지는 속립(粟粒, 좁쌀 ; Miliary)성 결핵, 결핵성 뇌막염, 신장결핵, 척추결핵 등과 같이 다양한 장기에서 일어날 수 있다.

④ 폐결핵의 증상
피로감, 발열, 체중감소로 시작하여 나중에 기침, 흉통, 객혈 등이 나타난다. 이때 흉부 X-선 검사를 하면 필름상에 특이한 음영이 나타나며, 진단은 흉부 X-선 소견, 객담검사 등으로 한다.

⑤ 역학적 특성

지역적으로 보면 도시가 농촌보다 유병률이 높은데 이것은 도시 외곽 빈민지역의 결핵 유병률이 높기 때문이다. 성별로 보면 남성이 여성보다 약 2배 정도 유병률이 높은데 이것은 흡연 등 생활습관과 관계가 있는 것으로 보이며, 연령별로는 영유아에서 높다가 10대에 급격히 감소하고 20대가 되면서 다시 상승하며 30대에 약간 낮아졌다가 그 이후는 연령에 따라 계속 상승하는 것을 볼 수 있다. 이것은 고령으로 면역기능이 떨어질 때 잠재감염으로 있던 결핵균이 비로소 질병을 일으키기 때문인 것으로 풀이할 수 있다.

⑥ 결핵의 관리방법

㉠ 새로 발견된 환자에게 즉각적인 항결핵 요법을 시작하는 것이 여러 면에서 중요하다.

㉡ 객담내 균이 아직 양성인 환자는 기침할 때 휴지로 입과 코를 꼭 가리고 하고 그 휴지와 객담을 소독처리하도록 교육한다.

㉢ 환자와 밀접하게 접촉한 사람, 특히 환자의 가족은 투베르쿨린 검사를 하고 흉부 X-선 촬영도 하여야 하는데, 일반인의 집단검진으로 정기 흉부 X-선 촬영을 할 수도 있다.

㉣ 투베르쿨린 검사결과 음성인 사람과 영유아에게 BCG 예방접종을 실시하는 것이 우리나라에서는 필요하다.

㉤ 환자와 단순한 접촉(음식물, 식기, 사용하는 물건)으로 감염되지 않으며, 감염자의 경우에도 치료 2주 후면 감염성이 거의 소멸된다.

(2) 한센병(나병)

1880년 한센에 의해 나병의 병원균인 나균이 발견되어 나병은 한센병이라고도 불린다. 1940년대에 설폰제의 사용이 시작되어, 1983년 이후 복합화학요법에 이를 때까지 발전하여, 한 때의 "불치의 병"에서 이제는 "완치의 병"으로 바뀌었다. 현재 한센병은 조기에 진단하여 조기에 치료를 시작하면, 후유증인 변형을 거의 남기지 않고 치유하는 것이 보통이다.

① 병원체

결핵균과 유사한 그람음성의 간균인 나균(*Mycobacterium leprae*)이며, 병원소로 확증된 것은 사람뿐이다.

② 전 파

나균의 감염력은 매우 낮다고 알려져 있으며, 단지 치료를 받고 있지 않은 증상이 심한 환자와의 매우 긴밀한 접촉에 의해서만 감염된다. 그래서 치료를 받고 있는 한센병 환자나 한센병이 다 나은 후 단지 후유증만을 가지고 있는 사람은 감염력이 전혀 없다.

③ 잠 복

나균은 결핵균과 같은 항산균으로 현재까지 인공배양에는 성공하지 못하고 있다. 나균의 증식 속도가 매우 느려서 병의 잠복기가 매우 길다고(5~20년) 알려져 있다.

> **The 알아보기**
>
> **항산균**
>
> 항산균이란 *Mycobacterium* 속의 세균을 염색의 특징으로 붙인 명칭이다. 항산균 감염증은 결핵균(*M. tuberculosis*)에 의한 결핵, 비결핵성 항산균(*M. avium, M. intracellulare, M. kansasii* 등)에 의한 비결핵성 항산균증, 나병균(*M. leprae*)에 의한 한센병이 대표적이다.

④ 증 상

한센병을 일으키는 나균은 주로 피부와 말초신경을 침범하여 피부와 말초신경의 증상을 일으킨다. 피부 증상은 매우 다양하기 때문에 언뜻 보아서는 진단하기가 어려운데, 가려움은 없으며, 감각(따뜻함, 차가움, 아픔 등)의 저하가 있어 자신도 모르는 사이에 상처나 화상 등이 생기는 일이 있다. 말초신경 증상으로는 해당 신경의 감각마비와 함께 운동의 장애가 동반되는 일도 있으며, 진단이나 치료가 늦어지면, 주로 얼굴, 손 발 등에 변형(후유증)이 생길 수 있다.

⑤ 관리방법

㉠ 가족과 같이 환자와 밀접한 접촉을 갖는 사람들은 5년간 연 1회씩 나병에 대한 검진을 받도록 한다.

㉡ 중증인 환자들은 격리병원이나 요양소에 수용하거나 치료 후에도 정착촌에 한정해서 거주시키는 관리방법이 있는데, 요즈음은 점차 집에서 통원하며 치료하는 방법으로 전환하고 있다.

㉢ 균양성인 나종 나환자는 접촉격리를 해야 하지만, 비감염성 환자들은 사회적 제한을 받지 않아도 된다.

㉣ 감염성이 있는 환자를 발견했을 때 즉각 치료를 시작하는 것이 예방적 측면에서도 중요하다.

(3) 성병(Sexually Transmitted Diseases, 성전파질환)

성병은 주로 사람과 사람 사이에 성접촉으로 전파되는 질환으로 병원체로는 30개 이상의 세균, 바이러스, 원충이 있다. 「감염병예방법」상의 성병이란 매독, 임질, 연성하감, 비임균성 요도염, 클라미디아 감염증, 성기단순포진 및 첨규콘딜롬(condylomata acuminata)을 말한다. 성질환은 질병의 특성상 그 실상이 파악되기 어려운데, 우리나라에서는 주로 성병 정기검진 대상자의 자료를 통해 단편적으로 파악할 수밖에 없다. 이들 대상자의 성병 감염률을 보면 임질의 감염률이 가장 높고, 그 다음 비임균성 요도염, 매독 순으로 나타난다.

> **The 알아보기**
> **첨규콘딜롬**
> **(condylomata acuminata)**
> 첨규콘딜롬이란 인유두종 바이러스(*Human papillomavirus*) 중 6번, 11번 바이러스에 의해 외음부에 생기는 사마귀성 질환을 말한다.

① 임 질

㉠ 병원체 : 임질은 임균(*Neisseria gonorrhea*)이라는 세균에 의해 감염된다.

㉡ 병원소 : 이들 세균은 여성의 자궁경부, 자궁, 나팔관이나 여성과 남성의 요도와 같은 따뜻하고 습기가 많은 생식기관에서 증식한다.

㉢ 전파 및 잠복기 : 거의 모든 경우 성적 행위인 성기접촉으로 이루어진다. 모성이 임질 환자일 때, 출산시 감염된 산도와의 접촉으로 임균성 신생아 결막염이 일어날 수 있다. 잠복기는 2~7일 정도인데, 증상이 없는 감염자들도 감염원이 될 수 있다.

㉣ 증상 : 임질에 걸린 남성 중 일부는 증상이 없을 수도 있다. 그러나 증상이 있는 경우는 배뇨시 작열감, 성기의 흰색, 황색 혹은 녹색의 분비물, 때로는 고환에 통증이 있거나 부종이 나타나기도 한다. 여성의 경우는 경미하게 나타나기도 하지만 대부분은 별다른 증상이 나타나지 않는다.

증상이 있는 경우라고 할지라도 방광염이나 질염으로 착각하기 쉽다. 여성의 초기증상은 배뇨시 통증이나 작열감, 질 분비물 증가, 비정상적인 질 출혈 등이 나타날 수 있다. 하지만 증상 유무와 관계없이 임질에 감염된 여성은 심각한 합병증으로 발전될 위험을 가지고 있다.
- ⑩ 치료 : 세프트리악손(Ceftraxone), 에이스로마이신(Erythromycin) 및 독시사이클린(doxycycline)으로 치료가 가능하다.

② 매 독
- ㉠ 병원체 : 나선균인 매독균(*Treponema pallidum*)이며, 병원소는 사람뿐이다.
- ㉡ 전파 및 잠복기 : 성접촉(질, 항문, 구강), 임산부가 감염시 태아로의 수직감염 및 혈액을 통해 감염될 수 있다. 매독에 감염 후 증상발현까지 즉, 잠복기는 10~90일(평균 21일)이다. 모성을 통해 감염된 태아는 종종 유산되거나 사산되는데, 출생하는 경우도 선천성 감염으로 여러 가지 장애를 가지게 된다.
- ㉢ 증상 : 성기의 구진, 무통성하감 등의 1차성 병변, 피부발진 등의 2차성 병변, 장기간의 잠재기를 거치고 난 후 나타나는 심맥관계와 중추신경계의 병변(3기 매독이라 칭함)으로 나뉜다. 치료를 받지 않은 매독 감염자의 15%가 말기 매독으로 진행될 수 있으며, 처음 감염된 지 10~20년 후에 나타날 수도 있다. 말기 매독은 뇌, 신경, 눈, 심장, 혈관, 간, 뼈, 관절 등의 내부 장기에 손상을 일으키고 관절운동 조절장애, 마비, 무감각, 점진적인 실명, 치매 등을 나타낼 수 있으며, 사망에 이를 수도 있다.
- ㉣ HIV와 연관성 : 매독에 의한 성기주변 궤양들은 HIV 전염을 더욱 쉽게 이루어지도록 한다. 현재 매독에 감염된 사람이 HIV에 노출되었을 때 감염될 가능성은 그렇지 않은 경우에 비해 대략 2~5배 높다.
- ㉤ 치료 : 매독은 감염 초기에는 치료하기 쉽다. 감염된지 1년 이내인 경우 페니실린 항생제(Benzathine Penicillin)를 1회 근육 주사하는 것만으로도 매독을 치료할 수 있다. 감염된 지 1년 이상 된 말기 매독환자 등은 추가 치료가 필요하다.

③ 연성하감
헤모필러스 듀크레이(*Hemophilus ducreyi*)라는 세균에 의해 성기나 회음부의 통증성 궤양질환을 일으키는 성매개감염병이다.
- ㉠ 감염경로 : 성접촉으로 전파된다.
- ㉡ 증상 : 성기궤양은 붉은 구진에서 시작하여 빠르게 농포로 진행한 후 농포가 터져 통증성 궤양을 형성하는데, 남성의 경우 음경의 포피, 음경귀두관, 음경 등에, 여성의 경우 음순, 질입구, 항문 주위 등에 주로 궤양이 분포한다. 서혜부 림프절염은 남성 환자의 1/3, 여성 환자는 그 보다 낮은 빈도로 나타나는데 치료를 하지 않으면 침범된 림프절이 액화과정을 거쳐 부보(buboes)로 진행되고 저절로 터져서 농이 흘러나온다. 성기궤양이 나타난 후 1~2주 후에 발생하며 종종 심한 통증을 동반한다.
- ㉢ 치료 : 아지스로마이신(Azithromycin), 세프트리악손(Ceftraxone), 시프로플록사신(Ciprofloxacin), 에이스로 마이신(Erythromycin) 등의 항생제로 치료가 가능하다.

④ 비임균성 요도염
임균 이외의 병원성 미생물 감염에 의해 요도염을 일으키는 성매개감염병이다.
㉠ 감염경로 : 성접촉으로 전파된다.
㉡ 증상 : 배뇨 곤란(빈뇨, 배뇨통 등), 농 및 점액 농성 요도분비물, 요도불쾌감, 요도 소양증이 나타나며 무증상 감염도 많다. 합병증으로는 급성 출혈성 방광염, 전립선염, 정낭염, 부고환염, 요도협착 등이 나타날 수 있다.
㉢ 치료 : 아지스로마이신(Azithromycin), 독시사이클린(Doxycycline) 등의 항생제로 치료가 가능하다.

⑤ 클라미디아 감염증
클라미디아는 클라미디아 트래코마티스(*Chlamydia trachomatis*)라는 세균에 의해 발병한다. 클라미디아는 증상이 없거나 경미하여 감염사실을 알기도 전에 '소리 없이' 불임을 포함한 심각한 합병증을 유발할 수도 있다.
㉠ 감염경로 : 클라미디아는 성접촉(질, 항문, 구강)을 통해 전염되며, 질식분만시에 감염된 산모에게서 신생아에게로 전염되기도 한다. 또한 10대 혹은 어린 여성의 경우는 자궁경부의 미성숙으로 감염위험성이 더 커진다. 임산부 감염시 태아에게 미치는 영향은 감염된 산모는 미숙아 출산 및 신생아 폐렴, 결막염을 유발할 수 있다.
㉡ 증상 : 클라미디아에 감염된 여성의 3/4, 남성의 1/2에서 증상이 없기 때문에 클라미디아는 "침묵의 질병"으로 알려져 있다. 만약 증상이 나타난다고 해도 대부분 감염된지 1~3주 후에 나타난다. 여성의 경우 비정상적인 질 분비물이나 배뇨시 작열감이 있을 수 있다. 감염부위가 자궁경부에서 나팔관으로 퍼지면(증상이 없는 경우도 있음) 경한 복통, 요통, 오심, 발열, 성교시 통증, 비정상적인 월경출혈 등이 나타날 수도 있다. 클라미디아 감염은 경부에서 직장으로 퍼질 수도 있다. 남성의 경우는 성기의 비정상적인 분비물, 작열감이나 성기 부위의 소양증이 나타날 수도 있다.
㉢ HIV와의 연관성 : 클라미디아에 감염된 여성은 HIV에 노출될 경우 비감염자에 비해 HIV 감염 가능성이 5배 정도 높다.
㉣ 치료 : 아지스로마이신(azithromycin)이나 독시사이클린(doxycycline)으로 치료가 가능하다.

(4) B형간염
B형간염 바이러스(Hepatitis B virus ; HBV)에 감염되어 간의 염증이 발생하는 질환으로 급성 B형간염과 만성 B형간염이 있다. B형간염 바이러스에 감염되면 만성 보유자가 되기 쉽고, 나중에 일부에서 간경화나 간암과 같은 심각한 간질환으로 진행될 가능성이 높기에 매우 중요한 감염 질환이다. 예방접종으로 B형간염 보유자가 많이 감소하였지만 미국 및 유럽의 여러 국가에 비해 아직도 많이 발생하고 있다.
① 병원체
간염 B 바이러스라 불리는 DNA 바이러스이며, 병원소는 사람이다.

② 전 파
  ㉠ 직접적으로 혈액과 혈액의 접촉 예 수혈
  ㉡ 오염된 주사기 사용, 침습적인 검사나 시술
  ㉢ B형간염 산모로부터 신생아에게 주산기감염
  ㉣ 성적 접촉
  ㉤ 비위생적인 날카로운 기구에 의한 시술(문신기구, 귀걸이, 피어싱)

  > B형간염은 일상적인 활동(재채기, 기침, 껴안기, 음식 나눠 먹기, 모유수유 등)으로는 전염되지 않는다.

③ 잠복기
  잠복기는 평균 2~3개월이며, 감염력을 가지는 기간은 급성 증상을 보일 때뿐 아니라, 만성 간염상태에서도 지속되고 건강보균자도 감염력을 가진다. 자연감염 후 B형간염 표면항체(항HBs)가 생기고 표면항원(HBsAg)이 사라지면서 자연면역을 가지게 된다.

④ 증 상
  B형간염은 '침묵의 질환'으로 불릴 만큼 자각증상이 없는 것이 특징이다. 일반적인 증상으로는 피로, 발열, 근육통, 관절통, 식욕상실, 메스꺼움 및 구토, 황달(눈 흰자위, 피부가 노랗게 변함), 헛배 부름(오른쪽 상복부의 불편감 동반) 등이 있을 수 있다.

⑤ 역학적 특성
  B형간염은 보균자도 중요한 질병전파의 통로가 되므로 간염환자의 수보다 일반인구의 HBs 항원양성률이 보건학상으로 중요한데, 우리나라에서 여러 집단을 대상으로 조사한 결과를 종합해보면 HBs 항원양성률은 5~8%로 추정된다. 사회경제적 상태가 낮은 사람의 감염률이 높으며, 환자의 혈액과 접하는 의료인들의 감염률이 일반인구의 감염률보다 높은 것을 볼 수 있다.

⑥ 관리방법
  ㉠ B형간염에는 아직 특효약이 없으므로 예방이 더욱 중요시되는 질환이다.
  ㉡ 혈액은 채혈 때부터 철저한 방법(방사면역 분석법)으로 검사하고 관리한다.
  ㉢ 환자의 혈액, 체액으로 오염된 기구는 철저히 소독하고 병원에서 신체침습검사나 치료 등을 시행할 때에는 엄격한 무균적 처치를 시킨다.
  ㉣ 주사바늘은 물론 침, 면도칼, 칫솔 등을 여러 사람이 돌려쓰는 일이 없도록 일반인에게 홍보한다.
  ㉤ B형간염의 관리에 있어서는 환자의 치료보다 예방접종이 중요하다.

심화Tip   B형간염 예방접종

1. **접종대상** : 모든 영유아
2. **접종시기** : 생후 0, 1, 6개월에 3회 기초 접종
   ※ 단, 모체가 B형간염 표면항원(HBsAg) 양성인 경우에는 면역글로블린(HBIG)과 B형간염 1차 접종을 생후 12시간 이내 각각 다른 부위에 접종하여야 한다.

(5) 후천성 면역결핍증(AIDS) 기출 2015 서울시

HIV(사람면역결핍바이러스)에 감염되면 우리 몸의 면역세포는 서서히 파괴되어 면역체계가 손상되고, 손상정도가 일정 수준을 넘게 되면 건강한 사람에게는 잘 나타나지 않는 바이러스, 세균, 곰팡이, 원충 또는 기생충에 의한 감염증과 피부암 등 악성종양 등이 생겨 사망까지 이르게 되는 질병이다.

① 병원체

레트로바이러스에 속하는 사람면역결핍바이러스(HIV)이며, 병원소는 사람이다.

② 전파

성적 접촉, HIV에 감염된 혈액의 수혈, 감염된 혈액에 오염된 주사기 등의 사용으로 인한 감염, 감염된 모성으로부터 태아감염·영아감염 등이 있으며, 일상적 접촉으로는 전파되지 않는다. HIV는 아주 약한 바이러스로 인체를 벗어나면 바로 비활성화 되거나 사멸하게 된다. 또한 열에도 약하기 때문에 71℃ 정도의 열을 가하는 것만으로도 완전히 사멸하고, 체액이 건조되어도 사멸한다. 염소계 소독제에는 특히 약해서 수돗물 정도의 염소 농도에서 바로 비활성화 되어 감염력을 상실하게 된다. 잠복기는 6개월에서 7년 정도로 추정되며, 언제부터 감염이 가능한지는 아직 불확실하다.

③ 증상

식욕부진, 체중감소, 발열, 피로감, 만성적 설사 등의 비특이적 증상이 나타나면서 면역결핍을 예측할 수 있는 여러 가지 기회감염병이 발병한다. 기회감염병에는 주폐포자충 폐렴, 만성 장관크립토스포리디아증, 식도칸디다증, 미만성 단순포진간염, 카포시육종 등이 있는데, 이것은 면역기능이 정상인 사람에게서는 나타나지 않는 질환들이다.

④ AIDS의 관리방법

㉠ 환자의 혈액, 분비물 등에 오염된 모든 것을 철저히 소독하고 병원에서의 인체 침습검사, 치료 등을 시행할 때에는 엄격한 무균처치법을 지킨다.

㉡ 감염자로 밝혀진 사람과의 성적 접촉자는 추적 조사해야 하는데, 인권측면에서 강제성을 가질 수 없다는 한계성이 있다.

㉢ 현재 HIV 감염인들이 복용하는 AIDS 치료제는 항레트로바이러스제(일명 칵테일 치료제)로서 완치제는 아니며, HIV의 증식을 억제하여 질병의 진행을 지연시키는 약이다. 항레트로바이러스제는 한 번 복용을 시작하면 평생을 먹어야 하는 약으로 복용법을 95% 이상 정확히 지켜 복용하기만 한다면 HIV감염인의 수명을 30년 이상 연장시켜 AIDS를 만성 질환으로서 관리할 수 있게 된다.

㉣ 일반인에게는 HIV 감염자나 AIDS 환자라고 의심되는 사람과의 성접촉을 피하도록 교육함은 물론, 고위험군에게는 동성연애 등의 격렬한 성행위나 정맥용 주사기의 공통사용 등이 위험요인에 폭로되는 행위라는 것에 대해 집중적으로 홍보한다.

㉤ 수혈에 쓰이는 혈액은 철저히 검사하되 그 방법을 점점 발전시켜 수혈자와 혈액제제로 치료받는 환자들을 완벽에 가깝게 보호한다.

03 성인병(만성질환)

1 성인병의 개요

(1) 성인병의 의의

① 성인병이란 주로 40대 이후에 나타나는 만성 퇴행성 질환을 말한다.
② 만성 이란 잘 낫지 않는 고질병을 뜻하며, 퇴행성이란 점점 나빠진다는 의미로 질병이 아닌 질환이라는 뜻이다.
③ 과거에는 주로 40대 이후의 성인들만이 걸리는 것이 보통이였으나, 점차 연령층이 낮아지고 있어 소아 당뇨, 청소년 비만, 고혈압 등 심각한 사회적 문제로 부각되고 있다.

심화Tip 질병과 질환

구 분	질 병	질 환
병원균	병원균 때문에 생기는 병	병원균과는 관계없이 생기는 것(주로 성인병)
영 양	잘 먹지 못하여 영양상태가 나빠 몸의 저항력이 약해져 병균과의 싸움에서 지기 때문에 생기는 병	지나치게 잘 먹거나 편식으로 인하여 생기는 각종 성인병

④ 성인병의 요인
  ㉠ 기호의 요인 : 애연가는 만성 기관지염, 폐질환, 심장질환의 발생 빈도가 높고, 과음은 지각장애, 심신질환, 간경화증 등을 유발시킨다.
  ㉡ 심리적 요인 : 근심, 걱정, 불안 및 공포 등은 자율신경계의 작용으로 소화기 질환, 순환기 질환 등 만성 질병의 발생에 영향을 준다.
  ㉢ 유전적 요인 : 당뇨병, 고혈압, 암 등은 유전성으로 알려져 있다.
  ㉣ 습관적 요인 : 과식이나 과다 지방식 등의 식이법과 운동량 부족으로 비만증을 유발시켜 심장질환, 고혈압, 당뇨병, 관절염 등의 병을 유발한다.
  ㉤ 사회적 요인
    ⓐ 인종 관계에 의한 경우 : 동양인은 위암 및 간암이, 서양인은 폐암 및 유방암이 많이 발생한다. 또한 흑인은 고혈압증과 심장질환이, 백인은 피부암이 많이 발생한다.
    ⓑ 성별에 의한 경우 : 당뇨병은 남자보다 여자에게, 특히 류마티스성 관절염은 여자가 남자보다 발병률이 3배 높으나, 관상동맥질환은 여자보다 남자에게 더 많이 발생된다.
    ⓒ 사회경제적 상태에 의한 경우 : 부유층에서는 유방암・당뇨병이, 빈공층에게는 자궁암・위장암 및 폐결핵 등이 많이 발생한다.
    ⓓ 결혼, 출산 등에 의한 경우 : 독신 여성에게는 유방암이, 조혼・다산・성병 경험이 있는 부인에게는 자궁암이 많이 발생한다.

ⓑ 직업적 요인 : 금속공, 광부들에게 폐암 발생이 높으며, 화학 공업에 종사하는 사람은 방광암 발생이 높다.
ⓢ 공해 요인 : 아황산가스(SO_2)는 만성 기관지염 및 기관지 천식, 폐기종의 원인이 되며, 탄화수소는 광화학 반응을 통하여 폐암을 유발시키는 작용을 한다.
ⓞ 자연환경 요인 : 산성 토질에 거주하는 주민과 하천수의 경도가 높은 곳에 거주하는 주민들에게는 암 발생이 높게 나타난다.

(2) 성인병의 유형 및 특징

① 성인병의 유형

호흡기계 성인병	만성 호흡기 질환, 만성 기관지염, 기관지 천식, 폐기종 등
순환기계 성인병	고혈압, 저혈압, 동맥경화, 협심증, 심근경색증, 뇌출혈 등
소화기계 성인병	비만증, 체중부족증, 당뇨병, 위궤양, 십이지장궤양, 위하수, 위무력증, 간경변증, 지방간, 신부전증, 만성 신장병 등
신경기계 성인병	신경통, 류머티즘, 중풍, 갱년기 장애, 치매증, 실어증 등
기타 성인병	골다공증, 퇴행성 관절염, 류마티스 관절염 등

② 성인병의 특징
㉠ 걸리기는 쉬우나 잘 낫지 않으므로, 치료보다는 예방이 중요하다.
㉡ 주로 40대 이후 성인에게서 많이 발생한다.
㉢ 비교적 유전적 영향이 강한 편이다.
㉣ 과식, 음주, 흡연, 운동부족 등이 주된 원인이다.
㉤ 약물에 의한 치료보다는 철저한 식이요법과 운동요법이 최선이다.
㉥ 성인병 초기에 치료해야 하고, 치료를 하더라도 재발되기 쉽다.

> **심화Tip** 만성 퇴행성 질환의 특성 [기출] 2019 서울시
>
> 1. 만성 질환은 일반적으로 3개월 이상 지속된다.
> 2. 호전과 악화를 반복하면서 병리적인 방향으로 진행되며, 치료가 어려우므로 건강관리가 중요하다.
> 3. 대부분의 질환이 연령이 증가되면 그 유병률이 증가하는 특징을 가지고 있다.
> 4. 만성 퇴행성 질환의 여러 원인이 복합적으로 작용하므로 직접 원인 규명이 어렵다.

2 주요 성인병

(1) 악성신생물(암)

① 개 요

암은 비정상적으로 세포가 변하여 불완전하게 성숙하고, 과다하게 증식하는 질환이며, 이중 빠르게 증식하여 체내 각 부위로 확산되고 전이되어 생명을 위태롭게 하는 특징을 가진 질환으로, 국내에서 제1의 사망원인으로 꼽히고 있다.

> **심화Tip** 한국인 10대 사망원인(2021년 통계청 기준) 순서
>
> 악성신생물(암) - 심장 질환 - 폐렴 - 뇌혈관 질환 - 고의적 자해(자살) - 당뇨병 - 알츠하이머병(치매) - 간 질환 - 패혈증 - 고혈압성 질환

② 증 상

아래의 증상은 미국 암학회에서는 흔히 보는 암의 조기증상을 영어로 경고란 뜻인 CAUTION의 글자를 따서 7가지로 나누어 계몽용으로 발표한 것이다.

㉠ 변통, 배뇨 이상(Change in Bowel or Bladder Habits)
㉡ 잘 낫지 않는 염증(A Sore that Dose Not Heal)
㉢ 이상출혈 및 분비물(Unusual Bleeding or Discharge)
㉣ 유방내 또는 그 밖의 부위에서 덩어리 촉지 또는 비후(Thickening or Jump in Breast or Else Where)
㉤ 소화불량 및 연하곤란(음식을 삼키기 어려움)(Indigestion or Difficulty in Swallowing)
㉥ 사마귀 또는 검은 반점의 변화(Obvious Change in Wart or Mole)
㉦ 계속되는 기침과 쉰 목소리(Nagging Cough or Hoarsness)

③ WHO 발암인자의 주요 요인

WHO의 국제암연구소(IARC)에서 밝힌 암의 원인은 식생활(30%), 흡연(15~30%), 만성 감염(10~25%), 직업(5%), 유전(5%), 생식요인 및 호르몬(5%), 음주(3%), 환경오염(3%), 방사선(3%) 등이다.

㉠ 식생활 습관 : 과다한 소금이 든 음식은 암을 유발하기 쉽다. 또 태우거나 높은 온도로 조리한 음식은 암을 유발할 수 있으며, 동물성 지방질도 많이 섭취하면 대장암, 유방암 등이 발생할 위험이 있다. 이와 반대로 신선한 야채나 과일, 우유 등의 섭취는 암을 예방해 주는 효과가 있다.

㉡ 흡연 : 음식물 다음으로 중요한 암 발생원인은 흡연으로서 전체 암의 약 30% 정도가 흡연으로 인해서 발생된다.

ⓒ 만성 감염 : 암의 발생빈도를 높이는 세번째 요인은 기생충이나 바이러스 감염으로서 이는 암 발생빈도의 약 10% 정도를 차지하고 있다.

우리나라에서 특히 문제가 되고 있는 간암은 간염 바이러스의 감염에 의해서 발병되는 비율이 높다. 연구결과에 의하면 B형간염 바이러스를 갖고 있는 사람은 그렇지 않은 사람에 비해 간암발생률이 250배가 높으며, 간암환자의 98%가 B형간염 바이러스를 갖고 있는 것이 증명되었다.

④ 암 발생순위 5대암(2019년 기준)
  갑상선암 – 폐암 – 위암 – 대장암 – 유방암

The 알아보기
암 사망률 순위(2020년 기준)
암 사망률은 폐암 – 간암 – 대장암 – 위암 – 췌장암 순으로 높다.

⑤ 암의 조기발견을 위한 부위별 경고증상(대한암협회)
  ㉠ 위 : 상복부 불쾌감, 식욕부진 또는 소화불량이 계속 될 때
  ㉡ 자궁 : 이상 분비물 또는 비정상적인 출혈이 있을 때
  ㉢ 간 : 우상복부 둔통, 체중감소 및 식욕부진이 있을 때
  ㉣ 폐 : 계속되는 마른기침이나 혈담이 나올 때
  ㉤ 유방 : 무통의 종괴 또는 유두 출혈이 있을 때
  ㉥ 대장·직장 : 점액이나 혈변, 배변습관의 변화가 있을 때
  ㉦ 혀·피부 : 난치성 궤양 혹은 검은 점이 더 까맣게 되고 커지면서 출혈이 있을 때
  ㉧ 비뇨기 : 혈뇨나 배뇨불편이 있을 때
  ㉨ 후두 : 쉰 목소리가 계속될 때

⑥ 국민 암 예방 10대 수칙(국가암정보센터)
  ㉠ 담배를 피우지 말고, 남이 피우는 담배 연기도 피하기
  ㉡ 채소와 과일을 충분하게 먹고, 다채로운 식단으로 균형 잡힌 식사하기
  ㉢ 음식을 짜지 않게 먹고, 탄 음식을 먹지 않기
  ㉣ 암 예방을 위하여 하루 한두잔의 소량 음주도 피하기
  ㉤ 주 5회 이상, 하루 30분 이상, 땀이 날 정도로 걷거나 운동하기
  ㉥ 자신의 체격에 맞는 건강 체중 유지하기
  ㉦ 예방접종 지침에 따라 B형간염과 자궁경부암 예방접종 받기
  ㉧ 성매개감염병에 걸리지 않도록 안전한 성생활 하기
  ㉨ 발암성 물질에 노출되지 않도록 작업장에서 안전보건수칙 지키기
  ㉩ 암 조기검진지침에 따라 검진을 빠짐없이 받기

(2) 고혈압 기출 2015 서울시

① 고혈압 판정기준(국민고혈압사업단)(단위 : mmHg)
  ㉠ 고혈압은 수축기 혈압(최고혈압)이 140mmHg 이상이거나 이완기 혈압(확장기 혈압 혹은 최저혈압)이 90mmHg 이상인 경우를 말한다.
  ㉡ 혈압이 약 140/90mmHg 이상인 사람은 정상혈압인 사람에 비해 심장혈관계 사망률이 약 2배로 증가하게 된다.

ⓒ 고혈압은 모든 성인병, 특히 순환기계통의 근원적인 원인이 되는 만성·퇴행성 질환인데, 가장 흔하고도 관리가 잘 안되는 질환이다.

혈압분류	수축기 혈압	이완기 혈압
정 상	120 미만	80 미만
고혈압 전단계	120~139	80~89
1기	140~159	90~99
2기	160 또는 그 이상	100 또는 그 이상

[미국 고혈압합동위원회(JIN) 기준]

혈압분류	최고 혈압	최저 혈압
고혈압	160~	95~
경계성 고혈압	140~159	90~94
정상 혈압	101~139	61~89
저혈압	~100	~60

〈세계보건기구기준〉

② 고혈압의 원인
ⓐ 혈압을 두 가지로 분류하는데 1차성인 '본태성 고혈압'은 다른 병과는 관계없이 생긴 것으로서 전체 고혈압의 85~90% 정도를 차지하며, 2차성인 '속발성 고혈압'은 다른 병에 의하여 나타난 것으로서 10~15%를 차지하고 있다.
ⓑ 본태성은 왜 생기는지, 아직 발병원인이 밝혀지지 않았다. 가족력, 음주, 흡연, 고령, 운동부족, 비만, 염분과 지방질의 과다섭취, 스트레스 등의 심리적 요인과 환경적 요인 등이 위험인자로 알려졌다.

③ 고혈압의 증상
ⓐ 고혈압은 일반적으로 뚜렷한 증상이 없는 것이 보통이다.
ⓑ 가장 많은 증상은 두통이며, 특히 아침에 자고 일어난 후 뒷머리가 아프다. 어지럽고, 심장이 두근거리고, 숨이 차고, 쉽게 피로하고, 코피가 나고, 귀에서 소리가 나고, 팔다리가 저리고, 눈이 침침해지는 등의 여러 가지 증세를 보이면 고혈압을 의심할 수 있다.
ⓒ 고혈압 환자는 갑자기 의식을 잃고 혼수상태에 빠져 사망하거나, 반신마비가 되거나, 언어장애를 초래하기도 한다.
ⓓ 고혈압 환자는 심부전증으로 심한 호흡곤란, 부종, 간비대를 호소하며, 심전도 상좌심실비대가 나타난다.
ⓔ 신장기능이 나빠서 소변이 안 나오고 부종이 심해지며, 소변검사에서 단백뇨가 나오고, 혈청검사에서 요소 같은 노폐물이 나오는데 상승하면 요독증으로 사망하기도 한다.

④ 예방법
ⓐ 본태성 고혈압 : 혈압을 140/90mmHg 미만으로 유지한다.
ⓑ 이차성 고혈압 : 원인 질환을 치료한다.
ⓒ 약물치료(혈압강하제) 및 생활습관의 개선이 필요하다.

(3) 당뇨병

① 정의
- ㉠ 당뇨병이란 말은 라틴어 Diabetes Melitus에서 나왔으며, 다이아베테스는 강의 흐름, 즉 소변을 많이 본다는 의미가 있고, 멜리투스는 달다는 뜻을 지니기 때문에 말하자면 "단 소변이 많이 나오는 병"이란 뜻이 된다.
- ㉡ 췌장의 인슐린 분비량이 부족하거나 정상적인 기능이 이루어지지 않는 대사질환으로, 혈중 포도당 농도가 높아져 소변으로 다량의 포도당을 배출하는 특징이 있다.

② 발생원인에 따른 분류
- ㉠ 1차성 당뇨병

제1형 (인슐린 의존형)	• 췌장에서 인슐린 분비세포가 파괴되어 인슐린이 분비되지 않아 인슐린 투여가 필요한 당뇨병이다. • 급성 발병을 하며 심한 다음, 다뇨, 체중감소 등과 같은 증상들이 나타나고, 인슐린의 절대적인 결핍으로 인하여 케톤산혈증이 일어난다. 고혈당의 조절 및 케톤산증에 의한 사망을 방지하기 위해 인슐린치료가 반드시 필요하다. • 소아나 청소년기에 주로 발생하여 소아 당뇨병이라고도 한다.
제2형 (인슐린 비의존형, 성숙기개시 당뇨병)	• 체중 정도에 따라서 비만형과 비비만형으로 나눈다. 생활수준의 향상으로 칼로리의 과잉섭취가 많거나 상대적으로 운동량이 감소하고 많은 스트레스에 노출되면 인슐린의 성능이 떨어져서 당뇨병이 발현된다. • 췌장에서 인슐린이 정상적으로 분비되더라도 신체 세포들이 인슐린에 대한 반응성이 떨어져서 인슐린이 기능을 발휘하지 못하는 당뇨병이다. • 주로 40대 이후에 발생되며, 당뇨병 환자의 80% 이상을 차지하고 있다. • 제1형 당뇨병에 비해 임상증상이 뚜렷하지 않고, 가족성 경향이 있으며, 특수한 경우 이외에는 케톤산증과 같은 급성 합병증을 일으키지 않고 초기에 식사와 운동요법에 의하여 체중을 감량하고 근육을 키우면 당뇨병이 호전되는 경우가 많다.

- ㉡ 2차성 당뇨병 : 유전과는 관계가 없으며, 다른 여러 원인에 의해 생기는 당뇨로 발생원인이 되는 질환을 치료함으로써 자연적으로 증상이 없어지고, 1차성 당뇨병과 비교할 때 그 정도나 합병증의 발생빈도가 훨씬 적다.
- ㉢ 임신성 당뇨병 : 임신 중 처음 발견되거나 임신의 시작과 동시에 생긴 당조절 이상을 말하며, 임신전 진단된 당뇨병과는 구분된다. 임산부의 2~3%가 발병하며, 대부분은 출산 후 정상화된다. 하지만 임신 중에는 혈당조절의 정도가 정상 범위를 벗어나는 경우 태아사망률 및 선천성 기형의 이환율이 높으므로 주의를 요한다.

> **심화Tip** 인슐린 요구형(영양실조형) 당뇨병
>
> 인슐린 의존형과 인슐린 요구형 당뇨병의 차이는 생명 유지를 위해 인슐린의 필요 여부에 따라 결정된다. 인슐린 의존형 당뇨병은 인슐린을 투여하지 않으면 나타난다. 그러나 이것이 더 진행되면 급성 당뇨병성 혼수에 이르고 당뇨병의 심한 증상에 빠져서 생명이 위독하게 된다. 영양실조형(인슐린 요구형) 당뇨병은 혈당조절에 인슐린이 필요하지만 인슐린을 투여하지 않아도 생명이 위독하게 되지는 않는다.

③ 당뇨병의 원인
　㉠ 유전과 환경 : 대체로 유전적 소질과 환경적 요인의 비율이 6 : 4 정도로 관여한다는 학자들의 의견들이 있다.
　㉡ 나이 : 당뇨병환자의 약 60% 정도가 40~49세 사이에 발병한다고 하며, 최근에는 젊은이와 고령층에서 당뇨병이 늘고 있다.
　㉢ 비만증 : 당뇨병의 유전인자를 가진 사람이 40대가 되어 살이 찌면 당뇨병에 걸릴 확률이 매우 높아진다.

④ 당뇨병 진단
　㉠ 요당 검사 : 소변검사는 당뇨병을 발견하는 보편적이고 쉬운 방법이긴 하나 정확한 방법은 아니다. 증상이 심하여 혈당치 180mg/dL 이상인 경우에만 요에 나타나게 된다.
　㉡ 혈당 검사

구 분	공복시	식후 2시간 후
정상 혈당	100mg/dL 미만	140mg/dL 미만
당뇨시 혈당	126mg/dL 이상	200mg/dL 이상

⑤ 증상과 합병증
일반적으로 다뇨, 다음, 다식이 당뇨병의 3대 증상이다.
　㉠ 대사장애로 인해 나타나는 증상 : 무의식 중에 서서히 발병하며, 물을 자주 마시고 식사를 많이 하며 소변을 자주 보는 당뇨병 특유의 3대 증상이 급격히 나타나고, 이어서 피로감·정신쇠약·산혈증(Acidosis) 등의 증상이 일어나며, 심할 경우 혼수(Coma)상태에 이르기도 한다.
　㉡ 합병증에 의한 증상 : 시력장애, 망막증, 신경통, 지각장애, 부스럼, 피부소양증, 폐렴, 질염, 종기, 동맥경화증, 협심증, 고혈압, 당뇨병성 신증 등이다. 당뇨병 중의 가장 무서운 상태는 무증세이다. 약 20% 이상이 아무런 증세가 없거나 설혹 증세가 있어도, 느낄 수 없을 만큼 가벼워 그냥 지나치게 되는데 초기에 이와 같은 현상이 두드러진다.

⑥ 예 방
　㉠ 과식을 하지 않는다.
　㉡ 약을 남용하지 않는다.
　㉢ 운동, 체중조절, 식이요법 등으로 인슐린을 분비하는 췌장 베타세포의 기능을 보존하고 인슐린의 저항성을 낮추어 정상혈당 범위 유지가 중요하다.
　㉣ 기타 : 규칙적인 일상생활을 하면서 과로를 피하고 당뇨병 소질이 있는 사람은 임신시에 유발되기 쉬우므로 유념하여야 하며, 40대 이후의 연령층은 요당과 혈당검사를 정기적으로 받아야 한다.

(4) 뇌졸중
① 정 의

뇌혈관이 막히거나 파열되어 뇌기능의 일부 혹은 전체의 기능을 상실하여 그 장애가 상당 기간 이상 지속되는 질환으로, 뇌경색과 뇌출혈로 구분된다.

㉠ 허혈성 뇌경색 : 뇌혈관이 혈전(뇌혈전증)이나 색전(뇌색전증)에 의해 막혀 발생한다.
㉡ 뇌출혈 : 뇌혈관의 파열로 인해 뇌조직 내부로 혈액이 유출되어 뇌조직을 압박한다.

② 원 인

동맥경화증, 고혈압, 고지혈증 등의 혈관질환이 주요 원인이다.

③ 증 상

두통, 구토, 시력장애, 인지기능 저하, 사지의 근력 저하, 편측마비, 안면마비, 구음장애 등의 증상이 나타난다.

④ 예방과 관리

㉠ 평상시 고혈압, 당뇨, 고지혈증과 같은 만성 질환관리, 비만예방, 음식 조절, 적절한 운동, 금연, 절주 등의 건강증진 운동을 생활화한다.
㉡ 뇌졸중이 발생했다면 사망과 후유증이 발생하지 않도록 신속한 응급조치가 필요하다.
㉢ 후유증으로 인한 부담 해소 및 악화되지 않도록 뇌졸중 재활프로그램 등을 실시한다.

(5) 동맥경화증
① 의 의

핏속에 기름이 증가하면 혈관 벽에 조금씩 쌓여서 혈관 벽이 두꺼워지고 혈관 내부가 좁아지며, 기름이 쌓인 곳에 핏덩어리(혈전)가 생기게 되는데, 이와 같이 혈관벽이 두꺼워지고 혈관 내강이 좁아지는 경우를 말한다. 동맥경화증에 의한 성인 사망률은 미국, 일본의 경우 약 50%이고 한국의 경우 약 35%이다.

② 증 상

㉠ 뇌혈관에 동맥경화가 발생하는 경우 : 뇌졸중(뇌경색증, 뇌출혈)
㉡ 심장혈관(관상동맥)에 동맥경화가 발생하는 경우 : 협심증, 심근경색증
㉢ 팔다리 혈관에 동맥경화가 발생하는 경우 : 말초혈관 질환

③ 치료 및 예방

㉠ 기름기가 적은 음식을 섭취한다.
㉡ 운동 부족에 의한 비만을 피한다.
㉢ 계란의 노른자·버터·치즈 등의 동물성 지방질을 피하여 콜레스테롤을 낮추도록 한다.
㉣ 금주 및 금연을 한다.

(6) 류마티스 관절염
① 의 의

류마티스 관절염은 관절 주위를 둘러싸고 있는 활막이라는 조직의 염증 때문에 일어나는 질환이다. 이 활막이 존재하는 모든 관절, 즉 움직일 수 있는 거의 모든 관절을 침범하는 질환으로서 수개월에서 수년에 걸쳐 진행되는 소위 만성 질환이다. 류마티스 관절염이 발생하는 전형적인 연령층은 30대 전후의 여성이지만 남자에게도 발생하고 소아부터 노인에 이르는 모든 연령층에 발생할 수 있다.

② 증 상
  ㉠ 초기 증세는 주로 손마디가 뻣뻣해지는 것인데 특히 아침에 자고 일어난 직후에 발생하며, 심하면 환자들은 손마디가 붓고 통증을 동반하여 손을 쓸 수가 없다.
  ㉡ 이러한 증상이 수개월에서 수년 동안 지속되면 관절의 연골이나 주위 조직이 손상되면서 관절마디가 휘어지거나 굳어져 마음대로 쓸 수 없게 되는 장애가 생긴다.
  ㉢ 환자들은 관절이 아파서 행동하기가 불편하기도 하지만 그와 동시에 전신의 무력감과 피로감을 느낀다.
  ㉣ 병세가 경미한 경우에는 일상생활을 할 수 있지만 심한 경우에는 관절의 통증과 변형으로 자신의 몸조차 돌보기 어려워 다른 사람의 도움을 받지 않으면 생활할 수 없으며, 이런 경우에는 사망률도 암에 못지 않게 높다.

③ 예 방

특별한 예방법은 없고 금주, 금연, 가벼운 운동 등을 꾸준히 하는 것이 좋다.

(7) 대사증후군 기출 2017, 2018 서울시
① 정 의

대사증후군이란 여러 가지 신진대사(대사)와 관련된 질환이 함께 동반된다(증후군)는 의미에서 만들어진 용어로, 높은 중성지방, 낮은 고밀도콜레스테롤, 고혈압 및 고혈당을 비롯한 당대사 이상 등 각종 성인병이 복부비만과 함께 동시 다발적으로 나타나는 상태를 말한다.

② 진 단

아래의 기준 중 세 가지 이상이 해당되면 대사증후군으로 정의할 수 있다.

구 분	기 준
허리둘레	남자 90cm, 여자 80cm 이상
중성지방	150mg/dL 이상
고밀도지방(고밀도콜레스테롤)	남자 40mg/dL 미만, 여자 50mg/dL 미만
혈 압	130/85mmHg 이상 또는 고혈압약 투약 중
공복혈당	100mg/L 이상 또는 혈당조절약 투약 중

③ 치 료

현재까지 대사증후군에 대한 가장 중요한 치료는 체지방, 특히 내장지방을 줄이는 것이다. 이를 위해서는 적절한 식사 조절 및 규칙적이고 꾸준한 운동이 가장 중요하다.

| 심화Tip | 대사증후군 오락(5樂) 프로젝트 |

대사증후군이라는 말이 너무 생소하고 어렵지만 시민들이 꼭 알아야 하기 때문에 좀 더 쉬운 말로 알리기 위해서 '대사증후군 오락(5樂) 프로젝트'라는 말을 사용하게 되었다. 대사증후군의 위험요소 5가지 기준을 체크하여 건강하고 즐거운 삶을 추구하고자 하는 서울특별시의 대사증후군 예방관리 사업이다.
- 1락 빼자! 허리둘레
- 2락 내리자! 혈압
- 3락 막자! 혈당
- 4락 잡자! 중성지방
- 5락 높이자! 좋은 콜레스테롤(HDL)

04 기생충 질환

1 기생충 질환의 개요

(1) 기생충 질환의 종류 기출 2017 지방직

구 분	종 류
선충류	회충, 구충, 편충 등
흡충류	간흡충, 폐흡충, 만손주혈충 등
조충류	유구조충, 무구조충, 광절열두조충, 왜소조충 등
원충류	말라리아, 트리코모나스, 리슈마니아 등

(2) 기생충 감염경로 기출 2022 서울시
① 신체 침투 기준 기생충 질환
㉠ 혈액 – 말라리아, 사상충, 트리파노조마
㉡ 피부 – 구충(십이지장충), 주혈흡충의 셀카니아, 분선충의 유충(사상유충)
㉢ 모체감염 – 말라리아, 톡소플라즈마
㉣ 입 – 회충, 요충, 편충
㉤ 입과 피부 – 동양모양선충, 선모충, 듀비니 구충, 아메리카 구충
② 어류 매개성 기생충 질환
㉠ 해산어류로부터 감염되는 기생충 : 아니사키스
㉡ 담수어류로부터 감염되는 기생충 : 간흡충
㉢ 수육으로부터 감염되는 기생충 : 유구조충, 선모충

2 선충류

(1) 회충증
① 특 징
유충은 소장벽을 뚫고 들어가서 장간막정맥이나 임파관을 통하여 우심에 들어가고 폐동맥, 폐포, 기관지 및 인두를 거쳐서 소장에 이르러 정착하여 성충이 된다. 감염 후 성충이 되기까지는 60~75일이 걸리며, 회충의 수명은 1년 정도이다. 그리고 암컷 1마리는 1일에 10만개 내지 20만개의 충란을 산란한다.
② 증 상
무증상 감염을 하는 경우가 많으나 권태, 복통, 빈혈, 식욕감퇴 등의 일반적인 증상을 나타낸다. 어린이에게 있어서는 소화장애 및 이미증(Pica ; 음식이 아닌 물건들에게 강한 식욕을 느끼는 증상)을 나타내는 경우가 많다.

③ 예 방

회충은 분변에 의하여 오염된 야채를 통해 경구감염된다. 충란은 외계에 대한 저항성이 강하기 때문에 회충관리 방법은 다른 기생충관리에도 적용된다.

㉠ 분변관리 : 정화조를 이용하여 분변을 처리하거나, 분변을 비료로 사용할시에는 최소한 여름에는 1개월 이상, 겨울에는 3개월 이상 부식시킨 후 사용한다.

㉡ 야채의 처리

ⓐ 채소의 데침 : 70℃에서 10초 이상이면 충란이 사멸하므로 비타민이 파괴되지 않는 범위에서 데친다.

ⓑ 채소의 세정법 : 흐르는 물에 5회 정도 씻음으로써 충란을 제거한다.

ⓒ 염소수에 의한 제란법 : 차아염소산 소다 20~50배 희석액에 20분간 담가두면 충란의 외부단백막이 녹아서 야채로부터 떨어진다. 그 후 물로 씻고 2분간 담가두면 염소 냄새도 제거된다.

㉢ 구충제 : 피란텔파모에이트(상품명 콤반트린), 메벤다졸(상품명 Vermax), 피페라진(Piperazine), 티아벤다졸(Thiabendazole) 등이 있다.

(2) 요충증

① 특 징

항문 주위에 산란하고 이로 인해 침구, 침실 등에서도 충란이 발견된다. 충란으로 오염된 수지(자가오염), 오염된 각종 기물, 충란을 함유한 먼지 흡입, 항문 주위에서 부화한 유충이 다시 항문으로 기어 올라가 일으키는 역행성 감염 등이 있다.

② 증 상

맹장부위 점막에 국부적 염증을 일으키는 경우가 있으며, 요충 감염에 있어서의 특이한 증세는 항문부위의 소양증이다. 이는 야간에 산란키 위해 항문주위에 기어 나와 다니기 때문이다. 이로 인해 긁게 됨으로써 세균의 2차 감염을 일으키는 경우도 있다.

③ 예 방

구충제로는 방퀸(Vanquin), 피페라진(Piperazine), 메벤다졸(Mebendazole) 등이 있다.

(3) 편충증

① 특 징

자연계에서는 사람이 유일한 종숙주이다. 형태학적으로 볼 때 성충이나 충란은 돼지편충(*Trichuris suis*)이나 개편충(*Trichuris vulpis*)과 비슷하다. 회충과 같은 지역에서 혼합하여 세계적으로 분포한다. 토양매개성으로 분포하는데, 자충포장란이 흙 속에서 발육하여 인체에 감염된다.

② 증 상

무증상감염을 하는 경우가 많으나, 다수의 충체가 감염되면 복통, 구토, 복부팽창, 미열, 두통 등의 증세를 일으킨다. 감염이 만성화되면 빈혈, 혈변, 복통, 체중감소의 원인이 되기도 한다.

③ 예 방

가장 주요한 매개물이 야채이고 대부분 회충과 함께 감염되므로, 야채를 잘 씻어 먹는 것이 중요하다. 관리방안으로는 야채나 토양의 오염을 예방하는 것과 인분 비료 사용을 중지하는 것이 있다. 구충제로는 메벤다졸(Mabendazole), 옥산텔파모에이트(Oxantelpamoate) 등이 있다.

(4) 구충증

① 특 징

구충은 사람의 폐와 소장을 침범한다. 사람은 대변에 오염된 흙에 있는 구충의 알과 애벌레를 통해 감염된다. 애벌레는 피부로 들어와, 혈류를 타고 이동하여 폐로 들어간다. 이들은 또한 기도로 이동하여 우리가 삼키는 동작을 할 때 소장으로 운반된다. 완전히 성장한 상태에서, 이들은 대변을 통해 배설될 때까지 1년 이상을 소장에서 살 수 있다. 위생과 위생시설 상태가 열악한 더운 기후에 사는 사람들은 구충 감염에 걸릴 위험이 더 높다.

② 증 상

경피감염 때는 유충이 침입한 피부국소에 소양감을 일으키고 채독(채소에 붙어있는 기생충에 의한 독)이라고 하는 피부염증을 일으킨다. 주된 증상으로는 소화장애, 출혈성 또는 중독성 빈혈을 일으킨다. 한편 유충이 폐에 이행할 때 모세혈관들을 파괴하고 국소부위에 염증을 일으키는 경우도 있다.

③ 예 방

경구감염의 예방을 위해서는 회충관리 방법에 준하며, 경피감염을 방지하기 위해서는 인분을 사용한 논밭에 들어가는 경우에 수족의 피부를 보호하여야 한다. 구충제로는 사염화에틸린(Tetrachlorethylene), 메벤다졸(Mebendazole), 알코파(Alcopar), 콤반트린(Combantrin) 등이 있다.

(5) 동양모양 선충증

① 특 징

분변에 섞여 나온 충란으로부터 땅 위에서 부화된 감염성 유충으로 오염된 야채나 손을 통해 주로 경구감염되며, 경피감염은 잘 일어나지 않는다. 감염성 유충은 온도나 화학약품에 대하여 비교적 저항력이 강하기 때문에 때로는 김치를 통하여 감염되는 경우도 있다.

② 증 상

소장점막에 부착하여 독소를 분비하며 흡혈도 한다. 따라서 구충과 유사한 소화장애 또는 빈혈을 일으키기도 한다.

③ 예 방

십이지장충증 예방에 준한다. 구충제로는 메벤다졸(Mebendazole), 콤반트린(Combantrin) 등이 있다.

(6) 선모충증
① 특 징
자연계에서는 쥐에 만연되어 있으며, 2차적으로 돼지, 개, 여우가 감염된다. 사람은 주로 돼지고기에 의해서 감염되며, 한 숙주에서 성충과 유충을 발견할 수 있는 것이 특징이다.

② 증 상
성충이 소장에서 자극을 줄 때 설사, 구토, 구역 등을 호소하며, 유충이 체내조직으로 퍼지게 되면 안검부종, 고열, 근통, 호산구 증가(Eosinophilia), 호흡장애 등이 잇따라 생기게 되나, 그 중 근통이 가장 전형적인 증세이다.

③ 예 방
축산 농가의 쥐를 없애고, 돼지고기를 통해서 나타나므로 완전히 익혀서 섭취해야 하며, 저온 보관시에는 −15℃에서 20일 이상 보관하면 피포유충이 사멸한다. 구충제로는 디아벤다졸(Diabendazole)이 이용되고 있다.

(7) 기타 선충증
기타 선충증으로는 아니사키스(*Anisakis sp.*), 분선충(*Strongyloides stecoralis*), 말레이사상충(*Brugia malayi*), 로아사상충(*Loaloa*), 회선사상충(*Onchocerca volvulus*) 등이 있다.

3 조충류

(1) 무구조충(민촌충)
① 특 징
무구조충(민촌충, *Taenia saginata*)은 전 세계적으로 분포하는데, 소고기를 육회로 먹거나 덜 익혀 먹는 습성이 있는 나라에서 발생한다.

② 증 상
편절이 항문에서 빠져나와 이물감을 주므로 불쾌감을 느끼게 된다. 소화기계통의 증상으로서 상복부 통증, 배꼽 부위의 선통발작, 식욕부진, 소화불량, 구토, 때로는 기아감을 느끼는 수도 있다.

③ 예 방
소고기를 충분히 익혀서 먹어야 한다. 근육의 선홍색이 퇴색할 때까지 익혀서 섭취하도록 한다. 또한 소가 먹는 풀에는 분변이 오염되지 않도록 해야 한다. 구충제로는 먼마엑스(Ext. Filiais), 아타브린(Atabrine), 비치오놀 등이 이용된다.

(2) 유구조충(갈구리촌충)
① 특 징
유구조충은 돼지고기를 생식하는 주민들에게서 발견되는 조충류이다. 충란 섭취는 뇌, 안구, 근육, 심장, 폐 등에 낭충증을 일으키는데 성충 감염보다 더욱 많은 것으로 밝혀졌다.

② 증 상

소장상부에서 성충은 그 액취를 점막 내에 깊이 처박고서 기생하나 그로 인한 증세는 뚜렷이 나타나지는 않는다. 그러나 대부분의 예에서 소화불량, 식욕부진, 두통, 변비, 설사 등을 호소한다. 또한 낭충이 인체에 감염되어 뇌부, 피하 또는 안부에 유구낭충증(*Cysticercosis cellulosae*)을 일으키기도 한다.

③ 예 방

돼지고기의 살이 변색할 때까지 충분히 익혀서 먹어야 한다. 한편 환자를 빨리 구충시켜서 감염원을 감소시킴과 동시에 낭충에 의한 자가감염을 줄여야 한다. 구충제로는 프라지칸텔(Praziquantel)이 이용된다.

(3) 광절열두조충

① 특 징

가장 긴 조충(긴촌충)으로 25m에 달하는 것도 있다. 두절에 있는 튀어나온 흡구로 회장 또는 공장 점막에 붙어 기생한다. 성충은 3,000~4,000개의 편절을 가지고 있으며, 매일 충란을 100만개 이상 배출하고 충란은 물속에서 부화, 자충으로 성장한다. 작은 갑각류가 이 마이크로필라리아를 먹으면 원미충으로 발육하고 어류가 이런 갑각류를 먹으면 원미충이 물고기 근육으로 이동하여 충미충으로 자란다. 사람은 충미충에 감염된 날 생선을 먹어 감염된다. 감염된 후 3~5주 안에 성충으로 성장한다.

② 증 상

무증상감염이 많으나 때로는 식욕의 감퇴 혹은 이상항진, 복통, 설사, 위장카타르, 신경증세, 영양불량, 빈혈 등을 호소하기도 한다. 빈혈이 될 경우에는 대개 충체의 독성에 의한 악성형 빈혈(Pernicious Hyperchromic Anemia)이 된다.

③ 예 방

중간숙주인 송어나 연어 등 민물고기를 반드시 익혀 먹어야 한다. 고기살 속의 유충은 -10℃에서 24시간, 50℃에서 10분 이내에, 또는 고기를 말리거나 장에 조리면 사멸한다. 구충제로는 면마엑스, 석류근피, 뇌환(Omphealid Lapidescens), 아타브린, 비치오놀 등이 있다.

4 원충류

(1) 이질 아메바

① 특 징

이질 아메바가 인체에 감염되는 경로는 오염된 음료수나 음식에 의해 감염되거나, 곤충 및 동물에 의한 전파감염으로 원숭이, 쥐, 파리, 바퀴벌레 등에 의해 감염될 수 있다.

② 증 상

감염으로부터 증세가 나타나기까지는 수일, 수개월 혹은 수년이 걸리기도 한다.

아메바성 이질의 증세에는 급성 이질, 아급성 또는 만성 이질, 간농양 등이 있는데, 급성 이질은 특유한 점혈변을 배설하고, 아랫배가 묵직하며, 항문의 가장자리나 아랫배의 동통 때문에 수십 차례 변소 출입을 하게 된다.

③ 예 방

식품과 물을 끓여서 마셔야 하며, 환자나 보균자는 조리를 하지 말고 격리치료를 받아야 한다. 토양이나 하수도의 오염도 고려해야 한다. 치료약으로는 에메틴, 카바손, 키니오폰, 다이요드퀸, 항생제 등이 있다.

(2) 람불 편모충

① 특 징

오염된 물이나 음식 등을 통한 수인성 경로를 통해 전파된다. 100개 정도의 포낭으로 감염을 일으키며, 또한 상수원 근처에 서식하는 감염된 소, 개, 말 등에서 배출된 포낭이 상수원을 오염시켜 돌발적인 유행을 일으킬 수 있다. 대변으로 오염된 손을 통해서도 전파가 가능하다.

② 증 상

대개는 무증상감염을 하며 조직을 침범하지 않는다. 그러나 많은 수가 감염되면 십이지장 점막에 흡반을 부착하고 기생하여 점액성 설사를 일으키게 되고, 체중감소, 식욕결핍, 탈수의 증상을 가져 온다. 때때로 담낭염의 증세를 방불케 하는 상복부 선통을 일으키는 경우도 있다.

③ 예 방

포낭(Cyst)에 오염된 음식물을 통해 인체에 감염되므로 분변처리를 잘해야 한다. 파리나 바퀴벌레가 매개 역할을 하기도 하므로 구충·구서도 필요하다. 치료약은 마타브린, 애크라닐, 유로트로핀 등이 있다.

(3) 말라리아 원충

① 특 징

말라리아는 열원충(genus Plasmodium)에 속하는 원충이 적혈구에 감염되어 발생하는 질환이다.

② 증 상

일단 발병하면 규칙적인 발열을 보이는데, 이는 말라리아 원충이 적혈구를 파먹고, 터지면서 번식하며 그 후 다시 간이나 다른 부분에 숨어들기 때문이다. 따라서 적혈구를 파먹고 터지는 동안 급격히 열이 올랐다가, 다시 열이 내리길 반복한다. 보통 48~72시간 가량의 주기로 이런 증상이 반복된다. 그 외 오한(chills), 근육통(myalgia), 두통, 구토 및 설사가 보이기도 한다.

③ 예 방

말라리아 발생지역에서는 정기적으로 원충의 유무를 조사하여 건강인에 대한 전파원을 감소시킨다. 또한 모기 유충 및 성충을 박멸하고 모기에 물리지 않도록 해야 한다. 치료약으로는 키니네(Quinine), 아타브린(Atabrine), 플라스모킨(Plasmochin) 등이 있다.

5 흡충류

(1) 간흡충증
① 특 징
담수산 어류를 생산하는 지역에서 많이 유행되는데 대부분이 잉어과에 속하는 어류이고, 특히 참붕어는 피낭유충 감염률이 가장 높은 것으로 밝혀졌다.

② 증 상
감염 증상은 충체의 감염수와 감염된 숙주의 저항력에 따라 다르나, 일반적으로 성충감염시의 주요 증세는 간 및 비장비대, 복수, 소화기 장애, 황달, 빈혈 등이다.

③ 예 방
민물고기를 생식하지 않고 충분히 가열해서 섭취하며, 제1의 중간숙주인 우렁이를 제거한다. 인분을 위생적으로 처리하고 생수 또는 양어장이 오염되지 않도록 한다. 구충제로는 프라지칸텔(Praziquantel, 상품명 Biltricide), 클로로퀸(Chloroquin), 헤톨(Hetol) 등이 효과적이다.

(2) 폐흡충증(폐디스토마)
① 특 징
극동, 동남아, 아프리카, 남미 등에 분포하며, 개, 고양이, 여우, 늑대 등의 포유동물에서 발견되었다. 여러 종의 폐흡충류가 밝혀졌으나 *P. westermani*만이 인체를 고유숙주로 하는 것으로 밝혀졌다. 폐부폐디스토마증, 복부폐디스토마증, 뇌부폐디스토마증, 안와폐디스토마증 등을 일으킨다.

② 증 상
만성으로 경과하는 일종의 풍토병(Endemic Disease)으로서 주로 폐에 기생하며, 기침 및 혈담의 징후를 나타낸다. 따라서 과거 폐흡충증(폐디스토마증, Lung Distoma)으로 불렸으나, 폐 이외의 장기조직에도 기생하기 때문에 기생부위에 따라 흉부, 복부, 뇌부 및 전신성의 4형으로 나눈다.

③ 예 방
중간숙주인 게나 가재의 생식을 금해야 한다. 유행지역에서는 물을 끓여서 마셔야 하며, 환자의 객담을 위생적으로 처리하여야 한다. 구충제로는 비티오놀(Bithionol), 프라지칸텔, 클로로퀸, 에메틴(Emetin) 등이 있다.

(3) 요꼬가와 흡충증(횡천흡충)
① 특 징
전국적으로 남해와 동해의 해안선을 따라 하천유역에 살고 있는 사람들에서 자주 감염되는 흡충으로 유행지에 따라 9.7~48.1%의 충란양성률을 나타내고 있다. 특히 섬진강 유역의 하천에서 잡힌 은어를 회로 먹으면 수천 마리씩 대량 감염이 이루어져 설사, 복통 등 소화기 계통의 증상이 나타날 때가 많다.

② 증 상

다수 감염될 때 임상적인 증상이 나타난다. 기생 부위인 공장에서 성충이 되기 전에는 장점막 내에 깊이 들어가 있게 되나 발육하면서 다시 점막 표면에 나온다. 따라서 조직이 때때로 파괴되어 장염, 복부불안 등을 일으키고 심한 경우에는 출혈성 설사, 복통 등이 있고 호산구가 증가한다.

③ 예 방

중간숙주인 은어를 비롯한 담수어의 생식을 피해야 한다. 관리방법은 대체로 간흡충과 비슷하다. 구충제로는 티몰(Thymol), 프라지칸텔을 사용한다.

심화Tip 기생충 질환의 검사

검 사	방 법
기생충의 충체 검사	조충(촌충)의 편절 같은 것은 체외로 배출되는 경우가 있다. 그리고 요충이나 회충 같은 성충이 우연히 체외로 배출될 때에는 육안으로 검사가 가능하다.
대변 검사	소화기관이나 소화기관에 연결되는 장기(간, 췌장 등)에 기생하고 있는 기생충들은 충란, 유충, 포낭, 영양형 등을 산출하여 대변과 같이 체외로 내보내기 때문에 여러 가지의 적절한 검사 방법을 적용하여 검출할 수가 있다. 회충, 편충, 십이지장충 등의 많은 기생충은 대변 검사로 가능하다.
객담 검사	폐에 기생하는 폐디스토마의 충란이나 폐이행기에 있는 회충, 구충, 분선충 같은 기생충 유충의 발견은 객담의 검사로서 가능하다.
혈액 검사	말라리아, 사상충, 트리파노조마 등의 기생충들은 말초혈액을 도말 염색하여서 검출이 가능하며, 기생충 감염으로 인한 호산구의 증가와 혈색소의 측정 등도 검사적 의의가 있다.
요 검사	질편모충(질트리코모나스), 방광주혈흡충, 거대신충과 같은 기생충과 이질아메바나 폐디스토마의 경우, 요로에 기생할 때에는 요 검사로서 진단이 가능하다.
생 검 (조직채취)	선모충, 낭미충증, 내장 유충이행증 등의 경우에는 국소적으로 근육, 피하조직, 장기조직 등을 채취하여 검사하여야 한다.
체액 검사	복강액이나 척수액에서 톡소포자충, 트리파노조마 같은 기생충이 발견되며 질 분비물에서 질편모충, 천자액이나 수포에서 포충낭, 메디나충의 유충 진단이 가능하다.
혈청 검사	이질아메바 검사에 이용되는 보체결합반응(항체와의 반응에 있어서 보체와 결합하는 항체를 검사하는 방법), 폐디스토마의 이소적 기생(충체의 다수 감염시에 정상기생 부위가 아닌 부위에 침입 정착)시에 이용되는 피 내의 반응검사 등이 있다.
기 타	아메바, 트리코모나스 등의 원충이나 십이지장충, 분선충 등의 선충류에는 배양법 검사가 이용될 수 있고, 톡소포자충, 트리파노조마의 검출을 위해선 동물 접종법으로 검사하는 경우도 있으며, 폐디스토마, 낭충증, 회충의 검사에 방사선을 이용하기도 하고, 간디스토마나 람불 편모충의 검출에 십이지장액 검사를 이용하기도 한다.

6 소독

(1) 소독의 정의

소독이란 병원미생물을 죽이거나 반드시 죽이지 못한다 할지라도 그의 감염력이나 증식력을 없애는 조작을 말하며, 멸균(Sterilization)은 모든 미생물의 영양형은 물론 그 포자까지도 멸살 또는 파괴시키는 조작을 의미한다. 그러므로 멸균이란 의미 내에는 소독을 내포하지만 소독이 멸균을 의미하는 것은 아니다. 방부(Antiseptic)란 미생물의 발육과 생활작용을 저지 또는 정지시켜 부패나 발효를 방지하는 조작을 말하며, 소독제는 될 수 없다.

(2) 소독 방법

① 이학적 소독법(물리적 멸균법)

㉠ 열처리법 : 열에 의한 멸균법에는 건열멸균과 습열멸균이 있다. 일반적으로 습열은 건열에 비하여 더욱 깊고 넓게 작용하고 건열은 탈수작용이 있어 멸균효과는 습열이 건열보다 우수한 것으로 밝혀졌다.

ⓐ 건열멸균법(Dry Heat Sterilization)

화염멸균법 (Flame Sterilization)	멸균하려는 물체나 물품을 직접 불꽃 속에 접촉시켜 표면의 미생물을 멸균시키는 방법이다. 실제로 백금루프, 금속류, 유리봉, 도자기류 등의 멸균을 위하여 알코올램프나 가스버너 등의 화염 속에 20초 이상 접촉시킨다. 재생가치가 없는 오물을 태워버리는 소각법도 화염멸균의 범주 내에 속한다.
건열멸균법 (Dry Sterilization)	건열멸균기(Dry Oven)를 이용하여 유리기구, 주사침, 유지, 글리세린, 분말 금속류, 자기류 등과 같이 고온에 견딜 수 있는 물품에 적용하며 보통 160~170℃에서 1~2시간 처리한다.

ⓑ 습열멸균법(Moist Heat Sterilization)

자비소독법	식기류, 도자기류, 조리기구, 의류, 금속류 등을 끓는 물에서 15~20분간 처리하는 방법이다. 끓는 물이 100℃를 넘지 않으므로 내열성이 강한 미생물을 완전 멸균할 수 없다. 소독 효과를 높이기 위하여 석탄산(3%)이나 크레졸(3%)을 첨가하면 효과가 더욱 좋다.
고압증기멸균법	고온, 고압하의 포화증기로 멸균하는 방법으로 포자형성균의 멸균에 가장 좋은 방법이다. 실험실이나 연구실에서 초자기구, 고무제품, 자기류, 거즈 및 약액 등의 멸균에 이용된다. 고압증기멸균기(Autoclave)를 사용할 경우 10Lbs(115.5℃)에서 30분간, 15Lbs(121.5℃)에서 20분간, 20Lbs(126.5℃)에서 15분간 처리한다.
유통증기멸균법 (간헐멸균법)	고압증기멸균법으로 처리할 수 없는 경우에 사용되는데 유통증기(100℃)를 30~60분간 가열하는 방법으로 1회의 증기소독으로는 포자를 파괴할 수 없기 때문에 포자를 멸살시키기 위해 1일 1회씩 100℃의 증기로 30분간씩 3회 실시한다. 이는 100℃의 증기에서 생존하였던 포자가 15~20℃의 항온기 속에서 발아, 분열, 증식하도록 한 후, 다시 100℃의 증기로 반복 처리함으로써 100℃에서 생존했던 포자를 완전멸균 시키는 방법이다.

저온살균법	보통 63℃에서 30분간 또는 75℃에서 15~30분간 가열해서 처리하는데 포자를 형성하지 않는 결핵균, 살모넬라균, 소유산균 등의 멸균을 위해서 사용되는 방법이다. Ice-Cream 원료는 80℃에서 30분간, 건조과실은 72℃에서 30분, 포도주는 55℃에서 10분간 소독한다.
초고온 순간 멸균법	135℃에서 2초간 접촉시키는 방법으로 우유의 멸균처리에 이용된다.

　　ⓒ 무가열멸균법
　　　ⓐ 자외선멸균법 : 자외선 중 260nm의 파장을 가진 것이 살균력이 강한 것으로 알려져 있다. 240~280nm(265nm) 범위 내의 파장을 가진 자외선살균 등이 무균실, 수술실, 제약실 등에서 이용되며 주로 공기, 물, 식품, 기구, 식기류 등의 소독에 이용된다. 태양광선의 자외선에 의한 소독은 주로 한낮에 이루어지는데 지구표면에 도달가능한 자외선 중 최단파장인 280~320nm 부분이 약간의 살균작용을 하고 있을 따름이다. 의류, 침구류, 거실 등의 소독에 이용된다.
　　　ⓑ 초음파멸균법 : 8,800c/s의 음파는 강력한 교반작용으로 미생물을 파괴하는 살균력이 있고, 20,000c/s 이상의 초음파는 강력한 살균력이 있다.
　　　※ 오염물질의 희석 → 병원미생물의 군락 분리 → 병원미생물 발육 지연
　　　ⓒ 세균여과법 : 화학약품이나 열을 이용할 수 없을 때 이용되는데, 미생물을 통과시킬 수 없는 세공(細孔)을 갖고 있는 필터를 이용하여 미생물을 제거하는 방법이다. Chamberland(여과공 0.2~0.4μ), Berkefeld(여과공 2.8~4.1μ) 등이 사용된다.
　② 화학적 소독법
　　ⓒ 소독약의 이상적 조건
　　　ⓐ 물품의 부식성, 표백성이 없을 것
　　　ⓑ 저렴하고 구입이 용이할 것
　　　ⓒ 사용법이 간편할 것
　　　ⓓ 살균력이 강할 것
　　　ⓔ 인축에 독성이 낮고 안전성이 있을 것
　　　ⓕ 용해성이 높고 침투력이 강할 것
　　ⓒ 소독약의 종류
　　　ⓐ 알코올(Alcohol) : 소독용으로 사용하는 데는 70% 정도의 것이 살균력이 강하다. 피부 및 기구소독에 사용되는데 눈, 비강, 구강, 음부 등의 점막에는 사용하지 않는 것이 좋다. 포자형성균에는 효과가 없으며, 무포자균에 유효하다. 메틸 또는 에틸알코올이 이용되는데 유기물이 존재하면 소독력이 떨어진다.
　　　ⓑ 과산화수소(Hydrogen Peroxide) : 무아포균을 빨리 살균할 수 있고 자극성이 적어 구내염, 인두염, 상처, 입안 소독에 많이 이용된다. 과산화수소는 3%의 수용액이 이용되는데 조직에 접촉하면 즉시 발생기산소(O)를 발생한다.
　　　ⓒ 크레졸(Cresol) : 크레졸은 Virus에는 소독효과가 적으나, 세균소독에는 효과가 좋다. 피부자극성이 없고 유기물이 있어도 소독력이 약화되지 않는 장점이 있으나, 냄새가 강하다는 단점이 있다.

ⓓ 석탄산(Phenol) : 사용하는 석탄산 농도는 3% 수용액의 것을 사용하는데 석탄산수는 무아포균에 대해서는 1분 이내에 사멸시키지만 아포나 Virus는 강하게 저항한다. 의류, 실험대, 용기, 오물, 토사물, 배설물 등의 소독에 이용된다. 살균력이 비교적 안정적이고 유기물에도 소독력이 약화되지 않는 장점이 있으나, 취기와 독성이 강하고 피부점막에 자극성과 마비성이 있으며, 금속을 부식시키는 단점이 있다.
- 석탄산의 살균작용 : 균체단백의 응고작용, 세포용해작용, 균체의 효소계 침투작용 등
- 석탄산계수 : 소독약의 살균력을 비교하기 위하여 쓰인다. 20℃에서 어떤 균주를 10분 내에 살균할 수 있는 석탄산의 희석배수와 시험하려는 소독약의 희석배율을 비교하는데 이용된다.

$$석탄산\ 계수 = \frac{소독약의\ 희석배수}{석탄산의\ 희석배수}$$

ⓔ 약용비누 : 각종 살균제를 비누에 첨가하여 비누의 작용과 살균작용을 동시에 할 수 있도록 한 것으로 손, 피부, 두피 소독 등에 주로 사용된다.
ⓕ 역성비누(Invert Soap) : 양성비누라고도 하며, 독성과 불쾌치가 없고 대장균, 소화기계 감염병의 병원체에 효력이 크다. 0.01~0.1%액을 사용하는데 조리기구, 식기류 등의 소독에 이용된다.
ⓖ 머큐로크롬(Mercurochrome) : 2% 수용액은 요오드팅크보다 살균력이 약하나 지속성이 있어 점막 및 피부상처에 이용된다.
ⓗ 생석회(CaO) : 생석회에 물을 가하면 발열하면서 소석회가 되는데 이것이 소독작용을 한다. 값이 싸고 탈취력이 있어 변소 소독에 좋다. 분변, 하수, 오수, 오물, 토사물의 소독에 적당하다.
ⓘ 승홍 : 살균력이 대단히 강하며 소독액 온도가 높을수록 더욱 강해진다. 조제방법은 승홍 0.1%, 식염 0.1%, 물 99.8%의 혼합액을 만들어 사용한다.

ⓒ 소독방법
ⓐ 의류, 침구류, 모직 및 섬유류 제품 등 : 일광소독, 증기 또는 자비소독, 석탄산수, 크레졸수, 포르말린수 등
ⓑ 대소변, 토사물, 배설물 : 소각법, 자비소독, 석탄산수, 크레졸수, 석회분말 등
ⓒ 시체 : 입관 전에 석탄산수, 크레졸수, 승홍수, 알코올 등을 뿌리고 관내는 석회로 메꾼다.
ⓓ 접촉자 : 손의 소독에는 석탄산수, 승홍수, 역성비누, 약용비누를 이용하고 몸은 목욕하여 잘 닦는다.
ⓔ 병실 : 석탄산수, 크레졸수 등을 뿌리거나 닦는다.
ⓕ 환자 : 치료시에는 목욕시켜 의복을 갈아 입힌다. 온습포로 몸을 씻어도 좋다. 목욕물은 소독 후에 방류한다.

ⓖ 변소, 하수구, 쓰레기통 : 변소나 변기에는 석탄산수, 크레졸수, 포르말린수를 분무 살포하고, 분통(糞桶)에는 석회말, 석회유, 크롤석회수를 뿌린다. 쓰레기통에는 석회유, 크롤석회수를 뿌리고, 하수구에는 생석회말이나 석회유, 크롤석회수를 뿌린다.
ⓗ 초자기구, 도자기, 목죽제품 : 석탄산수, 크레졸수, 승홍수를 사용하거나 내열성인 것은 증기 또는 자비소독한다. 또는 식기, 완구, 금속기구는 승홍수를 사용하지 못한다.
ⓘ 피혁제품, 고무제품, 종이류, 모피, 상아, 철기 등 : 석탄산수, 크레졸수, 포르말린수를 뿌리거나 액으로 닦는다. 단, 증기, 자비소독을 해서는 안 된다.

CHAPTER 02 출제예상문제

역학과 질병관리

01 역 학

01 다음 〈보기〉의 요인과 관련이 있는 병인은?

> • 식품에 의한 중독증, 의료행위의 부작용으로 일어나는 외인성 질환
> • 폐기물에 의한 중독, 사회적 스트레스가 원인인 신경정신질환 등의 요인

① 영양소적 병인
② 생물학적 병인
③ 사회환경적 병인
④ 화학적 병인

〈보기〉의 내용은 사회환경적 병인에 해당한다.
① 영양소의 결핍 또는 과잉이 병인으로 작용하여 영양결핍증이나 비만증, 당뇨병, 심장병 등을 일으킨다.
② 박테리아, 바이러스, 리케차, 기생충, 곰팡이 등의 살아 있는 미생물 병원체를 말한다.
④ 강산이나 강알칼리, 일산화탄소, 청산가스, 독가스 등과 같은 유독가스는 기도를 통해 들어가는데 뇌, 혈액, 폐에 여러 가지 장애를 유발한다.

02 환경요인에 대한 설명으로 옳지 않은 것은?

① 질병발생에 직접적인 영향을 미친다.
② 숙주 주위 모든 유·무형의 것을 말한다.
③ 인간이 생활하는데 관여되는 지상·지하공간이 모두 물리적 환경이다
④ 사회경제적 환경에는 인구밀도와 인구분포, 자연자원, 경제수준 등이 있다.

환경요인은 질병발생에 간접적으로 영향을 미치는 경우가 훨씬 많다.
② 병인과 인간 숙주를 제외한 모든 것으로, 특히 숙주 주위에 모든 유·무형의 것을 말한다.
③ 지형, 지질, 기후, 지세, 주거 그 밖에 인간이 생활하는데 관여되는 지상·지하공간이 모두 물리적 환경이다.
④ 사회경제적 환경에는 인구밀도와 인구분포, 자연자원, 경제수준, 직업, 사회, 정치, 문화, 과학의 발달 등이 있다.

03 비감염성 질병의 특징에 해당하지 않는 것은?

① 직접적인 원인이 없다.
② 원인이 다인적이다.
③ 잠재기간이 짧다.
④ 질병 발생시점이 분명하지 않다.

비감염성 질병은 병원체나 독소 이외의 원인에 의해 발생하는 질병으로 감염성이 없으며, 잠재기간이 길다.

04 건강과 질병을 설명하는 한 가지 이론인 생의학적 모형(biomedical model)의 설명으로 옳은 것은?

기출 2014 서울시

① 정신과 신체가 분리될 수 없다는 일원론(一元論)을 주장한다.
② 질병을 주로 생물학적 구조와 기능의 이상(비정상)으로 해석한다.
③ 만성 퇴행성 질환의 발생과 관리를 설명하는 데에 적합하다.
④ 지역과 문화가 다르면 의학지식과 기술이 달라진다는 특수성을 강조한다.
⑤ 인간과 질병을 사회·환경적 맥락에서 파악하려고 한다.

① 전체론적(총체적) 모형
③·⑤ 사회생태학적 모형
④ 생태학적 모형

05 전체론적(총체적) 모형에 대한 설명으로 옳지 않은 것은?

① 건강과 질병을 이분법적으로 구분하는 모형이다.
② 질병은 환경이나 개인행태요인 등이 복합적으로 작용하여 발생한다고 한다.
③ 치료는 질병 제거만이 아니라 건강을 증진시키고, 사회적 도움, 교육, 건강관리 능력을 향상시키는 등의 넓은 개념으로 본다.
④ 건강에 영향을 미치는 기본 요인으로 환경, 생활습관, 생물학적 특성, 보건의료시스템 등을 들고 있다.

건강과 질병을 이분법적으로 구분하는 것이 아니라, 정도에 따른 연속선상에 있는 것으로 파악하는 전인적 모형이다.

06 생태학적 모형에서 지렛대 역할을 하는 것은?

① 병 인   ② 숙 주
③ 환 경   ④ 질 병

건강의 3대 요인	
병 인 (병원체)	• 질병 발생의 핵심적인 역할 • 생물학적, 화학적, 물리적, 유전적, 신체적 요인 등
숙 주	• 성격, 유전적 소인, 성, 연령, 개인 또는 집단의 습관, 사회 계급, 생물학적 특성 등
환 경	• 사회적, 물리적, 화학적, 생물학적, 경제적 환경 등을 포함(가장 중요한 요소) • 지렛대 역할을 수행

07 다음 중 건강의 개념을 설명하는 모형에서 숙주, 병인 및 환경 등 세 가지 요소의 상호관계를 통해 건강과 질병이 결정된다고 주장하는 모형은 무엇인가?   기출 2008 서울시

① 생태학적 모형   ② 생의학적 모형
③ 세계보건기구 모형   ④ 총체적 모형
⑤ 구조기능주의 모형

생태학적 모형은 숙주, 병인 및 환경 등 세 가지 요소의 상호관계를 통해 건강과 질병이 결정된다고 주장하는 모형이다.

08 만성 퇴행성 질환의 발생과 관리를 설명하는 데에 적합한 모형은?

① 사회생태학적 모형　　② 거미줄(원인망) 모형
③ 수레바퀴 모형　　　　④ 역학적 삼각형 모형

사회생태학적 모형은 생태학적 모형에서 강조하던 병원체를 개인행태요인으로 대체한 이론이다. 즉 개인의 행태적 측면이 질병발생의 원인으로 작용한다는 모형으로, 만성 퇴행성 질환의 발생과 관리를 설명하는 데에 적합하다.
② 거미줄(원인망) 모형은 심근경색증과 같은 비감염성 질환의 발생을 이해하는데 유리하다.
③ 수레바퀴 모형은 질병발생에 대한 원인요소들의 기여정도에 중점을 두어 표현함으로써 역학적 분석에 도움이 된다.
④ 역학적 삼각형 모형은 감염병 발생을 설명하는데 잘 맞는 장점이 있는 반면에, 선천성질환 등 유전적 소인이 있는 질병이나 비감염성 질환의 발생을 설명하는 데에는 한계가 있다.

09 수레바퀴 모형에서 포함되지 않는 요인은?

① 물리적 요인　　② 병원체 요인
③ 사회적 요인　　④ 유전적 요인

수레바퀴의 중심부분은 숙주가 되며, 그 핵심은 인간의 유전적 요인에 해당된다. 숙주를 중심으로 그 밖을 환경이 둘러싸고 있으며, 환경은 생물학적·사회적·물리적인 환경으로 분리한다. 수레바퀴 모형은 다른 모형과 달리 병원체 요인은 넣지 않는다.

10 역학적 삼각형 모형에 대한 설명으로 옳지 않은 것은?

① 질병 발생의 3대 주요인자인 '병인적 인자, 숙주적 인자, 환경적 인자'의 상호관계에서 질병이 발생된다는 설이다.
② 3개의 요인 중 어느 한쪽으로 기울어진 상태일 때, 질병 혹은 유행이 발생된다는 것이다.
③ 감염병 발생을 설명할 때 잘 맞는 모형이다.
④ 선천성 질환 등 유전적 소인이 있는 질병이나 비감염성 질환의 발생을 설명하는데 적합하다.

역학적 삼각형 모형은 선천성 질환 등 유전적 소인이 있는 질병이나 비감염성 질환의 발생을 설명하는데 한계가 있다.

정답 05 ①　06 ③　07 ①　08 ①　09 ②　10 ④

11 역학적 삼각형(epidemiologic triangle) 모형으로 설명할 수 있는 질환으로 가장 옳은 것은?

기출 2021 서울시

① 골 절
② 콜레라
③ 고혈압
④ 폐 암

역학적 삼각형 모형
질병 발생의 3대 주요인자인 '병인적 인자, 숙주적 인자, 환경적 인자'의 상호관계에서 질병이 발생된다는 설이다. 3개의 요인 중 어느 한쪽으로 기울어진 상태일 때, 질병 혹은 유행이 발생된다는 것이다. 콜레라와 같은 감염병 발생을 설명할 때 잘 맞는 모형이다.

12 감염병이 전파되는 지역적 범위로 볼 때 렙토스피라증은 어디에 속하는가?

① 범세계적
② 지방성
③ 산발성
④ 범유행성

질병의 지역적 특성(Where - Place)

구 분	정 의	예 시
범세계적 (범발적, pandemic)	범세계적으로 발생 또는 유행하는 것	유행성 독감
전국적(epidemic)	한 국가에 전반적으로 질병이 발생하는 것	우리나라의 장티푸스
지방적 (편재적, endemic)	일부 지역에서 특수하게 발생하는 것	우리나라 낙동강 유역에서 많이 발생하는 간디스토마
산발적(sporadic)	일부 한정된 지역에서 산발적으로 발생하는 것	렙토스피라증

13 다음 중 유행성 독감과 관련이 있는 것은?

① epidemic
② endemic
③ pandemic
④ sporadic

유행성 독감은 범세계적으로 발생 또는 유행(pandemic)하는 질병이다.

14 인도에서 콜레라가 발생되어 동남아시아로 퍼지고 있다. 이렇게 발생하는 것을 무엇이라 하는가?

① 유행(Epidemic)
② 국제적 유행
③ 지방적 발생(Endemic)
④ 범세계적 유행(Pandemic)

여러 국가 혹은 범세계적으로 전파 발생하기 때문에 범세계적 유행에 해당한다.

15 어떤 질병을 수십년간 관찰하였을 때 증가 혹은 감소의 경향을 보여 주는 변화는?

① 추세변화
② 주기변화
③ 계절변화
④ 불규칙변화

질병의 시간적 특성(When - Time)

구 분	정 의	예 시
추세변화 (장기변화)	어떤 질병을 수십년간 관찰하였을 때 증가 혹은 감소의 경향을 보여 주는 것	장티푸스(30~40년 주기), 디프테리아(약 10~24년), 인플루엔자(약 30년) 등
주기변화 (순환변화)	수년의 간격으로 질병의 발생이 반복되는 경우	인플루엔자A(2~3년), 백일해(2~4년), 홍역(2~3년) 등
계절변화	계절변화는 넓은 의미로 주기변화에 속하나 1년을 주기로 질병이 발생하는 것	여름철에는 소화기계 감염병, 겨울철에는 호흡기계 질병이 유행
단기변화	시간별, 날짜별 혹은 주 단위로 질병 발상양상이 변화되는 것	급성 감염병
불규칙변화	외래 감염병의 국내 침입시 돌발적으로 유행하는 경우	외국에서 신종 H7N9형 조류인플루엔자(AI) 감염자가 계속 확산되다가 한국에 조류인플루엔자(AI)가 침입하여 돌연 국내에서 유행

16 감염병 유행주기가 10년 이상인 장기간의 유행현상은?

① 추세변화
② 순환변화
③ 불규칙변화
④ 계절변화

추세변화
장기변동성으로 시대적 또는 연대적 변동, 즉 장기간에 걸쳐 질병률과 사망률이 변동한다는 뜻이다.

17 다음 내용으로 알 수 있는 시간적 현상(time factor)은? 기출 2015 서울시

- 외국에서 신종 H7N9형 조류인플루엔자(AI) 감염자가 계속 확산
- 국내 외국 여행객을 통해 국내 반입 가능
- 한국에 조류인플루엔자(AI)가 들어와 돌연 국내에 유행

① 추세변화(secular trend)
② 계절변화(seasonal trend)
③ 범발적 변화(pandemic trend)
④ 불규칙변화(irregular trend)

① 어떤 질병을 수십년간 관찰하였을 때 증가 혹은 감소의 경향을 보여 주는 것
② 1년을 주기로 질병이 발생하는 것
③ 질병의 만연정도가 심하여 세계적으로 발생 또는 유행하는 것

18 어느 지역에서 코로나19(COVID-19) 환자가 1,000여명 발생했을 때, 가장 먼저 실시해야 할 역학연구는? 기출 2020 서울시

① 기술역학 ② 분석역학
③ 실험역학 ④ 이론역학

어느 지역에서 코로나19(COVID-19) 환자가 1,000여명 발생했을 때, 가장 먼저 실시해야 할 역학연구는 기술역학이다. 기술역학은 인구집단을 대상으로 하여 집단에서 발생되는 질병의 분포, 경향 등을 그 집단의 특성에 따라 조사, 연구하여 사실적 현상 그대로 기록하는 1단계 역학이다.
② 분석역학은 기술역학(1단계 역학)에서 관찰을 통해 얻어진 결과를 토대로 질병발생과 질병발생의 요인 또는 속성과의 인과관계를(Cause-Effect) 밝혀내는 2단계 역학이다.
③ 실험역학은 실험적으로 대상요인을 인위적으로 투여하거나 제거한 후 그 영향을 측정하는 2단계 역학이다.
④ 이론역학은 질병발생 양상에 관한 모델과 유행현상을 수리적으로 분석하여 이론적으로 유행법칙이나 현상을 수식화하고, 실제로 나타난 결과와 비교해 봄으로써 그 모델의 타당성을 검정하고 또는 그 모델 내에서의 여러 요인들간의 상호관계를 수리적으로 규명해내는 3단계 역학이다.

19 기술역학(1단계 역학)에서 관찰을 통해 얻어진 결과를 토대로 질병발생과 질병발생의 요인 또는 속성과의 인과관계를(Cause – Effect) 밝혀내는 2단계 역학은?

① 실험역학　　　　　　　　② 분석역학
③ 이론역학　　　　　　　　④ 작전역학

분석역학에 대한 설명이다.
① 실험적으로 대상요인을 인위적으로 투여하거나 제거한 후 그 영향을 측정하는 역학이다. 대상요인 이외의 변수는 실험군과 대조군이 동일하다.
③ 질병발생 양상에 관한 모델과 유행현상을 수리적으로 분석하여 이론적으로 유행법칙이나 현상을 수식화하고, 실제로 나타난 결과와 비교해 봄으로써 그 모델의 타당성을 검정한다든가 또는 그 모델 내에서의 여러 요인들간의 상호관계를 수리적으로 규명해내는 3단계 역학이다.
④ 오므란(A. Omran)이 개발한 것으로, 보건서비스를 포함하는 지역사회 서비스(Community Service)의 운영에 관한 계통적 연구를 통해 이 서비스의 향상을 목적으로 하는 역학이다.

20 다음 중 분석역학에 해당하지 않는 것은?

① 단면조사 연구　　　　　　② 사례군 연구
③ 환자 – 대조군 연구　　　　④ 코호트 연구

사례군 연구는 '임상실험'에 해당한다.

역학적 연구방법

관찰적 연구	어떤 실험적 자극이나 행위를 가하지 않고 자연 상태하에서 일어나는 현상으로부터 정보를 입수하여 비교, 평가, 분석하는 연구	기술역학	
		분석역학	• 단면조사 연구 • 환자 – 대조군 연구 • 코호트 연구
실험적 연구	인위적으로 어떠한 실험적 자극이나 조건을 준 상태하에서 실험군과 대조군간의 차이를 비교, 평가, 분석하는 방법	임상실험	• 생물학적 연구 • 사례군 연구
		지역사회 실험	
기 타		이론역학, 작전역학 등	

21 다음 중 분석역학에 대한 설명으로 가장 옳은 것은? 〔기출〕 2017 지방직

① 단면조사 연구는 단시간 내에 결과를 얻을 수 있어서, 질병 발생과 질병 원인과의 선후관계를 규명할 수 있다.
② 코호트 연구는 오랜 기간 계속 관찰해야 하는 관계로 연구결과의 정확도를 높일 수 있다.
③ 전향성 코호트 연구와 후향성 코호트 연구는 모두 비교위험도와 귀속위험도를 직접 측정할 수 있다.
④ 환자-대조군 연구는 비교적 비용이 적게 들고, 희귀한 질병을 조사하는데 적절하다.

해설 콕

① 인과관계는 규명하기 어렵다. 다만, 상관관계를 알 수 있을 뿐이다.
② 관찰기간이 길고 대상자가 탈락하기 쉬워 많은 대상자를 필요로 하며, 결과의 정확도에 문제가 생길 수 있다.
③ 전향성 코호트 연구만 해당한다.

주요 분석역학방법의 장 · 단점

구 분	장 점	단 점
단면조사 연구	• 단시간 내에 결과를 얻을 수 있어 시간과 경비가 절약된다. • 모집단을 대표하는 표본인구를 추출하기 때문에 유병률을 포함한 어떤 사실을 찾거나 가설검증을 하는데 도움이 된다.	• 특정시점에서 조사를 하기 때문에 빈도가 낮은 질병(예 메르스 등)나 이환기간이 짧은 급성 감염병(예 신종플루) 등의 질병에는 부적합하다. • 상관관계는 알 수 있지만, 인과관계를 규명하기는 어렵다. • 질병을 발생시킨 여러 요인들 중에서 원인요인을 찾아내기 어렵다. • 대상 인구집단이 비교적 커야 한다.
코호트 연구	• 속성 또는 요인에 대한 편견이 적다. • 한 연구에서 여러개 가설 또는 다른 질환과의 관계도 검증할 수 있다(특정 위험요인과 여러 질병과의 관계를 조사할 수 있다). • 인과관계를 정확히 파악할 수 있다.	• 관찰기간이 길고 대상자가 탈락하기 쉬워 많은 대상자를 필요로 하며, 결과의 정확도에 문제가 생길 수 있다. • 장기간 계속 관찰하여야 하므로 비용, 시간, 노력이 많이 든다. • 진단방법과 기준에 변동이 생길 수 있다.
환자-대조군 연구	• 연구가 비교적 용이하며, 시간, 경비, 노력이 적게 든다(연구결과가 빠르게 산출된다). • 적은 표본으로도 연구가 가능하다. • 희귀질병이나 잠복기가 긴 만성 질환 연구도 가능하다. • 기존의 자료 등을 활용한 연구도 가능하다. • 특정 질병과 여러 위험요인간의 관계를 조사할 수 있다.	• 환자군과 모든 조건이 비슷한 대조군의 선정이 어렵다. • 연구에 필요한 정보가 과거행위에 관한 것이므로 편견의 발생, 정확도, 신뢰도에 문제가 발생할 수 있다(정보수집이 불확실하다). • 표본을 일반화하여 설명하기 어렵다(표본의 대표성 문제). • 혼란변수의 제어가 쉽지 않다.

22 위험요인과 질병발생의 인과관계 규명을 위하여 역학적 연구를 설계하고자 할 때 인과적 연관성에 대한 근거의 수준이 가장 높은 연구방법은?

기출 2021 서울시

① 실험 연구
② 단면 연구
③ 코호트 연구
④ 환자 – 대조군 연구

실험 연구란 변인들간의 관계를 밝혀내기 위해 통제된 상황에서 독립변인들을 인위적으로 조작하여 그 것이 종속 변인에 어떤 영향을 미치는지를 관찰하여 분석하는 방법이다.
② **단면 연구** : 일정한 인구집단을 대상으로 특정한 시점 또는 기간 내에 어떤 질병 또는 상태의 유무를 조사하고, 그 인구집단의 개개 구성요원이 갖고 있는 각종 속성(연령, 성별, 사회·경제적인 요인, 교육 정도, 인종, 종교, 거주지 등)과 연구하려는 질병과의 상관관계가 있는지 여부를 규명하는 연구 방법
③ **코호트 연구** : 연구 시작 시점에서 질환요인에 노출된 집단과 노출되지 않은 집단을 구성하고 이들을 일정 기간 동안 추적하여 특정 질병의 발생 여부를 관찰하는 연구방법
④ **환자 – 대조군 연구** : 어떤 질병에 이환된 집단을 대상으로 하여 환자군을 선택하고 이환되어 있지 않은 건강한 대조군을 선정하여, 가설된 위험요인을 과거에 갖고 있었는지 또는 위험요인에 폭로되었는지의 여부를 조사하여 비교 검토함으로써 위험요인과 질병발생과의 인과관계를 규명하고 질병발생의 원인을 찾아내는 방법

23 단면조사 연구(cross – sectional study)의 장점에 대한 설명으로 가장 옳은 것은?

기출 2022 서울시

① 희귀한 질병의 연구에 적합하다.
② 연구시행이 쉽고 비용이 적게 든다.
③ 질병 발생 원인과 결과 해석의 선후관계가 분명하다.
④ 연구대상자의 수가 적어도 적용할 수 있는 방법이다.

단면조사 연구(상관관계연구)
일정한 인구집단을 대상으로 특정한 시점 또는 기간 내에 어떤 질병 또는 상태의 유무를 조사하고, 그 인구집단의 개개 구성요원이 갖고 있는 각종 속성(연령, 성별, 사회·경제적인 요인, 교육 정도, 인종, 종교, 거주지 등)과 연구하려는 질병과의 상관관계가 있는지 여부를 규명하는 연구방법이다. 비교적 단시간 내에 결과를 얻을 수 있으며, 시간과 비용이 절약된다. 일정한 시점에서의 조사이기 때문에 질병 발생과 질병의 원인으로 의심되는 요인이나 속성과의 시간적 선후관계를 규명하기 어려우며, 대상 인구집단이 비교적 커야 한다.
① · ④ : 환자 – 대조군 연구의 장점
③ : 코호트 연구의 장점

24 일정한 인구집단을 대상으로 특정한 시점이나 기간 내에 그 질병과 그 인구집단이 가지고 있는 속성과의 관계를 찾아내는 연구조사 방법은? 기출 2018 서울시

① 단면조사 연구
② 전향성 조사연구
③ 환자 – 대조군 조사연구
④ 코호트 연구

분석역학의 조사방법

단면조사 연구 (상관관계연구)		일정한 인구집단을 대상으로 특정한 시점 또는 기간 내에 어떤 질병 또는 상태의 유무를 조사하고, 그 인구집단의 개개 구성요원이 갖고 있는 각종 속성(연령, 성별, 사회·경제적인 요인, 교육 정도, 인종, 종교, 거주지 등)과 연구하려는 질병과의 상관관계가 있는지 여부를 규명하는 연구방법이다.
환자 – 대조군 조사연구		어떤 질병에 이환된 집단을 대상으로 하여 환자군을 선택하고 이환되어 있지 않은 건강한 대조군을 선정하여, 가설된 위험요인을 과거에 갖고 있었는지 또는 위험요인에 폭로되었는지의 여부를 조사하여 비교 검토함으로써 위험요인과 질병발생과의 인과관계를 규명하고 질병발생의 원인을 찾아내는 방법이다.
코호트 연구	후향성 코호트 연구	과거에 이미 일어난 사건에 대한 연구인 후향성 코호트 연구는 과거의 기록에 의하여 원인되는 요소를 먼저 분류하고 거기에 따른 질병발생의 결과를 관찰 분석한다.
	전향성 코호트 연구	앞으로 일어날 사건을 연구대상으로 하는 전향성 코호트 연구는 질병발생의 어떤 요인이나 속성에 폭로된 인구집단과 폭로되지 않은 인구집단간에 앞으로 어떤 결과가 나타나는 지를 비교 연구하는 것이다.

25 환자 – 대조군 연구에서 짝짓기(Matching)를 하는 주된 목적은? 기출 2019 서울시

① 선택바이어스의 영향을 통제하기 위하여
② 정보바이어스의 영향을 통제하기 위하여
③ 표본추출의 영향을 통제하기 위하여
④ 교란변수의 영향을 통제하기 위하여

환자 – 대조군 연구는 질병이 있는 집단과 없는 집단을 선정하여 질병에 영향을 주었을 것으로 추정되는 예측변수들과 질병의 연관성을 연구하는 것으로, 환자 – 대조군 선정시 짝짓기(Matching)를 통해 교란변수의 영향을 통제한다.

26 코호트 연구(cohort study)의 장점은?

① 단시간에 결과를 얻을 수 있다.
② 대상자의 수가 적어도 가능하다.
③ 경비와 노력이 절감된다.
④ 의심 요인에 개입되는 편견이 적다.

코호트 연구(cohort study)는 속성 또는 요인에 대한 편견이 적다.

27 연구시작 시점에서 폐암에 이환되지 않은 사람을 대상으로 흡연자와 비흡연자를 20년간 추적 조사하여 폐암 발생 여부를 규명하는 역학조사 방법은? 기출 2020 서울시

① 전향적 코호트 연구
② 환자대조군 연구
③ 단면 연구
④ 후향적 코호트 연구

전향적 코호트 연구는 앞으로 일어날 사건을 연구대상으로 하며, 질병발생의 어떤 요인이나 속성에 폭로된 인구집단과 폭로되지 않은 인구집단간에 앞으로 어떤 결과가 나타나는 지를 비교 연구하는 방법이다.
② 환자대조군 연구 : 어떤 질병에 이환된 집단을 대상으로 하여 환자군을 선택하고 이환되어 있지 않은 건강한 대조군을 선정하여, 가설된 위험요인을 과거에 갖고 있었는지 또는 위험요인에 폭로되었는지의 여부를 조사하여 비교 검토함으로써 위험요인과 질병발생과의 인과관계를 규명하고 질병발생의 원인을 찾아내는 방법이다.
③ 단면 연구 : 일정한 인구집단을 대상으로 특정한 시점 또는 기간 내에 어떤 질병 또는 상태의 유무를 조사하고, 그 인구집단의 개개 구성요원이 갖고 있는 각종 속성(연령, 성별, 사회·경제적인 요인, 교육 정도, 인종, 종교, 거주지 등)과 연구하려는 질병과의 상관관계가 있는지 여부를 규명하는 연구방법이다.
④ 후향적 코호트 연구 : 과거에 이미 일어난 사건에 대한 연구로, 과거의 기록에 의하여 원인되는 요소를 먼저 분류하고, 거기에 따른 질병발생의 결과를 관찰 분석하는 방법이다.

28. 다음 내용 설명은 역학적 연구 방법 중 어디에 속하는가?

기출 2014 서울시

- 연구의 시작시점에서 과거의 관찰시점으로 거슬러 가서 관찰시점으로부터 연구시점까지의 기간 동안 조사
- 질병발생 원인과 관련이 있으리라고 의심되는 요소를 갖고 있는 사람들과 갖고 있지 않는 사람들을 구분한 후 기록을 통하여 질병발생 원인을 찾아내는 방법

① 전향적 코호트 연구(prospective cohort study)
② 후향적 코호트 연구(retrospective cohort study)
③ 환자 – 대조군 연구(case – control study)
④ 단면조사 연구(cross – sectional study)
⑤ 사례군 연구(case series study)

후향적 코호트 연구
과거에 이미 일어난 사건에 대한 연구인 후향성 코호트 연구는 과거의 기록에 의하여 원인되는 요소를 먼저 분류하고 거기에 따른 질병발생의 결과를 관찰 분석한다.

29. 이황화탄소가 중추신경계에 영향을 주는지 조사하고자, 40여년 전부터 가동하고 있는 인조견사 제조공장에서 이황화탄소에 노출된 근로자들을 대상으로 이황화탄소에 노출되지 않은 다른 공장의 근로자들과 중추신경계 질환의 발생률을 비교하려고 한다. 가장 적합한 연구 방법은?

① 단면조사 연구(cross sectional study)
② 환자-대조군 연구(case control study)
③ 사례군 연구(case series study)
④ 후향성 코호트 연구(retrospective cohort study)

후향성 코호트 연구와 전향성 코호트 연구

후향성 코호트 연구	과거에 이미 일어난 사건에 대한 연구인 후향성 코호트 연구는 과거의 기록에 의하여 원인되는 요소를 먼저 분류하고 거기에 따른 질병발생의 결과를 관찰 분석한다. 예 과거에 원전사고로 노출된 사람들이 현재는 어떤 상태인지 조사하는 것
전향성 코호트 연구	앞으로 일어날 사건을 연구대상으로 하는 전향성 코호트 연구는 질병발생의 어떤 요인이나 속성에 폭로된 인구집단과 폭로되지 않은 인구집단간에 앞으로 어떤 결과가 나타나는 지를 비교 연구하는 것이다. 예 최근에 일어난 원전사고로 노출된 사람들이 앞으로 어떻게 될지 추적조사하는 것

30 〈보기〉에서 기술한 역학적 연구 방법은? 　　　　　　　　　　　기출 2019 서울시

> 첫 임신이 늦은 여성에서 유방암 발생률이 높은 원인을 구명하기 위해 1945년에서 1965년까지 내원한 첫 임신이 지연된 대상자를 모집단으로 하여 내원 당시 분석된 호르몬 이상군(노출군)과 기타 원인으로 인한 여성들(비노출군)을 구별하고, 이 두 집단의 유방암 발생 여부를 파악하였다. 1978년에 수행된 이 연구는 폐경 전 여성들의 호르몬 이상군에서, 유방암 발생이 5.4배 높은 것을 밝혀냈다.

① 후향적 코호트 연구　　　　　　② 전향적 코호트 연구
③ 환자 – 대조군 연구　　　　　　④ 단면 연구

〈보기〉에서 기술한 연구 방법은 연구시작 시점에서 과거의 관찰시점으로 거슬러 가서 관찰시점으로부터 연구시점까지의 기간 동안 조사하였으며, 질병발생 원인과 관련이 있으리라고 의심되는 요소를 갖고 있는 사람들과 갖고 있지 않은 사람들을 구분한 후 기록을 통하여 질병 발생을 찾아내는 방법으로 수행되었다. 이는 환자군과 대조군의 과거를 되돌아보는 후향적 코호트 연구(Retrospective cohort study) 방법이다.

31 기여위험도에 대한 설명으로 가장 옳지 않은 것은?　　　　　기출 2022 서울시

① 코호트 연구(cohort study)와 환자 – 대조군 연구(case – control study)에서 측정 가능하다.
② 귀속위험도라고 한다.
③ 위험요인에 노출된 집단에서의 질병발생률에서 비노출된 집단에서의 질병발생률을 뺀 것이다.
④ 위험요인이 제거되면 질병이 얼마나 감소될 수 있는지를 예측할 수 있다.

기여위험도는 어떤 위험요인에 의해서 초래되는 결과의 위험도를 측정하는 방법으로, 위험요인에 노출된 집단에서의 질병발생률에서 비노출된 집단에서의 질병발생률을 뺌으로써 구할 수 있으며, '귀속위험도'라고도 한다. 기여위험도는 위험요인을 제거되면 질병이 얼마나 감소될 수 있는지를 예측할 수 있다. 일반적으로 비교위험도(Relative Risk ; 상대위험도)와 기여위험도(Attributable Risk ; 귀속위험도)는 코호트 연구(cohort study)에서 측정 가능하고, 교차비(Odds Ratio ; 비차비)는 환자 – 대조군 연구(case – control study)에서 측정 가능하다.

정답 28 ② 29 ④ 30 ① 31 ①

32 환자 – 대조군 연구 결과인 〈보기〉의 표를 이용하여 교차비(odds ratio)를 산출할 때, 계산식으로 옳은 것은?

기출 2015 서울시

질병 여부 노출 여부	환 자	비환자	합 계
노 출	A	D	G
비노출	B	E	H
합 계	C	F	I

① A/G – B/H
② AH / BG
③ AE / BD
④ AF / CD

교차비(odds ratio)는 질병을 갖고 있는 사람(AE)과 갖고 있지 않은 사람(BD)간의 위험요인 노출 여부(폭로 여부)에 대한 비(比)이다.

33 〈보기〉에서 교차비(odds ratio)를 구하는 식으로 가장 옳은 것은?

기출 2021 서울시

〈보기〉

위험 요인 노출	질병 발생	
	발생(+)	비발생(−)
노출(+)	a	b
비노출(−)	c	d

① $\dfrac{ad}{bc}$
② $\dfrac{a}{a+b} \div \dfrac{c}{c+d}$
③ $\dfrac{a+c}{a+b+c+d}$
④ $\dfrac{c}{c+d}$

교차비(odds ratio)는 질병을 갖고 있는 사람과 갖고 있지 않은 사람 간의 위험요인 노출 여부(폭로 여부)에 대한 비(比)이다.

$$교차비 = \dfrac{\dfrac{a}{b}}{\dfrac{c}{d}} = \dfrac{ad}{bc}$$

34 A 집단에서 흡연과 폐암에 관한 코호트 조사를 한 결과 흡연자 200,000명 중 40명의 폐암환자가 발생하였고, 비흡연자 200,000명 중 4명의 폐암환자가 발생하였다면, 이 연구에서 흡연이 폐암에 미치는 상대위험도는?   기출 2014 서울시

① 2
② 4
③ 8
④ 10
⑤ 20

> **해설 콕**
>
> $$\text{상대위험도} = \frac{\dfrac{\text{위험인자 있는 사람 중 발생환자수}}{\text{위험인자에 노출된 인원}}}{\dfrac{\text{위험인자 없는 사람 중 발생환자수}}{\text{위험인자에 노출되지 않은 인원}}} = \frac{\dfrac{40}{200,000}}{\dfrac{4}{200,000}} = 10$$

35 흡연자 1,000명과 비흡연자 2,000명을 대상으로 폐암 발생에 관한 전향적 대조 조사를 실시한 결과, 흡연자의 폐암 환자 발생이 20명이고, 비흡연자는 4명이었다면 흡연자의 폐암 발생 비교위험도(Relative risk)는?   기출 2018 서울시

① 1
② 5
③ 9
④ 10

> **해설 콕**
>
> $$\text{비교위험도} = \frac{\text{폭로군에서의 질병발생률}}{\text{비폭로군에서의 질병발생률}}$$
>
> $$= \frac{\dfrac{\text{흡연자 중 폐암 환자 발생}}{\text{흡연자}}}{\dfrac{\text{비흡연자 중 폐암 환자 발생}}{\text{비흡연자}}} = \frac{\dfrac{20}{1,000}}{\dfrac{4}{2,000}} = \frac{40,000}{4,000} = 10$$

정답 32 ③ 33 ① 34 ④ 35 ④

36 고혈압으로 인한 뇌졸중 발생의 상대위험도(relative risk)를 〈보기〉의 표에서 구한 값은?

기출 2020 서울시

(단위 : 명)

	뇌졸중 발생	뇌졸중 비발생	계
고혈압	90	110	200
정상혈압	60	140	200
계	150	250	400

① (60/200) / (90/200)
② (90/150) / (110/250)
③ (110/250) / (90/150)
④ (90/200) / (60/200)

상대위험도(relative risk, 비교위험도)
질병발생의 위험요인(Risk Factor)을 갖고 있거나 폭로된 군(Group)에서의 질병발생률을 폭로되지 않은 군(Group)에서의 질병발생률로 나누어 준 것이다.

• 상대위험도 = $\dfrac{\text{고혈압 중 뇌졸중 발생(90)}}{\text{고혈압(90 + 110)}} \Big/ \dfrac{\text{정상혈압 중 뇌졸중 발생(60)}}{\text{정상혈압(60 + 140)}} = \dfrac{90/200}{60/200}$

37 다음 코호트 연구(Cohort Study)에서 상대위험도(Relative Risk)는?

기출 2017 서울시

(단위 : 명)

고혈압	질 병		계
	뇌졸증 걸림	뇌졸증 안 걸림	
고혈압 상태 계속	80	4,920	5,000
정상혈압	20	4,980	5,000
계	100	9,900	10,000

① 0.25
② 0.99
③ 4
④ 1

상대위험도 공식을 적용하면,
(80 / 5,000) ÷ (20 / 5,000) = 4

38 다음 설명 중 옳지 않은 것은?

① 민감도는 실제 병이 있는 사람을 검사한 후 병이 있다고 판정할 수 있는 정도를 말한다.
② 특이도는 병이 없는 사람을 병이 없다고 판정할 수 있는 정도를 말한다.
③ 양측 예측도는 양성이라고 판정된 사람 중 실제 양성일 확률을 말한다.
④ 음성 예측도는 음성이라고 판정된 사람 중 실제 병일 확률을 말한다.

음성 예측도는 음성이라고 판정된 사람 중 실제 병이 아닐 확률을 말한다.

39 당뇨병을 진단하기 위하여 공복 혈당검사(fasting blood sugar test)의 기준치를 126mg/dL에서 110mg/dL로 낮추었을 때, 민감도와 특이도의 변화는?

① 민감도와 특이도는 증가한다.
② 민감도와 특이도는 변화하지 않는다.
③ 민감도는 감소하고, 특이도는 증가한다.
④ 민감도는 증가하고, 특이도는 감소한다.

기준치를 낮추게 되면 더 많은 사람들이 병이 있다고 판정된다. 실제 병이 있는 사람을 검사한 후 병이 있다고 판정할 수 있는 정도(민감도)는 상승하게 되고, 병이 없는 사람을 병이 없다고 판정할 수 있는 정도(특이도)는 감소하게 된다.

※ 다음 〈보기〉의 내용을 보고 물음에 답하시오. (40~45)

[흡연과 폐암발생과의 관계]

흡연 여부 \ 폐암 유무	환 자	비환자	합 계
흡 연	80	4,920	5,000
비흡연	20	4,980	5,000
합 계	100	9,900	10,000

40 주어진 표에서 위험비는?

① 1 ② 2
③ 3 ④ 4

흡연과 폐암발생과의 관계

흡연 여부 \ 폐암 유무	환 자	비환자	합 계
흡 연	80(a)	4,920(b)	5,000($a+b$)
비흡연	20(c)	4,980(d)	5,000($c+d$)
합 계	100($a+c$)	9,900($b+d$)	10,000($a+b+c+d$)

- $\dfrac{a}{a+b} = R_1$: 흡연시의 폐암발생률 = 0.016
- $\dfrac{c}{c+d} = R_2$: 비흡연시의 폐암발생률 = 0.004
- 위험(Risk)비 = $\dfrac{R_1}{R_2} = \dfrac{(80/5,000)}{(20/5,000)} = 4$

41 주어진 표에서 귀속위험도를 구하면?

① 0.004 ② 0.008
③ 0.012 ④ 0.016

귀속위험도(위험차) = $R_1 - R_2$
$= \dfrac{a}{a+b} - \dfrac{c}{c+d} = 0.012$

42 주어진 표에서 민감도를 구하면?

① 0.2　　　　　　　　　② 0.4
③ 0.6　　　　　　　　　④ 0.8

해설 콕

민감도 = $\dfrac{a}{a+c}$ = $\dfrac{80}{100}$ = 0.8

43 주어진 표에서 특이도를 구하면?

① $\dfrac{4,920}{5,000}$　　　　　　　② $\dfrac{4,980}{5,000}$
③ $\dfrac{4,920}{9,900}$　　　　　　　④ $\dfrac{4,980}{9,900}$

해설 콕

특이도 = $\dfrac{d}{b+d}$ = $\dfrac{4,980}{9,900}$

44 주어진 표에서 양성 예측도를 구하면?

① 0.004　　　　　　　② 0.008
③ 0.012　　　　　　　④ 0.016

해설 콕

양성 예측도 = $\dfrac{a}{a+b}$ = $\dfrac{80}{5,000}$ = 0.016

45 주어진 표에서 음성 예측도를 구하면?

① $\dfrac{4,920}{5,000}$　　　　　　　② $\dfrac{4,980}{5,000}$
③ $\dfrac{4,920}{9,900}$　　　　　　　④ $\dfrac{4,980}{9,900}$

정답 40 ④　41 ③　42 ④　43 ④　44 ④　45 ②

> **해설 콕**
>
> 음성 예측도 $= \dfrac{d}{c+d} = \dfrac{4,980}{5,000}$

46 유행병 조사의 과정과 주의사항에 대한 설명으로 옳은 것은? 기출 2015 서울시

① 유행병이 발생한 후 유행 여부의 판단과 크기를 측정하여야 한다. 이때 비슷한 질환군이면 동일질환 여부 확인은 중요하지 않다.
② 유행질환을 조사할 때는 먼저 원인물질이 무엇인지에 대한 분석역학조사를 시행한 후 차분하게 기술역학조사를 시행한다.
③ 유행병의 지리적 특성을 파악하는 것은 유행의 원인을 추정하는데 도움이 되므로 지도에 감염병 환자를 표시하는 점지도(spot map) 작성이 필요하다.
④ 역학조사의 시작은 이미 질병 유행이 모두 일어난 시점에 시작되기 때문에 시간적으로 전향적 조사라는 특성을 가진다.

> **해설 콕**
>
> 지역사회 감염에서는 감염원 및 감염경로에 대한 정보제공을 하기 때문에 점지도의 작성이 중요하다.
> ① 역학조사의 단계는 다음과 같다.
>
> | | |
> |---|---|
> | 1단계 | 역학조사는 유행이 의심되는 시기에 바로 시작하여, 유행 여부를 판단하고 그 크기를 측정하는 것으로 다음 방법을 따른다. 환자 또는 의심되는 사례들의 발생 규모를 정확하게 파악한다. 일단 확인되지 않은 환자라도 의심되는 환자가 모두 몇 명인지 파악한다. 또한 **비슷한 질환군이 발생되더라도 이들이 동일질환인지 확인한다.** 통상 역학조사의 초기에는 어떤 질병인지 알기 어렵기 때문에 초기 환자의 면담을 통해서 해당 유행의 사례정의를 내린다. 처음에 확진적 사례정의를 사용하기는 어렵기 때문에 넓은 범위의 사례정의를 정한 후 정보가 더 모이면 차츰 엄격한 사례정의를 사용할 수 있다. 또한 검사실 확진이 나오면 '확진환자', 검사실 확진은 없으나 역학적 연관성과 해당질환의 증상을 보이면 '의심환자'로 환자를 분류하여 환자의 규모를 평가한다. 의심환자 중에서 검사실 확진이 나오면 확진환자로 분류가 바뀌게 된다. |
> | 2단계 | 환자 발생 규모가 확인되었으면 유행 여부를 판단한다. 유행 여부를 판단할 때는 과거 자료를 기초로 기대되는 발생수가 얼마인지 알아야 한다. 만약 장기간의 변동이라면 더욱 과거 자료와의 비교가 필요하다. 그러나 신종 감염병과 같이 이전에 우리나라에 환자가 없었거나, 페스트와 같이 과거 장기간 발생한 적이 없지만, 유행의 가능성이 있는 질병은 1명의 환자라도 발생하면 유행의 가능성이 매우 높을 것으로 판단해야 한다. |
>
> ② 첫 번째 단계는 유행의 확인과 크기의 측정이며, 두 번째 단계는 유행의 기술역학적 분석, 그리고 세 번째 단계는 이를 바탕으로 한 가설의 설정, 네 번째는 분석역학적 방법론을 이용한 가설의 검증, 그리고 다섯 번째는 평가와 커뮤니케이션이다.
> ④ 기본적으로 역학조사의 시작은 이미 유행의 원인을 제공한 행위와 그 결과인 질병의 유행이 모두 일어난 시점에서 시작하기 때문에 시간적으로 후향적 조사라는 특징을 가진다.

47 실험자나 피실험자가 사실을 인지함으로써 발생할 편견을 최소화 하기 위해 실험대상자 본인이 실험군에 속하는지 대조군에 속하는지를 모르게 하는 방법은?

① 임상실험법　　　　　　　　② 단일맹검법
③ 이중맹검법　　　　　　　　④ 위약투여법

단일맹검법에 대한 설명이다.
① 역학에서 이차예방 효과의 측정 등을 위하여 오래전부터 사용해 온 연구방법으로 백신(Vaccine)의 효과 측정, 새로운 치료약품이나 처치방법 등의 효과 및 효능 등을 규명하기 위하여 입원환자를 대상으로 연구하는 방법이다.
③ 피실험자와 실험자 모두 누가 실험군이고 누가 대조군인지를 모르게 하는 방법이다.
④ 심리적 작용으로 인한 편견을 제거하기 위해 약리작용이 가짜 약을 투여하는 방법이다.

48 질병발생이나 유행현상을 수학적으로 수식화하는 역학은?

① 기술역학　　　　　　　　　② 분석역학
③ 이론역학　　　　　　　　　④ 실험역학

이론역학에 대한 설명이다.
① **기술역학** : 질병발생 현상을 지역적, 시간적, 성별, 연령별 등으로 그대로 서술하는 1단계 역학이다.
② **분석역학** : 기술역학을 토대로 발생원인을 규명하는 방법으로 질병요인에 대한 가설을 설정하고 실제 관측, 분석함으로써 해답을 구하는 2단계 역학이다.
④ **실험역학** : 질병원인의 규명에 있어서 실험적 방법으로 증명하는 과정이다.

49 보건서비스를 포함하는 지역사회 서비스(Community Service)의 운영에 관한 계통적 연구를 통해 이 서비스의 향상을 목적으로 하는 역학은?

① 기술역학　　　　　　　　　② 분석역학
③ 이론역학　　　　　　　　　④ 작전역학

작전역학
오므란(A. Omran)이 개발한 것으로, 보건서비스를 포함하는 지역사회 서비스(Community Service)의 운영에 관한 계통적 연구를 통해 이 서비스의 향상을 목적으로 하는 역학이다.

50 역학적 인과관계 판단기준 중 다음 〈보기〉에서 의미하는 인과관계는?

> 위험요인에 노출이(폭로가) 많이 될수록 질병발생의 확률이 높아지는 양(+)의 상관관계가 있을 경우 연관성이 높다.

① 연관성의 강도
② 용량의존성
③ 관련의 가역성
④ 연관성의 일관성

용량의존성에 대한 설명이다.
① 위험비와 위험차가 크면 연관성이 강하여 인과관계를 지지하는 근거가 된다.
③ 해당 질병의 발병과정 또는 자연사 등이 기존 지식과 부합한다면 연관성이 높다.
④ 서로 다른 지역에서 다른 연구자가 동일한 가설에 대하여 서로 다른 방법으로 연구하였음에도 같은 결론에 이르렀다.

51 질병 발생이 어떤 요인과 연관되어 있는지 그 인과관계를 추론하는 것은 매우 중요하다. 다음 〈보기〉에서 의미하는 인과관계는? 기출 2017 서울시

> 서로 다른 지역에서 다른 연구자가 동일한 가설에 대하여 서로 다른 방법으로 연구하였음에도 같은 결론에 이르렀다.

① 연관성의 강도
② 생물학적 설명 가능성
③ 실험적 입증
④ 연관성의 일관성

서로 다른 지역에서 다른 연구자가 동일한 가설에 대하여 서로 다른 방법으로 연구하였음에도 같은 결론에 이르렀다면 일관성이 높은 것이다.

02 감염병

01 생물테러감염병 또는 치명률이 높거나 집단 발생의 우려가 커서 발생 또는 유행 즉시 방역대책을 수립하여야 하는 감염병은?

① 제1급감염병　　　　　② 제2급감염병
③ 제3급감염병　　　　　④ 제4급감염병

문제 내용은 제1급감염병에 대한 설명이다.
② **제2급감염병** : 전파가능성을 고려하여 발생 또는 유행시 24시간 이내에 신고하여야 하고, 격리가 필요한 감염병
③ **제3급감염병** : 그 발생을 계속 감시할 필요가 있어 발생 또는 유행시 24시간 이내에 신고하여야 하는 감염병
④ **제4급감염병** : 제1급감염병부터 제3급감염병까지의 감염병 외에 유행 여부를 조사하기 위하여 표본감시 활동이 필요한 감염병

02 다음 중 제1급감염병에 해당되지 않는 것은?

① 중증급성 호흡기증후군(SARS)　　② A형간염
③ 디프테리아　　　　　　　　　　　④ 신종감염병증후군

A형간염은 제2급감염병이다.

감염병의 구분

제1급감염병	에볼라바이러스병, 두창, 페스트, 탄저, 보툴리눔독소증, 야토병, 신종감염병증후군, 중증급성 호흡기증후군(SARS), 중동호흡기증후군(MERS), 동물인플루엔자 인체감염증, 신종인플루엔자, 디프테리아 등
제2급감염병	결핵, 수두, 홍역, 콜레라, 장티푸스, 파라티푸스, 세균성 이질, 장출혈성대장균감염증, A형간염, 백일해, 유행성 이하선염, 풍진, 폴리오, 수막구균감염증, B형헤모필루스인플루엔자, 폐렴구균감염증, 한센병, 성홍열 등
제3급감염병	파상풍, B형간염, 일본뇌염, C형간염, 말라리아, 레지오넬라증, 비브리오패혈증, 발진티푸스, 발진열, 쯔쯔가무시증, 렙토스피라증, 브루셀라증, 공수병, 신증후군출혈열, 후천성면역결핍증(AIDS), 크로이츠펠트-야콥병(CJD) 및 변종크로이츠펠트-야콥병(vCJD), 황열, 뎅기열, 지카바이러스감염증 등
제4급감염병	인플루엔자, 매독, 회충증, 편충증, 요충증, 간흡충증, 폐흡충증, 장흡충증, 수족구병, 임질, 클라미디아감염증, 연성하감, 성기단순포진, 첨규콘딜롬, 장관감염증, 급성 호흡기감염증 등

03 법정감염병 중 제3급감염병으로 분류되어 있는 브루셀라증에 대한 설명으로 가장 옳지 않은 것은?

기출 2022 서울시

① 주요 병원소는 소, 돼지, 개, 염소 등 가축이다.
② '파상열'이라고도 하며, 인수공통감염병이다.
③ 야외에서 풀밭에 눕는 일을 삼가고 2~3년마다 백신 접종을 하는 것이 좋다.
④ 감염경로는 주로 오염된 음식이며, 브루셀라균으로 오염된 먼지에 의해서도 감염이 가능하다.

③ 쓰쓰가무시증에 대한 설명이다. 쓰쓰가무시증(털진드기병)은 집쥐, 들쥐, 들새, 야생 설치류 등에 기생하는 털진드기 유충에 물려서 감염된다. 성묘, 벌초, 텃밭 가꾸기, 등산 등과 같이 야외 활동을 하다가 털진드기 유충에 물려 감염될 수 있다.

브루셀라증
브루셀라증은 브루셀라균에 감염된 동물로부터 사람이 감염되어 발생하는 인수공통 감염병이다. 소, 돼지, 개, 염소 등 가축을 다루는 특정 직업인에게 주로 발생하는 직업병의 일종이다. 국내의 경우 대부분 소에 의해 감염되는데 감염된 소로부터 다양한 방법으로 분비되는 브루셀라균이 상처가 난 피부, 결막, 흡입 등을 통해 사람에게 전파된다.

04 다음 중 비말 감염에 해당되지 않는 감염병은?

① 디프테리아
② 결 핵
③ 유행성 간염
④ 인플루엔자

유행성 간염은 감염성 체액(혈액, 타액, 정액, 질 분비물)에 의하여 전파될 수도 있고, 성적 폭로 또는 주사기를 비롯한 기타 의료기구에 의해 우연히 감염될 수도 있다.

05 다음 중 설명이 틀린 것은?

① 폴리오는 병후 면역력이 강하다.
② 장티푸스의 예방접종은 인공 능동면역이다.
③ 수두는 모유로 면역력이 형성된다.
④ 홍역은 불현성감염에 의한 면역이 잘 형성된다.

홍역은 감수성이 누구에게나 있으며, 현성감염(명백한 임상증상이 나타나는 감염)으로 홍역을 앓고 난 뒤 영구면역을 획득한다. 특히 홍역을 앓았던 모성에게서 출생한 신생아는 6~9개월간의 저항성이 있다.

06 병원체와 숙주간 상호작용 지표에 대한 설명으로 가장 옳지 않은 것은? 기출 2021 서울시

① 감염력은 병원체가 숙주 내에 침입·증식하여 숙주에 면역반응을 일으키게 하는 능력이다.
② 독력은 현성 감염자 중에서 매우 심각한 임상증상이나 장애가 초래된 사람의 비율로 계산한다.
③ 이차발병률은 감염된 사람들 중에서 발병자의 비율로 계산한다.
④ 병원력은 병원체가 감염된 숙주에게 현성감염을 일으키는 능력이다.

이차발병률은 일차환자(primary case)에 노출된 감수성자 중 해당 질병의 잠복기 동안에 발병한 사람의 비율로 계산한다.

07 다음은 감염병의 중증도에 따른 분류이다. 이때, 수식[(B+C+D+E) / (A+B+C+D+E)]×100에 의해 산출되는 지표는? 기출 2017 서울시

총감수성자(N)				
감염자(A+B+C+D+E)				
불현성감염 (A)	현성감염(B+C+D+E)			
	경미한 증상 (B)	중증도 증상 (C)	심각한 증상 (D)	사망 (E)

① 감염력(infectivity)
② 이차발병률(secondary attack rate)
③ 병원력(pathogenicity)
④ 치명률(case fatality rate)

병원력(pathogenicity)
병원체가 숙주에서 현성질병을 일으키는 능력 = (현성감염자수 / 감염자수)×100

08 법정감염병에 관한 사항으로 가장 옳은 것은? 기출 2017 지방직 변형

① 군의관은 소속 의무부대장에게 보고하며, 소속 의무부대장은 국방부에 신고한다.
② 의사, 치과의사 또는 한의사는 소속 의료기관장에게 보고하며, 의료기관의 장은 관할 보건소장에게 신고한다.
③ 지체 없이 신고해야 하는 감염병은 제1급부터 제3급까지의 감염병이다.
④ 제4급감염병의 경우에는 3일 이내에 보건복지부장관에게 신고하여야 한다.

정답 03 ③ 04 ③ 05 ④ 06 ③ 07 ③ 08 ②

② 감염병의 예방 및 관리에 관한 법률 제11조 제1항 및 제3항
① 군의관 → 소속 부대장에게 보고 → 소속 부대장은 제1급감염병의 경우에는 즉시, 제2급감염병 및 제3급감염병의 경우에는 24시간 이내에 관할 보건소장에게 신고하여야 한다(동법 동조 제4항).
③·④ 제1급감염병의 경우에는 즉시, 제2급감염병 및 제3급감염병의 경우에는 24시간 이내에, 제4급감염병의 경우에는 7일 이내에 질병관리청장 또는 관할 보건소장에게 신고하여야 한다(동법 동조 제3항).

09 「감염병의 예방 및 관리에 관한 법률」상 감염병의 신고규정에 대한 설명으로 가장 옳지 않은 것은?   기출 2022 서울시

① 제2급감염병 및 제3급감염병의 경우에는 24시간 이내에 신고하여야 한다.
② 감염병 발생 보고를 받은 의료기관의 장은 보건복지부장관 또는 관할 보건소장에게 신고하여야 한다.
③ 감염병 발생 보고를 받은 소속 부대장은 관할 보건소장에게 신고하여야 한다.
④ 의료기관에 소속되지 아니한 의사는 감염병 발생 사실을 관할 보건소장에게 신고하여야 한다.

감염병 발생 보고를 받은 의료기관의 장은 제1급감염병의 경우에는 즉시, 제2급감염병 및 제3급감염병의 경우에는 24시간 이내에, 제4급감염병의 경우에는 7일 이내에 질병관리청장 또는 관할 보건소장에게 신고하여야 한다(감염병의 예방 및 관리에 관한 법률 제11조 제3항).
① 감염병의 예방 및 관리에 관한 법률 제2조 제3호, 제4호
③ 감염병의 예방 및 관리에 관한 법률 제11조 제4항
④ 감염병의 예방 및 관리에 관한 법률 제11조 제1항 단서

10 병원체가 생존하고 증식하면서 감수성 있는 숙주에 전파시킬 수 있는 생태적 지위에 해당하는 사람, 동물, 곤충, 흙, 물 등을 말하는 것은 무엇인가?   기출 2014 서울시

① 감염원   ② 오염원
③ 병원소   ④ 개달물
⑤ 매개물

병원소에 대한 설명이다.

11 사람에서 사람으로 직접 접촉으로 전파경로를 갖는 것은?

① 학 질
② 결 핵
③ 뇌 염
④ 콜레라

결핵은 감염성을 가진 결핵환자의 기침시에 나온 결핵균이 공기를 통해 매개 전파된다.

전 파
병원소로부터 배출된 병원체가 새로운 숙주까지 매체에 의해서 전달되는 것이다.
- **직접전파** : 성병, 결핵, 홍역 등 중간매개체 없이 다른 숙주로 침입한다.
- **간접전파** : 대부분이 세균성 감염으로 중간매개체를 통해 침입한다.

12 감염병 관리방법 중 전파과정의 차단에 대한 설명으로 가장 옳은 것은?   기출 2018 서울시

① 홍보를 통해 손씻기와 마스크 착용을 강조하였다.
② 조류인플루엔자 감염 오리를 모두 살처분하였다.
③ 노인인구에서 신종인플루엔자 예방접종을 무료로 실시하였다.
④ 결핵환자 조기발견을 위한 감시체계를 강화하였다.

전파과정의 차단은 병원체가 병원소를 탈출해서 새로운 숙주로 전파되기까지의 환경조건을 개선하여 감염병이 전파되는 것을 차단하는 감염병 관리방법을 말하며, 환경위생 및 개인위생(손씻기, 마스크 착용 등)과 공기의 화학소독, 곤충 매개 질환을 유발하는 곤충에 대한 조치 등이 이에 해당한다.

13 질병과 매개체의 연결이 가장 옳은 것은?   기출 2018 서울시

① 발진티푸스 - 벼룩
② 신증후군출혈열 - 소, 양, 산양, 말
③ 쯔쯔가무시병 - 파리
④ 지카바이러스감염증 - 모기

주요 절족동물 매개 감염병

매개체	감염병
벼 룩	페스트, 발진열
모 기	말라리아, 일본뇌염, 지카바이러스감염증
이	발진티푸스
진드기	유행성 출혈열(신증후군출혈열), 쯔쯔가무시병

정답 09 ② 10 ③ 11 ② 12 ① 13 ④

14 절지동물에 의한 전파 중 생물학적 전파양식과 이에 해당하는 질병들의 연결이 바르지 않은 것은?

기출 2017 지방직

① 증식형 – 발진티푸스, 쯔쯔가무시병
② 발육형 – 로아사상충증, 말레이사상충증
③ 발육증식형 – 수면병, 말라리아
④ 경란형 – 록키산 홍반열, 재귀열

쯔쯔가무시병은 경란형이다.

15 모유수유를 한 영아가 모유수유를 하지 않은 영아에 비해 감염균에 대한 면역력이 높았다. 이에 해당하는 면역(Immunity)의 종류는?

기출 2018 서울시

① 자연 능동면역
② 자연 수동면역
③ 인공 능동면역
④ 인공 수동면역

후천적 면역(획득면역)

능동면역		수동면역	
자연 능동면역	인공 능동면역	자연 수동면역	인공 수동면역
감염병에 감염되어 생기는 면역	인공적으로 항원을 투여해서 생기는 면역(예방접종)	태아가 모체의 태반을 통해 항체를 받거나, 생후에 모유수유를 통해서 생기는 면역	항체를 사람 또는 동물에게서 얻어 주사하는 면역

16 인위적으로 항체를 주사하여 얻는 면역은?

기출 2021 서울시

① 자연 능동면역
② 자연 수동면역
③ 인공 능동면역
④ 인공 수동면역

인공 수동면역은 항체를 사람 또는 동물에게서 얻어 주사하는 면역을 말한다.
① **자연 능동면역** : 감염병에 감염되어 생기는 면역
② **자연 수동면역** : 태아가 모체의 태반을 통해 항체를 받거나, 생후에 모유수유를 통해서 생기는 면역
③ **인공 능동면역** : 인공적으로 항원을 투여해서 생기는 면역(예방접종)

17 〈보기〉에서 설명하는 것은?   기출 2019 서울시

> 인위적으로 항원을 체내에 투입하여 항체가 생성되도록 하는 방법으로 생균백신, 사균백신, 순화 독소 등을 사용하는 예방접종으로 얻어지는 면역을 말한다.

① 수동면역 ② 선천면역
③ 자연 능동면역 ④ 인공 능동면역

예방접종을 통해 인위적으로 항원을 체내에 투입하여 얻어지는 면역은 인공 능동면역이다.

18 다음 중 신생아가 모유수유를 통해서 얻을 수 있는 면역의 형태로 옳은 것은?
   기출 2017 서울시

① 자연 능동면역 ② 인공 능동면역
③ 자연 수동면역 ④ 인공 수동면역

① 감염병에 감염되어 생기는 면역
② 인공적으로 항원을 투여해서 생기는 면역(예방접종)
④ 항체를 사람 또는 동물에게서 얻어 주사하는 면역

19 다음 중 인수공통감염병이 아닌 것은?

① 결 핵 ② 소아마비
③ 탄저병 ④ 야토병

인수공통감염병 : 결핵, 일본뇌염, 광견병, 탄저병, 야토병

20 생균 백신이 아닌 것은?
① 탄저병 백신
② 홍역 백신
③ 결핵 백신
④ 콜레라 백신

콜레라 백신은 사균 백신이다.
- **생균 백신** : ①, ②, ③, ④ 외에 황열 백신, 탄저병 백신, 천연두 백신 등이 있다.
- **사균 백신** : 콜레라 백신, 장티푸스 백신, 파라티푸스 백신, 백일해 백신, 일본뇌염 백신, 폴리오 백신 등이 있다.

21 균에 감염되었을 때부터 임상적인 증상이 나타날 때까지의 기간은?
① 잠복기
② 세대기
③ 분열기
④ 번식기

균에 감염되었을 때부터 임상증상이 나타날 때까지의 기간은 잠복기이다. 이 기간 중에도 감염성을 가질 수 있다(디프테리아, 홍역, 백일해, 유행성 이하선염, 유행성 뇌척수막염 등).

22 바이러스 호흡기계 감염병인 것은?
① 유행성 이하선염
② 디프테리아
③ 백일해
④ 결핵

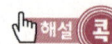
- **바이러스성 감염병** : 일본뇌염, 유행성 이하선염, 홍역, 천연두, 유행성 간염, 유행성 감기, 광견병, 황열 등
- **세균성 감염병** : 디프테리아, 백일해, 결핵 등

23 음식물을 매체로 하여 전파되는 감염병이 아닌 것은?
① 이질
② 장티푸스
③ 콜레라
④ 광견병

광견병은 감염된 개에게 물림으로써 전파가 가능한 인수공통감염병이다.

24 소화기계 감염병의 종류에 해당하지 않는 것은?

① 이 질
② 콜레라
③ 소아마비
④ 디프테리아

디프테리아는 호흡기계 감염병이다.
소화기계 감염병 : 이질, 콜레라, 장티푸스, 소아마비, 유행성 간염, 파라티푸스

25 호흡기계 감염병에 대한 설명으로 틀린 것은? 〔기출〕 2008 서울시

① 대부분 인간보균자에게서 감수성자에게 직접 전파된다.
② 성별, 연령별, 지역별, 사회적 계층에 따라 차이가 난다.
③ 계절적으로 많은 변화 양상을 나타내 소화기 감염병에 비해 관리가 어려운 경우가 많다.
④ 만성 보균자, 건강보균자 존재가 문제시 되는 경우가 많다.
⑤ 대부분의 인구집단에서 이병손실일수의 가장 많은 비율을 차지한다.

만성 보균자, 건강보균자는 콜레라 같은 소화기계 감염병에서 문제된다.

26 기본접종 시기가 가장 늦은 감염병은?

① 결 핵
② 디프테리아
③ 폴리오
④ 홍 역

① **결핵** : 출생~1개월 이내(1회)
② **디프테리아, 파상풍, 백일해** : 생후 2개월, 4개월, 6개월(3회)
③ **폴리오** : 생후 2개월
④ **홍역, 유행성 이하선염, 풍진** : 생후 12~15개월

27 태반감염이 가능한 질병으로만 짝지어진 것은?

① 매독, 콜레라
② 매독, 풍진
③ 장티푸스, 요충증
④ 콜레라, 풍진

- **매독** : 모체의 태반을 통하여 피부점막, 혈액으로 침입하여 발병되는 질병이다.
- **풍진** : 임신 초기에 이환되었을 때 태아에게 영향을 미치는 질병이다.

28 심한 설사로 탈수 상태와 위경련 등 전신 증상을 보이고, 동남아시아에서 많이 발병하며, 전파되는 제2급감염병이자 검역감염병인 질병은? 기출 2015 서울시

① 콜레라
② 장티푸스
③ 파라티푸스
④ 장출혈성대장균감염증

콜레라는 심한 위장장애와 전신증상을 호소하는 급성 감염병으로서 발병이 빠르고, 구토, 설사, 탈수, 허탈 등을 일으키며, 발병 후 수시간 내에 사망하는 경우도 많다.

29 감염병의 접촉자에 대한 검역기간은?

① 접촉자에게 예방접종을 할 때까지
② 접촉자가 치료될 때까지
③ 접촉자에게 균이 증명될 때까지
④ 그 질병의 잠복기까지

검역기간은 보통 그 질병의 잠복기간 동안으로 되어 있다.

30 생후 6개월 이내 잘 이환되는 질병은?

① 천연두　　② 일본뇌염
③ 결 핵　　④ 백일해

백일해에 대한 감수성은 출생 직후부터 높기 때문에 생후 1개월 내에도 걸릴 수 있다.

31 동일한 매개체에 의해 전파되는 감염병으로 묶인 것은?　　기출 2014 서울시

① 말라리아, 일본뇌염, 사상충증
② 신증후군출혈열, 뎅기열, 콜레라
③ 황열, 쯔쯔가무시증, 발진열
④ 페스트, 신증후군출혈열, 일본뇌염
⑤ 발진티푸스, 장티푸스, 파라티푸스

일본뇌염의 매개체는 작은 빨간집모기, 말라리아의 매개체는 중국얼룩날개모기, 사상충증의 매개체는 토고숲모기 등으로 모두 <u>모기에 의해</u> 전파된다.
② 신증후군출혈열(유행성 출혈열)의 매개체는 쥐, 뎅기열의 매개체는 모기, 콜레라의 매개체는 물이다.
③ 황열의 매개체는 모기, 쯔쯔가무시증의 매개체는 진드기, 발진열의 매개체는 쥐나 쥐벼룩 등이다.
④ 페스트의 매개체는 쥐벼룩이다.
⑤ 발진티푸스의 매개체는 이, 장티푸스의 매개체는 파리, 파라티푸스의 매개체는 오염된 음식이나 물이다.

32 수인성 감염병의 특징에 속하는 것은?

① 잠복기는 식품계 감염병보다 짧다.
② 환자발생이 폭발적이다.
③ 급수지역과 환자 발생지역은 다르다.
④ 2차 감염이 되지 않는다.

수인성 감염병의 특징
• 발생상황이 폭발적이고 동시다발적이다.
• 발생지역은 대체로 급수지역과 일치한다.
• 성과 연령에 관계없이 발생하는 경향이 있다.

33 다음 〈보기〉에서 설명하는 수인성 감염질환으로 가장 옳은 것은? 기출 2017 서울시

- 적은 수의 세균으로 감염이 가능하여 음식내 증식 과정 없이 집단 발병이 가능하다.
- 최근 HACCP(위해요소 중점관리 기준) 도입 등 급식위생 개선으로 감소하고 있다.

① 콜레라
② 장티푸스
③ 세균성 이질
④ 장출혈성대장균감염증

세균성 이질은 이질균(*Shigella spp.*) 감염에 의해 급성 염증성 장염을 일으키는 질환이다. 적은 수의 균주로도 감염이 발생하기 때문에 급성기 동안에 집단발병을 방지하기 위해 접촉주의지침을 준수하여 입원 또는 자가격리를 시행하여야 한다.
① 콜레라는 감염 증상을 일으키는 데에 많은 수의 균(약 1억~100억개)이 필요하다.
② 장티푸스는 음식물을 오염되면 균이 음식물 내에서 감염되기 충분한 수로 증식하여 전파된다.
④ 장출혈성대장균감염증도 적은 수의 세균으로 감염이 가능하며, 장출혈성대장균은 쇠고기 이외에도 다른 식품에서도 쉽게 증식한다.

34 다음 중 접촉감염지수가 가장 높은 것은?

① 홍역
② 백일해
③ 성홍열
④ 디프테리아

감수성지수(Rudder, 접촉감염지수)
접촉에 의해 전파되는 급성 호흡기계 감염병에 있어서 감수성 보유자가 감염 후 발병 확률이 일정한 것을 말한다.
접촉 감염지수 : 홍역(95%), 천연두(95%), 백일해(60~80%), 성홍열(40%), 디프테리아(10%), 폴리오(0.1%)

35 어린이의 폐결핵 집단검진 순서로 가장 옳은 것은? 기출 2018 서울시

① X-ray 간접촬영 → X-ray 직접촬영 → 객담검사
② X-ray 간접촬영 → 객담검사 → X-ray 직접촬영
③ 투베르쿨린 검사 → X-ray 간접촬영 → X-ray 직접촬영
④ 투베르쿨린 검사 → X-ray 직접촬영 → 객담검사

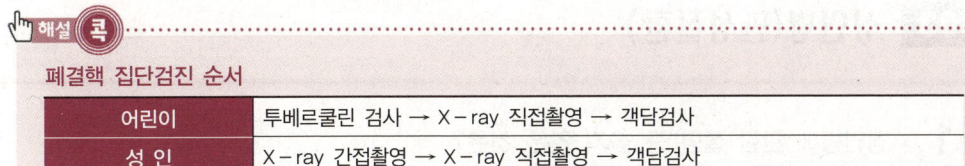

폐결핵 집단검진 순서	
어린이	투베르쿨린 검사 → X-ray 직접촬영 → 객담검사
성 인	X-ray 간접촬영 → X-ray 직접촬영 → 객담검사

36 우리나라는 아직도 연간 결핵감염률이 높은 후진국형 모습에서 벗어나지 못하고 있다. 폐결핵의 특성에 대한 설명으로 가장 옳지 않은 것은? 기출 2017 서울시

① 결핵균은 환자가 기침할 때 호흡기 비말과 함께 나오며, 비말의 수분 성분이 마르면 공기매개전파의 가능성은 거의 없다.
② 환자관리를 위해서 객담도말양성은 결핵전파의 중요한 지표이지만, 민감도가 50% 미만으로 낮은 단점이 있다.
③ 대부분의 2차 전파는 치료 전에 이루어지며, 일단 약물치료를 시작하면 급격히 감염력이 떨어진다.
④ 결핵균에 감염이 되면 약 10%는 발병하고 90% 잠재감염으로 남게 되며, 폐결핵이 발병해도 초기에는 비특이적 증상으로 조기발견이 어렵다.

비말의 수분 성분이 마르면 공기매개전파의 가능성이 높다.

37 후천성 면역결핍증 또는 그것과 관련된 요인에 대한 설명으로 옳은 것은? 기출 2015 서울시

① 한국에서는 동성간 성접촉에 의한 감염자가 이성간 성접촉에 의한 감염자보다 많다.
② 합병증보다는 감염 그 자체가 주 사망원인이다.
③ 차별을 막기 위해 익명 검사(anonymous testing)를 활용할 수 없다.
④ 항HIV제제 병합요법은 HIV의 전파력을 억제시킬 수 있다.

1990년대 중반 항바이러스제제 병합요법(에이즈 치료약)의 도입을 계기로 환자의 건강유지는 물론 전파력 자체를 획기적으로 억제하는 것이 가능하게 되었다.
① 질병관리청 '2015년 HIV/AIDS 신고 현황' 통계연보에 따르면, 2015년 '성접촉'을 통해 감염됐다고 밝힌 652명 중에서 이성과의 성접촉은 364명인데 반해, 동성간의 성접촉은 288명이었다.
② 감염사실을 모른 채 수년이 지나면 체내의 면역체계가 장기간에 걸쳐 서서히 파괴되고 결국 면역결핍으로 인한 다양한 기회질환에 걸려 사망하게 된다.
③ AIDS에 대한 사회의 편견과 차별로 인해 많은 사람들이 AIDS 검사받는 것을 두려워하므로 정부는 익명검사를 법으로 규정하여 장려하고 있다.

정답 33 ③ 34 ① 35 ④ 36 ① 37 ④

03 성인병(만성질환)

01 성인병에 관한 설명 중 옳지 않은 것은?
① 만성 질환의 발생률은 연령이 높을수록 많다.
② 당뇨병은 여자보다 남자가 많고, 류마티스성 관절염은 여자에게 다발한다.
③ 관상동맥질환은 여자보다 남자에게 더 많이 발생된다.
④ 흑인은 백인보다 고혈압과 심장질환이 더 많이 발생된다.

당뇨병과 류마티스성 관절염은 남자보다 여자에게 다발하며, 특히 류마티스성 관절염은 여자가 남자보다 3배 이상 다발한다.

02 다음 중 성인병의 종류에 속하지 않는 것은?
① 대사증후군　　　　　　　② 결 핵
③ 당뇨병　　　　　　　　　④ 고혈압

결핵(Tuberculosis, TB)은 결핵균(*Mycobacterium tuberculosis*)이라는 세균에 의해서 발생하는 감염병이다.

03 암에 관한 설명으로 틀린 것은?
① 독신 여성에게는 유방암이 많이 발생하고, 조혼·다산·성병 경험이 있는 부인에게는 자궁암이 많이 발생한다.
② 금속공, 광부들에게 폐암 발생이 높으며 화학 공업에 종사하는 사람은 방광암 발생이 높다.
③ 흑인은 고혈압증과 심장질환이 많이 발생하고, 백인은 피부암 발생이 많다.
④ 서양인에게는 위암 및 간암이, 동양인에게는 폐암 및 유방암이 많이 발생한다.

동양인에게는 위암 및 간암이, 서양인에게는 폐암 및 유방암이 많이 발생한다.

04 다음 중 순환기계 성인병에 해당하지 않는 것은?

① 고혈압 ② 동맥경화
③ 류머티즘 ④ 심근경색증

성인병의 유형

호흡기계 성인병	만성 호흡기질환, 만성 기관지염, 기관지천식, 폐기종 등
순환기계 성인병	고혈압, 저혈압, 동맥경화, 협심증, 심근경색증, 뇌출혈 등
소화기계 성인병	비만증, 체중부족증, 당뇨병, 위궤양, 십이지장궤양, 위하수, 위무력증, 간경변증, 지방간, 신부전증, 만성 신장병 등
신경기계 성인병	신경통, 류머티즘, 중풍, 갱년기 장애, 치매증, 실어증 등
기타 성인병	골다공증, 퇴행성 관절염, 류마티스 관절염 등

05 성인병의 특성으로 볼 수 없는 것은?

① 걸리기는 쉬우나 잘 낫지 않으므로, 치료보다는 예방이 중요하다.
② 과식, 음주, 흡연, 운동부족 등이 주된 원인이다.
③ 비교적 유전적 영향이 적은 편이다.
④ 약물에 의한 치료보다는 철저한 식이요법과 운동요법이 최선이다.

성인병은 비교적 유전적 영향이 강한 것으로 알려지고 있다.

06 미국 암협회의 암조기 발견을 위한 징후가 아닌 것은?

① 비정상적인 출혈이나 분비
② 기침이나 쉰 목소리의 지속
③ 장기간 낫지 않는 상처
④ 급격한 체중감소

미국 암학회 CAUTION 7증상
- 변통, 배뇨 이상(Change in Bowel or Bladder Habits)
- 잘 낫지 않는 염증(A Sore that Dose Not Heal)
- 이상출혈 및 분비물(Unusual Bleeding or Discharge)
- 유방 내 또는 그 밖의 부위에서 덩어리 촉지 또는 비후(Thickening or Jump in Breast or Else Where)
- 소화불량 및 연하곤란(음식을 삼키기 어려움)(Indigestion or Difficulty in Swallowing)
- 사마귀 또는 검은 반점의 변화(Obvious Change in Wart or Mole)
- 계속되는 기침과 쉰 목소리(Nagging Cough or Hoarseness)

07 WHO의 국제암연구소(IARC)에서 밝힌 암의 원인 중 가장 큰 비중을 차지하는 것은?

① 식생활　　　　　　　　② 흡 연
③ 만성 감염　　　　　　　④ 유 전

WHO의 국제암연구소(IARC)에서 밝힌 암의 원인은 식생활(30%), 흡연(15~30%), 만성 감염(10~25%), 직업(5%), 유전(5%), 생식요인 및 호르몬(5%), 음주(3%), 환경오염(3%), 방사선(3%) 등이다.

08 WHO에서 규정한 고혈압의 최고 혈압과 최저 혈압의 범위는?

① 최고혈압 140mmHg 이상, 최저혈압 90mmHg 이상
② 최고혈압 140mmHg 이상, 최저혈압 95mmHg 이상
③ 최고혈압 160mmHg 이상, 최저혈압 90mmHg 이상
④ 최고혈압 160mmHg 이상, 최저혈압 95mmHg 이상

혈압 분류(WHO기준)

(단위 : mmHg)

혈압 분류	최고 혈압	최저 혈압
고혈압	160 이상	95 이상
경계성 고혈압	140~159	90~94
정상 혈압	101~139	61~89
저혈압	100 이하	60 이하

09 고혈압에 관한 설명으로 옳지 않은 것은?

① 1차성인 본태성 고혈압은 다른 병과는 관계없이 발생한 것으로서 전체 고혈압의 85~90% 정도를 차지한다.
② 2차성인 속발성 고혈압은 다른 병에 의하여 발생한 것으로서 10~15%를 차지하고 있다.
③ 고혈압은 일반적으로 증상이 뚜렷하다.
④ 고혈압 환자는 갑자기 의식을 잃고 혼수상태에 빠져 사망하거나, 반신마비가 되거나, 언어장애를 초래하기도 한다.

고혈압은 일반적으로 뚜렷한 증상이 없는 것이 보통이다.

10 다음 중 만성 질환의 특징으로 올바르게 기술한 것을 모두 고르면? 기출 2015 서울시 변형

ㄱ. 만성 질환은 일반적으로 다양한 위험요인이 복잡하게 작용하여 발생한다.
ㄴ. 제2형 당뇨병은 성인형 당뇨병으로 불리며, 주로 인슐린저항성이 생겨 발생한다.
ㄷ. 본태성 고혈압 환자보다 속발성 고혈압 환자가 더 많다.
ㄹ. 2021년 기준 우리나라 10대 사망원인 1위는 암이다.

① ㄱ, ㄷ
② ㄱ, ㄴ, ㄷ
③ ㄱ, ㄴ, ㄹ
④ ㄱ, ㄴ, ㄷ, ㄹ

ㄷ. 본태성 고혈압은 다른 병과는 관계없이 생긴 것으로서 전체 고혈압의 85~90% 정도를 차지한다.

11 당뇨병(Diabetes mellitus)의 분류별 병인에 대한 설명으로 가장 옳지 않은 것은? 기출 2018 서울시

① 1차성 당뇨병 : 원인이 분명하지 않고 체질적, 가계적 유전과 깊은 관계가 있다.
② 2차성 당뇨병 : 중년기에 주로 발생하며 활동인구의 인력 손실을 가져오는 병으로 다량의 음주습관이 원인이다.
③ 소아형 당뇨병 : 인슐린 양의 감소로 생기며, 갑작스러운 다뇨·다식·다갈증의 증상과 함께 비만아에게 많다.
④ 성인형 당뇨병 : 인슐린 본래의 기능장애에서 비롯되며, 중년기 이후(45세가 가장 절정기)에 많이 발생한다.

> 해설 콕
>
> 2차성 당뇨병은 췌장질환이나 간질환, 내분비질환 등의 원인에 의해 이차적으로 발생하는 당뇨병을 말하며, 다량의 음주습관으로 발생한다고 볼 수는 없다.
>
> **당뇨병의 분류**
>
> | 1차성 당뇨병 | 제1형 인슐린 의존형 (소아형 당뇨병) | • 췌장에서 인슐린 분비세포가 파괴되어 인슐린이 분비되지 않아 인슐린 투여가 필요한 당뇨병
• 급성 발병, 심한 다음·다뇨·체중감소 등의 증상
• 반드시 인슐린 치료 |
> |---|---|---|
> | | 제2형 인슐린 비의존형 (성인형 당뇨병) | • 체중 정도에 따라 비만형과 비비만형으로 나눔
• 인슐린이 정상적으로 분비되더라도 신체 세포들이 인슐린에 대한 반응성이 떨어져서 인슐린이 기능을 발휘하지 못하는 당뇨병
• 주로 40대 이후에 발병하는 가장 흔한 당뇨병
• 제1형 당뇨병에 비해 증상이 뚜렷하지 않고, 가족성 경향이 있음 |
> | 2차성 당뇨병 | | • 유전과는 무관
• 당뇨병 발생원인이 되는 다른 질환을 치료함으로써 자연적 증상이 없어짐
• 1차성 당뇨병과 비교할 때 그 정도나 합병증의 발생빈도가 훨씬 적음 |
> | 임신성 당뇨병 | | • 임신 중 처음 발견하거나 임신의 시작과 동시에 생긴 당조절 이상, 임신 전 진단된 당뇨병과는 구분
• 임산부의 2~3%가 발병, 대부분 출산 후 정상화
• 임신 중에는 혈당조절의 정도가 정상 범위를 벗어나는 경우 태아사망률 및 선천성 기형의 이환율이 높으므로 주의 |

12 성숙기개시 당뇨병의 특징으로 옳지 않은 것은?

① 급성 발병을 하며 케톤산증이 일어난다.
② 임상증상이 뚜렷하지 않고 가족성 경향이 있다.
③ 당뇨병 환자의 80% 정도를 차지하고 있다.
④ 이자의 인슐린의 분비능력은 정상이나 비만, 운동부족 등의 이유로 체내 인슐린의 필요량이 증가된다.

>  해설 콕
>
> 성숙기개시 당뇨병은 제2형 당뇨병이며, 급성 발병과 케톤산증은 제1형 당뇨병의 특징이다.

13 당뇨병의 증상이라고 할 수 없는 것은?

① 다 뇨 ② 협심증
③ 정신쇠약 ④ 산혈증

다뇨, 다식, 다갈이 급격히 나타나고 이어서 피로감, 정신쇠약, 케톤산혈증(Acidosis) 등의 증상이 나타난다.

14 뇌졸중에 대한 설명으로 옳지 않은 것은?

① 중풍, 풍, 뇌혈관 질환이라고도 한다.
② 발증 형태에 따라 뇌혈전증과 뇌색전증으로 구분한다.
③ 고혈압, 당뇨병, 고지혈증은 뇌졸중의 유발인자이다.
④ 암, 심장질환, 폐렴 등과 함께 우리나라 사람의 5대 사망원인 중의 하나이다.

뇌졸중은 발증형태에 따라 뇌출혈과 뇌경색으로 구분한다. 뇌경색은 뇌혈류의 감소가 지속되어 뇌조직이 괴사된 회복불가능한 상태를 말하며, 뇌경색에는 뇌혈전증과 뇌색전증이 있다.

15 동맥경화를 야기하는 4대 위험요인으로 볼 수 없는 것은?

① 고혈압 ② 고지혈증
③ 음 주 ④ 흡 연

동맥경화의 4대 위험요인 : 고혈압, 고지혈증, 흡연(동맥경화의 3대 요인), 당뇨병

16 류마티스 관절염에 대한 설명으로 옳지 않은 것은?

① 관절염은 관절 주위를 둘러싸고 있는 활막이라는 조직의 염증 때문에 일어나는 질환이다.
② 남자에게 주로 발생한다.
③ 환자들은 전신의 무력감과 피로감을 느낀다.
④ 심한 경우에는 관절의 통증과 변형으로 자신의 몸조차 돌보기 어려워진다.

> 류마티스 관절염이 발생하는 전형적인 연령층은 <u>30대 전후의 여성</u>이다.

17 생활습관병인 대사증후군의 진단으로 옳지 않은 것은?

① 허리둘레 : 남성 90cm, 여성 85cm 이상
② 중성지방 : 250mg/dL 이상
③ 고밀도 콜레스테롤 : 남성 40mg/dL, 여성 50mg/dL 미만
④ 공복혈당 : 100mg/dL 이상 또는 당뇨병 치료 중

> 중성지방은 150mg/dL 이상이어야 한다.

18 우리나라 대사성증후군의 진단 기준 항목으로 가장 옳은 것은? 기출 2018 서울시

① 허리둘레 : 남자 ≥ 90cm, 여자 ≥ 85cm
② 중성지방 : ≥ 100mg/dL
③ 혈압 : 수축기/이완기 ≥ 120/80mmHg
④ 혈당 : 공복혈당 ≥ 90mg/dL

대사증후군의 진단 기준
아래의 기준 중 세 가지 이상이 해당되면 대사증후군으로 정의한다.

허리둘레	남자 90cm, 여자 85cm 이상
중성지방	150mg/dL 이상
고밀도지방(고밀도 콜레스테롤)	남자 40mg/dL 미만, 여자 50mg/dL 미만
혈 압	130/85mmHg 이상 또는 고혈압약 투약 중
공복혈당	100mg/dL 이상 또는 혈당조절약 투약 중

19 서울특별시는 대사증후군 오락(五樂) 프로젝트를 통해 건강생활 실천과 질병을 예방하고자 하는 사업을 추진 중이다. 다음 중 대사증후군의 진단기준으로 옳지 않은 것은?

기출 2017 서울시

① 허리둘레
② 지방간
③ 고혈당
④ 중성지방

오락(5樂) 프로젝트
- 1락 빼자! **허리둘레**
- 2락 내리자! **혈압**
- 3락 막자! **혈당**
- 4락 잡자! **중성지방**
- 5락 높이자! **좋은 콜레스테롤**

20 만성 질환의 역학적 특성으로 가장 옳지 않은 것은?

기출 2019 서울시

① 악화와 호전을 반복하며 결과적으로 나쁜 방향으로 진행한다.
② 원인이 대체로 명확하지 않고, 다요인 질병이다.
③ 완치가 어려우며 단계적으로 기능이 저하된다.
④ 위험요인에 노출되면, 빠른 시일 내에 발병한다.

만성 질환은 그 원인이 복합적이고, 질병 발생의 시점이 불분명하며 잠재기간이 길다.
④는 만성 질환이 아닌 감염성 질병의 일반적인 특성이다.

04 기생충 질환

01 다음 중 기생충의 분류와 이에 해당하는 기생충들의 연결이 바르지 않은 것은?

기출 2017 지방직

① 흡충류 – 요코가와 흡충, 만손주혈충
② 선충류 – 고래회충, 트리코모나스
③ 조충류 – 광절열두조충, 왜소조충
④ 원충류 – 말라리아 원충, 리슈마니아

선충류 : 회충, 구충, 편충 등
※ 트리코모나스는 원충류에 해당한다.

02 다음 중 바다 생선회를 생식함으로써 감염될 수 있는 기생충은?

① 선모충 ② 사상충
③ 간흡충류 ④ 아니사키스류

어류 매개성 기생충질환
- 해산어류로부터 감염되는 기생충 : 아니사키스
- 담수어류로부터 감염되는 기생충 : 간흡충
- 수육으로부터 감염되는 기생충 : 유구조충, 선모충

03 매개물에 의한 기생충 분류와 그 예시를 잘못 짝지은 것은?

기출 2022 서울시

① 토양 매개성 기생충 – 회충, 편충, 십이지장충
② 어패류 매개성 기생충 – 간흡충, 폐흡충, 요꼬가와흡충
③ 모기 매개성 기생충 – 말라리아원충
④ 물·채소 매개성 기생충 – 유구조충, 선모충

유구조충과 선모충은 <u>수육(돼지고기) 매개성 기생충</u>에 해당된다.

04 다음 중 잉어, 붕어와 같은 민물고기를 날 것으로 먹는 습관을 가진 지역 주민에게 많이 감염되는 것은?

① 유구조충 ② 무구조충
③ 폐흡충증 ④ 간흡충증

기생충 질환의 매개체
- 유구조충·선모충(돼지고기)
- 무구조충(쇠고기)
- 폐흡충증(참게, 가재 등)
- 간흡충증(담수어, 잉어, 붕어 등)
- 아니사키스증(대구, 고등어, 오징어, 조기, 청어)

05 회충에 관한 설명 중 틀린 것은?

① 무증상인 경우가 많으나 권태, 복통, 빈혈, 식욕감퇴 등의 일반적인 증상을 나타낸다.
② 분변 오염된 야채를 통해 경구감염된다.
③ 회충란은 일광하에서는 사멸하지 않는다.
④ 인체 감염 후 75일이면 성충이 되어 산란한다.

회충란은 건조한 환경이나 화학약품에서 강하나, 습열(70℃에서 1초)이나 일광에서는 사멸한다.

06 다음 중 폐디스토마의 중간숙주에 해당하는 것은?

① 돼지고기 ② 쇠고기
③ 다슬기, 가재 ④ 왜우렁이, 참붕어

다슬기, 참게, 가재 등은 폐디스토마의 중간숙주이며, 왜우렁이, 참붕어 등은 간디스토마의 중간숙주이다.

정답 01 ② 02 ④ 03 ④ 04 ④ 05 ③ 06 ③

07 간디스토마의 제1중간숙주는?

① 잉 어 ② 참붕어
③ 쇠우렁이 ④ 가 재

간디스토마
- 제1중간숙주 : 쇠우렁이(왜우렁이)
- 제2중간숙주 : 참붕어, 피라미, 모래무지

08 경피감염을 하는 기생충은?

① 편 충 ② 구 충
③ 요 충 ④ 회 충
⑤ 조 충

구충(십이지장충)의 충란은 간 사상유충을 거쳐 환경조건이 불량하면 감염형이 되며, 경피적 침입을 한다.

09 야채를 통해서 감염될 수 없는 기생충은?

① 동양모양선충 ② 요 충
③ 유구낭충증 ④ 광절열두조충

광절열두조충은 송어나 연어 등 민물고기를 통해 감염된다.

10 경구적으로만 감염되는 기생충은?

① 편 충
② 십이지장충
③ 분선충
④ 아메리카구충

십이지장충, 분선충, 아메리카구충은 경구감염뿐 아니라 경피감염도 가능하다.

11 요충의 인체내 산란 부위는?

① 소 장
② 대 장
③ 맹 장
④ 항문 주위

요충의 큰 벌레는 장에서 기생하나 항문에 알을 낳으므로 검변(檢便)으로 충란을 보지 못한다.

12 기생충증의 예방을 위한 조치로 가장 거리가 먼 것은?

① 분변을 비료로 사용하지 않는다.
② 맨발로 흙을 밟고 다니지 않는다.
③ 육류와 어패류를 생으로 먹지 않는다.
④ 집단구충보다는 개인구충이 효과적이다.

개인구충보다 집단구충이 효과적이다.

성공한 사람은 대개 지난번 성취한 것 보다 다소
높게, 그러나 과하지 않게 다음 목표를 세운다.
이렇게 꾸준히 자신의 포부를 키워간다.

- 커트 르윈 -

CHAPTER 03
식품위생

01 식품위생 일반
02 식품의 변질, 오염 및 보존
03 식중독
04 식품위생행정

CHAPTER 03 식품위생

공중보건

출제포인트
❶ 식품위생의 정의, 식품과 건강장애, 식품의 변질·오염 및 보존에 대하여 학습한다.
❷ 여러 원인에 의한 식중독을 학습한다.
❸ 식품위생행정에 대하여 학습한다.

01 식품위생 일반

1 식품위생의 정의

(1) 세계보건기구(WHO)에서 정의
식품위생이란 식품의 재배 사육부터 생산가공공정을 거쳐 최종 소비에 이르기까지의 모든 단계에 있어서 식품의 안전성, 건전성 및 완전성을 유지하는데 필요한 모든 수단을 말한다.

(2) 식품위생법(법 제2조 제11호)
"식품위생"이란 식품, 식품첨가물, 기구 또는 용기·포장을 대상으로 하는 음식에 관한 위생을 말한다.

(3) 안전한 식품을 확보하기 위한 다섯 가지 주요 핵심수칙(WHO)
WHO는 인류의 건강상 위해를 예방하기 위하여 보다 안전한 식품을 확보하기 위한 다섯 가지 주요 핵심수칙을 지키도록 식품위생 메시지를 작성·공포하였다.
① 청결의 유지
② 날 것과 익은 것을 분리
③ 철저한 가열조리
④ 안전한 온도로 식품저장
⑤ 안전한 물과 원재료의 사용

(4) 식품위생의 주요 내용
① 식품과 건강장애와의 관계 및 그 예방
② 식품을 취급하는 장소의 보건 및 취급자의 보건문제와 그 대책
③ 행정상의 문제(보건교육 등)

2 식품과 건강장애

(1) 식인성 질환(병해)과 병해를 일으키는 물질
① 식인성 질환(병해)의 정의(WHO)
식품섭취를 통해서 인체에 들어온 물질들에 의해 야기되는 감염성이 있거나 독성을 나타내는 질환을 말한다.

[식인성 병해의 원인과 건강장애]

분류	종류	건강장애
내인성 주1	유해·유독성분(자연독)	복어독, 버섯독 등에 의한 식중독
	식이성 알레르기 물질	알레르기성 식중독 및 아토피성 피부염
	식품 중의 변이원성 물질	발암의 위험
외인성 주2	식중독균	세균성 식중독
	경구 감염병	소화기계 감염병
	기생충	기생충 질환
	곰팡이	식중독, 간장장애, 신장장애, 신경독, 발암의 위험
	• 의도적 식품첨가물(유해첨가물) • 비의도적 첨가물(잔류농약, 환경오염물질, 제조, 가공 및 포장혼입, 용출물질)	식중독, 만성 장애, 공해질환(이타이이타이병 등), 내분비장애
유인성 주3	• 물리적 생성물(유지의 변패물, 과산화물) • 화학적 생성물(제조·조리과정 생성물, 벤조피렌) • 생물학적 생성물(생체내 반응 생성물, N-nitro 화합물)	식중독, 발암

주1) 식품 원재료의 본래 성분에 유해·유독성분이 있어서 발생하는 병해
주2) 식품의 생산, 생육, 제조, 가공, 저장, 유통 및 소비 등의 과정에서 외부로부터 유해, 유독물질이 혼입되거나 오염되어 일으키는 병해
주3) 식품이 제조, 가공, 저장 및 유통되는 과정에서 물리적, 화학적, 생물학적 요인들에 의해서 식품 중 유독물질을 생성하여 일으키는 병해

(2) 식품으로 인한 건강장애

① 경구 감염병(소화기계 감염병)

음식물, 손, 식기, 완구, 곤충 등에 의하여 인체의 입을 통하여 침입하여 감염을 일으키는 감염병을 말한다.

[병원체에 따른 경구 감염병의 분류]

세균성 감염병	세균성 이질, 장티푸스, 성홍열, 콜레라, 디프테리아 등
바이러스성 감염병	소아마비(폴리오), 유행성 간염, 위장염 등
기생충성 감염병	아메바성 이질 등

② 인수공통 감염병

사람과 동물이 같은 병원체에 의하여 발생하는 질병 또는 감염 상태를 말한다.

예 결핵, 탄저병, 브루셀라증, 살모넬라병, 야토병, 조류독감(AI) 등

③ 기생충병

인체의 소화기 계통에 기생하는 기생충에 의한 질병 또는 감염 상태를 말하는데, 대부분은 음식물을 통하여 감염된다.

예 회충, 요충, 무구조충, 폐디스토마, 간디스토마 등

④ 식중독

유해한 물질이 음식물과 함께 입을 통하여 섭취됨으로써 일어나는 건강장애 또는 질병을 말한다.

(3) 식품과 발암성 물질

① 니트로소아민(nitrosoamine)

질산염 자체는 발암물질이 아니지만 침과 장내세균에 의해 아질산염으로 변해 체내에 존재하는 여러 물질들과 반응하면서 발암물질인 니트로소아민을 생성한다.

② 헤테로고리아민(heterocyclic amine)

숯불구이나 훈연(smoking), 기름에 튀길 때 생성되는 발암물질이며, 생성량은 조리온도와 관계가 깊다.

③ 다환방향족탄화수소(polycyclic aromatic hydrocarbon)

발암물질인 벤조피렌 등 다환방향족탄화수소도 조리과정에서 발생한다.

④ 아플라톡신(aflatoxin)

아플라톡신은 땅콩, 옥수수, 곡류를 고온다습한 환경에서 보관시 *Aspergillus flavus*라는 곰팡이가 만드는 발암물질이다.

⑤ 하이드라진(hydrazine)

식용버섯에도 하이드라진(hydrazine)이라는 발암물질이 있는데, 버섯독소는 다른 독소와는 달리 열에 약해 조리하면 대부분 없어진다.

⑥ 고사리

고사리에도 소, 양, 쥐에 방광암을 일으키는 프타퀼로시드(ptaquiloside)라는 발암물질이 함유되어 있다.

02 식품의 변질, 오염 및 보존

1 식품의 변질(열화)

(1) 변질의 개요
① 식품의 변형, 흡습, 건조 등 물리적인 변화 등으로 식품의 성분이 변화하여 영양소가 파괴될 뿐만 아니라 향기와 맛 등을 손상하여 식용이 불가능하게 된 현상을 말한다.
② 변질의 주요 원인들로서 세균, 효모, 곰팡이 등 미생물의 번식과 작용, 조직 중에서 진행되는 대사작용 및 그 밖의 효소에 의한 변질, 광선 및 공기 중의 산소에 의한 화학반응, 식품 중 성분간의 상호작용, 수분의 손실 등을 들 수 있다.

(2) 변질의 구분 기출 2019 서울시
① 변질(變質 ; spoilage)
식품의 영양물질, 비타민 등의 파괴, 향미의 손상 등으로 먹을 수 없는 상태(부패 + 변패)를 말한다.
② 부패(腐敗 ; putrefaction)
단백질을 함유한 식품이 미생물의 작용으로 분해되어 아민(amine)류 등의 유해물질이 생성되고 인돌, 스카톨, 암모니아 등의 악취나 유해물질을 생성하는 현상을 말한다. 부패와 발효는 모두 유기물에 미생물이 작용하여 일으키는 분해작용 현상을 말하는데, 편의상 사람에게 유해한 물질이 만들어지면 "부패"라고 한다.
③ 산패(酸敗 ; rancidity)
유지 중의 불포화지방산이 산화에 의하여 불쾌한 냄새나 맛을 형성하는 현상이다.
④ 변패(變敗 ; deterioration) 기출 2009 지방직
식품 중의 탄수화물(당질)이나 지방질이 미생물 등에 의하여 산화·분해되거나 식품성분이 상호반응 또는 효소작용에 의해 변화되어 풍미가 나빠져 식용으로 부적절하게 되는 현상이다.
⑤ 발효(醱酵 ; fermentation)
탄수화물이 미생물의 작용을 받아 유기산이나 알코올 등을 생성하여 사람에게 바람직한 생산물로 생화학적 변화가 일어나는 현상을 말한다. 이에 속하는 식품은 간장, 된장, 고추장, 양조주, 발효유, 치즈, 김치, 젓갈류, 기타 절임식품 등으로 이들 식품은 대량의 미생물과 대사산물을 함유하고 있으면서도 사람에게 아무런 해가 없다.

(3) 식품의 변질 원인
일광이나 온도에 의한 분해와 공기 중의 산소에 의한 산화현상은 식품의 변질에 직접적인 원인이 된다. 식품이 변질하는 원인을 크게 나누면 세 가지로 이들은 단독으로 일어나는 일은 거의 없으며, 서로 맞물려 일어나고 있다.

① 생물 발육으로 일어나는 변질

수분 함량이 많은 식품을 방치하면, 세균, 곰팡이, 효모 등의 미생물이 작용하여 부패 또는 발효하게 된다. 특히 육류나 생선은 부패성 식품이라 말할 정도로 변화가 빠르다. 그러나 건조식품이나 곡류라도 파리나 구더기, 기타 곤충에 의하여 피해를 보는 경우도 있다.

구 분	부패 원인	진행 과정
단백질	세 균	탈탄산 반응과 탈아미노 반응 등을 거쳐 아미노산은 암모니아, 지방산, 아민류 인돌, 히스타민, 스카톨, 황화수소, 메탄올 등 불쾌한 냄새를 갖는 물질로 분해된다.
탄수화물을 많이 가지고 있는 식품	곰팡이나 효모	곰팡이나 효모가 탄수화물 식품을 부패시킬 수는 있으나, 단백질성 식품은 대부분 부패시키지 못한다.

심화Tip 탈탄산 반응과 탈아미노 반응

- **탈탄산 반응** : 부패 세균이 생산하는 탈탄산 효소가 여러 아미노산에 작용하여 아민류를 생성하고, 이산화탄소와 포름산도 생성한다. 히스티딘으로부터는 히스타민이 생성되는데, 이는 섭취량이 많으면 식중독을 일으키기도 한다.
- **탈아미노 반응** : 세균이 생산하는 탈아미노 효소에 의하여 아미노산의 아미노기가 떨어져 나가고 암모니아, 지방산, 케토산 등을 생성하는 반응이다.
- **탈탄산과 탈아미노 동시 반응** : 혐기성 세균은 여러 아미노산을 산화하여 탈탄산, 탈아미노화하여 탄소 수가 하나 적은 지방산을 생성한다.

이상과 같이 부패 세균은 효소를 생산하여 여러 아미노산을 탈탄산 반응, 탈아미노 반응 및 양쪽의 동시 반응에 의하여 더욱 간단한 분해 생성물을 만든다. 이들 효소는 각각의 아미노산에 대하여 특이하게 작용한다.

② 화학적 작용에 의한 변질

화학 반응에 의한 변질은 식품에 함유된 효소 반응에 의한 것과 유지의 산패에 의한 것이 있다.

㉠ 효소에 의한 반응

옥시다아제, 페록시다아제, 카탈라제 반응 등	식품의 품질, 특히 향기와 색깔을 변화시켜 풍미를 떨어뜨리게 된다.
폴리페놀산화효소 반응, 티로시나아제 반응	식품에 함유된 효소에 의해 산화되어 갈색의 멜라닌을 형성하는 반응이다.

㉡ 유지의 산패

자동산화에 의한 산패	유지가 상온에서 대기 중의 산소에 의해 서서히 자연적으로 산화되는 것으로 불포화도가 높을수록, 온도가 높을수록, 자외선 등에 의해 촉진된다.
생화학적 산패	lipoxidase(지방산화효소)와 lipohydroperoxidase 또는 heme(헤모글로빈 ; 각종 호흡색소화합물)화합물, chlorophyll(엽록소) 같은 생화학적 물질에 의해 지방산의 산화가 촉진되어 일어나는 산패이다.

③ 물리적 변화에 의한 변질

물리적 작용으로는 온도, 수분, 광선 등의 영향을 생각할 수 있다.

㉠ 온도 : 미생물은 각각 발육 가능한 범위가 있고, 저온균은 10~20℃, 중온균은 25~40℃, 고온균은 50~60℃가 생육 최적온도이다. 대부분의 부패에 관여하는 미생물은 중온균이다. 그러나 온도의 높고 낮음은 화학적 변화나 미생물에 의한 변화를 촉진 또는 억제하는 요소로서 중요하기는 하지만 그것 자체가 식품에 대해서 큰 영향을 주지 않는다.

㉡ 광선 : 광선은 화학적 변화를 촉진시켜 주는 작용이 있다. 따라서 태양광선을 직사한 것은 직사하지 않은 것보다 변질 정도가 커지며, 밝은 곳에 저장한 것은 어두운 곳에 저장한 것보다 변질 정도가 커진다. 유지의 산패나 색소의 퇴색은 광선으로 촉진된다.

㉢ 습도 : 물은 모든 생명활동에 반드시 필요한 것으로 수분 함량이 높으면 미생물이 번식하므로 수분 함량을 낮추면 저장기간이 길어진다.

2 식품의 오염

(1) 자연환경으로부터의 오염

① 토양 미생물

㉠ 토양 중의 미생물은 하천이나 호수에 들어가 물을 오염시키며 공기 중에 날리어 공중 낙하 세균을 형성하기도 한다. 따라서 채소, 과실, 곡류, 축산물 등은 직접 또는 간접으로 토양 미생물에 오염되기 쉽다.

㉡ 식품의 오염에 특히 관계있는 토양 세균으로는 바실루스(*Bacillus*), 클로스트리듐(*Clostridium*), 마이크로코쿠스(*Micrococcus*), 슈도모나스(*Pseudomonas*), 대장균(*Enteric bacteria*) 등의 세균과 진균류의 곰팡이와 효모 등이 있다.

② 담수 세균

㉠ 하천, 못, 늪 등의 물속에는 본래의 미생물군이 존재하나, 항상 토양이나 분변, 하수로부터 미생물의 오염을 받고 때로는 병원성 세균도 포함될 때가 있어 위험한 경우가 많다. 따라서 상수도가 공급되지 않는 지역에서 이들을 세척수나 음료수로 사용할 경우, 식품의 오염을 증대시키는 결과를 낳게 된다.

㉡ 슈도모나스, 아크로모박터, 알칼리게네스, 에어로모나스, 플라보박테륨 등의 그람음성간균 중 비교적 저온에서 번식하는 세균군이 많이 존재한다.

③ 해수 세균

㉠ 해수에는 1~3%의 낮은 염도에서 증식하는 세균이 많으며, 깊은 바다보다는 해수 표면과 연안에 많다.

㉡ 연안 해수는 육지로부터 하수 세균, 담수 세균, 분변미생물 등의 오염을 받으며, 특히 어항이나 포구 주변의 오염은 심각하여 이러한 해수에 물고기를 담그거나 어조의 세정에 사용할 경우, 위생상 극히 위험하다.

④ 공중 낙하 세균
  ㉠ 공기 중에 떠다니는 미생물의 근원은 토양이다. 공기 중에서는 자외선의 살균작용, 수분 및 영양분의 부족 등으로 미생물의 증식이 불가능하므로 곰팡이, 효모의 포자와 세균의 포자 및 구균 등이 주요 부분을 차지한다.
  ㉡ 공중 낙하 세균의 수량은 장소, 기후 상태에 따라 다르며, 특히 습도가 높을 경우에는 그람음성간균도 살아 있는 상태로 존재하므로 직·간접으로 식품의 제조나 보관 중에 오염되어 품질에 나쁜 영향을 미치기도 한다.

⑤ 분변 세균과 동식물체 부착균
  ㉠ 사람이나 동물의 구강, 소장, 대장 등에는 각각의 고유한 미생물군이 형성되어 있으며, 이들이 분변으로 배설되어 토양이나 하수를 오염시킨다.
  ㉡ 포유동물의 분변 미생물군 중에는 대장균, 장구균, 클로스트리듐, 락토바실러스 비피더스 등이 많으며, 프로테우스, 슈도모나스 등도 존재한다.
  ㉢ 분뇨처리 시설과 수세식 변소가 완비되어 있는 지역에서는 이들에 의한 식품의 오염은 거의 없으나, 이러한 시설이 미비한 농촌 지역은 분뇨의 방출로 인하여 토양, 하천, 하수 등이 오염되어 있는 경우가 있어 이들로 인한 식품 오염이 극히 우려된다.

(2) 식품의 처리·가공·저장 과정에서의 오염
① 식품의 원료인 농산물, 축산물, 수산물은 재배나 성장 등의 과정에서 1차적으로 오염될 수 있고, 수확, 채취, 어획, 도살 등의 처리와 수집, 운반, 가공, 저장 등의 과정에서 2차 오염이 될 수 있다. 특히 불량한 환경하에서 그 오염도는 더욱 커지게 된다.
② 식품 제조 및 가공업자는 1차 오염이 적은 양질의 원료와 용수를 확보하여야 하는 것은 물론이고, 각종 처리 및 가공, 저장에 관련된 시설과 환경, 종업원의 위생관리를 철저히 하여 2차적인 오염을 방지하여야 한다.

(3) 공장폐수로 인한 식품오염
① 개 요
공장폐수는 화학공장, 도금공장, 금속공장 등에서 배출되는 유독·유해한 무기성 폐수와 식품공장에서 배출되는 유기성 폐수 등으로 분류된다.
  ㉠ 무기성 폐수에 의해 식품이 오염된 예로는 일본 미나마타시 화학공장의 폐수에서 나온 수은에 의하여 오염된 어패류를 장기간 다량 섭취함으로써 발생한 미나마타병이 있으며, 이 병으로 많은 사람들이 희생되어 사회적으로 큰 문제를 일으켰다.
  ㉡ 식품공장 등에서 나오는 유기성 폐수는 BOD가 높고 부유물질과 오염된 물질을 다량 배출하므로, 이 때문에 공공용수를 오염시켜 공중보건상 여러 가지 문제를 일으킨다.
② 수은 중독
  ㉠ 개요 : 메틸수은 화합물이 공장폐수 중에 함유된 채 배출되어 이를 섭취한 플랑크톤을 통하여 어패류에 축적되고, 이러한 어패류를 사람이 섭취하였을 경우 유기수은이 인체 내에 축적되어 미나마타병이 생기게 된다. 이 병명은 일본의 미나마타시에서 수은중독이 발생하였기 때문에 그 지역이름을 따서 유래하였다.

ⓒ 증상 : 사람의 경우 손의 지각이상, 언어장애, 정신장애, 보행곤란, 중심성 시야협착 등의 상태를 나타내고 있다. 메틸수은에 의한 특이적 중독증상인 Hunter Russell 증후군(실조·구심성 시야협착·운동장애)도 나타난다.

③ **카드뮴 중독** 기출 2020 서울시
   ㉠ 개요 : 공장폐수 중의 카드뮴에 의한 중독으로는 일본에서 발생한 이타이이타이병이 가장 대표적인 병이다. 카드뮴 도금 및 합금제조공장과 아연제련공장 등에서 배출되는 카드뮴은 하천수를 오염시켜 하류 일대의 농경지와 농작물을 오염시킨다. 특히, 쌀에 흡수되어 사람이 섭취할 경우 카드뮴의 만성 축적 중독을 일으킨다. 일본에서 병인 물질을 연구한 결과 하천 유역에서 다량의 카드뮴이 발견되어 그것이 이 병의 주요인으로 인정되었다.
   ㉡ 증상 : 주로 40세 이상의 농촌 여성, 특히 다산을 한 부녀자에 많이 나타난 질환으로서 심한 요통이 주증상이며, 수은중독과 비슷한 보행곤란 등이 있고 골연화증을 나타낸다. 카드뮴은 간과 신장에 많이 축적되는데 증상은 허리·어깨·무릎 등의 통증, 대퇴부·상환부 등에 신경통 같은 통증이 있고, 보행이 곤란해지며 뼈에 금이 가서 심한 통증을 일으킨다.

④ **크롬 중독**
   ㉠ 개요 : 6가크롬에 의한 중독으로 수은 중독, 카드뮴 중독과 함께 3대 중금속 공해병 중의 하나이다. 이 중독은 일명 비중격천공(鼻中隔穿孔), 즉 콧구멍에 구멍이 뚫리는 병으로 우리나라의 경우 1985년 2월 18일 울산에서 컨테이너 제조업체에서 발생한 사례가 있었다.
   ㉡ 증상 : 크롬 중독은 작업 도중 갑자기 코피를 심하게 흘리는 증상이 있고, 2~3개월 전부터 코피를 자주 흘리다가 코 안의 물렁뼈가 완전히 망가질 만큼 큰 구멍이 생기게 된다. 이 같은 증상은 도금작업을 할 때 크롬증기에 중독된 것으로 확인되었다. 그 밖의 공장폐수에 의한 유해물질로는 광산폐수, 특히 동제련공장의 폐수에서 나오는 구리는 어패류에 오염된다.

⑤ **기타 주요 공장 오염**
공장에서 배출된 오염물질은 폐수가 되어 농작물에 피해를 주고 또한 하천이나 바다에 방류되어 어패류를 오염시켜 이것을 섭취할 경우 중독을 일으킬 수 있다.

오염 공장	오염 물질
제련소, 도금공장, 안료공장	납, 아연, 구리, 비소 등
레이온, 피혁, 비스코우스공장	황화합물 등
제지, 섬유, 표백공장	유리염소, 가스 등
인견, 코크스공장	암모니아 등

(4) 농약류에 의한 오염
농약은 거의 유기화합물이므로 무기화합물보다 인체조직에 더 쉽게 흡수, 축적되는 반면에 그 분해 속도나 체외로 배설되는 속도가 느려서 체내에서 축적된 독성이 완전히 제거되기는 어려워 피해가 크다.

① 농약의 종류
　㉠ 살충제의 유형

구 분	특 징	종 류
식독제	곤충이 섭취함으로써 효과가 나타나는 살충제	비산납, 플루오르제 등
접촉제	곤충의 표피 등으로부터 체내에 흡수되어 효력을 나타내는 살충제	DDT나 파라티온 등
훈증제	기화하여 곤충의 호흡기로 침입함으로써 효과를 나타내는 살충제	브롬화메틸, 클로르피크린, 시안 등
침투제	식물의 뿌리, 잎, 줄기 등을 통하여 침투된 약제가 식물 전체에 분포되어 살충력을 나타내는 살충제	시라단, 페스톡스-3, 메타시스톡스 등
기피제	해충의 접근을 방지하는 살충제	디페닐 프탈릭에스테르 등
유인제	해충을 유인시켜 살해하는 살충제	독먹이, 메타 알데히드 등

　㉡ 살균제

구 분	특 징	종 류
보호용 살균제	병해가 발생하기 전에 사용함으로써 균의 생육을 저해하는 살균제	구리제, 유황제 등
직접 살균제	병이 발생할 때, 즉 발육 중인 균을 죽일 때 사용하는 살균제	유기수은제(사용금지), 석회유황합제 등

　㉢ 제초제

구 분	특 징	종 류
선택성 제초제	이용가치가 없는 잡초만을 죽이는데 사용하는 제초제	24-D, PCP, DCPA, 염소산나트륨, 아미노트리아졸 등
비선택성 제초제	작물이나 잡초의 구별 없이 모든 식물을 죽이는 데 쓰이는 제초제	TCA, 아비산소다, 염소산소다 등

　㉣ 살서제 : 쥐나 들쥐 등의 동물을 제거하는데 사용하는 것으로 와파린, 플라톨 등이 있다.
　㉤ 식물생장조절제 : 식물의 생장을 조절하는 물질이다. 발아억제제로 말레산히드라지드(MH), 낙과방지제로 나프탈렌아세테이트(NAA), 발근제로 인돌아세테이트(IAA), 성장촉진제로 지베렐린(GA) 등이 있다.
　㉥ 보조제 : 전착(展着), 증량(增量), 유화(乳化), 협력(協力) 등의 역할을 하는 보조제로서 전착제, 유화제, 협력제 등이 있다.

구 분	특 징
전착제	농약의 주성분을 병해충이나 식물 등에 잘 전착시키기 위해 사용하는 약제
증량제	주성분의 농도를 낮추기 위하여 사용하는 보조제
용 제	약제의 유효성분을 녹이는데 사용하는 약제
유화제	유제의 유화성을 높이는데 사용하는 계면활성제
협력제	유효성분의 효력을 증진시킬 목적으로 사용하는 약제

② 농약으로 인한 급성 중독
농약은 무독한 것이 이상적이지만 사람과 동물에게 무해한 것은 거의 없다. 특히 유기인제, 비소유기인제의 반감기제, 유기수은제 등은 병충해에 대한 효과가 큰 반면에 독성이 강하다. 살충제 중에서 유기인제는 대체로 독성이 강하나 동식물 체내에서 비교적 빨리 분해되어 급성 중독을 일으키지만 만성 중독을 일으키는 일은 거의 없다. 이와 반대로 유기염소제와 유기수은제는 대부분 식물체내에서 거의 분해되지 않고 동물의 지방층이나 뇌신경 등에 축적되어 만성 중독을 일으킬 경우가 많다. 특히 수은은 논에서 토양 중에 축적하여 벼에 흡수되는 것이 밝혀져 사용을 금지하였다.

㉠ 유기인제
ⓐ 종류 : 파라티온(parathion), 메틸파라티온(methylparathion), 말라티온(malathion), 디아지논(diazinon) 등이 있다.
ⓑ 증상 : 유기인제는 급성 중독이 주로 일어나고 만성 중독의 경우는 극히 드물다. 중독 증상은 신경독에 의한 것으로 부교감신경 증상으로 구역질, 구토, 다한(多汗), 청색증(cyanosis) 등의 증상이 일어나고 교감신경 증상과 근력감퇴, 전신경련 등이 나타난다.
ⓒ 예방대책 : 유기인제를 살포할 때는 피부나 손에 부착되지 않도록 하여야 하며, 과일이나 채소류의 경우는 산성액으로 세척한 후 먹어야 한다. 농약을 수확전 15일 이내에는 살포하지 않도록 하는 것이 중요하다.

㉡ 유기염소제
ⓐ 종류 : DDT, DDD, 메톡시클로르(methoxychlor), 알비에이치시(R – BHC) 등이 있다.
ⓑ 특징 : 유기염소제는 화학적으로 매우 안정하여 잘 분해되지 않는 특성을 가지고 있으므로 이들 유기염소제들이 야채류나 과실류에 잔류되어 인체에 영향을 끼치게 된다. 이러한 잔유물들이 체내에 축적되어 만성 중독을 일으키므로 사용을 규제하고 있다. 또한 유기염소제는 독성이 적고 취급이 간편하여 종래 많이 사용되어 왔기 때문에 거의 모든 토양에 오염되어 있다. 유기염소제는 수년에서 10년간 장기간 잔류되어 축적되면 만성 중독을 야기하므로 현재 우리나라에서는 유기염소제보다는 유기인제 살충제를 많이 사용하고 있다.

㉢ 비소화합물
살충제, 쥐약 등으로 사용하는 비소화합물은 밀가루 등으로 오인하여 중독되는 예가 많으며, 야채에 살포한 비소화합물의 잔류물을 잘 씻지 않고 섭취하였을 경우 중독 사고가 발생한다.

㉣ 유기 플루오르제
모노플루오로아세트산 및 그 유도체가 여기에 속하는데, 모두 인체에 대하여 독성이 강하며, 이것들은 생체 내에서 모노플루오로시트르산을 생성하면서 체내에 시트르산을 축적시킴으로써 독성을 나타내게 된다. 이들 유기 플루오르제는 침투성 살균제로 감귤류 등 과실에 사용되므로, 그 잔류에 대해서는 특히 주의하여야 한다. 중독 증상은 섭취 30분~2시간 후 전신 위화감, 두통, 복통, 구토, 현기증, 보행장애, 언어장애, 의식혼탁, 심장장애를 일으키고 심부전으로 사망하게 된다.

ⓜ 금속화합물

수은, 구리, 납, 비소 등의 화합물은 유기물과 무기물에 상관없이 모두 금속독이다. MMC, PMA 등은 대표적인 유기수은제이며, 아소진, 비산납은 비소제이다. 이들 금속 화합물이 생체 내에 흡수되면 세포 원형질을 침해하며, SH기와 결합하여 단백질의 기능이나 효소의 작용까지도 저해하므로 생리장애를 일으키게 된다. 특히, 수은제와 납 화합물 등은 체내축적률이 높으며, 일정량 이상이 축적되면 운동신경, 뇌신경 등 신경계에 작용하여 시야축소, 언어장애, 정신착란 등의 중독증상을 일으킨다.

(5) 항생물질에 의한 오염

① 동물사료와 항생물질

㉠ 항생물질이 식품에서 검출되는 까닭은 동물의 감염증 치료나 질병예방, 그리고 발육촉진을 목적으로 많은 양의 항생물질을 사료에 첨가하여 가축에게 사용하기 때문이다.

㉡ 사료에 항생물질을 첨가하여 사육할 때 발육촉진 효과를 기대할 수 있다. 즉 항생물질이 장내의 이상발효세균의 발육을 억제시켜 영양분 이용률을 증대시키고 잠재성 질병의 예방·치료에 효과를 나타내기 때문이다. 그러나 항생물질이 식품에 들어 있게 되면 알레르기 증상 또는 약제 내성균의 출현 등 공중위생에 미치는 영향이 큰 것으로 알려져 있다.

㉢ 피프로닐은 개·고양이에 기생하는 벼룩·진드기를 구제하는 용도로 사용하며, 양계농장에서는 사용이 금지되어 있다. 비펜트린은 닭에 기생하는 이를 잡을 때 사용하며, 일정 기준치 이상을 초과하여 사용하지 못한다. 세계보건기구(WHO)에 따르면 피프로닐은 인체에 일정 기간 과도하게 흡수되면 간, 갑상샘, 신장 등에 이상이 생길 수 있는 것으로 알려졌고, 비펜트린은 미국환경보호청이 발암물질로 분류하고 있다.

② 약제 내성균의 출현

병원균을 퇴치하기 위하여 항생물질이나 술폰아미드제와 같은 화학요법제가 오랫동안 많이 쓰이면서 최근에는 이 약제에 대한 내성균이 생기게 되고, 특히 병원성 내성균의 출현으로 치료하기 어려운 질병이 많이 나타남에 따라 사회적으로 많은 문제를 일으키고 있다.

(6) 방사능 오염

① 방사능 오염과 식품

㉠ 식품에 문제가 되는 핵종은 그 생성률이 비교적 크고, 반감기가 긴 스트론튬 90(90Sr)과 세슘137(137Cs)이다.

㉡ 토양 중의 방사능 오염은 동·식물을 오염시키고, 음료수뿐만 아니라 인체에까지 확산되어, 인체 내의 골격 조직에 방사능이 축적되는 현상이 나타난다.

② 방사성 물질의 피해

인체에 대한 장애는 탈모, 눈의 자극, 궤양의 암으로의 변성, 세포 분열 억제, 염색체의 파괴, 유전자에 대한 영향으로 돌연변이의 발생 등이 있다. 방사성 물질의 체조직에 대한 친화성의 차이에 따라 건강장애도 차이를 나타낸다. 유전적인 영향에 대해서는, 특히 저선량 영역에서 충분한 지식을 얻을 수 없는 것이 현실이다.

③ 방사선 물질의 피해에 대한 대책
　㉠ 소극적 대책 : 먼저 오염원으로부터의 격리가 방법이 될 수 있고, 방사능 오염에 대한 감시도 중요하다. 또한 방사선 물질의 흡수를 방지할 수 있는 방법과 효과적인 제거 방법에 대한 연구가 계속되어야 한다.
　㉡ 적극적 대책 : 핵실험에 대한 금지 조치를 국제적으로 취하여, 더 이상의 방사성 물질에 의한 오염이 없도록 예방하여야 한다.

3 식품의 보존

식품의 보존법을 대별하면 물리적 처리법과 화학적 처리법 및 생물학적 처리법 등으로 나누어지며, 실제로는 두 가지 이상을 병용하는 수가 많다.

(1) 물리적 처리법

① 식품의 저온저장법
　㉠ 대부분의 세균은 10℃ 이하의 온도에서는 번식하기 어렵고, 더 낮은 온도인 -10℃ 이하에서는 저온세균과 호냉세균도 번식하지 않으므로 미생물의 생육에 따른 식품의 열화를 방지할 수 있다. 또한 온도가 내려감에 따라 야채나 과일 등과 같은 생선 식품은 호흡속도가 내려가고, 모든 식품은 식품성분의 화학변화의 반응속도가 저하하기 때문에 식품의 품질 저하를 방지할 수 있다. 이러한 원리에 의한 식품의 저장법을 저온저장이라 부른다. 그러나 이 방법에 의한 저장은 미생물의 번식을 억제할 수는 있지만 살균효과는 없으므로 통조림이나 병조림과 같은 장기저장은 기대할 수 없다.
　㉡ 방법 : 저온저장은 식품을 저장하는 온도대에 따라서 냉장법과 냉동법으로 나눌 수 있다.

구 분	냉장법	냉동법
방 법	식품을 0~10℃의 온도에서 저장한다.	0℃ 이하에서 동결시켜 저장한다.
특 징	• 10℃ 이하의 저온상태가 되면 미생물의 증식, 산소와 효소의 작용, 수분의 증발과 같은 작용이 억제되어 품질이 오래 유지된다. • 저온에서 자랄 수 있는 미생물의 증식과 효소의 작용이 있을 수 있으므로 오랫동안 저장할 수 없다. • 사용식품 : 채소, 과일, 우유, 달걀, 가공식품 등	• 냉동에 의한 살균이 아니고 수분이 얼어 미생물이 이용할 수 있는 수분이 없어 생육이 억제되는 것이다. • 냉동 결과 큰 얼음 결정이 생기면 품질이 저하되므로 미세한 얼음 결정이 생겨야 한다. • 사용식품 : 떡, 생선, 해물, 육류, 건어물, 양념거리(고춧가루, 깨, 들깨가루 등)

② 가열처리법(살균법) [기출] 2017 서울시
　가열에 의해 미생물을 사멸시키고, 효소도 불활성화 시키는 방법이다. 식품의 종류에 따라 다음과 같은 저온살균법과 고온살균법이 이용되는데, 살균 후의 처리가 나쁘면 외부에서 세균이 부착하여 번식이 되므로 주의가 필요하다.

구 분	저온살균법	고온살균법	고온단시간살균법	초고온순간살균법
가열 방법	63℃ 정도에서 30분	식품을 100℃ 이상으로 가열 살균	72~75℃에서 15초간	132℃에서 1~2초간
특 징	• 유해한 초기 미생물의 수 감소 • 저장기간이 오랫동안 유지되지는 않음 • 화학적·물리적·관능적 변화가 적음	건조하지 않은 식품도 탈기, 밀봉하여 이 방법을 이용하면 장기간 보존가능	식품의 품질이나 영양가를 저하시키지 않고 확실히 살균목적으로 달성할 수 있는 방법	• 우유에 있는 대부분의 미생물 파괴 • 화학적·물리적·관능적 변화는 많으나 수개월간 보존 가능
식 품	저온살균 우유, 과즙, 맥주, 청주 등	통조림 식품 등에 이용	우유, 과즙 등의 살균	우유

③ 건조법

천일 건조법	㉠ 방법 : 태양의 복사열과 바람으로 표면의 수분을 제거한다. ㉡ 장점 : 설비가 필요 없어 경비가 적게 든다. ㉢ 단점 : 날씨의 영향을 많이 받으며, 건조 시간이 길고, 건조 중에 착색, 퇴색, 산화 등의 화학적 변화와 효소에 의한 변화가 일어난다. ㉣ 사용 식품 : 건포도, 곶감, 태양초 고추, 건어물, 말린 나물
열풍 건조법	㉠ 방법 : 인공건조법 중의 하나로 가장 널리 사용되는 방법이다. 적당하게 가열한 공기를 식품의 표면에 접촉시켜 수분을 제거한다. ㉡ 종류 : 터널식, 로터리식, 벨트식 ㉢ 장점 : 짧은 시간에 균일한 품질의 제품을 만들 수 있다. ㉣ 단점 : 연료비가 비싸고 유지의 산화와 단백질의 변성이 일어날 수 있다. ㉤ 사용 식품 : 전분, 고추 등
분무 건조법	㉠ 방법 : 액체나 슬러리 상태의 식품을 안개 모양으로 열풍에 분무하여 건조시킨다. 따라서 표면적이 최대가 되어야 건조에 걸리는 시간이 짧다. ㉡ 장점 : 짧은 시간에 건조되어 영양성분이 덜 파괴되고, 단백질의 변성이 적다. ㉢ 사용 식품 : 인스턴트분말 제조식품인 분유, 분말 커피, 분말 과즙 등
배건법	㉠ 방법 : 장작불 등을 이용하여 직접 건조한다. ㉡ 장점 : 장작 연기에 향기 물질과 항산화 물질이 있으므로 독특한 향기를 내고, 유지의 산화가 방지된다. ㉢ 사용 식품 : 녹차, 원두커피, 보리차, 옥수수차 등
동결 건조법	㉠ 방법 : 식품을 얼린 후 얼린 상태를 유지하면서 압력을 낮추어 진공상태가 되면 얼음이 액체 상태를 거치지 않고 고체에서 기체로 되는 승화현상을 이용하여 건조한다. ㉡ 장점 • 승화로 인한 다공질구조이므로 제품의 복원성이 크다. • 식품의 색, 맛, 모양, 향기 성분 등의 변형이 적다. • 단백질의 변성, 유지의 산화, 다른 물질의 변화가 가장 적어 식품 저장에 가장 좋은 방법이다. ㉢ 단점 : 비용이 비싸다. ㉣ 사용 식품 : 인스턴트커피, 즉석 라면의 건더기 수프 등

④ 방사선 조사

㉠ 방사선을 조사하여 곡류, 축산물, 야채류, 과실류의 보존성을 높이는 연구가 행해지고 있다. 우리나라는 현재 건조야채, 과실, 향신료 등에 사용하는 것이 허용되어 있다.

㉡ 자외선을 이용하여 미생물을 사멸시키는 자외선 살균법과 방사선 동위원소의 방사선을 이용하여 식품 원래의 성질을 변화시키지 않고 위생적 식품을 만드는 방사선 살균법이 있다.

⑤ 가열과 밀봉을 함께 하는 살균법
  ㉠ 식중독을 일으키는 세균 중에는 100℃에서 30분간 가열하여도 죽지 않는 것이 있는데, 그 이상의 온도로 가열하여 세균을 죽이고(살균), 세균이 남아 있더라도 생육할 수 없도록 공기를 제거(탈기)한 후 밀봉하는 방법이다. 중요한 공정은 탈기·밀봉·살균의 단계를 거치게 된다.
  ㉡ 이러한 살균을 거친 식품으로는 통조림, 병조림, 레토르트 식품이 있다.
  ㉢ 식품을 안전하게 장기간 저장할 수 있을 뿐만 아니라, 저장 및 운반이 편리하다. 또한 풍미가 좋고 비교적 영양소의 파괴가 적으며, 즉시 먹을 수 있게 조리되어 있어 위생적으로도 완전한 식품저장법이다.

(2) **화학적 처리법** 기출 2020 서울시
  ① 염장법
    ㉠ 소금을 식품에 뿌리면 삼투에 의해 식품 속의 수분은 농도가 높은 식품 밖으로 빠져 나온다. 따라서 미생물이 이용할 수 있는 수분이 감소되어 저장성이 높아진다.
    ㉡ 육류, 수산물, 채소의 가공·조리·저장에 많이 이용되고 있다.
  ② 당장법(설탕절임법)
    ㉠ 설탕 50% 이상의 농도에서 삼투압이 일어나 미생물의 증식이 억제되는 것을 이용한 보존방법이다.
    ㉡ 젤리, 쨈, 가당연유, 과일, 마멀레이드에 이용한다.
  ③ 산첨가법(식초절임법)
    ㉠ 세균 중 특히 부패균은 약한 알칼리성에서는 잘 자라나 산성에서는 생육이 억제된다. 따라서 미생물의 생육은 식품의 pH에 따라 달라지는데 대체로 pH4.5 이하에서는 부패균이 생육하기 어려우므로 초산, 젖산 등을 이용하여 식품을 저장할 수 있다.
    ㉡ 저장효과를 증대시키는 방법으로는 산과 소금, 산과 당 등을 같이 사용하면 저장효과가 더 커진다. 김치는 소금에 절일 때 사용한 소금과 저장 중 발효로 생긴 젖산에 의해 pH가 산성화되어 저장효과가 더 커진다.
  ④ 훈연법
    ㉠ 원리 : 오리나무, 자작나무, 참나무, 호두나무, 벚나무 등을 태워서 나온 연기를 생선이나 고기에 쏘여 저장성과 향미를 증진시키는 방법이다.
    ㉡ 특징 : 연기에 알데히드, 케톤, 페놀류, 휘발산 등 방부성 물질이 식품에 흡수되면 변패를 방지 할 수 있다. 훈연 중에 식품이 건조되고, 소금을 사용하기 때문에 보존성이 증가된다.
    ㉢ 방 법

온훈법	• 50~80℃에서 2~12시간 훈연하며 수분 함량이 50% 이상이다. • 저장성은 낮으나 풍미는 좋다.
냉훈법	• 15~30℃에서 훈연하며 수분 함량이 40% 정도이다. • 저장성은 높으나 풍미는 떨어진다.
액훈법	• 목재를 건류하여 얻은 목초액을 재증류 후 희석하여 소금을 섞은 액훈제에 재료를 담근 후 건조하는 방법이다. • 갈색으로 착색이 되지 않으나 신맛과 떫은맛이 있어 풍미가 떨어진다.

⑤ 가스저장법
  ㉠ 과일이나 채소는 저장 중에도 호흡작용을 하며 탄산가스, 수분 등을 배출하여 소모한다. 과일이나 채소를 저장할 때 공기의 조성(이산화탄소, 산소, 질소의 비율)을 변화시켜서 호기성 부패 세균의 번식을 억제시키는 방법이다.
  ㉡ 어육류에 효과가 크며, 또한 수확하여 후숙하는 사이에 호흡 상승 현상을 가진 사과, 서양배, 토마토, 딸기, 바나나 등에 효과가 크고, 호흡 상승 현상을 나타내지 않는 포도, 감귤류, 레몬, 파인애플 등과 대부분의 채소는 효과가 비교적 적다.
  ㉢ 저장기간이 짧고 저온저장을 겸하는 것이 일반적이다.
⑥ 훈증법
  ㉠ 훈증가스제를 곡류 등에 적용하여 곤충, 기생충란 및 미생물을 사멸시키는 방법이다.
  ㉡ 훈증제로 클로로포름($CHCl_3$), 이산화질소(NO_2), 에틸렌옥사이드(C_2H_4O), 메틸부로마이드(CH_3B_2), 클로로피크린(CH_3NO_2) 등이 흔히 사용된다.
⑦ 염건법
  식염에 의한 탈수, 건조에 의한 탈수를 조합시키는 방법이다.
⑧ 보존료 등 화학물질의 첨가
  ㉠ 식품첨가물 중 살균제와 보존료를 사용하여 보존성을 높이는 방법이다. 식품첨가물은 인체에 대한 영향도 있으므로 식품위생법에 정해진 식품 이외에는 사용을 금하며, 또한 사용량도 정해져 있다.
  ㉡ 보존료의 사용목적
    ⓐ 식품의 부패나 변질을 방지하는 방부제이다.
    ⓑ 식품의 신선도 유지와 영양가를 보존하는 성질을 갖는다.
    ⓒ 식품에 대해 살균작용보다는 정균작용을 한다.
    ⓓ 효소의 발효작용을 억제한다.
  ㉢ 보존료의 구비조건
    ⓐ 인체에 무해하고 독성이 없어야 한다.
    ⓑ 식품에 나쁜 영향을 주지 않아야 한다(식품을 변질시키지 않아야 한다).
    ⓒ 사용이 간편하고 값이 저렴하여야 한다.
    ⓓ 장기적으로 사용하더라도 해가 없어야 한다.
    ⓔ 변질 미생물에 대한 증식억제효과가 강하고 지속적이어야 한다.
    ⓕ 미량으로도 효과가 커야 한다.
  ㉣ 안식향산, 소르빈산, 데히드로초산, 파라옥시안식향산, 에스테르, 프로피온산 등이 보존료로 널리 이용된다.

(3) 생물학적 처리법

① 세균, 효모의 이용
　㉠ 식품에 유용한 세균 또는 효모를 발육시켜 유해한 미생물의 생육을 저해시키고, 풍미를 증진시키는 보존방법이다.
　㉡ 치즈, 주류, 된장, 간장 등의 발효식품과 절임식품에 이용하고 있다.

② 곰팡이의 이용
　㉠ 식품에 특정 곰팡이를 발육시켜 그 작용으로 유해한 미생물의 생육을 저해시키고, 식품 자체 성분을 적당히 변화시킴으로써 보다 안전한 식품으로 변화시키는 방법이다.
　㉡ 치즈 등에 이용하고 있다.

심화Tip 　레토르트(Retort) 식품

조리 가공한 여러 가지 식품을 일종의 주머니에 넣어 밀봉한 후 고온에서 가열 살균하여 장기간 식품을 보존할 수 있도록 만든 가공 저장식품이다. 통조림에 비해 살균시간이 단축되고 색·조직·풍미·영양가의 손실이 적다. 또 냉장과 냉동 및 방부제가 필요 없고, 가열·가온시 시간이 절약된다는 장점이 있다. 레토르트 식품의 특징은 다음과 같다.
- 통조림 식품에 비해 부드럽고 가벼워 운반하기 편하다.
- 주머니째 데울 수 있고, 간단하게 주머니를 열 수 있다.
- 가열 살균할 때 열의 전달속도가 빨라 시간을 단축시켜 색과 향미가 좋은 제품을 만들 수 있다.

03 식중독

1 식중독의 개요

(1) 식중독의 정의

① 광의의 식중독

소화기를 거쳐 음식물과 관련하여 들어오는 유해한 미생물이나 화학물질에 의하여 비교적 급성의 생리적 이상이 일어나거나 때로는 만성적인 축적에 의하여 일어나는 건강장애이며, 원인 불명인 경우에도 그 증상이 음식물과 관계가 있다고 인정될 때에는 식중독으로 분류한다.

② 협의의 식중독

주로 급성 위장염의 증상을 나타내는 세균성 식중독을 말한다.

(2) 식중독의 분류

식중독의 분류방법에는 여러 가지가 있으나, 대체로 원인물질에 따라 세균성 식중독, 자연독 식중독, 곰팡이독 식중독, 화학물질에 의한 식중독 등으로 분류한다.

[식중독의 분류]

세균성	감염형	• 세균의 체내 증식에 의한 것 예 살모넬라균, 병원성대장균, 장염비브리오균, 바실러스세레우스균, 캠필로박터 등
	독소형	• 세균독소에 의한 것 예 보툴리누스균, 황색포도상구균, 바실러스세레우스균, 웰치균, 장구균 등 • 부패 산물에 의한 것 예 알레르기성 식중독
자연독	동물성	• 독물이 특정 장기에 국한되어 있는 것 예 복어 • 특정적인 환경에서 유독화 하는 것 예 어패류
	식물성	• 식용 식물로 오인하여 섭취하는 것 예 버섯 • 독물이 특정 부위에 국한되어 있는 것 예 감자
곰팡이독	곰팡이독	• 맥각, 푸사륨 곰팡이 독소, 황변미 독소 등
바이러스성	노로바이러스	
화학성	고의 또는 오용으로 첨가되는 유해물질	• 각종 첨가물, 유해첨가물
	부주의로 잔류, 흡입되는 유해물질	• 잔류 농약, 유해성 금속화합물
	제조, 가공, 저장 중에 생성되는 유해물질	• 지질의 산화생성물, 니트로소아민
	기타 물질에 의한 중독	• 메탄올, 간수 등
	조리 기구, 포장에 의한 중독	• 녹청(구리), 납, 비소 등
기 타	알레르기형, 기생충, 이물혼입	

2 세균성 식중독

(1) 개요

① 경구 감염병과 세균성 식중독 기출 2012 지방직

병원성 세균에 의하여 발생되는 감염병, 특히 경구 감염병과 세균성 식중독을 구별하는 이유는 경구 감염병의 경우 식품은 단지 병원균의 운반자로서의 역할을 하고 미량의 병원균으로도 체내에 침입하면 감염이 되나, 세균성 식중독의 경우는 식품 중에 일정량 이상의 원인세균이나 세균독소가 축적되어야만 비로소 식중독이 발병하는 차이가 있다.

[경구 감염병과 세균성 식중독의 비교]

항 목	소화기계(경구) 감염병	세균성 식중독
섭취 균량	극소량으로도 감염된다.	다량 섭취해야 발병한다.
잠복기	일반적으로 길다.	아주 짧다.
경 과	대체로 길다.	대체로 짧다.
감염성	감염성이 높다(빈번한 2차 감염).	감염성이 거의 없다.
발생시기	주로 여름철	주로 여름철
면역성	면역성이 생긴다.	면역이 생기지 않는다.
증 식	주로 인체 내에서 증식	주로 음식물에서 잘 증식

② 세균성 식중독의 발생 조건
  ㉠ 식품이 세균의 증식에 필요한 영양소나 수분을 함유해야 한다.
  ㉡ 세균의 발육에 알맞은 온도와 습도를 갖추어야 하는데, 온도와 습도가 높은 여름철에 식중독 발생이 많은 것이 좋은 예이다.
  ㉢ 원인세균에 따른 특정한 음식물이어야 한다.

③ 세균성 식중독의 분류

구 분	감염형 식중독	독소형 식중독
특 징	식품 중에 다량 함유되어 식품과 함께 섭취한 균에 의해 발생한다.	식품 중에 증식한 세균의 몸 밖으로 분비되는 독소에 의해 발생한다.
종 류	살모넬라 식중독, 장염비브리오 식중독, 병원성 대장균 식중독, 바실러스세레우스 식중독, 프로테우스 식중독, 아리조나균 식중독	보툴리누스균 식중독, 황색포도상구균, 장구균 식중독, 알레르기성 식중독
잠복기	길다.	짧다.
균의 생사와 발생과의 관계	세균이 사멸되면 식중독은 발생하지 않는다.	세균을 사멸시켜도 독소에 의해 식중독이 발생할 가능성이 있다.
섭취전 가열효과	효과 있다.	• 보툴리누스균 : 효과 있다. • 포도상구균 : 효과 없다.
공통증상	복통, 설사, 메스꺼움, 구토	

(2) 감염형 식중독

① 살모넬라균에 의한 식중독
  ㉠ 원인세균의 특징
    ⓐ 살모넬라는 장내 세균과에 속하고, 아포가 없는 그람음성의 간균으로 편모가 있으며 운동성을 가진다.
    ⓑ 호기성 또는 통성 혐기성이며, 보통 한천 배지에서 잘 발육하여 24~48시간에 지름 2~3mm의 대장균과 비슷한 집락을 형성한다.
    ⓒ 내열성이 비교적 약하여 60℃에서 20분이면 사멸한다.
    ⓓ 발생시기 : 5~9월의 따뜻한 시기에 많이 발생한다.
  ㉡ 원인식품 : 육류, 우유, 달걀 등과 그 가공품, 어패류와 그 가공품, 도시락, 튀김, 어육연제품 등
  ㉢ 감염원
    ⓐ 쥐, 소, 돼지, 말, 개, 고양이, 가금류, 파리, 바퀴 등이 이 균을 보균하고 있고, 그 배설물이 감염원이 된다.
    ⓑ 이 균의 감염 경로에 대해서는 보균 동물의 고기를 날것으로 섭취하여 직접 감염되는 경우(1차 감염)가 있고, 보균 동물의 배설물이 식품에 오염되거나 또는 쥐와 파리, 바퀴 등의 곤충에 의해 매개되기도 하고 보균자인 조리자에 의해 식품이 오염되는 등의 경우(2차 감염)가 있다.
  ㉣ 증 상
    ⓐ 잠복기는 보통 12~24시간이며 주증상은 메스꺼움, 복통, 구토, 설사, 발열이며 전신권태, 식욕감퇴, 두통, 구토, 현기증 등을 수반한다.
    ⓑ 배변 횟수는 하루 수회에 이르며, 발열은 급격하게 시작하여 38℃ 전후까지 올라간다.
    ⓒ 중증인 경우에는 탈수증상을 나타내고 쇼크, 혼수상태를 거쳐 사망하는 수도 있다. 치사율은 1% 이하이다.
  ㉤ 예방대책
    ⓐ 식품을 저온 보존해야 하며, 저온 유통이 필요하다.
    ⓑ 음식을 가급적 섭취하기 직전에 가열한다.
    ⓒ 음식물이 보균자에 의하여 오염되지 않도록 식품의 조리 및 식품의 제조 등에 참여하는 자는 정기적으로 검진을 해야 한다.
    ⓓ 중요한 오염원인 쥐나 애완동물에 의한 오염을 방지하고, 파리나 바퀴 등 해충에 의한 전파를 방지해야 하며, 이를 위해서 조리장, 가공장, 창고 등의 식품취급설비에 대해서 방서 및 방충 설비 등 위생관리를 철저히 하여야 한다.

② 장염비브리오균에 의한 식중독
  ㉠ 원인세균의 특징
    ⓐ 장염비브리오는 콜레라와 같이 비브리오속에 속한다. 1955년 요코하마에서 오이 소금절임으로 발생된 식중독 사건에서도 유사한 균을 분리하였다.
    ⓑ 이 균은 통성 혐기성으로 아포를 형성하지 않는 운동성의 간균이며, 호염성이 있어 식염(NaCl)농도 2~5%(3%에서 최적)에서도 발육 성장할 수 있는 균이다.

ⓒ 이 균의 적절한 발육 온도는 30~37℃로서 10℃ 이하에서는 잘 발육하지 않는다. 발육 pH는 5.3~10.0이며 최적 pH는 7.4~8.2이다.

ⓓ 이 균의 세대 시간(1개에서 2개로 분열되는 시간)은 매우 빨라서 약 10분으로 대장균과 이질균 등의 약 2배의 속도로 증식하는 특징이 있다. 식염 10% 이상의 농도에서는 성장이 정지된다.

ⓒ 원인식품

ⓐ 어패류가 압도적이고 생선회나 생선초밥 등의 생식이 식중독의 주원인이 되며, 그 가공품에 의한 것도 많다.

ⓑ 그밖에 도시락 등의 복합조리식품도 원인식품인데, 이는 어패류뿐만 아니라 오염된 어패류로부터 조리 기구, 행주, 손 등을 거쳐 2차 오염이 된 것으로 볼 수 있다.

ⓒ 감염원 : 연안의 해수, 플랑크톤 등에 널리 분포하며, 특히 육지로부터 오염되기 쉬운 해역에 많다. 또한 환자의 분변도 감염원이 된다.

ⓔ 증 상

ⓐ 이 식중독의 잠복기는 8~20시간으로 평균 12시간 정도이다. 환자의 공통적인 주요 증상은 복통과 설사인데, 복통은 위 또는 상복부에 격렬한 통증을 나타내는 경우가 많다.

ⓑ 설사는 대부분 1일 수회 정도이며, 중증인 경우에는 하루 10회 이상 점액변과 점혈변을 배설하는 경우가 많다.

ⓒ 구역질, 구토 등을 보일 때도 있는데, 대개는 수회 정도이며 그 이상인 경우도 있다. 복통, 설사가 계속되며 37~39℃로 발열하기도 한다.

ⓜ 예방대책

ⓐ 담수에 약하므로 어패류를 깨끗한 담수로 씻는다.

ⓑ 이 균이 증식되지 않도록 저온 관리한다.

ⓒ 열에 약하므로 취식 전에 반드시 가열한다.

ⓓ 다른 식품으로의 2차 오염을 방지하여야 하는 것이다.

③ 병원성 대장균에 의한 식중독

㉠ 원인세균

ⓐ 비병원성 대장균(*Escherichia coli*)은 사람과 동물의 장관에서 정상세균총으로 언제나 존재하고 있으며, 또 자연계에도 널리 분포되어 있다. 그러나 일부의 대장균은 사람과 동물의 장관에 감염하여 설사나 급성 장염을 일으키는 원인이 되는데, 이를 장내에 항상 있는 대장균과 구별하여 병원성 대장균이라 한다.

ⓑ 베로톡신(verotoxin)을 생성하는 장관출혈성 대장균(enterohemorrhagic E. coli ; EHEC), 엔테로톡신(enterotoxin)을 생성하는 장관독소형 대장균(enterotoxigenic E. coli ; ETEC), 대장 점막의 상피세포에 침입하여 조직내 감염을 일으키는 장관침투성 대장균(enteroinvasive E. coli ; EIEC), 급성 위장염을 일으키는 장관병원성 대장균(enteropathogenic E. coli ; EPEC)으로 분류된다. 특히, 장관출혈성 대장균(EHEC)은 1982년 E. coli O157 : H7이 처음보고 되면서 주요한 식중독 원인균으로 인식되었다.

ⓒ 일반적으로 호기성 또는 통성 혐기성균이며, 보통 한천배지(세균을 배양하기 위한 배지)에서 잘 발육하고 발육에 가장 좋은 온도는 37℃이다.
ⓒ 원인식품 : 햄, 치즈, 소시지, 크로켓, 야채샐러드, 분유, 파이, 도시락, 두부 및 가공품, 우유 등이 있다.
ⓒ 감염원 : 환자나 보균자의 분변을 통해서 감염될 수 있으며, 자연계에 널리 분포하는 균이기 때문에 식품에 1, 2차 오염이 가능하다.
ⓔ 증 상
  ⓐ 잠복기는 평균 10~24시간이고 때로는 3~4일이 되는 경우도 있다.
  ⓑ 환자의 공통적인 증상은 복통, 두통, 발열, 구토 등이 따르는 급성 위장염이다. 복통은 상복부 통증이 주된 것이며, 설사는 혈액이나 농이 섞이는 때도 있어 세균성 이질과 구별하기 어렵다.
  ⓒ 3~5일이면 회복되지만 유유아(乳幼兒)에서는 잠복기가 짧고 중증을 나타내며 사망하는 수도 있다.
ⓜ 예방대책 : 사람이나 동물의 분변에 오염되지 않도록 한다. 특히 식품과 음료수의 가열이 유효한 예방책이다.

④ 바실러스세레우스균 식중독
  ㉠ 원인세균
    *Bacillus cereus*균은 전분분해작용, 단백질소화작용이 강하며 토양 등 자연계에 널리 분포하는데, 특히 전분성 식품에 많이 검출된다. 이 균은 아포형성균이고, 통성혐기성이며, 최적온도는 28~35℃이다. 이 아포는 내열성이어서 135℃로 4시간 가열하여도 죽지 않는다. 이 균은 균체외독소(enterotoxin)를 생성한다.
  ㉡ 원인식품
    ⓐ 설사형 : 육류나 채소의 스프, 바닐라 소스 등
    ⓑ 구토형 : 쌀밥이나 볶음밥
  ㉢ 증상 : 잠복기는 보통 8~16시간으로 평균 12시간이며, 증상에 따라서 설사형과 구토형으로 구분된다.
    ⓐ 설사형 : 잠복기가 8~16시간이며 주증상은 비교적 강한 복통과 수양성 설사이고 때때로 메스꺼움, 구토, 두통, 발열 등이 있다. 웰치 식중독과 아주 비슷하다.
    ⓑ 구토형 : 잠복기는 1~5시간이고 주증상은 메스꺼움과 구토이다. 대체로 그 증상이 포도상구균 식중독과 비슷하다.
  ㉣ 예방대책 : 조리하여 바로 먹도록 하고 그렇지 못한 경우에는 10℃ 이하로 냉각시켜 보관한다.

⑤ 리스테리아 식중독
  ㉠ 원인세균
    리스테리아균은 동물의 장내세균으로 토양, 하수 등 자연계에 널리 분포되어 있으며, 이중 *Listeria monocytogenes*(리스테리아 식중독균)는 동물에게는 영향을 끼치지 아니하지만 사람에게는 리스테리아 식중독(Listeriosis)이라는 심각한 식중독을 유발한다.

ⓒ 특 징
  ⓐ 적정 발육온도는 30~37℃이지만 발육온도 영역은 0~45℃로 광범위하고, 발육 pH영역은 pH 6~9이지만 pH 4.5 혹은 이 이하에서도 발육하거나 장시간 생존할 수 있다.
  ⓑ 냉장온도에서도 생존하여 -4.5℃(24°F)에서도 서서히 증식할 수 있으나, 일반적으로 냉동온도인 -18℃(0°F)에서는 증식하지 못한다.
  ⓒ 일반적인 살균 및 멸균조건으로 사멸되며, 소독제나 항생물질에 대한 감수성은 비교적 높은 편이다.
  ⓓ 식염에 저항성이 있어 6% 식염에서도 생존이 가능하다.
ⓒ 원인식품
  원유, 살균처리하지 아니한 우유, 핫도그, 치즈(특히 소프트치즈), 아이스크림, 소시지 및 건조소시지, 가공·비가공 가금육, 비가공 식육 등 식육제품과 비가공·훈연생선 및 채소류 등이 리스테리아 식중독의 주원인식품으로 알려져 있다.
ⓔ 증 상
  ⓐ Listeria가 체내로 침입하여 감염되면 가벼운 권태감, 발열 등의 증상이 나타난다.
  ⓑ 잠복기는 12시간에서 2~3개월까지이다.
  ⓒ 감수성이 높은 임산부와 면역력이 약한 신생아 및 노인 등에게는 패혈증, 수막염, 뇌수막염 등의 발생률이 높다.

⑥ 캠필로박터균에 의한 식중독
  ⓐ 원인세균
    ⓐ 캠필로박터균(Campylobacter sp.)은 동물에서 사람으로 감염되는 인수공통 감염병을 일으키며, 각종 야생동물 및 가축의 장관 내에 널리 분포한다.
    ⓑ 특히 닭, 칠면조, 돼지, 개, 소, 고양이 등에 보균율이 높으며, 인간보다 체온이 높은 가금류의 경우 장내 증식이 쉽게 일어난다.
    ⓒ 대부분의 균은 37℃에서 잘 자라지만 캠필로박터균은 42℃에서 잘 증식하고, 열에 약하기 때문에 70℃에서 1분 만에 사멸한다.
  ⓒ 원인식품
    ⓐ 캠필로박터 식중독을 일으키는 원인식품으로는 '닭 등 육류 > 샐러드 등 채소류 > 볶음 등 복합조리식품' 순이다.
    ⓑ 생닭 1g에 10~100개 가량 오염되어 있으며, 500~800개 정도의 소량으로도 인체에 감염되는 것으로 알려져 있다.
  ⓒ 감염경로 : 열에 약해 가열 조리과정에 쉽게 사멸하지만, 생닭을 씻을 때 물이 튀어 주변 식재료를 오염시키거나 생닭과 날로 먹는 채소를 같은 조리도구로 사용하여 발생하는 교차오염이 주된 감염경로이다.
  ⓔ 증상 : 잠복기간은 2~7일로 길게는 10일까지도 간다. 증상은 보통 발열, 권태감, 투통, 근육통 등의 전구 증상이 있고, 이어서 구토, 복통이 나타난다. 그 후 수시간 내지 2일 후에 설사증상이 나타난다.

ⓜ 예방대책
  ⓐ 생닭을 씻어야 할 때는 물이 튀어 주변 조리기구나 채소 등 식품을 오염시키지 않도록 주변을 치워야 하며, 식재료는 채소류, 육류, 어류, 생닭 순으로 씻어야 한다.
  ⓑ 조리시 생닭과 다른 식재료를 함께 손질할 때는 칼·도마를 구분해서 사용한다.
  ⓒ 조리할 때에는 속까지 완전히 익도록 충분히 가열 조리(중심온도 75℃ 1분 이상)하여야 한다.

(3) 독소형 식중독

① 보툴리누스균에 의한 식중독 기출 2017 지방직
  ㉠ 원인세균
    ⓐ 보툴리누스균 식중독은 클로스트리듐 보툴리늄(Clostridium botulinum)이 원인세균이며, 균이 증식하는 과정 중에 생산된 독소를 섭취함으로써 일어나는 독소형 식중독이다.
    ⓑ 통조림, 소시지 등이 혐기성 상태에서 A, B, C, D, E형이 분비하는 신경독소가 식중독의 원인이다.
  ㉡ 원인식품 : 주된 원인식품은 부적당하게 멸균처리한 통조림, 병조림과 어류의 훈연제품, 햄, 소시지 등 가열처리 후 밀봉 저장된 식품, 일본의 경우 초밥 등이다.
  ㉢ 감염원 : 토양, 하천, 호수, 갯벌, 동물의 분변이며, 이외에 E형균은 어류, 갑각류의 장관 등에 널리 분포하고, 육류, 야채, 어패류가 1차 오염되어 감염원이 된다.
  ㉣ 증 상
    ⓐ 이 식중독의 잠복기는 보통 12~36시간이며, 잠복기가 짧을수록 중증이라 할 수 있으며, E형 중독의 경우는 대개 A, B형보다 짧다.
    ⓑ 주증상은 메스꺼움, 구토, 복통, 설사, 변비에 이어서 식중독 특유의 신경증상으로 약시, 복시, 동공확대, 광선자극에 대한 무반응 등을 나타내고, 인후부의 마비, 언어장애, 연하곤란, 호흡곤란, 사지운동마비 등의 증상을 나타낸다. 치사율은 30~80%로 세균성 식중독 중에서 가장 높다.
  ㉤ 예방대책
    ⓐ 토양 등에 의해 식품이 오염되지 않도록 하고, 야채 등은 잘 씻어야 한다.
    ⓑ 어류를 조리할 때에는 장관 내용물이 육질에 오염되지 않도록 주의하여야 한다.
    ⓒ 독소 자체가 80℃에서 30분 정도 가열하면 무독화되므로 식품의 섭취 전에 가열하면 식중독 예방에 효과적이다.

② 황색 포도상구균에 의한 식중독 기출 2018, 2020 서울시
  ㉠ 원인세균
    사람이나 동물의 화농성 질환의 대표적 원인균인 포도상구균은 독소형 식중독의 대표적인 것으로, 식품 중에 증식하여 엔테로톡신(Enterotoxin)을 생산하는데, 이 독소는 내열성이 있으므로 100℃에서 30분간 가열하여도 무독화되지 않는다.
  ㉡ 원인식품 : 유가공품(우유, 크림, 버터, 치즈), 조리식품(떡, 콩가루, 김밥, 도시락)

ⓒ 증상
  ⓐ 잠복기가 가장 짧고, 잠복기는 대체로 1~6시간이며, 평균 3시간 전후인 경우가 흔하다.
  ⓑ 주된 증상은 급성 위장염으로 발병은 급격히 시작되며, 처음에는 타액의 분비가 증가되다가 이어서 구역질, 구토, 복통, 설사를 일으킨다.
ⓓ 예방대책 : 식품 취급자는 항상 손을 깨끗이 하고 청결한 마스크, 모자, 위생복의 사용을 철저히 하는 등 되도록 세균 오염의 기회가 없도록 해야 한다. 특히, 식품 취급자가 화농성 질환에 걸려 있을 때에는 조리 등의 업무에 종사시켜서는 안 된다.

③ 웰치 식중독(클로스트리듐 퍼프린젠스)
  ㉠ 원인세균
    ⓐ 웰치균(Welchii)은 사람이나 동물의 장관에 상재하는 균으로 물, 우유, 토양, 식품 등에 널리 분포되어 있다. 우리나라에서는 보고된 예가 거의 없으나, 미국의 경우는 전 식중독의 약 30%를 차지하고 있다.
    ⓑ 발육에 산소가 필요하지 않는 편성 혐기성이며, 그람양성의 간균으로 아포를 형성한다.
    ⓒ 이 균은 A, B, C, D, E, F의 6가지 형으로 분류된다. 이들 독소형 중에서 사람에게 식중독을 일으키는 것은 대부분 A형이다. A형 독의 아포는 내열성이므로 100℃에서 4시간 동안 가열하여도 사멸하지 않는다.
    ⓓ 15~50℃에서 발육하고, 발육의 최적 온도는 일반 세균보다 높은 43~47℃이다. 최적 pH는 5.5~8.0이며, pH 5.0 이하 또는 pH 9.0 이상에서는 발육하지 않는다.
    ⓔ 식중독을 유발하는 원인이 감염형과 독소형으로 구분되지 않으므로 중간형이라고 한다.
  ㉡ 원인식품
    ⓐ 육류와 그 가공품을 비롯하여 어육이나 기름에 튀긴 식품, 대량 가열조리 후 실온에 방치한 단백질성 식품 등으로 추정되고 있다.
    ⓑ 단백질 식품은 모두 원인식품이 될 수 있고, 탄수화물 식품에서는 발생하지 않는다.
  ㉢ 감염원 : 보균자, 가축, 쥐, 곤충류 등, 식품업자나 조리인의 분변에 의해서 오염된 조리실 등의 하수나 오물, 쥐나 가축 등의 분변 등이 있다.
  ㉣ 예방대책
    ⓐ 가열 조리된 식품의 저온보존에 의해 아포의 발육증식을 방지하며, 섭취 직전에 철저히 재가열함으로써 균이 사멸하도록 하여야 한다.
    ⓑ 식품을 작은 용기에 나누어 담아 가능한 한 혐기상태가 되지 않도록 하여 아포의 발아를 방지하는 것도 유효한 수단의 하나라고 할 수 있다.

④ 알레르기성 식중독
  ㉠ 개요 : 꽁치나 고등어와 같은 붉은살 어류의 가공품을 섭취 했을 때 약 1시간 뒤에 몸에 두드러기가 나고, 열이 나는 증상이 나타나는 식중독이다.
  ㉡ 원인물질 : 히스타민
  ㉢ 원인균 : 모르가니균(*Proteus morganii*)
  ㉣ 항히스타민제를 투여하면 빨리 낫는다.

3 자연독에 의한 식중독

(1) 식물성 식중독 기출 2016 서울시

① 독버섯 중독
  ㉠ 무스카린(Muscarine)
    ⓐ 독성이 매우 강하며, 주로 붉은광대버섯에 가장 많다.
    ⓑ 섭취 후 군침, 땀 등의 각종 분비액이 증진되고 호흡곤란, 위장장애 등을 일으킨다.
  ㉡ 팔린(Phaline) 및 아마니타톡신(Amanitatoxin)
    ⓐ 알광대버섯의 독성분으로 매우 유독하며, 강한 용혈작용이 있다.
    ⓑ 열에 대하여 불안정하며, 콜레라와 비슷한 증상 및 구토와 심하면 설사를 한다.
  ㉢ 기타 독성분 : 많은 독버섯에 함유되어 있는 독성분으로는 무스카리딘(Muscaridine), 콜린(Choline), 뉴린(Neurine) 및 필즈톡신(Pilztoxin) 등이 있다.

② 토마토, 감자 중의 솔라닌(Solanine)
  ㉠ 독성분 : 덜 익은 녹색 토마토에는 1g당 솔라닌이 9~30mg 포함되어 있다. 체중 15kg의 3세 아이가 덜 익은 작은 토마토 1개를 먹으면 중독증상이 발생할 수 있다. 또한 부패한 감자나 저장 중에 생긴 푸른 싹, 즉 발아된 부위에 솔라닌(Solanine) 함량이 많아 0.2~0.4g/kg 이상일 때에는 식중독을 일으킨다. 이것은 생체 내에 존재하는 콜린에스테라아제의 작용을 억제함으로써 독성을 나타낸다.
  ㉡ 증상 : 두통이나 복통, 메스꺼움, 구토 등이다. 심하면 혈액순환 및 호흡장애, 중추신경 손상까지 초래할 수 있다.

③ 고사리
  ㉠ 독성분 : 프타퀼로시드(ptaquiloside)
  ㉡ 증상 : 다량으로 오래 섭취하면 폐암이나 방광암, 식도암 등의 원인이 된다.

④ 청매 중의 시안(Cyan)
  ㉠ 독성분 : 미숙한 살구, 복숭아, 아몬드 등의 씨는 시안 화합물인 아미그달린(Amygdaline)을 함유하고 있어(청매) 자신이 가진 효소인 에밀신에 의해 시안산으로 분해되어 유독하다. 수수는 듀린(dhurrin), 강낭콩은 리나마린(linamarin)이라는 시안화합물을 가지고 있다.
  ㉡ 증상 : 두통, 소화불량, 구토, 설사, 복통 등의 소화기계 증상, 호흡곤란, 전신의 경직성 경련, 중증인 경우에는 호흡중추 마비로 사망하게 된다.

⑤ 독미나리
  ㉠ 독성분 : 시큐톡신(cicutoxin)
  ㉡ 중독증상 : 상복부의 동통, 구토, 현기증, 경련, 중증일 때는 호흡마비로 사망한다.

⑥ 피마자
  ㉠ 독성분 : 리친(ricin), 리치닌(ricinine) 등의 유독성분과 심한 알레르기성 증상을 일으키는 알러진(allergen)을 함유하고 있다.
  ㉡ 중독증상 : 복통, 구토, 설사와 알레르기 증세 등의 중독증상을 일으킬 수가 있다.

⑦ 기타 식품의 독성분
　㉠ 콩류, 팥류, 시금치, 도라지 뿌리, 도토리 열매, 기타 식물의 뿌리, 줄기, 잎, 껍질
　　ⓐ 독성분 : 사포닌(Saponin)
　　ⓑ 증상 : 단백질분해효소의 억제제로 작용하여 생체 내에서 효소의 기능을 상실시키며, 동물의 성장을 억제하고, 또한 용혈작용이 있다.
　㉡ 목 화
　　ⓐ 독성분 : 고시폴(Gossypol)은 목화씨 중에 미량(0.6% 정도) 존재하는 유독물질로, 기름을 짜고 남은 찌꺼기 중에 잔존하므로 사료로 사용하는데 문제가 된다.
　　ⓑ 증상 : 고시폴을 함유한 사료를 오래 급여한 동물에게는 부종이 생긴다.
　㉢ 가을 꽃무릇
　　ⓐ 독성분 : 리코린(lycorin)
　　ⓑ 증상 : 가을 꽃무릇 구근 속에 있는 유독한 물질로 녹말 속에 혼합되거나 밀가루 중에 섞여서 중독을 일으키는 경우가 있다.
　㉣ 독 맥
　　ⓐ 독성분 : 테무린(temuline)
　　ⓑ 증상 : 식중독을 일으키고 두통, 현기증, 구역질, 구토의 증상이 일어나며, 중증인 경우에는 혼수, 허탈을 일으켜 사망하는 수도 있다.
　㉤ 붓순나무
　　ⓐ 독성분 : 시키민(shikimin), 하나노민(hananomin)
　　ⓑ 증상 : 현기증, 구토 등이고 중증일 때는 허탈 등을 일으킨다.

(2) 동물성 자연독에 의한 식중독
① 복어독
　㉠ 독성분 : 테트로도톡신
　㉡ 증 상
　　ⓐ 중독의 초기 증상은 입술의 저림, 구토, 호흡마비 등이 특징이며, 섭취 후 30분부터 4시간 사이에 발병한다.
　　ⓑ 주요 증상은 지각이상, 운동장애, 호흡장애, 혈행장애, 위장장애, 뇌증으로 구분되기도 한다.
　　ⓒ 복어독의 방지대책으로는 독성이 있는 부분을 제거하여 섭취하도록 한다. 알뿐 아니라 내장, 난소, 간, 피부 등에도 독성이 많으므로, 육질부만 먹도록 한다.
② 조개독
　㉠ 마비성 패중독
　　ⓐ 독성분 : 색시톡신(Saxitoxin)으로, 섭조개, 홍합, 대합조개 등에 있으며, 5~9월 특히 한 여름에 가장 독성이 강해진다.
　　ⓑ 증상 : 잠복기는 30분~3시간이다. 주증상은 입술, 혀, 잇몸 등의 마비로 시작하여 사지가 마비되고 기립보행이 불가능해지며 언어장애, 두통, 메스꺼움, 구토 등을 일으킨다.

중증이면 호흡마비를 일으켜 사망하게 된다. 중독증상이 복어독과 비슷하여 말초신경의 마비 증상을 나타내고 치사율은 10% 정도이다.
ⓒ 굴, 모시조개(바지락), 고동 등
ⓐ 독성분 : 베네루핀(venerupin)은 열에 대하여 비교적 안정하여 100℃로 3시간을 가열하여도 파괴되지 않으나, 120℃에서는 50% 이상이 파괴되며, 치사량은 0.25mg이다.
ⓑ 증상 : 1~4월 경에 식중독 발생이 심하고 1~7일 이내에 복통, 구토, 변비, 배뇨량 감소, 피하출혈, 황달 등의 증상이 나타난다. 잠복기는 12~48시간이나 때로는 7일까지 갈 때도 있다. 사망률이 44~45%로 비교적 높다.
③ 기타 동물성 식중독
㉠ 독꼬치 중독
ⓐ 독성분 : 독꼬치는 태평양 열대지역이나 인도양, 아열대 연안에 분포하고 있는 독어로 유독성분은 지용성의 마비성 신경독이지만 그 본체는 확실하지 않다.
ⓑ 증상 : 일반적으로 섭취 후 30~90분에서 나타나며, 안면에 가벼운 지각 마비와 사지 또는 전신에 가벼운 마비 및 언어장애, 보행곤란 등도 나타나며 구토, 설사가 있을 때도 있다.
㉡ 시구아테라(ciguatera) 중독 : 시구아테라는 산호초 주변에서 서식하는 독어로 시구아테라는 지용성의 함질소화합물로 추정되며, 보통의 가열 조리로 파괴되지 않는다.
㉢ 돗돔 중독 : 돗돔의 간장은 특이한 식중독을 일으킨다. 간장중독은 돗돔 이외에 다랑어, 상어, 참치 등의 대형어류와 고래, 바다표범, 곰 등의 간장에 의해서도 일어날 수 있다.

4 곰팡이성 식중독

(1) 곰팡이독 중독증(Mycotoxicosis)
일반적으로 곰팡이의 섭취로 일어나는 질병은 곰팡이독 중독증이라고 하여 곰팡이의 감염으로 발생하는 진균증(Mycosis)과 구별된다.

(2) 곰팡이독 중독증의 특징
① 곡류, 목초 등의 식물 또는 사료의 섭취가 원인이다.
② 원인식품으로서는 곡류, 두류 및 가공식품 등 탄수화물이 풍부한 식품에 많다.
③ 계절 및 기후조건과 관계가 깊다.
④ 동물 또는 사람 사이에서는 전파되지 않는다(감염성이 없음).
⑤ 항생물질은 치료 효과가 없다.
⑥ 예방접종의 효과가 없다.
⑦ 열에 안정하여 식품을 가열 처리해도 예방하기 어렵다.

(3) 곰팡이독의 분류와 특징

구 분	특 징	종 류
간장독	동물의 간경변, 간종양 또는 간세포의 장애를 일으키는 물질군	간암을 일으키는 아플라톡신을 비롯하여 스테리그마토시스틴, 루테오스키린, 이슬란디톡신 등이 있다.
신장독	신장에 급성 또는 만성의 질병을 일으키는 물질군	시트리닌, 오크라톡신, 시트레오미세틴 등이 있다.
신경독	뇌와 중추신경계에 장애를 일으키는 물질군	시트레오비리딘, 시클로피아존산, 파툴린, 말토리진 등이 있다.

(4) 중요한 곰팡이 독(미코톡시코시스)

① 아플라톡신(aflatoxin)
  ㉠ 중독 : 아스페르길루스속 곰팡이 종류의 2차 대사산물로서 사람이나 가축, 어류 등에 급·만성의 생리적 장애를 일으키는 물질이며, 특히 사람에게 발암률이 높은 독성물질로 알려져 있다.
  ㉡ 주요 오염원 : 탄수화물이 풍부한 쌀, 보리, 옥수수 등의 곡류가 압도적이다.

② 맥각독
  ㉠ 오염원 : 맥각독은 라이맥 또는 화본과 식물의 꽃(씨방의 주변)에 기생하는 맥각균이 생성하는 에르고타민(ergotamine), 에르고톡신(ergotoxine) 등으로, 곡류 중에 맥각이 0.5% 이상 혼입되면 만성 중독을 일으킨다고 하여 각국에서는 곡물 중 혼입률의 허용량을 정하고 있다.
  ㉡ 증상 : 맥각에 의한 초기 증상은 소화관증상과 신경증상에서 시작된다. 소화관증상으로는 먼저 메스꺼움, 구토, 설사가 일어나며, 이상 공복감이 생기는 한편 식욕부진을 나타낸다. 이어서 신경증상으로 지각 및 운동장애와 함께 강한 두통이 지속되며, 혈압이 상승한다.

③ 황변미 중독
  ㉠ 페니실륨 이슬란디쿰이 생산하는 독소 : 저장 곡류가 페니실륨 이슬란디쿰(*Penicillium islandicum*)에 오염되면 적홍색 또는 황색의 색소가 생성되고 황변미를 만든다.
  ㉡ 루브라톡신(Rubratoxin) : 페니실륨 루브룸(*Penicillium rubrum*)에 오염된 옥수수에서 분리된 루브라톡신은 간장에 대한 작용은 뚜렷하여 치사량 이하에서도 정상적인 간 기능을 저해하며, 신장이나 폐에 대해서도 어떤 장애를 나타낸다.
  ㉢ 기타 페니실륨 독소 : 시트리닌(Citrinin)과 시트레오비리딘(Citreoviridin) 등도 각각 신경 및 신장에 장애를 주는 또 다른 황변미 원인물질로 알려져 있다. 또 파툴린(Patulin)도 쌀, 밀, 콩 등의 식품에서 널리 발견되고 있다.

5 화학물질에 의한 식중독

(1) 고의 또는 오용으로 첨가되는 유해물질 식중독

① 유해착색료

　㉠ 아우라민(Auramine)
　　ⓐ 염기성, 황색색소로 과자, 각종 면류, 단무지, 카레가루 등에 광범위하게 사용되었다.
　　ⓑ 독성이 강해서 다량 섭취하고 나서 20~30분 후면 피부에 흑자색 반점이 생기고 두통, 맥박 감소, 의식불명 등의 증상이 나타난다.

　㉡ 로다민 B(Rhodamine B)
　　ⓐ 과자나 어묵 등의 착색에 자주 사용되는 분홍색의 색소이다.
　　ⓑ 과거 일본에서 어묵이나 매실장아찌 등에 사용하여 과다 섭취시 몸에 착색되며 분홍색 소변, 부종 등 중독현상 등이 나타난다. 다량 섭취시 구역질, 구토, 설사, 복통을 일으킨다.

　㉢ 파라니트로아닐린(p-Nitroaniline)
　　ⓐ 녹는점 146~148℃인 황색 결정성 가루인데, 맛과 냄새가 없고, 물에 녹지 않는다. 또 니트로기나 아미노기를 가지는 방향족 화합물의 공통적인 성질인 혈액독과 신경독이 있다.
　　ⓑ 이것으로 착색된 과자를 먹으면 10~30분 후에 두통, 혼수상태, 동공 확대 등의 증상이 나타난다.

② 유해감미료

　㉠ 둘신(Dulcin)
　　ⓐ 단맛은 설탕의 250배이지만, 소화효소를 억제하는 작용이 있고 분해되어서 생성되는 유해물질 때문에 1966년에 사용이 금지되었다.
　　ⓑ 혈액독이 생기고, 중추신경계에 작용한다.

　㉡ 시클라메이트(Cyclamate) : 단맛은 설탕의 40~50배이며 열에 안정하다. 발암성 때문에 1970년부터 사용이 금지되었다.

　㉢ 파라-니트로-오르토-톨루이딘(p-Nitro-o-Toluidine)
　　ⓐ 단맛은 설탕의 200배이고 설탕 대용으로 사용되었다.
　　ⓑ 독성이 강해서 섭취 2~3일 만에 위통, 식욕부진, 메스꺼움, 권태, 미열, 피부 점막의 황열, 급성 간위축증 등을 일으켜 혼수상태에 빠져 사망한다.

　㉣ 에틸렌글리콜(Ethylene Glycol)
　　ⓐ 원래 엔진 냉각용수의 부동액으로 사용하였으나, 단맛이 있어 감미료로 사용하기도 한다.
　　ⓑ 체내에서 산화되어 히드록시산이 되고, 이 염류가 뇌나 신장에 석출되어 장애를 주며, 치사량은 약 100mg이다.

　㉤ 페릴라틴(perillartin) : 설탕의 약 2,000배의 단맛을 가진 백색의 결정성 물질로 섭취시 신장장애를 유발한다.

③ 유해보존료와 살균제
   ㉠ 플루오르화합물
      ⓐ 플루오르화수소, 플루오르화나트륨 등은 방부 효과가 상당히 강하여 공업용 접착제의 방부제로 사용되고 있다. 육류, 알코올 음료, 우유 등에 방부·살균·발효 억제제로 첨가되기도 하였으나, 독성이 강해서 사용이 금지되었다.
      ⓑ 급성 중독의 증상으로는 구토, 복통, 경련 등을 일으키고 장 및 방광의 점막을 침해하며 만성 중독일 경우에는 골격의 성장을 방해한다.
   ㉡ 포름알데히드(Formaldehyde)
      ⓐ 물에 녹기 쉬운 무색의 기체인데, 단백질의 변성 작용을 가지고 있어 살균 및 방부 작용을 나타낸다.
      ⓑ 대부분의 식품이나 플라스틱제 용기에서 검출되어서는 안 된다.
      ⓒ 주요 증상 : 구토, 현기증, 호흡 곤란 등의 장애를 일으킨다.
   ㉢ 염화수은($HgCl$: 승홍)
      ⓐ 살균 작용이 강력하여 의약품으로 쓰이고 있으며, 방부성도 강하기 때문에 주류 등에 쓰이기도 한다.
      ⓑ 사람의 피부와 접촉하면 피부에 알레르기를 일으키고 세포의 대사 기능을 억제하며 사구체, 세뇨관에 변성을 일으킨다. 급성 중독인 경우에는 구토, 복통 등이 일어나며, 만성 중독인 경우는 신장장애, 구내염 등을 일으킨다.
   ㉣ 붕산(H_3BO_3) : 살균소독제로 의약품으로 사용되고 있으나, 식품보존료로는 현재는 모두 사용이 금지되고 있다.
   ㉤ 불소화합물 : 불화수소(HF), 불화나트륨(NaF) 등의 불소화합물은 강력한 방부효과가 있어서 육류, 우유 등에 보존제로 사용하였고, 알코올 음료에서 이상발효억제 등의 목적으로 사용되었으나, 강한 독성 때문에 사용이 금지되었다.
   ㉥ 베타 - 나프톨(β - naphtol) : 백색결정으로 물에는 난용성이며, 0.005%의 농도로 곰팡이의 생육을 억제하기 때문에 간장 등의 방부제로 사용되었으나, 강한 독성 때문에 사용이 금지되었다.
   ㉦ 살리실산(salicylic acid) : 방부작용이 강하고, 약산성 조건에서 곰팡이, 효모, 세균 등의 발육을 억제하며 유산균 및 초산균 등에 대하여 항균작용을 하여 청주, 과실주 및 식초 등에 보존료로 사용되었으나, 강한 독성으로 1973년 사용이 금지되었다.
   ㉧ 니트로푸라존[Nitrofurazone(5 - Nitrofural semicabazone)]
      어육연제품 등에 살균제로 사용되었으나, 간장장애, 구토 및 식욕부진 등의 증상으로 1972년 사용이 금지되었다.
④ 표백제
   ㉠ 롱갈릿(Rongalite)
      ⓐ 포르말린(포름알데히드액)에 아황산나트륨을 결합시켜 환원하여 만든 것으로, 아황산의 표백작용이 강하지만 이와 함께 상당량의 포름알데히드가 남아 있게 된다.
      ⓑ 현재 식품에 사용이 금지되어 있고, 우리나라에서는 한때 물엿의 표백제로 사용되어 문제를 일으키기도 하였다.

ⓒ 니트로겐 트리클로라이드(Nitrogen Trichloride : 삼염화질소)
    ⓐ 과거에 밀가루의 표백과 숙성에 쓰였다. 자극성이 있는 황색의 휘발성 액체로, 독성이 남아 있다.
    ⓑ 이것으로 처리한 밀가루로 개를 사육할 경우 히스테리 증상이 나타나므로 현재 사용이 금지되고 있다.
ⓒ 형광 표백제 : 독성이 상당히 강하기 때문에 가공품, 우동, 압맥, 어육 연제품 등을 희게 하기 위한 형광 표백제로 쓰는 것을 금하고 있다.

⑤ 그 밖의 유해물질
ⓐ 메탄올 : 화학적 식중독의 가장 중요한 원인물질 중의 하나로, 알코올 발효 때 생성된다. 포도주, 사과주 등의 과실주와 정제가 불충분한 청주, 증류주에 미량 함유되어 있다. 중독 증상은 경증일 경우에는 두통, 구토, 설사 등을 나타내고 10mL 이상 섭취하였을 때에는 수시간 내지 수일 후 실명한다. 중증일 경우에는 마취상태에 들어가며, 호흡중추의 장애로 호흡곤란을 일으켜 심하면 사망한다. 독성 원인을 체외로 배출하는데 걸리는 시간이 길고 체내에서 독성이 큰 포름산을 생성하기 때문인 것으로 알려져 있다.
ⓑ 에틸납 : 폭진 방지제로 사용되는 화합물이나 식용 알코올에 혼입되어 중독 사고가 일어난 경우가 있다.

(2) 음식용 기구, 용기 및 포장에 의한 식중독

① 유해성 금속화합물
ⓐ 비 소
    ⓐ 비산염을 밀가루로 오인해서 먹었거나 농작물에 잔류함으로써 일어나는데, 아비산인 경우에 중독량은 5~50mg, 치사량은 100~300mg이다.
    ⓑ 비교적 소량에 의한 위장형 중독은 구토 및 쌀뜨물과 같은 변 등의 증상과 경련, 심장마비로 수일 후 사망한다.
ⓒ 납
    ⓐ 첨가물, 용기 및 기구에서 유래되는데 특히, 통조림관의 땜납이 문제가 되며, 급성 중독은 드물고 납관에 의한 수돗물의 오염 중독 예가 있다.
    ⓑ 급성 중독 증상으로는 구토, 복통, 인사불성, 사지마비 등이 나타나고, 만성 중독일 때에는 빈혈, 배뇨장애, 사지감각장애를 일으킨다.
ⓒ 수 은
    ⓐ 승홍이나 유기수은제에 함유되어 있는데 세포의 대사기능을 억제한다. 1953년 일본에서 발생된 미나마타병이 대표적인 예이다.
    ⓑ 승홍인 경우에 치사량은 0.5g, 염화제일수은인 경우에 중독량은 0.1~0.2g이고 중독 증상은 메스꺼움, 구토이다.

② 구 리
  ⓐ 조리용 기구 및 식기에서 용출되는 구리녹에 의한 식중독의 예가 많다. 그리고 채소의 착색에 사용된 황산구리에 의해 중독을 일으킨 예도 있다.
  ⓑ 독성은 중독량이 3~10g이며, 중독 증상은 구강의 불쾌감과 메스꺼움, 구토, 경련, 현기증 등이다.
③ 안티몬
  ⓐ 안티몬 식중독은 일본의 경우 주스의 자동판매기에서 사고가 일어난 예도 있다.
  ⓑ 치사량은 0.5~1g이며 구토, 설사, 경련 등의 급성 증상과 화농, 체중 감소, 빈혈 등의 만성 증상이 일어난다.
④ 아 연
  ⓐ 도금한 음식물용 기구 및 용기에서 용출되는데, 치사량은 가용성 아연화합물인 경우에 3~5g이다.
  ⓑ 구토, 위통, 설사 및 식은땀이 나고 호흡곤란, 혼수, 경련, 허탈 등의 증상을 거쳐 사망한다.
⑤ 카드뮴
  ⓐ 식기에 도금하면 산에 약해서 용출된다. 1968년 일본에서 발생된 이타이이타이병이 대표적인 예이며, 0.03g으로 중독을 일으키고 치사량은 정확하지 않다.
  ⓑ 중독 증상은 가용성 카드뮴을 섭취하였을 때 구토, 복통, 설사, 허탈, 의식불명 등을 나타낸다.

② 식품제조과정 중 혼입되는 유해물질
  ③ 비소 : 조제분유를 먹는 유아가 식욕부진, 빈혈, 피부발진, 피부의 색소침착, 설사, 뇌열 등을 일으키다가 사망한 사건이 1955년 일본에서 발생하였다. 그 원인을 조사한 결과, 안정제인 인산제이나트륨에 불순물로서 비소가 20~30ppm 함유되어 있었다.
  ⓒ 피시비(PCB) : 일본의 후쿠오카현을 중심으로 색소침착, 침출물 등의 증상을 나타내는 괴병이 1968년 발생하였다. 조사결과 미강유의 탈취 공정 중에 가열 매체로 사용한 다염화비페닐이 파이프의 핀홀(Pinhole)로부터 흘러나와 미강유에 혼입되어 일어난 것으로 밝혀졌다.

6 바이러스에 의한 식중독

(1) 노로바이러스(norovirus) 식중독 [기출] 2018, 2021 서울시

① 개 요
  노로바이러스는 사람의 위와 장에 염증을 일으키는 크기가 매우 작은 바이러스이며, 이 바이러스 감염에 의한 식중독을 말한다. 대부분의 바이러스는 기온이 낮으면 번식력이 떨어지지만 노로바이러스는 낮은 기온에서 오히려 활동이 활발해지며, 겨울철 식중독의 주된 원인이 노로바이러스이다.

② 감 염

노로바이러스에 감염된 식품·음료 섭취로 감염되고, 질병에 걸린 사람에 의한 경구감염이나 구토물, 분변을 통해 감염되기도 한다. 감염력이 매우 강해서 사람에서 사람으로 쉽게 퍼진다. 소량의 바이러스만 있어도 쉽게 감염될 수 있을 정도로 감염성이 높다.

③ 원인식품

다양한 종류의 식품이 원인이 되어 감염될 수 있다.

④ 증 상

노로바이러스에 감염되면 보통 24~48시간의 잠복기를 거치고 구토, 메스꺼움, 오한, 복통, 설사 등의 증상이 나타나고, 근육통, 권태, 두통, 발열 등을 유발하기도 한다. 소아에게는 구토가 흔하고, 성인에게는 설사가 흔하다. 심한 경우 탈수 증상이나 심한 복통으로 진행되기도 한다.

⑤ 예 방

㉠ 노로바이러스의 경우 85℃에서 1분 이상 가열하면 완전히 소멸된다.

㉡ 감염이 손을 통해 주로 이뤄지므로 철저한 손씻기가 중요하다. 화장실 사용 후, 기저귀를 교체한 후, 식사전 또는 음식 준비 전에는 반드시 손을 깨끗이 씻도록 한다.

㉢ 노로바이러스에 대한 항바이러스제는 없으며, 감염을 예방할 백신도 없다. 대부분 치료하지 않아도 며칠내 자연적으로 회복이 된다. 노인 또는 면역력이 저하된 환자의 경우 중증화 되기도 한다.

㉣ 120~180mJ/cm² 자외선을 조사하면 자외선이 박테리아나 바이러스의 핵산에 흡수되어 핵산의 화학변화(유전자의 특성변화)를 일으켜 핵산의 회복기능을 상실시킨다.

㉤ 바닥, 조리대 등은 물과 염소계소독제(1,000ppm)를 이용하여 세척·살균한다.

(2) 로타바이러스(Rotavirus) 식중독

① 개 요

수레바퀴모양(rota)의 소화기바이러스인 로타바이러스가 원인이다. 선진국이나 개발도상국을 불문하고, 5세 이하에서 설사증으로 입원하는 소아의 1/3이 로타바이러스에 의한 것으로 생각된다. 생후 1개월 이하 영유아 감염의 약 1/3에서 설사가 생기지만 이외에는 불현성 감염이다. 6개월에서 2세의 연령층에서 발생률이 가장 높으며, 2~3세까지는 모두 감염된다. 우리나라와 같은 온대지방에서는 사계절 내내 환자가 발생할 수 있으나, 흔히 겨울철에 유행한다. A, B, C형이 확인되어 있으며, A형 빈도수가 가장 높다.

② 감 염

㉠ 분변 - 경구 경로(fecal - oral route)로 감염되며, 일부는 호흡기(증식은 불가능함) 감염도 가능하다. 따라서 소아병동이나 놀이방 등에서 집단유행이 발생할 수 있고, 신생아와 이들과 접촉한 성인에서도 발생할 수 있다.

㉡ 적은 수의 바이러스만으로도 감수성 있는 사람에게 감염을 일으킬 수 있다.

③ 원인식품

생채소, 이매패류, 냉장꽃게, 딸기, 케이크, 햄버거, 브라우니, 오염식수 등이다.

④ 증 상
  5세 이하의 영유아에서 급성 감염을 유발하여 설사, 복통, 구토 등의 위장관염 증세를 보이는 병원체로 알려져 있으며, 급성 위장관염을 유발하는 바이러스 가운데에 영유아에서 가장 발생 빈도가 높은 것으로 보고되어 있다.
⑤ 예 방
  로타바이러스는 다른 바이러스가 생존하기 어려운 환경에서도 생존할 수 있기 때문에 청결한 환경유지 및 개인위생관리를 한다고 해도 완벽한 예방이 되지 않는다. 따라서 사전에 감염을 차단하기 위한 예방접종이 중요하다. 국내의 경우 로타릭스, 로타텍이라는 로타바이러스 백신의 접종이 가능하다.

(3) A형 간염바이러스(Hepatitis A virus) 식중독
① 개 요
  A형간염 바이러스에 의한 급성 감염 질환으로 발열, 구역 및 구토, 암갈색 소변, 식욕부진, 복부 불쾌감, 황달 등 다른 바이러스에 의한 급성 간염과 유사하다.
② 감 염
  ㉠ A형간염 바이러스에 오염된 음식물(어패류 등)에 의해 전파된다.
  ㉡ 환자의 대변을 통한 경구감염, 주사기를 통한 감염(습관성 약물중독자), 혈액제제를 통한 감염으로도 전파되며, 환자를 통해 가족 또는 친척에게 전파되거나 인구밀도가 높은 군인, 고아원, 탁아소에서 집단 발생한다.
③ 원인식품
  상추, 딸기, 라즈베리, 굴, 홍합, 모시조개 등 이매패류, 패스트리, 빵, 햄, 샐러드, 스파게티, 햄버거, 파 등이다.
④ 증 상
  ㉠ 잠복기는 15~50일(평균 28일)이다.
  ㉡ 발열, 식욕감퇴, 구역 및 구토, 암갈색 소변, 권태감, 식욕부진, 복부 불쾌감, 황달 등이 나타난다.
  ㉢ 6세 미만 소아에서 약 70%가 무증상을 보이나, 연령이 높아질수록 황달이 동반되며 증상이 심해진다.
  ㉣ 길랭 – 바레 증후군, 급성 신부전, 담낭염, 췌장염, 혈관염, 관절염 등의 합병증이 나타날 수 있으며, 소수에서 재발성 간염, 자가면역성 간염, 담즙 정체성 간염 등의 비전형적인 임상증상이 나타날 수 있다.
⑤ 예 방
  ㉠ 1분간 85℃ 이상 열을 가해야만 바이러스가 불활화(不活化)되기 때문에 끓인 물이나 제조된 식수만을 마시며, 조개류는 90℃에서 4분간 열을 가하거나 90초 이상 쪄서 섭취한다.
  ㉡ 소아는 생후 12~23개월에 1차 접종 후 6~12개월(백신에 따라 6~18개월) 후에 2차 접종을 하고, 성인은 6~12개월(백신에 따라 6~18개월) 간격으로 2회 접종을 실시한다.

(4) 아데노바이러스(Adenoviral gastroenteritis) 식중독
① 개 요

아데노바이러스(Adenovirus)의 감염에 의한 호흡기 질환, 결막염, 급성 위장관염을 일으키는 식중독이다.

② 감 염

호흡기형은 비말(droplets)을 통하여 감염되며, 급성 위장관염의 경우는 분변 – 구강 경로로 감염된다.

③ 증 상

잠복기는 8~10일이다. 묽은 설사변과 설사, 1~2일 후에 나타나는 구토, 2~3일간 지속되는 낮은 발열, 탈수, 호흡기 증상을 보인다.

④ 예 방

식품 취급자의 철저한 개인위생관리가 필요하며, 해산물 등은 반드시 익혀서 먹는다.

(5) 아스트로바이러스(Astrovirus) 식중독
① 개 요

주로 6개월 미만의 영아나 소아에게 흔히 발생하며, 아스트로바이러스(Astrovirus)의 감염에 의한 급성 위장관염을 일으키는 식중독이다.

② 감 염

분변 – 구강 경로로 전파된다.

③ 증 상

잠복기는 3~4일(짧은 경우 24~36시간)이다. 로타바이러스 위장관염과 비슷하나 그 보다는 경한 형태로 탈수를 일으키며, 설사(경미), 두통, 권태감, 오심, 복통(구토는 드묾) 등의 증상을 나타낸다.

④ 예 방

손씻기 등의 개인위생관리가 필요하다.

04 식품위생행정

1 조직 및 기능

(1) 개요
① 우리나라의 식품위생 행정관리는 중앙기구로서 식품의약품안전처가 존재하여 식품안전정책, 사고대응 등을 총괄적으로 수행하고 있으며, 지방자치단체인 시·도(시·군·구청)의 위생관계 부서에서 가공식품, 유통식품 등을 관리하고 있고, 식품위생행정을 과학적으로 뒷받침하는 기구로서 연구 및 시험검사 기관 등이 있다.
② 식품위생행정의 선진화를 위한 제도로 가공식품 등의 해썹(HACCP)제도와 건강기능식품의 GMP제도 등이 있다.

(2) 조직과 기구
① 중앙행정기구
  ㉠ 식품의약품안전처의 식품안전정책국 : 식품의 안전정책을 총괄하고 관련 법령(식품안전기본법, 식품위생법, 건강기능식품에 관한 법률, 수입식품안전관리특별법) 및 제도를 만들거나 개선하는 업무를 담당하고 있다. 또한 부정·불량식품의 제조·수입·유통을 근절하기 위해 농장부터 식탁까지 체계적이고 효율적인 식품안전 관리체계를 구축하고, 전국 6개 지방청 및 식품의약품안전평가원, 자치단체와 협력하여 식품안전관리 업무를 수행하고 있다.
  ㉡ 광역권별 6개 지방식품의약품안전청의 식품전반에 대한 효율적 업무수행을 위해 전국 광역권별 6개 지방식품의약품안전청(서울, 경인, 부산, 대전, 대구, 광주)을 두고 있다.
② 지방행정기구
  ㉠ 지방기구로는 지방자치단체별로 조금씩 다르나, 일반적으로 시·도에 보건(환경)국이 있으며, 그 밑에 식의약품안전과 또는 보건위생과, 생활안전과를 두고 있다. 과내에 식품위생행정 담당부서가 있으며, 최일선 기관으로 시·군·구 또는 행정시마다 위생과 또는 위생담당을 두고 있다.
  ㉡ 지방자치단체의 식품안전관리 지원과 연구를 위한 기관으로 시·도 보건환경연구원이 있다.

2 식품위생검사

(1) 식품위생검사의 목적

식품위생검사는 음식물에 의해 발생하는 문제점을 방지하기 위해 식품, 식품첨가물, 음식물에 사용되는 기구, 용기 및 포장에 대한 검사를 의미한다. 그러나 식품 위생의 대상이 식품이나 식품첨가물, 기구, 용기 및 포장 외에 음식을 조리하는 사람을 포함하여 모든 식품 관련자의 건강관리까지 포함한다는 것을 생각할 때 식품위생검사를 하는 상황에 따라 검사의 성격과 의의가 다르다.

목 적	검 사
식품으로 인한 감염병이나 식중독이 발생하였을 때 원인식품 등에서 병원물질을 찾아내거나 혹은 감염경로 오염경로를 파악하기 위한 것	• 식품 매개성 감염병, 식중독 등이 발생하였을 때 검사물을 대상으로 하여 원인물질을 검색하는 검사 • 병원미생물의 분리·동정, 유해물질의 검출, 식품 자체의 성상검사 등
음식물에 의한 위해를 방지하거나 식품의 안전성을 확보하기 위한 것	• 식품에 의해 발생되는 위해를 미연에 방지하기 위해 식품을 안전상태로 유지하기 위한 수단으로 실시되는 검사 • 대장균군, 일반세균, 일반성분, 식품첨가물검사 등
식품위생에 관한 지도와 식품위생 대책의 수립에 필요한 식품, 용기 등의 위생상태 등 식품위생에 관한 실태파악을 위한 것	• 식품위생 대책의 입장에서 실시하는 검사로서 식품, 첨가물, 기구, 용기, 포장 등 식품위생에 관련된 사물의 상황을 파악하여 결과를 판단하기 위한 척도로서의 검사 • 세균수, 대장균군검사와 특수화학성분을 지표로 한 화학적 검사 등

(2) 식품위생검사의 종류

검사 방법	검사 항목
생물학적 검사	• 병원성 미생물(감염병원균, 세균성 식중독균)의 검색 • 세균수 검사(일반세균수, 곰팡이, 효모) • 대장균군 검사, 장구균 검사 • 기생충 검사, 항생물질의 검사
화학적 검사	• 성분 검사(수분, 총질소, 휘발성 염기 질소, 아미노태 질소, 조지방, 당류, 조섬유, 회분, 미량함유성분 등) • 독성물질 검사 • 식품첨가물의 검사 • 항생물질의 검사
물리학적 검사	• 온도 측정 • 비중 측정 • 수소이온농도 검사 • 방사능 오염 검사
관능 검사	외관으로 정상식품과의 비교 검사를 한다. 예 외관, 색채, 경도, 냄새, 맛, 이물의 부착, 기타의 상태를 비교한다.
독성 검사	• 급성 독성 검사 • 만성 독성 검사

(3) 식품위생검사의 방법

① 일반세균 검사
  ㉠ 평균평판균수는 검체 중에 존재하는 세균 중 표준한천배지 내에서 발육할 수 있는 중온균의 수를 말한다.
  ㉡ 수질검사시에는 이 균수를 일반세균수라고 부른다. 특히, 이 방법은 보통 검체와 표준한천배지를 페트리 접시에서 혼합 응고시켜 배양한 후, 발생한 세균의 집락수로부터 검체 중의 생균수를 산출하는 방법이다.

② 대장균 검사법
대장균군은 그람음성, 무아포성 간균으로서 유당을 분해하여 가스를 발생하는 모든 호기성 또는 통성 혐기성세균을 말한다. 대장균군 시험에는 대장균군의 유무를 검사하는 정성시험과 대장균군의 수를 산출하는 정량시험이 있다.

정성시험	• 유당 배지법(추정시험, 확정시험, 완전시험의 3단계로 구분) • BGLB 배지법 • 데스옥시콜레이트 유당한천 배지법
정량시험	• 최확수법 • BGLB 배지에 의한 정량법 • 데스옥시콜레이트 유당한천 배지에 의한 정량법

> **심화Tip** 최확수법
>
> 최확수란 이론상 가장 가능한 수치를 말하며, 동일 희석배수의 시험용액을 배지에 접종하여 대장균군의 존재 여부를 시험하고 그 결과로부터 확률론적인 대장균군의 수치를 산출하여 이것을 최확수(MPN)로 표시하는 방법이다. 최확수는 아래의 표처럼 시험용액 10, 1 및 0.1mL와 같이 연속해서 3단계 이상을 각각 5개씩(또는 3개씩 발효관에 가하여 배양 후 얻은 결과에 의하여 검체 100mL 중 또는 100g 중에 존재하는 대장균군수를 표시하는 것이다.
> 예로 검체 또는 희석검체의 각각의 발효관을 5개씩 사용하여 다음과 같은 결과를 얻었다면 최확수표에 의하여 시험검체 100mL 중의 MPN은 94로 된다. 이 때 접종량이 1, 0.1, 0.01mL일 때에는 94×10 = 940으로 한다.
>
> | 시험용액 접종량 | 10mL | 1mL | 0.1mL | MPN |
> |---|---|---|---|---|
> | 가스발생양성관수 | 5개 | 2개 | 2개 | 94 |

③ 곰팡이 효모검사
  ㉠ 곰팡이나 효모의 수는 하워드(Haward)법에 의하여 검사하는데, 이 방법은 특수 슬라이드 글라스와 그 위에 덮은 커버 글라스 사이에 있는 곰팡이나 효모 등의 수를 세어 면적과 층의 두께로부터 미리 계산한 액층의 용적과의 관계에 의하여 검체 중의 총 세포수를 추정하는 것이다.
  ㉡ 곰팡이 독소 중에서도 가장 독성이 강한 아플라톡신의 허용기준값을 검사하기 위해 아플라톡신 분석에는 박층크로마토그래프법을 이용하고 있다.

④ 식품첨가물 검사법
  ㉠ 법으로 허가된 식품첨가물에 대하여 식품첨가물 공전에 기재되어 있는 제조 방법, 사용량, 보존 및 표시에 관한 기준과 성분에 관한 규격을 검사하여야 한다. 특히, 허가된 식품첨가물이라 하더라도 식품에 사용한 양과 식품첨가물의 성분 규격에 대하여 검사하는 것이 식품위생상 특히 중요하다.
  ㉡ 법으로 허가되어 있지 않은 식품첨가물을 사용하였는지의 여부를 검사하여야 한다. 특히, 법으로 허가되어 있지 않은 식품첨가물은 독성이 매우 강한 것이 일반적이므로 철저하게 검색하는 것이 식품위생상 매우 중요하다.

⑤ 유해성 금속 시험
  식품 속에 남아 있는 납(Pb), 카드뮴(Cd) 등의 유해 금속을 검사하는 경우에는 시료용액을 조제한 다음, 일반적으로 원자흡광법에 의해 목적하는 금속 원소의 남아 있는 양을 측정한다.

⑥ 항생물질의 검사
  식품 속에 남아 있는 항생물질을 검사하기 위해서는 비색법, 형광법 등의 화학적 검사방법과 미생물의 발육에 의해 생기는 탁도나 착색물질의 생성 정도를 측정하는 미생물학적 검사법이 있다.

⑦ 잔류 농약의 검사
  ㉠ 식품 중의 잔류 농약을 추출 또는 분리하여 정제하는 방법은 대상 식품과 농약에 따라 다르므로 이를 적절히 선택하여 불순물이 함유되지 않도록 가능한 한 완전하게 농약을 추출 분리하는 것이 중요하다.
  ㉡ 추출액의 정제법으로는 일반적으로 두 종의 용매계에서 분배 처리와 칼럼 크로마토그래프법을 병용하는 방법이 이용된다.
  ㉢ 농약의 정성과 정량에는 가스크로마토그래프법, 여지크로마토그래프법, 박층크로마토그래프법, 자외선 또는 적외선 흡수 스펙트럼법 등이 이용된다. 특히, 가스크로마토그래프법은 초미량의 유기염소제나 유기인제 등이 시험에 자주 이용된다.

3 식품위생행정의 주요 제도

(1) 해썹(HACCP)제도

① 개 요 [기출] 2015 서울시
  ㉠ HACCP이란 "Hazard Analysis and Critical Control Point"의 머리글자로서 "식품안전관리인증기준"이라고 해석되며 보통은 "해썹"이라고 부른다.
  ㉡ HACCP는 HA(위해요소분석 ; 원료와 공정에서 발생가능한 병원성 미생물 등 생물학적, 화학적, 물리적 위해요소 분석)과 CCP(중요관리점 ; 위해요소를 예방, 제거 또는 허용 수준으로 감소시킬 수 있는 공정이나 단계를 중점관리)를 합친 말로서 위해분석이란 "어떤 위해를 미리 예측하여 그 위해요인을 사전에 파악하는 것"을 의미하며, 중점관리기준이란 "반드시 필수적으로 관리하여야 할 항목"이란 뜻을 내포하고 있다.

ⓒ 여기서 위해요소는 크게 3가지로 생물학적(식중독균, 곰팡이 등), 화학적(중금속, 잔류농약 등), 물리적(이물질 등) 위해요소를 말하며, HACCP제도는 식품을 만드는 과정에서 이 세 가지 위해요인들이 발생할 수 있는 상황을 과학적으로 분석하고 사전에 위해요인의 발생여건들을 차단하여 소비자에게 안전하고 깨끗한 제품을 공급하기 위한 시스템적인 규정을 말한다.

ⓔ 결론적으로 HACCP이란 식품의 원재료부터 제조, 가공, 보존, 유통, 조리 단계를 거쳐 최종소비자가 섭취하기 전까지의 각 단계에서 발생할 우려가 있는 위해요소를 규명하고, 이를 중점적으로 관리하기 위한 중요관리점을 결정하여 자율적이며 체계적이고 효율적인 관리로 식품의 안전성을 확보하기 위한 과학적인 위생관리체계라고 할 수 있다.

ⓜ HACCP는 위생관리시스템으로 품질관리프로그램 중 식품안전성과 관련된 부분에 일부 포함될 수 있으나, 그 자체가 ISO 9000, TQM, TQC 등과 같은 품질관리프로그램은 아니다.

[HACCP과 일반식품안전관리체계의 비교]

구 분	일반식품안전관리체계	HACCP
조치 방법	사후 관리	문제발생전 예방적 관리
숙련 요구성	숙련자	비숙련자도 가능
신속성	시험분석에 장시간 소요	즉각적 조치 가능
소요 비용	많은 비용 소요	비용 저렴
공정 관리	현장 및 최종제품관리, 검사	공정관리(CCP)
평가 범위	제한된 시료	각 단계별 많은 측정 가능
위해요소 관리범위	규정에 명시된 위해요소관리	위해분석 결과에 따라 선정된 위해요소 관리

② 해썹(HACCP)제도의 역사

㉠ 해썹(HACCP)의 원리가 식품에 이용되기 시작한 것은 1959년 미항공우주국(NASA)에서 100% 안전한 우주용 식품을 제조하기 위하여 Pillsbury사, Natick 연구소와 공동으로 원재료, 공정, 제조환경, 종사자, 보관, 유통에 이르기까지의 모든 과정에서 위해가능성을 체계적으로 관리하는 방법을 제시하면서 해썹(HACCP)제도의 개념이 정립되었다.

㉡ 1995년 12월 식품위생법 규정을 제정하고 1996년 12월 식품위해요소중점관리기준을 제정하여 해썹(HACCP)제도를 도입하였으며, 2002년 8월 식품위생법을 개정, 2003년 8월 동법 시행규칙을 개정하여 자율적용 체계를 자율적용과 의무적용을 병행하는 체계로 전환하였다.

㉢ 현재 식품안전성을 확보하고 국민 건강을 보호하기 위하여 위해발생 가능성이 높은 식품과 국민 다소비식품 등을 대상으로 HACCP 의무적용제도를 도입하고 있다.

③ 주요 용어

㉠ <u>식품안전관리인증기준(Hazard Analysis and Critical Control Point)</u> : 식품의 원료 관리, 제조·가공·조리 및 유통의 모든 과정에서 위해한 물질이 식품에 혼입되거나 식품이 오염되는 것을 방지하기 위하여 각 과정을 중점적으로 관리하는 기준을 말한다.

㉡ <u>위해요소(Hazard)</u> : 식품위생법 제4조(위해식품 등의 판매 등 금지)의 규정에서 정하고 있는 인체의 건강을 해할 우려가 있는 생물학적, 화학적 또는 물리적 인자나 조건을 말한다.

ⓒ 위해요소분석(Hazard Analysis) : 식품 안전에 영향을 줄 수 있는 위해요소와 이를 유발할 수 있는 조건이 존재하는지 여부를 판별하기 위하여 필요한 정보를 수집하고 평가하는 일련의 과정을 말한다.

ⓔ 중요관리점(Critical Control Point ; CCP) : 식품안전관리인증기준을 적용하여 식품의 위해요소를 예방·제거하거나 허용수준 이하로 감소시켜 당해 식품의 안전성을 확보할 수 있는 중요한 단계·과정 또는 공정을 말한다.

ⓜ 한계기준(Critical Limit) : 중요관리점에서의 위해요소 관리가 허용범위 이내로 충분히 이루어지고 있는지 여부를 판단할 수 있는 기준이나 기준치를 말한다.

ⓗ 모니터링(감시, Monitoring) : 중요관리점에 설정된 한계기준을 적절히 관리하고 있는지 여부를 확인하기 위하여 수행하는 일련의 계획된 관찰이나 측정하는 행위 등을 말한다.

ⓢ 개선조치(Corrective Action) : 모니터링 결과 중요관리점의 한계기준을 이탈할 경우에 취하는 일련의 조치를 말한다.

ⓞ HACCP 관리계획(HACCP Plan) : 식품의 원료 구입에서부터 최종 판매에 이르는 전 과정에서 위해가 발생할 우려가 있는 요소를 사전에 확인하여 허용수준 이하로 감소시키거나 제거 또는 예방할 목적으로 HACCP원칙에 따라 작성한 제조·가공·조리·소분·유통 공정 관리문서나 도표 또는 계획을 말한다.

ⓩ 검증(Verification) : HACCP 관리계획의 적절성과 실행 여부를 정기적으로 평가하는 일련의 활동(적용 방법과 절차, 확인 및 기타 평가 등을 수행하는 행위를 포함한다)을 말한다.

ⓩ HACCP 적용업소 : 식품의약품안전처장이 고시한 HACCP을 적용·준수하여 식품을 제조·가공·조리·소분·유통하는 업소를 말한다.

④ 구조 및 체계

* SSOP(표준위생관리기준) : 일반적인 위생관리운영기준. 영업장 관리, 종업원 관리, 용수관리, 보관 및 운송관리, 검사관리, 회수관리 등의 운영절차
** GMP(우수제조기준) : 위생적인 식품생산을 위한 시설·설비요건 및 기준. 건물의 위치, 시설·설비의 구조, 재질요건 등에 관한 기준

[HACCP의 구조]

㉠ HACCP은 식품을 위생적으로 생산할 수 있는 시설, 설비, 즉 GMP(우수제조기준)의 여건하에서 SSOP(표준위생관리기준)를 준수하였을 때 효과적으로 작동한다.
㉡ 만일 GMP와 SSOP가 적절하게 설계·관리되지 못하면 그로 인하여 HACCP 시스템이 제대로 가동될 수 없게 된다. 왜냐하면, HACCP 시스템은 기본적인 위생관리가 효과적으로 수행된다는 전제조건하에 중점적으로 관리하여야 할 점을 파악하여 집중 관리하는 시스템이기 때문이다.
㉢ 이처럼 GMP와 SSOP가 선행되지 않고서는 HACCP 시스템이 효율적으로 가동될 수 없으므로 GMP와 SSOP를 HACCP 적용을 위한 선행요건 프로그램이라고 이해하면 된다.
㉣ 결과적으로 HACCP 계획을 효율적으로 운영하기 위해서는 효과적인 선행요건 프로그램이 작성되고 운영되어야 한다.

⑤ 해썹(HACCP)관리 : 7원칙 12절차
해썹(HACCP)관리는 7원칙 12절차에 의한 체계적인 접근방식을 적용하고 있다. 해썹(HACCP) 7원칙이란, 해썹(HACCP) 관리계획을 수립하는데 있어 단계적으로 적용되는 주요 원칙을 말한다. 해썹(HACCP) 12절차란, 준비단계 5절차와 본 단계인 해썹(HACCP) 7원칙을 포함한 총 12단계의 절차로 구성되며, 해썹(HACCP)관리체계 구축절차를 의미한다.

해썹(HACCP) 7원칙	해썹(HACCP) 12절차
1. 위해요소분석 2. 중요관리점 결정 3. 한계기준 설정 4. 모니터링 체계 확립 5. 개선조치방법 설정 6. 검증절차 및 검증방법 설정 7. 문서 및 기록유지방법 설정	해썹(HACCP) 7원칙 포함 1. HACCP팀 구성 2. 제품설명서 작성 3. 제품의 용도 확인 4. 공정흐름도 작성 5. 공정흐름도 현장 확인

(2) 우수건강기능식품제조기준(GMP)

① 개 요
㉠ 우수건강기능식품제조기준(GMP)이란 "Good Manufacturing Practices"의 약칭이며, "품질이 우수한 건강기능식품을 제조하는데 필요한 요건을 설정한 기준"으로, 건강기능식품제조업소가 우수한 품질이 보장된 건강기능식품을 제조하기 위하여 준수하여야 할 사항을 제정한 구조·설비와 제조관리 및 품질관리 등에 관한 기준의 규범이다.
㉡ 현재 각 산업분야별로 GMP제도의 도입을 유도하고 있으며, 건강기능식품 GMP(GMP), 의약품 GMP(KGMP), 원료의약품 GMP(BGMP) 등 각종 GMP를 제정·실시함으로써 GMP를 적용하는 제조관리 체계의 구축이 가속화되고 있다.

② 주요 용어
㉠ "제조"란 건강기능식품을 생산하기 위하여 행하여지는 모든 작업을 말하며, 포장 및 표시작업도 이에 포함된다.

ⓒ "제조단위" 또는 "로트(Lot)"란 건강기능식품을 동일한 제조공정하에서 균질성을 갖도록 제조하여 포장을 제외한 더 이상의 제조나 가공이 필요하지 아니한 시점(포장후 멸균 및 살균 등과 같이 별도의 제조공정을 거치게 되는 제품은 최종공정을 마친 시점을 말한다)에서의 일정한 분량을 말한다. 다만, 제조공정의 특성상 연속공정 등으로 제조단위 또는 로트단위로 구분이 곤란한 경우에는 동일제조일자제품을 같은 제조단위 또는 같은 로트단위로 볼 수 있다.

ⓓ "제조번호" 또는 "로트번호(Lot No.)"란 일정한 제조단위분에 대하여 제조연월일 및 관리·출하 등에 관한 모든 사항을 확인할 수 있도록 종합 관리하는 숫자, 문자 등을 말한다.

ⓔ "자재"란 포장과 표시작업에 사용되는 용기, 표시재료 및 포장재료를 말한다.

ⓕ "반제품"이란 건강기능식품의 제조공정 중에 만들어진 것으로서 필요한 제조공정을 더 거쳐야 완제품으로 되는 것을 말한다.

ⓖ "완제품"이란 모든 제조공정을 끝낸 제품으로 소비자에게 판매할 수 있는 건강기능식품을 말한다.

> **The 알아보기**
> 건강기능식품
> 건강기능식품이란 인체에 유용한 기능성을 가진 원료나 성분을 사용하여 제조(가공을 포함한다)한 식품을 말한다.

ⓗ "시험"이란 주어진 원·부재료, 반제품, 완제품 등을 「건강기능식품에 관한 법률」 제14조 및 법 제15조에 따른 건강기능식품의 기준 및 규격에 정해진 방법 등에 따라 관능적, 이화학적 및 미생물학적 검사 또는 측정하는 기술적 조작을 말한다.

ⓘ "청정구역"이란 건강기능식품 제조시 병원미생물, 유해화학물질 등의 오염 및 부패·변질을 방지할 수 있도록 공기정화, 온·습도 등을 조절하여 비오염 상태에서 제조 작업을 행하는 구역을 말한다.

③ 적용범위
  ㉠ GMP 적용 평가대상업소
    GMP 적용업소로 지정받고자 하는 영업자는 GMP 운영조직의 구성 및 책임자를 포함한 우수건강기능식품제조기준에 따라 3회 이상 적용·운영한 후 GMP 적용실시상황평가표에 따라 자체평가를 실시한 결과와 기준서 등을 첨부하여 GMP 적용업소 지정을 지방식품의약품안전처장에게 신청하여야 한다. GMP 적용업소 지정을 신청한 업소는 식품의약품안전처 관계공무원이 우수건강기능식품제조기준 평가표에 의거 평가를 하게 되며, 지정 여부를 판정하게 된다.
  ㉡ GMP 적용 지정업소
    GMP 적용업소로 지정된 건강기능식품전문제조업소는 연 1회 이상 식품의약품안전처 관계공무원이 조사·평가할 수 있다.

④ 기준서의 비치
건강기능식품제조영업자는 건강기능식품의 제조관리와 품질관리를 적절히 이행하기 위하여 제품표준서, 제조관리기준서, 제조위생관리기준서 및 품질관리기준서를 작성하여 비치하여야 한다.

4 식품첨가물

(1) 의 의

① 「식품위생법」상의 정의

"식품첨가물"이란 식품을 제조·가공·조리 또는 보존하는 과정에서 감미(甘味), 착색(着色), 표백(漂白) 또는 산화방지 등을 목적으로 식품에 사용되는 물질을 말한다. 이 경우 기구(器具)·용기·포장을 살균·소독하는 데에 사용되어 간접적으로 식품으로 옮아갈 수 있는 물질을 포함한다(식품위생법 제2조 제2호).

② 국제식품규격위원회(Codex Alimentarius Commission)의 정의

식품첨가물이란 일반적으로 그 자체를 식품으로서 섭취하지 않고, 영양적 가치에 상관없이 식품의 일반 성분으로서 사용되지 않는 물질을 의미하여, 식품의 제조, 가공, 조리, 처리, 포장 및 보관시에 기술적인 목적을 달성하기 위해 식품에 첨가하여 효과를 나타내거나, 직접 또는 간접적으로 식품에 효과를 나타낼 것으로 기대되거나, 그 부산물이 식품의 구성성분이 되거나, 식품의 특성에 영향을 끼칠 수 있는 물질을 말한다. 다만, 오염물질, 영양적 품질 개선을 목적으로 첨가하는 물질은 제외한다.

(2) 식품첨가물의 역할

① 식품의 보존성을 향상시켜 식중독을 방지한다.

식품에 포함되어 있는 지방이 산화되면 과산화지질이나 알데히드가 생성되어 인체 위해요소가 될 수 있으며, 또한 식품 중 미생물은 식품의 변질을 일으킬 뿐 아니라 식중독의 원인이 되므로, 이를 방지하기 위해 산화방지제, 보존료, 살균제 등의 식품첨가물이 사용되고 있다.

보존료	미생물에 의한 부패나 변질을 방지하고, 화학적인 변화를 억제하여 보존성을 높이는 물질	장류, 절임
산화방지제	산화 반응에 의한 변질을 예방하기 위해 식품을 병이나 캔에 넣어 공기를 차단하거나 산화를 방지하기 위해 첨가하는 물질	마가린, 버터, 마요네즈

② 가공식품의 제조 및 가공을 돕는다.

두부는 두유의 단백질을 응고시킨 것이지만, 응고하기 위해서는 두부응고제가 필요하다. 또한 중화면은 특유의 색조와 식감을 가진 면으로 제조시 면류첨가알칼리제가 필요하다. 이와 같은 가공식품은 식품첨가물 없이는 제조할 수 없는 식품이다. 이 역할을 담당하는 식품첨가물에는 두부응고제나 면류첨가알칼리제 이외에도 효소제, 여과보조제, 추출용제, 탄산가스, 소포제 등이 있다.

유화제	물과 기름 같이 서로 잘 혼합되지 않는 두 종류의 액체를 혼합할 때, 분리되지 않고 유화 상태를 오래 지속시키기 위하여 사용하는 물질	마요네즈, 아이스크림
품질개량제	결착성을 높여서 씹을 때의 식감을 향상시키고 맛의 조화와 풍미를 가져오기 위해 사용하는 물질	소시지, 햄

③ 영양성분을 강화하고 보충한다.

가공식품의 제조과정에서 잃게 되는 비타민이나 미네랄을 보충하거나 식생활에서 부족한 영양을 강화하기 위해 비타민류, 미네랄 및 아미노산 등의 영양강화제가 사용되고 있다.

강화제	영양소를 보충하거나 함유하지 않은 영양소를 첨가하여 식품의 영양가를 높이는 물질	조제분유, 과자

④ 식품의 기호성이나 품질을 향상시킨다.

가공식품의 원료가 되는 식품은 계절, 기후, 생산지역에 따라 색, 맛, 향, 식감이 다를 수 있기 때문에 착색료, 광택제를 이용하여 색을, 향미증진제, 감미료, 산미료를 이용하여 맛을, 착향료를 이용하여 향기를 보정하고, 가공식품의 품질을 일정하게 유지하고 있다.

감미료	천연 감미료와 인공 감미료로 구분되며, 인공 감미료는 설탕에 비해 단맛이 강하고 가격이 저렴하다.	청량음료, 아이스크림
착색료	고유의 색깔 유지나 식품의 가치를 향상시키기 위해 사용한다.	초코볼
발색제	자체에는 색을 가지고 있지 않으나, 첨가시 식품의 성분과 반응하여 색을 안정화시키면서 선명하게 하는 물질이다.	햄, 소시지
착향료	향을 없애기 위해, 어떤 향을 다른 향으로 바꾸기 위해, 향을 강화하기 위해 첨가되는 첨가물이다.	빙과, 캐러멜

(3) 식품첨가물의 구비조건

식품첨가물은 식품의 대량생산, 영양가치 향상, 보존기간 증가, 기호성 향상, 품질향상 등을 목적으로 사용하나 그 안전성이 문제되는 경우가 많으므로 충분히 검토하여 다음의 조건을 갖추어야 한다.

① 사용방법이 간편하고 미량으로도 충분한 효과가 있어야 한다.
② 독성이 적거나 없으며 인체에 유해한 영향을 미치지 않아야 한다.
③ 물리적·화학적 변화에 안정해야 한다.
④ 값이 싸야 한다.

심화Tip 식품첨가물의 안전성 평가

- 급성 독성시험(LD50) : 실험대상 동물에게 실험물질을 1회만 투여하여 단기간에 독성의 영향 및 급성 중독증상 등을 관찰하는 시험방법이다. 실험대상 동물 50%가 사망할 때의 투여량으로 LD50의 수치가 낮을수록 독성이 강하다.
- 아급성 독성시험 : 실험대상 동물 수명의 10분의 1 정도의 기간에 걸쳐 치사량 이하의 여러 용량으로 연속 경구투여하여 사망률 및 중독증상을 관찰하는 시험방법이다.
- 만성 독성시험 : 식품첨가물의 독성평가를 위해 가장 많이 사용하고 있으며, 시험물질을 장기간 투여했을 때 어떠한 장해나 중독이 일어나는가를 알아보는 시험이다. 만성 독성시험은 식품첨가물이 실험대상 동물에게 어떤 영향도 주지 않는 최대의 투여량인 최대무작용량을 구하는데 목적이 있다.

(4) 식품첨가물의 사용기준

식품첨가물을 무제한으로 모든 식품에 사용할 경우 식품을 통해서 다량 섭취하면 유해한 영향을 미칠 가능성이 있으므로 식품첨가물 섭취로 인한 위해를 최소한으로 줄이고자 첨가량과 사용방법을 제한하는 첨가물의 사용기준이 정해져 있다. 이는 첨가물을 사용해서 식품을 제조·가공할 때 지키지 않으면 안 되는 기준으로 첨가물의 품질, 다시 말해서 성분규격과 함께 식품의 안전성을 확보하는데 중요한 기준이다.

사용기준은 첨가물의 1일 섭취량·사용목적·사용량·사용방법·효과 및 식품 중의 분해 수준 등의 자료에 의해 정해지며, 첨가물의 1일 섭취량은 그 첨가물이 사용된 대상 식품의 1일 섭취량 결과로부터 산출한다. 그 양을 독성시험 결과로부터 산출한 인체안전기준인 1일 섭취허용량(Acceptable Daily Intake ; ADI)과 비교하여 사용기준이 결정된다. 현행 식품첨가물공전의 사용기준에는 일반사용기준과 개별사용기준이 있다.

① 일반사용기준

일반사용기준에서는 식품첨가물의 사용목적을 결함이 있는 원재료나 비위생적인 제조방법을 은폐하기 위한 목적으로 사용을 금지하고 있으며, 개별사용기준이 없는 식품첨가물은 물리적, 영양적, 기타 기술적 효과를 달성하는데 필요한 최소량으로 제한 사용하도록 하고 있다. 또한, 조제유류, 영아용 조제식, 성장기용 조제식, 영·유아용 곡류조제식, 기타 영·유아식에 사용할 수 있는 식품첨가물을 영양강화 목적의 첨가물과 영양강화 목적 이외에 사용할 수 있는 식품첨가물로 구분하여 관리하고 있다.

② 개별사용기준

개별 품목별 사용기준에서는 보존료, 산화방지제, 감미료 등과 같이 사용 대상식품 및 사용량이 설정된 품목, 영양강화제, 착색료 등과 같이 사용 대상식품을 한정하고 있는 품목, 착향료, 추잉껌기초제, 피막제 등과 같이 사용용도만이 규정된 품목이 있다.

> **심화Tip 식품첨가물의 분류기준**
>
> - **식품의 변질·변패를 방지하는 첨가물** : 보존료, 살균제, 산화방지제, 피막제
> - **식품의 기호성을 높이고 관능을 만족시키는 첨가물** : 조미료, 산미료, 감미료, 착색료, 착향료, 발색제, 표백제
> - **식품의 품질 개량·유지에 사용되는 첨가물** : 밀가루개량제, 품질개량제, 호료, 유화제, 이형제, 용제
> - **식품의 영양강화에 사용되는 첨가물** : 영양강화제
> - **식품 제조에 필요한 첨가물** : 팽창제, 소포제, 추출제, 껌기초제
> - **기타** : 여과보조제, 산제, 중화제, 흡착제, pH조정제, 가수분해제

CHAPTER 03 출제예상문제

식품위생

01 식품위생 일반

01 세계보건기구(WHO)에서 정의한 식품위생의 목적으로 볼 수 없는 것은?
① 식품의 안전성
② 식품의 기능성
③ 식품의 건전성
④ 식품의 완전성

식품위생이란 식품의 재배 사육부터 생산 가공 공정을 거쳐 최종 소비에 이르기까지의 모든 단계에 있어서 식품의 안전성, 건전성 및 완전성을 유지하는데 필요한 모든 수단을 말한다.

02 안전한 식품 확보를 위한 핵심수칙이 아닌 것은?
① 청결유지 및 가열조리
② 날 것과 익은 것 혼합 보관
③ 안전한 물과 원재료의 사용
④ 안전한 온도로 식품저장

안전한 식품을 확보하기 위한 다섯 가지 주요 핵심수칙(WHO)
1. 청결의 유지
2. 날 것과 익은 것을 분리 보관
3. 철저한 가열조리
4. 안전한 온도로 식품저장
5. 안전한 물과 원재료의 사용

03 다음 중 식인성 질환의 외인성 요인이 아닌 것은?

① 식이성 알레르기 물질
② 식중독균
③ 곰팡이 독소
④ 기생충

식이성 알레르기 물질은 내인성 요인에 해당한다.
식인성 질환의 유형

분류	정 의	종 류
내인성	식품 원재료의 본래 성분에 유해·유독성분이 있어서 발생하는 병해	• 유해·유독성분(자연독) • **식이성 알레르기 물질** • 식품 중의 변이원성 물질
외인성	식품의 생산, 생육, 제조, 가공, 저장, 유통 및 소비 등의 과정에서 외부로부터 유해, 유독물질이 혼입되거나 오염되어 일으키는 병해	• 식중독균 • 경구 감염병 • 기생충 • 곰팡이
		• 의도적 식품첨가물(유해첨가물) • 비의도적 첨가물(잔류농약, 환경오염물질, 제조, 가공 및 포장혼입, 용출물질)
유인성	식품이 제조, 가공, 저장 및 유통되는 과정에서 물리적, 화학적, 생물학적 요인들에 의해서 식품 중 유독물질을 생성하여 일으키는 병해	• 물리적 생성물(유지의 변패물, 과산화물) • 화학적 생성물(제조·조리과정 생성물, 벤조피렌) • 생물학적 생성물(생체내 반응 생성물, N-nitro 화합물)

04 외인성 요인인 곰팡이균에 의한 건강장애에 해당하지 않는 것은?

① 공해질환   ② 식중독
③ 간장장애   ④ 발 암

공해질환
수질오염이나 대기오염 등의 공해 때문에 생기는 질병이다. 이타이이타이병 환자의 뼈가 물러지는 원인은 카드뮴 중독에 의해 신장에 문제가 생기고, 이에 따라 내분비계에 이상이 발생해 칼슘이 빠져나가기 때문이다.

05 유인성 요인에 의한 식인성 질환에 해당하지 않는 것은?

① 유지의 변패물
② 제조・조리과정 생성물
③ 생체내 반응 생성물
④ 제조, 가공 및 포장과정의 혼입물

제조, 가공 및 포장과정의 혼입물은 외인성 요인 중 비의도적 첨가물에 해당한다.

06 다음 중 화학적 생성물과 관련이 있는 것은?

① 유지의 변패물　　　② 과산화물
③ 벤조피렌　　　　　④ N-nitro 화합물

유인성 질환의 유형

종류	건강장애
• 물리적 생성물(유지의 변패물, 과산화물) • 화학적 생성물(제조・조리과정 생성물, 벤조피렌) • 생물학적 생성물(생체내 반응 생성물, N-nitro 화합물)	식중독, 발암

07 식품에 의해서 발생하는 건강장애가 아닌 것은?

① 콜레라　　　　　　② 탄저병
③ 기생충병　　　　　④ 백혈병

백혈병은 혈액 세포, 특히 백혈구가 이상 증식하는 혈액종양의 일종이다. 식품에 의해서 발생하는 건강장애가 아니다.
① 경구 감염병(소화기계 감염병) 중 세균성 감염병이다.
② 인수공통 감염병이다.
③ 기생충병은 우리들 소화기 계통에 기생하는 기생충에 의한 질병 또는 감염 상태를 말하는데, 대부분은 음식물을 통하여 감염된다.

08 다음 중 세균성 경구 감염병에 해당하는 것은?

① 장티푸스   ② 유행성 간염
③ 소아마비   ④ 아메바성 이질

병원체에 따른 경구 감염병의 분류

세균성 감염병	세균성 이질, 장티푸스, 성홍열, 콜레라, 디프테리아 등
바이러스성 감염병	소아마비(폴리오), 유행성 간염, 위장염 등
기생충성 감염병	아메바성 이질 등

09 다음 중 바이러스성 감염병에 해당하지 않는 것은?

① 소아마비(폴리오)   ② 유행성 간염
③ 위장염   ④ 디프테리아

디프테리아는 세균성 감염병에 해당한다.

10 사람과 동물 상호간에 전염되지 않는 감염병은?

① 결 핵   ② 야토병
③ 살모넬라병   ④ 간 염

인수공통 감염병
사람과 동물이 같은 병원체에 의하여 발생하는 질병을 말한다.
예 결핵, 탄저병, 브루셀라증, 살모넬라병, 조류독감(AI), 야토병 등

02 식품의 변질, 오염 및 보존

01 다음 중 정의가 잘못된 것은?

① 변질 : 식품의 영양물질, 비타민 등의 파괴, 향미의 손상 등으로 먹을 수 없는 상태로 부패 및 변패된 상태의 총칭
② 부패 : 단백질을 함유한 식품이 미생물의 작용으로 분해되어 아민(amine)류 등의 유해물질이 생성되고 인돌, 스카톨, 암모니아 등의 악취나 유해물질을 생성하는 현상
③ 산패 : 유지 중의 불포화지방산이 산화에 의하여 불쾌한 냄새나 맛을 형성하는 것으로, 유지에 가장 보편적으로 일어나는 현상
④ 발효 : 유지가 대기 중의 산소를 자연 발생적으로 흡수하고, 흡수된 산소는 유지를 산화시켜 과산화생성물을 형성시키는 것

> **해설 콕**
> ④의 지문은 발효가 아니라 유지의 산패를 말한다.
>
> | 자동산화에 의한 산패 | 유지가 상온에서 대기 중의 산소에 의해 서서히 자연적으로 산화되는 것으로 불포화도가 높을수록, 온도가 높을수록, 자외선 등에 의해 촉진된다. |
> |---|---|
> | 생화학적 산패 | lipoxidase(지방산화효소)와 lipohydroperoxidase 또는 heme(헤모글로빈 : 각종 호흡색소화합물)화합물, chlorophyll(엽록소) 같은 생화학적 물질에 의해 지방산의 산화가 촉진되어 일어나는 산패이다. |

02 다음 〈보기〉의 내용이 설명하는 것은?

> • 미생물 등에 의하여 식품 중의 탄수화물이나 지방질이 산화에 의해 분해된다든가 식품성분이 상호반응 또는 효소작용에 의해 변화되고 풍미가 나쁘게 되어 식용으로 부적절하게 되는 현상
> • 질소성분이 함유되지 않은 유기화합물로서 당질이나 지방질의 식품이 미생물에 의해 분해되어 변질되는 현상

① 변 질   ② 부 패
③ 산 패   ④ 변 패

>
> 변패에 대한 설명이다.
> ① 식품의 영양물질, 비타민 등의 파괴, 향미의 손상 등으로 먹을 수 없는 상태(부패 + 변패)를 말한다.
> ② 단백질을 함유한 식품이 미생물의 작용으로 분해되어 아민(amine)류 등의 유해물질이 생성되고 인돌, 스카톨, 암모니아 등의 악취나 유해물질을 생성하는 현상을 말한다.
> ③ 유지 중의 불포화지방산이 산화에 의하여 불쾌한 냄새나 맛을 형성하는 현상을 말한다.

03 식품 변질에 대한 설명으로 가장 옳은 것은? 〔기출〕 2019 서울시

① 부패 : 탄수화물이나 지질이 산화에 의하여 변성되어 맛이나 냄새가 변하는 것
② 산패 : 단백질 성분이 미생물의 작용으로 분해되어 아민류와 같은 유해물질이 생성되는 것
③ 발효 : 탄수화물이 미생물의 작용을 받아 유기산이나 알코올 등을 생성하는 것
④ 변패 : 유지의 산화현상으로 불쾌한 냄새나 맛을 형성하는 것

> 해설 콕
> ① **부패** : 단백질 성분이 미생물의 작용으로 분해되어 아민류와 같은 유해물질이 생성되는 것
> ② **산패** : 유지의 산화현상으로 불쾌한 냄새나 맛을 형성하는 것
> ④ **변패** : 탄수화물이나 지질이 산화에 의하여 변성되어 맛이나 냄새가 변하는 것

04 질소성분이 함유되지 않은 유기화합물로서 당질이나 지방질의 식품이 미생물에 의해 분해되어 변질되는 것은? 〔기출〕 2009 지방직

① 발효(fermentation)
② 변패(deterioration)
③ 자기소화(self digestion)
④ 숙성(aging)

> 해설 콕
> 문제의 지문은 변패에 대한 설명이다.
> ① 탄수화물이 미생물의 작용을 받아 유기산이나 알코올 등을 생성하는 현상
> ③ 동물이 죽은 다음 조직 내에 있던 효소의 작용에 따라 점차 분해하는 현상
> ④ 식육의 사후 강직 후 단백질이 자기소화하면서 부드러워지고 효소의 작용으로 아미노산과 펩티드가 증가해 풍미가 증가하는 과정

05 다음 중 생물 발육으로 일어나는 변질에 대한 설명으로 옳지 않은 것은?

① 단백질의 부패원인은 주로 곰팡이이다.
② 탄수화물의 부패원인은 곰팡이나 효모이다.
③ 단백질 부패시 탈탄산 반응과 탈아미노 반응 등을 거친다.
④ 탈아미노 반응은 세균이 생산하는 탈아미노 효소에 의하여 아미노산의 아미노기가 떨어져 나가고 암모니아, 지방산, 케토산 등을 생성하는 반응이다.

정답 01 ④ 02 ④ 03 ③ 04 ② 05 ①

생물 발육으로 일어나는 변질

구 분	부패 원인	진행 과정
단백질	세 균	탈탄산 반응과 탈아미노 반응 등을 거쳐 아미노산은 암모니아, 지방산, 아민류 인돌, 히스타민, 스카톨, 황화수소, 메탄올 등 불쾌한 냄새를 갖는 물질로 분해된다.
탄수화물을 많이 가지고 있는 식품	곰팡이나 효모	곰팡이나 효모가 탄수화물 식품을 부패시킬 수는 있으나, 단백질성 식품은 대부분 부패시키지 못한다.

06 공장폐수로 인한 식품 오염원이 아닌 것은?

① 수 은
② 카드뮴
③ 셀레늄
④ 크 롬

공장폐수로 인한 오염으로 수은에 의한 미나마타병, 카드뮴에 의한 이타이이타이병, 크롬에 의한 비중격천공병 등이 있다.

07 카드뮴(Cd) 중독으로 인한 일본의 환경오염 문제를 사회적으로 크게 부각시킨 것으로 가장 옳은 것은?

기출 2020 서울시

① 욧카이치 천식
② 미나마타병
③ 후쿠시마 사건
④ 이타이이타이병

1968년 일본에서 발생된 이타이이타이병은 **카드뮴(Cd) 중독**으로 인한 대표적인 환경오염 중독이며, 가용성 카드뮴을 섭취하였을 때 구토, 복통, 설사, 허탈, 의식불명 등의 중독 증상이 나타난다.
① **욧카이치 천식** : 1950년대 일본 욧카이치시에서 발생한 이산화질소에 의한 대기오염 사건
② **미나마타병** : 1956년 일본의 구마모토현 미나마타시에서 발생한 수은 중독에 의한 환경오염 사건
③ **후쿠시마 사건** : 2011년 3월 일본 도호쿠 지방 태평양 해역 지진으로 도쿄전력이 운영하는 후쿠시마 제1원자력 발전소의 방사능 · 방사능오수 누출 사고

08 식품에 대장균이 검출되었을 때 의미하는 것은?

① 부패정도　　　　　　　② 신선도
③ 식중독　　　　　　　　④ 병원균 오염지표

대장균군이 검출된 것은 분변과 함께 소화기 내의 세균도 배출된다는 것이며, 소화기계 감염병원균인 이질, 장티푸스균, 콜레라균 등에 의한 오염 가능성이 있다는 것을 의미한다. 소화기에서 배출되는 대장균은 다른 병원균에 비해 외계에서의 저항성이 비교적 강하고 균량도 많으며, 검출법이 간단하기 때문에 분뇨에 의한 오염의 좋은 지표가 된다.

09 농약 중 유기인제에 대한 설명으로 옳지 않은 것은?

① 파라티온, 메틸파라티온, 말라티온, 디아지논 등이 있다.
② 만성 중독이 주로 일어난다.
③ 중독 증상은 신경독에 의한 것으로 부교감신경 증상으로 구역질, 구토, 다한(多汗), 청색증(cyanosis) 등의 증상이 일어나고 교감신경 증상과 근력감퇴, 전신경련 등이 나타난다.
④ 농약은 수확 전 15일 이내에는 살포하지 않도록 한다.

살충제 중에서 유기인제는 대체로 독성이 강하나 동식물 체내에서 비교적 빨리 분해되어 급성 중독을 일으키지만 만성 중독을 일으키는 일은 거의 없다. 이와 반대로 유기염소제와 유기수은제는 대부분 식물 체내에서 거의 분해되지 않고 동물의 지방층이나 뇌신경 등에 축적되어 만성 중독을 일으킬 경우가 많다.

10 항생물질에 의한 오염에 대한 설명으로 옳지 않은 것은?

① 항생물질은 동물의 감염증 치료나 질병예방, 그리고 발육촉진을 목적으로 사용된다.
② 항생물질이 식품에 들어 있게 되면 알레르기 증상 또는 약제 내성균의 출현 등 공중위생에 미치는 영향이 크다.
③ 비펜트린은 양계농장에서 사용이 금지된 항생제이다.
④ 세계보건기구(WHO)에 따르면 피프로닐은 인체에 일정 기간 많이 흡수되면 간, 갑상샘, 신장 이상이 생길 수 있는 것으로 알려졌다.

피프로닐은 개·고양이에 기생하는 벼룩·진드기를 구제하는 용도로 사용하며, 양계농장에서는 사용이 금지되어 있다. 반면에 비펜트린은 닭에 기생하는 이를 잡을 때 사용하며, 일정기준치 이상을 초과하여 사용하지 못한다.

11 다음 중 살충제의 종류와 독성이 잘못 연결된 것은?

① 식독제 : 비산납, 비산석회, cryolite 등으로 해충의 입을 통해 섭취시켜 소화기관 내에서 흡수케 하여 중독을 일으켜 죽게 하는 약제
② 접촉제 : 해충의 피부에 직접 접촉 흡수시켜 죽게 하는 약제
③ 훈증제 : methyl bromide, chloropicrin, 청산 등의 약제를 가스 상태로 하여 해충의 호흡기관을 통해 흡수시켜 죽게 하는 약제
④ 기피제 : 독먹이, meta aldehyde 등으로 해충을 유인시켜 살해하는 약제

기피제는 해충의 접근을 방지하는 살충제이다.

살충제의 유형

구 분	특 징	종 류
식독제	곤충이 섭취함으로써 효과가 나타나는 살충제	비산납, 플루오르제 등
접촉제	곤충의 표피 등으로부터 체내에 흡수되어 효력을 나타내는 살충제	DDT, 파라티온 등
훈증제	기화하여 곤충의 호흡기로 침입함으로써 효과를 나타내는 살충제	브롬화메틸, 클로르피크린, 시안 등
침투제	식물의 뿌리, 잎, 줄기 등을 통하여 침투된 약제가 식물 전체에 이행 분포되어 살충력을 나타내는 살충제	시라단, 페스톡스 – 3, 메타시스톡스 등
기피제	해충의 접근을 방지하는 살충제	디페닐 프탈릭에스테르 등
유인제	해충을 유인시켜 살해하는 살충제	독먹이, 메타 알데히드 등

12 식품오염과 관련된 방사성 물질에 대한 설명으로 옳지 않은 것은?

① 우리나라는 방사성 물질에 의한 식품오염을 대비하여 식품 중 방사능 허용기준을 설정하였다.
② 식품과 함께 생체에 유입된 방사성 핵종은 체내 붕괴, 생체대사 및 배설될 때까지 인체에 영향을 미친다.
③ 방사성 핵종은 종류에 따라 인체에 미치는 영향이 다르며, 특히 상대적으로 반감기가 짧은 Sr – 90과 Cs – 137이 반감기가 긴 I – 131보다 인체에 덜 위험하다.
④ 방사성 물질은 체내에 침착하는 성질이 있어 친화성이나 침착하는 부위에 따라 조혈조직 장애, 생식세포장애, 갑상선장애 등을 유발한다.

방사성 핵종은 종류에 따라 인체에 미치는 영향이 다르며, 특히 상대적으로 반감기가 짧은 I – 131(8.05일)이 반감기가 긴 Sr – 90(28년)과 Cs – 137(30년)보다 인체에 덜 위험하다.

13 식품변질의 방지대책으로 맞지 않는 것은?

① 물리적 처리법 : 저온저장법, 가열처리법, 건조법, 방사선조사법
② 화학적 처리법 : 염장법, 설탕절임법, 식초절임법, 훈증법
③ 생물학적 처리법 : 세균 및 효모이용법, 곰팡이이용법
④ 플라스틱 진공포장법 : 병조림, 통조림

병조림, 통조림은 물리적 처리법에 해당한다.
플라스틱 진공포장법은 조미한 식품과 가공식품을 플라스틱 용기나 필름에 진공포장하고, 포장 후 가열살균을 행하는 방법이다. 진공도와 살균온도에 한계가 있어 통조림보다는 보존기간이 짧다.

14 식품보존방법에 대한 설명으로 옳은 것은?

① 냉장법은 0~10℃ 범위의 온도로 식품을 보존하는 방법이다.
② 저온가열법은 50℃ 이하에서 30분간 가열하는 보존방법이다.
③ 당장법은 5~8%의 설탕절임 보존방법이다.
④ 건조법은 수분함량을 20%에서 식품을 건조시키는 보존방법이다.

② 저온가열법은 보통 60~70℃로 수분간 내지 수십분간 가열하는 방법으로, 저온살균 우유, 과즙, 맥주, 청주 등의 식품에 이용한다.
③ 당장법은 설탕 50% 이상의 농도에서 삼투압에 의해 미생물의 증식을 억제하는 것을 이용한 보존방법이다.
④ 건조법은 탈수에 의하여 미생물의 발육과 효소작용에 필요한 수분을 제거하는 방법이다.

15 식품의 보존방법 중 화학적 보존방법에 해당하는 것은?   기출 2020 서울시

① 절임법
② 가열법
③ 건조법
④ 조사살균법

절임법은 화학적 보존방법으로 소금절임(염장법), 설탕절임(당장법), 식초절임(산첨가법) 등으로 구분된다. 가열법(살균법), 건조법, 조사살균법은 물리적 보존방법에 해당한다.

 11 ④ 12 ③ 13 ④ 14 ① 15 ①

16 식품의 저온저장법에 대한 설명으로 옳지 않은 것은?

① 10℃ 이하의 저온상태가 되면 미생물의 증식, 산소와 효소의 작용, 수분의 증발과 같은 작용이 억제되어 품질이 오래 유지된다.
② 냉장법은 오래 저장할 수 없다.
③ 냉동법은 냉동에 의한 살균방법이다.
④ 냉동법은 떡, 생선, 해물, 육류, 건어물, 양념거리(고춧가루, 깨, 들깨가루 등)에 사용된다.

저온저장법

구 분	냉장법	냉동법
방 법	식품을 0~10℃의 온도에서 저장한다.	0℃ 이하에서 동결시켜 저장한다.
특 징	• 10℃ 이하의 저온상태가 되면 미생물의 증식, 산소와 효소의 작용, 수분의 증발과 같은 작용이 억제되어 품질이 오래 유지된다. • 저온에서 자랄 수 있는 미생물의 증식과 효소의 작용이 있을 수 있으므로 오랫동안 저장할 수 없다. • 사용식품 : 채소, 과일, 우유, 달걀, 가공식품 등	• **냉동에 의한 살균이 아니고 수분이 얼어 미생물이 이용할 수 있는 수분이 없어 생육이 억제되는 것**이다. • 냉동 결과 큰 얼음 결정이 생기면 품질이 저하되므로 미세한 얼음 결정이 생겨야 한다. • 사용식품 : 떡, 생선, 해물, 육류, 건어물, 양념거리(고춧가루, 깨, 들깨가루 등)

17 가열처리 살균방법의 설명으로 옳지 않은 것은?

① 저온살균법 : 60~70℃에서 수분 내지 수십분 가열
② 고온살균법 : 100℃ 이상으로 가열
③ 고온단시간살균법 : 70~75℃에서 20초 내외로 가열
④ 초고온순간살균법 : 120~135℃에서 3~4초, 135~150℃에서 1~2초 가열

초고온순간가열법(UHT법)은 최근에 제품의 보존기간을 더욱 늘리기 위해 개발된 방법으로 액상식품을 120~135℃에서 1~2초 또는 135~150℃에서 0.5~1.5초간 가열하는 방법이다. 우유를 이 방법으로 가열 멸균 후 무균 충전하여 포장하면 상온에 방치하여도 수개월간 보존할 수 있다.

18 식품의 변질을 방지하기 위하여 사용하는 저장법 중 가열법과 가장 거리가 먼 것은?

기출 2017 서울시

① 저온살균법
② 고온단시간살균법
③ 초고온법
④ 훈연법

훈연법은 오리나무, 자작나무, 참나무, 호두나무, 벚나무 등을 태워서 나온 연기로 생선이나 고기의 저장성과 향미를 증진시키는 방법이다.

19 다음 중 통조림 식품 등에 이용되는 살균법은?

① 저온살균법
② 고온살균법
③ 고온단시간살균법
④ 초고온순간살균법

고온살균법
건조하지 않은 식품도 탈기, 밀봉하여 고온살균법을 이용하면 장기간 보존가능하여 통조림 식품 등에 주로 이용된다.

20 다음 중 인스턴트커피, 즉석 라면의 건더기 수프에 사용되는 건조법은?

① 천일건조법
② 열풍건조법
③ 배건법
④ 동결건조법

건조법

구 분	사용식품
천일건조법	건포도, 곶감, 태양초 고추, 건어물, 말린 나물 등
열풍건조법	전분, 고추 등
분무건조법	인스턴트분말 제조에 적합하여 분유, 분말 커피, 분말 과즙 등
배건법	녹차, 원두커피, 보리차, 옥수수차 등
동결건조법	인스턴트커피, 즉석 라면의 건더기 수프 등

정답 16 ③ 17 ④ 18 ④ 19 ② 20 ④

21 김장김치를 오랫동안 보관할 수 있는 화학적 처리법은?

① 염장법
② 당장법
③ 산첨가법
④ 훈연법

산첨가법(식초절임법)
저장효과를 증대시키는 방법으로는 산과 소금, 산과 당 등을 같이 사용하면 저장효과가 더 커진다. 김치는 소금에 절일 때 사용한 소금과 저장 중 발효로 생긴 젖산에 의해 pH가 산성화되어 저장효과가 더 커진다.

22 다음 중 소독에 대하여 가장 잘 설명한 것은?

① 물리 또는 화학적 방법으로 병원체를 파괴시킨다.
② 미생물의 발육을 저지시켜 분해 또는 부패를 방지한다.
③ 병원성 세균만 사멸시키고 비병원성 세균은 유지시키는 방법이다.
④ 병원성 세균은 사멸시키고 비병원성 세균의 멸살에 대하여는 문제 삼지 않는다.

소독은 병원체만을 사멸시키고 비병원성 세균의 멸살에 대해서는 별로 문제 삼지 않는다.
살균은 모든 미생물, 즉 병원균과 비병원체를 모두 죽이는 것을 뜻한다.

23 보존료의 사용목적으로 틀린 것은?

① 부패 미생물에 대한 정균작용
② 효소의 발효작용 활성화
③ 가공식품의 변질·부패 방지
④ 가공식품의 신선도 유지

식품보존료의 사용목적
• 식품의 부패나 변질을 방지하는 방부제이다.
• 식품의 신선도 유지와 영양가를 보존하는 성질을 갖는다.
• 식품에 대해 살균작용보다는 정균작용을 한다.
• 효소의 발효작용을 억제한다.

24 보존료(방부제)의 구비조건으로 거리가 먼 것은?

① 가격이 저렴할 것
② 독성이 없을 것
③ 색이 좋을 것
④ 미량으로 효과가 있을 것

보존료의 구비조건
- 인체에 무해하고 독성이 없어야 한다.
- 식품에 나쁜 영향을 주지 않아야 한다(식품을 변질시키지 않아야 한다).
- 사용이 간편하고 값이 저렴하여야 한다.
- 장기적으로 사용하더라도 해가 없어야 한다.
- 변질 미생물에 대한 증식억제효과가 강하고 지속적이어야 한다.
- 미량으로도 효과가 커야 한다.

25 다음 중 사용금지 보존료가 아닌 것은?

① 붕산(H_3BO_3)
② 포름알데하이드(formaldehyde)
③ 프로피온산
④ 플루오르화합물

식품첨가물 중 안식향산, 소르빈산, 데히드로초산, 파라옥시안식향산, 에스테르, 프로피온산 등이 보존료로 널리 이용된다.
유해성 보존료는 엄격한 사용기준을 지키지 않거나 허용되지 않은 보존료를 사용하였을 때 이것을 함유하는 식품에 의하여 식중독을 일으킬 수 있고, 그 종류로는 붕산, 포름알데히드, 플루오르화합물, 우트로핀, 승홍 등이 있다.
① 붕산(H_3BO_3)은 살균소독제로서 1~3g으로 인체에 중독을 일으킨다.
② 포름알데히드(formaldehyde)는 단백질 변성작용을 가지고 있으며, 독성이 강하여 소화작용을 저해하고 두통, 구토, 현기증, 호흡곤란 등의 장애를 일으킨다.
④ 플루오르화합물(HF, NaF 등)은 방부, 살균, 발효 억제제로 사용되었고, 우트로핀(Utropin)은 방부제로 사용되었으나, 현재 사용이 금지되어 있고, 승홍($HgCl_2$)은 독성이 강하여 갈증, 구토, 복통을 일으키며 사망할 수 있다.

정답 21 ③ 22 ④ 23 ② 24 ③ 25 ③

03 식중독

01 식중독에 대한 설명으로 옳지 않은 것은?

① 소화기를 거쳐 음식물과 관련하여 들어오는 유해한 미생물이나 화학물질에 의하여 발생한다.
② 만성적인 축적에 의하여 일어나는 건강장애는 광의의 식중독에 해당하지 않는다.
③ 원인불명인 경우에도 그 증상이 음식물과 관계가 있다고 인정될 때에는 식중독으로 분류한다.
④ 협의의 식중독은 주로 급성 위장염의 증상을 나타내는 세균성 식중독을 말한다.

해설 콕

식중독의 정의

광의의 식중독	소화기를 거쳐 음식물과 관련하여 들어오는 유해한 미생물이나 화학물질에 의하여 비교적 급성의 생리적 이상이 일어나거나 때로는 <u>**만성적인 축적에 의하여 일어나는 건강장애**</u>이며, 원인불명인 경우에도 그 증상이 음식물과 관계가 있다고 인정될 때에는 식중독으로 분류한다.
협의의 식중독	주로 급성 위장염의 증상을 나타내는 세균성 식중독을 말한다.

02 세균성 식중독 중 감염형이 아닌 것은?

① 병원성 대장균　　② 장염비브리오균
③ 살모넬라균　　　　④ 보툴리누스균

해설 콕

보툴리누스균은 독소형에 속한다.

세균성 식중독의 분류

감염형	• 세균의 체내 증식에 의한 것 [예] 살모넬라균, 병원성 대장균, 바실러스세레우스균, 캠필로박터균, 장염비브리오균 등
독소형	• 세균독소에 의한 것 [예] 보툴리누스균, 황색포도상구균, 웰치균, 장구균 등 • 부패 산물에 의한 것 [예] 알레르기성 식중독

03 세균성 식중독의 특성에 대한 설명으로 옳지 않은 것은? 기출 2012 지방직

① 잠복기가 비교적 짧다.
② 면역이 생기지 않는다.
③ 2차 감염이 주로 일어난다.
④ 여름철에 많이 발생한다.

세균성 식중독은 감염성(2차 감염)이 거의 없다.

04 다음은 어떤 식중독에 대한 설명인가? 기출 2017 지방직

- 통조림, 소시지 등이 혐기성인 상태에서 A, B, C, D, E형이 분비하는 신경독소
- 잠복기 12~36시간이나 2~4시간 이내 신경증상이 나타날 수 있음
- 증상으로 약시, 복시, 연하곤란, 변비, 설사, 호흡곤란
- 감염원은 토양, 동물의 변, 연안의 어패류 등

① 살모넬라 식중독　　　　② 포도알균(포도상구균) 식중독
③ 보툴리누스 식중독　　　④ 독버섯 중독

보툴리누스균 식중독은 클로스트리듐 보툴리늄(*Clostridium botulinum*)이 원인세균이며, 균이 증식하는 과정 중에 생산된 독소를 섭취함으로써 일어나는 독소형 식중독이다.

05 다음 세균성 식중독 중 잠복기가 가장 짧은 균은?

① 살모넬라균 식중독　　　② 장염비브리오균 식중독
③ 포도상구균 식중독　　　④ 보툴리누스균 식중독

식중독의 종류와 잠복기

식중독의 종류	잠복기
포도상구균 식중독	3시간(1~6시간)
살모넬라균(Salmonella) 식중독	12~24시간
장염비브리오균 식중독	16~18시간
보툴리누스균(Botulinus) 식중독	12~24시간(빠르면 5~6시간, 늦으면 2~3일)

정답　01 ②　02 ④　03 ③　04 ③　05 ③

06 감염형 식중독에 대한 설명으로 옳지 않은 것은?

① 식품 중에 다량 함유되어 식품과 함께 섭취한 균에 의해 발생한다.
② 세균이 사멸되면 식중독은 발생하지 않는다.
③ 잠복기가 독소형 식중독에 비하여 짧다.
④ 섭취전 가열하면 식중독을 예방할 수 있다.

세균성 식중독의 분류

구 분	감염형 식중독	독소형 식중독
특 징	식품 중에 다량 함유되어 식품과 함께 섭취한 균에 의해 발생한다.	식품 중에 증식한 세균의 몸 밖으로 분비되는 독소에 의해 발생한다.
종 류	살모넬라 식중독, 장염비브리오 식중독, 병원성 대장균 식중독, 바실러스세레우스 식중독, 프로테우스 식중독, 아리조나균 식중독	보툴리누스균 식중독, 황색포도상구균, 장구균 식중독, 알레르기성 식중독
잠복기	길다.	짧다.
균의 생사와 발생과의 관계	세균이 사멸되면 식중독은 발생하지 않는다.	세균을 사멸시켜도 독소에 의해 식중독이 발생할 가능성이 있다.
섭취 전 가열효과	효과 있다.	• 보툴리누스균 : 효과 있다. • 포도상구균 : 효과 없다.
공통증상	복통, 설사, 메스꺼움, 구토	

07 다음 중 살모넬라(Salmonella)균 식중독의 감염원이 아닌 것은?

① 달 걀
② 과 실
③ 어육 연제품
④ 우유 및 유제품

살모넬라균은 주로 육류, 우유, 달걀 등과 그 가공품, 어패류와 그 가공품, 도시락, 튀김, 어육 연제품 등에서 발견되지만 60℃에서 20분 가열시 사멸되며, 토양과 물속에서는 비교적 오래 생존한다.

08 인수공통 감염병 중 다음 동물과 관계 깊은 것은?

쥐 소 돼지 고양이

① 페스트 ② 탄 저
③ 살모넬라 ④ 결 핵

쥐, 소, 돼지, 말, 개, 고양이, 가금류, 파리, 바퀴 등이 살모넬라균을 보균하고 있고, 그 배설물이 감염원이 된다.

09 식염 농도에서도 발육·생존할 수 있는 식중독 원인균은?

① 웰치균(*Clostridium perfringens* : *Cl. welchi*)
② 세레우스균(*Bacillus cereus*)
③ 살모넬라균(*Sallmonella enteritidis*)
④ 장염비브리오균(*Vibrio parahaemolyticus*)

장염비브리오는 콜레라와 같이 비브리오속에 속한다. 1955년 요코하마에서 오이 소금 절임으로 발생된 식중독 사건에서도 유사한 균을 분리하였다. 이 균은 통성 혐기성으로 아포를 형성하지 않는 운동성의 간균이며, 호염성이 있어 식염(NaCl)농도 2~5%(3%에서 최적)에서도 발육 성장할 수 있는 균이다.

10 감염형 식중독 중 6월~9월 사이에 집중적으로 발생되고, 어패류가 원인인 식중독은?

① 포도상구균 ② 보툴리누스균
③ 장염비브리오균 ④ 살모넬라균

장염비브리오균에 의한 식중독은 어패류가 압도적이고 생선회나 생선초밥 등의 생식이 식중독의 주원인이 되며, 그 가공품에 의한 것도 많다.

정답 06 ③ 07 ② 08 ③ 09 ④ 10 ③

11 병원성 대장균의 종류 중 햄버거의 덜 익힌 다진 고기에서 주로 발견되는 E. coli O157 : H7이 속하는 것은?

① 장관출혈성 대장균
② 장관독소원성 대장균
③ 장관침투성 대장균
④ 장관병원성 대장균

장관출혈성 대장균(EHEC)은 1982년 E. coli O157 : H7이 처음보고 되면서 주요한 식중독 원인균으로 인식되었다.

12 바실러스세레우스균 식중독에 대한 설명으로 옳지 않은 것은?

① 감염형 식중독이다.
② 135℃로 4시간 가열하여도 죽지 않는다.
③ 설사형이 구토형에 비하여 잠복기가 짧다.
④ 설사형의 원인식품으로는 육류나 채소의 스프, 바닐라 소스 등이 있다.

설사형은 잠복기가 8~16시간이며, 구토형은 잠복기가 1~5시간이다.

13 식중독을 일으키는 균 중 5℃ 이하 냉장상태의 저온에서 활성을 보이는 균은?

① 살모넬라균　　　　　　② 비브리오균
③ 리스테리아균　　　　　④ 병원성 대장균

리스테리아균은 냉장온도에서도 생존하여 5℃ 이하 냉장상태의 저온에서도 활성을 보이며, -4.5℃(24°F)에서도 서서히 증식할 수 있으나, 일반적으로 냉동온도인 -18℃(0°F)에서는 증식하지 못한다.

14 캠필로박터균에 의한 식중독에 대한 설명으로 옳지 않은 것은?

① 감염형 식중독이다.
② 인수공통 감염병이다.
③ 열에 강하여 가열하여도 죽지 않는다.
④ 캠필로박터 식중독을 일으키는 원인식품으로는 '닭 등 육류 > 샐러드 등 채소류 > 볶음 등 복합조리식품' 순이다.

대부분의 균은 37℃에서 잘 자라지만 캠필로박터균은 42℃에서 잘 증식하고, 열에 약하기 때문에 70℃에서 1분만에 사멸한다.

15 치명률이 가장 높고 신경증상을 나타내는 식중독 원인균은?

① 살모넬라균 ② 보툴리누스균
③ 포도상구균 ④ 비브리오균

보툴리누스균의 주증상은 메스꺼움, 구토, 복통, 설사, 변비에 이어서 식중독 특유의 신경증상으로 약시, 복시, 동공확대, 광선자극에 대한 무반응 등을 나타내고, 인후부의 마비, 언어장애, 연하곤란, 호흡곤란, 사지운동마비 등의 증상을 나타낸다. 치사율은 30~80%로 세균성 식중독 중에서 가장 높다.

16 다음 포도상구균 식중독의 원인균에 대한 특징이 아닌 것은?

① 독소형 식중독이다.
② 주된 증상은 급성 위장염이다.
③ 원인식품은 유가공품(우유, 크림, 버터, 치즈), 조리식품(떡, 콩가루, 김밥, 도시락) 등이다.
④ 가열하면 무독화 된다.

포도상구균은 독소형 식중독의 대표적인 것으로, 식품 중에서 증식하여 엔테로톡신(Enterotoxin)을 생산하는데, 이 독소는 내열성이 있으므로 100℃에서 30분간 가열하여도 무독화 되지 않는다.

17 모임에 가서 점심을 먹은 후 6시간 내에 설사·구토를 했다. 예상되는 식중독균은?

① 살모넬라균 ② 포도상구균
③ 보툴리누스균 ④ 장티푸스균

포도상구균의 잠복기는 식후 3시간(잠복기가 가장 짧음)이다. 주된 증상은 급성 위장염으로 발병은 급격히 시작되며, 처음에는 타액의 분비가 증가되다가 이어서 구역질, 구토, 복통, 설사를 일으킨다.

18 우리나라에서 가장 많이 발생하는 포도상구균 식중독에 대한 설명으로 가장 옳은 것은?

기출 2018 서울시

① 신경계 주 증상을 일으키며 사망률이 높다.
② 다른 식중독에 비해 발열증상이 거의 없는 것이 특징이다.
③ 원인물질은 장독소로 120℃에 20분간 처리하면 파괴된다.
④ 원인식품은 밀봉된 식품, 즉 통조림, 소시지 등이다.

① 보툴리누스균 식중독에 대한 설명이다. 포도상구균 식중독은 급성 위장염으로 발병이 급격히 시작되고 발열증상이 거의 없는 것이 특징이며, 사망 사례는 드물다.
③ 포도상구균 식중독의 원인물질은 엔테로톡신(Enterotoxin)이며, 이 독소는 내열성이 있으므로 100℃에서 30분간 또는 120℃에서 20분간 가열하여도 무독화되지 않는다.
④ 포도상구균 식중독의 원인식품은 유가공품(우유, 크림, 버터, 치즈), 조리식품(떡, 콩가루, 김밥, 도시락) 등이다.

19 자연독에 의한 식중독의 원인이 되는 독성분이 아닌 것은?

기출 2020 서울시

① 테트로도톡신(tetrodotoxin) ② 엔테로톡신(enterotoxin)
③ 베네루핀(venerupin) ④ 무스카린(muscarine)

엔테로톡신(enterotoxin)은 포도상구균에 의한 독소형 식중독의 원인이 되는 독성분이다.
① 테트로도톡신(tetrodotoxin) : 복어독(동물성 자연독)
③ 베네루핀(venerupin) : 굴, 모시조개(바지락), 고동 등의 독성분(동물성 자연독)
④ 무스카린(muscarine) : 독버섯(식물성 자연독)

20 다음 중 식중독을 일으키는 식품과 원인물질이 맞게 짝지어진 것은? `기출` 2016 서울시

① 고사리 - 아미그달린
② 청매 - 솔라닌
③ 목화 - 프타퀼로시드
④ 독미나리 - 시쿠톡신

식물성 자연독과 관련 식물

식 물	자연독
감자, 토마토	솔라닌
고사리	프타퀼로시드
청매실, 은행, 복숭아씨, 살구씨, 목화씨	시안배당체(듀린, 리나마린, 아미그달린)
피마자	리신, 리니신
대 두	트립신 저해제
독미나리	시쿠톡신

21 모르가넬라 모르가니균에 의한 식중독의 주요 증상으로 가장 알맞은 것은?

① 알레르기
② 급성 위장염
③ 간 경화, 간암
④ 신경장애, 근육마비

모르가넬라 모르가니균에 의한 알레르기 식중독은 꽁치나 고등어와 같은 붉은살 어류의 가공품을 섭취했을 때 약 1시간 뒤에 몸에 두드러기가 나고, 열이 나는 증상이 나타나는 식중독이다.

22 아미그달린의 원인식품으로 물에 우려내거나 오래 끓여 휘발시켜 예방하는 것으로 가장 알맞은 것은?

① 버 섯
② 고사리
③ 덜 익은 매실
④ 감자 싹

덜 익은 매실(청매), 살구, 복숭아, 아몬드 등의 씨는 시안화합물인 아미그달린(Amygdaline)을 함유하고 있어 자신이 가진 효소 에밀신에 의해 시안산으로 분해되어 유독하다.

`정답` 17 ② 18 ② 19 ② 20 ④ 21 ① 22 ③

23 자연독 중 베네루핀의 원인식품으로 가장 알맞은 것은?

① 독미나리　　② 홍 합
③ 고사리　　　④ 모시조개

> **해설 콕**
> 굴, 모시조개, 고둥, 바지락 등에 있는 베네루핀(venerupin)은 열에 대하여 비교적 안정하여 100℃로 3시간 가열하여도 파괴되지 않으나, 120℃에서는 50% 이상이 파괴되며, 치사량은 0.25mg이다.

24 섭조개, 홍합, 대합조개에 먹이사슬로 축적되며, 마비성 중독증세를 보이는 독소로 가장 알맞은 것은?

① 고시폴　　　② 색시톡신
③ 시트리닌　　④ 테트라민

> **해설 콕**
> 색시톡신(Saxitoxin)은 섭조개, 홍합, 대합조개 등에 있으며, 5~9월 특히 한 여름에 가장 독성이 강해진다.

25 다음 중 복어독의 독성분은 무엇인가?

① 아미그달린　　② 아플라톡신
③ 테트로도톡신　④ 엔테로톡신

> **해설 콕**
> 복어의 난소 등에서 테트로도톡신(tetrodotoxin)이라는 맹독성 신경독이 있다. 신경계를 마비시키며, 가열에도 안정하여 잘 파괴되지 않는다.

26 곰팡이독 식중독에 대한 설명으로 가장 알맞은 것은?

① 항생물질로 치료가 가능하다.
② 주로 구토, 설사 등의 증상이 나타난다.
③ 예방접종을 통하여 예방 및 관리가 가능하다.
④ 열에 안정하여 식품을 가열 처리해도 예방하기 어렵다.

곰팡이독 중독증의 특징
- 곡류, 목초 등의 식물 또는 사료의 섭취가 원인이다.
- 원인식품으로서는 곡류, 두류 및 가공식품 등 탄수화물이 풍부한 식품에 많다.
- 계절 및 기후조건과 관계가 깊다.
- 동물 또는 사람 사이에서는 전파되지 않는다(감염성이 없음).
- 항생물질은 치료 효과가 없다.
- 예방접종의 효과가 없다.
- 열에 안정하여 식품을 가열 처리해도 예방하기 어렵다.

27 다음 중 곰팡이 독소 중독증(미코톡시코시스)의 특징은 어느 것인가?

① 원인식품은 곡류가 압도적이다.
② 일종의 감염형이다.
③ 계절과 관계없이 발생한다.
④ 치료에는 약제요법이 좋다.

미코톡시코시스의 원인식품은 주로 곡류이다. 일종의 독소형으로 여름철에는 아플라톡신(aflatoxin)의 중독이 특히 많으며, 적당한 치료약이 없는 실정이다.

28 주로 겨울철에 집단적으로 발생되는 식중독의 원인은?

① 간염 E 바이러스　　② 노로바이러스
③ 알레르기성 식중독　　④ 보툴리누스균

> 노로바이러스는 사람의 위와 장에 염증을 일으키는 식중독 원인 바이러스이다. 대부분의 바이러스는 기온이 낮으면 번식력이 떨어지지만 노로바이러스는 낮은 기온에서 오히려 활동이 활발해지며, 겨울철 식중독의 주된 원인 바이러스이다.

29 식중독에 대한 설명으로 가장 옳지 않은 것은?　　기출 2021 서울시

① 세균성 식중독은 크게 감염형과 독소형으로 분류된다.
② 대부분의 세균성 식중독은 2차 감염이 거의 없다.
③ 노로바이러스는 온도, 습도, 영양성분 등이 적정하면 음식물에서 자체 증식이 가능하다.
④ 살모넬라, 장염비브리오는 감염형 식중독 원인균에 해당한다.

> 노로바이러스는 자체 증식이 불가능하며, 반드시 숙주가 존재하여야 증식이 가능하다. 노로바이러스에 감염되면 보통 24~48시간의 잠복기를 거쳐 구토, 메스꺼움, 오한, 복통, 설사 등의 증상이 나타나며, 근육통, 권태, 두통, 발열 등을 유발하기도 한다.

30 노로바이러스 예방법이 아닌 것은?

① 85℃, 1분 이상 가열하면 완전히 사멸
② 염소 소독
③ 백신예방주사 접종
④ 120~180mJ/cm² 자외선 조사

> 현재까지 노로바이러스에 대한 항바이러스제나 백신은 없다.

31 〈보기〉에서 설명하는 대표적인 식중독 원인 바이러스는?   기출 2018 서울시 변형

- 우리나라 질병관리청에서 1999년부터 검사를 시작하였다.
- 저온에 강하여 겨울철에도 발생한다.

① 장출혈성 대장균
② 살모넬라
③ 비브리오
④ 노로바이러스

노로바이러스는 사람의 위와 장에 염증을 일으키는 식중독 원인 바이러스이다. 대부분의 바이러스는 기온이 낮으면 번식력이 떨어지지만 노로바이러스는 낮은 기온에서 오히려 활동이 활발해지며, 겨울철 식중독의 주된 원인 바이러스이다. 우리나라 질병관리청에서는 1999년부터 검사를 시작하였다.

32 다음 〈보기〉의 내용과 관련이 있는 식중독은?

- 호흡기질환, 결막염, 급성 위장관염을 일으키는 식중독이다.
- 호흡기형은 비말(droplets)을 통하여 감염되며, 급성 위장관염의 경우는 분변 – 구강 경로로 감염된다.
- 잠복기는 8~10일이다. 묽은 설사변과 설사, 1~2일 후에 나타나는 구토, 2~3일간 지속되는 낮은 발열, 탈수, 호흡기 증상을 보인다.
- 식품 취급자의 철저한 개인위생관리가 필요하며, 해산물 등은 반드시 익혀서 먹는다.

① 아데노바이러스(Adenoviral gastroenteritis) 식중독
② 아스트로바이러스(Astrovirus) 식중독
③ A형 간염바이러스(Hepatitis A virus) 식중독
④ 로타바이러스(Rotavirus) 식중독

아데노바이러스(Adenoviral gastroenteritis) 식중독은 아데노바이러스(Adenovirus)의 감염에 의한 호흡기질환, 결막염, 급성 위장관염을 일으키는 식중독이다.

04 식품위생행정

01 식품위생검사의 내용으로 옳은 것은?

> 가. 관능 검사 – 외관, 맛, 냄새 등
> 나. 물리적 검사 – 온도, 방사능, 비중 등
> 다. 생물학적 검사 – 효모, 곰팡이, 병원성 미생물 등
> 라. 화학적 검사 – 항생물질, 독성물질, 식품첨가물 등

① 가, 나, 다
② 가, 다
③ 나, 라
④ 가, 나, 다, 라

식품위생검사의 종류

검사 방법	검사 항목
생물학적 검사	• 병원성 미생물(감염병원균, 세균성 식중독균)의 검색 • 세균수 검사(일반세균수, 곰팡이, 효모) • 대장균군 검사, 장구균 검사 • 기생충 검사, 항생물질의 검사
화학적 검사	• 성분 검사(수분, 총질소, 휘발성 염기 질소, 아미노태 질소, 조지방, 당류, 조섬유, 회분, 미량함유 성분 등) • 독성물질 검사 • 식품첨가물의 검사 • 항생물질의 검사
물리학적 검사	• 온도 측정 • 비중 측정 • 수소이온농도 검사 • 방사능 오염 검사
관능 검사	외관으로 정상식품과의 비교 검사를 한다. 예 외관, 색채, 경도, 냄새, 맛, 이물의 부착, 기타의 상태를 비교한다.
독성 검사	• 급성 독성 검사 • 만성 독성 검사

02 대장균검사법에 해당하는 것은?

① 최확수법　　　　　　② 하워드(Haward)법
③ 원자흡광법　　　　　④ 비색법

최확수법
최확수란 이론상 가장 가능한 수치를 말하며, 동일 희석배수의 시험용액을 배지에 접종하여 대장균군의 존재 여부를 시험하고 그 결과로부터 확률론적인 대장균군의 수치를 산출하여 이것을 최확수(MPN)로 표시하는 방법이다.

03 식품의 원재료 생산단계부터 최종 소비단계 전까지의 각 단계에서 인체에 위해를 끼칠 수 있는 요소를 분석하고 이를 중점관리 하는 제도는 무엇인가?

① 위해분석(HA)　　　　② GMP
③ 식품안전관리인증기준　④ 중요관리점

식품안전관리인증기준(HACCP)은 식품의 원재료부터 제조·가공·조리, 유통단계를 거쳐 최종 소비자가 섭취하기 전까지의 각 과정에서 발생 가능한 위해요소를 확인·평가하여 중점적으로 관리하는 사전예방 식품안전관리시스템이다.

04 식품의 위해를 예방·제거하거나 허용할 수 있는 수준으로 감소시킬 수 있는 단계는 무엇인가?

① CCP결정　　　　　　② 위해분석
③ 한계기준설정　　　　④ 최종제품에 대한 기술

중요관리점(Critical Control Point ; CCP)
식품안전관리인증기준을 적용하여 식품의 위해요소를 예방·제거하거나 허용수준 이하로 감소시켜 당해 식품의 안전성을 확보할 수 있는 중요한 단계·과정 또는 공정을 말한다.

정답　01 ④　02 ①　03 ③　04 ①

05 해썹(HACCP) 위해요소의 분류에 해당하지 않는 것은?

① 생물학적 위해요소
② 화학적 위해요소
③ 물리적 위해요소
④ 기계적 위해요소

해썹(HACCP) 위해요소의 분류	
생물학적 위해요소 (Biological hazards)	병원성 미생물, 부패미생물, 일반세균수, 효모, 곰팡이, 기생충, 바이러스 등
화학적 위해요소 (Chemical hazards)	중금속, 농약, 항생물질, 항균물질, 사용기준 초과 또는 사용금지된 식품첨가물 등 화학적 원인물질
물리적 위해요소 (Physical hazards)	돌조각, 유리조각, 플라스틱조각, 쇳조각 등

06 식품위해요소중점관리기준(HACCP)에 대한 설명으로 옳지 않은 것은? 기출 2015 서울시

① 식품 생산과 소비의 모든 단계의 위해요소를 규명하고, 이를 중점관리하기 위한 예방적 차원의 식품위생관리방식이다.
② 국내에 HACCP 의무적용대상 식품군은 없다.
③ HACCP시스템이 효율적으로 가동되기 위해서는 GMP와 SSOP가 선행되어야 한다.
④ 1960년대 미항공우주국(NASA)에서 안전한 우주식량을 만들기 위해 고안한 식품위생관리 방법이다.

현재 식품안전성을 확보하고 국민 건강을 보호하기 위하여 위해발생 가능성이 높은 식품과 국민 다소비 식품 등을 대상으로 HACCP 의무적용제도를 도입하고 있다.

07 GMP 기준서가 아닌 것은?

① 제조관리기준서
② 제조공정관리
③ 품질관리기준서
④ 제조위생관리기준서

건강기능식품제조 영업자는 건강기능식품의 제조관리와 품질관리를 적절히 이행하기 위하여 제품표준서, 제조관리기준서, 제조위생관리기준서 및 품질관리기준서를 작성하여 비치하여야 한다.

08 식품첨가물에 대한 설명으로 적합하지 않은 것은?

① 인체에 독성이 없을 것
② 이화학적인 변화에 안정성이 있을 것
③ 효과적인 작용을 나타내기 위해 다량을 사용할 것
④ 식품의 영양가를 유지시켜야 할 것

식품첨가물의 양은 기술적 효과를 달성하는데 필요한 최소량으로 하여야 한다.

09 다음 중 국제식품규격위원회(Codex Alimentarius Commission)에서 정하는 식품첨가물의 특성에 부합하지 않는 것은?

① 일반적으로 그 자체를 식품으로서 섭취하지 않는다.
② 영양적 가치에 상관없이 식품의 일반 성분으로서 사용되지 않는 물질이다.
③ 그 부산물이 식품의 구성성분이 되거나, 식품의 특성에 영향을 끼칠 수 있는 물질이다.
④ 오염물질, 영양적 품질개선을 목적으로 첨가하는 물질을 포함한다.

오염물질, 영양적 품질개선을 목적으로 첨가하는 물질은 제외한다.

10 식품첨가물의 사용목적이 아닌 것은?

① 식품의 보존성을 높인다.
② 식품의 향기와 풍미를 좋게 한다.
③ 가공식품의 영양물질로 사용한다.
④ 식품의 기호성을 높인다.

식품첨가물은 가공식품의 제조과정에서 잃게 되는 비타민이나 미네랄을 보충하거나 식생활에서 부족한 영양을 강화하기 위해 비타민류, 미네랄 및 아미노산 등의 영양강화제가 사용되고 있으며, 영양물질 자체로는 사용되지 않는다.

11 식품첨가물의 사용기준 설정시 고려사항이 아닌 것은?

① 1일 섭취량　　　　② 사용목적
③ 원료의 가격　　　　④ 식품 중의 분해 수준

사용기준은 첨가물의 1일 섭취량·사용목적·사용량·사용방법·효과 및 식품 중의 분해 수준 등의 자료에 의해 정해지며, 첨가물의 1일 섭취량은 그 첨가물이 사용된 대상 식품의 1일 섭취량 결과로부터 산출한다.

CHAPTER 04
보건영양

01 　보건영양 일반
02 　국민건강보건 영양관리

CHAPTER 04 보건영양

공중보건

출제포인트
❶ 보건영양에서의 각종 영양소, 무기질, 비타민을 학습한다.
❷ 국민영양관리 전반에 대하여 학습한다.
❸ 영양상태의 판정과 평가방법을 학습한다.

01 보건영양 일반

1 영양의 개요

(1) 영양의 의의
① 영양
  ㉠ '영양(nutrition)'은 모든 생명체가 생명을 유지하는데 필요한 물질을 외부로부터 섭취하거나 공급받는 과정이다. 공급받은 영양소의 작용으로 생물의 성장, 신생, 활동 및 생활 기능의 조절 등을 계속 영위할 수 있는 상태가 된다.
  ㉡ 바람직한 영양은 건강한 식사를 통해 우리 몸에 충분한 양의 에너지와 영양소를 공급하고 면역력을 증진시켜 질병을 예방하며, 건강한 생활을 영위하도록 한다.
② 영양소
  생명을 성장, 발달, 유지하고 생활을 계속 영위하는데 필요한 물질을 말한다.
③ 보건영양
  지역사회 전주민의 건강을 위해서 식생활의 결함을 제거하고 식생활을 개선하여 영양이 부족하지 않도록 하는 것이다.

(2) 한국인 영양섭취기준(Dietary Reference Intakes, DRIs)의 개념 기출 2015 서울시
① 평균필요량(Estimated Average Requirements ; EAR)
  ㉠ 대상집단을 구성하는 건강한 사람들의 절반에 해당하는 사람들의 일일 필요량을 충족시키는 값으로 대상 집단의 필요량 분포치의 중앙값으로부터 산출한 수치이다.
  ㉡ 현재 모든 영양소에 대해 평균필요량이 설정되어 있지 않다.

② 권장섭취량(Recommended Intake ; RI)
  ㉠ 평균필요량에 표준편차의 2배를 더하여 정한 수치이다.
  ㉡ 평균필요량의 표준편차에 대한 충분한 자료가 없는 영양소(비타민 B1, B2, B6, 엽산)에 대해서는 변이계수를 10%로 가정하여 권장섭취량이 산출되었다.
  ㉢ 정규분포를 보이지 않는 영양소의 경우에는 97~98%에 해당하는 사람의 필요량을 권장섭취량으로 제시하였다.

③ 충분섭취량(Adequate Intake ; AI)
  ㉠ 영양소 필요량에 대한 정확한 자료가 부족하거나 필요량의 중앙값과 표준편차를 구하기 어려워 권장섭취량을 산출할 수 없는 경우에 사용된다.
  ㉡ 주로 역학조사에서 관찰된 건강한 사람들의 영양소 섭취수준을 기준으로 정한 것이다.
  ㉢ 각 영양소는 필요량에 대한 충분한 자료가 있으면 평균필요량과 권장섭취량을 가지며, 이러한 자료가 충분치 못할 경우에는 충분섭취량을 가진다.

④ 상한섭취량(Tolerable Upper Intake Level ; UL)
  ㉠ 인체 건강에 유해영향이 나타나지 않는 최대영양소 섭취수준을 기준으로 과량 섭취시 건강에 악영향을 끼칠 위험이 있다는 자료가 있는 경우에 설정이 가능한 수치이다.
  ㉡ 유해영향이 확인된 영양소의 경우 영양소의 과잉섭취로 인한 위험을 예방하기 위하여 일반적인 집단의 대다수 구성원에게 건강상 유해영향이 확인된 영향의 위험을 나타내지 않을 섭취수준을 상한섭취량으로 설정하였다.
  ㉢ 과다섭취의 위험은 비타민과 무기질의 과다섭취, 강화식품, 식품첨가물, 건강기능성 음료 등의 무분별한 섭취시에 나타난다.

(3) 보건영양의 목표
① 영양소의 불균형으로 인한 질병관리
② 노인집단의 영양 관리
③ 영양소의 결핍에 의한 질병 예방
④ 식생활 습관의 개선

2 영양소

(1) 영양소의 구성

구 분	특 징	종 류
열량소	체내에서 대사과정을 통해 열에너지를 발생해 일을 할 수 있게 하는 영양소	탄수화물, 지방, 단백질
구성소	신체조직을 구성하는 영양소	단백질, 지방, 무기질, 물 등
조절소	생리기능을 유지하는 영양소	단백질, 무기질, 비타민, 물

(2) 영양소의 3대 작용

① 신체의 열량보급

   세포 내에서 영양소의 화학변화작용으로 발생된 열량은 인체의 활동에 이용된다. 열량의 단위는 칼로리(Calorie)를 사용하며, 지방은 1g당 약 9kcal, 탄수화물과 단백질은 약 4kcal의 열량을 낸다.

② 신체의 조직구성

   인체는 유기물과 무기질, 그리고 수분으로 구성되어 있다. 그중에 대부분은 수분(65%)이며 단백질(16%), 지방(14%), 탄수화물(소량), 무기질(약 5%) 등이 나머지를 차지하고 있다.

③ 신체의 생활기능 조절

   인간의 생명유지활동에 필요한 산화작용, 신경운동, 심장운동, 각종 분비선의 기능조절 등은 물, 무기질, 비타민 등에 의해서 일어난다.

(3) 3대 영양소

① 단백질(Protein)

   ㉠ 인체를 구성하는 주요 성분이 되며, 열량원으로서 작용하고, 효소나 호르몬의 주성분이 된다.

   ㉡ 면역체계와 항독물질을 구성하는 중요한 성분이다.

   ㉢ 하루 총 섭취에너지의 20~70%를 단백질을 통해 섭취하도록 권장하고 있다. 19~49세 성인 남자의 단백질 권장섭취량은 일일 55g, 50세 이상은 50g이며, 20대 성인 여자는 50g, 30세 이상은 45g이다. 한국인 남성 표준 체위기준치 몸무게가 약 60kg 내외인 것을 감안하면, 이는 몸무게 1kg 당 약 0.8g의 단백질에 해당하는 양이다.

   ㉣ 단백질이 결핍되면 발육정지, 신체손모(쇠약), 부종, 빈혈, 감염병에 대한 저항력 감소 등이 나타나게 된다.

   ㉤ 단백질을 너무 많이 섭취하면 골다공증에 걸리거나 암모니아가 생성되어 신장, 간에 나쁜 영향을 줄 수 있다.

| 심화Tip | 2대 영양실조 |

1. **Kwashioker(콰시오커)**
   열량의 섭취는 적당하지만 단백질, 특히 필수 아미노산의 영양실조 상태를 말한다. 혈장단백질의 감소, 혈액의 희석, 혈색소 감소로 인해 빈혈이 나타나고 부종, 창백, 색소침착 등의 변화가 나타나며, 5세 이하 어린이에 가장 호발한다.
2. **Marasmus(마라스무스)**
   열량 및 단백질을 포함한 모든 형태의 에너지를 부적당하게 섭취하여 발생을 한다. 영유아의 이유기 장애로 가장 많이 나타나며, 피하지방이 거의 소실되어 마치 원숭이 같은 얼굴 형태를 띠게 된다. 콰시오커는 18개월 이상 된 어린 아이들에게 많이 발생하는 반면에 마라스무스는 1세 전의 아이들에게 많이 발생한다.

② **탄수화물(Carbohydrate)**
   ㉠ 섭취한 탄수화물의 대부분(약 98%)은 열량 공급원으로서 이용되며, 체내에서 글리코겐의 형태로간에 저장된다.
   ㉡ 탄수화물로부터 섭취하는 에너지 비율이 70% 이상이면 질병의 위험이 증가하는 것으로 보고되고 있으므로(Song & Joung, 2012), 2010년에 55~70%로 설정했던 탄수화물 에너지적정비율은 상한비율을 65%로 하향조정하여, 2015년에는 55~65%로 설정하였다.
   ㉢ 탄수화물은 주로 곡류, 감자류, 과일류, 당류 등 식물성 식품을 통해 섭취한다. 한편, 탄수화물 섭취 후 혈당이 증가하는 생리적인 반응은 탄수화물의 섭취량뿐만 아니라 함께 섭취하는 영양소의 구성에도 영향을 받으므로, 이를 구분하기 위해 식품의 당지수(glycemic index, GI)가 개발되었고, 식품의 일상적인 1회 분량의 식품을 섭취하였을 때 나타나는 혈당반응을 계산한 당부하(glycemicload, GL) 개념도 사용되고 있다. GI와 GL이 높은 식사가 만성 질환의 위험성을 높일 수 있으므로, 탄수화물을 섭취할 때는 탄수화물의 양과 종류를 함께 고려할 것을 권장한다.
   ㉣ 탄수화물의 과소섭취는 체중감소 및 지방을 분해하여 케톤(ketone)이라는 독성물질을 분비하므로 신체쇠약을 가져오게 된다.
   ㉤ 탄수화물의 과량섭취는 비만을 초래한다.

③ **지방(Fat)**
   ㉠ 주된 에너지 발생원으로서 탄수화물이나 단백질에 비해서 2배 이상의 열량을 낸다.
   ㉡ 지용성 비타민 A, D를 함유하고 있다.
   ㉢ 체온유지와 피부를 부드럽게 해주는 작용이 있다.
   ㉣ 하루 총 섭취에너지의 15~30%를 단백질을 통해 섭취하도록 권장하고 있다.
   ㉤ 지방 섭취량이 부족하면 쉽게 피로감을 느끼거나 면역력이 저하될 수 있다.
   ㉥ 과다 섭취하면 몸속에 항산화 성분이 줄어들고, 포화지방이나 트랜스지방(중성지방)을 과다 섭취하면 혈중 콜레스테롤 수치가 높아져 혈관벽이 막히게 된다. 이는 심근경색, 동맥경화증 등과 같은 혈관질환 발생으로 이어진다. 또한 체내에 중성지방이 지나치게 쌓이면 내장비만을 초래하기도 한다.

심화Tip	4대 영양소, 5대 영양소, 6대 영양소

- **4대 영양소** : 3대 영양소 + 무기질
- **5대 영양소** : 4대 영양소 + 비타민
- **6대 영양소** : 5대 영양소 + 물

(4) 수분(Water)
① 인체 구성성분 중 가장 많은 양을 차지하며, 성인의 경우 체중의 2/3가 수분이고, 1일 필요량은 3.5L이다.
② 체내 수분의 5% 이상 상실시에는 갈증이 생기고, 10% 이상 상실시에는 인체에 이상이 오며, 15% 이상 상실시에는 생명이 위험하다.
③ 신체의 기능조절작용과 노폐물을 배설한다.
④ 영양물의 흡수, 운반, 배설과 삼투압을 조절한다.
⑤ 체온 조절 및 체내 화학변화의 매체가 되고, 에너지를 생산한다.

3 무기질(미네랄)

(1) 무기질의 개요
① 인체나 식품에 함유된 원소 중 산소(O), 수소(H), 탄소(C), 질소(N)를 제외한 원소의 총칭을 미네랄(Mineral, 광물질) 또는 무기질이라 한다.
② 인체에 함유된 40여 원소 중 96% 정도가 4원소인 산소(O : 65%), 수소(H : 10%), 탄소(C : 18%), 질소(N : 3%)이며, 무기질은 전체의 약 4% 밖에 되지 않는다.
③ 다량원소는 Ca, P, S, K, Na, Cl, Mg, Si 등 8종이며, 필수미량원소는 Fe, Zn, Ca, Sr, F, Cu, B, Br, I, Mn, Se, Cr, Mo, As, Co, V 등 16종이다.
④ 무기질은 체내에서 합성되지 못하기 때문에 반드시 식품을 통해서 섭취하여야 한다.
⑤ 생명유지에 필요한 각종 유기화합물의 구성성분이다.
⑥ 효소의 기능의 활성화 시킨다.

(2) 각 주요 무기질의 특징
① 식염(NaCl)
  ㉠ 1일 필요량은 약 15g 정도이며, 설사 및 탈수증상이 있는 경우는 보다 많은 양이 필요하다.
  ㉡ 주로 근육 및 신경의 자극 및 전도, 삼투압의 조절 등 조절소로서 중요한 역할을 한다.
  ㉢ 결핍시 열중증이나 탈력감 등이 나타나게 된다.
② 칼슘(Ca)
  ㉠ 1일 필요량은 성인의 경우 1g이며, 임산부, 청소년은 1.2g 이상이다.
  ㉡ 뼈와 치아를 구성하는 주성분으로 전신의 약 1.5~2%를 차지한다.
  ㉢ 결핍시 뼈와 치아가 쇠퇴되고, 발육이 불량하며, 신체의 저항력이 감퇴된다.

③ 인(P)
　㉠ 1일 필요량은 성인의 경우 1.5g이며, 성장이 빠를수록 Ca과 P의 소요량이 많아진다.
　㉡ 골, 뇌신경의 주성분이 되며, 전신의 약 1%를 차지한다.
　㉢ 결핍시 Ca의 이용도 감퇴 및 영양장애, 질병에 대한 저항력이 약화되고 뼈가 변질되기 쉽다.

④ 철분(Fe)
　㉠ 1일 필요량은 성인의 경우 남자 10~12mg, 여자 20mg이다.
　㉡ 혈액 성분의 구성 성분으로 체내 저장이 불가하므로 음식물을 통해서 보충한다.
　㉢ 결핍시에는 빈혈 증상이 나타난다.

⑤ 아연(Zn)
　㉠ 혈액 중 탄산수소염을 동원시켜 산소를 흡수하고 이산화탄소를 배출시키고 단백질을 분해시켜 아미노산으로 변화시킨다.
　㉡ Zn(아연)농도가 초과되면 질병이 발생한다. 섭취량이 필요량보다 초과할 때 동물의 생명 유지는 가능하나 신체 각 기관이나 세포가 상할 수 있고 원인을 알 수 없는 암을 유발한다.
　㉢ 결핍시에는 성장장애, 성기능 부전, 기형유발, 미각감퇴, 빈혈 등의 장애를 초래한다.

⑥ 구리(Cu)
　㉠ 산화 – 환원 – 반응의 촉매제 역할을 한다. O(산소)와 H(수소) 두 원소가 화합하여 물을 생성할 때 만약 Cu(구리)가 없다면 물을 생성할 수 없다.
　㉡ 결핍시에는 빈혈, 골격이상, 부종, 백혈구감소, 성기능장애를 초래하며, 인체 내에 Cu(구리)가 존재하지 않을 때는 생명유지가 불가능하다.

⑦ 셀레늄(Se)
　㉠ 생물체내 비타민 E와 아황산을 혼합작용시키는 원소이다.
　㉡ Cd(카드늄), F(불소), As(비소), Ti(티탄) 등의 독성 있는 원소를 제거하여 심근과 골격의 힘을 강화시키며 면역기능, 성기능, 단백질 촉진, 암세포 억제 등의 작용을 한다.
　㉢ 결핍되면 적혈구의 기능보호 작용을 상실하며, 심장근육병인 케샨병(Keshan disease)과 근연골 관절염인 케신벡병(Kashin – beck disease)의 원인이 된다.

⑧ 크롬(Cr)
　㉠ 생물체의 췌장 내에서 인슐린이 작용할 때 당분과 지방대사 과정에 필수적인 원소이다.
　㉡ 콜레스테롤의 정상유지와 당분대사과정에 필수적이며, 생장을 촉진시킨다.
　㉢ 결핍되면 발육부진 및 동맥경화증을 일으킨다.

⑨ 요오드(Iodine)
　㉠ 갑상선 호르몬인 티록신의 원료가 되는 미네랄이다. 티록신은 몸 안에서 체온 유지와 신체대사의 균형을 유지하는데 중요한 역할을 한다.
　㉡ 요오드의 섭취가 부족하거나 많으면 갑상선기능저하증 혹은 갑상선기능항진증을 유발할 수 있다.

4 비타민

생명의 보존과 기능 유지에 절대 필요하며 열은 발생하지 않고 음식물을 통해서 섭취해야 한다. 물에 녹는 성질에 따라서 크게 수용성과 지용성으로 구분한다. 지용성 비타민에는 A, D, E, K, F 등이 있고 나머지는 수용성인데, 수용성 비타민은 과량 섭취하면 여분이 배설된다.

지용성 비타민	수용성 비타민
A, D, E, F, K	그 외의 비타민
지방과 지방용매에 녹는다.	물에 용해된다.
필요량 이상 섭취시 체내에 저장된다.	필요량 이상 섭취하면 배설된다.
체외로 쉽게 방출되지 않는다.	소변으로 쉽게 방출된다.
결핍증세가 서서히 나타난다.	결핍증세가 비교적 빨리 나타난다.
필요량을 매일 공급할 필요는 없다.	필요량은 매일 꼭 공급해야 한다.

(1) 비타민 A(β – carotene)

비타민 A는 지용성 비타민으로 소화관에서 지방과 함께 흡수되기 때문에 적당량의 지방이 없으면 흡수가 감소하게 된다. 따라서 지용성 비타민은 식후에 복용하는 것이 좋다.

① 효 능
  ㉠ 비타민 A는 눈의 감광색소 생성을 촉진시켜 야맹증, 시력저하, 여러 가지 눈병의 치료를 돕는다.
  ㉡ 호흡기계통 감염에 대한 저항력을 강화시킨다.
  ㉢ 외용으로 사용하면 여드름, 농가진, 부스럼, 종기, 피부 표면의 궤양 등의 치료에 유효하다.
  ㉣ 갑상선기능항진증 치료에 도움이 된다.

② 함유 식품
  물고기의 간, 동물의 간, 인삼, 녹황색 야채, 달걀, 우유, 유제품, 마가린, 황색 과일 등에 많이 함유되어 있다.

③ 일일 권장량
  비타민 A의 일일 권장량은 5,000IU이고, 일일 최적 섭취량은 5,000~50,000IU이며, 하루 복용량은 50,000~100,000IU를 초과하지 않도록 해야 한다.

④ 결핍 증상
  ㉠ 안구건조증, 야맹증 등이 생긴다.
  ㉡ 병균의 침입을 받기 쉽고, 특히 호흡기 질환에 쉽게 걸린다.
  ㉢ 유아의 성장이 느리고, 식욕 및 활력이 감퇴한다.
  ㉣ 살결이 거칠어지고, 여드름, 주름살, 건선의 원인이 된다.
  ㉤ 모발이 건조해지고, 광택을 잃는다.
  ㉥ 충치, 잇몸병이 생기기 쉽다.

(2) 비타민 D(Ergosterin)

비타민 D는 음식물로부터 섭취하기도 하지만 피부에서 7 - dehydrochorsterin이 태양의 자외선을 받아 비타민 D를 합성하기도 한다. 비타민 D 역시 지용성 비타민으로 소장 벽에서 지방과 함께 흡수된다. 현대인들의 경우 학업이나 직장 생활로 인해 낮시간에 야외활동을 하는 시간이 적고, 태양의 자외선이 대기층의 미세먼지나 오염된 공기에 의해 차단되어 비타민 D의 합성이 감소하게 된다.

① 효 능
   ㉠ 칼슘과 인의 흡수를 촉진하고 조직 중의 인산을 칼슘과 결합시켜 뼈에 침착시킨다.
   ㉡ 구루병, 충치, 골절을 예방한다.
   ㉢ 골다공증과 골연화증 치료에 도움이 된다.
   ㉣ 비타민 A, C와 함께 복용하면 감기를 예방한다.
   ㉤ 건선에 유효하다.

② 함유 식품
   물고기의 간유, 정어리, 청어, 연어, 참치, 우유, 유제품 등에 많이 함유되어 있다.

③ 일일 권장량
   비타민 D의 일일 권장량은 70세 이상에서 800IU이고, 그 이하 연령에서는 600IU이다. 또한 비타민 D의 일일 상한 섭취량은 4,000IU이다.

④ 결핍 증상
   구루병(다리가 굽어 O자형이 되는 병), 골격성장부진, 심한 충치, 골연화증, 노인성 골다공증이 생기게 된다.

(3) 비타민 E(Tocopherol)

비타민 E는 지용성 비타민으로 생체막에서 지방질 산화 방지, 적혈구 보호, 세포호흡, 혈소판 응집에 관여한다.

① 효 능
   ㉠ 산화에 의한 세포의 노화작용을 늦춘다.
   ㉡ 몸에 산소를 공급하여 내구력을 길러 준다.
   ㉢ 비타민 A와 함께 활동하여 대기오염으로부터 폐를 보호한다.
   ㉣ 혈액 응고를 막고 혈전을 용해시킨다.
   ㉤ 피로를 없애 준다.
   ㉥ 상처에 국소적으로 사용하거나 경구로 사용하여 상처 자국이 남는 것을 방지한다.
   ㉦ 화상의 회복을 촉진시킨다.
   ㉧ 이뇨제로 작용하여 혈압을 떨어뜨린다.
   ㉨ 유산을 방지하는 역할을 한다(항불임 비타민).

② 함유 식품
   소맥 배아, 콩, 식물유, 브로콜리, 캐비지, 녹색잎 야채, 시금치, 감자, 소맥분, 무정제 소맥, 무정제 곡물류를 사용한 시리얼, 달걀 등에 많이 함유되어 있다.

③ 일일 권장량

가장 보편적인 일일 섭취량은 200~1,200IU이며, 시판되는 제품에는 일반적으로 100~1,000IU의 비타민 E가 함유되어 있다.

④ 결핍 증상

비타민 E는 일명 '항불임 비타민'이라고도 하며, 생식기능에 관여하는 비타민으로 알려져 있다. 결핍되면 생식불능(불임증)과 유산, 근육의 발육부진, 신경의 비정상, 빈혈, 간괴사 등을 유발한다.

(4) 비타민 F(필수지방산 Fatty acid)

① 효 능

지방대사의 왕성과 발육을 촉진시킨다.

② 결핍 증상

발육정지, 지방대사 장애가 오며, 피부가 건조해진다.

(5) 비타민 K(Phylloquinone)

① 효 능

㉠ 혈액 응고에 관여한다.

㉡ 프로트롬빈 형성에 필수물질이다.

㉢ 내출혈과 치질을 예방하며, 월경시의 다량 출혈을 감소시킨다.

② 결핍 증상

㉠ 혈액이 응고되지 않아 출혈 경향이 증가한다.

㉡ 신생아에서 장내에 비타민 K가 합성되지 않는 경우에는 저프로트롬 빈혈증을 일으키고 출생 후 1주 내에 출혈증을 일으킬 수 있다.

(6) 비타민 B1(Thiamin)

① 효 능

㉠ 1일 필요량은 1.3~1.5mg이며, 중노동에는 더욱 필요하다.

㉡ 산성, 수용성 비타민으로 120℃에서 1시간 내에 파괴되며, 탄수화물(포도당)을 산화시키는 데 필요하다.

② 결핍 증상

각기병(질환으로 다리 힘이 약해지고 저리거나 지각 이상이 생겨서 제대로 걷지 못하는 병), 식욕부진, 신경통, 피로감 등이 나타난다.

(7) 비타민 B2(Rivoflavin)
① 효 능
  ㉠ 1일 필요량은 1.1~1.7mg이며, 육류보다는 채소에 많이 들어 있으며, 과잉장애는 발생하지 않는다.
  ㉡ 성장인자로서 세포 내의 단백질과 결합하여 황색산화효소가 되어 산화환원의 역할을 한다.
② 결핍 증상
  구각염, 구순염, 설염, 피부염, 안구충혈, 광선공포증, 조로성 백내장, 빈혈 등이 발생한다.

(8) 비타민 B3(Niacin)
① 효 능
  산화환원 반응의 조효소이며, 면역기능 활성화와 연관이 있다.
② 결핍 증상
  부족하면 펠라그라(pellagra)가 많이 생기는데 펠라그라의 대표적인 증상은 피부병, 설사, 치매 등이다.

(9) 비타민 B6(Pyridoxin)
① 효 능
  ㉠ 우리가 섭취한 음식을 우리 몸이 사용하는 에너지로 바꾸고, 소화계와 신경계를 건강하게 유지하며, 피부와 눈을 건강하게 하고, 호르몬 분비를 원활하게 하는 역할을 한다.
  ㉡ 멜라토닌 및 헤모글로빈 생성을 돕는다.
② 결핍 증상
  신경과민, 우울증, 주의력 결핍, 혼란, 단기기억상실, 구강염, 근무력증 등이 있다.

(10) 비타민 B12(Cyanocobalamin)
① 효 능
  세포분열에 관여하고 DNA, RNA, 혈액을 생성하며, 신경조직의 대사에 중요한 역할을 한다.
② 결핍 증상
  결핍시에 빈혈, 신경계장애 등이 일어난다.

(11) 비타민 C(Ascorbic acid)
① 효 능
  ㉠ 1일 필요량은 50~60mg이다.
  ㉡ 인체 조직 내의 항산화 작용을 돕는다.
② 결핍증상
  괴혈병, 뼈와 치아의 발육부진, 체중 감소, 면역기능 저하, 상처회복 지연, 고지혈증, 빈혈 등이 나타난다.

5 열량(Calory)

(1) 기초대사량(B.M.R)
① 열량의 단위를 calory라 하는데, 1cc의 물의 온도를 1도 높이는데 필요한 열량을 1calory라 한다.
② 호흡, 혈액순환, 체온유지 등 생명을 유지하는데 필요한 최소의 열량을 말한다.
③ 측정은 식후 12~16시간 후에 정신적·육체적으로 아무 일도 하지 않고 조용히 누운 상태에서 실온에서 30분간 측정한다(체중 1kg당 1시간에 1cal가 소요된다).

(2) 열량소요량
① 기초대사량, 노작소요열량, 식품소화섭취에 소요되는 양, 분변 배설 소요량의 총칭이다.
② 성인의 경우 1일 소요량은 2,400cal이며, 임신·수유시에는 소요량이 증가하고 중노동시의 소요 calory는 B.M.R의 1/2이다.
③ 인간의 생명 유지에 필요한 열량은 여러 가지 제한요소(성별, 연령, 활동량, 신체적 조건, 체중, 기후 등)에 의해 달라진다.
④ 열량소요량 산출공식
  ㉠ RMR(에너지대사율) = (작업시 대사량 − 안정시 대사량) / 기초대사량

> **작업강도**
> - **초중작업** : 중량물작업을 과하게 하는 정도(7RMR 이상)
> - **중(重)작업** : 일반적인 전신노동으로 힘, 동작, 속도가 큰 작업(4~7RMR)
> - **중(中)작업** : 손작업으로 힘, 동작, 속도가 작은 작업(2~4RMR)
> - **경(經)작업** : 주로 손가락으로 앉아서 하는 작업(0~2RMR)

  ㉡ 열량소요량(A)

$$A = B + B_x + A/10$$

  A : 열량소요량
  B : 1일 기초대사량
  x : 생활활동지수
  B_x : 생활활동에 의한 증가 칼로리
  A/10 : 특이동적작용에 사용되는 칼로리

⑤ 노작대사량
  노동의 강도에 따라 안정시보다 대사량이 증가한다. 증가한 대사량을 노작대사량이라 한다.
⑥ 영양필요량
  인간이 생활을 영위하는데 소모되는 영양소의 양을 말한다.
⑦ 영양기준량
  전 국민의 인구구성 노작도를 계산한 소요량의 평균이다.

⑧ 식품의 특이동적작용(Specific Dynamic Action ; S.D.A.)

우리가 음식물을 섭취했을 때 그 식품 자체가 가지고 있는 생리적 영양가를 모두 공급받는 것이 아니라, 식품 자체의 대사과정에 일부는 이용되고 그 나머지는 우리가 공급받는다. 즉, 식품의 소화·흡수·대사과정에서 일부 에너지가 소비되는데, 이를 식품의 특이동적작용이라 한다. 특이동적작용은 식품의 질에 따라 다른데, 단백질은 30%(16~30%), 탄수화물과 지방은 6% 정도의 에너지 소비가 증가한다. 그러므로 하루에 소모되는 총 열량을 계산할 때는 특이동적작용에서 오는 열량의 상승률 10%를 가산하여야 한다.

02 국민건강보건 영양관리

1 개요

(1) 제3차 국민영양관리기본계획(2022~2026년)
① 포화지방산을 적정수준으로 섭취하는 인구비율 증가('20년 47.7% → '26년 63.5%)
② 과일/채소를 1일 500g 이상 섭취하는 인구비율 증가('20년 26.2% → '26년 35.1%)
③ 당을 적정 수준으로 섭취하는 인구비율 증가('20년 72.3% → '26년 80.0%)
④ 나트륨을 적정 수준으로 섭취하는 인구비율 증가('20년 33.6% → '26년 38.6%)
⑤ 가공식품 선택시 영양표시 이용 인구비율 증가('20년 30.1% → '26년 31.1%)
⑥ 아침식사 결식률 유지('20년 34.6% → '26년 ≤ 34.6%)
⑦ 식품안정성 확보 가구분율 증가('20년 96.3% → '26년 96.7%)
  ※ 소득 1~5분위간 격차 감소('20년 13.2%p → '26년 9.5%p)

(2) 국민건강영양조사
① 실시목적
  ㉠ '국민건강영양조사'는 국민의 건강 및 영양 상태에 관한 현황 및 추이를 파악하여 정책적 우선순위를 두어야 할 건강취약집단을 선별하고, 보건정책과 사업이 효과적으로 전달되고 있는지를 평가하는데 필요한 통계를 산출한다.
  ㉡ 또한 세계보건기구(WHO)와 경제협력개발기구(OECD) 등에서 요청하는 흡연, 음주, 신체활동, 비만 관련 통계자료를 제공하고 있다.
② 세부목적
  ㉠ 국민건강증진종합계획 수립 및 평가
  ㉡ 국제기구(OECD, WHO 등)가 요구하는 건강지표 통계 산출과 국가간 비교
  ㉢ 소아·청소년 표준성장도표 개발
  ㉣ 영양섭취기준의 제정
  ㉤ 건강 및 영양 취약계층 파악
  ㉥ 프로그램 개발, 예방 및 관리 방안 수립
③ 영양조사내용

조사 구분	대상자	조사 항목
식생활조사	만 1세 이상	끼니별 식사 빈도, 끼니별 동반식사 여부 및 동반대상, 외식 빈도, 식이보충제 복용경험, 식생활지원프로그램 수혜
	초등학생 이상	영양표시에 대한 인지·인용·영향 여부 및 관심항목, 영양교육 및 상담 경험
	만 1~3세	출생체중, 수유 방법 및 기간, 이유식 및 영아기 식이보충제 섭취 정보
식품안정성 조사	식생활 관리자	가구의 식품안정성 확보

식품섭취 빈도조사	만 19~64세	112항목의 섭취빈도와 1회 섭취량 ※ 밥류(5), 면・만두류(6), 빵・떡류(8), 국・찌개류(12), 콩・달걀・고기 ・생선류(23), 채소・해조・서류(27), 우유류(4), 과일류(13), 음료류 (5), 과자류(6), 주류(3)
식품섭취조사	조리자	조사 1일 전 섭취한 음식 중 직접 조리한 음식에 대한 재료식품 및 재료량
	만 1세 이상	조사 1일 전 섭취 음식(식이보충제 포함)의 종류 및 섭취량

(3) 우리나라 국민영양의 문제점
① 지역간, 계층간 영양상태 불균형
② 국민 영양개선 지도를 위한 행정체계와 각종 기초자료의 미비
③ 일반 국민들의 영양에 관한 인식 부족
④ 장래 국민 자질향상을 위한 조기 영양관리 및 지도기준의 미약

2 영양상태의 판정방법

(1) 영양상태의 객관적 판정방법
① Kaup지수 기출 2007 인천시

㉠ Kaup지수 = $\dfrac{체중(kg)}{신장(m)^2}$

㉡ 영유아 비만도 측정에 이용한다.
㉢ 15 이하는 '마름'이며, 20 이상은 '비만'으로 판정한다.

② Rohrer지수 기출 2019 서울시

㉠ Rohrer지수 = $\dfrac{체중(kg)}{신장(cm)^3} \times 10^7$

㉡ 학동기 이후의 비만도 측정에 이용한다.
㉢ 신장 110~129cm인 경우 : 180 이상 소아비만
㉣ 신장 130~149cm인 경우 : 170 이상 소아비만
㉤ 신장 150cm 이상인 경우 : 160 이상 소아비만

③ Broca지수

㉠ Broca지수 = $\dfrac{체중(kg)}{신장(cm) - 100} \times 100$

㉡ 성인 비만도 측정에 이용한다.
㉢ 표준체중에 비해 실제로 측정한 체중이 어느 정도인지 표시한다.
㉣ Broca에 의한 표준체중(kg) = (신장 − 100) × 0.9(여자는 0.85)
㉤ 비만도(%) = $\dfrac{실측체중 - 표준체중}{표준체중} \times 100$

④ 체질량지수(Body Mass Index, BMI)
  ㉠ BMI지수 = $\dfrac{체중(kg)}{신장(m)^2}$
  ㉡ 성인의 비만도 판정에 가장 적합한 지표이다.
  ㉢ 판 정

18.5 미만	18.5~22.9	23~24.9	25~29.9	30 이상
저체중	정 상	과체중(경도비만)	비 만	고도비만

⑤ 버벡지수(Vervaeck Index)
  ㉠ 상반신의 비만을 측정하는 지수이다.
  ㉡ $\left\{ 몸무게(kg) + \dfrac{젖가슴둘레(cm)}{키(cm)} \right\} \times 100$

(2) 영양상태의 주관적 판정방법
시진(대상자의 행동과 신체를 체계적이고 세밀하게 보는 것), 촉진(각 신체부위를 만져서 각 구조가 주는 느낌에 대해 정보를 얻는 것), 빈혈, 부종 등과 같은 방법으로 판정하는 방법이다.

3 영양상태의 평가방법 기출 2017 지방직

(1) 직접적 방법
① 신체계측조사
  ㉠ 신체의 체조직 구성과 발육의 상태를 측정함으로써 영양상태를 판정하는 방법이다.
  ㉡ 비교적 장기간의 영양상태 판정에 유용하다.
  ㉢ 신체계측은 간편하고 재현성이 좋으며, 비용이 적게 들고 단기간의 훈련을 통하여 수행될 수 있다. 그러므로 개인이나 집단의 영양상태 판정에 널리 사용되는 방법이다.
② 임상적 검사
  환자의 병력조사 및 피부, 눈, 머리카락, 점막 등 상피조직이나 기관에 나타나는 변화를 관찰하여 판정하는 방법이다.
③ 생화학적 검사
  혈액, 적혈구, 소변 등의 표본을 이용하여 평가하는 방법이다.

(2) 간접적 방법(식품섭취조사)
취하는 식품의 형태와 양뿐만 아니라 식품 내에 들어있는 영양소 및 다른 성분들에 대한 섭취량을 조사하여 잠정적이거나 노출되고 있는 식사의 문제점을 파악하고, 그 결과를 대상자의 영양 필요량과 비교해 보는 영양판정 방법이다.

CHAPTER 04 출제예상문제

보건영양

01 보건영양 일반

01 다음 중 보건영양의 목표가 아닌 것은?
① 식생활의 서구화 추구
② 영양소 불균형으로 인한 질병의 관리
③ 노인집단의 영양관리
④ 영양소의 결핍에 의한 질병 예방

식생활의 서구화에 따른 식생활이 영양불균형을 초래하여 비만, 만성 질환 등을 일으켜 사회문제가 되고 있다.

02 다음 중 한국인 영양섭취기준에 대한 설명으로 옳지 않은 것은? [기출 2015 서울시]
① 평균필요량은 건강한 사람들의 50%에 해당하는 사람들의 1일 필요량을 충족시키는 값이다.
② 권장섭취량은 대다수 사람의 필요영양섭취량을 말하는 것으로 평균필요량에 2배의 표준편차를 더해서 계산된 수치이다.
③ 충분섭취량은 권장섭취량에 안전한 양을 더한 값이다.
④ 상한섭취량은 인체 건강에 독성이 나타나지 않는 최대섭취량이다.

영양섭취기준의 구성과 특성
- 평균필요량 : 건강한 사람들의 일일 영양필요량의 중앙값
- 권장섭취량 : 평균필요량에 표준편차의 2배를 더하여 정한 값
- 충분섭취량 : 평균필요량에 대한 정보가 부족한 경우, 건강인의 영양섭취량을 토대로 설정한 값
- 상한섭취량 : 인체 건강에 유해영향이 나타나지 않는 최대영양소 섭취수준

정답 01 ① 02 ③

03 5대 영양소와 관계없는 것은?

① 탄수화물　　　② 단백질
③ 칼 슘　　　　　④ 비타민

> **해설 콕**
> 5대 영양소 : 탄수화물, 지방, 단백질, 비타민, 무기질

04 우리나라 사람들이 과량 섭취하고 있는 영양소는?

① 탄수화물　　　② 단백질
③ 지 방　　　　　④ 비타민

> **해설 콕**
> 우리나라는 쌀을 주식으로 하는 민족이므로 탄수화물의 섭취가 상대적으로 풍부하다.

05 단백질 작용으로 맞지 않는 것은?

① 신체구성에 작용　　　② 효소 및 호르몬의 성분
③ 열량 공급원　　　　　④ 신체 기능의 조절 작용

> **해설 콕**
> 신체 기능의 조절은 주로 비타민과 무기질이 담당하고 있다.

06 단백질 결핍증상으로 틀린 것은?

① 부 종　　　　　　　　　　② 발육정지
③ 혈청 알부민(단백질)의 감소, 빈혈　④ 열중증

> **해설 콕**
> 열중증은 고열환경에서 염분(NaCl)이 부족할 때 많이 생기는 증상이다.

07 비타민에 대한 설명으로 틀린 것은?

① 체내에서 충분히 합성된다.
② 열량 공급이나 에너지원으로 사용되지 않는다.
③ 신체조절기능을 한다.
④ 음식으로 섭취해야 한다.

> 비타민은 체내에서 충분히 합성되지 못하므로 건강유지를 위하여 음식이나 비타민제로 섭취해야 하는 필수영양소이다.

08 체내부족시 유산, 불임증을 일으킬 수 있는 비타민은?

① 비타민 K ② 비타민 E
③ 비타민 F ④ 비타민 D

> 1992년 쥐실험 결과, 쥐의 생식에 필요한 식물성 기름의 성분을 발견하여 '항불임작용'을 나타내는 비타민을 비타민 E(tocopherol ; 토코페롤)라 명명하였다.

09 지용성 비타민에 대한 옳은 것은?

① 물에 용해된다.
② 필요량 이상 섭취하면 배설된다.
③ 체외로 쉽게 방출되지 않는다.
④ 결핍증세가 비교적 빨리 나타난다.

지용성 비타민과 수용성 비타민

지용성 비타민	수용성 비타민
지방과 지방용매에 녹는다.	물에 용해된다.
필요량 이상 섭취시 체내에 저장된다.	필요량 이상 섭취하면 배설된다.
체외로 쉽게 방출되지 않는다.	소변으로 쉽게 방출된다.
결핍증세가 서서히 나타난다.	결핍증세가 비교적 빨리 나타난다.
필요량을 매일 공급할 필요 없다.	필요량은 매일 공급해야 한다.

정답 03 ③ 04 ① 05 ④ 06 ④ 07 ① 08 ② 09 ③

10 다음 중 서로 관계가 없는 것은?

① 비타민 B1 – 구순염
② 비타민 K – 혈액응고
③ 비타민 E – 불임증
④ 비타민 A – 야맹증

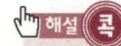
구순염 및 설염은 비타민 B2가 부족할 때 생긴다.

11 다음은 무엇에 대한 설명인가?

> 근육신경의 자극·전도, 근육수축운동, 체액의 삼투압 조절 작용이 있으며, 부족하면 열중증과 무력감이 생긴다.

① Ca   ② 식 염
③ Fe   ④ 단백질

식염에 대한 설명이다.

12 무기질에 대한 설명으로 맞는 것은?

① Ca – 부족시 빈혈이 발생한다.
② I – 부족시 갑상선 기능이 저하된다.
③ Fe – 부족시 뼈에 이상이 생긴다.
④ P – 부족시 성장장애, 성기능 부전, 기형유발, 미각감퇴, 빈혈 등의 장애를 초래한다.

요오드(I) 부족시 갑상선 기능이 저하된다.
① 철분(Fe)에 관한 설명이다.
③ 칼슘(Ca)에 관한 설명이다.
④ 아연(Zn)에 관한 설명이다.

13 다음 중 조절기능을 하는 영양소로 조합된 것은?

① 단백질, 탄수화물　　② 비타민, 무기질
③ 지방, 무기질　　　　④ 지방, 단백질

3대 영양소(열량 영양소)에는 탄수화물, 단백질, 지방이 있고, 조절 영양소는 무기질과 비타민이 있다.

14 기초대사량이란?

① 생명유지에 필요한 최소한도의 에너지량
② 생명유지에 필요한 최대한도의 에너지량
③ 활동적인 생활에 필요한 최소한도의 에너지량
④ 1일 필요한 총 칼로리 섭취량

기초대사량(BMR)은 호흡, 혈액순환, 체온유지 등 생명유지에 필요한 최소한도의 에너지량을 말한다.

15 인간이 생활을 영위하는데 소모되는 영양소의 양을 무엇이라고 하는가?

① 노작대사량　　　　② 영양필요량
③ 영양기준량　　　　④ 기초대사량

① 노작대사량 : 노동의 강도에 따라 안정시보다 대사량이 증가하는데 증가한 대사량을 노작대사량이라 한다.
③ 영양기준량 : 전 국민의 인구구성 노작도를 계산한 소요량의 평균이다.
④ 기초대사량(BMR) : 호흡, 혈액순환, 체온유지 등 생명유지에 필요한 최소한도의 에너지량을 말한다.

16 특이동적작용(SDA) 과정에서 가장 많은 에너지를 소비하는 것은?

① 단백질　　　　② 탄수화물
③ 지 방　　　　④ 비타민

특이동적작용(Specific Dynamic Action ; SDA)은 식품의 질에 따라 다른데 단백질은 30%(16~30%), 탄수화물과 지방은 6% 정도의 에너지를 소비한다.

02 국민건강보건 영양관리

01 제3차 국민영양관리기본계획(2022~2026년)의 목표로 옳지 않은 것은?

① 적정 수준의 지방 적정 섭취 인구비율 증가
② 나트륨 2,000mg/일 이상 섭취 인구비율 증가
③ 적정 수준의 당 섭취 인구비율 증가
④ 과일·채소 500g/일 이상 섭취 인구비율 증가
⑤ 가공식품 선택시 영양표시 이용 인구비율 증가

나트륨을 적정 수준으로 섭취하는 인구비율 증가('20년 33.6% → '26년 38.6%)

02 비만을 나타내는 것이 아닌 것은?

① Rohrer지수 160 이상(신장 150cm 이상인 경우)
② 허리둘레가 엉덩이둘레의 0.6 이상
③ BMI 30 이상
④ 표준체중 20% 이상

복부비만의 판정기준

성 별	허리와 엉덩이 둘레비(WHR)
남 자	1 이상
여 자	0.85 이상

03 체질량지수의 비만 판정기준은?

① 20　　　　　　　　② 25
③ 30　　　　　　　　④ 35

체질량지수(Body Mass Index, BMI)

18.5 미만	18.5~22.9	23~24.9	25~29.9	30 이상
저체중	정 상	과체중(경도비만)	비 만	고도비만

04 신체계측에 의한 영양판정법 중 {체중(kg) / 신장(cm)³} × 10⁷으로 산정되는 지수는?

① Kaup지수
② Rohrer지수
③ Vervaek지수
④ Broca지수

Rohrer지수에 대한 설명이다.

05 성인비만도 측정에 이용하는 지수는?

① Kaup지수
② Rohrer지수
③ Vervaek지수
④ Broca지수

Broca지수
- Broca지수 = $\dfrac{체중(kg)}{신장(cm) - 100} \times 100$
- 성인 비만도 측정에 이용한다.

06 학령기 이후의 소아에 대한 영양상태 판정 기준으로 신장이 150cm 이상인 경우 160 이상이면 비만으로 판정하는 지수는? [기출] 2019 서울시

① 로렐지수(Rohrer index)
② 카우프지수(Kaup index)
③ 버벡지수(Vervaeck index)
④ 체질량지수(Body mass index)

비만도 측정지수	
영유아 비만도 측정	• 카우프(Kaup)지수 → 20 이상이면 비만
학령기 이후의 비만도 측정	• 로렐(로허, Rohrer)지수 → 160 이상이면 비만(※ 신장 150cm 이상인 경우)
성인 비만도 측정	• 체질량지수(BMI) → 25~29.9이면 비만 • 브로카(Broca)지수 → 표준체중을 20% 이상 초과시 비만

정답 01 ② 02 ② 03 ② 04 ② 05 ④ 06 ①

07 영양상태 판정시 객관적 판정법으로 영·유아에 주로 사용하는 판정법은? 기출 2007 인천시

① Broca지수
② 비만도
③ Kaup지수
④ Rohrer지수
⑤ Vervaeck지수

① 성인 비만도 측정에 이용한다.
② 비만도(%) = $\dfrac{\text{실측체중} - \text{표준체중}}{\text{표준체중}} \times 100$
④ 학동기 이후의 비만도 측정에 이용한다.
⑤ 상반신의 비만을 측정하는 지수이다.

08 영양상태의 평가방법 중 간접적 방법에 해당하는 것은? 기출 2017 지방직

① 임상적 검사
② 식품섭취조사
③ 신체계측조사
④ 생화학적 검사

영양상태의 평가방법

구 분		평가방법
직접적 방법	신체계측조사	• 신체의 체조직 구성과 발육의 상태를 측정함으로써 영양상태를 판정하는 방법으로 비교적 장기간의 영양상태 판정에 유용하다. • 신체계측은 간편하고 재현성이 좋으며, 비용이 적게 들고 단기간의 훈련을 통하여 수행될 수 있으므로, 개인이나 집단의 영양상태 판정에 널리 사용되는 방법이다.
	임상적 검사	환자의 병력조사 및 피부, 눈, 머리카락, 점막 등 상피조직이나 기관에 나타나는 변화를 관찰하여 판정하는 방법이다.
	생화학적 검사	혈액, 적혈구, 요 등의 표본을 이용하여 평가하는 방법이다.
간접적 방법	식품섭취조사	섭취하는 식품의 형태와 양뿐만 아니라 식품 내에 들어있는 영양소 및 다른 성분들에 대한 섭취량을 조사하여 잠정적이거나 노출되고 있는 식사의 문제점을 파악하고, 그 결과를 대상자의 영양필요량과 비교해 보는 영양판정 방법이다.

CHAPTER 05
환경보건

01 환경위생
02 산업보건

CHAPTER 05 환경보건

공중보건

출제포인트
❶ 환경의 개념과 생물학적·물리학적 환경위생을 학습한다.
❷ 산업보건의 정의, 산업보건의 관리, 산업피로에 대하여 학습한다.
❸ 산업보건과 근로자의 보호, 산업재해와 보상, 직업병에 대하여 학습한다.

01 환경위생

1 환경위생의 개념

(1) WHO의 정의
'환경위생이란 인간의 신체 발육, 건강, 생존에 유해한 영향을 미치거나 그 가능성이 있는 것으로 인간의 물리적 환경에 있어서의 요소를 통제하는 것이다'로 정의된다.

> **심화Tip**
> - Max von Pettenkofer(1818~1901)
>   19세기 후반 환경위생학을 근대 과학으로 발전시킨 위생학자로, 위생상 문제에 화학적 지식이 필요함을 인식하고 위생에 관한 실험방법을 확립하였다.
> - Claude Bernard(1813~1878)
>   프랑스의 생리학자로 외부환경이 변화하여도 내부환경의 변화에 의해 건강을 유지해 나갈 수 있는 항상성(homeostasis)의 개념을 도입하였다.

(2) 분류와 범위
① 분 류
  ㉠ 자연 환경
    ⓐ 생물학적 환경 : 위생곤충, 동물, 각종 병원미생물, 식물 등이 있다.
    ⓑ 물리화학적 환경 : 공기, 토양, 광선, 소리, 물 등이 있다.
  ㉡ 사회적 환경 : 의복, 식생활, 주거, 정치, 경제, 종교, 교육 등이 있다.

② 범위(WHO, 1969)
  ㉠ 급수, 배수처리, 수질오염방지, 고형폐기물 처리
  ㉡ 유해곤충, 절족동물, 연체동물, 설치류와 중간숙주의 구제
  ㉢ 인간의 오물 및 인간, 동물, 식물에 대한 유해물질에 따른 토양오염의 예방과 관리
  ㉣ 식품위생, 방사선 방지
  ㉤ 노동위생 특히 물리적·화학적·생물학적 위험 방지
  ㉥ 대기오염 방지, 소음 방지
  ㉦ 주택과 근접환경, 특히 주택, 공립 및 공공건물의 공중위생의 방향
  ㉧ 도시와 농촌계획
  ㉨ 공중·해상 수송 및 육지 수송의 환경보전
  ㉩ 사고 방지
  ㉪ 공공 레크리에이션과 관광여행, 특히 공공해안, 수영장, 캠프장 등의 환경보전
  ㉫ 감염병, 구급, 재해와 인구 이동에 관련된 조치
  ㉬ 전면적 환경보건 대책에 의한 위해 방지

2 생물학적 환경위생

(1) 위생해충
① 모기(Mosquito)
  ㉠ 모기에 의한 매개질병
    ⓐ 이집트숲모기, 흰줄숲모기 : 지카바이러스, 뎅기열, 황열, 치쿤쿠니야열
    ⓑ 토고숲속모기 : 사상충증
    ⓒ 작은빨간집모기 : 일본뇌염, 웨스트나일열, 세인트루이스열
    ⓓ 얼룩날개모기 : 말라리아(학질모기), 사상충증
  ㉡ 구제 방법
    ⓐ 생물학적 구제법 : 포식동물, 기생충 및 병원체의 서식이용 등이 있다.
    ⓑ 물리적 구제법(환경적 방법) : 위생공학적인 측면에서 유충의 서식장소 등 발생원을 근본적으로 제거하는 방법이다.
    ⓒ 화학적 구제법 : DDT, BHC, 아바테(Abate) 등의 살충제를 발생원에 살포한다.
② 파리(Fly)
  ㉠ 파리에 의한 매개질병
    ⓐ 모래파리 : 파파타시열, 오로야열 등
    ⓑ 소화기계 감염병 : 이질, 콜레라, 장티푸스, 파라티푸스 등
    ⓒ 기생충 질환 : 회충, 갈고리촌충 등
    ⓓ 기타 : 살모넬라균 식중독, 결핵, 한센병(나병), 화농성 질환 등

ⓒ 구제 방법
  ⓐ 환경적 방법 : 발생원 및 서식지를 제거한다.
  ⓑ 물리적 방법 : 파리채, 파리통, 끈끈이
  ⓒ 화학적 방법 : 접촉제(유액 DDT), 독살제(Formalin), 훈향제
③ 바퀴(Cockroach)
  ㉠ 바퀴에 의한 매개질병
    ⓐ 소화기계 질환 : 이질, 콜레라, 장티푸스, 살모넬라, 소아마비 등
    ⓑ 기생충 질환 : 스파이롭테라 기생충(암 발생에 관여) 등이 바퀴벌레를 숙주로 이용한다.
  ㉡ 구제 방법
    ⓐ 환경적 방법 : 서식처를 제거하고 늘 청결하도록 한다.
    ⓑ 화학적 방법
      • DDT, BHC 살포 : Chloropicrin, 이황화탄소(CS_2) 등의 훈증제를 사용한다.
      • 독이법(毒餌法) : 감자나 전분류에 독물인 페노티아진(Phenothiazine) 20%와 아비산석회 5%, 붕산 50%를 혼합하여 중독사시키는 방법이다.
④ 이(Lice)
  ㉠ 이에 의한 매개질병 : 발진티푸스, 페스트, 재귀열 등
  ㉡ 구제 방법
    ⓐ 머릿니, 털이(사면발이) : 피레트린(Pyrethrin)이나 유성 DDT로 세척한다.
    ⓑ 옷엣니 : 증기소독(100℃에서 15분, 60℃에서 30분)한다.
⑤ 벼룩
  ㉠ 벼룩에 의한 매개질병 : 페스트, 발진열 등
  ㉡ 구제 방법
    ⓐ 환경적 방법 : 서식처를 제거하고 애완동물의 구충 등을 한다.
    ⓑ 살충제의 이용 : DDT, 피레트린(Pyrethrin) 등으로 한다.

(2) 설치류의 구제
① 쥐에 의해 매개되는 질병
  ㉠ 살모넬라증 : 쥐의 분변 → 식품오염 → 식중독
  ㉡ 렙토스피라병(Weil's병) : 쥐의 오줌 속에 렙토스피라균이 배설되어 하수나 고인 물을 오염시키고, 사람 피부에 접촉(고열, 출혈증)되어 감염된다.
  ㉢ 기생충 질환 : 선모충, 일본 주열흡충증 등
  ㉣ 발진열, 페스트 : 쥐 → 쥐벼룩 → 사람
  ㉤ 기타 : 이질, 장티푸스, 파라티푸스, 아메바성 이질
② 구제 방법
  ㉠ 고양이 등의 천적 이용
  ㉡ 살서제 이용 : 황산스트리키닌, 황린제, 탄산바륨, 아비산 등

(3) 구충·구서의 원칙
① 광범위하게 실시해야 한다.
② 대상 해충의 생태 및 습성에 따라 실시해야 한다.
③ 쓰레기장이나 쥐구멍 같은 발생원 및 서식처를 근본적으로 제거한다.
④ 구충과 구서의 구제는 발생초기에 한다.

3 물리화학적 환경위생

(1) 기 후 기출 2022 서울시
① 기후요소
기온, 기습, 기류, 기압, 풍속, 강우, 구름, 복사량, 일조량 등이다.

> **The 알아보기**
> 기후의 3대 요소
> 기온, 기습(강수), 기류(바람)

② 기후인자
지역과 관련된 지형적인 것으로 위도, 경도, 해발, 토질, 지형(산야, 평야), 해류, 강의 흐름 등이 있다.
③ 온열요소 기출 2021 서울시
기온, 기습, 기류, 복사열은 인체의 체온조절에 중요한 영향을 미치며, '온열인자'라고도 한다.
  ㉠ 기 온
    ⓐ 지상 1.5m에서의 건구온도이며, 온열조건과 밀접하다.
    ⓑ 수은, 알코올 온도계로 측정한다.
  ㉡ 기 습
    ⓐ 일정한 온도의 공기 중에 포함될 수 있는 수증기의 상태를 말하며, 태양열과 지열의 방산을 막아준다.
    ⓑ 아스만(Assmann) 통풍온습도계, 아우구스트(August) 건습구계로 측정한다.
  ㉢ 기 류
    ⓐ 우리가 생활하면서도 느끼지 못하는 기류를 불감기류라 하고, 0.2~ 0.5(m/s)의 기류로 실내와 의복 내의 신진대사를 돕는다.

> **The 알아보기**
> 불감기류와 무풍
> 0.1m/sec 이하는 무풍이라 하고, 0.5m/sec 이하는 불감기류라 한다.

    ⓑ 카타 한란계로 측정한다.
  ㉣ 복사열
    ⓐ 발열체에서 방산하는 열로 그 영향은 거리의 제곱에 비례하여 감소한다.
    ⓑ 흑구온도계로 측정할 수 있다.
④ 온열조건의 종합작용 기출 2017 지방직
  ㉠ 쾌감대 : 적당한 착의상태에서 쾌감을 느낄 수 있는 온열조건이며, 불감기류, 습도 60~65%, 기온 17~18℃일 때이다. 힐-셰퍼드에 쾌감대 표에 따르면 기온이 18℃이면 습도 65%일 때 쾌적감으로 보고, 기온이 20℃이면 습도 50%일 때를 쾌적감으로 본다.

- ⓒ 감각온도 : 기온, 기습, 기류 등 3인자가 종합하여 인체에 주는 온감을 말하며, 무풍에 포화습도(100%)일 때의 온감을 기준으로 한다. 체감온도, 유효온도, 실효온도라고도 한다. 여름철 쾌감대는 감각온도 18℃이고, 겨울철은 감각온도 16~24℃이다.
- ⓒ 공기의 냉각력 : 기온과 기습이 낮고, 기류가 클 때는 인체의 체열방산량이 증대된다. 기온, 기습, 기류의 세 인자가 종합하여 인체로부터 열을 빼앗는 힘을 말한다.
- ⓔ 카타 냉각력 : 단위시간에 인체의 단위면적에서 손실되는 열량을 말한다. 카타 온도계를 이용하여 100°F에서 95°F로 내려가는 시간을 측정하여 산출한다.
- ⓜ 카타(Kata) 온도계 : 일반 풍속계로는 측정이 곤란한 불감기류와 같은 미풍을 카타 냉각력을 이용하여 측정하도록 고안된 것이므로, 실내의 기류 측정에 사용된다.
- ⓗ 불쾌지수 기출 2014 서울시
    - ⓐ 미국의 톰(E. C. Thom)이 1959년에 고안하여 발표한 체감기후를 나타내는 지수이다.
    - ⓑ 기후상태로 인간이 느끼는 불쾌감을 표시한 것인데, 이 지수는 기온과 습도의 조합으로 구성되어 있어 온습도지수라고 한다.
    - ⓒ DI = (건구온도 ℃ + 습구온도 ℃) × 0.72 + 40.6
    - ⓓ 실제로 이 지수는 복사열과 기류가 포함되어 있지 않아 여름철 실내의 무더위를 기준으로 사용된다.

불쾌지수(DI) 범위		상 태
매우 높음	80이상	전원 불쾌감을 느낌
높 음	75이상 80미만	50% 정도 불쾌감을 느낌
보 통	68이상 75미만	불쾌감을 나타내기 시작함
낮 음	68미만	전원 쾌적함을 느낌

- ⓢ WBGT(Wet-bulb Globe Temperature ; 습구흑구온도지수) : 실외에서 활동하는 사람의 열적 스트레스를 나타내는 지수로 ISO기준을 통해 국제적으로 표준화되어 있다. 1957년 미국에서 개발되어 현재 유럽, 일본 등에서 열중증 예방에 가장 많이 사용되고 있다.
- ⓞ 지적온도 : 열의 생산과 발산이 균형을 이루어 가장 적당한 온감과 쾌적감을 느끼는 온도는 18±2℃, 습도는 40~70%이다.

주관적 지적온도 (쾌적 감각온도)	감각적으로 가장 쾌적하게 느끼는 온도
생산적 지적온도 (최고 생산온도)	생산능률을 최고로 올릴 수 있는 온도
생리적 지적온도 (기능 지적온도)	최소의 에너지로 최대의 생리적 기능을 발휘할 수 있는 온도

⑤ 기후와 보건

기후의 변화로 나타나는 인간의 신체적·정신적 질병의 발생은 인간이 환경에 새롭게 적응하도록 기후순화를 일으킨다.
- ⓟ 자극성 순응 : 자극에 대해 저하된 기능이 정상적으로 회복하는 것이다.
- ⓒ 수동적 순응 : 인체에 알맞은 최적의 기능을 찾는 것이다.

ⓒ 대상적 순응 : 새로운 환경에 인체의 기관, 세포가 적응하는 것이다.
ⓔ 민족적 순응 : 민족별로 새로운 환경에 적응하는 것이다.
ⓜ 종족적 순응 : 민족이 이민했을 때 나타나는 순응현상을 말한다. 영국은 한대에, 이탈리아, 스페인, 포르투갈은 열대에, 중국인과 유태인은 여러 기후 순응에 높다.

(2) 공기

① 정상성분

대기내 화학성분은 기체로서 존재하고 산소(O_2)와 질소(N_2)가 대기의 99.0%를 차지한다.

② 산소(O_2)

㉠ 호흡작용에 절대적으로 필요하고 영양소를 연소시키는데 사용된다.
㉡ 한 번의 호흡을 통해서 4~5%의 산소가 소비되고 성인의 경우 안정된 상태에서 하루에 약 2,500~3,000L의 산소를 필요로 한다.
㉢ 공기 중 산소가 10% 이하시 호흡곤란 등의 임상증상이 나타나기 시작한다.

③ 질소(N_2)

공기에서 약 78%를 차지하고 있고, 정상인 상태에서는 직접적인 영향을 미치지 않으나, 잠함병의 원인이 될 수도 있다.

④ 이산화탄소(CO_2)

일반적으로 실내 공기오염의 척도로 사용되고 위생학적인 허용기준은 0.1%이나 3% 이상에서는 비로소 불쾌감을 느끼고, 5% 이상에서는 호흡중추의 자극으로 호흡이 촉진되고 10%가 넘으면 호흡곤란으로 사망하게 된다.

[흡기와 호기의 공기조성]

구 분	산소(%)	질소(%)	이산화탄소(%)
흡 기	20.93	78.10	0.04
호 기	17.00	79.00	4.00

⑤ 공기의 자정작용

㉠ 희석작용 : 바람에 의한 확산작용, 기류작용, 난류작용
㉡ 세정작용 : 강우, 강설(공기의 용해성 가스, 부유분진 제거)
㉢ 산화작용 : 산소(O_2), 오존(O_3), 과산화수소(H_2O_2)
㉣ 살균작용 : 태양광선 중 자외선(250~290nm)
㉤ 교환작용 : 식물의 탄소 동화작용에 의한 CO_2와 O_2 교환작용(광합성작용)
㉥ 중력작용 : 분자량에 위한 침강작용

⑥ 군집독(군집성 오염)

㉠ 의의 : 군집독이란 다수인이 밀집한 실내 공기의 화학적·물리적인 조성변화로 인해 초래되는 불쾌감, 두통, 권태, 구기, 현기증, 구토, 식욕부진 등의 신체적 현상을 말한다.
㉡ 군집독의 원인
ⓐ 실내 온도 : 쾌적온도는 18±2(℃)로 다수인이 밀집한 환경에서는 난방, 체열방산, 끽연 등에 의해 상승되는데, 이 때 환기로 온도조절이 필요하다.

ⓑ 실내 습도 : 실내 쾌감습도는 40~70%로 평균 65%이며, 70% 이상의 고습이거나 40% 이하에서는 건조하므로 건강에 해롭다.
ⓒ 취기(臭氣) : 무기화합물인 암모니아, 염소 그리고 유기물인 아민류, 지방성류 등에 의해 악취가 발생하므로 불쾌감을 준다.
ⓓ 실내 기류
- 불감기류 : 0.5m/s
- 무풍 : 0.1m/s
- 최적기류 : 외기 중에서 1m/s 전·후의 기류

ⓔ 실내에 산소가 낮아지고 CO_2농도가 1,000ppm 이상(= 0.1%)일 때 발생한다.
ⓒ 군집독의 대책 : 군집독의 대책으로 가장 중요한 것은 환기이다. 실내환기의 경우에는 창문의 넓이는 바닥면적의 1/20 이상이 되어야 한다.

(3) 대기오염

① 의 의

대기오염이란 인류의 생활활동으로 인해 발생한 물질, 즉 먼지, 가스, 냄새, 연기, 증기 등의 오염물질들이 생활에 직접·간접적으로 불쾌감을 주고, 건강에 장해를 끼치며 재산상의 피해를 줄 정도로 외기(外氣) 중에 존재하는 것을 말한다.

심화Tip 대기환경기준(환경정책기본법 시행령 제2조 관련 별표 1) 기출 2019, 2021 서울시

항 목	기 준	항 목	기 준
아황산가스 (SO_2)	• 연간 평균치 0.02ppm 이하 • 24시간 평균치 0.05ppm 이하 • 1시간 평균치 0.15ppm 이하	초미세먼지 (PM-2.5)	• 연간 평균치 15$\mu g/m^3$ 이하 • 24시간 평균치 35$\mu g/m^3$ 이하
일산화탄소 (CO)	• 8시간 평균치 9ppm 이하 • 1시간 평균치 25ppm 이하	오 존 (O_3)	• 8시간 평균치 0.06ppm 이하 • 1시간 평균치 0.1ppm 이하
이산화질소 (NO_2)	• 연간 평균치 0.03ppm 이하 • 24시간 평균치 0.06ppm 이하 • 1시간 평균치 0.10ppm 이하	납(Pb)	연간 평균치 0.5$\mu g/m^3$ 이하
미세먼지 (PM-10)	• 연간 평균치 50$\mu g/m^3$ 이하 • 24시간 평균치 100$\mu g/m^3$ 이하	벤 젠	연간 평균치 5$\mu g/m^3$ 이하

② 대기오염원 기출 2014 서울시

㉠ 가스류 : 물질이 연소·합성·분해될 때에 발생하거나 물리적 성질로 인하여 발생하는 기체상 물질

ⓐ 질소산화물(NOx : NO, NO_2, N_2O)
- NO는 무색의 기체로 액화시키기 어렵고 공기보다 약간 무겁다.
- NO는 대기 중의 산소와 반응하여 NO_2로 변하여 적갈색을 띤다.
- 산성비의 원인 물질이며, 광화학스모그 생성물질이다.
- 자동차와 파워프랜트와 같은 고온연소공정과 화학물질 제조공정 등이 배출원이다.

NO(일산화질소)	무색, 무취, 수용성, Hb결합력이 강하여 산소결핍을 유발한다(CO보다 강함).
NO_2(이산화질소)	적갈색, 자극성, 물과 반응, NO보다 인체기관지에 미치는 영향이 5~7배 강하다.
N_2O(아산화질소)	일명 스마일 가스, 마취제 사용, 온실가스, 오존층 파괴물질

ⓑ 아황산가스(SO_2)
- 유황분을 함유하며, 특히 석탄을 태울 때 많이 발생한다. 대기오염의 가장 대표적인 물질이다.
- 대기오염의 지표로서 취기가 있고 자극성이 있으며 점막에 염증, 흉통, 호흡곤란을 일으킨다.
- 이는 공업지대의 대기, 기타 터널, 황산제조공장, 중유를 사용하는 교통기관에서 대량 발생된다.
- 시정장애를 일으키는 미세먼지(PM10)의 주요 원인물질이다.

ⓒ 일산화탄소(CO)
- 석탄, 휘발유, 디젤유 등 유기물질이 불완전 연소됨으로써 발생되는데, 일반 가정, 산업장, 내연기관을 이용한 차량 등에서 발생된다.
- 무색, 무취, 무자극성의 가스로 호흡과정으로 인해 혈중에 흡수되면 Hb(헤모글로빈)과 결합하여 CO – Hb을 형성한다. 헤모글로빈과의 결합력은 산소와 헤모글로빈의 결합력보다 200~300배나 강하다.
- 이것은 산소(O_2)와 Hb의 결합을 방해하여 혈중의 O_2 농도를 저하시켜 혈액의 산소운반능력을 상실하게 함으로써 조직의 산소부족 질식사를 초래한다(**저산소증**).
- 공기 중 허용농도는 0.01%(100ppm), 만약 0.05~0.1%이면 CO중독이 일어난다(CO의 이중작용).
- 증상은 하루 8시간 일산화탄소에 노출되는 경우 50ppm 이하에서는 아무 증상이 없다. 허용한도는 4시간 기준으로 400ppm, 8시간 기준으로는 100ppm이다.
- CO – Hb의 농도가 30~40%인 때부터 중독증상이 나타나기 시작한다.

ⓓ 이산화탄소(CO_2) 기출 2020 서울시
- 온실기체로 작용하여, 지구복사를 통하여 우주공간으로 나가는 에너지 중 일부를 다시 지구로 되돌림으로써 지구온난화의 원인으로 작용한다.
- 화석연료와 같은 탄소를 포함한 물질을 완전 연소시킬 경우 생성된다.
- 실외보다는 실내에서 주로 발생되며, 실내의 환기상태 및 실내오염에 대한 지표로 사용된다.
- 공기 중 탄산가스 농도가 증가되면 폐포 내 혈액 중의 CO_2와 심호흡수가 증가하며, 7% 초과시 호흡곤란, 10% 초과시 질식사하게 된다.

ⓔ 탄화수소(CH_4)
- 자동차 배기가스에서 배출된다.
- 탄소와 수소로 구성된 물질로 다른 화학물질과 반응을 잘 일으켜 스모그(Smog)형성을 조장한다.

- ⓕ 오존(O_3)
  - 대기 중에 배출된 질소산화물(NOx)과 휘발성 유기화합물(VOCs) 등이 자외선과 광화학반응을 일으켜 생성된 2차 오염물질이다.
  - 오존에 반복적으로 노출되면 폐에 피해를 줄 수 있는데, 가슴의 통증, 기침, 메스꺼움, 목 자극, 소화 등에 영향을 미치며, 기관지염, 심장질환, 폐기종 및 천식을 악화시키고, 폐활량을 감소시킬 수 있다. 특히 기관지 천식환자나 호흡기 질환자, 어린이, 노약자 등에게는 많은 영향을 미치므로 주의해야 할 필요가 있다.
  - 농작물과 식물에 직접적으로 영향을 미쳐 수확량이 감소되기도 하며, 잎이 말라 죽기도 한다.
  - 체내의 효소를 교란시켜 DNA, RNA에 작용함으로써 유전인자 변화를 유발한다.
- ⓖ 벤젠(C_6H_6)
  - 벤젠은 방향성 냄새가 특징이며, 색깔이 없고 물처럼 맑은 투명한 액체로 휘발성이 강하다.
  - 인간과 동물에게서 발암성이 있다고 알려져 있으며, 세계보건기구(WHO)의 국제암연구소(IARC)에서 발암물질(Group 1)로 분류하고 있다. 경구 섭취나 흡입에 의해 빠르게 흡수되고, 노출시 초기증상으로 다행증(감정의 흥분), 두통, 어지러움증, 현기증 등이 나타나며, 고용량에서는 혼동, 발작, 혼수상태에 이르기도 한다.
- ⓗ 포름알데히드(Formaldehyde, HCHO)
  - 수소, 산소, 탄소로 구성되고, 무색의 기체이며, 연료의 불완전 연소시 발생한다.
  - 태양광선에 의해 탄화수소와 질소화합물로부터 합성되기도 한다(**광화학적 작용**).
  - 흡입과 피부 점막을 통하여 체내에 침입, 특히 중추신경에 대한 마취작용과 점막에 대한 자극작용을 한다.
- ⓘ 라돈(Rn)
  - 라돈은 자연적으로 존재하는 암석이나 토양에서 발생하는 토륨, 우라늄의 붕괴로 인해 생성되는 방사성 가스이며, 알파선을 방출시키는 Po – 218이나 Po – 214와 같은 방사성 원소로 붕괴된다.
  - 라돈은 호흡기질환과 폐포에 심각한 피해를 줄 수 있으며, 무색·무취·무미한 가스이므로 인간의 감각에 의해 감지될 수 없다.
- ⓛ 입자상 오염물질 : 물질이 파쇄·선별·퇴적·이적(移積)될 때, 그밖에 기계적으로 처리되거나 연소·합성·분해될 때에 발생하는 고체상 또는 액체상의 미세한 물질 [기출] 2017 서울시
  - ⓐ 먼지(Dust) : 대기 중에 떠다니거나 흩날려 내려오는 입자상 물질을 말한다.
  - ⓑ 액적(mist) : 가스나 증기의 응축에 의해 생성된 $2\sim200\mu m$ 크기의 작은 입자상 물질로 매연이나 가스상 물질보다 입자의 크기가 크다.
  - ⓒ 검댕(Soot) : 연소할 때에 생기는 유리(遊離) 탄소가 응결하여 입자의 지름이 $1\mu m$ 이상이 되는 입자상 물질을 말한다.
  - ⓓ 훈연(Fume) : 보통 광물질의 용융이나 산화 등의 화학반응에서 증발한 가스가 대기 중에서 응축하여 생기는 $0.001\sim1\mu m$의 고체입자를 말한다(납, 산화아연, 산화우라늄 등).

ⓔ 매연(Smoke) : 연소시 발생하는 유리탄소를 주로 하는 미세한 입자상 물질로 연료가 연소할 때 완전히 타지 않고 남는 고체물질을 말하며, 보통 $1\mu m$ 이하 크기의 탄소입자로 되어 있다.

ⓕ 안개(Fog) : 아주 작은 물방울이 공기 중에 떠있는 현상으로 수평 시정이 1km 이하이다. 습도는 100%에 가까운 현상으로 분산질이 액체이고, 눈에 보이는 연무질을 의미하며, 통상 응축에 의하여 생성된다.

ⓖ 스모그(Smog) : 대기 중 광화학적 반응에 의해 생성된 가스의 응축과정에서 생성된다. 크기는 $1\mu m$ 보다 작으며, Smoke와 Fog의 합성어이다.

ⓗ 박무(Haze) : 광화학반응으로 생성된 물질로 아주 작은 다수의 건조입자가 부유하고 시야를 방해하는 입자상 물질이다. 수분, 오염물질 및 먼지 등으로 구성되어 있고 크기는 $1\mu m$ 보다 작다.

ⓘ 취기(Odor) : 지방산, 알데하이드, 암모니아, 황화수소·메르캅탄류·아민류, 기타 자극성이 있는 기체성 물질이 사람의 후각을 자극하여 불쾌감과 혐오감을 주는 냄새이다.

ⓙ 납(Pb) : 금속공정(철제련공장, 비철제련공장, 배터리제조업체 등)이 주요 배출원이다. 핏속이나 뼈 그리고 세포 속에 축적되어 간장, 신장, 신경계통, 그리고 다른 신체기관들에 장애를 발생시킨다.

심화Tip 다이옥신 기출 2022 서울시

- 다이옥신(polychlorinated dibenzo – p – dioxins)은 주로 쓰레기 소각장에서 염소를 함유한 PVC, 폐플라스틱 연소과정에서 발생하는 환경호르몬이다.
- 소각장이나 화학공장에서 배출된 다이옥신으로 주변의 목초지나 토양이 오염된다.
- 오염된 목초나 곡물을 소, 돼지, 닭 등의 사료로 이용하면 다이옥신이 가축에 2차적으로 축적된다.
- 오염된 하천이나 바다의 어류를 먹음으로써 다이옥신이 인체 내에 3차적으로 축적된다.

③ 대기오염의 영향 기출 2019 서울시

㉠ 스모그(Smog)
  ⓐ 공기 중의 안개에 연기가 녹아 있는 상태를 말한다.
  ⓑ 스모그는 대기 중의 여러 가지 성분과 태양광 사이의 상호작용에 의하여 발생하는 대기오염이다.
  ⓒ 광화학 스모그의 생성 3대 요소
    - 질소산화물(NOx)
    - 탄화수소(HC)
    - 자외선이나 가시광선
  ⓓ 광화학 스모그 발생 조건
    - 일사량이 클 때(맑은 날 자외선 강도가 클수록 생성이 잘 된다)
    - 대기 오염물의 배출이 많고 공기 환기량이 적을 때
    - 기온 역전 및 무풍 상태(안정한 역전이 생겨 대기의 수직 혼합이 없거나 바람이 없어서 수평 방향의 확산이 이루어지지 않을 때)

ⓔ 기온역전 현상 : 대기는 보통 상공으로 올라갈수록 기온이 낮아지나, 경우에 따라서는 반대 현상이 나타나기도 한다. 이 현상을 기온의 역전이라고 하며, 역전현상이 발생하는 곳을 역전층이라고 한다. 역전층에서는 대류에 의한 확산이 이루어지지 않으므로 이 속에서 오염물질이 배출되면 사람에게 위협을 줄 정도인 경우가 많다. 역전은 다음과 같은 원인에 따라 방사성, 지형성, 침강성, 전선성으로 구별된다. 기출 2017 지방직

방사성 (복사성)	역전층은 해가 지고 나서 약 1시간 후에 시작되며 해 뜨기 전에 가장 두꺼워져 150~250m에 달한다. 역전층이 형성되면 안개 발생이 쉽고 매연이 확산되지 못하므로 대기오염물질은 지표부근에 쌓여 사람에게 피해를 준다. 해가 뜨면 밑에서부터 없어져 오전 10시경에 해소된다. 석탄, 유류 연료에서 나오는 유황분이 안개에 섞여 이루어진 런던스모그가 대표적이다.
지형성	산 너머에서 바람이 불 때 반대쪽에서는 공기가 남거나 약한 열풍이 생겨 양자 사이에 역전면이 생기는 수가 있다. 또 맑은 날 밤에 산허리가 방사에 의해 냉각되어 그것에 접한 공기가 아래 방향으로 흘러서 산기슭의 평지에 고여 역전이 생기는데 이 경우 평지에서는 접지역전이 강하고 분지에서는 높은 농도의 오염물질이 생긴다.
침강성	고기압 중심부에서 공기가 주위로 흘러 나와 상공의 공기가 내려오면서 단일 압축되어 하층 공기보다 온도가 높아진다. 역전면은 500~1,000m 부근에 생기며 내륙에서 접지역전과 중복되어 오염을 크게 일으킬 수 있다. 로스앤젤레스 지역은 지리적으로 서쪽이 태평양 연해에 있는 분지로서 기상조건도 연간평균풍속이 2.8m/초이며, 북태평양 동부에 반영구적으로 존재하는 고기압의 동쪽 끝에 위치하고 있기 때문에 여름과 가을에는 항상 침강성 역전층이 형성되므로 도시에서 발생한 자동차 배기가스 등의 오염물질이 상공으로 확산되지 못하고 축적되어 있으면서 강한 햇빛에 의해 광화학반응을 일으켜 스모그를 생성시키고 있다.
전선성	더운 공기가 찬 공기를 타고 올라가는 전선면 부근에서 발생하는 역전으로 지형이나 계절에 관계없이 발생한다.

심화Tip 런던형 스모그와 LA형(광화학) 스모그 비교 기출 2019 서울시

구 분	런던형 스모그	LA형(광화학) 스모그
발생시 기온	0~5℃	24~32℃
발생시 습도	85% 이상	70% 이하
발생 시간	아침 일찍	주 간
계 절	겨울(12~1월)	여름(8~9월)
일 광	어둡다	밝 다
색 깔	짙은 회색	연한 갈색
풍 속	무 풍	3m/sec 이하
역전종류	방사성 역전(복사성)	침강성 역전(하강형)
주 오염원	석탄과 석유계 연료 (난방)	석유계 연료(자동차)
주 오염성분	아황산가스(SO_2), 부유먼지	탄화수소(HC), NO_x, O_3, PAN
반응형	열적(먼지, SO_x, CO)	광화학적·열적(O_3, CO, NO_x)
화학반응	환 원	산 화
시정거리	100m 이하	1.6~0.8km 이하
피 해	• 폐 렴 • 호흡기자극 • 만성 기관지염 • 심장질환의 기왕증 • 심각한 사망률	• 건축물 손상 • 고무제품 손상 • 시정악화 • 과일 손상 • 눈·코·기도의 점막 자극

ⓛ 산성비
  ⓐ 원인 : 공장이나 화력발전소, 자동차 등에서 배출되는 대기오염물질(질소산화물, 황산화물 등)이 빗물에 녹아 산성을 띠며 내리는 오염된 비를 말한다.
  ⓑ 특징 : 화석연료의 사용이 많은 공업지역에서 배출된 대기오염물질이 강한 바람을 타고 이동하면서 주변지역은 물론 다른 지역까지 영향을 준다.
  ⓒ 영 향
    • 토양의 산성화나 토양에서의 영양염류의 용탈, 토양미생물의 활성저하 등으로 인해 나무가 말라죽고 삼림이 파괴되며, 농작물 수확량이 감소한다.
    • 강이나 호수에 카드뮴, 납, 아연, 수은 등 중금속의 용해도가 증가함으로써 어류에 영향을 준다.
    • 금속이나 화강암으로 만들어진 건축물이 부식된다.
ⓒ 오존층 파괴 : 오존층은 성층권에서 오존(O_3)을 많이 포함하고 있는 대기층으로, 태양으로부터 방출되는 유해한 자외선을 차단함으로써 지구상의 생물을 안전하게 보호하는 역할을 한다. 기출 2017 서울시
  ⓐ 파괴의 원인 : 헤어스프레이, 냉장고와 에어컨의 냉매제 등에 사용되는 프레온가스가 대기 중으로 과도하게 배출되어, 오존층의 밀도를 낮추어 오존층에 구멍을 낸다.
  ⓑ 파괴의 영향
    • 오존층이 파괴되면, 인간이 자외선을 직접적으로 쬐게 되어 피부가 타고, 피부암과 백내장을 일으킬 수 있으며, 인체의 면역기능도 떨어뜨린다.
    • 식물의 경우에는 광합성이 활발하게 일어나지 않아 잘 자라지 못하고, 농작물의 수확량이 감소한다.
    • 바다 속에 있는 식물성 플랑크톤의 광합성 작용도 억제되어 결국 생태계 먹이사슬의 기초가 무너진다. 이것이 심화되면 결국 이 땅에서는 더 이상 인간과 동식물이 살아갈 수 없는 환경이 되는 것이다.
ⓔ 지구온난화 기출 2014 서울시
  ⓐ 개 요
    • 지구의 지상평균 기온은 약 15℃로 유지되도록 태양으로부터 받은 복사에너지에 의해 조절되고 있다. 그러나 지난 20년 동안 0.5℃ 기온상승이 있었고, 21세기 중반에는 1℃ 기온상승이 예상된다.
    • 인간의 활동으로 인해 대기 중으로 배출되는 이산화탄소, 축산폐수 등에서 발생하는 메탄, 과용되는 질소비료의 여분이 분해되면서 발생하는 아산화질소 등 소위 온실가스들이 대기로 들어가 잔류하면서 그들의 온실효과로 대류권의 기온이 상승하는 현상이다.
  ⓑ 원 인
    • 지구온난화의 직접적인 원인은 이산화탄소와 같은 온실기체가 대기 중으로 배출됨으로써 일어나는 온실효과 때문이다.
    • 온실가스 농도가 높아짐에 따라 지구 복사열의 흡수가 과다하게 일어나 지구의 에너지 균형이 깨지면서 온도가 높아지게 된다.

심화Tip 온실효과기체

온실효과기체라는 것은 가시광선을 투과시키지만, 적외선을 잘 흡수하는 광학적 성질을 가진 기체이다. 대기 중에 포함된 다른 주요한 성분, 질소, 산소, 아르곤 등은 적외선을 흡수하는 성질이 없어 온실효과기체가 아니다. 한편, 프레온가스, 할론가스, 메탄 등의 유기가스나 질소산화물, 오존 등은 적외선을 잘 흡수하는 온실효과기체이다.

ⓒ 영향 : 지구온난화가 진행됨에 따라 지구 전역에 걸쳐 강수량의 변화가 일어나며, 기압과 토양수분의 변화가 일어난다. 이 때문에 기상재해가 일어날 가능성이 커진다. 기후변화에 따라 재배작물의 종류와 생산량도 크게 변한다. 식물은 종에 따라 생육에 알맞은 온도를 갖고 있어 온도가 맞지 않을 경우 생육이 불가능해지게 된다.

ⓓ 온난화지수 : 온난화지수는 이산화탄소가 지구온난화에 미치는 영향을 기준으로 각각의 온실가스가 지구온난화에 기여하는 정도를 수치로 표현한 것이다. 즉, 단위 질량당 온난화 효과를 지수화한 것이다. 이산화탄소(CO_2)를 1로 볼 때 온난화지수는 다음과 같다. 기출 2015 서울시

- 메탄(CH_4) : 21
- 아산화질소(N_2O) : 310
- 수소불화탄소(HFCs) : 1,300
- 과불화탄소(PFCs) : 7,000
- 육불화황(SF_6) : 23,900

심화Tip 대기오염 사건 기출 2022 서울시

- **뮤즈벨리 사건** : 1930년 12월 벨기에의 수도 Belium에서 발생한 스모그 사건이다. 기온역전 현상으로 100m의 뮤즈계곡에 위치한 금속공장, 유리공장, 아연공장, 제철공장에서 배출되는 아황산(SO_2), 황산(H_2SO_4)에 의해 연무 등과 같은 스모그 현상이 3일간 지속되었다. 3일 동안 평상시 사망수의 10배인 약 60명이 사망하였다.
- **도노라 사건** : 1948년 10월 미국 펜실바니아주 인구 14,000명의 도노라 시에서 발생한 사건이다. 기온역전 현상으로 철강공장, 황산제조공장, 아연공장에서 배출되는 아황산가스농도가 대기 중 0.32~0.39ppm까지 달해 18명이 사망하였다.
- **포자리카 사건** : 1950년 11월 멕시코 Poza Rica에서 발생한 '포자리카 사건'은 공장작업 중 사고로 대량의 황화수소가스가 누출된 사건이다. 황화수소가스에 의해 320명이 급성중독에 걸려 22명이 사망하였다.
- **런던스모그 사건** : 1952년 12월에 영국 런던 시에서는 석탄연소에 따른 연기가 정제되지 않은 채 대기 중으로 배출되었고, 무풍현상과 기온역전으로 인해 대기로 확산되지 못하고 지면에 정체된 대기오염 사건이다. 배출된 연기와 짙은 안개가 합쳐져 스모그를 형성하였고, 특히 연기 속에 있던 아황산가스는 황산안개로 변했으며, 이러한 스모그는 일주일간 지속되었다. 결국 이 기간 동안 4,000명 이상 사망하였으며, 1953년 2월 중순까지 8,000명의 사망자가 발생하였다.

(4) 주요 국제환경협약

① 람사협약
   ㉠ 1971년 이란의 람사에서 채택된 습지에 관한 협약으로 1975년 12월 발효되었다.
   ㉡ '물새 서식지로서 특히 국제적으로 중요한 습지에 관한 협약'은 물새 서식 습지대를 국제적으로 보호하기 위한 협약이다.

② 런던협약
   ㉠ 1972년 채택되고 1975년 발효되었다.
   ㉡ 1972년 협약의 실효성이 문제시되어 배출조건을 강화한 '96 의정서'가 채택(1996.11.)되어 2006년부터 발효되고 있다.
   ㉢ 폐기물의 해양투기로 인한 해양오염을 방지하기 위한 국제협약이다.

③ 몬트리올의정서
   ㉠ 1987년 몬트리올에서 정식으로 체결되고, 1989년 1월부터 발효되었다.
   ㉡ 오존층 파괴물질인 염화불화탄소(CFCs)의 생산과 사용을 규제하려는 목적에서 제정한 협약이다.

④ 바젤협약 기출 2015 서울시
   ㉠ 1989년 3월 22일 유엔 환경계획(UNEP) 후원하에 스위스 바젤(Basel)에서 채택된 협약으로, 1992년 1월 발효되었다.
   ㉡ 국제적으로 문제가 되는 유해 폐기물의 국가간 이동 및 그 발생을 억제하고, 발생된 폐기물의 건전한 처리 및 개도국에서 발생되는 폐기물에 대한 적정한 처리의 지원의무를 규정한 협약이다.

⑤ 유엔기후변화방지협약
   ㉠ 1992년 브라질의 리우데자네이루에서 열린 유엔환경개발회의(UNCED)에서 채택되어 1994년 3월 21일 발효되었다.
   ㉡ 지구온난화를 일으키는 온실가스의 배출량을 억제하기 위한 협약이다.

⑥ 교토의정서 기출 2014 서울시
   ㉠ 1997년 12월 11일 일본 교토시 국립교토국제회관에서 개최된 지구온난화 방지 교토 회의(COP3) 제3차 당사국 총회에서 채택되었으며, 2005년 2월 16일 발효되었다.
   ㉡ 지구온난화의 규제 및 방지를 위한 국제협약인 기후변화협약의 수정안이다. 이 의정서를 인준한 국가는 이산화탄소를 포함한 여섯 종류의 온실가스의 배출을 감축하며, 배출량을 줄이지 않는 국가에 대해서는 비관세장벽을 적용하게 된다.
   ㉢ 감축 대상가스는 이산화탄소(CO_2), 메탄(CH_4), 아산화질소(N_2O), 불화탄소(PFC), 수소화불화탄소(HFC), 불화유황(SF_6) 등이다.
   ㉣ 2008~2012년 5년간 온실가스 배출량을 1990년 배출량 대비 평균 5.2% 감축해야 한다.
   ㉤ 의무이행 당사국의 감축 이행시 신축성을 허용하기 위하여 배출권거래, 공동이행, 청정개발체제 등의 제도를 도입하였다.
   ㉥ 지구온난화 규제 및 방지의 국제협약인 기후변화협약의 구체적 이행 방안으로 선진국의 온실가스 감축 목표치를 규정하였다.

⑦ 파리협정 기출 2019 서울시
  ㉠ 2015년 유엔 기후변화회의에서 채택된 조약이다. 회의의 폐막일인 2015년 12월 12일 채택되었고, 2016년 11월 4일부터 포괄적으로 적용되는 국제법으로서 효력이 발효되었다. 2017년 6월 트럼프 미국 대통령은 파리협정이 미국에 불리하다며 탈퇴를 선언하였다.
  ㉡ 기온상승폭을 산업화 이전과 비교하여 섭씨 2℃보다 훨씬 작게 유지하고, 특히 기온상승을 1.5℃ 이하로 제한하도록 노력을 기울이는 것을 목표로 한다.
  ㉢ 가능한 한 빠른 시일 내에 온실가스 배출을 감축하여, 2050년까지 지구 온실가스 배출량을 '순수 0'으로 하는 것이 목표이다.
  ㉣ 유럽 등 선진국에 대해서만 감축의무를 부과한 교토의정서의 한계를 극복, 선진국의 선도적 역할을 강조하는 가운데 개도국도 참여한다.

(5) 상 수

① 물의 보건학적 의의
  ㉠ 물은 모든 음식물의 소화, 운반, 영양분의 흡수, 노폐물의 배설, 호흡, 순환, 체온조절 등의 작용을 하며, 성인의 경우 하루에 2.0~2.5L가 필요하다.
  ㉡ 불소(F)의 함유량이 다량인 경우(1ppm 이상) 장기 음용시 반상치(치아가 부분적으로 하얀 반점처럼 착색되는 것)가 우려되고, 극소량일 경우(0.7ppm 이하) 우치(벌레로 인해 침식된 이)가 우려된다(정상범위 : 0.6~0.7ppm).
  ㉢ 황산마그네슘($MgSO_4$)이 다량 함유된 물(250mg/L 이상)을 섭취시 설사를 일으킨다.
  ㉣ 수인성 질병(장티푸스, 파라티푸스, 유행성 간염, 이질, 콜레라 등)의 감염원, 수인성 기생충질환(간디스토마, 폐디스토마, 주혈 흡충증, 긴촌충 등)의 전파, 수질오염으로 인한 피해 등과 연관된다.

> **심화Tip** 수인성 감염병의 특징
> - 환자 발생이 집단적, 폭발적이다.
> - 환자 발생지역이 급수지역과 일치한다.
> - 성, 연령, 경제수준 등에 따라 이환율의 차이가 없다.
> - 물 사용을 중지하거나 개선하면 발생률이 감소 또는 중단된다.
> - 발병률과 치사율이 낮고, 2차 감염자는 거의 볼 수 없다.

② 수질의 유형
  ㉠ 천수 : 수증기가 공기 중에서 응결되어 땅에 떨어진 물로 빗물이라고도 하며, 연수이므로 세척용, 공장용으로 적당하다.
  ㉡ 지표수(자연수) : 연못, 저수지, 하천수, 호수 등을 말하며, 지하수에 비해 유기물질이 많아 세균, 미생물의 번식에 적합하며 탁도가 높다.
  ㉢ 지하수 : 유황, 철, 탄산 등 무기물을 많이 함유하며, 수질이 양호하다. 탁도가 낮고 유기물, 세균 등이 적다.
  ㉣ 복류수 : 빗물의 지류에서 흘러드는 물을 말하며, 지표수보다 탁도가 낮고 경도가 높다. 수질이 양호하며, 소도시의 수원으로 이용한다.

③ 물의 자정작용
  ㉠ 생물학적 자정작용
    ⓐ 미생물에 의해 정화되는 현상
    ⓑ 수중의 여러 생물에 의해 오염물질이 분해되는 작용을 말한다. 자연계의 자정작용 중에서 오염농도를 낮추는데 가장 큰 역할을 하는 것은 생물학적 작용이다. 특히 수질오염물질을 없애는데 있어서 생물학적 작용이 차지하는 역할은 절대적이다. 생활하수나 산업폐수 속에 있는 유기오염물질은 물속에 사는 미생물의 영양분이 되기 때문이다.
    ⓒ 물속에 사는 이끼나 수초 같은 생물도 환경오염물질을 정화하는데 적지 않은 역할을 한다. 수질오염물질을 처리하는 '활성오니법'이나 '회전원판법' 등도 자연계에 존재하는 미생물이 오염물질을 섭취하는 원리를 이용한 것이다.
    ⓓ 생물학적 작용은 물속에 녹아 있는 산소의 양에 큰 영향을 받는다. 일반적으로 용존산소량이 많을수록 생물학적 작용이 활발해진다. 고인 물보다 흐르는 물에서 자정작용이 활발하게 일어나는 이유는 산소량이 많아 오염물질을 분해하는 생물들의 활동이 활발해지기 때문이다.
  ㉡ 화학적 자정작용
    ⓐ 산화 – 환원 및 응집작용 등 화학적 반응에 의해 정화되는 현상
    ⓑ 햇빛에 의한 오염물질의 분해, 산소와의 결합으로 이루어지는 산화작용, 중화 등이 있다.
    ⓒ 자정작용 중에서 화학적 작용이 차지하는 비중은 물리적 작용이나 생물학적 작용에 비해 적다.
  ㉢ 물리적 자정작용
    ⓐ 오염된 물질이 침전 또는 희석되면서 정화되는 현상
    ⓑ 유량이 풍부한 하천이나 호소에 오염물질이 유입될 경우 많은 양의 물과 섞이는 희석, 시간이 흐름에 따라 오염물질이 가라앉는 침전, 그리고 여과작용 등에 의해 오염물질의 농도가 낮아진다. 물리적 작용은 정체된 물보다는 흐름이 활발한 물에서 잘 일어난다.

④ 수질오염 [기출] 2021 서울시
  자연수에 이물질의 혼입으로 인한 폐기물량 증가로 본래 목적으로 이용이 불가능할 정도로 물리·화학·생물학적으로 불안정한 상태를 말하며 하천, 공업단지에 의한 오염 등이 있다.
  ㉠ 오염원 : 농경하수, 광산폐수, 도시하수, 공장폐수 등이 있다.
  ㉡ 오염물질
    ⓐ 화학적 유해물 : 수은, 납, 카드뮴, 불소, 시안, 크롬산, 알칼리, 농약
    ⓑ 유기물 : 도시하수, 펄프공장의 폐수, 식품가공공장의 폐수로 물속의 호기성 세균에 의해 분해된다.
    ⓒ 병원균 : 수인성 감염병 병원체
    ⓓ 부영양화 물질 : 질소, 인 등 영양 염류의 증가 → 조류, 동·식물성 플랑크톤의 과도한 번식 → DO 감소, COD 증가, 투명도 저하, 색도 발생 → 수중 생물 및 어류의 떼죽음
    ⓔ 현탁 고형물(부유물질) : 입자 지름이 2mm 이하로 물에 용해되지 않는 물질을 일컫는 말로 오염된 물의 수질을 표시하는 지표이다.

ⓕ 난분해성 물질 : 재래식 생물학적 처리공정이나 자연환경에서 미생물에 의한 분해가 잘되지 않는 물질로서 BOD / COD_{cr}비가 낮은 물질일수록 난분해성 물질이다.
ⓒ 수질오염의 측정지표 기출 2014, 2022 서울시
  ⓐ 생물학적 산소요구량(BOD ; Biological Oxygen Demand)
   • 호기성 박테리아가 20℃에서 5일간 수중의 유기물을 산화 분해시켜 정화하는데 소비되는 산소량을 ppm(또는 mg / L)으로 표시한다.
   • BOD가 높을수록 유기물이 많이 포함된 오염된 물이다.
   • 하천에 있어 BOD가 10ppm이면 혐기성 분해 발생으로 CH_4(메탄), NH_3(암모니아), H_2S(황화수소) 등 가스의 발생하여 악취가 난다.
   • 어족보호를 위한 권장 허용량은 5ppm 이하이다.
   • 공공수역의 오염지표이다.
  ⓑ 화학적 산소요구량(COD ; Chemical Oxygen Demand) 기출 2016 서울시
   • 수중 오염물질이 과망간산 칼륨(과망가니즈산 칼륨)이나 다이크로뮴산 칼륨과 같은 산화제에 의해 산화될 때 소비되는 산소량으로, 물에 오염물질이 많으면 COD가 높게 나타난다.
   • 폐수나 유독물질이 포함된 공장폐수의 오염도를 알고자 할 때 적당하다.
   • 일반적으로 호수, 해양에 대해서 지표로 삼고 있다(단, BOD는 공공수역).
  ⓒ 용존산소량(DO ; Dissolved Oxygen) 기출 2020 서울시
   • 용존산소량은 "물속에 녹아있는 산소의 양"으로, 단위는 mg/L인 ppm으로 나타낸다. 이것은 수온과 유기물의 양에 의해 영향을 받는다.
   • 유기물이 유입되면 호기성 미생물이 산소를 사용하여 이를 분해하고, 산소가 소모되므로 물속에 녹아있는 산소의 양(용존산소량)은 줄어들게 된다. 즉, DO값이 작을수록 유기물이 많다는 것을 알 수 있으므로, DO는 물의 오염 정도를 판정하는 중요한 기준이 된다.
   • 일반적으로 수온이 높을수록 물에 녹아있는 산소의 양이 적다. 공기 중의 산소가 물속으로 녹아 들어가는 비율은 수온이 낮을수록, 공기와의 접촉 표면이 넓을수록, 그리고 유속이 빠를수록 높아진다.
  ⓓ 수소이온 농도(pH)
   • 수중에 존재하는 수소이온 농도의 대소를 나타내는 지수이다.
   • 자연환경 보전상 하천수는 pH가 6.0~8.0이 되어야 하며, 이때 어류의 생존에 가장 적합한 환경이 된다.
  ⓔ 부유물질의 양(SS ; Suspended Solid)
   • 부유물질은 물속으로 들어오는 햇빛의 양을 감소시켜 수중식물이 광합성을 하지 못하게 한다.
   • 부유물질은 물의 탁도를 증가시킨다.
   • 수질검사의 지표로 널리 활용한다.
   • 부유물질의 농도를 측정하면 물이 어떤 종류의 물질로 어느 정도 오염됐는지 알 수 있다.

ⓕ 대장균군 수(Coli Form Group)
  • 물속에 있는 대장균 수를 측정해서 오염도를 판단한다.
  • 대장균은 동물의 배설물에서 발생되며 분석하기 쉽기 때문에 다른 병원성 미생물이나 분변오염 등을 추측할 수 있는 지표로 사용한다.
ⓖ 일반세균
  • 일반세균은 인체에 직접 유해하지 않으나, 다른 미생물의 오염을 추측하는 지표로서 의미가 있다.
  • 분변 이외의 오염일 때도 민감하게 반응하고 대장균보다 감도가 높아 오염지표로서 흔히 이용되고 있다.
ⓗ 암모니아성 질소의 검출 : 유기질소화합물의 분해 과정은 단백질 → 아노미산 → 암모니아성 질소(NH_2-N) → 아질산성 질소(NO_2-N) → 질산성 질소(NO_2-N)의 5단계로 분해과정을 거치므로, 암모니아성 질소의 검출은 유기물질에 오염된지 얼마 되지 않은 것을 의미하며, 또한 분변에 오염이 되었을 가능성이 있는 것을 뜻한다.
ⓘ 과망간산칼륨($KMnO_4$, 과망가니즈산 칼륨)의 과다 검출 : 과망간산칼륨은 수중의 유기물을 산화하는데 소비된다. 산화의 정도에 따라 과망간산칼륨이 소비됨으로써 그 소비량에 따라 수중의 유기물을 간접적으로 추정할 수 있다.

ⓛ 수질오염에 의한 피해현상 기출 2021 서울시
  ⓐ 인체의 피해현상

이타이이타이병(Itai-Itai)	미나마타병(Minamata)	가네미유 사건
1945년	1953년	1968년
일 본	일 본 미나마타시	일 본 가네미
카드뮴	메틸수은(유기수은)	식용유에 함유된 PCB (Poly Chlorinated Biphenyl)
• 신장기능 장애, 골연화증 • 259명 환자 중 128명 사망	• 사지마비, 언어장애, 시청각 기능의 장애 • 111명 환자발생 중 41명 사망	피부암, 기형아, 사산, 피부 질환 등

  ⓑ 농업 : 마그네슘 증가 → 토양의 삼투압 증가 → 농작물이 말라죽고 오염이 된다.
  ⓒ 어업 : 어패류, 플랑크톤, 상수도 원수의 오염, 자연환경의 악화가 초래된다.

⑤ 상수처리법
  ㉠ 물의 처리과정

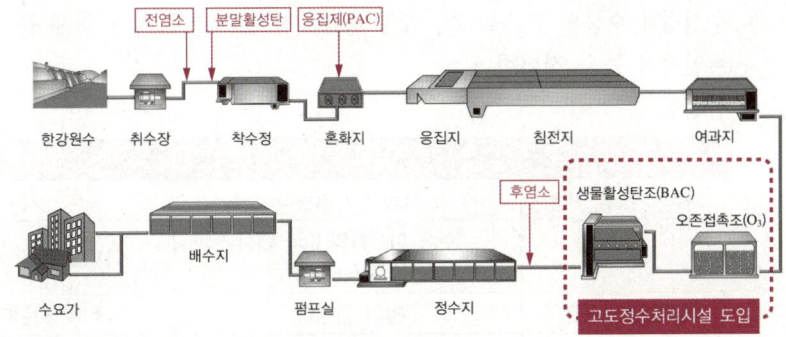

[물의 처리과정]

ⓐ 착수정 : 취수 펌프로 양수된 원수를 받아 후속 공정의 수위를 안정시키는 역할을 한다. 또한 수원이 복수인 경우에 원수의 혼합, 역세척수의 환원, 전처리 약품의 주입, 유출 위어의 설치로 유량측정 보조기능 등을 수행할 수 있다.

ⓑ 약품투입시설 : 정수장에서 원수 중의 부유물질 및 콜로이드성 물질을 제거하기 위하여 사용하는 응집제(황산알루미늄 또는 PAC 등), 소석회와 같은 알칼리제 및 원수수질이 악화된 경우에 맛·냄새 등을 제거하기 위한 분말활성탄을 원수에 투입하기 위한 시설이다.

ⓒ 혼화지 : 정수를 위하여 필요한 약품을 원수에 혼합하는 장소로 정수약품의 화학적 반응이 매우 신속하게 종료되므로 가능한 한 작은 용량의 혼화지 내에서 강력한 힘으로 약품이 혼합될 수 있도록 함이 합리적이다.

ⓓ 응집지 : 약품혼화지에서 불안정화된 콜로이드 입자들을 서로 뭉쳐 침전이 가능한 입자들로 성장시키는 시설로, 상대적으로 작은 미립자는 '플록(floc)'이라 불리는 보다 크고 무거운 고형물로 결합 또는 응고되어, 원수 내 침전물로 부유하게 된다. 플록은 부유물질 및 미생물을 흡착하도록 기계적으로 교반된다.

ⓔ 침전지 : 응집된 입자들을 침전시켜 원수로부터 분리해내는 장소이다. 침전지에서는 가능한 한 작은 입자들까지 제거될 수 있도록 물의 흐름이 층류로 유지되어야 하며, 단락류나 밀도류가 발생하지 아니하도록 되어야 한다. 특히 유입, 유출부의 구조가 매우 중요하다.

ⓕ 여과지 : 침전지에서 침전되지 않은 미세 플록(floc)을 제거하기 위한 시설물이다. 모래 또는 모래와 안트라사이트의 여과층과 여과층을 지지하기 위한 자갈층, 하부집수장치와 역세척을 위한 역세척 펌프 및 관련 배관들로 이루어져 있다.

ⓖ 소독시설 : 원수 중에서 콜로이드성 입자들을 제거하고 난 후에 수인성 미생물을 사멸시켜 위생적으로 안전한 음용수를 생산하는 과정이다.

ⓗ 배출수 처리시설 : 침전지의 침전슬러지는 인출시키고, 여과지의 역세척수 등을 고액분리하여 고형물은 매립장으로 보내고, 상징수는 회수하는 시설이다.

ⓛ 인공 정수법
ⓐ 폭기법 : 물과 공기를 밀접하게 접촉시켜 일광의 자외선에 의해 살균이 되도록 하고 혼합물은 그 무게에 의해 침전하게 하여 수질을 개선시키는 방법으로 흐르는 물의 자정효과를 이용한 기법이다.

ⓑ 응집법 : 수중의 불순물(철, 세균 등)을 침전, 제거시키기 위해 물에 약품 응집제를 주입하여 물을 정화한다.

ⓒ 침전법

구 분	보통 침전	약품 침전
응집제 사용 여부	사용하지 않는다.	사용한다.
원 리	수중 미생물의 floc 현상 (정지상태 중)	약제로 응집 후 침전시킨다.
침전 소요시간	많이 걸린다.	적게 걸린다(대도시용).

ⓓ 여과법 `기출` 2016 서울시
- 원수를 다공질층을 통해 부유물질이 있는 현탁액을 그대로 유입시켜 부유물질, 침전으로 제거되지 않은 미세한 입자까지 제거하는 가장 효과적인 정수방법이다.
- 급속여과법과 완속여과법이 있다.

구 분	급속여과	완속여과
유 래	미국식(1872년)	영국식(1829년)
침전법	약품 침전(황산 반토)	보통 침전
생물막 제거법	역류세척	상부사면대치
여과속도	120m/day	3m(6~7m)/day
소요되는 면적	좁 다	광대하다
비 용	• 건설비가 적게 든다 • 경상비가 많이 든다	• 건설비가 많이 든다 • 경상비는 적게 든다
세균제거율	95~98%	98~99%
1차 사용일수	12시간~2일(1일)	20~60일(1~2개월)
전처리	절대필요	불필요
탁도·색도	고탁도, 고색도	저탁도, 저색소에 적합
철 및 이끼류 발생이 쉬운 장소에서의 사용	사용 용이	-
수면이 동결되기 쉬운 장소	사용 용이	-
단시간에 다량의 물 통과시	사용 용이	-

심화Tip 밀스 – 라인케(Mills – Reincke) 현상 `기출` 2015 서울시

강물을 여과 없이 공급하는 것보다 여과하여 공급하는 것이 각종 수인성 질병 즉, 이질, 장티푸스, 파라티푸스, 콜레라, 아메바성 이질, 위장염, 기생충 등을 감소시킬 뿐만 아니라 일반 사망률도 현저하게 감소시킨다. 이러한 사실을 밀스(Mills)와 라인케(Reincke)가 발견하여 이를 밀스 – 라인케 현상이라 한다.

ⓔ 물의 연화(경수연화법) : 경수연화법은 수중에 함유되어 있는 경도 성분인 칼슘, 마그네슘, 철 등을 양이온교환수지의 이온교환반응을 이용하여 경수를 연수로 바꾸는 방법을 말한다.

석회소다법	칼슘(Ca^{2+})과 마그네슘(Mg^{2+})은 탄산칼슘과 수산화마그네슘으로 되어 침전되고, 경수가 연수로 바뀐다.
제올라이트 (Zeolite)법	칼슘(Ca^{2+}), 마그네슘(Mg^{2+}) 이온이 Zeolite의 나트륨(Na^+) 이온과 치환된다.

ⓕ 생물제거법(조류) : 황산동($CuSO_4$) 0.1~1.0ppm을 물에 섞으면 조류의 번식을 막을 수 있다.
ⓖ 불소주입법 : 충치예방을 위해 불소화합물 0.7~1.5ppm을 첨가한다.

ⓒ 염소소독 기출 2018 서울시
  ⓐ 의의 : 염소는 강력한 살균력을 가지고 있어 소화기계통 감염병원균에 유효하며, 짧은 시간에 여과수의 세균을 빠르게 사멸시킬 수 있다. 또한 염소제는 소독효과가 완전하고 대량의 물에 대하여도 쉽게 소독할 수 있으며 잔류하는 이점이 있다.
  ⓑ 잔류염소 : 잔류염소는 염소를 주입하였을 때에 염소요구량에 의해 소모되고 남아 있는 염소를 말하는 것으로, 결합형과 유리형 두 가지가 있다.
    • 유리잔류염소 : 물을 염소로 소독했을 때, 차아염소산(HOCl 또는 HClO)과 차아염소산 이온(OCl^-)의 형태로 존재하는 염소를 말한다.
    • 결합잔류염소 : 결합잔류염소는 수중에 있는 암모니아가 염소나 차아염소산과 반응하여 클로라민(chloramine)을 생성하는 것을 말하며, 이 상태에서 모노클로라민(NH_2Cl), 디클로라민($NHCl_2$), 트리클로라민(NCl_3) 등을 말한다. 이는 유리잔류염소에 비해 살균작용이 느리므로 최소한 0.4ppm(단, 오염의 의심이 있을 때는 1.5ppm 이상으로 할 것)으로 하는 것으로 규정되어 있다. 그러나 유리잔류염소보다 냄새가 적다는 장점이 있다.
  ⓒ 불연속점 염소처리 기출 2017 지방직
    • 불연속점을 넘어 유리잔류염소가 검출되도록 염소를 주입하여 소독하는 방법이다.
    • 상수처리에서 암모니아를 포함한 물에 염소를 이용하여 소독하게 되면 클로라민의 양은 염소주입량에 비례하여 증가하다가 일정량 이상으로 염소를 주입하면 클로라민의 양이 급격히 줄어들어 최소 농도가 된다. 이 점을 불연속점이라 부르고, 불연속점까지 주입된 염소량을 염소요구량이라고 한다.
    • 불연속점보다 더 많은 염소를 주입하는 소독법을 불연속점 염소처리라 하고, 대부분의 상수도에서 염소 살균에 사용된다. 불연속점 이후에는 클로라민은 대부분 없어지고 차아염소산이 생성되어 소독이 된다.

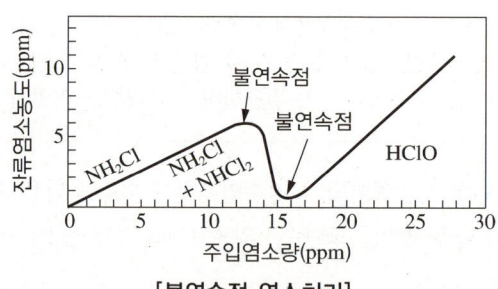

[불연속점 염소처리]

  ⓓ 염소 소독의 장·단점

장 점	• 소독력이 강하다. • 강한 잔류효과가 있다. • 경제적이다. • 조작이 간편하다.
단 점	• 냄새가 심하다. • 독성이 있다.

심화Tip 먹는물의 수질기준(먹는물 수질기준 및 검사 등에 관한 규칙 별표 1)

1. **미생물에 관한 기준**
    가. 일반세균은 1mL 중 100CFU(Colony Forming Unit)를 넘지 아니할 것. 다만, 샘물 및 염지하수의 경우에는 저온일반세균은 20CFU/mL, 중온일반세균은 5CFU/mL를 넘지 아니하여야 하며, 먹는샘물, 먹는염지하수 및 먹는해양심층수의 경우에는 병에 넣은 후 4℃를 유지한 상태에서 12시간 이내에 검사하여 저온일반세균은 100CFU/mL, 중온일반세균은 20CFU/mL를 넘지 아니할 것
    나. 총 대장균군은 100mL(샘물·먹는샘물, 염지하수·먹는염지하수 및 먹는해양심층수의 경우에는 250mL)에서 검출되지 아니할 것. 다만, 매월 또는 매 분기 실시하는 총 대장균군의 수질검사 시료(試料) 수가 20개 이상인 정수시설의 경우에는 검출된 시료 수가 5퍼센트를 초과하지 아니하여야 한다.
    다. 대장균·분원성 대장균군은 100mL에서 검출되지 아니할 것. 다만, 샘물·먹는샘물, 염지하수·먹는염지하수 및 먹는해양심층수의 경우에는 적용하지 아니한다.
    라. 분원성 연쇄상구균·녹농균·살모넬라 및 쉬겔라는 250mL에서 검출되지 아니할 것(샘물·먹는샘물, 염지하수·먹는염지하수 및 먹는해양심층수의 경우에만 적용한다)
    마. 아황산환원혐기성포자형성균은 50mL에서 검출되지 아니할 것(샘물·먹는샘물, 염지하수·먹는염지하수 및 먹는해양심층수의 경우에만 적용한다)
    바. 여시니아균은 2L에서 검출되지 아니할 것(먹는물 공동시설의 물의 경우에만 적용한다)

2. **건강상 유해영향 무기물질에 관한 기준**
    가. 납은 0.01mg/L를 넘지 아니할 것
    나. 불소는 1.5mg/L(샘물·먹는샘물 및 염지하수·먹는염지하수의 경우에는 2.0mg/L)를 넘지 아니할 것
    다. 비소는 0.01mg/L(샘물·염지하수의 경우에는 0.05mg/L)를 넘지 아니할 것
    라. 셀레늄은 0.01mg/L(염지하수의 경우에는 0.05mg/L)를 넘지 아니할 것
    마. 수은은 0.001mg/L를 넘지 아니할 것
    바. 시안은 0.01mg/L를 넘지 아니할 것
    사. 크롬은 0.05mg/L를 넘지 아니할 것
    아. 암모니아성 질소는 0.5mg/L를 넘지 아니할 것
    자. 질산성 질소는 10mg/L를 넘지 아니할 것
    차. 카드뮴은 0.005mg/L를 넘지 아니할 것
    카. 붕소는 1.0mg/L를 넘지 아니할 것(염지하수의 경우에는 적용하지 아니한다)
    타. 브롬산염은 0.01mg/L를 넘지 아니할 것(수돗물, 먹는샘물, 염지하수·먹는염지하수, 먹는해양심층수 및 오존으로 살균·소독 또는 세척 등을 하여 먹는물로 이용하는 지하수만 적용한다)
    파. 스트론튬은 4mg/L를 넘지 아니할 것(먹는염지하수 및 먹는해양심층수의 경우에만 적용한다)
    하. 우라늄은 30μg/L를 넘지 않을 것(샘물, 먹는샘물, 먹는염지하수 및 먹는물 공동시설의 물의 경우에만 적용한다)

3. **건강상 유해영향 유기물질에 관한 기준**
    가. 페놀은 0.005mg/L를 넘지 아니할 것
    나. 다이아지논은 0.02mg/L를 넘지 아니할 것
    다. 파라티온은 0.06mg/L를 넘지 아니할 것
    라. 페니트로티온은 0.04mg/L를 넘지 아니할 것
    마. 카바릴은 0.07mg/L를 넘지 아니할 것

바. 1,1,1-트리클로로에탄은 0.1mg/L를 넘지 아니할 것
사. 테트라클로로에틸렌은 0.01mg/L를 넘지 아니할 것
아. 트리클로로에틸렌은 0.03mg/L를 넘지 아니할 것
자. 디클로로메탄은 0.02mg/L를 넘지 아니할 것
차. 벤젠은 0.01mg/L를 넘지 아니할 것
카. 톨루엔은 0.7mg/L를 넘지 아니할 것
타. 에틸벤젠은 0.3mg/L를 넘지 아니할 것
파. 크실렌은 0.5mg/L를 넘지 아니할 것
하. 1,1-디클로로에틸렌은 0.03mg/L를 넘지 아니할 것
거. 사염화탄소는 0.002mg/L를 넘지 아니할 것
너. 1,2-디브로모-3-클로로프로판은 0.003mg/L를 넘지 아니할 것
더. 1,4-다이옥산은 0.05mg/L를 넘지 아니할 것

4. **소독제 및 소독부산물질에 관한 기준**(샘물·먹는샘물·염지하수·먹는염지하수·먹는해양심층수 및 먹는물 공동시설의 물의 경우에는 적용하지 아니한다)
   가. 잔류염소(유리잔류염소를 말한다)는 4.0mg/L를 넘지 아니할 것
   나. 총트리할로메탄은 0.1mg/L를 넘지 아니할 것
   다. 클로로포름은 0.08mg/L를 넘지 아니할 것
   라. 브로모디클로로메탄은 0.03mg/L를 넘지 아니할 것
   마. 디브로모클로로메탄은 0.1mg/L를 넘지 아니할 것
   바. 클로랄하이드레이트는 0.03mg/L를 넘지 아니할 것
   사. 디브로모아세토니트릴은 0.1mg/L를 넘지 아니할 것
   아. 디클로로아세토니트릴은 0.09mg/L를 넘지 아니할 것
   자. 트리클로로아세토니트릴은 0.004mg/L를 넘지 아니할 것
   차. 할로아세틱에시드(디클로로아세틱에시드, 트리클로로아세틱에시드 및 디브로모아세틱에시드의 합으로 한다)는 0.1mg/L를 넘지 아니할 것
   카. 포름알데히드는 0.5mg/L를 넘지 아니할 것

5. **심미적 영향물질에 관한 기준**
   가. 경도(硬度)는 1,000mg/L(수돗물의 경우 300mg/L, 먹는염지하수 및 먹는해양심층수의 경우 1,200mg/L)를 넘지 아니할 것. 다만, 샘물 및 염지하수의 경우에는 적용하지 아니한다.
   나. 과망간산칼륨 소비량은 10mg/L를 넘지 아니할 것
   다. 냄새와 맛은 소독으로 인한 냄새와 맛 이외의 냄새와 맛이 있어서는 아니될 것. 다만, 맛의 경우는 샘물, 염지하수, 먹는샘물 및 먹는물 공동시설의 물에는 적용하지 아니한다.
   라. 동은 1mg/L를 넘지 아니할 것
   마. 색도는 5도를 넘지 아니할 것
   바. 세제(음이온 계면활성제)는 0.5mg/L를 넘지 아니할 것. 다만, 샘물·먹는샘물, 염지하수·먹는염지하수 및 먹는해양심층수의 경우에는 검출되지 아니하여야 한다.
   사. 수소이온 농도는 pH 5.8 이상 pH 8.5 이하이어야 할 것. 다만, 샘물, 먹는샘물 및 먹는물 공동시설의 물의 경우에는 pH 4.5 이상 pH 9.5 이하이어야 한다.
   아. 아연은 3mg/L를 넘지 아니할 것
   자. 염소이온은 250mg/L를 넘지 아니할 것(염지하수의 경우에는 적용하지 아니한다)
   차. 증발잔류물은 수돗물의 경우에는 500mg/L, 먹는염지하수 및 먹는해양심층수의 경우에는 미네랄 등 무해성분을 제외한 증발잔류물이 500mg/L를 넘지 아니할 것

카. 철은 0.3mg/L를 넘지 아니할 것. 다만, 샘물 및 염지하수의 경우에는 적용하지 아니한다.
타. 망간은 0.3mg/L(수돗물의 경우 0.05mg/L)를 넘지 아니할 것. 다만, 샘물 및 염지하수의 경우에는 적용하지 아니한다.
파. 탁도는 1NTU(Nephelometric Turbidity Unit)를 넘지 아니할 것. 다만, 지하수를 원수로 사용하는 마을상수도, 소규모급수시설 및 전용상수도를 제외한 수돗물의 경우에는 0.5NTU를 넘지 아니하여야 한다.
하. 황산이온은 200mg/L를 넘지 아니할 것. 다만, 샘물, 먹는샘물 및 먹는물 공동시설의 물은 250mg/L를 넘지 아니하여야 하며, 염지하수의 경우에는 적용하지 아니한다.
거. 알루미늄은 0.2mg/L를 넘지 아니할 것

6. **방사능에 관한 기준**(염지하수의 경우에만 적용한다)
    가. 세슘(Cs – 137)은 4.0mBq/L를 넘지 아니할 것
    나. 스트론튬(Sr – 90)은 3.0mBq/L를 넘지 아니할 것
    다. 삼중수소는 6.0Bq/L를 넘지 아니할 것

(6) 하 수

① 하수도의 분류

㉠ 합류식 : 빗물, 하수를 함께 배출하는 방식이다(우리나라에서 채택).

장 점	• 경제적이고, 시공이 간편하다. • 하수도가 자연청소(우수에 의해)된다. • 관이 크므로 수리, 검사, 청소 등이 용이하다. • 하수가 희석되므로 처리가 용이하다.
단 점	• 우기시 외부로 범람하기도 한다. • 우수 혼입시 처리용량이 많아진다. • 맑은 날은 하수량이 적어서 침전이 생기므로 악취가 발생한다.

㉡ 분류식 : 빗물, 하수를 분리해서 배출하는 방식이다.

② 미생물에 의한 하수의 분해

㉠ 혐기성 세균에 의한 분해 : 유리 산소가 없는 장소에서 자라는 미생물로 탄소계 물질을 분해하여 이산화탄소, 유기산, 메탄 등을 생성시키고, 단백질 등 질소계 물질을 분해하여 암모니아, 아미노산, 아미드, 인돌, 스케톨을 생성시킨다. 또한 황화합물은 분해하여 황화수소, 메르캅탄 등을 생성시킨다.

㉡ 호기성 세균에 의한 분해 : 유리 산소의 존재하에 서식하는 미생물로 공기나 물에서 산소를 흡수하여 분해시킨다.

③ 하수처리 과정

㉠ 예비처리

ⓐ 스크린(Screen) : 하수에 떠 있는 부유물질을 스크린으로 제거하는 것으로 이 때 스크린에 걸린 것(Scum ; 부유성 찌꺼기)을 제거·분쇄한다.

ⓑ 사력실(Grit Chamber) : 하수의 유속을 늦추어 모래와 분쇄된 Scum을 침전시킨다.

ⓒ 1차 처리(침전지, Sedimentation Tank)
  ⓐ 보통 침전 : 12시간
  ⓑ 약품·침전 : 3~5시간 - 침전지에서는 침전오니를 장시간 방치하지 않고 제거하는 것이 중요하다.
ⓒ 2차 처리
  ⓐ 혐기성 처리법

임호프(Imhoff) 탱크	K. Imhoff가 부패조의 결점보완을 위해 개발하였고, 침전실과 오니소화실이 각각 분리되어 있는 구조이며, 공장폐수 처리법으로 사용된다.
부패조	• 하수 중 비중이 적은 부유물이 떠올라 부사(浮渣)형성 → 부패조내 O_2 유입량 적어짐 → 무산소 상태에서 혐기성균의 활동으로 분해시킨다. • 소규모 가정에서 많이 사용하나 액화, 가스화로 악취가 나는 것이 단점이다.

  ⓑ 호기성 처리법
    • 여상법 : 여상법은 3~5mm 정도의 접촉여재를 충진시킨 여상의 상부에 일차침전지 유출수를 유입시켜 여재를 통과하는 사이에 여재의 표면에 부착된 호기성 미생물로 하여금 유기물의 분해와 부유물질(SS)의 포착을 동시에 행하게 하는 처리방식으로 이차침전지는 설치하지 않는다.
    • 활성오니법 : 하수량의 20~30%에 해당하는 활성오니를 넣어 산소를 공급하면 하수 중 유기물질을 산화·분해시킨다.
    • 최종 침전지 : 생물학적으로 처리된 물은 최종 침전지에서 오니를 침전시키고 맑은 물은 염소처리하여 방류한다.
    • 오니소화(Sludge Digestion) : 하수에서 분리된 고형성분을 오니(汚泥)라고 하며 침전된 오니, 잉여오니 등은 Imhoff Tank에 넣고 가온·소화시킨다. 소화된 오니는 건조·탈수되어 비료로 사용되거나 매립 또는 해상투기로 처분된다.

[살수여상법과 활성오니법]

분류 항목	살수여상법	활성오니법
적용 대상	산업폐수 처리, 분뇨의 소화처리 후 탈리액 처리	도시 하수처리
장 점	갑작스러운 수량변화에도 조치가 가능하다.	경제적이고, 좁은 면적에서도 가능하다.
단 점	더 높은 수압이 필요하고, 파리가 발생되어 악취가 난다.	기계조작이 어렵고, 고도의 숙련된 기술이 필요하다.

ⓓ 3차 처리 : 산업폐수에 섞여 있는 플라스틱, 중성 세제, 농약, 나일론, 방사능 물질과 같은 화학물질을 처리하는 과정이다.

④ 하수수질 기준
  ㉠ BOD(생물학적 산소요구량) : 하수의 유기물 분해시 필요한 산소의 요구량으로 그 수치가 증가할수록 하수가 많이 오염되었음을 알리는 지표이다.
  ㉡ DO(용존산소량) : 하수에 용존하는 산소가 부족하면 혐기성 세균에 의해 부패로 악취가 나고 가스가 발생된다.

(7) 오물의 관리
  ① 분뇨처리
    ㉠ 분뇨처리의 보건학적 의의 : 예부터 농경지에 비료로 분뇨를 사용함으로써 발생되는 기생충 질환, 감염병 질환을 예방하기 위해 보다 청결하게 처리방법을 개량화하는데 의의가 있다.
    ㉡ 분뇨처리법
      ⓐ 농촌에서의 처리법

저류법	대소변을 일정기간 저장하여 부패시키는 방법으로 여름은 100일, 겨울은 250일 이상이면 기생충란이 죽는다.
퇴비법	퇴비 위에 분뇨를 뿌리면 부패열에 의해 가온처리(60~70℃)되는 방법으로 병균이 완전 사멸된다.
분뇨분리 처리법	대변과 소변을 분리하여 저류시키는 방법으로 대변에 비해 소변은 병균 함유의 가능성이 적고 비료효과가 크다.

      ⓑ 도시에서의 처리법
        • 하수처리법 : 정화 변소, 수세식 변소의 부패조에서 나오는 오수를 일반 하수로 버리는 것
        • 소화법 : 정화조(부패조)에서 완전 소화시키는 것
        • 소각법 : 고열로 소각시키는 것(특수 병원에 해당)
        • 비료법 : 일정기간 저류시켜 자연 부패된 후 농비로 환원시키는 방법
    ㉢ 오물의 소화작용
      ⓐ 산화 : 다량의 산소가 있는 환경에서 호기성 세균에 의해 분해가 일어난다. 산물로는 탄산가스, 질산염, 황산염이 있다.
      ⓑ 환원 : 산소결핍 환경에서 혐기성 세균에 의해 분해된다. 메탄, 암모니아, 황화수소, 수소, 메르캅탄과 같은 최종산물이 발생한다. 산화・환원이 동시에 일어나므로 때에 따라서는 상호 촉진하여 일어날 수도 있다.
      ⓒ 질소 순환과정 : 단백질 → 아미노산 → $NH_3 \rightleftarrows HNO_2 \rightleftarrows HNO_3$
  ② 쓰레기의 처리
    ㉠ 쓰레기 운반
      ⓐ 각 가정의 쓰레기를 수집하여 쓰레기 처리장까지 운반시 위생적으로 조작해야 한다.
      ⓑ 부패하여 악취가 나기 전에 처리하는 것이 좋아 새벽・야밤이 적당하다.
      ⓒ 쓰레기통은 뚜껑이 있고, 물이 새지 않으며 이동이 용이한 것으로 철제가 이상적이다.

ⓛ 쓰레기 처리방법
ⓐ 야외투기법(방기 처분, Dumping)
- 비위생적인 방법으로 후진국에서 잘 쓰이고 있다.
- 쓰레기를 적당한 지면, 바다에 버리는 방법으로 악취발생, 곤충, 설치류의 번식으로 감염성 매개체가 될 수 있다.

ⓑ 가축사료법 : 음식물 쓰레기의 경우 양돈사육에 있어서 사료로 쓰인다.

ⓒ 퇴비화법
- 유기물이 함유된 쓰레기를 발효시켜 비료로 이용하는 방법이다.
- 발효시 가온(60~70℃)되므로 병원균 미생물, 기생충란이 사멸된다.
- 발효시간은 4~5개월 정도이며, 고속퇴비화 시설이 갖추어지면 2~3일이면 가능하다.

ⓓ 위생적 매립
- 저지대에 쓰레기를 버린 후 복토를 하는 방법이며, 매립경사는 30°가 적당하다.
- 지하수의 위치가 표면에서 멀리 떨어진 건조한 곳에 도랑을 파고, 쓰레기의 두께가 3m를 넘지 않도록 매립한다. 24시간 내 15~20cm 가량의 두께로 흙을 덮어 소화, 산화시킨 후 용적이 1/2로 줄어들었을 때 다시 매립하는데, 이때 최종복토는 50cm 이상이어야 한다.
- 매립지는 포장도로, 운동장, 농장으로 사용하기도 한다. 단, 주택건립 시는 안정성 문제로 10년이 경과한 후에 사용하는 것이 좋다.

ⓔ 소각처분법 : 가장 위생적이기는 하나 대기오염의 원인이 될 수 있다.
- 현지소각법 : 가정, 공장, 상가, 아파트, 병원 등에서 사용한다.
- 소각로 : 영국(1874)에서 처음 실시된 것으로 가장 위생적인 방법이다.

장점	- 처리장소가 좁아도 된다. - 소각으로 인한 재는 매립에 적당하다. - 기후에 영향 받지 않는다. - 소각열을 이용할 수 있다.
단점	- 비경제적이다. - 숙련공이 필요하다. - 소각장소 선정이 까다롭다. - 불완전 연소시 일산화탄소(CO) 발생이 우려되고 악취가 날 수 있다.

ⓕ 하수도투입법 : 주개와 하수를 혼합해서 병합처리 하는 방식이다.
- 가정분쇄기나 공동분쇄장을 이용하여 쓰레기를 분쇄하여 하수구에 투입하는 방법이다.
- 하수의 처리가 곤란해지는 단점이 있다.

The 알아보기

주개(garbage, kitchen waste)
'주개'는 주방에서 나오는 동·식물성 음식물쓰레기로서 부패하기 쉽고 악취의 원인이 된다.

③ 산업폐기물 및 폐수의 처리
  ㉠ 산업폐수의 질적 분류에 따른 처리방법

질적 분류	대상 종류	처리 방법
BOD가 높고 부유물질이 다량 함유	도살장, 어패류 등 가공공장, 양조장, 제당공장, 피혁, 유지, 세탁공장, 양모방적, 펄프, 제지, 유제품 공장	예비처리를 하여 살수여상법, 활성오니법으로 처리
BOD가 높고 유독물질 함유	석탄, 가스, 타르, 비료, 석유, 제철, 석유정제공장	희석, 침전, 중화 후 살수여상법, 활성오니법으로 처리
BOD가 낮고 유독물질 함유	금속공업, 염료, 석유화학, 살충제 및 소독제 제조, 인견, 합성섬유공장	중화제로 화학처리 후 희석, 응집, 침전 후 여과
BOD가 낮고 부유물질, 콜로이드상 물질 다량 함유	창호지 공장과 같은 유기성 폐수	예비처리 → 응집, 침전, 희석 → 공공하수도에 방류

  ㉡ 폐수처리시 유의사항
    ⓐ 가능한 한 폐수의 양을 줄인다.
    ⓑ 폐수의 유출과정을 조절하여 대량의 폐수가 24시간 균일하게 하수도로 방출되도록 한다.
    ⓒ 공장내 예비처리로 하수처리장의 처리능력을 저해하지 않도록 한다.
    ⓓ 별도로 완전한 공업폐수용 처리시설을 갖추어야 한다.
  ㉢ 산업폐수의 처리법
    ⓐ 희석법 : 가장 광범위하게 사용했으나, 최근에는 사용하지 않는 방법으로 해안, 큰 하천, 큰 호수 가까이에 위치하는 도시에서 사용했다. 보통 침전을 2~3시간 한 후 방류하는데 방류 후 하천의 BOD가 5ppm 이하여야 한다.
    ⓑ 중화법 : 소다류, 석회류, 석회석 등의 약품을 사용하여 산성폐수를 중화시키고 알칼리성 폐수의 중화에는 황산을 사용하여 중성(pH 7.0) 상태로 만든다.
    ⓒ 산화 - 환원법 : 폐수 중 유기물질 및 무기물질을 분해하거나 처리가 용이한 화합물로 변화시켜 처리하는 방법이다.
  ㉣ 산업폐기물 처리와 관련된 법규
    ⓐ 폐기물관리법(1986.12.31. 제정) : 폐기물의 발생을 최대한 억제하고 발생한 폐기물을 친환경적으로 처리함으로써 환경보전과 국민생활의 질적 향상에 이바지하는 것을 목적으로 한다.
    ⓑ 환경정책기본법(1990.8.1. 제정) : 환경보전에 관한 국민의 권리·의무와 국가의 책무를 명확히 하고 환경정책의 기본 사항을 정하여 환경오염과 환경훼손을 예방하고 환경을 적정하고 지속가능하게 관리·보전함으로써 모든 국민이 건강하고 쾌적한 삶을 누릴 수 있도록 함을 목적으로 한다.

ⓒ 해양환경관리법(2007.1.19. 제정) : 선박, 해양시설, 해양공간 등 해양오염물질을 발생시키는 발생원을 관리하고, 기름 및 유해액체물질 등 해양오염물질의 배출을 규제하는 등 해양오염을 예방, 개선, 대응, 복원하는데 필요한 사항을 정함으로써 국민의 건강과 재산을 보호하는데 이바지함을 목적으로 한다.

ⓓ 물환경보전법(2017.1.1. 제정) : 수질오염으로 인한 국민건강 및 환경상의 위해(危害)를 예방하고 하천·호소(湖沼) 등 공공수역의 물환경을 적정하게 관리·보전함으로써 국민이 그 혜택을 널리 향유할 수 있도록 함과 동시에 미래의 세대에게 물려줄 수 있도록 함을 목적으로 한다.

(8) 주택의 위생관리

① 주택위생의 보건학적 의의

주택환경의 안전성과 보건적인 면, 능률적인 면은 국민 각 개인의 행복과 건강을 좌우한다.

㉠ 방 한 칸의 취침자 수, 한 가옥내 거주가족 수, 토지면적에 대한 인구밀도 중 어느 하나라도 많은 상태를 인구과밀주(人口過密住)라 한다.

㉡ 인구과밀주 상태에서는 감염성이 있고, 빈민촌의 경우 어린이들의 이환율이 높다. 특히, 결핵 발생의 경우는 이에 비례한다.

㉢ 주택시설의 불충분, 즉 채광부족, 조명불량, 환기 및 난방의 불충분, 주방, 변소의 위생관리 미비는 정신적·신체적인 건강과 직결된다.

② 부지 선정

㉠ 지반이 견고해야 하며, 지질은 태양열을 많이 받고, 배수가 양호한 사토양이 적합하다. 단, 쓰레기 매립지 위에 주택을 지을 때는 10년이 경과한 후 이용한다.

㉡ 지하수위가 1.5m 이상이 되도록 한다(2.0m 이상, 4m 정도).

㉢ 공기 오염원, 위험물 장소, 소음발생 지역 등 주변환경을 고려하도록 한다.

㉣ 한적하고 교통이 편리하고 방향은 남향 혹은 동남향이 좋다.

㉤ 마루는 지면으로부터 45cm의 거리를 두고, 천장은 2.1m의 높이가 적당하다.

③ 채광과 조명

㉠ 빛의 단위

단위	정의
촉광(Candle)	광원(光源)에서 발산하는 빛의 강도로 지름이 1inch(2.54cm)되는 촛불이 수평으로 비칠 때 대량 1촉광(cd)의 빛을 낸다.
루멘(lm)	1촉광의 광원으로부터 발산되는 에너지가 어느 면을 통과하는 광속의 단위이다.
럭스(lx)	$1m^2$의 평면에 1lm의 빛이 비칠 때의 밝기이다.
휘도(Brightness)	눈으로 느끼는 광원의 밝기로 눈부신 감을 나타낸다. $sb = cd/m^2$
시속도	일정한 조도하에서 물체를 식별할 수 있는 속도이다.

ⓒ 자연조명 : 자연조명은 태양을 광원으로 하여 주간조명이라고도 한다. 주간조명에는 직접 실내로 조사되는 빛과 옥외에서의 확산·반사되는 빛, 그리고 옥내반사로 이루어진다. 자연조명의 장점은 연소물이 없고, 눈에 피로를 주지 않는다는 점이다.

[전주광(Total Day Light)과 주광률(Day Light Factor)]

전주광	• 직사일광 : 산란되거나 반사되지 않은 지표면에 직사된 광선이다. 태양광의 일부는 지표에 직접 도달하며 날씨가 쾌청할 때 지표면의 조도는 100,000lx이다. • 천공광(天空光) : 직사일광이 대기 중에서 공기분자, 수증기 등에 의해 퍼진 확산광이며, 구름에 의한 반사 및 투과광을 말한다. 비가 오거나 흐릴 때의 주광은 전부가 천공광이다.
주광률	천공광에 의한 옥외 수평조도와 실내조도와의 비율로 보통 실내조도는 창 근처에서는 옥외조도와 별 차이가 없으나 실내로 들어가면 저하되게 되는데, 이때 일정한 지점의 조도와 옥외조도간의 비례관계를 나타낸다.

ⓐ 창의 방향 : 연중 적당한 채광과 방한, 방서를 위해서는 남향이 좋고, 북향은 조명이 평등하므로 작업에 좋다. 보통 1일 4시간 이상의 일조시간을 얻기 위해서 남창 앞에 위치한 건물과의 거리는 그 건물 높이의 2~3배에 해당하는 거리만큼 떨어져야 한다.

ⓑ 창의 면적 및 높이 : 보통 조도는 창을 크게 하면 증가하나 폭을 크게 하는 것보다 높게 하는 것이 조도를 고르게 분포시킬 수 있어 유리하다. 단독주택 및 공동주택의 거실, 교육연구시설 중 학교의 교실, 의료시설의 병실 및 숙박시설의 객실에는 <u>국토교통부령으로 정하는 기준</u>에 따라 채광 및 환기를 위한 창문 등이나 설비를 설치하여야 한다(건축법 시행령 제51조 제1항).

> **채광 및 환기를 위한 창문 등(건축물의 피난·방화구조 등의 기준에 관한 규칙 제17조)**
> • <u>채광을 위하여 거실에 설치하는 창문 등의 면적은 그 거실의 바닥면적의 10분의 1 이상</u>이어야 한다.
> • <u>환기를 위하여 거실에 설치하는 창문 등의 면적은 그 거실의 바닥면적의 20분의 1 이상</u>이어야 한다.

ⓒ 거실의 안쪽 길이 : 보통 거실의 안쪽 길이는 바닥에서 창틀 윗부분의 1.5배 이하가 좋다.

ⓓ 개각과 입사각 : 실내로 들어오는 빛은 창의 면적뿐 아니라 창 밖의 차광물과도 관계가 크다. 개각이라는 것은 그림처럼 실내의 일정한 지점 A와 창틀의 위쪽 B 그리고 차광물 D를 연결하는 선을 이루는 각 BAD를 말하며, 이 각이 클수록 실내는 밝고 보통 4~5°가 좋다. 입사각은 AB와 A를 수평으로 통과하는 수평선 AC와 이루는 각 BAC를 말하고, 이 각이 클수록 실내가 밝고 보통 28° 이상이어야 한다.

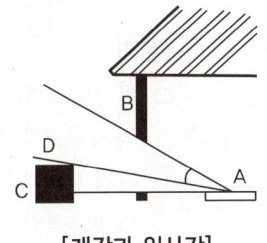

[개각과 입사각]

ⓔ 벽색 : 실내의 밝기는 벽과 천장의 색조에 의해 좌우된다.

ⓒ 인공조명 : 인공조명의 광원은 Gas, 액체, 고체를 연소시켜 빛을 발산함으로써 이용하는 방법으로 주로 형광등, 백열등, 수은등 등이 있다.

[색조에 따른 반사율]

색 조	반사율(%)
백 색	90
담크림색	60
황 색	40
농갈색	40
청 색	25

ⓐ 인공조명 선택시 유의사항 : 보통 낮에는 200~1,000lx, 밤에는 20~200lx의 조도가 필요하며, 되도록 고르게 분포하도록 한다. 광원의 휘도가 높거나 그림자가 생기지 않도록 해야 한다.

ⓑ 조명방법

구 분	직접 조명	간접 조명	반직접 혹은 반간접 조명
원 리	빛의 대부분이 광원 및 반사용 삿갓으로부터 작업면에 직접 온다.	빛의 전부가 벽이나 천정으로 향하고 이것이 반사되어 작업면에 온다.	간접과 직접의 절충식으로 반투명의 역반사 삿갓에 의해 작업면에 오는 광선의 1/2 이상을 간접광에 의하고, 나머지는 직접광에 의하는 것이다.
조명 효율	높 다	낮 다	–
경제성	경제적	비경제적	–
음영·휘도	강한 음영, 과도 휘도	없 다	–
적 용	천정이 높거나 암색일 때	천정의 높이가 적당하며 천정과 벽체 상부가 밝은 색이어서 반사가 잘 될 때	–

ⓒ 적정조명 : 조명 정도는 활동의 종류나 장소에 따라 다르다. 그 필요성은 불완전한 조명에 의한 눈의 장해(시력감퇴, 피로, 안구진탕증, 시야 협착, 두통 등)를 예방하고 작업능률의 향상, 재해발생에 있어 중요하기 때문이다.

④ 환 기
  ㉠ 환기의 정의 : 환기(Ventilation)란 실내의 공기가 먼지, 가스, 냄새, 세균 등 물리적·화학적·생물학적으로 오염되어 있을 때 외부의 신선한 공기와 교환하는 것을 말한다.
  ㉡ 환기의 보건학적 의의 : 이산화탄소(CO_2)는 일반적으로 실내 공기오염의 지표로 사용된다. 위생학적인 허용기준은 0.1%이며, 3% 이상에서는 불쾌감을 느끼게 된다. 밀폐된 실내에 많은 사람이 장시간 있게 되면 이산화탄소(CO_2)가 증가하고, 특히 국소 난방시 CO_2, SO_2가 발생하므로 악취, 두통, 오심 등 중독증상이 일어날 수가 있다.

ⓒ 환기의 원동력 및 소요 환기량
  ⓐ 환기의 원동력은 옥내·외의 온도차, 옥외 풍속, 기체의 확산력 등이고, 창문, 벽, 천장, 난로를 통하여 이루어진다.
  ⓑ 표준소요환기량 산출의 근거는 쾌감대, 쾌적온도, 탄산가스 함유량, 유독가스의 함유량 등이며, 일반위생에 있어 1인당 1시간에 1회에 필요한 환기량은 30m³이다. 즉, 공기 중의 CO_2 농도의 서한도를 지표로 할 때 소요환기량 산출식은 다음과 같다.

$$V = \frac{K}{C_0 - C} \, (\text{m}^3/\text{hr})$$

V : 소요환기량(m³/hr)
K : 1인 1시간의 호출 CO_2량(21L)
C_0 : 실내 CO_2 농도(CO_2의 서한용량 : 0.1%)
C : 외기의 CO_2 용량(0.03%)

ⓓ 환기방법
  ⓐ 자연환기 : 바람이나 온도차의 힘으로 이루어지는 환기로 여름에는 중력에 의해서, 겨울에는 실내외 온도차에 의해서 작용된다.
    • 자연환기의 원리 : 온도차의 발생 → 실내외 공기의 밀도차 발생 → 압력차 발생 → 고온의 실내공기는 실외로 유출되고, 같은 양의 실외공기는 실내로 유입된다.
    • 중성대(Neutral Zone) : 거실바닥면과 천장 가까이 창구가 있는 경우에 아래에서는 실외공기가 유입되고, 위 창구는 출구로써 공기가 나가게 되는데, 그 중간정도에 공기의 유입과 배출이 전혀 없는 면을 중성대(中性帶)라고 하며, 중성대의 위치가 아래일수록 실내환기는 불량하나, 천장 쪽에 위치할수록 그 환기량은 증대된다.
    • 환기에 필요한 면적은 그 거실 바닥면적의 1/20 이상이어야 하고, 횟수는 보통 1~2회가 적당하다.
  ⓑ 인공환기(기계환기)
    • 송입법(送入法) : 일정량의 신선한 공기를 실내로 불어 넣는 방법이다.
    • 흡인법(吸引法) : 실내의 오염공기를 흡인하여 실외로 내보내는 방법이다. 국소배기법으로 배기 후드와 도관을 이용하여 집중적으로 포착·제거하므로 경제적이고 효과도 크다.

> **심화Tip** 인공환기법에서 고려해야 할 조건
> • 취기와 오탁 공기는 신속히 교환되어야 한다.
> • 온도·습도를 조절하여 생리적으로 쾌적감을 느끼도록 한다.
> • 교환된 공기의 고른 분포가 필요하다.
> • 성분이 양호한 신선한 공기가 유입되어야 한다.

⑤ 실내온도 조절
　㉠ 겨울철 실내의 적정 온·습도
　　ⓐ 최적온도 : 18℃ 전후(영·유아, 노인, 환자 - 20~22℃)
　　ⓑ 실내습도 : 40~70%(30% 이하 : 호흡계 질환 발생, 70% 이상 : 피부질환, 실내 곰팡이류 번식)
　㉡ 적정한 실내온도

장 소	적정온도(℃)
거실, 사무실, 작업실, 교실	18~20
침 실	12~15
욕 실	20~22
병 실	22
경작업실	16~18
중작업실	10~15

⑥ 난방법
　㉠ 국소난방(Partial Heating) : 예부터 사용해 왔던 방법으로 난로, 온돌, 페치카, 화로, 전기난로 등 온원(溫源)을 실내에 두는 방법이다. 경제적이지만, 연료를 운반하는데 불편하고 발생하는 먼지, 연소산물에 의한 공기오탁 및 화재발생의 위험성이 있다.
　㉡ 중앙난방(Central Heating)
　　ⓐ 공기난방(Warm Air Heating) : 공기조절법의 공기난방법이다.
　　ⓑ 온수난방(Warm Water Heating) : 부드러운 온기를 고르게 공급할 수 있고, 조작이 쉬우며 경제적이다.
　　ⓒ 증기난방(Steam Heating) : 면적이 큰 건물에 적합하며 지역난방으로도 이용된다. 실내습도 조절시 별도의 고려가 필요하다.
　㉢ 지역난방(District Heating)
　　ⓐ 집단주택 및 아파트 등에 이용되는 중앙난방식은 집중난방이라 하고, 광범위한 지역의 많은 건물에 공급하는 경우를 지역난방이라 한다.
　　ⓑ 하나 또는 그 이상의 여러 장소의 보일러 플랜트에서 주택, 학교, 병원, 아파트, 주택단지, 공장과 같은 광범위한 지역의 건물에 열원으로써 증기 또는 온수를 보내는 방법이다.
　㉣ 난방시 유의사항
　　ⓐ 연소가스 특히 일산화탄소(CO)와 아황산가스(SO_2)가 배출되지 말아야 한다.
　　ⓑ 온도의 실내 분포가 고르고 바닥과 머리 높이의 온도차는 2~3℃ 이상이 되지 않도록 한다.
　　ⓒ 실내습도 조절에도 유의하여 건조시에는 자동적으로 수증기가 나올 수 있도록 습도조절장치를 설치하도록 한다.

⑦ 냉방법
  ㉠ 주택 설계시 주풍향(主風向)을 고려하여 창의 설계를 적절히 하고 벽체와 지붕은 열 차단력이 큰 것으로 사용하여 옥외통풍을 양호하게 한다.
  ㉡ 국소냉방 : 선풍기, 에어컨(Air Conditioner) 등을 이용하여 실내기류를 일으켜 실내를 시원하게 한다.
  ㉢ 중앙냉방 : 캐리어 시스템(Carrier System)은 냉·난방 공용으로 실내·외 온도차가 5~7℃가 적당하고, 10℃ 이상에서는 냉방병이 발생할 수 있다.

(9) 이상기압

① 대기압의 단위
  ㉠ 1기압 : 위도 45° 해면에서의 중력의 가속도가 g = 980.665cm/sec^{2}일 때, 0℃의 수은주의 높이 760mm에 해당하는 압력의 세기이다. 즉, 1기압 760mmHg = 1,013.25mb이다.
  ㉡ 계기압력 : 잠수작업시 물속에서 사용하는 압력계는 대기압과의 차이를 나타내므로, 이를 계기압력이라 한다.
  ㉢ 절대압력 : 대기압과 계기압력을 합한 것이다.

② 저기압의 영향
  ㉠ 고도에 따른 기압변화 : 해발 5,600m의 고도에서의 기압은 해면높이에서의 대기압의 약 1/2로 감소되고 10,000m에서는 1/4, 16,000m에서는 1/10로 감소된다.
  ㉡ 저기압에 대한 순화현상 : 저산소 환경에서의 순화는 비교적 빨라 12~24시간 내에 모든 증상이 소멸된다. 적응현상은 정상적으로 2,500m 고도 이상에서 볼 수 있으며, 초기에는 호흡의 횟수와 깊이가 증가하고 맥박수나 심박출량도 증가하며, 적혈구 수가 많아지고 혈색소량과 혈액량도 증가한다.

> **The 알아보기**
> **잠함병 또는 감압병**
> - **원리** : 고기압 상태에서 정상기압 상태로 갑자기 복귀할 때 체액 및 지방조직의 공기색전(전색)(질소기포) 형성
> - **증상** : 관절통, 근육통, 흉통, 호흡곤란, 반신불수, 피부소양증, 마비 등

  ㉢ 저기압으로 인한 신체장애
    ⓐ 산소 부족으로 오는 장애 : 고산지대에 상주하는 사람에게는 적응현상이 나타나지만 저기압에 적응되지 않은 사람은 3,000m 이상에서 고산증이, 6,000m 이상의 고도에서는 몇 분 정도의 시간밖에 생존하기 어렵다. 이상 저기압시 나타나는 증상으로는 두통, 불면증, 피로감, 구역, 구토, 운동 실조, 기억력 감퇴, 마비, 혼수, 사망 등이 있으며, 상승속도나 체재시간, 고도, 개인의 적응능력에 따라 다소 차이가 난다.
    ⓑ 기계적 장애 : 저기압시 체액에 용해되어 있는 질소(N_2)가 기포화하고 19,000m의 고도에서는 체온에서도 체액이 끓게 되어 곧 죽는다. 감압으로 인한 이상 기압증상(Dysbarism)은 고도 8,000m부터 일어난다.

ⓒ 고공비행에 따르는 항공의학적 문제
- 저산소증 : 고도 5,000m에서부터 저산소증이 일어나기 시작하여 호흡 및 순환기능이 항진되고 7,000m가 넘으면 사망한다.
- 중력현상 : 급상승 또는 급강하시에 중력의 작용을 받아 물리적으로 혈액과 체액이 신체하부나 상부에 쏠리게 되어 뇌신경과 순환기계의 장해가 일어나게 된다.
- 한랭 : 고도가 높아질수록 온도는 일정하게 급강하한다.

ⓓ 고공비행의 대책 : 특수 여압실을 설치하여 지상과 같은 기압을 유지하고 산소분압, 쾌적한 실내온도를 유지한다. 또한 여압복을 착용하여 증상을 방지하도록 한다.

③ 고기압의 영향
㉠ 기계적 장애(1차적 가압현상) : 귀, 부비강, 치아 등은 기압의 상승으로 손상받아 통증을 일으키고 압력차가 클 때는 고막이 파열되며, 폐의 압축으로 인한 폐음혈, 부종 및 출혈 등도 초래한다.
㉡ 화학적 장애(2차적 가압현상) : 4기압 이상에서는 공기의 정상성분인 질소(N_2)와 산소(O_2)의 분압이 증가되어 장해를 입는다.
  ⓐ 질소(N_2) : 질소 가스는 정상기압에서 비활동성을 초래하고, 4기압 이상에서는 마취작용이 있어 도취감에 빠지고 작업능력을 잃게 된다.
  ⓑ 산소(O_2) : 산소분압이 2기압 이상일 때 산소중독 증상이 일어난다. 증상으로는 손가락의 저림, 시력장애, 환청, 혼미, 근육경련, 안면근육경련, 구역질, 현기증, 폐의 자극증상, 폐수종, 무기폐 등이 있다.
  ⓒ 탄산가스 : 고기압 환경에서 N_2와 O_2의 작용을 증대시키고 그 농도가 높아질수록 근육통, 관절통의 발생률이 증가된다. 10%의 CO_2 흡입시 중추신경과 심장기능이 저하되며, 20% 이상이면 호흡이 정지되어 사망한다.

(10) 복사선
① 일광 복사선(Solar Radiation)
태양은 복사 에너지의 근원으로서 복사선을 방출하는데 그중 일광은 중추신경을 자극하여 마음을 유쾌하게 하고 신진대사를 원활히 할 수 있도록 하며 발육에 좋고 피부와 병적세포에 작용하여 병원균을 죽이거나 억제한다.

② 자외선(Ultraviolet Radiation)
태양으로부터 지구에 도달하는 자외선 파장 중 280~315nm 범위를 Dorno선이라 한다. 소독작용 및 비타민 D의 형성, 피부의 색소침착과 연관이 있다.
㉠ 광화학적 작용(Photochemical Reaction) : 태양 자외선과 산업장에서 발생하는 자외선은 공기 중 NO_2와 Olefin계 탄화수소와 광화학적 반응을 일으켜 오존(O_3), PAN, 산화 촉진제 등의 대기오염물질을 발생시킨다.
㉡ 생물학적 작용 : 피부에 색소가 침착하게 되고 비후 또는 피부암이 발생할 수 있다. 또한 전광성 안염인 급성 각막염, 수명현상, 충혈, 안검경련 등 눈의 작용에 영향을 미치고, 비타민 D를 형성하거나 살균작용도 있다.

③ 가시광선

400~700nm의 파장을 가진 전자파로 시세포를 자극하여 광각(光覺)과 색각(色覺)을 일으킨다.

④ 적외선(Infrared Radiation)

태양에서 방출되는 복사 에너지의 54%는 적외선으로 작업장의 고열물체로부터도 적외선이 방출되기도 한다. 적외선은 눈으로 느끼지는 못하나 피부에 온열감을 주고 국소혈관의 확장, 혈액순환 촉진 및 진통작용을 나타낸다. 강한 적외선에 노출되는 유리공, 용광로의 화부들은 후극성 백내장을 일으키기도 한다.

⑤ 마이크로파(Micro-wave)

마이크로파는 진공관, 음양 양극진공관, 전파발진기 및 반도체 시한장치 등에서 전형적으로 발생이 되며, 생체 내 흡수되어 조직 내에서 열이 발생하게 된다. 생체에 대한 작용은 주파수나 출력, 폭로시간, 폭로조직에 따라 다르다.

⑥ 레이저광(Lasers)

복사선 중 특정한 파장부위가 강력하게 방출되는 것을 말하며, 오늘날 정밀기계 작업, 용접, 절단, 밀봉, 복사, 광학측정, 외과적 수술 및 통신용 매체로 널리 사용되고 있다. 레이저광에 가장 예민한 부분은 눈과 피부로, 눈에 대한 작용에는 수명(羞明), 충혈, 이물감 등이 있고, 피부에 대한 반응으로는 홍반, 수포형성, 색소침착 등이 생기게 된다.

> **심화Tip 유해광선**
>
> 1. **자외선**
>   - 살균작용 범위 260~280nm
>   - Dorno-ray(건강선) 280~315nm
>   - 과량 폭로시 장애 : 피부비후, 색소침착, 피부암, 결막염, 혈압강하작용 등
> 2. **적외선(일명 열선)**
>   - 780~1,200nm의 전자파
>   - 과량 조사시 장애 : 피부장애, 현기증, 열경련, 열사병 등
> 3. **레이저(Laser)광**
>   - 유도 방출에 의한 광선의 증폭(주파수가 상이)
>   - 이용 : 거리 측정, 외과수술, 용접과 관통
>   - 피해 : 백내장, 각막염, 피부화상 등
> 4. **마이크로파(Micro-wave)**
>   - 범위 10~300,000Hz
>   - 피해 : 백내장 유발

02 산업보건

1 산업보건의 개요

(1) 개 념
산업보건이란 모든 직업에서 일하는 근로자들이 육체적·정신적·사회적인 건강을 고도로 유지, 증진시키며 작업조건으로 인한 질병을 예방하고 건강에 유해한 취업을 방지하여 근로자를 생리적, 심리적으로 적합한 작업환경으로 배치하는 것이다[세계보건기구(WHO)와 국제노동기구(ILO)의 산업보건 합동위원회(1950년)].

(2) 목 적
① 근로자의 건강과 행복을 전제로 이들에게 발생할 수 있는 건강장애요소를 예방하고, 근로조건과 환경이 이들에게 적합하도록 연구·개선하여 직업병 발생 및 공업중독과 안전사고를 예방하는 데에 그 목적이 있다.
② 노동의 조건 및 환경에 기인한 피로, 재해, 질병을 조사·분석하여 근로자의 건강과 복지를 확보하고, 가장 적합한 근로환경을 고려하여 근로자의 건강에 유해함이 없이 작업능률을 상승시키며, 직업병을 예방하는데 그 목적이 있다.

(3) 목표(1950년 ILO, WHO 합동위원회)
① 모든 직업에 종사하는 근로자들이 신체적, 정신적, 사회적으로 안녕상태를 최고도로 증진시키는데 있다.
② 산업장에서의 작업조건 때문에 발생하는 질병을 예방하는데 있다.
③ 근로자들이 건강에 해를 끼치게 될 유해인자에 폭로되는 일이 없도록 보호하는데 있다.
④ 생리적, 심리적 적성에 맞는 작업장에서 일하도록 배치하는데 있다.

(4) 발 전
① **20세기 초** : 산업발전의 초기로 산업재해 예방과 안전관리에 초점을 두었다.
② **제1차 세계대전 이후** : 이 시기에는 위생공학의 발전과 산업기술이 발전함에 따라 공업 중독 및 직업병 예방에 주력하였다. 특히 근로자의 질병치료에 치중하였고, 법적인 면에서도 노동법이 제정되고 직업병의 인정기준이 생기고 산업재해, 장해 보상기준이 설립되었다.
③ **제2차 세계대전 이후** : 기계공학의 발전과 석유, 화학, 전자공업의 발전은 새로운 직업병을 발생시키고 작업환경의 개선이 요구되었다. 그리고 작업환경을 인간공학적 측면에서 고려하기 시작하였다.
④ **근래** : 성인병, 노년 근로자 건강관리를 문제화함으로써 인간소외 문제 등 산업정신위생이 발달하기 시작하였다.

(5) 역사
① 우리나라
- ㉠ 1953년 5월 10일 「근로기준법」 제정
- ㉡ 1963년 11월 3일 「산업재해보상보험법」 제정
- ㉢ 1980년 노동청을 노동부로 개칭
- ㉣ 1981년 12월 31일 「산업안전보건법」 제정

② 외 국
- ㉠ 고 대
    - ⓐ 히포크라테스(Hippocrates) : 직업이 질병과 유관함을 가르치기 시작하였다.
    - ⓑ 갈렌(Galenus) : 광산작업 인부들의 연(납)중독의 증상을 연구하였다.
- ㉡ 중 세
    - ⓐ 쇼토크하우젠(K. Stockhausen, 1556) : 납중독에 관한 저서를 간행하였다.
    - ⓑ 아그리콜라(G. Agricola, 1556) : 광산의 위생문제에 대하여 기재하였다.
    - ⓒ 라마치니(B. Ramazzini, 1713) : 이탈리아 사람으로 산업보건의 시조이며 「직업인의 질병」이란 책을 발간하였다.
- ㉢ 산업혁명기 이후
    - ⓐ 비스마르크(Otto von Bismarck) : 사회보장제도의 시초, 「질병보험법(1883)」, 「재해보험법(1884)」, 「노령 및 폐질보험법(1889)」 등을 제정하였다.
    - ⓑ 빌레르메(L. Villerme, 1828) : 직업과 질환, 사망통계를 발표하였다.
    - ⓒ 케틀레(A. Quetlet, 1835) : 연소자 노동에 따른 건강에 관한 통계를 발표하였다.
- ㉣ 1919년 국제노동기구(ILO) 발족

(6) 건강과 노동
① 환경에 대해 인체가 적응할 수 있는 한계, 즉 서한도(Threshold) 내에서 적응도를 높여야 항상성이 유지될 수 있다.
② 서한도에 영향을 미치는 인자
- ㉠ 자극의 성질, 자극방법, 성별
- ㉡ 연령
- ㉢ 개인차
③ **지적환경조건(Optimum Working Environment)**
생체에 있어서 바람직한 환경조건은 감각적인 것뿐만 아니라 생명활동을 저지하지 않고 생산적 능력을 충분히 발휘할 수 있는 것이 아니면 안 된다. 이런 의미에서 지적환경조건을 다음의 3가지로 나누어 생각한다.

주관적(쾌적) 지적조건	산업적 경노동자의 주관적 지적조건을 쾌적온도(℉)로 해서 습구온도에서는 65.1, 감각온도에서는 60.8, 건구온도에서는 64.7, 냉각률에서는 6.06으로 했다.
생산적 지적조건	정신적 작업에서는 근육작업에 비해서 지적온도가 저온이다. 또 같은 종류의 근육작업에서는 그 작업강도가 커지면 지적온도는 저온으로 이동한다.
생리학적 지적조건	생체가 최소의 에너지소모에 의해서 그 생명을 유지하고 또한 최고의 활동능력을 발휘, 신장할 수 있는 것과 같은 온도조건을 말한다.

④ 각 직업별 신체에 미치는 영향
  ㉠ 분진작업장(방직, 주물공장) : 호흡기 질환
  ㉡ 고열작업장(초자, 도자기, 용광로) : 소화기계통 질환
  ㉢ 중등작업장(철근 등) : 순환기계통 질환
  ㉣ 운전 : 위, 십이지장 궤양 등

(7) **작업환경관리** 기출 2022 서울시
  ① 격리 : 개인용 위생보호구를 착용하는 것
  ② 공정대체 : 위험한 시설을 안전한 시설로 변경하는 것
  ③ 물질대체 : 유해물질을 독성이 적은 안전한 물질로 교체하는 것
  ④ 환기 : 국소배기장치를 통해 배출하는 것

2 산업보건 관리

(1) **우리나라 산업보건 담당 행정부서**
  ① 고용노동부(산재예방정책과)
  ② 고용노동부(산업보건과 – 교육, 건강검진, 석면)
  ③ 고용노동부(화학사고예방과 – MSDS, PSM)
  ④ 고용노동부(산업안전과 – 안전관리자, 인증)

> **The 알아보기**
> **산업안전보건법**
> 「산업안전보건법」은 산업안전·보건에 관한 기준을 확립하고 그 책임의 소재를 명확하게 하여 산업재해를 예방하고 쾌적한 작업환경을 조성함으로써 근로자의 안전과 보건을 유지·증진함을 목적으로 한다.

(2) **사업장 산업안전·보건 관리체제**
  ① 안전보건관리책임자
    ㉠ 안전보건관리책임자를 두어야 할 사업의 종류 및 규모(산업안전보건법 시행령 별표 2)

사업의 종류	규 모
토사석 광업, 주요 제조업(21)	상시 근로자 50명 이상
농업, 어업, 소프트웨어 개발 및 공급업, 컴퓨터 프로그래밍, 시스템 통합 및 관리업, 정보서비스업금융 및 보험업, 임대업(부동산 제외), 전문·과학 및 기술 서비스업(연구개발업은 제외), 사업지원 서비스업, 사회복지 서비스업 등	상시 근로자 300명 이상
건설업	공사금액 20억원 이상
위 사업을 제외한 사업	상시 근로자 100명 이상

    ㉡ 주요 총괄 관리업무(산업안전보건법 제15조)
      ⓐ 사업장의 산업재해 예방계획의 수립에 관한 사항
      ⓑ 안전보건관리규정의 작성 및 변경에 관한 사항
      ⓒ 근로자에 대한 안전보건교육에 관한 사항
      ⓓ 작업환경 측정 등 작업환경의 점검 및 개선에 관한 사항
      ⓔ 근로자의 건강진단 등 건강관리에 관한 사항

ⓕ 산업재해의 원인 조사 및 재발 방지대책 수립에 관한 사항
　　　ⓖ 산업재해에 관한 통계의 기록 및 유지에 관한 사항
　　　ⓗ 안전장치 및 보호구 구입시 적격품 여부 확인에 관한 사항
　　　ⓘ 그 밖에 근로자의 유해·위험 예방조치에 관한 사항으로서 고용노동부령으로 정하는 사항
② 관리감독자
　사업장의 생산과 관련되는 업무와 그 소속 직원을 직접 지휘·감독하는 직위에 있는 사람으로서 산업안전 및 보건에 관한 업무를 수행한다. 관리감독자가 있는 경우에는 「건설기술진흥법」 제64조 제1항 제2호에 따른 안전관리책임자 및 같은 항 제3호에 따른 안전관리담당자를 각각 둔 것으로 본다.
③ 안전관리자
　안전에 관한 기술적인 사항에 관하여 사업주 또는 안전보건관리책임자를 보좌하고 관리감독자에게 조언·지도하는 업무를 수행한다.
④ 보건관리자
　보건에 관한 기술적인 사항에 관하여 사업주 또는 안전보건관리책임자를 보좌하고 관리감독자에게 조언·지도하는 업무를 수행한다.
⑤ 산업보건의
　사업주는 근로자의 건강관리나 그 밖의 보건관리자의 업무를 지도하기 위하여 사업장에 산업보건의를 두어야 한다. 다만, 의사를 보건관리자로 둔 경우에는 그러하지 아니하다.
⑥ 안전보건총괄책임자
　㉠ 도급인은 관계수급인 근로자가 도급인의 사업장에서 작업을 하는 경우에는 그 사업장의 안전보건관리책임자를 도급인의 근로자와 관계수급인 근로자의 산업재해를 예방하기 위한 업무를 총괄하여 관리하는 안전보건총괄책임자로 지정하여야 한다. 이 경우 안전보건관리책임자를 두지 아니하여도 되는 사업장에서는 그 사업장에서 사업을 총괄하여 관리하는 사람을 안전보건총괄책임자로 지정하여야 한다.
　㉡ 안전보건총괄책임자를 지정한 경우에는 「건설기술진흥법」 제64조 제1항 제1호에 따른 안전총괄책임자를 둔 것으로 본다.
⑦ 안전보건조정자
　2개 이상의 건설공사를 도급한 건설공사발주자는 그 2개 이상의 건설공사가 같은 장소에서 행해지는 경우에 작업의 혼재로 인하여 발생할 수 있는 산업재해를 예방하기 위하여 건설공사 현장에 안전보건조정자를 두어야 한다.

3 산업피로

(1) 의의
① 정신적·육체적·신경적인 노동부하의 일로 인해 부담감이 생기는 가역적 신체반응으로 건강장해의 경고반응을 말한다.
② 산업피로 증가는 생산성 저하 및 산업재해 발생의 결과를 초래할 수 있다.

(2) 산업피로의 요인과 종류
① 산업피로의 요인

작업적 요인	신체적 요인	심리적 요인
• 근로시간 및 작업시간의 연장 • 휴식시간, 휴일의 부족 • 야근 및 연장근무 • 작업강도의 과대 • 작업조건의 불량 및 작업환경의 불량	• 약한 체력 • 체력저하 • 신체적 결함 • 불건강	• 작업의욕의 저하 • 흥미상실 • 작업불안 • 구속감 등

② 산업피로의 종류
  ㉠ 정신피로 : 중추신경계의 피로를 말한다.
  ㉡ 보통피로 : 하루 자고나면 완전히 회복되는 피로를 말한다.
  ㉢ 과로 : 다음 날까지 피로가 계속되는 상태를 말한다.
  ㉣ 곤비(困憊) : 과로상태가 축적된 상태를 말한다.

(3) 산업피로의 방지
① 작업의 공정, 속도, 휴식시간, 교대제 등을 효과적으로 이용해야 한다.
② 오락의 적절한 이용도 산업피로를 줄이는데 도움을 줄 수 있다.
③ 특히 야간작업을 하는 경우 수면을 충분히 취하도록 하고 스트레스를 많이 받거나 근육을 많이 사용하는 작업의 경우 충분한 영양의 섭취가 필요하다.
④ 하역작업 등 노동강도가 높은 것은 기계화하여 육체적 부담을 줄이도록 한다.
⑤ 원료의 대치, 환기시설 등 유해한 작업환경을 개선하도록 한다.
⑥ 인간공학적으로 개선된 작업자세가 필요하다.

(4) 산업피로 판정법
① 기능검사법
  ㉠ 생화학적 판정법 : 혈액검사, 소변검사 등
  ㉡ 심리학적 판정법 : 피부전기반사(GSR), 행동기록검사 등
  ㉢ 생리적 판정법 : 호흡, 순환기관 기능검사, 뇌파검사, 청력검사 등
② 자각증상조사
  ㉠ 신체적 증상 : 눕고 싶다, 노곤하다 등
  ㉡ 정신적 증상 : 초조하다, 실수가 많다 등
  ㉢ 신경감각적 증상 : 어지럽다, 감각이 무뎌진다 등

4 산업보건과 근로자의 보호

(1) 여성과 소년의 보호(근로기준법)

① 최저 연령(근로기준법 제64조)

15세 미만인 사람(「초·중등교육법」에 따른 중학교에 재학 중인 18세 미만인 사람을 포함한다)는 근로자로 사용하지 못한다.

② 사용 금지(근로기준법 제65조)

㉠ 사용자는 임신 중이거나 산후 1년이 지나지 아니한 여성(이하 "임산부"라 한다)과 18세 미만자를 도덕상 또는 보건상 유해·위험한 사업에 사용하지 못한다.

㉡ 사용자는 임산부가 아닌 18세 이상의 여성을 보건상 유해·위험한 사업 중 임신 또는 출산에 관한 기능에 유해·위험한 사업에 사용하지 못한다.

③ 기타

㉠ 고온·저온 작업시에는 조건에 맞는 냉·난방을 고려한다.

㉡ 정밀 작업시는 조명도를 고려한다.

㉢ 주작업의 근로 강도는 RMR 2.0 이하로 한다.

(2) 근로시간(근로기준법)

① 기본 근로시간(근로기준법 제50조)

㉠ 1주간의 근로시간은 휴게시간을 제외하고 40시간을 초과할 수 없다.

㉡ 1일의 근로시간은 휴게시간을 제외하고 8시간을 초과할 수 없다.

② 탄력적 근로시간제

㉠ <u>3개월 이내의 탄력적 근로시간제(근로기준법 제51조)</u>

ⓐ 사용자는 취업규칙에서 정하는 바에 따라 2주 이내의 일정한 단위기간을 평균하여 1주간의 근로시간이 40시간의 근로시간을 초과하지 아니하는 범위에서 특정한 주에 40시간의 근로시간을, 특정한 날에 8시간의 근로시간을 초과하여 근로하게 할 수 있다. 다만, 특정한 주의 근로시간은 48시간을 초과할 수 없다.

ⓑ 사용자는 근로자 대표와의 서면 합의에 따라 <u>대상 근로자의 범위, 단위기간(3개월 이내의 일정한 기간으로 정하여야 한다),</u> 단위기간의 근로일과 그 근로일별 근로시간 등의 사항을 정하면 3개월 이내의 단위기간을 평균하여 1주간의 근로시간이 40시간의 근로시간을 초과하지 아니하는 범위에서 특정한 주에 40시간의 근로시간을, 특정한 날에 8시간의 근로시간을 초과하여 근로하게 할 수 있다. 다만, 특정한 주의 근로시간은 52시간을, 특정한 날의 근로시간은 12시간을 초과할 수 없다.

ⓒ 15세 이상 18세 미만의 근로자와 임신 중인 여성 근로자에 대하여는 적용하지 아니한다.

- ⓒ 3개월을 초과하는 탄력적 근로시간제(근로기준법 제51조의2)
    - ⓐ 사용자는 근로자대표와의 서면 합의에 따라 대상 근로자의 범위, 단위기간(3개월을 초과하고 6개월 이내의 일정한 기간으로 정하여야 한다), 단위기간의 주별 근로시간 등의 사항을 정하면 3개월을 초과하고 6개월 이내의 단위기간을 평균하여 1주의 근로시간이 40시간의 근로시간을 초과하지 아니하는 범위에서 특정한 주에 40시간의 근로시간을, 특정한 날에 8시간의 근로시간을 초과하여 근로하게 할 수 있다. 다만, 특정한 주의 근로시간은 52시간을, 특정한 날의 근로시간은 12시간을 초과할 수 없다.
    - ⓑ 사용자는 근로자를 근로시킬 경우에는 근로일 종료 후 다음 근로일 개시 전까지 근로자에게 연속하여 11시간 이상의 휴식 시간을 주어야 한다.
- ⓒ 근로한 기간이 단위기간보다 짧은 경우의 임금 정산(근로기준법 제51조의3)
    사용자는 단위기간 중 근로자가 근로한 기간이 그 단위기간보다 짧은 경우에는 그 단위기간 중 해당 근로자가 근로한 기간을 평균하여 1주간에 40시간을 초과하여 근로한 시간 전부에 대하여 가산임금을 지급하여야 한다.

③ 선택적 근로시간제(근로기준법 제52조)
사용자는 취업규칙(취업규칙에 준하는 것을 포함한다)에 따라 업무의 시작 및 종료 시각을 근로자의 결정에 맡기기로 한 근로자에 대하여 근로자대표와의 서면 합의에 따라 다음의 사항을 정하면 1개월(신상품 또는 신기술의 연구개발 업무의 경우에는 3개월로 한다) 이내의 정산기간을 평균하여 1주간의 근로시간이 40시간의 근로시간을 초과하지 아니하는 범위에서 1주간에 40시간의 근로시간을, 1일에 8시간의 근로시간을 초과하여 근로하게 할 수 있다.
- ⓐ 대상 근로자의 범위(15세 이상 18세 미만의 근로자는 제외한다)
- ⓑ 정산기간
- ⓒ 정산기간의 총 근로시간
- ⓓ 반드시 근로하여야 할 시간대를 정하는 경우에는 그 시작 및 종료 시각
- ⓔ 근로자가 그의 결정에 따라 근로할 수 있는 시간대를 정하는 경우에는 그 시작 및 종료 시각
- ⓕ 그 밖에 대통령령으로 정하는 사항

④ 연장근로의 제한(근로기준법 제53조)
- ⓐ 당사자간에 합의하면 1주간에 12시간을 한도로 근로시간을 연장할 수 있다.
- ⓑ 당사자간에 합의하면 1주간에 12시간을 한도로 3개월 이내의 탄력적 근로시간제 및 3개월을 초과하는 탄력적 근로시간제의 근로시간을 연장할 수 있고, 정산기간을 평균하여 1주간에 12시간을 초과하지 아니하는 범위에서 **선택적 근로시간제**의 근로시간을 연장할 수 있다.

⑤ 휴게(근로기준법 제54조)
- ⓐ 사용자는 근로시간이 4시간인 경우에는 30분 이상, 8시간인 경우에는 1시간 이상의 휴게시간을 근로시간 도중에 주어야 한다.
- ⓑ 휴게시간은 근로자가 자유롭게 이용할 수 있다.

⑥ 연소자의 근로시간(근로기준법 제69조)

15세 이상 18세 미만인 사람의 근로시간은 1일에 7시간, 1주에 35시간을 초과하지 못한다. 다만, 당사자 사이의 합의에 따라 1일에 1시간, 1주에 5시간을 한도로 연장할 수 있다.

⑦ 수유시간의 보장(근로기준법 제75조) 기출 2020 서울시

생후 1년 미만의 유아(乳兒)를 가진 여성 근로자가 청구하면 1일 2회 각각 30분 이상의 유급 수유시간을 주어야 한다.

⑧ 유해·위험작업에 대한 근로시간 제한(산업안전보건법 제139조)

사업주는 유해하거나 위험한 작업으로서 잠함(潛函) 또는 잠수 작업 등 높은 기압에서 하는 작업에 종사하는 근로자에게는 1일 6시간, 1주 34시간을 초과하여 근로하게 해서는 아니 된다.

(3) 건강진단(산업안전보건법 제129조 및 시행규칙 제197조)

① 의 의

사업주가 모든 근로자를 대상으로 적절한 예방조치나 조기 치료만으로도 건강을 회복할 수 있는 단계의 일반질병 및 직업병 요관찰자 또는 유소견자를 조기에 발견하기 위하여 실시되는 의학적 선별검사를 말한다.

② 종류 및 실시대상

종 류	일반건강진단	특수건강진단	배치전 건강진단	수시건강진단	임시건강진단
대 상	전체 근로자	특수건강진단 대상업무 종사 근로자		건강장해 호소자 또는 의학적 소견 근로자	고용노동부장관이 명령한 근로자

③ 일반건강진단

㉠ 상시 사용하는 근로자의 건강관리를 위하여 사업주가 주기적으로 실시하는 건강진단을 말한다(산업안전보건법 제129조 제1항).

㉡ 실시 시기(동법 시행규칙 제197조 제1항)

사업주는 상시 사용하는 근로자 중 사무직에 종사하는 근로자(공장 또는 공사현장과 같은 구역에 있지 아니한 사무실에서 서무·인사·경리·판매·설계 등의 사무업무에 종사하는 근로자를 말하며, 판매업무 등에 직접 종사하는 근로자는 제외한다)에 대해서는 2년에 1회 이상, 그 밖의 근로자에 대해서는 1년에 1회 이상 일반건강진단을 실시하여야 한다.

> **심화Tip** 다음의 어느 하나에 해당하는 건강진단을 실시한 경우에는 제외한다.
>
> - 「국민건강보험법」에 따른 건강검진
> - 「선원법」에 따른 건강진단
> - 「학교보건법」에 따른 건강검사
> - 「진폐의 예방과 진폐근로자의 보호 등에 관한 법률」에 따른 정기 건강진단
> - 「항공법」에 따른 신체검사
> - 그 밖에 일반건강진단의 검사항목을 모두 포함하여 실시한 건강진단

④ 특수건강진단(산업안전보건법 제130조 제1항) 기출 2017 지방직
  ㉠ 다음의 어느 하나에 해당하는 근로자의 건강관리를 위하여 사업주가 실시하는 건강진단을 말한다.
    ⓐ 특수건강진단대상 유해인자에 노출되는 업무에 종사하는 근로자
    ⓑ 근로자건강진단 실시 결과 직업병 유소견자로 판정받은 후 작업 전환을 하거나 작업장소를 변경하고, 직업병 유소견 판정의 원인이 된 유해인자에 대한 건강진단이 필요하다는 의사의 소견이 있는 근로자
  ㉡ 특수건강진단 대상 유해인자 및 야간작업(동법 시행규칙 별표 22)

유해인자	세부내용
화학적 인자 (164종)	• 가솔린, 벤젠, 아세톤, 톨루엔 등 유기화합물 109종 • 구리, 연, 니켈, 알루미늄, 주석, 망간 등 금속류 20종 • 황산, 질산, 불화수소, 염화수소 등 산 및 알칼리류 8종 • 염소, 이산화질소, 일산화탄소, 불소 등 가스 상태 물질류 14종 • 영 제88조에 따른 허가 대상 유해물질 12종 • 미네랄 오일미스트 금속가공유 1종
물리적 인자 (8종)	• 소음, 강렬한 소음, 충격소음(안전보건규칙 제512조 제1호~제3호) • 진동(안전보건규칙 제512조 제4호) • 방사선(안전보건규칙 제573조 제1호) • 고기압 • 저기압 • 유해광선(자외선, 적외선, 마이크로파 및 라디오파)
분진(7종)	곡물 분진, 광물성 분진, 면 분진, 나무 분진, 용접 흄, 유리섬유 분진, 석면 분진
야간작업 (2종)	• 6개월간 밤 12시부터 오전 5시까지의 시간을 포함하여 계속되는 8시간 작업을 월 평균 4회 이상 수행하는 경우 • 6개월간 오후 10시부터 다음날 오전 6시 사이의 시간 중 작업을 월 평균 60시간 이상 수행하는 경우

  ㉢ 특수 건강진단의 시기 및 주기(동법 시행규칙 별표 23)

구분	대상유해인자	시기(배치 후 첫번째 특수건강진단)	주기
1	N,N-디메틸아세트아미드 N,N-디메틸포름아미드	1개월 이내	6개월
2	벤젠	2개월 이내	6개월
3	1,1,2,2-테트라클로로에탄 사염화탄소 염화비닐 아크릴로니트릴	3개월 이내	6개월
4	석면 면 분진	12개월 이내	12개월
5	광물성 분진 나무분진 소음 및 충격소음	12개월 이내	24개월
6	제1호부터 제5호까지의 규정의 대상유해인자를 제외한 별표 22의 모든 대상유해인자	6개월 이내	12개월

② 사업장의 작업환경측정 결과 또는 특수건강진단 실시 결과에 따라 다음의 어느 하나에 해당하는 근로자에 대해서는 유해인자별로 특수건강진단 주기를 2분의 1로 단축하여야 한다(동법 시행규칙 제202조 제2항).
  ⓐ 작업환경을 측정한 결과 노출기준 이상인 작업공정에서 해당 유해인자에 노출되는 모든 근로자
  ⓑ 특수건강진단, 수시건강진단 또는 임시건강진단을 실시한 결과 직업병 유소견자가 발견된 작업공정에서 해당 유해인자에 노출되는 모든 근로자
  ⓒ 특수건강진단 또는 임시건강진단을 실시한 결과 해당 유해인자에 대하여 특수건강진단 실시 주기를 단축하여야 한다는 의사의 소견을 받은 근로자

⑤ 배치전건강진단(산업안전보건법 제130조 제2항)
  ㉠ 특수건강진단 대상업무에 종사할 근로자에 대하여 배치예정업무에 대한 적합성 평가를 위하여 사업주가 실시하는 건강진단을 말한다.
  ㉡ 배치전건강진단 실시시기(동법 시행규칙 제204조)
  사업주는 특수건강진단 대상업무에 근로자를 배치하려는 경우에는 해당 작업에 배치하기 전에 배치전건강진단을 실시하여야 하고, 특수건강진단기관에 해당 근로자가 담당할 업무나 배치하려는 작업장의 특수건강진단 대상 유해인자 등 관련 정보를 미리 알려주어야 한다.
  ㉢ 배치전건강진단 실시의 면제(동법 시행규칙 제203조)
  다음의 어느 하나에 해당하는 경우에는 배치전건강진단을 실시하지 아니할 수 있다.
    ⓐ 다른 사업장에서 해당 유해인자에 대하여 다음의 어느 하나에 해당하는 건강진단을 받고 6개월이 지나지 않은 근로자로서 건강진단 결과를 적은 서류(이하 "건강진단개인표"라 한다) 또는 그 사본을 제출한 근로자
      • 배치전건강진단
      • 배치전건강진단의 제1차 검사항목을 포함하는 특수건강진단, 수시건강진단 또는 임시건강진단
      • 배치전건강진단의 제1차 검사항목 및 제2차 검사항목을 포함하는 건강진단
    ⓑ 해당 사업장에서 해당 유해인자에 대하여 ⓐ의 어느 하나에 해당하는 건강진단을 받고 6개월이 지나지 않은 근로자

⑥ 수시건강진단(산업안전보건법 제130조 제3항, 동법 시행규칙 제205조 제1항)
  ㉠ 특수건강진단 대상업무에 따른 유해인자로 인한 것이라고 의심되는 건강장해 증상을 보이거나 의학적 소견이 있는 근로자 중 보건관리자 등이 사업주에게 건강진단 실시를 건의하는 등 고용노동부령으로 정하는 근로자에 대하여 사업주가 실시하는 건강진단을 말한다.
  ㉡ "고용노동부령으로 정하는 근로자"란 특수건강진단 대상업무로 인하여 해당 유해인자로 인한 것이라고 의심되는 직업성 천식, 직업성 피부염, 그 밖에 건강장해 증상을 보이거나 의학적 소견이 있는 근로자로서 다음의 어느 하나에 해당하는 근로자를 말한다. 사업주는 이에 해당하는 근로자에 대해서는 지체 없이 수시건강진단을 실시해야 한다. 다만, 사업주가 직전 특수건강진단을 실시한 특수건강진단기관의 의사로부터 수시건강진단이 필요하지 않다는 소견을 받은 경우는 제외한다.

ⓐ 산업보건의, 보건관리자, 보건관리 업무를 위탁받은 기관이 필요하다고 판단하여 사업주에게 수시건강진단을 건의한 근로자
ⓑ 해당 근로자나 근로자대표 또는 위촉된 명예산업안전감독관이 사업주에게 수시건강진단을 요청한 근로자
⑦ 임시건강진단(산업안전보건법 제131조 제1항, 동법 시행규칙 제207조 제1항)
㉠ 고용노동부장관은 같은 유해인자에 노출되는 근로자들에게 유사한 질병의 증상이 발생한 경우 등 고용노동부령으로 정하는 경우에는 근로자의 건강을 보호하기 위하여 사업주에게 특정 근로자에 대한 건강진단(이하 "임시건강진단"이라 한다)의 실시나 작업전환, 그 밖에 필요한 조치를 명할 수 있다.
㉡ "고용노동부령으로 정하는 경우"란 특수건강진단 대상 유해인자 또는 그 밖의 유해인자에 의한 중독 여부, 질병에 걸렸는지 여부 또는 질병의 발생원인 등을 확인하기 위하여 필요하다고 인정되는 경우로서 다음에 어느 하나에 해당하는 경우를 말한다.
ⓐ 같은 부서에 근무하는 근로자 또는 같은 유해인자에 노출되는 근로자에게 유사한 질병의 자각·타각증상이 발생한 경우
ⓑ 직업병 유소견자가 발생하거나 여러 명이 발생할 우려가 있는 경우
ⓒ 그 밖에 지방고용노동관서의 장이 필요하다고 판단하는 경우
㉢ 임시건강진단의 검사항목은 특수건강진단의 검사항목 중 전부 또는 일부와 건강진단 담당 의사가 필요하다고 인정하는 검사항목으로 한다.
⑧ 건강진단의 동시실시(근로자건강진단실시기준 제7조)
사업주는 일반건강진단과 특수건강진단을 모두 실시하여야 하는 연도에는 특수건강진단시에 일반건강진단을 포함하여 실시할 수 있다.
⑨ 건강관리구분(근로자건강진단실시기준 별표 4)
㉠ 건강관리구분 판정 **기출** 2016 서울시

건강관리구분		건강관리구분 내용
A		건강관리상 사후관리가 필요 없는 근로자(건강한 근로자)
C	C_1	직업성 질병으로 진전될 우려가 있어 추적검사 등 관찰이 필요한 근로자(직업병 요관찰자)
	C_2	일반질병으로 진전될 우려가 있어 추적관찰이 필요한 근로자(일반질병 요관찰자)
D_1		직업성 질병의 소견을 보여 사후관리가 필요한 근로자(직업병 유소견자)
D_2		일반질병의 소견을 보여 사후관리가 필요한 근로자(일반질병 유소견자)
R		건강진단 1차 검사결과 건강수준의 평가가 곤란하거나 질병이 의심되는 근로자 (제2차 건강진단 대상자)

※ "U"는 2차 건강진단대상임을 통보하고 30일을 경과하여 해당 검사가 이루어지지 않아 건강관리구분을 판정할 수 없는 근로자. "U"로 분류한 경우에는 해당 근로자의 퇴직, 기한내 미실시 등 2차 건강진단의 해당 검사가 이루어지지 않은 사유를 시행규칙 제105조 제3항에 따른 건강진단결과표의 사후관리소견서 검진소견란에 기재하여야 함

ⓒ "야간작업" 특수건강진단 건강관리구분 판정

건강관리구분	건강관리구분 내용
A	건강관리상 사후관리가 필요 없는 근로자(건강한 근로자)
C_N	질병으로 진전될 우려가 있어 야간작업시 추적관찰이 필요한 근로자(질병 요관찰자)
D_N	질병의 소견을 보여 야간작업시 사후관리가 필요한 근로자(질병 유소견자)
R	건강진단 1차 검사결과 건강수준의 평가가 곤란하거나 질병이 의심되는 근로자 (제2차 건강진단 대상자)

※ "U"는 2차 건강진단대상임을 통보하고 30일을 경과하여 해당 검사가 이루어지지 않아 건강관리구분을 판정할 수 없는 근로자. "U"로 분류한 경우에는 해당 근로자의 퇴직, 기한내 미실시 등 2차 건강진단의 해당 검사가 이루어지지 않은 사유를 규칙 제105조 제3항에 따른 건강진단결과표의 사후관리소견서 검진소견란에 기재하여야 함

⑩ 업무수행 적합 여부 판정(근로자건강진단실시기준 별표 4)

구 분	업무수행 적합 여부 내용
가	건강관리상 현재의 조건하에서 작업이 가능한 경우
나	일정한 조건(환경개선, 보호구착용, 건강진단주기의 단축 등)하에서 현재의 작업이 가능한 경우
다	건강장해가 우려되어 한시적으로 현재의 작업을 할 수 없는 경우(건강상 또는 근로조건상의 문제가 해결된 후 작업복귀 가능)
라	건강장해의 악화 또는 영구적인 장해의 발생이 우려되어 현재의 작업을 해서는 안되는 경우

(4) 근로와 영양

① 근로의 종류에 따른 영양

종 류	영 양
중노동	비타민 식품, 칼슘(Ca) 강화식품
고온작업 노동자	비타민 A, B1, C, 식염
저온작업 노동자	비타민 A, B1, C, D, 지방질 함유량이 많은 식품
소음이 심한 작업장의 근로자	비타민 B1

② 중독에 따른 영양관리

종 류	영 양
벤 젠	급성 중독은 비타민 B1, 만성 중독은 비타민 B6
암모니아	비타민 C
일산화탄소	비타민 B1
사염화탄소	비타민 E
이황화탄소	비타민 C
아 연	철, 구리, 대두, 단백질

5 산업재해와 보상

(1) 산업재해
"산업재해"란 노무를 제공하는 사람이 업무에 관계되는 건설물·설비·원재료·가스·증기·분진 등에 의하거나 작업 또는 그 밖의 업무로 인하여 사망 또는 부상하거나 질병에 걸리는 것을 말한다(산업안전보건법 제2조 제1호).

(2) 산업재해의 원인 기출 2019 서울시
① 물리적 환경의 불량
  ㉠ 고장난 기계의 작동, 기구, 기계의 정비불량
  ㉡ 정리정돈이 잘 되지 않은 작업장
  ㉢ 적절하지 않은 조명
② 인적 원인
  ㉠ 작업시 지식의 부족 등으로 작업자세의 불량 또는 취급법 미숙으로 불안전한 행동
  ㉡ 안전지식에 대한 부족
  ㉢ 시설의 하자
  ㉣ 감독이 불충분한 경우
  ㉤ 수면부족 등의 생리적, 심리적 요인

> **심화Tip** 산업재해와 하인리히법칙
>
> 1. 1931년 하인리히(H. Heinrich)가 펴낸 「산업재해 예방 : 과학적 접근」이라는 책에서 소개된 법칙이다.
> 2. 산업재해가 발생하여 사상자가 1명 나오면 그 전에 같은 원인으로 발생한 경상자가 29명, 같은 원인으로 부상을 당할 뻔한 잠재적 부상자가 300명 있었다는 사실이었다. 하인리히 법칙은 '1 : 29 : 300 법칙'이라고도 부른다. 즉, 큰 재해와 작은 재해 그리고 사소한 사고의 발생 비율이 1 : 29 : 300이라는 것이다.
> 3. 산업의 기계화, 시스템화에 따라 1969년, 프랭크 버드와 로버트 로프터스가 하인리히 법칙을 새롭게 해석하였고, 1976년 이를 정리하여 발간한 「손실통제관리 : Loss Control Management」이라는 논문을 통해 '버드의 빙산' 혹은 '버드 & 로프터스의 법칙'을 만들어냈다. 하인리히의 법칙이 사망자 – 경상자 – 무상해 사고로 나누었다면 버드의 법칙에서는 사고가 날 '뻔'한 '아차사고'까지 통계의 범위에 삽입하여 1(사망) : 10(경상) : 30(물적피해) : 600(아차사고)의 비율로 나타내었다.

(3) 산업재해의 지표 기출 2016, 2020 서울시
① 재해율(천인율) : 근로자 100(1,000)명당 발생하는 재해자 수의 비율
② 업무상 사고재해율(천인율) : 근로자 100(1,000)명당 발생하는 업무상 사고재해자 수의 비율
③ 업무상 질병만인율 : 근로자 10,000명당 발생하는 업무상 질병자 수의 비율
④ 사망만인율 : 근로자 10,000명당 발생하는 사망자수의 비율
⑤ 업무상 사고사망만인율 : 근로자 10,000명당 발생하는 업무상 사고사망자수의 비율
⑥ 업무상 질병사망만인율 : 근로자 10,000명당 발생하는 업무상 질병사망자수의 비율

⑦ 강도율 : 1,000 근로시간당 재해로 인한 근로손실일 수 = $\dfrac{\text{근로손실일수}}{\text{연 근로시간수}} \times 1,000$

⑧ 도수율 : 1,000,000 근로시간당 재해발생건수 = $\dfrac{\text{재해건수}}{\text{연 근로시간수}} \times 1,000,000$

⑨ 건수율 = $\dfrac{\text{재해건수}}{\text{평균 실근로자수}} \times 1,000$

⑩ 평균 손실일 수(중독률) = $\dfrac{\text{손실작업일수}}{\text{재해건수}}$

(4) 근로기준법상의 재해보상

① 요양보상(근로기준법 제78조)

근로자가 업무상 부상 또는 질병에 걸리면 사용자는 그 비용으로 필요한 요양을 행하거나 필요한 요양비를 부담하여야 한다.

심화Tip 업무상 질병과 요양의 범위(근로기준법 시행령 제44조 제1항 관련, 별표 5)

1. **업무상 질병의 범위**
   가. 업무상 부상으로 인한 질병
   나. 물리적 요인으로 인한 질병
      1) 엑스선, 감마선, 자외선 및 적외선 등 유해방사선으로 인한 질병
      2) 덥고 뜨거운 장소에서 하는 업무 또는 고열물체를 취급하는 업무로 인한 일사병, 열사병 및 화상 등의 질병
      3) 춥고 차가운 장소에서 하는 업무 또는 저온물체를 취급하는 업무로 인한 동상 및 저체온증 등의 질병
      4) 이상기압하에서의 업무로 인한 감압병(減壓病) 등의 질병
      5) 강렬한 소음으로 인한 귀의 질병
      6) 착암기(鑿巖機) 등 진동이 발생하는 공구를 사용하는 업무로 인한 질병
      7) 지하작업으로 인한 눈떨림증(안구진탕증)
   다. 화학적 요인으로 인한 질병
      1) 분진이 발생하는 장소에서의 업무로 인한 진폐증 등의 질병
      2) 검댕·광물유·옻·타르·시멘트 등 자극성 성분, 알레르겐 성분 등으로 인한 봉와직염, 그 밖의 피부질병
      3) 아연 등의 금속흄으로 인한 금속열
      4) 산, 염기, 염소, 불소 및 페놀류 등 부식성 또는 자극성 물질에 노출되어 발생한 화상, 결막염 등의 질병
      5) 다음의 물질이나 그 화합물로 인한 중독 또는 질병
         가) 납
         나) 수은
         다) 망간
         라) 비소
         마) 인
         바) 카드뮴
         사) 시안화수소

6) 다음의 물질로 인한 중독 또는 질병
    가) 크롬・니켈・알루미늄・코발트
    나) 유기주석
    다) 이산화질소・아황산가스
    라) 황화수소
    마) 이황화탄소
    바) 일산화탄소
    사) 벤젠 또는 벤젠의 동족체와 그 니트로 및 아미노 유도체
    아) 톨루엔, 크실렌 등 유기용제
    자) 사) 및 아) 외의 지방족 또는 방향족의 탄화수소화합물
    차) 2)부터 5)까지 및 6)가)부터 자)까지의 화학적 요인 외의 독성 물질, 극성 물질, 그 밖의 유해화학물질

라. 생물학적 요인으로 인한 질병
  1) 환자의 검진, 치료 및 간호 등 병원체에 감염될 우려가 있는 업무로 인한 감염성 질병
  2) 습한 곳에서의 업무로 인한 렙토스피라증
  3) 옥외작업으로 인한 쯔쯔가무시증, 신증후군(腎症候群) 출혈열
  4) 동물 또는 그 사체, 짐승의 털・가죽, 그 밖의 동물성 물체, 넝마 및 고물 등을 취급하는 업무로 인한 탄저, 단독(丹毒) 등의 질병

마. 직업성 암
검댕, 콜타르, 콜타르피치, 정제되지 않은 광물유, 6가 크롬 또는 그 화합물, 염화비닐, 벤젠, 석면, B형 또는 C형 간염바이러스, 엑스선 또는 감마선 등의 전리방사선, 비소 또는 그 무기 화합물, 니켈 화합물, 카드뮴 또는 그 화합물, 베릴륨 또는 그 화합물, 목재 분진, 벤지딘, 베타나프틸아민, 결정형 유리규산, 포름알데히드, 1,3-부타디엔, 라돈-222 또는 그 붕괴물질, 산화에틸렌 및 스프레이 도장 업무 등 발암성 요인으로 인한 암

바. 무리한 힘을 가해야 하는 업무로 인한 내장탈장, 영상표시단말기(VDT) 취급 등 부적절한 자세를 유지하거나 반복 동작이 많은 업무 등 근골격계에 부담을 주는 업무로 인한 근골격계 질병

사. 업무상 과로 등으로 인한 뇌혈관 질병 또는 심장 질병

아. 업무와 관련하여 정신적 충격을 유발할 수 있는 사건으로 인한 외상후 스트레스장애

자. 가목부터 아목까지에서 규정한 질병 외에 「산업재해보상보험법」 제8조에 따른 산업재해보상보험 및 예방심의위원회의 심의를 거쳐 고용노동부장관이 지정하는 질병

차. 그 밖에 가목부터 자목까지에서 규정한 질병 외에 업무로 인한 것이 명확한 질병

2. 요양의 범위

가. 진찰
나. 약제 또는 진료 재료의 지급
다. 인공팔다리 또는 그 밖의 보조기의 지급
라. 처치, 수술, 그 밖의 치료
마. 입원
바. 간병
사. 이송

② 휴업보상(근로기준법 제79조)
  ㉠ 사용자는 제78조(요양보상)에 따라 요양 중에 있는 근로자에게 그 근로자의 요양 중 평균임금의 100분의 60의 휴업보상을 하여야 한다.
  ㉡ 휴업보상을 받을 기간에 그 보상을 받을 자가 임금의 일부를 지급받은 경우에는 사용자는 평균임금에서 그 지급받은 금액을 뺀 금액의 100분의 60의 휴업보상을 하여야 한다.
  ㉢ 요양보상 및 휴업보상은 매월 1회 이상 하여야 한다.
③ 장해보상(근로기준법 제80조)
  ㉠ 근로자가 업무상 부상 또는 질병에 걸리고, 완치된 후 신체에 장해가 있으면 사용자는 그 장해 정도에 따라 평균임금에 별표에서 정한 일수를 곱한 금액의 장해보상을 하여야 한다.

심화Tip 신체장해등급과 재해보상표(근로기준법 별표)

등급	재해보상	등급	재해보상	등급	재해보상
제1급	1,340일분	제6급	670일분	제11급	200일분
제2급	1,190일분	제7급	560일분	제12급	140일분
제3급	1,050일분	제8급	450일분	제13급	90일분
제4급	920일분	제9급	350일분	제14급	50일분
제5급	790일분	제10급	270일분		

  ㉡ 이미 신체에 장해가 있는 사람이 부상 또는 질병으로 인하여 같은 부위에 장해가 더 심해진 경우에 그 장해에 대한 장해보상 금액은 장해 정도가 더 심해진 장해등급에 해당하는 장해보상의 일수에서 기존의 장해등급에 해당하는 장해보상의 일수를 뺀 일수에 보상청구사유 발생 당시의 평균임금을 곱하여 산정한 금액으로 한다.
④ 휴업보상과 장해보상의 예외(근로기준법 제81조)
  근로자가 중대한 과실로 업무상 부상 또는 질병에 걸리고 또한 사용자가 그 과실에 대하여 노동위원회의 인정을 받으면 휴업보상이나 장해보상을 하지 아니하여도 된다.
⑤ 유족보상(근로기준법 제82조)
  근로자가 업무상 사망한 경우에는 사용자는 근로자가 사망한 후 지체 없이 그 유족에게 평균임금 1,000일분의 유족보상을 하여야 한다.
⑥ 장례비(근로기준법 제83조)
  근로자가 업무상 사망한 경우에는 사용자는 근로자가 사망한 후 지체 없이 평균임금 90일분의 장례비를 지급하여야 한다.
⑦ 일시보상(근로기준법 제84조)
  제78조(요양보상)에 따라 보상을 받는 근로자가 요양을 시작한 지 2년이 지나도 부상 또는 질병이 완치되지 아니하는 경우에는 사용자는 그 근로자에게 평균임금 1,340일분의 일시보상을 하여 그 후의 「근로기준법」에 따른 모든 보상책임을 면할 수 있다.

⑧ 분할보상(근로기준법 제85조)

사용자는 지급 능력이 있는 것을 증명하고 보상을 받는 자의 동의를 받으면 제80조, 제82조 또는 제84조에 따른 보상금을 1년에 걸쳐 분할보상을 할 수 있다.

⑨ 보상청구권(근로기준법 제86조)

보상을 받을 권리는 퇴직으로 인하여 변경되지 아니하고, 양도나 압류하지 못한다.

⑩ 다른 손해배상과의 관계(근로기준법 제87조)

보상을 받게 될 사람이 동일한 사유에 대하여「민법」이나 그 밖의 법령에 따라 근로기준법의 재해보상에 상당한 금품을 받으면 그 가액(價額)의 한도에서 사용자는 보상의 책임을 면한다.

(5) 산업재해보상보험법상의 보험급여(산업재해보상보험법 제36조) 기출 2014 서울시

보험급여의 종류는 다음과 같다. 다만, 진폐에 따른 보험급여의 종류는 요양급여, 간병급여, 장례비, 직업재활급여, 진폐보상연금 및 진폐유족연금으로 하고, 건강손상자녀에 대한 보험급여의 종류는 요양급여, 장해급여, 간병급여, 장례비, 직업재활급여로 한다.

급여의 종류	내 용
요양급여	1. 요양급여는 근로자가 업무상의 사유로 부상을 당하거나 질병에 걸린 경우에 그 근로자에게 지급한다. 2. 요양급여의 범위 　① 진찰 및 검사 　② 약제 또는 진료재료와 의지(義肢) 그 밖의 보조기의 지급 　③ 처치, 수술, 그 밖의 치료 　④ 재활치료 　⑤ 입원 　⑥ 간호 및 간병 　⑦ 이송 　⑧ 그 밖에 고용노동부령으로 정하는 사항
휴업급여	휴업급여는 업무상 사유로 부상을 당하거나 질병에 걸린 근로자에게 요양으로 취업하지 못한 기간에 대하여 지급하되, 1일당 지급액은 평균임금의 100분의 70에 상당하는 금액으로 한다. 다만, 취업하지 못한 기간이 3일 이내이면 지급하지 아니한다.
장해급여	근로자가 업무상의 사유로 부상을 당하거나 질병에 걸려 치유된 후 신체 등에 장해가 있는 경우에 그 근로자에게 지급한다.
간병급여	간병급여는 요양급여를 받은 사람 중 치유 후 의학적으로 상시 또는 수시로 간병이 필요하여 실제로 간병을 받는 사람에게 지급한다.
유족급여	근로자가 업무상의 사유로 사망한 경우에 유족에게 연금 또는 일시금으로 지급한다.
상병(傷病)보상연금	요양급여를 받는 근로자가 요양을 시작한 지 2년이 지난 날 이후에 다음의 요건 모두에 해당하는 상태가 계속되면 휴업급여 대신 상병보상연금을 그 근로자에게 지급한다. 1. 그 부상이나 질병이 치유되지 아니한 상태일 것 2. 그 부상이나 질병에 따른 폐질(廢疾)의 정도가 대통령령으로 정하는 폐질등급 기준에 해당할 것 3. 요양으로 인하여 취업하지 못하였을 것
장례비	장례비는 근로자가 업무상의 사유로 사망한 경우에 지급하되, 평균임금의 120일분에 상당하는 금액을 그 장례를 지낸 유족에게 지급한다. 다만, 장례를 지낼 유족이 없거나 그 밖에 부득이한 사유로 유족이 아닌 사람이 장례를 지낸 경우에는 평균임금의 120일분에 상당하는 금액의 범위에서 실제 드는 비용을 그 장례를 지낸 사람에게 지급한다.

직업재활급여	직업재활급여의 종류는 다음과 같다. 1. 장해급여 또는 진폐보상연금을 받은 사람이나 장해급여를 받을 것이 명백한 사람으로서 대통령령으로 정하는 사람(이하 "장해급여자"라 한다) 중 취업을 위하여 직업훈련이 필요한 사람(이하 "훈련대상자"라 한다)에 대하여 실시하는 직업훈련에 드는 비용 및 직업훈련수당 2. 업무상의 재해가 발생할 당시의 사업에 복귀한 장해급여자에 대하여 사업주가 고용을 유지하거나 직장적응훈련 또는 재활운동을 실시하는 경우(직장적응훈련의 경우에는 직장 복귀 전에 실시한 경우도 포함한다)에 각각 지급하는 직장복귀지원금, 직장적응훈련비 및 재활운동비

6 직업병

(1) 정의

① 의의

직업병이란 어떤 특정직업에 종사함으로써 근로조건이 원인이 되어 일어나는 질환을 말한다. 직업병은 그 직업에 종사하고 있으면 누구든지 이환될 가능성이 있는 점이 특색이며, 작업환경의 불비나 근로과중이 겹쳐서 많은 경우에 만성의 경과를 거쳐 발병한다.

② 대책

㉠ 직업병은 직장 특유의 병이기 때문에 발생방지를 위하여 그 발생원인을 규명하고, 환경개선 등의 예방대책을 세우는 것이 필수적이다.

㉡ 또한 정기적인 직업병 검진을 행하여 각 개인별로 건강할 때부터의 기초자료를 만들어서 이상이 있는 자의 조기발견에 노력해야 하며, 건강의 이상이 있는 자에게 정도에 따라 배치전환·휴양·치료 등의 조처를 취해야 한다.

㉢ 현재 우리나라는 직업병 발병으로 인한 보상을 위해 「산업재해보상보험법」과 「근로기준법」 등을 제정하여 운영하고 있다.

> **The 알아보기**
> **산업재해보상보험법**
> 「산업재해보상보험법」은 산업재해보상보험 사업을 시행하여 근로자의 업무상의 재해를 신속하고 공정하게 보상하며, 재해근로자의 재활 및 사회 복귀를 촉진하기 위하여 이에 필요한 보험시설을 설치·운영하고, 재해 예방과 그 밖에 근로자의 복지 증진을 위한 사업을 시행하여 근로자 보호에 이바지하는 것을 목적으로 한다.

(2) 직업병의 유형

① 직업병은 그 질병이 고정되어 있거나 명확하게 유형화되어 있지는 않다. 왜냐하면 직업병은 그 시대의 산업의 추이에 따라 변천되는 것으로서, 산업의 발달에 따라 점차 증가하면서 그 유형 또한 여러 가지로 나타나기 때문이다.

② 직업병 가운데에서도 유해물질에 노출되어 발생하는 질병에 대하여는 「근로기준법」과 「산업재해보상보험법」에서 그 입증을 쉽게 하는 등 다양한 보호장치를 두고 있다.

| 심화Tip | 직업병의 분류 |

구 분	특 징	종 류
A형 직업병	주로 직업적인 원인으로만 발생하는 경우	진폐증, 소음성 난청, 납중독
B형 직업병	비직업적으로 발생하는 경우가 더 많지만 일단 발생한 경우, 완전히 직업적인 원인에 의한 경우	폐암, 백혈병, 천식
C형 직업병	직업적 요인 단독으로 발생할 수 있지만 통상 비직업적 요인이 가미되는 경우	근골격계 질환
D형 직업병	직업적 요인 단독으로는 잘 발생하지 않으며, 비직업적인 요인에 의하여 발생한 경우	뇌심혈관계 질환

(3) 물리적 요인으로 인한 질병
① 엑스선, 감마선, 자외선 및 적외선 등 유해방사선으로 인한 질병
㉠ 방사선의 감수성

감수성이 큰 부위	골수, 림프조직, 조혈장기, 고환, 난소 등의 생식기 부위
중간 수준의 부위	피부, 눈동자, 위, 폐, 간
감수성이 낮은 부위	근육, 성숙된 골, 신경조직

㉡ 각 방사선의 특징 기출 2017 서울시

유 형	특 징
알파선(α선)	• 중성자 2개와 양성자 2개로 구성되어 있다. • 매우 무거워서 인체의 투과력이 가장 약하다. • 생체파괴력이 가장 강하다.
베타선(β선)	• 투과력은 알파선과 감마선의 중간 정도이다. • 피부를 통과하지 못하지만, 대신에 피부 표면에 방사선 화상을 일으킬 가능성이 높고, 나중에 암이나 피부병을 유발할 가능성이 높다.
중성자선	• 투과력이 알파선이나 베타선보다 크고 감마선과 비슷하다. • 인체를 구성하는 원자들이 중성자를 잘 흡수하고 방사성 동위원소를 몸에서 스스로 만들어 내므로 인체에 매우 위험하다.
엑스선(X선)	원자들과 쉽게 반응을 하지 않는 X선의 특징을 이용하여, 일반의학과 치과 진단, 그리고 물체의 비파괴 검사에서 이용한다.
감마선(γ선)	투과력이 강한 특징으로 암세포 치료, 심근경색 등의 질병 진단, 식품 멸균 등 다양한 분야에서 활용한다.
자외선	• 비타민 D를 형성하고, 살균작용(245~280nm)을 한다. • 피부에 대한 반응을 일으키며 과다한 경우에는 홍반이 생기고 색소가 침착될 수 있다. • 조직의 부종이 생기고 수포가 형성되며, 급성 각막염이 생길 수 있다.
적외선	• 피부의 혈관확장, 혈액순환촉진, 진통작용 • 과다한 경우 열중증, 피부화상
가시광선	일반적으로 무해하나 강하면 망막장애를 가져올 수 있다.

ⓒ 방사선에 의한 증상
  ⓐ 조혈기능장애에 의한 빈혈, 적혈구, 백혈구, 혈소판 감소
  ⓑ 악성신생물(종양) : 백혈병, 피부암, 골육종
  ⓒ 생식기능의 장애로 인한 불임증 유발
  ⓓ 정신장애, 기형, 난청, 실명 등의 유전적 장애
  ⓔ 탈모, 피부건조, 지문소실 등의 피부증상
  ⓕ 수명단축, 백내장
② 일사병, 열사병 및 화상 등의 질병
  ㉠ 열중증
    ⓐ 고온·고습인 환경 내에서 작업할 경우 환경의 영향을 받아 열방산이 적은 상태이므로 급격히 활동능력이 소모되고 심한 경우 졸도하게 되는 건강장애를 총칭한 용어이다.
    ⓑ 용광로공, 제철 및 주물 등의 작업, 금속용접공, 유리제조가공, 기관사, 기타 여름철의 옥외작업 등에서 주로 발생한다.
    ⓒ 종 류

구 분	열사병	열쇠약증 (열탈진)	열경련	열피로 (열허탈증, 열실신)
발생 원인	• 체온조절 장해 • 고온 다습한 환경에 갑자기 폭로될 때 발생	• 고온 작업시 체내 수분 및 염분손실 • 고온 작업을 떠나 2~3일 쉬고 다시 돌아왔을 때 많이 발생	• 과도한 염분손실 • 식염수 보충 없이 물만 많이 마실 때 발생	고열 환경 폭로로 인한 혈관장해(저혈압, 뇌산소 부족)
주증상	현기증, 오심, 구토, 발한정지에 의한 피부건조, 허탈, 혼수상태, 헛소리 등	피로감, 현기증, 식욕감퇴, 구역, 구토, 근육경련, 실신 등	근육경련(사지근, 복근, 배근, 수지굴근 등) ※ 30초 또는 2~3분 동안 지속	두통, 현기증, 급성 신체적 피로감, 실신 등
체 온	현저히 상승 (41~43℃)	38℃ 이상	정상~약간 상승	정 상
응급 조치	• 환자의 옷을 시원한 물로 흠뻑 적신다. • 선풍기 등으로 시원하게 한다. • 의식에 이상이 있다면, 즉시 병원 응급실로 후송한다.	• 서늘한 장소로 옮겨 안정을 취한다. • 0.1% 식염수를 공급한다. • 가능한 한 빨리 의사의 진료를 받도록 조치한다.	• 0.1% 식염수를 공급한다. • 경련발생시 근육 마사지를 시행한다.	• 서늘한 장소로 옮긴 후 적절한 휴식을 취한다. • 물과 염분을 섭취한다.

ⓛ 일사병과 열사병의 차이점

구 분	열사병	일사병
발생원인	무덥고 밀폐된 공간에서 작업함으로써 몸의 열을 내보내지 못 할 때 발생한다.	더운 공기와 강한 태양의 직사광선을 오래 받아 체온조절을 제대로 못 할 때 발생한다.
주증상	현기증, 오심, 구토, 발한정지에 의한 피부 건조, 허탈, 혼수상태, 헛소리 등	수분과 염분부족으로 인한 무력감, 현기증, 심한 두통 등
체 온	41~43℃	40℃ 이하
응급조치	• 환자의 옷을 시원한 물로 흠뻑 적신다. • 선풍기 등으로 시원하게 한다. • 의식에 이상이 있다면, 즉시 병원 응급실로 후송한다.	• 서늘한 장소로 옮겨 안정을 취한다. • 0.1% 식염수를 공급한다.

ⓒ 화상 등의 질병
건축현장에 사용되는 재료들은 장시간 피부에 접촉시 심각한 문제를 야기할 수 있으며, 입원이 필요한 수준의 화상을 초래할 수도 있다.

③ 이상저온으로 인한 직업병
㉠ 동 상
ⓐ 유 형

유 형	특 징
1도 동상	발적, 종창이 일어난 상태
2도 동상	수포형성에 의한 삼출성 염증상태
3도 동상	국소조직의 괴사상태

ⓑ 원인 : 국소 조직의 산소결핍과 한냉으로 인하여 모세혈관벽이 손상을 받으며, 조직이 동결되어 세포구조에 기계적 파탄으로 인하여 발생한다.
ⓒ 치료 : 보온마사지, 동상외용연고, 비타민 E투여 등
ⓛ 참호족(침수족)
ⓐ 원인 : 춥고 습한 환경에서 꽉 끼는 신발류 착용시 많이 발생되며, 직접 동결상태에 이르지 않더라도 한랭에 계속해서 장기간 폭로되고, 동시에 지속적으로 습기나 물에 잠기게 되면 참호족이 발생한다. 이것은 지속적인 국소의 산소결핍과 한랭으로 모세혈관이 손상되어 발생한다.
ⓑ 증상 : 부종, 작열통, 소양감, 심한 동통이 오며, 수포형성, 표층피부의 괴사 및 궤양 등의 증상을 보인다.

④ 이상기압으로 인한 직업병
㉠ 감압병(잠함병)
ⓐ 바다 속 등 이상 고압환경에서 작업을 하다 급격히 압력이 감소(감압)되면 호흡시에 체내로 유입된 질소기체(N_2)가 체조직이나 지방조직으로 들어가 질소기포가 형성된다 (공기전색증). 이러한 질소기포는 체외로 배출되지 못하고 혈중으로 용해되어 혈액순환을 방해하거나 호흡기계장애 등을 일으키며, 심하면 척추마비 등이 일어날 수 있다.
ⓑ 주로 잠수작업이나 터널작업, 탄광일을 하는 근로자에게서 호발한다.

| 심화Tip | 감압병의 4대 증상 |

1. 피부소양감(가려움증) 및 사지관절통
2. 척추마비
3. 내이장애 : 내이에는 전정기관이 있어 평형 기능을 담당한다. 따라서 내이에 장애가 있을 경우에는 현훈(어지럼증)과 같은 증상이 같이 나타나기도 한다.
4. 혈액순환, 호흡장애

  ⓒ 고산병, 항공병
   ⓐ 해발 3,000m 이상의 고지대에서부터 문제가 되며, 저산소증으로 비행사의 경우 항공병이 생기고 고산병이 생긴다.
   ⓑ 근육통, 관절통, 흉통, 신경장애, 공기전색, 치통, 중이염, 부비강염이 발생한다.
 ⑤ 소음에 의한 직업병(직업성 난청)
  ㉠ 개요 : 보통 소음의 허용기준은 8시간 작업을 기준으로 90dB이며, 100dB이 넘는 소음하에서는 일시적인 청력 손실이 올 수 있다. 소음수준이 높을수록, 폭로시간이 길수록, 고주파일수록 유해하다. 반복적으로 소음에 노출될 경우 코르티 기관이 파괴되면서 청각세포에도 위축변성이 오며, 직업성 난청이 발생할 수 있다.
  ㉡ 소음성 난청의 특징 [기출 2014 서울시]
   ⓐ 내이의 모세포에 작용하는 감각신경성 난청이다.

| 심화Tip | 전음성 난청과 감각신경성 난청 |

- **전음성 난청** : 내이에는 이상이 없고 외이 및 중이, 즉 전음기관의 장해에 의한 난청
- **감각신경성 난청** : 전음기관은 정상이나 내이 및 청신경에 병변이 있을 때 생기는 난청

   ⓑ 양쪽 귀 모두에 나타나는 양측성이다.
   ⓒ 농을 일으키지 않는다.
   ⓓ 소음노출 중단 후에는 청력손실이 진행되지 않지만, 회복되지도 않는다.
   ⓔ 과거의 소음성 난청으로 인해 소음노출에 더 민감하게 반응하지 않는다.
   ⓕ 청력역치[주파수별(125Hz~8,000Hz)로 순음을 들려주었을 때 각 주파수대에서 피검자가 들을 수 있는 가장 작은 소리]가 증가할수록 청력손실률은 감소한다.
   ⓖ 초기 저음역에서보다 고음역에서 현저하게 심한 청력손실이 나타난다.
   ⓗ 지속적인 소음노출시 고음역에서의 청력손실이 보통 10~15년에 이르러 최고치에 이른다.
   ⓘ 지속적인 소음노출이 단속적인 소음노출보다 더 큰 장해를 초래한다.
  ㉢ 증상 : 양쪽 귀 모두에 청력손상, 수면방해, 정신적 피로가중, 소화불량, 근육긴장, 신경질, 두통, 불안, 작업능률 저하, 대화 불능으로 인한 사고위험 증가, 고혈압, 심장박동의 증가 등이 있다.
  ㉣ 직종 : 주로 조선소나 중기계 공업, 해머철공, 철공 등 소음이 심한 작업장에서 발생한다.

ⓜ 대책 : 발생 후에 치료방법이 없으므로 소음발생원에 대한 위생공학적인 관리가 필요하고 방음벽을 설치하거나, 작업자에게 귀마개를 사용하게 하는 등 소음전파 저지대책이 필요하다.
⑥ 진동으로 인한 직업병
  ㉠ 개요 : 진동이란 20Hz 미만의 진동수를 가진 물체가 전후, 좌우, 상하로 흔들리는 것이다. 인체에 대한 진동의 전달정도는 상하 진동이 가장 커서 5~8Hz에서 상복부의 공진을 일으키고 20Hz 이상의 고진동수에 이르면 눈과 두부가 공진하기 때문에 시력의 저하가 나타난다.
  ㉡ 유 형

전신진동 장애	• 말초혈관 수축, 혈압상승, 맥박증가, 위·창자 장애, 요천부 통증, 신장손상 등이 나타난다. • 교통기관 승무원, 기중기 운전공, 분쇄공, 발전기 조작원 등에서 발생한다.
국소진동 장애	• 주로 손, 발 등에 나타난다. • 병타공, 글라인더(grinder) 연마공, 리벳팅, 착암공, 진동공구 사용자 등에게 자주 발생한다.

심화Tip 레이노드 병(Raynaud's Disease : 말초신경 장애)

• 국소장애에 의한 병이다.
• 사지, 특히 손가락의 혈관경련에 의한 발작성 질환으로, 동통 및 지각이상, 손가락의 간헐적인 창백으로 청색증이 나타나는 것이 주요 증상이며, 말초혈관의 폐색은 나타나지 않는다.
• 진동작업에 약 5년간 종사했을 경우 나타날 수 있다.

(4) 화학적 요인으로 인한 질병
① 진폐증
  ㉠ 개요 : 넓은 의미에서 분진을 흡입함으로써 발생하는 폐포의 병적 변화를 총칭한다.
  ㉡ 진폐증의 종류

구 분	석면폐증	탄폐증	규폐증
원 인	• 석면에 폭로되어 발생한다. 특히 5μ 이상 크기의 석면이 문제가 된다. • 근무경력 4~5년 만에 발증한다.	무연탄가루	미립자의 유리규산 분진을 흡입하여 생기는 대표적인 진폐증으로서, 폐에 만성 섬유증식을 일으킨다 (SiO_2).
증 상	호흡곤란, 전신쇠약, 체중감소, 기침, 가래, 폐암, 합병증 – 결핵	진행성인 미만성 섬유증식, 공동(Cavity)형성, 폐동맥압의 증가로 인한 우심부전	• 결절형성이 심하지 않는 한 일반적으로 자각증상이 없다. • 규폐가 진행되면 호흡곤란, 기침, 흉통, 폐활량 감소, 흉위의 확장·수축시 차이의 감소 등이 나타난다. • 말기에는 규폐성 폐결핵이 발생한다.

발생 대상	석면에 폭로된 근로자의 작업복을 세탁하는 주부, 석면 광산이나 석면 공장에 의한 대기오염에 노출된 자, 석면을 취급하거나 석면을 사용하는 작업장 근처에서 일하는 근로자	광 부	탄광, 금속 제련소, 금속 광산업, 채석장, 도자기 공장, 암석분쇄, 채광, 선광, 금속과 암석의 연마 등의 작업을 하는 자

ⓒ 치 료
  ⓐ 진폐병변은 치료가 불가능한 불가역성이므로 조기발견에 의한 예방대책이 특히 중요하다.
  ⓑ 발병진단이 내려지면 대증적(對症的)으로 치료하며, 분진으로부터 격리하고 휴식을 취하도록 한다.
  ⓒ 기침·가래·천식에 대해서는 객담용해제와 기관지확장제를 투여하고, 호흡부전에는 산소흡입이나 네뷸라이저에 의한 약제의 흡입요법을 시행한다.
  ⓓ 부신피질호르몬제를 천식증상이나 폐의 섬유화를 방지할 목적으로 사용하기도 한다.
  ⓔ 진폐증의 결핵 합병증에는 항결핵제를 쓴다.
  ⓕ 진폐증의 발생을 저지하는 방법은 첫째로 예방이고, 되도록 분진을 흡입하지 않도록 하는 것, 방진마스크를 사용하고, 작업환경을 개선하는 것이다.

② **금속중독** 기출 2017 지방직
  ㉠ 납(Pb)중독
    ⓐ 원인 : 납의 증기나 가루, 도료, 안료, 연료, 화장품, 담배 연기 등에서 나오는 납이 우리 몸에 쌓일 경우에 생길 수 있다. 무기연 화합물은 호흡기와 소화기 경로를 통하여 몸 안에 흡입되며, 유기연 화합물은 피부를 통하여 흡수된다. 무기연 $0.2mg/m^3$, 유기연 $0.075mg/m^3$ 이상일 때 발생한다.
    ⓑ 발생작업 : 납 제련업, 납유리 제조업, 도장업, 활판 인쇄업 등의 종사자들이 그 위험군에 속한다. 또 자동차 공장이나 유기연이 함유된 가솔린에 자주 노출되는 택시 운전사, 차고 근무자, 교통경찰 등도 위험군이다. 무기연의 경우는 작업 위생의 불량, 작업 중 흡연 등으로 납의 흡입을 증가시킬 위험이 높다. 또 태반을 통과하며, 모유를 통해서도 나오기 때문에 태아나 모유기의 유아에게 노출될 수 있다.
    ⓒ 납중독 4대 증상
      • 적혈구의 수명 단축으로 인한 빈혈(연빈혈)
      • 치은연(치아와 잇몸이 만나는 경계)에 암자색의 황화연이 침착되어 착색되는 연선
      • 염기성 과립적혈구 수의 증가
      • 소변에 코프로폴피린(coproporphyrin) 배출
    ⓓ 예방 : 환경관리(국소배기, 환기시설 등)와 개인보호구의 착용 그리고 작업 후, 식전에는 꼭 손을 씻고, 빈혈이 있는 사람과 임산부는 위험군 작업에 근무해서는 안 된다.
  ㉡ 카드뮴(Cd)중독 기출 2021 서울시
    ⓐ 원인 : 허용농도가 $0.2mg/m^3$이며, 그 이상의 환경에 노출될 때 발생한다(이따이이따이병). 도시 개천수의 오염원으로 수질오염 기준은 $0.01mg/L$이다.

ⓑ 발생작업 : 전기도금, 합금, 살충제, 도자기, 페인트, 플라스틱 제품, 축전지 등을 생산하는 작업장에서 나타난다.
ⓒ 증 상
- 구토, 설사, 두통, 골연화, 폐수종, 간·신장장애 등이 나타난다.
- 카드뮴 만성 중독 3대 증상 : 폐기종, 신장장애, 단백뇨

ⓒ 수은(Hg) 중독
ⓐ 원 인
- 유기수은 : 농약, 의약품, 산업폐수(메틸수은에 의한 미나마타병) 등
- 무기수은 : 소독제, 살균제 제조, 화학약품 제조 등
- 금속수은 : 수은광산, 수은정련, 수은체온계, 각종 계측기 제조 등
ⓑ 발생작업 : 수은광산에서의 갱내 작업, 계량기나 수은등 제조, 수은의 정련·증류작업 등 기타 수은을 취급하는 곳에서 발생된다.
ⓒ 증 상
- 피로감, 기억력 감퇴, 두통, 구내염, 중추신경계 장애, 홍독성 흥분(공포, 격노의 상태가 혼입되어, 사소한 일에도 흥분, 걱정과 두려움이 크고 당황하는 상태)
- 급성 중독시 : 신장장애, 기침, 호흡곤란, 폐렴, 구내염과 치은염 발생
- 만성 중독시 : 구강·잇몸의 염증, 위장장애, 신경정신장애

ⓒ 크롬(Cr) 중독
ⓐ 발생원
- 강력한 산화제나 색소로 산업장에서 널리 사용 중이다.
- 채광·제련시, 색소, 도금, 가죽의 무두질 등에 사용한다.
ⓑ 증 상
- 급성 중독 : 신장장애
- 만성 중독 : 호흡기계 장애(비염·인두염·기관지염, 비중격천공), 피부궤양·피부염 유발, 폐암

ⓜ 벤젠(C_6H_6) 중독
ⓐ 발생원 : 대표적인 유기용제, 유기화합물질의 기본원료, 용제, 추출제에 사용, 엔진의 첨가제
ⓑ 증 상
- 급성 중독 : 두통, 이명, 현기증, 구토, 근육마비, 의식상실 등, 증세가 심하면 사망
- 만성 중독 : 피로감, 두통, 위장장애, 골수의 조혈기능장애로 재생불량성 빈혈

③ VDT(Video Display Terminal, 단말기) 증후군
㉠ 정의 : 컴퓨터 모니터를 쳐다보는 모든 작업이나 직종에서 생길 수 있는 증상으로서 눈의 통증이나 시력저하, 그리고 손목·목·허리와 같은 부위의 통증, 컴퓨터에서 나오는 유해 전자파로 인한 각종 질환이 이에 해당된다.

ⓛ 증 상
  ⓐ 눈의 증상(안정피로) : 조절성 안정피로, 근육성 안정피로
  ⓑ 근육계 증상(경견완증후군) : 목, 어깨, 팔, 손가락 등의 경견완장애, 허리 등의 요통에 관한 자각증상
  ⓒ 정신신경장애 : 낮의 피로감, 기상시 피로감, 두통
  ⓓ 기타 장애 : 정전기, 방전현상에 따른 불편감, 먼지흡착에 따른 소양감, 기타 피부장애
④ **불량조명 장애**
  ㉠ 안정피로증
    ⓐ 원인 : 조도불량 또는 장시간 작업으로 인하여 눈의 긴장이 고조되어 발생되는데 특히 고속업무에서 물체의 판별, 확인, 식별 등을 위하여 조절근을 과도하게 사용하게 되는 경우에 발생한다.
    ⓑ 증상 : 눈 전안부의 압박감, 통증, 두통, 시력감퇴
    ⓒ 대책 : 적정 조명과 충분한 휴식을 취해야 한다.
  ㉡ 근 시
    ⓐ 원인 : 조도가 낮을 때 양쪽 눈의 시력조절을 위한 안내압이 항진하는 것이 원인이며, 미세작업 또는 정밀작업을 할 때 호발한다.
    ⓑ 대책 : 작업실내 조명의 합리화, 올바른 작업자세, 충분한 휴식을 취한다.
  ㉢ 안구진탕증(nystagmus)
    ⓐ 원인 : 조도가 불량한 탄광과 막장에서 근무하는 광부들에게 흔히 볼 수 있는 증상으로 다각적으로 안구가 상하좌우로 주기적인 불수의(무의식) 운동을 하게 된다.
    ⓑ 대책 : 작업환경의 개선과 충분한 휴식을 취한다.

CHAPTER 05 출제예상문제

환경보건

01 환경위생

01 우리나라에서 유행하는 일본뇌염 매개모기는?
① 흰줄숲모기
② 토고숲모기
③ 중국얼룩날개모기
④ 작은빨간집모기

- 작은빨간집모기 : 일본뇌염
- 토고숲모기 : 사상충증
- 중국얼룩날개모기 : 말라리아
- 흰줄숲모기 : 뎅기열

02 곤충매개 질병 중 잘못 연결된 것은?
① 모기 : 말라리아, 일본뇌염
② 진드기 : 양충병, Q열
③ 벼룩 : 페스트, 발진티푸스
④ 파리 : 회충, 결핵

- 페스트 : 쥐
- 발진티푸스·발진열 : 이

03 기온에 대한 설명으로 가장 옳지 않은 것은? 〔기출〕 2022 서울시
① 일반적으로 기온이란 1.5m 높이에서의 대기의 건구온도를 말한다.
② 인간이 의복에 의하여 체온을 조절할 수 있는 외기온도의 범위는 대략 10~26℃이다.
③ 성층권에서는 고도가 높을수록 온도가 하락한다.
④ 연교차는 저위도보다는 고위도에서 크다.

성층권은 지표에서 10km에서 50km 사이에 위치하며, 고도가 높아질수록 온도가 올라가고, 지표면에 가까워질수록 온도가 내려가는 특성이 있다. 이 현상은 지표면에 가까울수록 온도가 상승하는 대류권과 정반대이다.

04 인체의 체온유지에 중요한 온열요소의 종합작용에 대한 설명으로 가장 옳은 것은?　　기출 2021 서울시

① 실외에서의 불쾌지수는 기온과 기습으로부터 산출한다.
② 계절별 최적 감각온도는 겨울이 여름보다 높은 편이다.
③ 쾌감대는 기온이 높은 경우 낮은 습도 영역에서 형성된다.
④ 기온과 습도가 낮고 기류가 커지면 체열 발산이 감소한다.

쾌감대는 적당한 착의상태에서 쾌감을 느낄 수 있는 온열조건이며, 힐－셰퍼드에 쾌감대 표에 따르면 기온이 높은 경우 낮은 습도 영역에서 형성된다(습도 60~65%, 기온 17~18℃).
예 기온이 18℃이면 습도 65%일 때 쾌적감으로 보고, 기온이 20℃이면 습도 50%일 때를 쾌적감으로 본다.
① 불쾌지수는 실내에서의 기온과 기습으로부터 산출한다.
② 계절별 최적 감각온도는 여름이 겨울보다 높은 편이다.
④ 기온과 습도가 낮고 기류가 커지면 체열 발산이 증가한다.

05 다음 중 온열조건의 종합작용에 대한 설명으로 옳지 않은 것은?　　기출 2017 지방직

① 감각온도는 기온, 기습, 기류 등 3인자가 종합하여 인체에 주는 온감을 말하며, 체감온도, 유효온도, 실효온도라고도 한다.
② 불쾌지수는 기후상태로 인간이 느끼는 불쾌감을 표시한 것인데, 이 지수는 기온과 습도의 조합으로 구성되어 있어 온습도지수라고 한다.
③ 카타(Kata) 온도계는 일반 풍속계로는 측정이 곤란한 불감기류와 같은 미풍을 카타 냉각력을 이용하여 측정하도록 고안된 것이다.
④ 습구흑구온도지수(WBGT)는 고온의 영향을 받는 실내환경을 평가하는데 사용하도록 고안된 것으로 감각온도 대신 사용한다.

WBGT(Wet－bulb Globe Temperature ; 습구흑구온도지수)는 실외에서 활동하는 사람의 열적 스트레스를 나타내는 지수로 ISO기준을 통해 국제적으로 표준화되어 있다. 1957년 미국에서 개발되어 현재 유럽, 일본 등에서 열중증 예방에 가장 많이 사용되고 있다.

06 실내의 적당한 지적온도 및 습도는?

① 18±2℃, 40~70%
② 20±2℃, 30~50%
③ 20±2℃, 60~80%
④ 22±2℃, 60~80%

열의 생산과 발산이 균형을 이루어 가장 적당한 온감과 쾌적감을 느끼는 온도는 18±2℃, 습도는 40~70%이다.

07 다음 내용은 무엇에 대한 설명인가?   기출 2014 서울시

- 미국의 톰(E. C. Thom)이 1959년에 고안하여 발표한 체감기후를 나타내는 지수
- 값을 구하는 공식은 '(건구온도 ℃ + 습구온도 ℃)×0.72 + 40.6'
- 실제로 이 지수는 복사열과 기류가 포함되어 있지 않아 여름철 실내의 무더위 기준으로 사용

① 지적온도
② 불쾌지수
③ 감각온도
④ 체감온도
⑤ 실내 쾌감대

불쾌지수는 기후상태로 인간이 느끼는 불쾌감을 표시한 것으로, 기온과 습도의 조합으로 구성되어 있어 온습도지수라고 한다.

08 인체의 고온순화(acclimatization) 현상으로 옳지 않은 것은?   기출 2015 서울시

① 땀 분비속도 감소
② 맥박수의 감소
③ 땀의 염분농도 감소
④ 심박출량 증가

고온순화(acclimatization)
사람이 40℃ 이상의 고온 환경에 갑자기 노출되면 땀의 분비속도는 느리지만 피부온도, 직장온도 및 심장박동수는 증가한다. 이러한 상태에서 계속 노출되면 내성과 작업능력이 한계에 이르지만, 고온순화되어 심장박동수, 직장온도 및 피부온도는 다시 정상으로 돌아오고 반면에 땀의 분비속도와 심박출량(심박수×1회 박출량)은 증가한다. 그러나 분비되는 땀 속의 염분농도는 감소한다. 반면, 고온순화되지 않은 사람은 땀 속의 염분이 많이 배출되기 때문에 식염을 보충하여야 하는데, 물만 많이 마실 때에는 열허열증에 걸리게 된다.

09 다음 중 대상적 순응현상을 가장 잘 설명한 것은?

① 세포 또는 기관이 새로운 환경에 적응하는 현상
② 저하된 기능이 새로운 환경자극에 의하여 정상으로 회복하는 현상
③ 약한 개체가 최적의 환경조건을 찾아 적응하는 현상
④ 종족 또는 국가별 특성에 따라 새로운 환경에 적응하는 현상

② 순응성, ③ 수동적 순응성, ④ 종족적 순응성

10 다음의 내용에서 알 수 있는 공기의 성분은? 기출 2014 서울시

- 성상은 무색·무미·무취의 맹독성 가스이며, 비중이 0.976으로 공기보다 가볍고, 불완전 연소 시에 발생한다.
- 헤모글로빈과의 결합력은 산소와 헤모글로빈의 결합력보다 200~300배나 강하다.
- 이것이 헤모글로빈과 결합해 혈액의 산소운반능력을 상실케하여 조직의 산소부족 질식사를 초래한다.

① SO_2 ② NO_2
③ CO_2 ④ CO
⑤ H_2

일산화탄소(CO)는 무색, 무취, 무자극성의 가스로 호흡과정으로 인해 혈중에 흡수되면 헤모글로빈(Hb)과 결합하여 CO – Hb를 형성한다.

11 실내공기의 오염정도를 나타내 주는 지표 가스는?

① 아황산가스 ② 이산화질소
③ 오 존 ④ 이산화탄소

이산화탄소(CO_2)는 일반적으로 실내 공기오염의 지표로 사용되고, 위생학적인 허용기준은 0.1%이며, 3% 이상에서는 불쾌감을 느끼게 된다.

12 다음 중 보통 광물질의 용융이나 산화 등의 화학반응에서 증발한 가스가 대기 중에서 응축하여 생기는 0.001~1μm 의 고체입자는?
<small>기출 2017 서울시</small>

① 분진(dust) ② 훈연(fume)
③ 매연(smoke) ④ 액적(mist)

① 분진(dust) : 대기 중에 떠다니거나 흩날려 내려오는 입자상 물질
③ 매연(smoke) : 연소시 발생하는 유리탄소를 주로 하는 미세한 입자상 물질
④ 액적(mist) : 가스나 증기의 응축에 의해 생성된 2~200μm 크기의 작은 입자상 물질

---

13 우리나라 대기환경기준에 포함되지 않는 물질은?
<small>기출 2019 서울시</small>

① 아황산가스(SO_2) ② 이산화질소(NO_2)
③ 이산화탄소(CO_2) ④ 오존(O_3)

우리나라 대기환경기준에 포함되는 물질은 아황산가스, 일산화탄소, 이산화질소, 미세먼지, 초미세먼지, 오존, 납, 벤젠의 8종이다.

---

14 「환경정책기본법 시행규칙」에 의한 대기환경기준에서 1시간 및 8시간 평균치만 설정되어 있는 대기오염물질은?
<small>기출 2021 서울시</small>

① 오존, 아황산가스 ② 오존, 일산화탄소
③ 일산화탄소, 아황산가스 ④ 아황산가스, 초미세먼지(PM – 2.5)

대기환경기준

항 목	기 준	항 목	기 준
아황산가스 (SO_2)	• 연간 평균치 0.02ppm 이하 • 24시간 평균치 0.05ppm 이하 • 1시간 평균치 0.15ppm 이하	초미세먼지 (PM – 2.5)	• 연간 평균치 15μg/m³ 이하 • 24시간 평균치 35μg/m³ 이하
일산화탄소 (CO)	• 8시간 평균치 9ppm 이하 • 1시간 평균치 25ppm 이하	오 존 (O_3)	• 8시간 평균치 0.06ppm 이하 • 1시간 평균치 0.1ppm 이하
이산화질소 (NO_2)	• 연간 평균치 0.03ppm 이하 • 24시간 평균치 0.06ppm 이하 • 1시간 평균치 0.10ppm 이하	납(Pb)	연간 평균치 0.5μg/m³ 이하
미세먼지 (PM – 10)	• 연간 평균치 50μg/m³ 이하 • 24시간 평균치 100μg/m³ 이하	벤 젠	연간 평균치 5μg/m³ 이하

15 런던 스모그(London smog)에 대한 설명으로 가장 옳지 않은 것은? [기출] 2019 서울시

① 석유류의 연소물이 광화학 반응에 의해 생성된 산화형 스모그(Oxidizing smog)이다.
② 주된 성분에는 아황산가스와 입자상 물질인 매연 등이 있다.
③ 기침, 가래와 같은 호흡기계 질환을 야기한다.
④ 가장 발생하기 쉬운 달은 12월과 1월이다.

석유류의 연소물이 광화학 반응에 의해 생성된 산화형 스모그는 LA형 스모그이다.

16 다음 중 현재 런던형 스모그와 로스앤젤레스형 스모그의 기온역전의 종류를 바르게 연결한 것은? [기출] 2017 지방직

① 런던형 - 방사성(복사성) 역전, 로스앤젤레스형 - 전선성 역전
② 런던형 - 방사성(복사성) 역전, 로스앤젤레스형 - 침강성 역전
③ 런던형 - 침강성 역전, 로스앤젤레스형 - 방사성(복사성) 역전
④ 런던형 - 침강성 역전, 로스앤젤레스형 - 이류성 역전

방사성(복사성) 역전은 석탄, 유류 연료에서 나오는 유형분이 안개에 섞여 이루어진 런던형 스모그가 대표적이고, 침강성 역전은 지리적으로 태평양 연해 분지에 위치해 있는 로스앤젤레스형 스모그가 대표적이다.

17 오존층의 파괴로 가장 많이 증가하는 것으로 알려져 있는 질병은? [기출] 2017 서울시

① 알레르기 천식   ② 폐 암
③ 백혈병   ④ 피부암

오존층이 파괴되면 인간이 자외선을 직접적으로 쬐게 되어 피부가 타고, 피부암과 백내장을 일으킬 수 있으며, 인체의 면역기능도 떨어뜨린다.

18 기후변화(지구온난화)의 원인이 되는 온실가스 중 배출량이 가장 많은 물질은?

기출 2020 서울시

① 일산화탄소(CO) ② 메탄가스(CH_4)
③ 질소(N_2) ④ 이산화탄소(CO_2)

지구온난화의 직접적인 원인은 이산화탄소(CO_2)와 같은 온실기체가 대기 중으로 배출됨으로써 일어나는 온실효과 때문이다. 전체 온실가스 배출량 중 이산화탄소(CO_2)가 약 80% 이상을 차지하고 있다.
※ 6대 온실가스 : 이산화탄소(CO_2), 메탄(CH_4), 아산화질소(N_2O), 수소불화탄소(HFC_8), 과불화탄소(PFCs), 육불화유황(SF_6)

19 다음 온실가스 중 온난화지수가 가장 높은 것은?

기출 2015 서울시

① 이산화탄소(CO_2) ② 메탄(CH_4)
③ 아산화질소(N_2O) ④ 육불화황(SF_6)

온난화지수
- 이산화탄소(CO_2) : 1
- 메탄(CH_4) : 21
- 아산화질소(N_2O) : 310
- 수소불화탄소(HFCs) : 1,300
- 과불화탄소(PFCs) : 7,000
- 육불화황(SF_6) : 23,900

20 다이옥신에 대한 설명으로 가장 옳지 않은 것은?

기출 2022 서울시

① 다이옥신은 주로 불소화합물의 연소과정에서 발생된다.
② 소각장이나 화학공장에서 배출된 다이옥신으로 주변의 목초지나 토양이 오염된다.
③ 오염된 목초나 곡물을 소, 돼지, 닭 등의 사료로 이용하면 다이옥신이 가축에 2차적으로 축적된다.
④ 오염된 하천이나 바다의 어류를 먹음으로써 다이옥신이 인체 내에 3차적으로 축적된다.

다이옥신(polychlorinated dibenzo-p-dioxins)은 주로 쓰레기 소각장에서 염소를 함유한 PVC, 폐플라스틱 연소과정에서 발생하는 환경호르몬이다.

21 대기오염 사건 중 병인에 아황산가스가 포함되지 않은 것은? 기출 2022 서울시

① Meuse Valley(벨기에), 1930년 12월
② Donora(미국), 1948년 10월
③ Poza Rica(멕시코), 1950년 11월
④ London(영국), 1952년 12월

1950년 11월 멕시코 Poza Rica에서 발생한 '포자리카 사건'은 공장작업 중 사고로 대량의 황화수소가스가 누출된 사건이다. 황화수소가스에 의해 320명이 급성중독에 걸려 22명이 사망하였다.
① 뮤즈벨리 사건 : 1930년 12월 벨기에의 수도 Belium에서 발생한 스모그 사건이다. 기온역전 현상으로 100m의 뮤즈계곡에 위치한 금속공장, 유리공장, 아연공장, 제철공장에서 배출되는 아황산(SO_2), 황산(H_2SO_4)에 의해 연무 등과 같은 스모그 현상이 3일간 지속되었다. 3일 동안 평상시 사망수의 10배인 약 60명이 사망하였다.
② 도노라 사건 : : 1948년 10월 미국 펜실바니아주 인구 14,000명의 도노라 시에서 발생한 사건이다. 기온역전 현상으로 철강공장, 황산제조공장, 아연공장에서 배출되는 아황산가스농도가 대기 중 0.32~0.39ppm까지 달해 18명이 사망하였다.
④ 런던스모그 사건 : 1952년 12월에 영국 런던 시에서는 석탄연소에 따른 연기가 정제되지 않은 채 대기 중으로 배출되었고, 무풍현상과 기온역전으로 인해 대기로 확산되지 못하고 지면에 정체된 대기오염 사건이다. 배출된 연기와 짙은 안개가 합쳐져 스모그를 형성하였고, 특히 연기 속에 있던 아황산가스는 황산안개로 변했으며, 이러한 스모그는 일주일간 지속되었다. 결국 이 기간 동안 4,000명 이상 사망하였으며, 1953년 2월 중순까지 8,000명의 사망자가 발생하였다.

22 교토의정서(Kyoto protocol) 채택에 관한 설명으로 옳지 않은 것은? 기출 2014 서울시

① 2008~2012년의 5년간 온실가스 배출량을 1990년 배출량 대비 평균 5.2% 감축해야 한다.
② 1997년 12월 일본 교토에서 기후변화협약 제3차 당사국 총회에서 채택되었다.
③ 감축대상 가스는 이산화탄소(CO_2), 아황산가스(SO_2), 메탄(CH_4), 아산화질소(N_2O), 불화탄소(PFC), 수소화불화탄소(HFC), 불화유황(SF_6) 등이다.
④ 의무이행 당사국의 감축 이행시 신축성을 허용하기 위하여 배출권거래, 공동이행, 청정개발체제 등의 제도를 도입하였다.
⑤ 지구온난화 규제 및 방지의 국제협약인 기후변화협약의 구체적 이행 방안으로 선진국의 온실가스 감축 목표치를 규정하였다.

아황산가스(SO_2)를 제외한 6개 가스를 감축대상 온실가스로 규정하고 있다.

23 2020년 이후 선진·개도국 모두 온실가스 감축에 동참하는 신기후체제 근간을 마련하여 기존 교토의정서를 대체하는 협정을 체결한 기후변화협약 당사국 총회는? `기출` 2019 서울시

① 제19차 당사국 총회(폴란드 바르샤바)
② 제20차 당사국 총회(페루 리마)
③ 제21차 당사국 총회(프랑스 파리)
④ 제22차 당사국 총회(모로코 마라케시)

파리협정(제21차 유엔기후변화협약 당사국 총회)
- 2015년 유엔 기후변화회의에서 채택된 조약이다.
- 기온상승폭을 산업화 이전과 비교하여 섭씨 2℃보다 훨씬 작게 유지하고, 특히 기온상승을 1.5℃ 이하로 제한하도록 노력을 기울이는 것을 목표로 한다.
- 가능한 한 빠른 시일 내에 온실가스 배출을 감축하여, 2050년까지 지구 온실가스 배출량을 '순수 0'으로 하는 것이 목표이다.
- 유럽 등 선진국에 대해서만 감축의무를 부과한 교토의정서의 한계를 극복, 선진국의 선도적 역할을 강조하는 가운데 개도국도 참여한다.

24 국제환경협약에 대한 내용 설명으로 옳은 것은? `기출` 2015 서울시

① 바젤협약은 유해 폐기물의 수출입과 처리를 규제할 목적으로 맺은 협약
② 기후변화방지협약은 오존층 파괴 물질인 염화불화탄소의 생산과 사용 규제 목적의 협약
③ 몬트리올의정서는 지구온난화를 일으키는 온실가스 배출량을 억제하기 위한 협약
④ 람사협약은 폐기물의 해양투기로 인한 해양오염 방지를 위한 국제협약

② 몬트리올의정서는 오존층 파괴 물질인 염화불화탄소의 생산과 사용 규제 목적의 협약
③ 기후변화방지협약은 지구온난화를 일으키는 온실가스 배출량을 억제하기 위한 협약
④ 런던협약은 폐기물의 해양투기로 인한 해양오염 방지를 위한 국제협약

25 물속의 유기물질 등이 산화제에 의해 화학적으로 분해될 때 소비되는 산소량으로, 폐수나 유독물질이 포함된 공장폐수의 오염도를 알기 위해 사용하는 것은? 　기출　2016 서울시

① 용존산소량(DO)
② 생물화학적 산소요구량(BOD)
③ 부유물질량(SS)
④ 화학적 산소요구량(COD)

해설 콕

수질오염측정방법

용존산소량(DO)	용존산소량은 '물속에 녹아있는 산소의 양'으로, 단위는 mg/L인 ppm으로 나타낸다. 이것은 수온과 유기물의 양에 의해 영향을 받는다. 유기물이 유입되면 호기성 미생물이 산소를 사용하여 이를 분해하고, 산소가 소모되므로 물속에 녹아있는 산소의 양(용존산소량)은 줄어들게 된다. 즉, DO값이 작을수록 유기물이 많다는 것을 알 수 있으므로, DO는 물의 오염 정도를 판정하는 중요한 기준이 된다.
생물화학적 산소요구량(BOD)	물속에 있는 유기물의 오염 정도를 나타내는 지표로서, '호기성 미생물이 물속의 유기물을 분해하는데 필요한 산소의 양'을 말한다. BOD의 측정방법은 물을 채취하여 DO를 측정하고, 그 시료를 호기성 미생물이 활동하기 좋은 20℃의 상태로 어두운 곳에서 5일간 보관한 후 DO를 측정한다. 그 측정 결과로부터 변화된 DO값을 계산하여 BOD값을 결정한다.
부유물질량(SS)	물 위에 떠 있는 고형체 및 부유물 오염물질로, SS수치가 높을수록 오염도가 높은 물이다.
화학적 산소요구량(COD)	수중의 오염물질이 과망간산칼륨이나 중크롬산칼륨과 같은 산화제에 의해 산화될 때 소비되는 산소량으로, 물에 오염물질이 많으면 COD가 높게 나타난다.

26 수질오염에 대한 설명으로 가장 옳은 것은? 　기출　2021 서울시

① 물의 pH는 보통 7.0 전후이다.
② 암모니아성 질소의 검출은 유기성 물질에 오염된 후 시간이 많이 지난 것을 의미한다.
③ 물속에 녹아있는 산소량인 용존산소는 오염된 물에서 거의 포화에 가깝다.
④ 생물화학적 산소요구량이 높다는 것은 수중에 분해되기 쉬운 유기물이 적다는 것을 의미한다.

해설 콕

② 암모니아성 질소의 검출은 유기성 물질에 오염된 후 시간이 얼마 지나지 않은 것을 의미한다.
③ 물속에 녹아있는 산소량인 용존산소는 오염되지 않은 물에서 거의 포화에 가깝다.
④ 생물화학적 산소요구량이 높다는 것은 수중에 분해되기 쉬운 유기물이 많다는 것을 의미한다.

정답 23 ③　24 ①　25 ④　26 ①

27 수질오염평가에서 오염도가 낮을수록 결과치가 커지는 지표는? 　　기출 2020 서울시

① 화학적 산소요구량(COD)
② 과망가니즈산칼륨 소비량(KMnO₄ demand)
③ 용존산소(DO)
④ 생화학적 산소요구량(BOD)

용존산소량은 '물속에 녹아있는 산소의 양'으로, 오염도가 낮을수록 용존산소(DO) 값이 커진다.
① · ② 화학적 산소요구량(COD)은 수중의 오염물질이 과망간산(과망가니즈산)칼륨이나 중크롬산칼륨과 같은 산화제에 의해 산화될 때 소비되는 산소량으로, 오염도가 높으면 COD값이 높게 나타난다.
④ 생화학적 산소요구량(BOD)은 '호기성 미생물이 물속의 유기물을 분해하는데 필요한 산소의 양'으로, 유기물의 오염 정도를 나타내는 지표이다.

28 〈보기〉에서 설명하는 수질오염의 지표는? 　　기출 2022 서울시

> 수중의 유기물질이 호기성 상태에서 미생물에 의해 분해되어 안정화되는데 소비되는 산소량으로, 유기물질 함량을 간접적으로 측정하여 하수의 오염도를 확인할 때 사용하는 지표이다.

① 수소이온 농도(pH)
② 용존산소량(Dissolved Oxygen, DO)
③ 화학적 산소요구량(Chemical Oxygen Demand, COD)
④ 생물화학적 산소요구량(Biochemical Oxygen Demand, BOD)

생물화학적 산소요구량(Biochemical Oxygen Demand, BOD)은 물속의 유기물질을 호기성 미생물이 분해할 때 소비하는 산소의 양으로, 20℃의 수온에서 5일 동안 물속의 유기물질을 산화·분해하는데 필요한 산소의 양을 말한다.
① **수소이온 농도(pH)** : 물질의 산과 염기의 강도를 나타내는 척도로서 사용되며, pH의 값이 7보다 낮으면 산성, 7보다 높으면 염기성이라고 부른다.
② **용존산소량(Dissolved Oxygen, DO)** : 물속에 녹아있는 산소의 양을 말하며, 수질의 지표로 사용된다.
③ **화학적 산소요구량(Chemical Oxygen Demand, COD)** : 물속의 유기물질을 화학적 산화제를 사용하여 화학적으로 산화·분해하는데 필요한 산소의 양을 말하며, 물의 오염 정도를 나타내는 지표이다. 즉 유입하수나 처리수 등을 100℃에서 30분간 KMnO₄용액과 반응시켰을 때 소비된 KMnO₄량으로부터 수중오염물질이 화학적으로 산화·분해되어 안정화하는데 필요한 산소량을 말한다.

29 수질오염의 지표로 잘 쓰이지 않는 것은? 〔기출〕 2014 서울시

① 염소이온(Cl⁻)   ② 용존산소(DO)
③ 생물학적 산소요구량(BOD)   ④ 부유물질(SS)
⑤ 세 균

염소이온은 지질 성분에 의해 유입될 수도 있으나 주로 가정하수, 공장폐수, 분뇨 등에 의하여 증가하며, 이런 점에서 염소이온은 지하수 수질오염의 지표가 되며, 다른 것보다 많이 쓰이지 않는다.

30 다음 〈보기〉에서 설명하는 먹는물 수질 검사항목으로 가장 옳은 것은? 〔기출〕 2017 서울시

> 값이 높을 경우 유기성 물질이 오염된 후 시간이 얼마 경과하지 않은 것을 의미하며, 분변의 오염을 의심할 수 있는 지표이다.

① 수소이온   ② 염소이온
③ 질산성 질소   ④ 암모니아성 질소

수질검사에서 암모니아성 질소는 분변오염을 의심하게 하는 지표로서 의미가 있다. 암모니아성 질소는 0.5mg/L를 넘지 않아야 하며, 암모니아성 질소의 검출은 수질이 유기물에 오염된지 얼마 되지 않은 상태를 나타낸다.
※ 질산성 질소란 분뇨 등 유기물질에 포함된 단백질이 부패할 때 나오는 질소가 공기나 물속의 산소와 접촉하면서 생성되는 물질로서, 유아에게 청색증을 유발한다.

31 다음 중 충치 및 우치예방을 위해 상수도의 불소량은 얼마가 적당한가?

① 0.1~0.3ppm   ② 0.8~1.0ppm
③ 1ppm 이상   ④ 1~2ppm

불소의 범위는 0.6~1.0ppm으로 0.6ppm 이하시는 우치, 1ppm 이상에서는 반상치가 우려된다.

32 수질오염의 생물학적 지표로 사용하는 것은?

① 탁 도 ② 경 도
③ 대장균군수 ④ 병원 미생물수

수질오염의 측정지표
1. **이화학적 지표**
   - 생물학적 산소요구량(BOD)
   - 화학적 산소요구량(COD)
   - 용존산소량(DO)
   - 수소이온 농도(pH)
   - 부유물질의 양(SS)
2. **생물학적 지표** : 대장균군수(Coli Form Group)

33 미나마타병의 원인은?

① 유기수은의 축적 독성 ② 연의 축적 독성
③ 카드뮴의 축적 독성 ④ DDT의 축적 독성

미나마타병은 유기수은이 축적될 경우 발생된다.

34 정수방법 중 여과법에 대한 설명으로 옳은 것은? 기출 2016 서울시

① 완속여과의 여과속도는 3m/day이고, 급속여과의 여과속도는 120m/day 정도이다.
② 급속여과의 생물막 제거법은 사면교체이고, 완속여과의 생물막 제거법은 역류세척이다.
③ 원수의 탁도·색도가 높을 때는 완속여과가 효과적이다.
④ 완속여과에 비해 급속여과의 경상비가 적게 든다.

② 급속여과의 생물막 제거법은 역류세척이고, 완속여과의 생물막 제거법은 사면교체이다.
③ 원수의 탁도·색도가 높을 때는 고속여과가 효과적이다.
④ 급속여과에 비해 완속여과의 경상비가 적게 든다.

35 다음 내용으로 알 수 있는 것은? 기출 2015 서울시

> 어느 학자의 연구에 의하면 강물을 여과 없이 공급하는 것보다 여과하여 공급하는 것이 장티푸스와 같은 수인성 감염병 발생률을 감소시킬 뿐만 아니라 일반사망률도 감소시킨다는 결과를 가져왔다.

① 밀스 – 라인케(Mills – Reincke) 현상
② 하인리히(Heinrich) 현상
③ 스노우(Snow) 현상
④ 코흐(Koch) 현상

수인성 질환은 상수도의 정수처리로 인해 과거보다 현저히 줄어들었다. 이와 같이 여과식 수도의 보급으로 각종 수인성 질병 즉, 이질, 장티푸스, 파라티푸스, 콜레라, 아메바성 이질, 위장염, 기생충 등을 감소시켰고 일반사망률도 현저하게 감소시켰다. 이러한 사실을 밀스(Mills)와 라인케(Reincke)가 발견하였으며, 이것을 Mills – Reincke 현상이라 한다.

36 염소 소독의 장점으로 가장 옳지 않은 것은? 기출 2018 서울시

① 소독력이 강하다.
② 잔류효과가 약하다.
③ 조작이 간편하다.
④ 경제적이다.

염소 소독의 장·단점

장점	• 소독력이 강하다. • 강한 잔류효과가 있다. • 경제적이다. • 조작이 간편하다.
단점	• 냄새가 심하다. • 독성이 있다.

정답 32 ③ 33 ① 34 ① 35 ① 36 ②

37 다음 중 물의 염소소독시에 발생하는 불연속점의 원인은? 기출 2017 지방직

① 유기물　　　　　　② 클로라민(chloramine)
③ 암모니아　　　　　④ 조류(aglae)

염소소독시에 발생하는 불연속점의 원인은 물속에 있는 암모니아 등이 염소에 의해 클로라민을 형성시키고, 다음으로 질소가스로 산화되기 때문이다.

38 고기압 상태에서 일어나는 신체장애가 아닌 것은?

① 치 통　　　　　　② 고막과 중이의 진행성 병변
③ 고산병　　　　　　④ 현기증

고산병(高山病)은 저산소의 환경에 노출되어 발생하는 증상으로 고산지대를 등반할 때 걸리는 질환이다.

고기압 상태로 인한 신체장애
1. **기계적 장애** : 치통, 고막 내외의 압력차에 의한 불쾌감
2. **화학적 장애**
　• 질소(N_2) : 마취 작용
　• 산소(O_2) : 손발의 마비, 현기증, 시력장애
　• 이산화탄소(CO_2) : 산소의 독성과 질소의 마취작용을 증가시켜 공통성 관절장애 현상을 일으킨다.

02 산업보건

01 특수건강진단을 받아야 하는 근로자는? *기출* 2017 지방직
① 1달에 7~8일간 야간작업에 종사할 예정인 간호사
② 장시간 컴퓨터작업을 하는 기획실 과장
③ 하루에 6시간 이상 감정노동에 종사하는 텔레마케터
④ 당뇨 진단으로 인해 작업전환이 필요한 제지공장 사무직 근로자

6개월간 밤 12시부터 오전 5시까지의 시간을 포함하여 계속되는 8시간 작업을 월 평균 4회 이상 수행하는 경우 특수건강진단을 받아야 한다.

02 근로자에 대한 건강진단 결과의 건강관리구분 판정기준에 대한 설명으로 옳지 않은 것은? *기출* 2016 서울시
① A : 정상자
② R : 질환의심자
③ D_1 : 직업병 유소견자
④ C_2 : 직업병 요관찰자

C_2는 일반질병 요관찰자이고, C_1은 직업병 요관찰자이다.

03 산업장의 작업환경관리 중 격리에 해당하는 것은? *기출* 2022 서울시
① 개인용 위생보호구를 착용한다.
② 위험한 시설을 안전한 시설로 변경한다.
③ 유해물질을 독성이 적은 안전한 물질로 교체한다.
④ 분진이 많을 때 국소배기장치를 통해 배출한다.

격리(isolation)는 작업자와 유해인자 사이에 방호벽이 놓여 있는 상태를 말한다. 개인용 위생보호구를 착용하는 것은 작업환경관리 중 소극적 개념의 격리(isolation)에 해당한다.
② 위험한 시설을 안전한 시설로 변경하는 것은 '공정대체'이다.
③ 유해물질을 독성이 적은 안전한 물질로 교체하는 것은 '물질대체'이다.
④ 국소배기장치를 통해 배출하는 것은 '환기'이다.

04 산업재해의 정도를 분석하는 여러 지표 중 연근로시간 100만 시간당 몇 건의 재해가 발생하였는가를 나타내는 지표는?   기출 2017 서울시

① 강도율
② 도수율
③ 평균손실일수
④ 건수율

산업재해지표

구 분	정 의	공 식
강도율	연 근로시간당 손실작업일수로서 재해에 의한 손상의 정도	[손실작업일수/연 근로시간수]×1,000
도수율	발생상황을 파악하기 위한 표준적인 지표로서 100만 연 근로시간당 재해발생건수	[재해발생건수/연 근로시간수]×1,000,000
평균손실일수	재해발생건수당 평균작업손실 규모가 어느 정도인가를 나타내는 지표이다.	[손실작업일수/연 재해발생건수]×1,000
건수율	산업체 종업원 1,000명당 재해발생건수를 표시하는 것	[재해발생건수/평균 실근로자수]×1,000

05 산업재해의 Heinrich 법칙을 설명한 것은?

① 현성 재해 : 불현성 재해 : 잠재성 재해 = 1 : 29 : 300
② 현성 재해 : 불현성 재해 : 잠재성 재해 = 1 : 300 : 29
③ 현성 재해 : 불현성 재해 : 잠재성 재해 = 29 : 1 : 300
④ 현성 재해 : 불현성 재해 : 잠재성 재해 = 300 : 1 : 29

Heinrich(하인리히) 법칙
산업재해의 결과로 일어나는 상해와 재산 피해의 관계로, "재해의 비율이 현성 재해(휴업 재해) : 불현성 재해(불휴 재해) : 잠재성 재해 = 1 : 29 : 300이라 하며, 현성 재해는 1/330에 불과하다"라고 하였다.

06 손상(Injury)을 발생시키는 역학적 인자 3가지에 해당하지 않는 것은? `기출` 2019 서울시

① 인적 요인 ② 장애 요인
③ 환경적 요인 ④ 매개체 요인

해던 매트릭스(Haddon matrix)
미국의 윌리엄 해던이 제시한 것으로, 손상을 발생시키는 역학적 인자를 인적(Host) 요인, 매개체(Agent) 요인, 환경적(Physical/Social environment) 요인의 3가지로 구분하고, 이를 손상 발생의 3단계 과정에 따라 표로 정리한 것이다.

07 강도율에 대한 설명 중 옳지 않은 것은? `기출` 2016 서울시

① 산업재해의 경중을 알기 위해 사용
② 근로시간 1,000시간당 발생한 근로손실일수
③ 인적 요인보다는 환경적 요인으로 발생되는 재해를 측정
④ 근로손실일수를 계산할 때, 사망 및 영구 전노동불능은 7,500일로 계산

산업재해는 인적 요인과 환경적 요인에 의해 발생되는 재해를 모두 측정한다.

08 '(근로손실일수 / 연 근로시간수) × 1,000'으로 산출하는 산업재해 지표는? `기출` 2020 서울시

① 건수율 ② 강도율
③ 도수율 ④ 평균손실일수

강도율 : 1,000 근로시간당 재해로 인한 근로손실일 수
$$= \frac{\text{근로손실일수}}{\text{연 근로시간수}} \times 1{,}000$$

① 건수율 : $\dfrac{\text{재해건수}}{\text{평균 실근로자수}} \times 1{,}000$

③ 도수율 : $\dfrac{\text{재해건수}}{\text{연 근로시간수}} \times 1{,}000{,}000$

④ 평균손실일수 : $\dfrac{\text{손실작업일수}}{\text{재해건수}}$

09 다음 전리방사선 중 인체의 투과력이 가장 약한 것은?   기출 2017 서울시

① 알파선
② 베타선
③ 감마선
④ 엑스선

알파선은 중성자 2개와 양성자 2개로 구성되어 있으며, 인체의 투과력이 가장 약하다.

10 진폐증을 잘 일으키는 먼지의 크기는?

① 0.1μ 이하
② $0.5\sim5\mu$
③ $10\sim50\mu$
④ $50\sim100\mu$

폐포에 잘 축적되는 분진의 크기는 1μ 전후($0.5\sim5\mu$)로 진폐증을 일으키고, 0.1μ 이하 및 5μ 이상은 상기도를 통해서 배출된다.

11 열경련증의 원인은?

① 체내수분 및 염분의 결핍
② 지방 결핍
③ 아미노산 결핍
④ 단백질 결핍

열경련
고온환경에서의 작업으로 탈수 및 염분이 소실되어 장해가 오는 질병으로 주로 사용하는 근육의 경련이 특징이고 이명, 현기증, 구토, 맥박 증가, 동공산대 등이 나타난다.

12 감압증이 생길 수 있는 환경 조건은?

① 고온작업　　② 고습환경
③ 채석작업　　④ 잠수작업

감압증은 잠수작업·해저작업·터널작업 등 주로 고압의 환경에서 작업할 때 발생한다.

13 일산화탄소(CO)에 대한 설명으로 가장 옳은 것은?　　기출 2018 서울시

① CO가스는 물체의 연소 초기와 말기에 많이 발생한다.
② CO가스는 무색, 무미, 무취, 자극성 가스이다.
③ Hb과 결합력이 산소에 비해 250~300배 낮다.
④ 신경증상, 마비, 식욕감퇴 등의 후유증은 나타나지 않는다.

일산화탄소(CO)
- 석탄, 휘발유, 디젤유 등 유기물질이 불완전 연소됨으로써 발생되는데, 특히 연소 초기와 말기에 많이 발생한다.
- 무색, 무취, 무자극성의 가스로 호흡과정으로 인해 혈중에 흡수되면 Hb(헤모글로빈)과 결합하여 CO – Hb을 형성한다.
- 헤모글로빈과의 결합력은 산소와 헤모글로빈의 결합력보다 200~300배나 강하다.
- 중독시 조직의 산소부족 질식사(저산소증)를 초래하며, 신경증상, 마비, 식욕감퇴 등의 후유증이 나타난다.

14 직업성 중독에 특별히 고려되어야 할 영양이 잘못 짝지어진 것은?

① 아연 중독 – 단백질
② 벤젠 만성 중독 – 비타민 B6
③ 암모니아 중독 – 비타민 C
④ 일산화탄소 중독 – 비타민 E

일산화탄소(CO) 중독에는 비타민 B1이 좋다.

15 고온작업이나 중노동자가 공통적으로 많이 섭취하여야 할 영양소는?

① 식 염 ② 티아민(비타민 B1)
③ 칼 슘 ④ 지 방

근로 종류에 따른 영양 섭취
- **중노동** : 비타민 식품, Ca 강화 식품
- **고온작업 노동자** : 비타민 A·B·C, 소금
- **저온작업 노동자** : 비타민 A·B·C·D, 지방질이 많은 식품
- **소음이 심한 작업장 노동자** : 비타민 B

16 산업재해 보상보험의 원리가 아닌 것은? 　기출 2019 서울시

① 사회보험방식 ② 무과실책임주의
③ 현실우선주의 ④ 정액보상방식

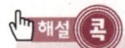

산업재해 보상보험의 원리

사회보험방식	기업의 사회적 책임이라는 인식, 국가가 보상주체
무과실책임주의	사용자의 과실유무에 상관없이 업무상 재해로 인한 책임을 사용자에게 부과
현실우선주의	보험급여 지급시 현실의 부양상태를 고려
정률보상방식	피재근로자의 평균임금을 기초로 획일적으로 산정하여 보상

17 불량조명에 의해 발생되는 직업병은?

① 진폐증 ② 규폐증
③ 잠함병 ④ 안구진탕증

불완전한 조명에 의한 눈의 장애(시력감퇴, 안정피로, 안구진탕증, 시야협착, 수명, 두통 등)로 작업능률을 저하시키고 재해발생 가능성이 높다.

18 산업근로자를 위한 「산업재해보상보험법」에 의한 재해보상은 몇 등급으로 되어 있는가?

① 5등급　　　　　② 10등급
③ 12등급　　　　④ 14등급

장해급여의 경우 완치 후에도 신체에 장애가 남을 경우 그 등급 정도(14등급)에 따라 장해보상연금 혹은 장해보상일시금이 지급된다.

19 산업재해보상보험 급여의 종류에 대한 설명으로 옳은 것은?　　기출 2014 서울시

① 요양급여는 업무상 사유로 부상을 당하거나 질병에 걸린 근로자에게 요양으로 취업하지 못한 기간에 대하여 지급
② 장해급여는 근로자가 업무상의 부상 또는 질병으로 진료, 요양을 요하는 경우에 진료비와 요양비를 지급
③ 유족급여는 근로자가 업무상의 사유로 사망했을 경우 유가족에게 연금 또는 일시금 지급
④ 상병보상연금은 근로자가 업무상의 사유로 부상을 당하거나 질병에 걸려 치유된 후 신체 등에 장해가 있는 경우 지급
⑤ 직업재활급여는 요양급여를 받은 자가 치유 이후에도 의학적으로 상시 또는 수시로 간병이 필요한 경우 재활급여비 지급

① 휴업급여에 대한 설명이다.
② 요양급여에 대한 설명이다.
④ 장해급여에 대한 설명이다.
⑤ 간병급여에 대한 설명이다.

20 연(납) 중독의 증상 중 옳지 않은 것은?

① 치은연에 암자색으로 착색　　② 빈 혈
③ 적혈구의 호염기성 반점　　　④ 백혈구의 증가

납 중독의 4대 징후
- 치은연(치아와 잇몸이 만나는 경계)에 암자색으로 착색
- 빈혈
- 염기성 적혈구 수 증가
- 소변에서 Corproporphyrin 검출

정답　15 ②　16 ④　17 ④　18 ④　19 ③　20 ④

21 산업장에서 발생할 수 있는 중독과 관련된 질환에 대한 설명으로 가장 옳은 것은?

기출 2017 지방직

① 수은 중독은 연빈혈, 연선, 파킨슨증후군과 비슷하게 사지에 이상이 생겨 보행장애를 일으킨다.
② 납 중독은 빈혈, 염기성 과립적혈구 수의 증가, 소변 중의 코프로폴피린(corproporphyrin)이 검출된다.
③ 크롬 중독은 흡입시 위장관계통 증상, 복통, 설사 등을 일으키고, 만성 중독시 폐기종, 콩팥장애, 단백뇨 등을 일으킨다.
④ 카드뮴 중독은 호흡기 장애, 비염, 비중격의 천공, 적혈구와 백혈구 수의 감소(조혈장애) 등을 가져온다.

① 납 중독 증상
③ 카드뮴 중독 증상
④ 크롬 중독 증상

---

22 〈보기〉에서 설명하는 물질로 가장 옳은 것은?

기출 2021 서울시

> 은백색 중금속으로 합금제조, 합성수지, 도금작업, 도료, 비료제조 등의 작업장에서 발생되어 체내로 들어가면 혈액을 거쳐 간과 신장에 축적된 후 만성중독시 신장기능장애, 폐기종, 단백뇨 증상을 일으킨다.

① 비 소
② 수 은
③ 크 롬
④ 카드뮴

카드뮴에 의한 중독으로는 일본에서 발생한 이타이이타이병이 가장 대표적인 병이다.
① **비소**: 생활환경에서 비소는 살충제, 살서제, 방부제, 농약 등을 통하여 체내에 흡입되며, 작업환경에서는 납, 아연, 철 등을 처리하는 과정 및 비소와의 합금, 유리와 도자기제조, 의약품과 농약제조, 수입되는 목재의 방부제 등에서 폭로될 수 있다.
② **수은**: 일반적으로 수은은 생선의 섭취나 물, 흙 등을 통해 체내로 들어온다. 상온에서 천천히 증발하여 호흡기와 일부 소화기를 통하여 흡수되며, 흡수된 수은은 80% 정도가 신장 및 간에 축적되어 소뇌의 기능을 마비시킨다.
③ **크롬**: 은백색의 중금속으로 크롬을 도금하는 작업장이나 크롬산염을 촉매로 취급하는 작업에서 발생한다. 급성중독으로 심한 신장장애를 일으켜 과뇨증, 무뇨증을 일으키며, 만성중독으로는 코와 폐, 위장점막에 병변을 일으킨다.

23 라듐(Radium) 취급자에게 올 수 있는 질병은?

① 결 핵
② 항공병
③ 규폐증
④ 백혈병

라듐(Radium)
우라늄계에 속하며, 우라늄의 계열 붕괴로 생성된다. 라듐을 이용하여 진단, 치료하는 업무로서 X-선 촬영을 하는 작업자에게 장애가 우려되고, 병상으로는 백혈병 및 악성 종양을 일으킨다.

24 피로의 종류를 설명한 것 중 틀린 것은?

① 정신피로란 중추신경계의 피로를 말한다.
② 보통피로란 하루 자고나면 완전히 회복되는 피로를 말한다.
③ 과로란 피로가 계속 축적된 상태를 말한다.
④ 곤비는 과로상태가 축적된 상태를 말한다.

과로란 다음 날까지 피로가 계속되는 상태를 말한다.

25 「근로기준법」상 근로시간(휴식시간 제외)의 기준은?

① 1일 6시간, 1주일 40시간
② 1일 8시간, 1주일 40시간
③ 1일 6시간, 1주일 44시간
④ 1일 8시간, 1주일 44시간

「근로기준법」상 근로시간의 기준(근로기준법 제50조)
휴식시간을 제외하고, 1일 8시간, 1주 40시간을 기준으로 한다.

26 「근로기준법」상 도덕상 또는 보건상 유해하거나 위험한 사업에 사용하지 못하는 대상자는?

① 임산부와 18세 미만자
② 여자와 13세 미만자
③ 여자와 청소년
④ 19세 미만자

사용자는 임신 중이거나 산후 1년이 지나지 아니한 여성(이하 "임산부"라 한다)과 18세 미만자를 도덕상 또는 보건상 유해·위험한 사업에 사용하지 못한다(근로기준법 제65조 제1항).

27 근로자의 건강을 보호하기 위한 조치로 가장 옳지 않은 것은? 기출 2020 서울시

① 「근로기준법」 및 동법 시행령에 따라 취직인허증을 지니지 않은 15세 미만인 자는 근로자로 사용하지 못한다.
② 「근로기준법」 및 동법 시행령에는 임산부를 위한 사용금지 직종을 규정하고 있다.
③ 근로 의욕과 생산성을 위하여 근로자를 적재적소에 배치한다.
④ 「근로기준법」상 수유시간은 보장되지 않는다.

생후 1년 미만의 유아(乳兒)를 가진 여성 근로자가 청구하면 1일 2회 각각 30분 이상의 유급 수유시간을 주어야 한다(근로기준법 제75조).
① 근로기준법 제64조
② 근로기준법 제65조 및 동법 시행령 제40조
③ 근로 의욕과 생산성을 위하여 근로자를 적재적소에 배치하는 것은 인사노무관리의 기본이다.

CHAPTER 06
모자보건

01 모자보건 일반
02 모성보건 및 영유아보건

CHAPTER 06 모자보건

공중보건

출제포인트
❶ 모자보건의 개념과 모자보건 사업의 목적에 대해 학습한다.
❷ 모성사망률, 주산기사망률 등 모성보건지표의 개념을 알아둔다.
❸ 영아사망률과 신생아사망률, α-index 지표를 비교 학습한다.

01 모자보건 일반

1 모자보건의 개념

(1) 모자보건의 정의
① WHO(모자보건전문분과위원회)
  "모든 임산부와 수유부의 건강을 잘 유지하고 육아기술을 획득하게 하며, 안전하게 아기를 출산하고 건강하게 자녀를 키우도록 책임지고 관리하는 것"
② 우리나라(모자보건법)
  "모성의 생명과 건강을 보호하고 건전한 자녀의 출산과 양육을 도모함으로써 국민보건 향상에 이바지하는 것"

(2) 목적 및 중요성
① 목 적
  모자보건은 모체와 영유아에게 보건의료 서비스를 제공하여 모성(母性)의 생명과 건강을 보호하고 건전한 자녀의 출산과 양육을 도모함으로써, 신체적 또는 정신적 건강과 정서적 발달을 유지·증진시키며, 유전적 잠재력을 최대로 발휘하여 국민 보건의 발전에 기여하는데 그 목적이 있다.
② 중요성
  세계 각국은 국민보건의 가장 중요한 과제의 하나로서 모자보건을 들고 있으며, 각 나라는 그 국력이 미치는 대로 모자보건에 힘쓰고 있다.
  ㉠ 영유아 및 모성의 인구가 전체 인구의 60~70%를 차지한다.
  ㉡ 영유아는 국가와 사회에서 무한한 가능성을 지닌 고귀한 인적자원이며, 미래의 주인공이다.

ⓒ 임산부와 영유아들은 다른 연령층에 비하여 건강취약대상이므로 다른 연령층에 비해 쉽게 질병에 이환된다.
ⓓ 영유아기는 대부분의 지능발달이 이루어지는 시기이며, 영구적인 장애를 가져올 수도 있다.
ⓔ 예방사업을 통해 효과를 극대화할 수 있다.
ⓕ 포괄적인 모자보건사업이 잘 받아들여진다.
ⓖ 모성과 아동의 건강은 다음 세대의 인구자질에 영향을 주므로 장기적인 효과가 있다.

(3) 대 상
모자보건은 크게 모성보건과 영유아보건으로 나눌 수 있다.
① 모성보건대상
 가임기 여성 및 임신, 분만, 수유하는 기간의 여성을 말한다.
 ⓐ 넓은 의미로서의 모성보건관리대상 : 2차 성징이 나타나는 시기로부터 폐경기에 이르는 시기의 15~49세까지를 말한다.
 ⓑ 좁은 의미로서의 모성보건관리대상 : 20~40세의 여성으로 임신, 분만, 산욕을 중심으로 이와 관계되는 질병과 이상을 예방관리하는 것이다.
② 영유아보건대상
 학교에 입학하기 전인 6세까지의 유아를 말한다.

2 모자보건법

(1) 용어의 정의(모자보건법 제2조) 기출 2020 서울시
① "임산부"란 임신 중이거나 분만 후 6개월 미만인 여성을 말한다.
② "모성"이란 임산부와 가임기(可姙期) 여성을 말한다.
③ "영유아"란 출생 후 6년 미만인 사람을 말한다.
④ "신생아"란 출생 후 28일 이내의 영유아를 말한다.
⑤ "미숙아"란 신체의 발육이 미숙한 채로 출생한 영유아로서 대통령령으로 정하는 기준에 해당하는 영유아를 말한다.
⑥ "선천성 이상아"란 선천성 기형(奇形) 또는 변형(變形)이 있거나 염색체에 이상이 있는 영유아로서 대통령령으로 정하는 기준에 해당하는 영유아를 말한다.

> **미숙아 및 선천성 이상아의 기준**
> 1. **미숙아**
> 임신 37주 미만의 출생아 또는 출생시 체중이 2,500g 미만인 영유아로서 보건소장 또는 의료기관의 장이 임신 37주 이상의 출생아 등과는 다른 특별한 의료적 관리와 보호가 필요하다고 인정하는 영유아

2. 선천성 이상아
보건복지부장관이 선천성 이상의 정도·발생빈도 또는 치료에 드는 비용을 고려하여 정하는 선천성 이상에 관한 질환이 있는 영유아
- 선천성 이상으로 사망할 우려가 있는 영유아
- 선천성 이상으로 기능적 장애가 현저한 영유아
- 선천성 이상으로 기능의 회복이 어려운 영유아

⑦ "인공임신중절수술"이란 태아가 모체 밖에서는 생명을 유지할 수 없는 시기에 태아와 그 부속물을 인공적으로 모체 밖으로 배출시키는 수술을 말한다.

⑧ "모자보건사업"이란 모성과 영유아에게 전문적인 보건의료서비스 및 그와 관련된 정보를 제공하고, 모성의 생식건강(生殖健康) 관리와 임신·출산·양육 지원을 통하여 이들이 신체적·정신적·사회적으로 건강을 유지하게 하는 사업을 말한다.

⑨ "산후조리업"이란 산후조리 및 요양 등에 필요한 인력과 시설을 갖춘 곳(이하 "산후조리원"이라 한다)에서 분만 직후의 임산부나 출생 직후의 영유아에게 급식·요양과 그 밖에 일상생활에 필요한 편의를 제공하는 업(業)을 말한다.

⑩ "난임(難姙)"이란 부부(사실상의 혼인관계에 있는 경우를 포함)가 피임을 하지 아니한 상태에서 부부간 정상적인 성생활을 하고 있음에도 불구하고 1년이 지나도 임신이 되지 아니하는 상태를 말한다.

⑪ "보조생식술"이란 임신을 목적으로 자연적인 생식과정에 인위적으로 개입하는 의료행위로서 인간의 정자와 난자의 채취 등 보건복지부령으로 정하는 시술을 말한다.

(2) 임산부, 영유아, 미숙아 등의 건강관리(모자보건법 제10조)

① 보건진료
  ㉠ 예방접종 : 특별자치시장·특별자치도지사 또는 시장·군수·구청장은 임산부·영유아·미숙아 등에 대하여 정기적으로 건강진단·예방접종을 실시한다.
  ㉡ 방문진료 : 특별자치시장·특별자치도지사 또는 시장·군수·구청장은 모자보건전문가(의사·한의사·조산사·간호사의 면허를 받은 사람 또는 간호조무사의 자격을 인정받은 사람으로서 모자보건사업에 종사하는 사람을 말한다)에게 임산부·영유아·미숙아 등 가정을 방문하여 보건진료를 하게 하는 등 보건관리에 필요한 조치를 하여야 한다.

② 의료지원
특별자치시장·특별자치도지사 또는 시장·군수·구청장은 임산부, 영유아, 미숙아 등 입원진료가 필요한 사람에게 다음과 같은 의료지원을 할 수 있다.
  ㉠ 진찰
  ㉡ 약제나 치료재료의 발급
  ㉢ 처치, 수술, 그 밖의 치료
  ㉣ 의료시설에의 수용
  ㉤ 간호
  ㉥ 이송

(3) 고위험 임산부와 신생아 집중치료 시설 등의 지원(모자보건법 제10조의2)

국가와 지방자치단체는 고위험 임산부와 미숙아 등의 건강을 보호·증진하기 위하여 필요한 의료를 적절하게 제공할 수 있는 고위험 임산부와 신생아 집중치료 시설 및 장비 등을 지원할 수 있다.

(4) 모유수유시설의 설치 등(모자보건법 제10조의3)

① 국가와 지방자치단체는 영유아의 건강을 유지·증진하기 위하여 필요한 모유수유시설의 설치를 지원할 수 있다.
② 국가와 지방자치단체는 모유수유를 권장하기 위하여 필요한 자료조사·홍보·교육 등을 적극 추진하여야 한다.
③ 산후조리원, 의료기관 및 보건소는 모유수유에 관한 지식과 정보를 임산부에게 충분히 제공하는 등 모유수유를 적극적으로 권장하여야 하고, 임산부가 영유아에게 모유를 먹일 수 있도록 임산부와 영유아가 함께 있을 수 있는 시설을 설치하기 위하여 노력하여야 한다.

(5) 다태아(多胎兒) 임산부 등에 대한 지원(모자보건법 제10조의4)

국가와 지방자치단체는 다태아 임산부의 건강하고 안전한 임신·출산 및 다태아로 태어난 영유아의 건강을 유지·증진하기 위하여 필요한 지원을 할 수 있다.

(6) 산전·산후 우울증 검사 등 지원(모자보건법 제10조의5)

국가와 지방자치단체는 임산부에게 필요하다고 인정되는 경우 산전·산후 우울증 검사와 관련한 지원을 할 수 있다.

02 모성보건 및 영유아보건

1 모성보건

(1) 모성보건의 내용
① 임산부
임신 중에 있거나 분만 후 6월 미만의 여성을 말한다.
② 산전관리
임신의 시작과 함께 분만 전까지의 산모의 진찰과 진단을 통하여 이상 임신 및 임신 합병증의 조기 진단, 임신시 영양, 산전우울증 등을 관리한다.
③ 분만관리
산모와 태아의 안전 분만 및 건강을 위한 관리가 필요하다.
④ 산후관리
분만 후의 신생아와 산모의 건강을 위해 수유, 섭생 및 우울증 등의 관리가 필요하다.

(2) 모성사망
임신기간 또는 부위와 관계없이, 우연 또는 우발적인 원인으로 인하지 않고, 임신 또는 그 관리에 관련되거나, 그것에 의해 악화된 어떤 원인으로 인하여 임신 중 또는 분만 후 42일 이내에 발생한 사망을 말하며, 임신중독증, 출산 전후의 출혈, 자궁외 임신 및 유산, 산욕열 등이 있다.
① 임신중독증
임신 중 특별한 원인 없이 혈압이 높아지고 단백뇨와 부종 등의 증세가 나타나는 경우를 말한다. 건강한 임신생활 중에도 임신 20주 이후에 갑자기 생기는 경우도 많으며, 임신부 100명 중 5명 정도가 임신중독증에 걸린다. 가벼운 임신중독증은 큰 문제가 없지만, 심각한 경우에는 합병증과 함께 유산될 수도 있다. 3대 주요 증상으로 부종, 단백뇨, 고혈압 등이 나타난다.
② 출 혈
임신 중 출혈의 대부분은 임신 초기 3개월에 나타나는 편이며, 약 15~30%의 산모가 겪는 것으로 알려져 있다.
③ 자궁외 임신
임균성 및 결핵성 난관염, 인공유산 후 세균 감염으로 발생되며, 대부분은 난관 임신이나 때로 난소 및 복강내 임신인 경우도 있다.
④ 산욕열 및 감염
산욕 기간 중 감염에 의한 심한 발열(38℃ 이상) 현상으로 자궁 내의 염증, 산도의 국소적 염증과 전신적인 균의 침입으로 발생한다.

⑤ 유산, 조산, 사산, 만기산
  ㉠ 유산 : 임신 주수 28주 이전에 임신이 종결되는 것
  ㉡ 사산 : 임신 28주 이상의 사망태아의 출산
  ㉢ 조산 : 임신 8개월 초부터 9개월 반(38주)까지의 분만
  ㉣ 만기산 : 임신 9개월 반부터 10개월(42주)까지의 분만

(3) 모성보건 지표

① 모성사망비

임신 또는 분만 후 42일 이내에 발생한 여성사망자수를 해당 연도의 출생아수로 나눈 수치를 100,000분비로 표시한 것이다.

$$모성사망비 = \frac{해당\ 연도\ 모성사망자수}{해당\ 연도\ 연간\ 출생아수} \times 100,000$$

② 모성사망률

임신 또는 분만 후 42일 이내에 발생한 여성사망자수를 해당 연도의 가임기(15세~49세) 여성의 연앙인구로 나눈 수치를 100,000분비로 표시한 것이다.

$$모성사망률 = \frac{해당\ 연도\ 모성사망자수}{해당\ 연도\ 가임기\ 여성의\ 연앙인구} \times 100,000$$

③ 사산율

출산(분만) 총수에 대한 사산의 비율이다.

$$사산율 = \frac{1년간의\ 사산수}{1년간\ 출산수(사산수\ +\ 출생수)} \times 1,000$$

④ 주산기사망률(PMR ; Perinatal Mortality Rate, 출생전후기 사망률) 기출 2017 서울시

어느 지역의 보건상태의 지표가 되는 임신 8개월(29주) 이후부터 출생 7일 미만의 사망(신생아 사망)을 뜻한다.

$$PMR = \frac{임신\ 28주\ 이후\ 사산아수\ +\ 생후\ 7일\ 미만의\ 사망수}{1년간\ 출산수} \times 1,000$$

⑤ 생애모성사망위험(Lifetime Risk of Maternal Death)

한 여성이 가임기간 중 임신 및 분만과 관련하여 사망할 위험을 나타내기 위한 지표이다.

$$생애모성사망위험 = 해당\ 연도\ 모성사망비 \times 해당\ 연도\ 합계출산율 \times 1.2$$

(4) 산전 후 관리
① 조기 수진에 의한 임신 확인

검뇨, 혈압측정, 혈액매독반응검사, 흉부X-선검사, 치과검사, 체중측정 등을 시행한다.

② 산전관리

통상 매월 1회 검사를 받으며, 이상이 있으면 더욱 자주해야 하나, 대개 28주까지는 매월 1회, 29~36주에는 2주에 1회, 그 후에는 매주 1회 수진함이 이상적이다.

③ 분만관리

산모의 공포감 없애주고, 정신적 부담을 경감시키며, 임신 중절의 위험성에 대하여 관리한다.

④ 산욕관리(산후관리)

분만 후 약 6주간 소요, 건강관리지도, 영양관리, 신생아관리 등을 한다.

⑤ 수유관리

수유기는 영양소모량이 증가하기 때문에 특히 양뿐 아니라 질을 고려하여 모유 분비에 필요한 영양소를 공급하되, 산후비만증 등에 유의하도록 한다.

⑥ 영양관리
㉠ 임신시의 필요열량은 초기 2,000kcal/day, 중기~후반기에 2,400kcal/day, 수유기에 2,300kcal/day이다.
㉡ 임신 중에는 다량의 철이 필요하므로 식품으로 충분히 섭취하고, 후기에는 의사와 상의하여 철보충제도 섭취하여야 한다.

2 영유아보건

(1) 목 적
영유아의 신체적 발육과 정서적 성장을 도모하여, 조산아, 불구아, 심신장애아 등을 조기에 발견하여 치료 및 교정함으로써 건강한 성인으로 성장하도록 하는데 있다.

> **The 알아보기**
>
> **영유아보육법의 목적**
> 영유아의 심신을 보호하고 건전하게 교육하여 건강한 사회 구성원으로 육성함과 아울러 보호자의 경제적·사회적 활동이 원활하게 이루어지도록 함으로써 영유아 및 가정의 복지 증진에 이바지함을 목적으로 한다.

(2) 보육이념(영유아보육법 제3조)
① 보육은 영유아의 이익을 최우선적으로 고려하여 제공되어야 한다.
② 보육은 영유아가 안전하고 쾌적한 환경에서 건강하게 성장할 수 있도록 하여야 한다.
③ 영유아는 자신이나 보호자의 성, 연령, 종교, 사회적 신분, 재산, 장애, 인종 및 출생지역 등에 따른 어떠한 종류의 차별도 받지 아니하고 보육되어야 한다.

(3) 책임(영유아보육법 제4조)
① 모든 국민은 영유아를 건전하게 보육할 책임을 진다.
② 국가와 지방자치단체는 보호자와 더불어 영유아를 건전하게 보육할 책임을 지며, 이에 필요한 재원을 안정적으로 확보하도록 노력하여야 한다.
③ 특별자치시장·특별자치도지사·시장·군수·구청장(자치구의 구청장을 말한다)은 영유아의 보육을 위한 적절한 어린이집을 확보하여야 한다.
④ 국가와 지방자치단체는 보육교직원의 양성, 근로여건 개선 및 권익 보호를 위하여 노력하여야 한다.

(4) 보육 실태 조사(영유아보육법 제9조)
보건복지부장관은 영유아보육법의 적절한 시행을 위하여 보육 실태 조사를 3년마다 실시하고, 그 결과를 공표하여야 한다.

(5) 보호자교육(영유아보육법 제9조의2)
① 국가와 지방자치단체는 영유아의 보호자에게 영유아의 성장·양육방법, 보호자의 역할, 영유아의 인권 등에 대한 교육을 실시할 수 있다.
② 보건복지부장관 또는 지방자치단체의 장은 예산의 범위에서 교육에 필요한 비용을 보조할 수 있다.

(6) 영유아의 성장 발달
① 다른 어느 시기보다 빠르게 성장발달이 일어나므로 보건의료에 대한 요구도가 높다.
② 신장 : 출생시 평균 약 50cm이며, 만 1세가 되면 출생시의 1.5배가 된다.
③ 체중 : 출생시 평균 약 3.3kg이며, 만 1세가 되면 출생시의 약 3배가 된다.

(7) 영유아의 구분
① 초생아 : 생후 7일 미만의 영유아
② 신생아 : 출생 후 28일 이내의 영유아
③ 영아 : 생후 1년 미만의 영유아
④ 유아 : 만 1년 이상 6년 미만의 영유아
⑤ 미숙아 : 신체의 발육이 미숙한 채로 출생한 영유아
⑥ 선천성 이상아 : 선천성 기형(奇形) 또는 변형(變形)이 있거나 염색체에 이상이 있는 영유아

(8) 영유아의 사망
① 영아사망
일반적으로 출생아의 고유 질환, 출생시 손상, 폐렴, 기관지염, 장염, 조산아의 결함 등이 원인이 되는데, 특히 신생아 기간의 영아사망이 대부분이다. 신생아사망은 대부분 선천적 기형, 조산아, 분만시 손상 등이 원인이며, 예방 불능의 경우가 많다.

② 유아사망

과거에는 소화기관, 호흡기계 질환 등에 의한 경우가 많았으나, 현대에는 불의의 사고인 낙상, 화상, 익사 등에 의한 사망수가 증가하고 있다.

(9) 영유아의 사망률

① 영아사망률(IMR ; Infant Mortality Rate) 기출 2017 서울시
  ㉠ 영아사망은 출생 후 1년 이내의 사망을 말한다.
  ㉡ 영아사망률은 후천적인 환경적 요인이 크게 작용하므로 보건관리를 통해 예방이 가능하며, 각 국가 보건수준의 대표적 지표이다.
  ㉢ 선진국은 영아사망률이 낮은 반면 후진국일수록 영아사망률이 높게 나타난다.

$$IMR = \frac{영아사망(1년간의\ 생후\ 1년\ 미만의\ 사망수)}{1년간의\ 출생아수} \times 1,000$$

> **심화Tip** 영아후기사망률(신생아후기사망률)
>
> 영아사망률보다 영아후기사망률이 보건지표로서 더 정확하다고 볼 수 있다.
>
> $$LIMR = \frac{동일기간\ 중\ 생후\ 4주 \sim 12개월\ 이내\ 영아의\ 사망수}{1년간의\ 출생아수} \times 1,000$$

② 신생아사망률(NMR ; Neonatal Mortality Rate)
  ㉠ 생후 28일 이내의 사망아수를 해당 연도의 출생아수로 나눈 수치를 1,000분비로 표시한다.
  ㉡ 신생아사망률은 주로 선천적인 원인에 의한 것이므로 선진국이나 후진국이나 큰 차이가 없다.

$$NMR = \frac{1년간\ 생후\ 28일\ 이내의\ 사망아수}{1년간의\ 출생아수} \times 1,000$$

③ α - index 기출 2018 서울시

$$\alpha - index = \frac{영아사망수}{신생아사망수}$$

  ㉠ 영아사망률과 신생아사망률의 비교는 보건수준의 지표 분석으로 쓰이며, 1에 가까울수록 보건수준이 높다. α - index는 1보다 작을 수 없다.
  ㉡ 신생아 사망의 주된 원인은 선천적 기형에 의한 것이 많으므로 환경위생 개선이나 모자보건사업을 통해서 쉽게 감소되지 않는다.
  ㉢ α - index가 커지면 신생아기 이후의 사망수가 높은 것이므로 환경상태가 불량하다는 것을 의미한다.

② 신생아사망률은 주로 선천적인 원인에 의한 것이므로 선진국이나 후진국이나 큰 차이가 없다. 그러나 영아사망률은 후천적인 환경적 요인이 크게 작용하므로 선진국은 영아사망률이 낮은 반면 후진국일수록 영아사망률이 높다. 따라서 영아사망률과 신생아사망률은 저개발국가일수록 차이가 크고, 선진국일수록 차이가 적게 된다.

(10) 영유아의 중요 질병

① **조산아(미숙아)**
WHO에 의하면 조산아란 임신 기간 37주 미만 또는 최종 월경일로부터 37주 미만에 태어난 아기를 말한다.
- ㉠ 조산아의 원인 : 주로 임신중독, 다태임신, 선천기형, 성병, 모체의 질병이나 과로 등의 원인에 의해 발생된다.
- ㉡ 조산아의 결함 : 조산아는 체온조절의 불능, 호흡장애, 소화장애, 조혈능력 부족, 질병발생률 및 독성에 대한 감수성 높다.
- ㉢ 조산아의 보호 : 중요시되는 것은 '체온보호, 감염병 감염방지, 영양공급, 호흡관리'로서 이를 조산아의 4대 관리라 한다.

② **저체중 출생아**
재태기간(在胎其間)과 상관없이 출생 당시의 체중이 2,500g 미만인 경우를 저체중 출생아(low birth weight, LBW)라고 하는데, 저체중 출생아의 약 2/3는 미숙아이고, 나머지 1/3은 산모나 태반 및 태아의 여러 원인으로 인하여 재태기간에 비해 체중이 작은 저체중 출생아이다.

③ **과숙아**
과숙아란 분만예정일보다 2주 이상 지나 분만되는 영유아를 말한다. 거대아로 인한 난산, 저산소증(태아가사), 태변의 흡입 등의 위험이 높다. 또한 태반의 노화로 태반석회화나 경색이 현저하고 태반기능 부전 및 양수감소증이 동반된 경우 태아에 대한 저산소증은 더욱 심화될 수 있어 갑작스러운 태아곤란증이나 사망과 같은 상황이 발생될 수 있으므로, 지연임신인 경우 빈번한 산전관리를 통하여 적절한 시기에 분만을 시도하는 것이 요구된다.

④ **선천기형**
임신 중 방사능에 과다 노출, 화학 약품의 복용 등에 의해 기형아를 출산할 수 있는데, 임신 초기에 풍진에 감염되면 백내장아, 심기형아(心畸形兒), 농아아를 출산할 수도 있다.

⑤ **선천성 대사 이상**
근친결혼, 악성 유전인자 소지자와의 결혼 등 주로 유전적인 요인에 의해 발생되며, 그 밖의 비유전적인 요인으로는 바이러스(Virus)성 질병의 감염, 약제 및 방사선의 사용 등에 의해 주로 임신 3개월 이전에 잘 발생된다.

CHAPTER 06 출제예상문제

모자보건

01 모자보건 일반

01 모자보건사업의 목적과 가장 관련이 없는 것은?

① 모자의 건강 관리
② 모자의 질병 예방
③ 모자의 정신적 건강 유지
④ 영유아만을 대상으로 한 전문적인 보건의료서비스

모자보건사업(모자보건법 제2조 제8호)
"모자보건사업"이란 모성과 영유아에게 전문적인 보건의료서비스 및 그와 관련된 정보를 제공하고, 모성의 생식건강 관리와 임신·출산·양육 지원을 통하여 이들이 신체적·정신적·사회적으로 건강을 유지하게 하는 사업을 말한다.

02 모자보건의 중요성이 아닌 것은?

① 영유아는 미래의 주인공이다.
② 임산부와 영유아들은 건강 취약 상태이므로 포괄적 보건사업이 잘 받아들여진다.
③ 개인적인 노력으로 쉽게 예방할 수 있다.
④ 다른 연령층에 비해 쉽게 질병에 이환되며, 영구적인 장애를 가져올 수도 있다.

모자보건은 개인적인 노력보다는 국가적 노력이 더 중요하다.

03 모자보건에 대한 설명으로 옳지 않은 것은?

① 다른 연령층에 비하여 건강상 취약계층이다.
② 모자보건 대상 인구는 전체 인구의 60~70%(약 2/3) 범위이다.
③ 주로 단기적인 효과가 있다.
④ 예방사업을 통해 효과를 극대화할 수 있다.

> 모성과 아동의 건강은 다음 세대의 인구자질에 영향을 주므로 장기적인 효과가 있다.

04 「모자보건법」에 따른 모자보건 대상에 대한 정의로 가장 옳지 않은 것은? 기출 2020 서울시

① "영유아"란 출생 후 6년 미만인 사람을 말한다.
② "모성"이란 임산부와 가임기(可姙期) 여성을 말한다.
③ "임산부"란 임신 중이거나 분만 후 8개월 미만인 여성을 말한다.
④ "신생아"란 출생 후 28일 이내의 영유아를 말한다.

> "임산부"란 임신 중이거나 분만 후 <u>6개월 미만인 여성</u>을 말한다(모자보건법 제2조 제1호).

05 「모자보건법」상의 용어의 정의로 옳지 않은 것은?

① "임산부"란 임신 중이거나 분만 후 6개월 미만인 여성을 말한다.
② "모성"이란 임산부와 가임기(可姙期) 여성을 말한다.
③ "선천성 이상아"란 신체의 발육이 미숙한 채로 출생한 영유아를 말한다.
④ "난임(難姙)"이란 부부(사실상의 혼인관계에 있는 경우를 포함)가 피임을 하지 아니한 상태에서 부부간 정상적인 성생활을 하고 있음에도 불구하고 1년이 지나도 임신이 되지 아니하는 상태를 말한다.

> ③은 미숙아에 대한 설명이다.
> "선천성 이상아"란 선천성 기형(奇形) 또는 변형(變形)이 있거나 염색체에 이상이 있는 영유아로서 대통령령으로 정하는 기준에 해당하는 영유아를 말한다.

정답 01 ④ 02 ③ 03 ③ 04 ③ 05 ③

06 다음 중 「모자보건법」상의 의료지원에 해당하지 않는 것은?

① 진 찰
② 약제나 치료재료의 발급
③ 요 양
④ 의료시설에의 수용

> **해설 콕**
>
> **의료지원(모자보건법 제10조 제2항)**
> - 진 찰
> - 약제나 치료재료의 발급
> - 처치, 수술, 그 밖의 치료
> - 의료시설에의 수용
> - 간 호
> - 이 송

02 모성보건 및 영유아보건

01 좁은 뜻의 모성보건관리에 해당되는 범위는?

① 어머니의 건강관리 ② 임신, 분만, 산욕의 건강관리
③ 전 여성 상대의 건강관리 ④ 분만시 건강관리

모성보건 관리대상
- 넓은 의미로서의 모성보건관리대상 : 2차 성징이 나타나는 시기로부터 폐경기에 이르는 시기의 15~49세까지를 말한다.
- 좁은 의미로서의 모성보건관리대상 : 20~40세의 여성으로 임신, 분만, 산욕을 중심으로 이와 관계되는 질병과 이상을 예방관리 하는 것이다.

02 어느 지역의 보건상태의 지표가 되는 임신 8개월(29주) 이후부터 출생 7일 미만의 사망(신생아사망)을 뜻하는 것은?

① 모성사망비 ② 모성사망률
③ 사산율 ④ 주산기사망률

주산기사망률(PMR ; Perinatal Mortality Rate, 출생전후기사망률)
어느 지역의 보건상태의 지표가 되는 임신 8개월(29주) 이후부터 출생 7일 미만의 사망(신생아사망)을 뜻한다.
① **모성사망비** : 임신 또는 분만 후 42일 이내에 발생한 여성사망자수를 해당 연도의 출생아수로 나눈 수치를 100,000분비로 표시한 것이다.
② **모성사망률** : 임신 또는 분만 후 42일 이내에 발생한 여성사망자수를 해당 연도의 가임기(15세~49세) 여성의 연앙인구로 나눈 수치를 100,000분비로 표시한 것이다.
③ **사산율** : 출산(분만) 총수에 대한 사산의 비율이다.

03 유산에 대한 설명으로 옳은 것은?

① 임신 주수 28주 이전에 임신이 종결되는 것
② 임신 28주 이상의 사망태아의 출산
③ 임신 8개월 초부터 9개월 반(38주)까지의 분만
④ 임신 9개월 반부터 10개월(42주)까지의 분만

① 유산, ② 사산, ③ 조산, ④ 만기산

정답 06 ③ / 01 ② 02 ④ 03 ①

04 임신중독증의 3대 증상을 바르게 나열한 것은?

① 부종, 고혈압, 당뇨병
② 부종, 고혈압, 단백뇨
③ 산욕열, 당뇨병, 부종
④ 산욕열, 당뇨병, 고혈압

- 임신중독증의 3대 증상 : 부종, 고혈압, 단백뇨
- 임신중독증의 3대 요인 : 단백질 부족, 티아민 부족, 빈혈

05 우리나라 임산부사망의 3대 원인 중 그 빈발성이 순서대로 된 것은?

① 임신중독, 출혈, 감염
② 출혈, 감염, 임신중독
③ 출혈, 산욕열, 임신중독
④ 산욕열, 임신중독, 출혈

임산부 사망의 원인
최대 원인은 임신중독증이며, 출산 전후의 출혈, 자궁감염, 산욕열 등의 순서로 발생한다.

06 조산아의 관리원칙이라고 할 수 없는 것은?

① 체온보호   ② 활동관리
③ 영양공급   ④ 호흡관리

조산아의 4대 관리원칙은 ① 체온보호, ② 감염병 감염 방지, ③ 영양공급, ④ 호흡관리이다.

07 「영유아보육법」의 보육이념으로 옳지 않은 것은?

① 보육은 보호자의 이익을 최우선적으로 고려하여 제공되어야 한다.
② 보육은 영유아가 안전하고 쾌적한 환경에서 건강하게 성장할 수 있도록 하여야 한다.
③ 영유아는 자신의 성, 연령, 종교, 사회적 신분, 재산, 장애, 인종 및 출생지역 등에 따른 어떠한 종류의 차별도 받지 아니하고 보육되어야 한다.
④ 영유아는 보호자의 성, 연령, 종교, 사회적 신분, 재산, 장애, 인종 및 출생지역 등에 따른 어떠한 종류의 차별도 받지 아니하고 보육되어야 한다.

보육은 영유아의 이익을 최우선적으로 고려하여 제공되어야 한다.

08 일반적으로 한 지역 사회의 보건수준을 평가하는 자료로 쓰이는 사망률은?

① 영아사망률 ② 모성사망률
③ 주산기사망률 ④ 사인별 사망률

영아사망률은 해당 연도 출생아 중 출생 이후 1년 이내에 사망한 수를 출생아 1,000명당 수치로 나타내는 보건지표로서, 국민의 보건수준을 측정할 수 있는 가장 중요한 지표의 하나이며, 국제적으로 사용되고 있는 일반적인 보건지표이다.

09 보건지표(health indicator)에 대한 설명으로 옳지 않은 것은? [기출] 2017 서울시

① 일반출산율은 가임여성인구 1,000명당 출산율을 의미한다.
② 주산기사망률은 생후 4개월까지의 신생아 사망률을 의미한다.
③ 영아사망률은 한 국가의 보건 수준을 나타내는 가장 대표적인 지표이다.
④ α – index는 1에 가까워질수록 해당 국가의 보건수준이 높다 할 수 있다.

주산기사망률은 총출산아 1,000명당 임신 29주~출생 후 1주 이내 사망률을 말한다. 주산기란 태아가 분만을 경계로 하여 외계의 생활로 이행하는 시기로 신생아 분만의 전후, 즉 임신 29주(임신 8개월)에서 생후 1주까지의 기간을 말한다.

10 다음 중 영아사망과 신생아사망 지표에 대한 설명으로 옳은 것은?

① 영아후기사망은 선천적인 문제로, 예방이 불가능하다.
② 영아사망률과 신생아사망률은 저개발국가일수록 차이가 적다.
③ α – index가 1에 가까울수록 영유아 보건수준이 낮음을 의미한다.
④ α – index가 커지면 신생아기 이후의 사망수가 높은 것이므로 환경상태가 불량하다는 것을 의미한다.

① 영아후기사망은 후천적인 문제로, 예방이 가능하다.
② 영아사망률과 신생아사망률은 저개발국가일수록 차이가 크다.
③ α – index가 1에 가까울수록 영유아 보건수준이 높음을 의미한다.

11 2017년 영아사망자수가 10명이고 신생아사망자수가 5명일 때 해당 연도 α – index 값은?

기출 | 2018 서울시

① 0.2 ② 0.5
③ 1   ④ 2

$$\alpha - \text{index} = \frac{\text{영아사망자수}}{\text{신생아사망자수}} = \frac{10}{5} = 2 \, (\text{※ 값이 클수록 환경상태가 불량하다는 의미임})$$

12 국민건강증진종합계획(2021~2030)에서 영유아건강의 세부과제 내용은?

① 주산기 관리   ② 질병 치료
③ 영양 지도   ④ 질병 예방

영유아건강의 세부과제 내용
• 고위험 산모·신생아 의료체계 개선으로 신생아 사망률 격차 해소
• 모유수유 등 출산가정 지원을 통한 아동의 장기적 질병 예방
• 영유아 사망 및 장애 예방, 검진 개선 및 발달 지원사업 확대

CHAPTER 07
인구문제와 가족계획

01 인구문제
02 가족계획

CHAPTER 07 인구문제와 가족계획

공중보건

출제포인트
❶ 맬서스(T. R. Malthus)의 인구론 및 관련 이론들을 학습한다.
❷ 인구증가율 지표, 인구변천단계, 인구문제 등을 중점적으로 학습한다.
❸ 인구조사 지표, 인구총주택조사, 인구 피라미드, 생명함수(생명표)의 개념을 학습한다.

01 인구문제

1 인구론

(1) 인구론의 정의
인구론이란 인구학 및 인구분석학적인 연구를 의미하는 것으로, 인구학은 지역사회 인구의 정태적 특성이나 동태적 특성을 연구하는 학문이다.

(2) 인구론의 발전
① 맬서스(T. R. Malthus)의 이론
  ㉠ 맬서스는 인구론에서 "인간의 생산력과 토지의 생산력을 비교할 때, 식량 생산은 산술급수적으로 증가하는데 반하여, 인구는 기하급수적으로 증가한다"고 하였다.

규제의 원리	인구 증가는 식량에 의해 규제된다.
증식의 원리	식량이 증가되는 한 인구도 증가한다.
파동의 원리	인구의 양적 파동(균형 → 불균형 → 균형)이 주기적으로 반복하게 된다는 원리이다.

  ㉡ 맬서스가 제시한 인구 억제책으로서의 '도덕적 억제'는 가족 부양의 책임을 완수할 수 있을 때까지 혼인을 연기함(만혼, 결혼억제)으로써 자발적으로 성적인 절제(금욕)를 하는 것을 뜻한다.
  ㉢ 맬서스는 인구 억제의 가장 효과적인 수단인 피임에 대해서는 합법적인 결혼생활 이외의 다른 비도덕적인 성관계를 조장한다는 의미에서 적극적으로 반대하였다.
  ㉣ 노동자계층이나 하위계층사람들 대다수는 물질적인 생활조건을 개선하기 위해 출산율을 높인다고 주장하였다.
  ㉤ 빈곤은 인구조절 실패 때문에 발생하며, 빈곤자에 대해서 구빈제를 폐지하여 인구의 자연조절기능에 맡기도록 해야 한다고 주장하였다.

| 심화Tip | 맬서스(T. R. Malthus)의 인구론 |

- 인간이 생산하는 생계수단인 식량은 산술급수적 성장법칙을 따른다.
- 인구는 기하급수적 성장법칙을 따른다.
- 노동자 계층이나 하위 계층 사람들 대다수는 물질적인 생활조건을 개선하기 위해 출산율을 높인다.

② **신맬서스주의(Neo - Malthusism)**
   플레이스(F. Place)는 맬서스의 이론 중 만혼, 금욕 등의 도덕적 억제는 실행하기가 어려우므로 피임에 의한 인구 억제를 하여야 한다고 주장하였다.

③ **적정인구론** [기출] 2015 서울시
   캐넌(E. Cannan)은 신맬서스주의를 더욱 발전시켜 인구의 과잉을 식량에만 국한할 것이 아니라, 생활수준에 둠으로써 주어진 여건 속에서 최고의 생활수준을 유지할 때에 실질소득을 최대로 할 수 있다는 적정인구론을 주장하였다.

④ **안정인구론**
   롯카(A. J. Lotka)는 현대 인구통계이론에서 "인구 이동이 없는 폐쇄인구에서 어느 지역의 인구의 성별, 각 연령별 사망률과 가임여성의 연령별 출생률이 변하지 않고 오랫동안 지속되면 인구 규모는 변하지만 인구 구조는 변하지 않고 일정한 인구를 유지하는 안정인구가 된다"고 주장하였다.

폐쇄인구	사회적 인구의 이동 없이 오직 생물학적인 출생과 사망에 의해 형성되는 인구
안정인구	인구 성별, 연령별 사망률과 가임여성 출생률이 변하지 않고 지속되면 인구 규모는 변하지만 인구 구조는 변하지 않는 인구
정지인구	• 인구 규모가 변하지 않고 일정하게 유지되어 인구증가율이 0이 되는 인구 상태 • 안정인구에서 자연인구증가율이 0인 인구로 인구의 증감이 없는 가상적인 인구

2 인구증가

(1) **사회 증가 : 전입과 전출의 차** [기출] 2015 서울시

① 인구 증가 = 자연 증가 + 사회 증가

② 사회 증가 = 전입 인구 − 전출 인구

③ 인구증가율 = $\dfrac{\text{자연 증가} + \text{사회 증가}}{\text{인구}} \times 1,000$

④ 연간 인구증가율 = $\dfrac{\text{연말 인구} - \text{연초 인구}}{\text{연초 인구}} \times 1,000$

⑤ **총인구** : 7월 1일 기준 인구로, 과거에 대한 확정인구(Population Estimate)와 향후의 인구변동 요인(출생, 사망, 국제이동)을 고려하여 작성한 추계인구

(2) 자연 증가 : 출생자수와 사망자수의 차
① 표준화 자연 증가율 : 표준화 출생률과 표준화 사망률의 차
② 표준화 증식 지수 : 표준화 출생률과 표준화 사망률의 비
③ 재생산율 : 여자가 일생 동안 낳는 여자 아이의 평균수 기출 2014, 2022 서울시

총재생산율	한 여성이 일생 동안 여아를 몇 명 낳는가를 나타낸 지표
순재생산율	• 총재생산율에서 출생한 여아가 가임기간의 각 연령까지 생존할 생존율을 반영한 지표 • 순재생산율이 1.0이라면 인구의 증감이 없고, 1.0 이하이면 인구의 감소를 뜻하고, 1.0 이상이면 인구의 증가를 뜻한다.

④ 초자연 증가율 : 조출생률과 조사망률의 차
⑤ 증식 지수(동태 지수) : 출생수(조출생률)와 사망수(조사망률)의 비

심화Tip | 출산율

- **보통출산율** : 일정 기간 동안 평균 인구 1,000명에 대한 출생아수
- **일반출산율** : 특정 1년간의 총출생아수를 해당 연도의 15~19세(가임기간) 여자 연앙인구로 나눈 수치를 1,000분율로 나타낸 것
- **연령별 출산율** : 특정연도의 15~49세 모(母)의 연령별 출생아수를 해당 연령의 여자 연앙인구로 나눈 수치를 1,000분율로 나타낸 것
- **합계출산율** : 한 여자가 가임기간(15~49세)에 낳을 것으로 기대되는 평균 출생아수

(3) 인구변천이론
① 인구의 변천 3단계

노트스테인(F. W. Notestein)과 톰슨(W. S. Thompson)은 공업화의 정도에 따라 인구의 변천을 다음과 같이 3단계로 분류하였다.

제1단계 (고잠재적 성장단계)	고출생, 고사망형	공업화되지 못한 국가에서 흔히 볼 수 있는 인구가 정체된 시기
제2단계 (과도기적 성장단계)	고출생, 저사망형	경제가 발전함에 따라 생활수준 향상과 의약의 발전에 의해 사망률이 점점 감소되지만 고출생률은 그대로 지속되어 인구가 급속하게 증가하는 단계
제3단계 (인구감소단계)	저출생, 저사망형	인구의 급속한 성장을 거친 후 인구가 현상 유지 또는 감소하는 단계

② 인구변화 5단계

블래커(C. P. Blacker)는 인구의 성장단계를 농경사회에서부터 기계문명이 고도로 발달된 현대사회로의 변천과정으로 세분하여 인구변화 5단계론을 주장하였다.

제1단계 (고위정지기)	고출생률, 고사망률의 시기로서 인구의 증감이 거의 없는 시기	인구정지형으로 중부 아프리카 지역의 국가들과 같은 후진국들로서 앞으로 인구증가 잠재력을 가지고 있는 나라의 인구 형태
제2단계 (초기 확장기)	사망률은 감소하고(저사망률), 고출생률은 지속됨에 따라 인구가 급격히 증가하는 단계	경제개발 초기단계 국가들의 인구 형태
제3단계 (후기 확장기)	저사망률, 저출생률로 2단계에 비해 인구성장이 둔화되는 인구성장 둔화형 단계	산업의 발달과 핵가족화의 경향이 있는 국가들의 인구 형태
제4단계 (저위정지기)	출생률이 더욱 낮아져서 저출생, 저사망으로 인구성장이 아주 낮거나 거의 안정된 시기	인구증가·정지형 국가들로 이탈리아, 중동, 러시아 및 우리나라의 인구 형태
제5단계 (감퇴기)	출생률이 사망률보다 낮아져서 인구가 감소하는 단계	인구감소형 국가로서 북유럽 국가, 뉴질랜드 등

3 인구문제

(1) 부양 능력과 인구의 노령화
경제활동인구의 감소로 노동력 부족, 노인복지 비용 증가, 촌락의 높은 노인인구 비율 등의 문제가 발생한다.

(2) 인구의 도시집중
인구의 도시집중으로 인한 주택문제, 교통문제, 범죄의 증가 등이 나타난다.

(3) 저출산·고령화 문제
① 저출산문제
  ㉠ 현 황
    ⓐ 우리나라는 세계에서 가장 급격한 출산율 감소와 빠른 고령화가 동시에 진행되고 있다.
    ⓑ 우리나라 합계출산율은 인구대체수준 및 OECD 평균에 크게 미달하는 수치로 향후 합계출산율이 상승하더라도 가임기 여성(15~49세)이 계속 감소하여 중장기적으로 출생아수는 급격하게 감소할 전망이다.
    ⓒ 총인구는 2015년 5,101만명, 2031년 5,296만명으로 정점을 찍고, 이후로는 감소하여 2065년 4,302만명으로 감소할 것으로 예측된다.
  ㉡ 문제점 : 출산율의 저하는 장기적으로 생산가능인구가 줄어들고, 결국 이는 노동력의 감소와 노인인구부양비의 증가로 나타나게 된다. 노동력이 감소하면 결국 잠재성장률이 낮아지게 된다.

ⓒ 대체출산율(인구대체수준) : 대체출산율은 인구를 현상 유지하는데 필요한 출산율 수준을 말한다. 선진국의 경우 대체로 2.1명이 이에 해당한다. 이 수치는 앞으로 인구가 늘어나거나 줄어들지 않도록 하기 위해서 가임 여성 1인당 2.1명의 자녀는 낳아야 한다는 유럽경제위원회(UNECE)의 보고서에 따른 것이다.

② 고령화문제
  ㉠ 현 황
    ⓐ 생산가능인구(15~64세)는 2016년 3,763만명을 정점으로 이후 감소하여, 2020년대부터 연평균 30만명 이상씩 감소할 것으로 보이며, 반면에 고령인구(65세 이상)는 2015년 654만명에서 2025년 1,000만명을 넘고, 2065년에는 1,827만명까지 증가할 전망이다.
    ⓑ 총부양비(생산가능인구 1백명당 부양할 인구)가 2015년 36.2명에서 2065년 108.7명으로 3배 증가할 것으로 예측된다.
    ⓒ 유소년(0~14세)인구 1백명당 고령인구는 2017년부터 100명을 넘고(인구역전 현상), 2065년 442.3명으로 2015년 대비 4.4배가 될 전망이다.
  ㉡ 문제점
    ⓐ 사회적 측면에서는 노인인구 부양을 위한 생산가능 인구의 조세·사회보장비 부담 증가가 세대간 갈등으로 이어져 사회통합에 부정적 영향을 미칠 것으로 우려된다.

> **The 알아보기**
> **3M의 문제**
> 영양 부족, 이환율의 증가, 사망률의 증가

    ⓑ 노인인구의 급증은 경제성장 둔화로 인한 세입기반의 잠식은 물론 연금수급자의 증가와 노인의료비의 증가를 낳아 사회보장의 재정 부담을 가중시킨다.
    ⓒ 타 연령층에 비해 의료수요가 큰 노인인구(특히 75세 이상)의 증가로 인해 건강보험 재정지출도 큰 폭으로 늘어날 것으로 예상된다.
    ⓓ 노인세대 평균수명은 길어지고 있으나 소득과 건강상태의 불안으로 삶의 질이 저하될 수 있다.

심화Tip 인류 생존을 방해하는 3대 요소(3P)

1. **인구(Population)**
   생존할 수 있는 땅은 좁은데 인구가 계속 증가한다.
2. **공해(Pollution)**
   오염된 환경에서는 생명이 살아가기 힘들며, 식량 생산을 크게 저하시킨다.
3. **가난(Poverty)**
   인구 증가와 환경오염, 과학과 산업의 발달로 농토가 잠식당하여 식량생산이 감소된다.

4 인구정책

(1) 인구정책의 유형

① 인구정책은 중앙정부 또는 지자체가 국민의 생존과 복지를 위하여 사회경제적 및 기타 수단을 이용하여 출생, 사망, 결혼, 이혼 등 현재의 인구과정에 직접 또는 간접적인 영향을 미치려는 의도나 그와 같은 의도를 가진 구체적인 행동을 말한다.

② 수단에 따른 분류(법적 강제력의 강도에 따른 구분)

교육 및 홍보	학교교육이나 매스컴을 통해서 인구문제나 피임기술에 관한 지식이나 정보서비스 등을 제공하고 국민을 정부가 의도하는 방향으로 유도하는 노력을 말한다. 인구교육이나 과거 시행한 '둘만 낳아 잘 기르자'는 가족계획 캠페인 등이 여기에 해당한다.
보상과 징벌	개인의 인구행위가 정부가 의도하는 방향과 일치할 경우 보상을 하고 반대될 경우 처벌을 가하는 방법이다. 처벌(벌금이나 조세제도 등)의 경우 강제적인 요소를 다소 포함하지만, 인구행위의 개인적 자유는 인정하기에 국민들도 수용하기 쉬워 가장 많이 쓰고 있는 정책이다.
규제와 강제	개인의 인구행위에 국가권력이 본격적으로 개입하여 법적으로 조치하는 경우를 말한다. 예컨대 법정 혼인연령의 변경, 피임이나 인공임신중절의 금지는 물론 자녀의 수나 출산시기 등에 직접적으로 개입하는 일 등은 인권침해 문제와 윤리적 문제로 이어질 수 있다.

③ 접근방법에 따른 분류

인구 조정정책	출산 조절정책, 인구 분산정책, 인구자질 향상정책 등이 있으며, 인구의 양과 질에 더 직접적으로 영향을 미친다. • 출산 조절정책 : 가족계획, 사회지원 • 인구자질 향상정책 : 보건의료, 인력개발 • 인구분산정책 : 국내이동, 국제이동
인구 대응정책	인구변동에 따른 사회, 경제, 교육, 문화 등 다양한 분야의 파급효과에 대처하기 위한 정책으로, 주택정책, 식량정책, 교육정책, 사회보장정책 등이 있다.

(2) 제4차 저출산·고령사회기본계획(2021~2025) 추진 방향

① 개 요

우리나라의 인구정책은 1962년 제1차 경제개발계획과 함께 도입되어 늘어나는 출생아수를 억제하여 사회발전을 도모하고, 개인의 삶의 질을 높이는 목적이었다. 출산억제정책은 정부의 적극적인 노력과 국민의 능동적인 참여로 20여년 만인 1983년에 대체출산수준으로 낮추는데 성공하였다. 합계출산율이 1.6~1.7명으로 충분히 낮아진 1980년대 중반 이후에도 출산억제정책은 꾸준히 지속되었으며, 1996년에 정부의 인구정책은 출산억제정책에서 인구자질향상을 위한 보건·복지정책 중심으로 전환하였다. 그러나 1997년 IMF(국제통화기금, International Monetary Fund) 외환위기를 거치면서 출산수준이 1.5명 미만으로 낮아졌고, 2000년을 지나면서 1.1~1.2명이라는 세계에서 가장 낮은 출산율을 기록하면서 정부는 2006년부터 고령사회 대비를 위한 출산장려정책을 도입하여 제3차 저출산·고령사회기본계획(2016~2020년)을 추진하였고, 현재 제4차 저출산·고령사회기본계획(2021~2025년)을 추진 중에 있다.

② 기본 방향
  ㉠ 비전 제시 : 모두가 생애 주기에 따른 삶의 권리를 보장받음으로써 「모든 세대가 함께 행복한 지속 가능 사회」를 구현한다.
  ㉡ 목표 설정 : '개인의 삶의 질 향상', '성평등하고 공정한 사회', '인구변화 대응 사회 혁신'
  ㉢ 가족지원 투자 : 핵심 정책에 대한 과감한 투자를 통해 청년층과 아이를 키우는 부모의 정책 체감도를 제고하고, 가족지원 투자 지속 확대
  ㉣ 사회 구조적 문제에 대한 논의 : 초고령사회 대응을 위해 고령자의 능동적·적극적 역할을 강조하는 한편, 사회 구조적 문제에 대한 논의 진행

③ 4대 추진 전략
  ㉠ <u>함께 일하고 함께 돌보는 사회 조성</u>
    ⓐ 일하는 것을 전제로 생애를 기획하는 청년층을 위해, 여성과 남성이 모두 함께 일하고 함께 돌보는 사회 여건 조성에 집중한다.

    - 일하는 모든 사람이 쓸 수 있는 권리로 출산·육아지원 제도를 확립하고, 일·생활 균형권을 실현할 수 있는 사회적 분위기 조성
    - 출산·양육 등에 따른 노동시장 성차별을 해소하여 성평등한 노동 환경 마련

    ⓑ 부모의 양육부담을 경감하고, 모든 아동이 개별적인 권리 주체로 존중받는 아동중심의 사회환경을 조성한다.
  ㉡ <u>건강하고 능동적 고령사회 구축</u>
    ⓐ 소득·건강·주거 등 삶의 기본적인 영역에서 국가 책임을 지속적으로 강화한다.

    - 안정적인 노후소득 보장을 위한 소득보장 사각지대 해소, 노인 일자리 확대 및 자산의 안정적 소득화 기반 조성
    - 재가기반 건강·돌봄 서비스 확충 및 존엄한 삶의 마무리 지원

    ⓑ 고령층(특히 베이비붐세대)을 생산·소비 등 '능동적 참여자'로 관점을 전환하고, 고령자의 적극적 역할과 활동을 지원한다.
  ㉢ <u>모두의 역량이 발휘되는 사회</u>
    ⓐ 인구 감소에 대응하여 미래형 교육체계 기반 마련 및 평생교육·직업훈련 활성화를 통해 지속적인 인적 역량을 제고한다.
    ⓑ 청년이 기회를 보장받고, 자립·결혼·출산 등의 중요한 생애과정을 포기하지 않도록 삶의 기본적인 자립 기반을 강화한다.
    ⓒ 의욕과 능력이 있음에도 경제활동에 참여하지 못하는 여성·중고령층 등이 역량을 발휘할 수 있도록 경력유지 지원 등 여건을 조성한다.
  ㉣ <u>인구구조 변화에 대응한 적응과 도약</u>
    ⓐ 개인이 다양한 가족 배경에 따른 차별 없이 성장하고, 다양한 노동형태를 포용하는 사회안전망의 보호를 받는 제도적 기반을 강화한다.
    ⓑ 청년, 귀향 베이비부머 등 세대별 지원과 삶의 여건의 공간적 균형 회복을 통해 인구분산과 세대가 공존하는 지역사회를 조성한다.

ⓒ 인구규모 축소에 대응하는 교육, 주택 등 각 분야 사회시스템 적응 조정, 세대간 형평성을 고려한 사회보험의 지속가능성을 논의한다.

비전	모든 세대가 함께 행복한 지속 가능 사회

목표	개인의 삶의 질 향상	성평등하고 공정한 사회	인구변화 대응 사회 혁신

추진 전략	1. 함께 일하고 함께 돌보는 사회 조성	2. 건강하고 능동적인 고령사회 구축
	① 모두가 누리는 워라밸 ② 성평등하게 일할 수 있는 사회 ③ 아동돌봄의 사회적 책임 강화 ④ 아동기본권의 보편적 보장 ⑤ 생애 전반 성·재생산권 보장	① 소득공백 없는 노후생활보장체계 ② 예방적 보건·의료서비스 확충 ③ 지역사회 계속 거주를 위한 통합적 돌봄 ④ 고령친화적 주거환경 조성 ⑤ 존엄한 삶의 마무리 지원
	3. 모두의 역량이 고루 발휘되는 사회	4. 인구구조 변화에 대한 적응
	① 미래 역량을 갖춘 창의적 인재 육성 ② 평생교육 및 직업훈련 강화 ③ 청년기 삶의 기반 강화 ④ 여성의 경력유지 및 성장기반 강화 ⑤ 신중년의 품격있고 활기찬 일·사회참여	① 다양한 가족의 제도적 수용 ② 연령통합적 사회 준비 ③ 전 국민 사회안전망 강화 ④ 지역상생 기반 구축 ⑤ 고령친화경제로의 도약

추진 체계	① 연도별 중앙부처·지자체 시행계획 수립 ② 중앙·지자체 인구문제 공동대응 협의체 운영 등 중앙·지역 거버넌스 구축

[제4차 기본계획의 정책체계도]

5 인구조사

(1) 인구동태(Movement of Population) 기출 2015 서울시

어느 기간에 인구는 출생, 사망, 전입 및 전출 등에 의해서 끊임없이 변동되는데, 이와 같은 현상을 인구동태라 한다.

① 일반출산율(General Fertility Rate)

출산은 출생과 사산을 포함한다.

$$G.F.R = \frac{\text{연간 출생아수}}{\text{임신 가능 여자인구수}} \times 1,000$$

② 합계출산율 〔기출〕 2015 서울시
여성 1명이 가임기간(15~49세) 동안 낳은 평균 자녀 수를 말한다.

③ 조출생률(Crude live-Birth Rate)
특정 인구집단의 출산수준을 나타내는 기본적인 지표로서 특정 1년간의 총출생아수를 해당 연도의 연앙인구로 나눈 수치를 1,000분율로 나타낸 것이다.

$$C.B.R = \frac{\text{연간 출생아수}}{\text{연앙인구}} \times 1{,}000$$

④ 연령별 출산율(ASFR)
어떤 연도에 있어서 특정 연령의 여자인구 1,000명에 대한 같은 연령의 여자가 출산한 총출생아수를 나타낸다.

$$\frac{\text{그 연도 } x\text{세 여자가 낳은 출생아수}}{\text{어떤 연도의 } x\text{세 여자인구}} \times 1{,}000$$

$$= \frac{\text{1년간 발생한 모의 연령별(15~49세) 출생아수}}{\text{해당 연령별 여자의 연앙인구(7월 1일 기준)}} \times 1{,}000$$

⑤ 조사망률(Crude Death Rate)
보통사망률이라고도 한다.

$$\text{조사망률} = \frac{\text{연간 사망자수}}{\text{그 해의 인구}} \times 1{,}000$$

⑥ 사산율(Still-birth Rate)

$$\text{사산율} = \frac{\text{사산수}}{\text{연간 출산수(출생수 + 사산수)}} \times 1{,}000$$

⑦ 혼인율(Marriage Rate)

$$\text{혼인율} = \frac{\text{연간의 혼인 건수}}{\text{인구}} \times 1{,}000$$

(2) 인구정태(State of Population)
일정 지역 내의 인구는 인구의 크기, 구성, 성질 등에 의하여 끊임없이 변동하고 있지만, 일정시점에 있어서 일정지역의 인구의 크기, 인구구조, 인구밀도, 인구분포 등에 대하여 관찰한 인구의 상태를 인구정태라 한다.

(3) 국세조사(인구주택총조사)
① 인구주택총조사는 특정한 시점에 한 국가 또는 일정한 지역의 모든 사람, 가구, 거처와 관련된 인구·경제·사회학적 자료를 수집, 평가, 분석, 제공하는 전 과정으로, 정태조사에 해당한다.
② 인구조사는 고대 바빌로니아(B. C. 3,600년경) 시대에 기원을 두며, 1686년 스웨덴이 최초로 국세조사를 실시하였고, 근대적인 인구조사는 1790년 미국에서 최초로 실시하였다.
③ 국가 영토 내의 사람과 거처 전체(완전성)를 대상으로, 일시(동시성)에, 각각 개별적(개별성)으로, 일정한 주기(주기성)를 갖고 실시하는 국가기본 통계조사이다.
④ 우리나라에서 근대적 의미의 인구조사인 인구총조사는 1925년에 처음으로 실시된 후, 매 5년마다 19차례에 걸쳐 실시되어 왔으며, 주택에 관한 조사가 함께 시행된 것은 1960년 제9회 조사부터이다.
⑤ 조사연도 11월 1일을 기준으로 실시된다.

(4) 총인구조사
① 개 요
총인구란 일정시점에 일정한 지역 내에 살고 있는 모든 인구를 의미한다. 한 국가의 인구 및 인구성장률은 그 국가의 장·단기 국가발전계획 수립에 있어 가장 기본적이고 근원적인 기초 자료로서 인구와 관련된 각종 경제·사회 정책을 수립하는데 활용된다.

② 총인구통계의 유형
총인구에 관한 통계는 주민등록인구, 총조사인구, 추계인구의 세 가지가 있다. 이 중에서 추계인구가 우리나라 공식통계에 해당한다.

주민등록인구	• 행정안전부의 주민등록신고에 기반을 두어 작성한 통계로서 매월 말일을 기준으로 집계하며 선거 등 필요한 시점에 집계하기도 한다. • 주민등록인구는 주민등록상의 거주지와 실제 거주지의 불일치, 거주 불명자, 유학이나 취업 등으로 해외에 거주하는 내국인이 상당수 포함되어 있는 등의 한계점을 가지고 있다.
총조사인구	• 5년마다 실시하는 통계청의 인구주택총조사를 통해 조사원이 직접 가구를 방문하여 작성한 것을 집계한 통계이다. • 총조사인구는 실제 거주지에서 조사하기 때문에 인구의 규모뿐만 아니라 구조나 특성에 대해서도 많은 정보를 제공해주는 이점이 있는 반면 생활방식이 복잡해지면서 유동성이 심한 계층이 누락될 수 있는 우려가 있다.
추계인구	• 주민등록인구와 총조사인구가 가지는 한계를 극복하기 위해 통계청이 총조사인구를 토대로 출생, 사망, 인구이동 등 여러 가지 변수를 고려해 실제적인 인구를 추정하여 작성하는 인구통계이다. • 추계인구는 정부의 인구에 관한 공식통계로서 주요 정책 수립에 활용된다. 다만, 추계인구의 경우 추계의 특성상 추계시 전제했던 상황과 달리 인구변화가 일어날 때 일부 차이가 발생할 가능성이 있다.

6 인구구성과 생명표

(1) 인구구성

① 성별 구조

인구구성에 있어서 남녀별 구성비를 성비(Sex Ratio)라 하는데, 이는 여자 100명에 대한 남자 인구비를 표시하는 것으로 1차 성비, 2차 성비, 3차 성비로 나눈다.

$$성비 = \frac{남자수}{여자수} \times 100$$

㉠ 1차 성비 : 태아의 성비
㉡ 2차 성비(남 > 여) : 출생시의 성비로 보통 여아 100에 대하여 남아 105 전후이다.
㉢ 3차 성비(남 = 여) : 현재 인구의 성비로 영아사망률은 여아보다 남아가 많아서 15~20세 사이에 남녀 성비가 비슷하게 된다.

② 연령별 구조

㉠ 영아인구 : 1세 미만의 인구로 초생아, 신생아, 영아 등을 말한다.
㉡ 소년인구 : 1~14세의 인구로 유아 인구, 학령 전기 인구, 학령기 인구 등을 말한다.
㉢ 생산연령인구 : 15~64세의 인구로 청년 인구, 중년 인구, 장년 인구로 구분한다.
㉣ 노년인구 : 65세 이상의 인구를 말한다.

③ 인구 피라미드 [기출] 2021 서울시

구 분		특 징
피라미드형 (Pyramid Form)	다산다사형, 발전형	0~14세의 인구가 50세 이상 인구의 2배를 초과하며, 출생률보다 사망률이 낮다.
종 형 (Bell Form)	이상적인 인구형, 정지형	0~14세의 인구가 50세 이상 인구의 2배나 되며, 출생률과 사망률이 둘 다 낮다.
방추형 (항아리형, Pot Form)	소산소사형, 감퇴형	0~14세의 인구가 50세 이상 인구의 2배 이하이며, 출생률이 사망률보다 더 낮고, 선진국에서 볼 수 있다.
별 형 (Star Form)	도시형	15~49세의 인구가 50%를 초과하고 생산연령인구가 도시로 유입되는 경우이다.
표주박형 (Guitar Form, 호로형)	농촌형	15~19세의 인구가 전인구의 1/2 미만이며, 생산연령인구가 다수 유출되는 농촌에서 볼 수 있는 형이다.

심화Tip 우리나라의 인구 피라미드

우리나라의 인구 피라미드는 1964년에는 출생률과 사망률이 동시에 높아 인구가 증가하는 피라미드형이었지만, 2005년에는 출생률과 사망률이 동시에 낮아 인구가 정체하는 종형(bell-shape)과 인구가 감소하는 선진국형 방추형의 중간 형태를 보이고 있다. 현재 우리나라는 출산력이 인구대체 수준 이하로 떨어진 가운데 평균수명은 지속적으로 늘어나 인구감소를 경험하게 되는 제2차 인구변천을 시작한 것으로 보인다.

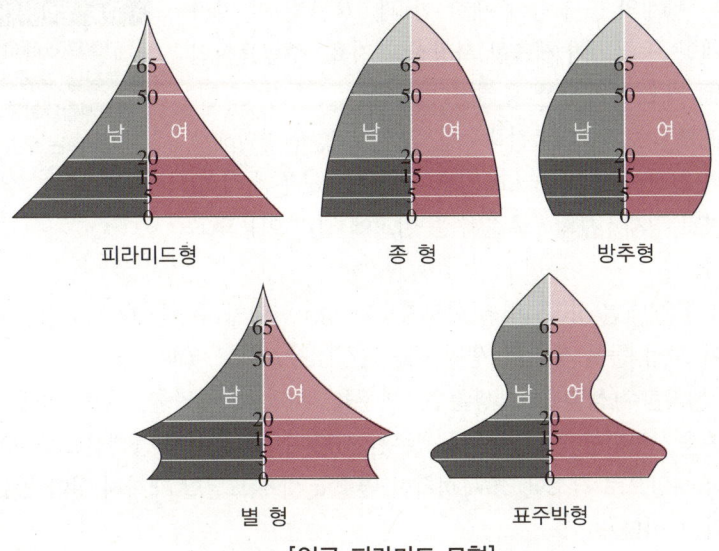

[인구 피라미드 모형]

④ 부양비 [기출] 2021 서울시
  ㉠ 총인구 중에서 생산가능 연령층(15~64세) 인구에 대한 비생산 연령층(0~14세, 65세 이상 인구의 합) 인구의 백분율로서 생산가능 연령층 인구가 부양해야 하는 경제적 부담을 나타내는 지표이다.
  ㉡ 우리나라에서는 농촌보다 도시에서 부양비가 더 낮다. 이는 도시 인구에 생산층 연령 인구가 더 많음을 의미한다.

- 부양비 = $\dfrac{14세\ 이하의\ 인구수\ +\ 65세\ 이상의\ 인구수}{경제활동인구(15 \sim 64세의\ 인구수)} \times 100$

- 노령화지수 = $\dfrac{노년인구}{유년인구} \times 100$

- 유년인구지수 = $\dfrac{유년인구}{경제활동인구} \times 100$

- 노년인구지수 = $\dfrac{노년인구}{경제활동인구} \times 100$

(2) 생명표(Life Table)

① 개 요
  ㉠ 생명표란 현재의 연령별 사망 수준이 그대로 지속된다는 가정하에 특정한 출생 코호트가 연령이 많아짐에 따라 소멸되어 가는 과정을 정리한 표이다.
  ㉡ 어떤 연령층의 인구가 주어진 사망력의 유형과 수준이 그대로 적용된다는 가정하에 평균적으로 더 살 수 있는 기간, 연령별 사망 확률, 특정 연령의 사람이 다른 연령까지 생존할 수 있는 확률 등을 나타낸다.

ⓒ 「가족관계의 등록 등에 관한 법」과 「통계법」에 따라 추계인구, 국민이 제출한 사망신고 자료, 주민등록인구를 기초로 작성한 통계이다.
ⓓ 생명표는 보건・의료정책수립, 보험료율, 인명피해보상비 산정 등에 활용되고 있으며, 장래인구추계 작성, 국가간 경제・사회・보건 수준 비교에 널리 이용되고 있다.

> **The 알아보기**
> **코호트(cohort)**
> 특정의 경험(특히 연령)을 공유하는 사람들의 집체를 말하는데, 출생코호트는 5년(1970~1975년) 혹은 10년(1940~1950년) 사이에 태어난 사람들을 말할 때 사용된다.

ⓔ 통계청은 매년 성・연령별 사망자수와 성・연령별 주민등록인구(연앙인구)를 기초 자료로 하여 보정 등을 통하여 생명표를 작성・공표하고 있다.

② **6종의 생명함수(생명표)** : 생존수, 생존율, 사망수, 사망률, 사력, 평균여명
  ㉠ <u>생존수</u> : 정확한 연령 x세에 생존한 사람 수로, 동시에 출생한 100,000명이 사망확률에 따라 사망으로 감소할 경우 정확한 연령 x세에 도달할 때까지 살아 있을 것으로 기대되는 사람 수이다.
  ㉡ <u>생존율</u> : 정확한 연령 x세의 사람이 $x+n$세까지 살아남을 확률이다.
  ㉢ <u>사망수</u> : 정확한 연령 x세에 생존한 사람이 $x+n$세에 도달하지 못하고 사망할 것으로 기대되는 사람 수이다.
  ㉣ <u>사망률</u> : 정확한 연령 x세의 사람이 $x+n$세에 도달하지 못하고 사망할 확률, 연령 계급 $(x, x+n)$에 있어서의 사망확률이다.
  ㉤ <u>사력</u> : x세에 도달한 사람이 그 순간에 사망할 수 있는 확률을 말한다.
  ㉥ <u>평균여명</u> : x세에 달한 자가 그 후 평균 몇 년을 더 살 수 있는가의 연수를 말한다.
  ㉦ <u>기대여명</u> : 정확한 연령 x세의 사람이 앞으로 생존할 것으로 기대되는 평균 생존연수를 말한다.

$$기대여명 = \frac{연령별\ 총생존연수}{연령별\ 생존자수} \times 100$$

  ㉧ <u>기대수명</u> : 0세 출생자가 향후 생존할 것으로 기대되는 평균 생존연수로서 '0세의 기대여명'을 말한다.
  ㉨ <u>비례사망지수(Proportional Mortality Indicator, PMI)</u> : 연간 총사망자수에 대한 50세 이상의 사망자수를 퍼센트(%)로 표시한 지수로, 비례사망지수(PMI) 값이 높을수록 건강수준이 좋음을 의미한다. [기출] 2016 서울시

$$PMI = \frac{그\ 해에\ 일어난\ 50세\ 이상의\ 사망자수}{연간\ 총사망자수} \times 100$$

02 가족계획

1 가족계획의 개요

(1) 정의

가족계획이라 함은 국가적으로는 국가 정책상 인구문제를 해결하기 위하여, 개인이나 가정적으로는 생활의 향상을 위하여, 자녀의 수를 조절하려는 계획을 말한다.

(2) 내용

① 초산의 시기가 빠를수록 좋은 이유

불임증 발견, 자녀 양육, 자녀의 터울 조절, 단산 시기 조절 등을 위하여 초산의 시기가 빠를수록 좋다.

② 출산 횟수와 간격

출산 횟수는 가정경제, 양육능력 등을 고려하여 1~2회로 한정하는 것이 좋으며, 출산 간격은 형제간의 우애를 고려하여 2~5년 정도가 좋다.

③ 역도태 현상

가족계획의 실천이 경제적, 사회적 상류층 및 지식인층에서만 시행되어 인구의 자질이 떨어지는 역도태 현상이 발생하지 않도록 하여야 한다.

> **The 알아보기**
> **인구 역도태 현상**
> 산아제한에 의한 출산억제가 시행될 경우 사회 경제적으로 상류층에서 수용하기 쉬운데, 이 현상이 장기간 계속될 경우 사회계층간의 출산력의 차이로 인구의 자질이 저하되는 현상이다.

(3) 가족계획사업

① 가족계획사업의 채택

우리나라는 대한가족계획협회가 1961년 발족되어 국제 가족계획연맹에 정회원으로 가입하였으며, 1962년부터 가족계획사업이 국가 시책으로 채택되었다.

② 가족계획사업의 추진 방향

1960년대의 계몽 위주에서 1970년대 전반부에는 실천 촉구 방향으로 변화되었으며, 후반부에는 가족계획의 생활화 방향으로 이루어 졌다.

(4) 인구보건협회로의 명칭변경

사회적으로 저출산문제가 발생하면서 가족계획의 필요성은 거의 사라지고, 오히려 출산장려가 국가적 시책이 되어 가족계획협회도 인구보건협회로 명칭이 변경되었다.

2 가족계획 방법

(1) 수태 조절 방법

① 특 징

인체에 거의 해를 주지 않고 인구나 가족의 증가를 원할 때 항시 원하는 자녀를 낳을 수 있다는 장점이 있으나, 체온 조절이 잘못되었다든가 월경주기의 계산이 잘못되었을 경우 등 실패율이 크며, 인간의 본능적인 성욕(性慾)을 어느 정도(시기적으로) 억제해야 한다는 단점이 있다.

② 종 류
  ㉠ 기초체온법 : 기상 직후의 체온을 측정하여 기록해 보면 체온이 낮은 시기와 높은 시기로 구분되는데, 저온기에서 고온기로 이행할 때 배란이 된다는 것이며, 고온기로 이행한 이후 다음 월경일까지 안전기라고 할 수 있다.
  ㉡ 월경주기 이용법(오기노법) : 여성의 배란기는 다음 월경 시작전 12~19일에 해당된다는 것에 근거를 둔 것으로서, 이 기간은 수태 가능 기간이므로 성생활을 금한다.
  ㉢ 점액관찰법 : 배란 전후에 분비되는 자궁경관 점액을 관찰하여 가임기와 불임기를 판단하는 방법이다.

(2) 피임 방법

① 특 징

약품이나 기구 등을 사용할 때는 피임률이 높고 간편하며, 경제적이다. 또한 질외 사정 방법도 피임률이 높으며, 원할 때에 쉽게 자녀를 낳을 수 있다는 장점이 있으나, 약품과 기구를 사용함에서 오는 부작용으로 인체에 해를 끼칠 수 있고, 성희(性喜)의 극치에 달했을 때 극기심을 발휘해야 하므로 남자의 경우 조루증이 생긴다든가, 남녀 모두 성적인 만족을 억제하는데 따른 심리적 질환을 일으킬 수도 있다.

② 종 류
  ㉠ 콘돔(Condom) : 널리 사용되는 방법으로 고무 제품을 음경에 씌워 정자의 질내 침입을 막음으로써 수태를 방지하며, 성병예방에도 사용된다.
  ㉡ 세척법 : 성교 직후에 질내 정자를 붕산수, 초산수 또는 백반수로 씻어 내며, 살정자제를 이용하기도 한다.
  ㉢ 자궁내 장치법 : 루프(Loop), 미레나(Mirena) 등의 장치를 자궁 내에 장치하여 피임을 하는 방법이다. 자궁내 장치가 배란된 난자와 정자의 수정을 막거나 수정란의 자궁내 착상을 방해함으로써 임신을 예방한다. 자궁내 장치를 이용한 피임은 매우 효과적인 방법이며, 또한 임신을 원할 경우에는 언제든 자궁내 장치를 제거함으로써 다시 임신을 할 수 있는 가역적인 방법이다. 경구피임약에 비하여 자궁내 장치의 피임의 효과는 다소 떨어진다고 볼 수 있으나, 한 번의 삽입으로 임신을 걱정하지 않아도 되는 부분에 있어서는 매일 복용해야만 하는 경구 피임약보다 그 편의성에 있어 장점이 있다고 볼 수 있다.

② 경구 피임약 : 황체호르몬에 의하여 배란이 억제된다는 것을 알고 난 후 사용된 방법으로, 근래에는 프로게스테론과 에스트로겐 혼합 제제가 사용되는데 월경 시작 5일째부터 복용한다.
⑫ 질외사정법 : 예부터 사용된 방법으로 질외에 사정하는 것이다.
⑭ 살정자법 : 초산페닐수은, 황산옥시키놀린, 폴리옥시틸렌 등의 살정자제(Spermicides)를 원료로 한 정제, 젤리, 포말제 등으로 시판되고 있으며, 이를 성교 전에 질내에 투입한다.
⊙ 다이아프램(Diaphragm) : 반구형의 고무막으로서 자궁 경부를 덮어 정자의 침입을 방지하며, 살정자제를 같이 사용하기도 한다.
◎ 임플라논(Implanon) : 최근에 가장 인기 있는 피임법으로 성냥개비 사이즈의 기구를 팔 안쪽에 삽입하여 프로게스테론 제제를 배출해 배란을 막는 것으로 한 번 이식하면 3년의 피임효과를 얻을 수 있다.

(3) 불임 방법
① 특 징

약품이나 기구 사용 등의 피임법에 비해 인체에 미치는 해가 적으면서도 피임률이 높으나, 원상회복이 불가능(60% 정도는 가능)하여 영구불임자라는 심리적 압박감이 있을 수 있고, 수술이 불완전하게 되었을 경우 부부간에 마찰이 일어날 수도 있다. 또한 잘못된 생각, 즉 자신은 불임자이므로 임신의 염려가 없다는 생각 때문에 성적 유혹이 발생하여 불행을 당할 소지가 있을 수도 있다.

② 종 류
㉠ 정관 절제술 : 정관을 잘라 묶음으로써 고환에서 정자가 생식기로 나오지 못하도록 하는 방법으로, 거세(Castration)와는 달리 호르몬 이상이 없다.
㉡ 난관 결찰술 : 난관을 묶고 절단하는 방법으로, 분만 직후에 많이 한다.

CHAPTER 07 출제예상문제

인구문제와 가족계획

01 인구문제

01 T. R. Malthus가 주장하는 인구문제의 해결방법은?

① 적정인구수 유지와 식량증가로 해결하는 것이다.
② 유산을 권장하는 것으로 해결하는 것이다.
③ 피임방법을 통하여 해결하는 것이다.
④ 결혼적령기를 연기함으로써 해결하는 것이다.

> 해설 콕
>
> 맬서스가 제시한 인구 억제책으로서의 '도덕적 억제'는 가족 부양의 책임을 완수할 수 있을 때까지 혼인을 연기함으로써 자발적으로 성적인 절제를 하는 것을 뜻한다.
> 맬서스는 인구 억제의 가장 효과적인 수단인 피임에 대해서는 합법적인 결혼생활 이외의 다른 비도덕적인 성관계를 조장한다는 의미에서 적극적으로 반대했다.

02 맬서스의 인구이론과 무관한 것은 어느 것인가?

① 규제의 원리　　　　② 증식의 원리
③ 감소의 원리　　　　④ 파동의 원리

> 해설 콕
>
> **맬서스의 인구이론**
>
> | | |
> |---|---|
> | 규제의 원리 | 인구 증가는 식량에 의해 규제된다. |
> | 증식의 원리 | 식량이 증가되는 한 인구도 증가한다. |
> | 파동의 원리 | 인구의 양적 파동(균형 → 불균형 → 균형)이 주기적으로 반복하게 된다는 원리이다. |

03 신맬서스주의에서 인구규제의 방법은?

① 만혼주의　　② 성순결주의
③ 피 임　　④ 도덕적 억제

신맬서스주의(Neo-Malthusism)자인 프랜시스 플레이스(F. Place)는 맬서스의 이론 중 만혼, 금욕 등의 도덕적 억제는 실행하기가 어려우므로 피임에 의한 인구 억제를 하여야 한다고 주장하였다.

04 캐넌(E. Cannan)이 신맬서스주의를 더욱 발전시켜 주장한 인구론은?

① 폐쇄인구론　　② 안정인구론
③ 정지인구론　　④ 적정인구론

캐넌(E. Cannan)은 신맬서스주의를 더욱 발전시켜 인구의 과잉을 식량에만 국한할 것이 아니라, 생활수준에 둠으로써 주어진 여건 속에서 최고의 생활수준을 유지할 때에 실질소득을 최대로 할 수 있다는 적정인구론을 주장하였다.

05 신맬서스주의를 더욱 발전시켜 인구의 과잉을 식량에게만 국한할 것이 아니라, 생활수준에 둠으로써 주어진 여건 속에서 최고의 생활수준을 유지할 때에 실질소득을 최대로 할 수 있다는 적정인구론을 주장한 사람은?

기출 2015 서울시

① T. R. Malthus　　② Francis Place
③ J. P. Frank　　④ E. Cannan

① 인구론
② 신맬서스주의
③ 전의사경찰체계(최초의 공중보건학 저서)

정답 01 ④　02 ③　03 ③　04 ④　05 ④

06 인구의 사회적인 증감이 없고, 단지 자연적·생물학적인 출생과 사망에 의하여 형성되는 인구는?

① 폐쇄인구
② 안정인구
③ 정지인구
④ 적정인구

폐쇄인구는 인구의 사회적인 증감이 없고, 자연적인 출생과 사망에 의해 형성되는 인구이다.
② 안정인구는 일정한 출생률과 연령별 사망률을 유지할 때 일정한 인구 구성을 유지하는 인구이다.
③ 정지인구는 안정인구에서 자연인구증가율이 0인 인구로 인구의 증감이 없는 가상적인 인구이다.
④ 적정인구는 인구문제를 생활수준에 둠으로써 주어진 여건 속에서 최고의 생활수준을 유지하면서 실질소득을 최대로 할 수 있는 인구이다.

07 인구증가율을 가장 정확하게 나타낸 것은? 기출 2015 서울시

① $\dfrac{\text{출생수}}{\text{사망수}} \times 100$

② $\dfrac{\text{연말 인구} - \text{연초 인구}}{\text{연초 인구}} \times 1{,}000$

③ $\dfrac{\text{자연 증가} - \text{사회 증가}}{\text{인구}} \times 1{,}000$

④ $\dfrac{\text{자연 증가} + \text{사회 증가}}{\text{인구}} \times 1{,}000$

인구증가율은 자연증가율과 사회증가율의 합으로 전년대비 인구변화율을 나타내는 지표이다.

08 한 여성이 일생 동안 여아를 몇 명 낳는지를 나타내는 출산력 지표는? 기출 2014 서울시

① 보통출생률
② 일반출산율
③ 연령별 출산율
④ 합계출산율
⑤ 총재생산율

> 해설 콕
> ① **보통출생률**: 일정 기간 동안 평균 인구 1,000명에 대한 출생자수
> ② **일반출산율**: 특정 1년간의 총출생아수를 해당 연도의 15~19세(가임기간) 여자 연앙인구로 나눈 수치를 1,000분율로 나타낸 것
> ③ **연령별 출산율**: 특정연도의 15~49세 모(母)의 연령별 출생아수를 해당 연령의 여자 연앙인구로 나눈 수치를 1,000분율로 나타낸 것
> ④ **합계출산율**: 한 여자가 가임기간(15~49세)에 낳을 것으로 기대되는 평균 출생아수

09 한 여성이 가임기간 동안 몇 명의 여아를 낳는지를 나타내는 지표로 사망률까지 고려한 지표는? 기출 2022 서울시

① 합계출산율
② 총재생산율
③ 순재생산율
④ 일반출생률

> 해설 콕
> 순재생산율은 여아의 연령별 사망률과 동시에 한 여성이 가임기간(15~49세) 동안 몇 명의 여아를 낳는지를 나타내는 지표로, 순재생산율이 1보다 크면 인구의 증가를, 1보다 작으면 인구의 감소를 의미한다.
> ① **합계출산율**: 한 여자가 가임기간(15~49세)에 낳을 것으로 기대되는 평균 출생아수
> ② **총재생산율**: 한 여성이 일생 동안 여아를 몇 명 낳는가를 나타낸 지표로 사망률을 고려하지 않는 경우
> ④ **일반출생률**: 특정 1년간의 총출생아수를 해당 연도의 가임기간(15~49세) 여자인구로 나눈 수치를 1,000분율로 나타낸 것

10 다음 보기 중 합계출산율의 개념을 바르게 설명한 것은? 기출 2015 서울시

① 해당 지역인구 1,000명당 출생률
② 가임 여성인구(15~49세) 1,000명당 출생률
③ 여성 1명이 가임기간(15~49세) 동안 낳은 평균 여아수
④ 여성 1명이 가임기간(15~49세) 동안 낳은 평균 자녀수

합계출산율 : 여성 1명이 가임기간(15~49세) 동안 낳은 평균 자녀수
① 조출생률
② 일반출산율
④ 합계출산율

11 인구가 2배 되는데 35년 걸렸다면 그 동안의 평균 인구증가율은?

① 2% ② 2.5%
③ 3% ④ 3.5%

인구 배가 연수 = $\dfrac{70}{평균\ 인구증가율}$, $35 = \dfrac{70}{평균\ 인구증가율}$

∴ 평균 인구증가율 = $\dfrac{70}{35}$ = 2%

12 Notestein과 Thompson의 인구성장 분류에 따르면 인구가 급속하게 증가하는 개발도상국가는 어느 단계인가?

① 잠재적 성장단계
② 과도기적 성장단계
③ 초기확장기
④ 고위정지기

Notestein과 Thompson의 인구의 변천 3단계

제1단계 (고잠재적 성장단계)	고출생, 고사망형	공업화되지 못한 국가에서 흔히 볼 수 있는 인구가 정체된 시기
제2단계 (과도기적 성장단계)	고출생, 저사망형	경제가 발전함에 따라 생활수준 향상과 의약의 발전에 의해 사망률이 점점 감소되지만 고출생률은 그대로 지속되어 인구가 급속하게 증가하는 단계
제3단계 (인구감소단계)	저출생, 저사망형	인구의 급속한 성장을 거친 후 인구가 현상 유지 또는 감소하는 단계

13 블랙커(C. P. Blacker)의 인구변화 5단계 중에서 제3단계의 인구정지형에 해당하는 것은?

① 고출생률, 고사망률
② 고출생률, 저사망률
③ 저출생률, 저사망률
④ 출생률, 사망률 모두 최저

블랙커(C. P. Blacker)의 인구변화 5단계

제1단계 (고위정지기)	고출생률, 고사망률의 시기로서 인구의 증감이 거의 없는 시기
제2단계 (초기 확장기)	사망률은 감소하고(저사망률), 고출생률은 지속됨에 따라 인구가 급격히 증가하는 단계
제3단계 (후기 확장기)	저사망률, 저출생률로 2단계에 비해 인구성장이 둔화되는 인구성장 둔화형 단계
제4단계 (저위정지기)	출생률이 더욱 낮아져서 저출생, 저사망으로 인구성장이 아주 낮거나 거의 안정된 시기
제5단계 (감퇴기)	출생률이 사망률보다 낮아져서 인구가 감소하는 단계

14 이상적인 인구형으로, 0~14세 인구가 50세 이상 인구의 약 2배를 차지하는 인구구조는?

① 피라미드형 ② 방추형
③ 종 형 ④ 별 형

인구구조
- **피라미드형(Pyramid Form)** : 발전형(후기 확장기)으로서 출생률보다 사망률이 저하된 상태이며, 0~14세가 50세 이상의 2배를 넘는다.
- **종형(Bell Form)** : 정지형(저위정지기)으로서 출생률과 사망률이 모두 낮고 0~14세가 50세 이상의 2배가 된다.
- **방추형(Pot Form, 항아리형)** : 감퇴형으로서 출생률이 사망률보다 더 낮으며, 0~14세 인구가 50세 이상의 2배 이하이다.
- **별형(Star Form)** : 유입형으로서 도시 지역의 정형이며, 15~49세가 전체의 50%이다.
- **표주박형(Guitar Form, 호로형)** : 유출형으로 농촌지역의 정형이며, 15~49세가 전체의 50% 미만이다.

15 노인부양비가 늘어나는 인구구조형은?

① 피라미드형 ② 종 형
③ 항아리형 ④ 호로형

농촌지역은 인구노령화 현상이 두드러지게 나타나고 있다. 그 이유는 젊은 인구층의 이농현상 때문이다. 따라서 노인부양비가 증가한다. 농촌형에 해당하는 형은 호로형이다.

16 소산소사형, 감퇴형으로 선진국 형태의 인구구조형은?

① 피라미드형 ② 종 형
③ 방추형 ④ 별 형

방추형(Pot Form, 항아리형)
소산소사형, 감퇴형으로 0~14세의 인구가 50세 이상 인구의 2배 이하이며 출생률이 사망률보다 더 낮고, 선진국에서 볼 수 있다.
① **피라미드형(Pyramid Form)** : 다산다사형, 발전형으로 0~14세의 인구가 50세 이상 인구의 2배를 초과하며, 출생률보다 사망률이 낮다.
② **종형(Bell Form)** : 이상적인 인구형, 정지형으로 0~14세의 인구가 50세 이상 인구의 2배나 되며, 출생률과 사망률이 둘 다 낮다.
④ **별형(Star Form)** : 도시형으로 15~49세의 인구가 50%를 초과하고 생산연령인구가 도시로 유입되는 경우이다.

17 <보기>에서 설명하는 인구구조로 가장 옳은 것은?
기출 2021 서울시

> 감소형 인구구조로서 출생률이 사망률보다 낮은 인구구조를 말한다. 주로 평균수명이 높은 선진국에 나타나는 모형이다.

① 종형(bell form) ② 항아리형(pot form)
③ 피라미드형(pyramid form) ④ 별형(star form)

항아리형(pot form)은 사망률이 낮으나, 출생률이 사망률보다 더욱 낮아 인구가 감퇴되는 형이다. 0~14세의 인구가 50세 이상 인구의 2배가 안 된다.
① 종형(bell form) : 0~14세의 인구가 50세 이상 인구의 2배나 되며, 출생률과 사망률이 둘 다 낮다.
③ 피라미드형(pyramid form) : 0~14세의 인구가 50세 이상 인구의 2배를 초과하며, 출생률보다 사망률이 낮다.
④ 별형(star form) : 15~49세의 인구가 50%를 초과하고, 생산연령인구가 도시로 유입되는 경우이다.

18 다음 중 인구정태 통계에 해당하는 것은?

① 출생률 ② 사망률
③ 인구의 크기 ④ 이혼율

일정 지역 내의 인구는 인구의 크기, 구성, 성질 등에 의하여 끊임없이 변동하고 있지만, 일정 시점에 있어서 일정 지역의 인구의 크기, 인구구조, 인구밀도, 인구분포 등에 대하여 관찰한 인구의 상태를 인구정태라 한다. 반면에 어느 기간에 인구는 출생, 사망, 전입 및 전출 등에 의해서 끊임없이 변동되는데, 이와 같은 현상을 인구동태라 한다.

19 인구증가로 인한 문제에 대한 설명으로 옳지 않은 것은?

① 환경오염의 증가 ② 생산량의 감소
③ 공중보건의 악화 ④ 부양비의 증가

인구증가로 인한 사회적 문제는 식량과 자원의 부족, 부양비의 증가, 주거환경의 악화, 경제발전의 둔화 및 사회적 불안 등이 있다. 인구증가는 생산량을 증가시키는 요인이다.

20 인구문제를 해결하기 위한 방법 중 인구조정정책에 해당하는 것은?

① 사회보장정책 ② 주택정책
③ 교육정책 ④ 인구재배치

인구정책	
인구조정정책	출산조절정책, 인구분산정책, 인구자질 향상정책 등이 있으며, 인구의 양과 질에 더 직접적으로 영향을 미친다. • 출산조절정책 : 가족계획, 사회지원 • 인구자질 향상정책 : 보건의료, 인력개발 • 인구분산정책 : 국내이동, 국제이동, 인구재배치
인구대응정책	인구변동에 따른 사회, 경제, 교육, 문화 등 다양한 분야의 파급효과에 대처하기 위한 정책으로 주택정책, 식량정책, 교육정책, 사회보장정책 등이 있다.

21 인구보건에서 말하는 3P는?

① 인구, 빈곤, 사망률
② 인구, 빈곤, 환경오염
③ 인구, 영양부족, 이환율
④ 인구, 영양부족, 환경오염

인류 생존을 방해하는 3대 요소(3P)
• 인구(Population) : 생존할 수 있는 땅은 좁은데 인구가 계속 증가한다.
• 빈곤(Poverty) : 인구 증가와 환경오염, 과학과 산업의 발달로 농토가 잠식당하여 식량생산이 감소된다.
• 환경오염(Pollution) : 오염된 환경에서는 생명이 살아가기 힘들며, 식량 생산을 크게 저하시킨다.

22 오늘날 보건에 관한 문제로 3M에 해당하지 않는 것은?

① 빈 곤 ② 사망률의 증가
③ 영양결핍 ④ 이환율의 증가

3M : 영양결핍률, 이환(병에 걸림)율의 증가, 사망률의 증가

23 인구정책의 내용 중 옳은 것은?

> 가. 적절한 성비의 균형   나. 인구자질 향상 사업
> 다. 지역적 균형 있는 인구분포   라. 적절한 인구규모의 유지

① 가, 나 ② 가, 다
③ 나, 다, 라 ④ 가, 나, 다, 라

인구정책은 가, 나, 다, 라를 모두 말한다.

24 국세조사에 대한 설명으로 틀린 것은?

① 인구정태조사이다.
② 우리나라는 5년마다 실시된다.
③ 최초의 근대적 국세조사는 미국에서 실시되었다.
④ 조사기준 시점은 조사년도 7월 1일이다.

국세조사의 조사기준 시점은 '조사년도 11월 1일 0시 현재'이다. 조사대상은 조사년도 11월 1일 0시 현재 대한민국 영토 내에 상주하는 모든 내·외국인과 이들이 살고 있는 거처이다.

25 3차 성비가 110이라는 것은 무엇을 의미하는가?

① 여성과 남성의 비가 100 : 110이다.
② 남성과 여성의 비가 100 : 110이다.
③ 여성과 남성의 비가 같다.
④ 태아의 성비가 출생시 성비보다 높다.

3차 성비는 현재 인구간의 성비를 말하며, 여성 100을 기준으로 남성의 비가 110이다.

정답 20 ④ 21 ② 22 ① 23 ④ 24 ④ 25 ①

26 다음 중 2차 성비에 해당되는 것은?

① 사망시의 성비
② 현재 인구의 성비
③ 노인의 성비
④ 출생시의 성비

성별 구조
- **1차 성비** : 태아의 성비를 말한다.
- **2차 성비** : 출생시의 성비를 말한다.
- **3차 성비** : 현재 인구간의 성비를 말한다.
※ 1차·2차 성비에서는 남자가 여자보다 많으나, 고령으로 올라갈수록 여자가 남자보다 더 많다.

27 인구구조 지표에 대한 설명으로 가장 옳은 것은? 기출 2021 서울시

① 부양비는 경제활동연령 인구에 대한 비경제활동연령 인구의 비율로 표시된다.
② 노년부양비는 0~14세 인구에 대한 65세 이상 인구의 비율로 표시된다.
③ 노령화지수는 15~64세 인구에 대한 65세 이상 인구의 비율로 표시된다.
④ 1차 성비는 출생시 여자 100명에 대한 남자 수로 표시된다.

부양비는 경제활동연령 인구(15~64세)에 대한 비경제활동연령 인구[유소년인구(0~14세) + 고령인구(65세 이상)]의 비율로 표시된다.
② 노년부양비는 <u>15~64세 인구에 대한 65세 이상 인구의 비율로 표시된다.</u>
③ 노령화지수는 <u>0~14세 인구에 대한 65세 이상 인구의 비율로 표시된다.</u>
④ 성비는 보통 여자 100명에 대한 남자 수로 표시되며, <u>1차 성비는 태아의 성비를 말한다.</u>

28 부양비를 옳게 표시한 것은?

① (생산층 인구 ÷ 비생산층 인구) × 100
② (비생산층 인구 ÷ 생산층 인구) × 100
③ (생산층 인구 − 비생산층 인구) × 100
④ (비생산층 인구 − 생산층 인구) × 100

부양비

$$\frac{14세 이하의 인구수 + 65세 이상의 인구수}{경제활동인구(15 \sim 64세의 인구수)} \times 100$$

29 15세 미만 인구 100명, 15~64세 인구 400명, 65세 이상 인구 200명일 때, 다음 설명 중 옳지 않은 것은?

① 부양비는 75%이다.
② 노령화지수는 40%이다.
③ 유년인구지수 25%이다.
④ 노년인구지수는 50%이다.

노령화지수 = $\dfrac{\text{노년인구(200명)}}{\text{유년인구(100명)}} \times 100 = 200\%$

30 생명표 작성에서 가장 기본이 되는 자료는?

① 출생률
② 영아사망률
③ 사망률
④ 성별, 연령별, 사망률

통계청은 매년 성·연령별 사망자수와 성·연령별 주민등록인구(연앙인구)를 기초 자료로 하여 보정 등을 통하여 생명표를 작성·공표하고 있다.

31 다음 중에서 6종의 생명함수(생명표)에 해당하지 않는 것은?

① 생존수
② 생존율
③ 사 력
④ 평균수명

6종의 생명함수(생명표) : 생존수, 생존율, 사망수, 사망률, 사력, 평균여명

32 x세에 도달한 사람이 그 순간에 사망할 수 있는 확률은?

① 생존수 ② 사망수
③ 사 력 ④ 사망률

사 력
x세에 도달한 사람이 그 순간에 사망할 수 있는 확률
① **생존수** : 정확한 연령 x세에 생존한 사람수로, 동시에 출생한 100,000명이 사망확률에 따라 사망으로 감소할 경우 정확한 연령 x세에 도달할 때까지 살아 있을 것으로 기대되는 사람수
② **사망수** : 정확한 연령 x세에 생존한 사람이 $x+n$세에 도달하지 못하고 사망할 것으로 기대되는 사람수
④ **사망률** : 정확한 연령 x세의 사람이 $x+n$세에 도달하지 못하고 사망할 확률, 연령 계급$(x, x+n)$에 있어서의 사망확률

33 비례사망지수(Proportional Mortality Indicator, PMI)에 대한 설명으로 옳지 않은 것은?

기출 2016 서울시

① 보건환경이 양호한 선진국에서는 비례사망지수가 높다.
② 연간 총사망자수에 대한 그 해 50세 이상의 사망자수의 비율이다.
③ 국가간 보건수준을 비교하는 지표로 사용된다.
④ 비례사망지수가 높은 것은 평균수명이 낮은 것을 의미한다.

비례사망지수(Proportional Mortality Indicator, PMI)
연간 총사망자수에 대한 50세 이상의 사망자수를 퍼센트(%)로 표시한 지수로, 비례사망지수(PMI) 값이 높을수록 건강수준이 좋음을 의미한다.

02 가족계획

01 가족계획을 위한 피임방법 선택시 필요한 조건은?

> 가. 효과가 확실할 것 나. 인체에 무해할 것
> 다. 사용방법이 간편할 것 라. 비용이 적게 들 것

① 가, 나, 다 ② 가, 나
③ 나, 라 ④ 가, 나, 다, 라

가, 나, 다, 라 모두 해당된다.

02 배란기에 성교를 피함으로써 자연적으로 피임이 되도록 하는 방법이 아닌 것은?

① 월경주기법 ② 점액관찰법
③ 기초체온법 ④ 경구용 피임약

경구용 피임약은 배란기와 상관없이 피임할 수 있는 방법이다.

03 자궁내 장치에 대한 설명은?

① 1회 삽입으로 10년 동안 피임이 가능하다.
② 월경 시작 전에 삽입한다.
③ 수정란의 착상을 방해한다.
④ 자궁내 염증이 있어도 삽입할 수 있다.

자궁내 장치는 배란된 난자와 정자의 수정을 막거나 수정란의 자궁내 착상을 방해함으로써 임신을 예방한다.

04 임플라논(Implanon) 피임법은?

① 성교 직후에 질내 정자를 붕산수, 초산수 또는 백반수로 씻어내는 방법이다.
② 월경 시작 후에 삽입한다.
③ 팔 안쪽에 삽입 시술해 프로게스테론 제제를 배출해 배란을 막는 피임방법이다.
④ 자궁내 염증이 있어도 삽입할 수 있다.

임플라논(Implanon)
최근에 가장 인기 있는 피임법으로, 성냥개비 사이즈의 기구를 팔 안쪽에 삽입 시술해 프로게스테론 제제를 배출해 배란을 막는 것으로 한 번 이식하면 3년의 피임효과를 얻을 수 있다.

05 성병예방에 가장 좋은 피임방법은?

① 질세척　　　　　　　　② 콘 돔
③ 자궁내 장치　　　　　　④ 경구피임약

콘돔(Condom)
콘돔은 널리 사용되는 방법으로, 고무 제품을 음경에 씌워 정자의 질내 침입을 막음으로써 수태를 방지하며, 성병예방에도 사용된다.

CHAPTER 08
학교보건과 보건교육

01 학교보건
02 보건교육

CHAPTER 08 학교보건과 보건교육

공중보건

출제포인트
❶ 학교보건의 설비기준 및 관리기준, 교육환경보호구역에 대하여 학습한다.
❷ 건강검사 및 보건교사의 배치, 직무내용에 대해 학습한다.
❸ 보건교육의 목적, 보건교육이론, 보건교육의 계획수립·실시방법에 대해 학습한다.

01 학교보건

1 학교보건 일반

(1) 개요

① 의의
학생 및 교직원과 가족, 더 나아가서 지역사회를 대상으로 학생, 가족, 교직원 및 보건의료 전문가가 참여하여 보건서비스와 환경관리 및 보건교육을 제공함으로써 각자의 건강문제를 해결할 수 있는 신체적·정신적·사회적 기능 수준을 향상시켜 안녕 상태에 이르도록 하는 포괄적인 보건사업을 말한다.

> **The 알아보기**
> **학교보건법**
> 「학교보건법」은 학교의 보건관리에 필요한 사항을 규정하여 학생과 교직원의 건강을 보호·증진함을 목적으로 한다.

② 학교보건의 중요성
㉠ 학교는 지역사회 중심체로서의 역할을 한다.
㉡ 학교보건은 여러 보건사업을 추진하는데 유리한 여건을 내포하고 있다.
㉢ 학교인구는 학교가 위치해 있는 그 지역사회 총인구의 1/4 정도 되는 많은 인구수를 가지고 있다.
㉣ 학생은 배우려는 의욕이 강하기 때문에 보건교육의 효과가 빨리 나타나고 보건에 관한 지식의 생활화가 용이하다.
㉤ 학생들을 통하여 학부모들에게까지도 건강지식이나 정보를 전달할 수 있다.

③ 학교 보건의 대상
학생과 교직원, 환경과 자원간의 상호작용, 목표, 예산 등으로 구성된 학교공동체가 학교보건의 대상이 된다.

(2) 학교보건 환경

① 보건실

㉠ 학생 및 교직원의 건강관리, 건강상담, 보건교육 등 학교보건사업 수행을 위해 보건실을 설치한다.

㉡ 설치기준(학교보건법 시행령 제2조)

ⓐ 위치 : 학생과 교직원의 응급처치 등이 신속히 이루어질 수 있도록 이용하기 쉽고 통풍과 채광이 잘 되는 장소일 것

ⓑ 면적 : 66제곱미터 이상. 다만, 교육부장관(「대학설립·운영 규정」 제1조에 따른 대학만 해당된다) 또는 특별시·광역시·특별자치시·도 또는 특별자치도(이하 "시·도"라 한다)의 교육감(「고등학교 이하 각급 학교 설립·운영 규정」 제2조에 따른 각급 학교만 해당된다)은 학생수 등을 고려하여 학생과 교직원의 건강관리에 지장이 없는 범위에서 그 면적을 완화할 수 있다.

② 보건실에 갖추어야 하는 시설과 기구 및 용품의 구체적인 기준(시행규칙 별표 1)

구 분	기 준
일반 시설 및 기구 등	사무용 책상·의자, 건강기록부 및 서류 보관장, 약장·기기보관함, 소독(멸균)기, 냉·온장고, 물 끓이는 기구, 손전등, 가습기, 수도시설 및 세면대, 냉·난방시설, 통신시설, 컴퓨터·프린터기, 칠판·교육용 기자재 등
환자안정용 기구	침대·침구류 및 보관장, 칸막이(가리개), 보온기구 등
건강진단 및 상담용 기구	신장계·체중계·줄자·좌고계, 비만측정기, 시력표·조명장치·눈가리개·시력검사용 지시봉, 색각검사표, 청력계, 혈압계·청진기, 혈당측정기, 스톱워치(stopwatch), 검안경·검이경(귀보개)·비경, 펜라이트(penlight), 치과용 거울, 탐침·핀셋, 상담용·탁자 및 진찰용 의자 등
응급처치용 기구	체온계, 핀셋·핀셋통, 가위·의료용 쟁반·가제통·소독접시·상처소독용 이동식 수레, 부목·휴대용 구급기구·구급낭·들것·목발, 세안수수기·찜질기·켈리(지혈감자), 휴대용 산소기 및 구급처치용 침대 등
환경위생 및 식품위생검사용 기구	통풍건습계, 흑구온도계, 조도계, 가스검지기, 먼지측정기, 소음계 및 수질검사용 기구 등
기 타	학생 및 교직원의 보건관리에 필요한 시설과 기구 및 용품 등

[비고] 교육감은 학교의 실정에 따라 **환경위생 및 식품위생검사용 기구**의 규정에 의한 기준을 조정할 수 있다.

③ 환기·채광·조명·온습도의 조절기준과 환기설비의 구조 및 설치기준(시행규칙 별표 2)

기출 2016 서울시

환 기	가. 환기의 조절기준 환기용 창 등을 수시로 개방하거나 기계식 환기설비를 수시로 가동하여 1인당 환기량이 시간당 21.6세제곱미터 이상이 되도록 할 것 나. 환기설비의 구조 및 설치기준(환기설비의 구조 및 설치기준을 두는 경우에 한한다) 1) 환기설비는 교사 안에서의 공기의 질의 유지기준을 충족할 수 있도록 충분한 외부공기를 유입하고 내부공기를 배출할 수 있는 용량으로 설치할 것 2) 교사의 환기설비에 대한 용량의 기준은 환기의 조절기준에 적합한 용량으로 할 것 3) 교사 안으로 들어오는 공기의 분포를 균등하게 하여 실내공기의 순환이 골고루 이루어지도록 할 것 4) 중앙관리방식의 환기설비를 계획할 경우 환기닥트는 공기를 오염시키지 아니하는 재료로 만들 것

채광 (자연조명)	가. 직사광선을 포함하지 아니하는 천공광에 의한 옥외 수평조도와 실내조도와의 비가 평균 5퍼센트 이상으로 하되, 최소 2퍼센트 미만이 되지 아니하도록 할 것 나. 최대조도와 최소조도의 비율이 10대 1을 넘지 아니하도록 할 것 다. 교실 바깥의 반사물로부터 눈부심이 발생되지 아니하도록 할 것
조도 (인공조명)	가. 교실의 조명도는 책상면을 기준으로 300럭스 이상이 되도록 할 것 나. 최대조도와 최소조도의 비율이 3대 1을 넘지 아니하도록 할 것 다. 인공조명에 의한 눈부심이 발생되지 아니하도록 할 것
실내온도 및 습도	가. 실내온도는 섭씨 18도 이상 28도 이하로 하되, 난방온도는 섭씨 18도 이상 20도 이하, 냉방온도는 섭씨 26도 이상 28도 이하로 할 것 나. 비교습도는 30퍼센트 이상 80퍼센트 이하로 할 것

④ 유해중금속 등 유해물질의 예방 및 관리 기준(시행규칙 별표 2의2)
  ㉠ 체육장 등의 학교시설에 설치하는 인조잔디 및 탄성포장재는 「산업표준화법」 제15조 제1항에 따른 인증을 받은 제품을 사용할 것
  ㉡ 설치한 인조잔디 및 탄성포장재의 파손 여부, 유해중금속 등 유해물질의 발생 여부를 주기적으로 점검하고, 필요한 조치를 할 것
  ㉢ 학교시설 중 「환경보건법」 제2조 제8호에 따른 어린이활동공간에 대해서는 환경안전관리기준에 적합하게 유지·관리되고 있는지 확인할 것

⑤ 상하수도·화장실의 설치 및 관리기준(시행규칙 별표 3)

상·하수도의 설치 및 관리기준	「수도법」 및 「하수도법」의 관련규정에 의하여 설치·관리할 것

화장실의 설치 및 관리기준	가. 화장실의 설치기준
	  1) 화장실은 남자용과 여자용으로 구분하여 설치하되, 학생 및 교직원이 쉽고 편리하게 이용할 수 있도록 필요한 면적과 변기수를 확보할 것
	  2) 대변기 및 소변기는 수세식으로 할 것(상·하수도시설의 미비 또는 수질오염 등의 이유로 인하여 수세식 화장실을 설치하기 어려운 경우에는 제외한다)
	  3) 출입구는 남자용과 여자용이 구분되도록 따로 설치할 것
	  4) 대변기의 칸막이 안에는 소지품을 두거나 옷을 걸 수 있는 설비를 할 것
	  5) 화장실 안에는 손 씻는 시설과 소독시설 등을 갖출 것
	나. 화장실의 유지·관리기준
	  1) 항상 청결이 유지되도록 청소하고 위생적으로 관리할 것
	  2) 악취의 발산과 쥐 및 파리·모기 등 해로운 벌레의 발생·번식을 방지하도록 화장실의 내부 및 외부를 4월부터 9월까지는 주 3회 이상, 10월부터 다음해 3월까지는 주 1회 이상 소독을 실시할 것

⑥ 폐기물 및 소음의 예방 및 처리기준(시행규칙 별표 4)
  ㉠ 폐기물의 예방 및 처리기준
    ⓐ 교지 및 교사는 청결히 유지하여 하며, 폐기물의 재활용 조치 등 폐기물의 발생을 예방하거나 감량화에 노력할 것
    ⓑ 학교 내에는 「폐기물관리법 시행규칙」 제20조의2의 규정에 의한 폐기물 소각시설을 설치·운영하지 아니하도록 할 것
    ⓒ 폐기물을 배출할 때에는 그 종류 및 성상에 따라 분리하여 배출할 것
  ㉡ 소음의 기준 : 교사 내의 소음은 55dB(A) 이하로 할 것

⑦ 공기 질 등의 유지·관리기준(시행규칙 별표 4의2)
  ㉠ 유지기준

오염물질 항목	기준(이하)	적용 시설	비고
미세먼지	35㎍/m³	교사 및 급식시설	직경 2.5㎛ 이하 먼지
	75㎍/m³	교사 및 급식시설	직경 10㎛ 이하 먼지
	150㎍/m³	체육관 및 강당	직경 10㎛ 이하 먼지
이산화탄소	1,000ppm	교사 및 급식시설	해당 교사 및 급식시설이 기계 환기장치를 이용하여 주된 환기를 하는 경우 1,500ppm 이하
포름알데하이드	80㎍/m³	교사, 기숙사(건축 후 3년이 지나지 않은 기숙사로 한정한다) 및 급식시설	건축에는 증축 및 개축 포함
총부유세균	800CFU/m³	교사 및 급식시설	
낙하세균	10CFU/실	보건실 및 급식시설	
일산화탄소	10ppm	개별 난방 교실 및 도로변 교실	난방 교실은 직접 연소 방식의 난방 교실로 한정
이산화질소	0.05ppm	개별 난방 교실 및 도로변 교실	난방 교실은 직접 연소 방식의 난방 교실로 한정
라 돈	148Bq/m³	기숙사(건축 후 3년이 지나지 않은 기숙사로 한정한다), 1층 및 지하의 교사	건축에는 증축 및 개축 포함
총휘발성유기화합물	400㎍/m³	건축한 때부터 3년이 경과되지 아니한 학교	건축에는 증축 및 개축 포함
석 면	0.01개/cc	「석면안전관리법」 제22조 제1항 후단에 따른 석면건축물에 해당하는 학교	
오 존	0.06ppm	교무실 및 행정실	적용 시설 내에 오존을 발생시키는 사무기기(복사기 등)가 있는 경우로 한정
진드기	100마리/m²	보건실	
벤 젠	30㎍/m³	건축 후 3년이 지나지 않은 기숙사	건축에는 증축 및 개축 포함
톨루엔	1,000㎍/m³	건축 후 3년이 지나지 않은 기숙사	건축에는 증축 및 개축 포함
에틸벤젠	360㎍/m³	건축 후 3년이 지나지 않은 기숙사	건축에는 증축 및 개축 포함
자일렌	700㎍/m³	건축 후 3년이 지나지 않은 기숙사	건축에는 증축 및 개축 포함
스티렌	300㎍/m³	건축 후 3년이 지나지 않은 기숙사	건축에는 증축 및 개축 포함

ⓛ 관리기준

대상 시설	중점관리기준
신축 학교	1) 「실내공기질관리법」 제11조 제1항에 따라 오염물질 방출 건축자재를 사용하지 않을 것 2) 교사 안에서의 원활한 환기를 위하여 환기시설을 설치할 것 3) 책상·의자 및 상판 등 학교의 비품은 「산업표준화법」 제15조에 따라 한국산업표준 인증을 받은 제품을 사용할 것 4) 교사 안에서의 포름알데하이드 및 휘발성유기화합물이 유지기준에 적합하도록 필요한 조치를 강구하고 사용할 것
개교 후 3년 이내인 학교	포름알데하이드 및 휘발성유기화합물 등이 유지기준에 적합하도록 중점적으로 관리할 것
개교 후 10년 이상 경과한 학교	1) 미세먼지 및 부유세균이 유지기준에 적합하도록 중점 관리할 것 2) 기존 시설을 개수 또는 보수하는 경우 「실내공기질 관리법」 제1조 제1항에 따라 오염물질 방출 건축자재를 사용하지 않을 것 3) 책상·의자 및 상판 등 학교의 비품은 「산업표준화법」 제15조에 따라 한국산업표준 인증을 받은 제품을 사용할 것
「석면안전관리법」 제22조 제1항 후단에 따른 석면건축물에 해당하는 학교	석면이 유지기준에 적합하도록 중점적으로 관리할 것
개별 난방(직접 연소 방식의 난방으로 한정한다) 교실 및 도로변 교실	일산화탄소 및 이산화질소가 유지기준에 적합하도록 중점적으로 관리할 것
급식시설	미세먼지, 이산화탄소, 포름알데하이드, 총부유세균 및 낙하세균이 유지기준에 적합하도록 중점적으로 관리할 것
보건실	낙하세균과 진드기가 유지기준에 적합하도록 중점적으로 관리할 것

⑧ 식기·식품 및 먹는물의 관리 등 식품위생에 관한 사항(시행규칙 별표 5)

식기·식품의 관리기준	가. 식품 등을 취급하는 재료보관실·조리실 등의 내부는 항상 청결하게 관리하여야 한다. 나. 식품 등의 원료 및 제품 중 부패·변질이 되기 쉬운 것은 냉동·냉장시설에 보관·관리하여야 한다. 다. 식품 등의 보관·운반·진열시에는 식품 등의 기준 및 규격이 정하고 있는 보존 및 보관기준에 적합하도록 관리하여야 하고, 이 경우 냉동·냉장시설 및 운반시설은 항상 정상적으로 작동시켜야 한다. 라. 식품 등의 제조·조리·가공 등에 직접 종사하는 자는 위생복·위생모를 착용하는 등 개인위생을 철저히 관리하여야 한다. 마. 식품 등의 제조·조리·가공에 직접 사용되는 기계·기구 및 음식기는 사용 후에 세척·살균하는 등 항상 청결하게 유지·관리하여야 한다. 바. 유통기한이 경과된 식품 등을 제공하거나 제공할 목적으로 진열·보관하여서는 아니된다.

먹는 물의 관리기준	가. 급수시설 설치	1) 상수도 또는 마을상수도에 의하여 먹는물을 공급하는 경우에는 저수조를 경유하지 아니하고 직접 수도꼭지에 연결하여 공급하여야 한다. 다만, 직접 수도꼭지에 연결하기가 곤란한 경우에는 제외한다. 2) 지하수 등에 의하여 먹는물을 공급하는 경우에는 저수조 등의 시설을 경유하여야 한다.
	나. 급수시설 관리	1) 급수시설·설비는 항상 위생적으로 관리하여야 하며, 급수시설에서 사용 중인 저수조는 「수도법 시행규칙」 제22조의3에 따른 청소 및 위생상태 점검을 실시하고, 외부인이 출입할 수 없도록 잠금장치 등의 조치를 하여야 한다. 2) 지하수 등을 먹는물로 사용하는 경우에는 원수의 수질 안정성 확보를 위하여 필요시 정수 또는 소독 등의 조치를 하여야 한다. 3) 급수설비 및 급수관은 「수도법」 제33조 제2항 및 제3항에 따라 소독 등 위생조치, 수질검사 및 세척 등 조치를 실시하여야 한다.
	다. 먹는물의 공급 등	학생 및 교직원에게 공급하는 먹는물은 「먹는물관리법」 제5조에 따른 수질기준에 적합한 물을 제공하여야 한다.
	라. 수질검사	1) 저수조를 사용하는 학교의 경우 「수도법 시행규칙」 제22조의3 제4항에 따라 수질검사를 실시하여야 한다. 2) 지하수는 「먹는물 수질기준 및 검사 등에 관한 규칙」 제4조 제2항에 따라 수질검사를 실시하여야 한다.
	마. 나목 및 라목에도 불구하고, 학교의 장은 학교의 규모 및 급수시설의 노후도 등을 고려하여 급수시설의 청소 및 위생상태 점검주기와 수질검사(수질검사 대상이 아닌 학교에서 실시하는 수질검사를 포함한다)주기를 단축할 수 있다.	

⑨ 학교시설에서의 환경위생 및 식품위생에 대한 점검의 종류 및 시기(시행규칙 별표 6)

점검종류	점검시기
일상점검	매 수업일
정기점검	매 학년 : 2회 이상. 다만, 제3조 제1항 각 호(환경위생 및 식품위생의 유지관리)의 기준에서 점검횟수를 3회 이상으로 정한 경우에는 그 기준을 따른다.
특별점검	• 전염병 등에 의하여 집단적으로 환자가 발생할 우려가 있거나 발생한 때 • 풍수해 등으로 환경이 불결하게 되거나 오염된 때 • 학교를 신축·개축·개수 등을 하거나, 책상·의자·컴퓨터 등 새로운 비품을 교사 안으로 반입하여 포름알데하이드 및 휘발성 유기화합물이 발생할 우려가 있을 때 • 그 밖에 학교의 장이 필요하다고 인정하는 때

[비고] 별표 4의2에 따른 오염물질 중 라돈에 대한 정기점검의 경우 최초 실시 학년도 및 그 다음 학년도의 점검 결과가 각각 유지기준의 50퍼센트 미만에 해당하는 기숙사(건축 후 3년이 지나지 않은 기숙사로 한정한다) 및 1층 교사에 대해서는 교육부장관이 정하는 바에 따라 정기점검의 주기를 늘릴 수 있다.

⑩ 응급처치교육의 계획·내용 및 시간 등(시행규칙 별표 9)
  ㉠ 응급처치교육의 계획 수립 및 주기
    ⓐ 학교의 장은 매 학년도 3월 31일까지 응급처치교육의 대상·내용·방법 및 그 밖에 필요한 사항을 포함하여 해당 학년도의 응급처치교육 계획을 수립해야 한다.
    ⓑ 학교의 장은 교육계획을 수립하는 경우에는 모든 교직원이 매 학년도 교육을 받을 수 있도록 해야 한다. 다만, 해당 학년도에 다른 법령에 따라 심폐소생술 등 응급처치와 관련된 내용이 포함된 교육을 받은 교직원에 대해서는 응급처치교육을 면제할 수 있다.

ⓒ 응급처치교육의 내용·시간 및 강사

내용		시간	강사
이론 교육	1) 응급상황 대처요령 2) 심폐소생술 등 응급처치 시 주의사항 3) 응급의료 관련 법령	2시간	가) 의사(응급의학과 전문의를 우선 고려해야 한다) 나) 간호사(심폐소생술 등 응급처치와 관련된 자격을 가진 사람으로 한정한다) 다) 「응급의료에 관한 법률」 제36조에 따른 응급구조사 자격을 가진 사람으로서 응급의료 또는 구조·구급 관련 분야(응급처치교육 강사 경력을 포함한다)에서 5년 이상 종사하고 있는 사람
실습 교육	심폐소생술 등 응급처치	2시간	

[비고]
1. 교육 여건 등을 고려하여 응급처치교육의 내용·시간을 조정할 수 있으나, 실습교육 2시간을 포함하여 최소 3시간 이상 실시해야 한다.
2. 심폐소생술에 대한 전문지식을 갖춘 사람을 실습교육을 위한 보조강사로 할 수 있다.

2 교육환경보호구역(기존의 학교환경 위생 정화구역)

(1) 개요
① 법적 근거 : 교육환경보호에 관한 법률
② 의의
학교경계 또는 학교설립예정지 경계로부터 직선거리 200미터 범위 안에서 학생의 보건·위생, 안전, 학습과 교육환경에 나쁜 영향을 주는 일부행위 및 시설의 설치를 제한하는 국가의 교육환경보호제도로, 교육감이 설정·고시한다.

> **The 알아보기**
> 교육환경보호에 관한 법률
> 「교육환경보호에 관한 법률」은 학교의 교육환경 보호에 필요한 사항을 규정하여 학생이 건강하고 쾌적한 환경에서 교육받을 수 있게 하는 것을 목적으로 한다.

(2) 교육환경보호구역 설정·운영(법 제8조) 기출 2020 서울시

절대보호구역	학교 출입문으로부터 직선거리로 50미터까지인 지역(학교설립예정지의 경우 학교경계로부터 직선거리 50미터까지인 지역)
상대보호구역	• 학교경계 등으로부터 직선거리로 200미터까지인 지역 중 절대보호구역을 제외한 지역 • 유해시설 설치는 원칙적으로 금지하되, 지역교육지원청 별로 설치된 교육환경보호위원회의 심의를 거쳐 학생의 학습과 교육환경에 나쁜 영향을 주지 않는다고 해제(가결)된 경우에만 제한적으로 설치 가능

(3) 설정대상(법 제2조)

학교	「유아교육법」 제2조 제2호에 따른 유치원
	「초·중등교육법」 제2조에 따른 초등학교, 중학교, 고등학교, 특수학교, 각종학교, 고등기술학교, 공민학교, 고등공민학교
	「고등교육법」 제2조에 따른 대학, 산업대학, 교육대학, 전문대학, 기술대학, 각종학교, 원격대학(방송대학, 통신대학, 방송통신대학, 사이버대학)
학교설립예정지	「국토의 계획 및 이용에 관한 법률」 제30조에 따라 도시·군관리계획으로 결정되어 고시된 학교용지
	「유아교육법」 제2조 제2호에 따른 유치원을 설립하려는 자가 확보한 유치원 용지[사립유치원을 설립하는 경우에는 특별시·광역시·특별자치시·도 또는 특별자치도 교육감의 설립인가를 받은 용지]
	「초·중등교육법」 제2조 제4호에 따른 특수학교를 설립하려는 자가 확보한 특수학교 용지(사립특수학교를 설립하는 경우에는 교육감의 설립인가를 받은 용지)
	「초·중등교육법」 제60조의3에 따른 대안학교를 설립하려는 자가 확보한 대안학교 용지(사립대안학교를 설립하는 경우에는 교육감의 설립인가를 받은 용지)

(4) 교육환경보호구역에서의 금지행위 등(법 제9조)

누구든지 학생의 보건·위생, 안전, 학습과 교육환경 보호를 위하여 교육환경보호구역에서는 다음의 어느 하나에 해당하는 행위 및 시설을 하여서는 아니 된다. 다만, 상대보호구역에서는 제14호부터 제27호까지 및 제29호에 규정된 행위 및 시설 중 교육감이나 교육감이 위임한 자가 지역위원회의 심의를 거쳐 학습과 교육환경에 나쁜 영향을 주지 아니한다고 인정하는 행위 및 시설은 제외한다.

절대 금지시설	1. 배출허용기준을 초과하여 대기오염물질을 배출하는 시설 2. 배출허용기준을 초과하여 수질오염물질을 배출하는 시설과 폐수종말처리시설 3. 가축분뇨배출시설, 처리시설 및 공공처리시설 4. 「하수도법」에 따른 분뇨처리시설 5. 배출허용기준을 초과하여 악취를 배출하는 시설 6. 소음·진동을 배출하는 시설 7. 폐기물처리시설(규모, 용도, 기간 및 학습과 학교보건위생에 대한 영향 등을 고려하여 대통령령으로 정하는 시설은 제외한다) 8. 가축 사체, 오염물건 및 수입금지 물건의 소각·매몰지 9. 화장시설·봉안시설 및 자연장지(개인·가족자연장지와 종중·문중자연장지는 제외) 10. 도축업 시설 11. 가축시장 12. 제한상영관 13. 청소년유해업소(화상채팅/전화방/성기구취급업소/성인PC방/담배자동판매기)
심의 후 설치가능 시설	14. 고압가스, 도시가스 또는 액화석유가스의 제조, 충전 및 저장하는 시설(규모, 용도 및 학습과 학교보건위생에 대한 영향 등을 고려하여 대통령령으로 정하는 시설의 전부 또는 일부는 제외) 15. 폐기물을 수집·보관·처분하는 장소(규모, 용도, 기간 및 학습과 학교보건위생에 대한 영향 등을 고려하여 대통령령으로 정하는 장소는 제외) 16. 총포 또는 화약류의 제조소 및 저장소 17. 격리소·요양소 또는 진료소

심의 후 설치가능 시설	18. 지정소매인, 그 밖에 담배를 판매하는 자가 설치하는 담배자동판매기(「유아교육법」제2조 제2호에 따른 유치원 및 「고등교육법」제2조 에 따른 학교의 교육환경보호구역은 제외) 19. 게임제공업, 인터넷컴퓨터게임시설제공업 및 복합유통게임제공업 (「유아교육법」제2조 제2호에 따른 유치원 및 「고등교육법」제2조 에 따른 학교의 교육환경보호구역은 제외) 20. 게임물 시설(「고등교육법」제2조 에 따른 학교의 교육환경보호구역은 제외) 21. 무도학원 및 무도장(「유아교육법」제2조 제2호에 따른 유치원, 「초·중등교육법」제2조 제1호에 따른 초등학교, 같은 법 제60조의3에 따라 초등학교 과정만을 운영하는 대안학교 및 「고등교육법」제2조에 따른 학교의 교육환경보호구역은 제외) 22. 경마장 및 장외발매소, 경주장 및 장외매장 23. 사행행위영업 24. 노래연습장업(「유아교육법」제2조 제2호에 따른 유치원 및 「고등교육법」제2조 에 따른 학교의 교육환경보호구역은 제외) 25. 비디오물감상실업 및 복합영상물제공업의 시설(「유아교육법」제2조 제2호에 따른 유치원 및 「고등교육법」제2조 에 따른 학교의 교육환경보호구역은 제외) 26. 식품접객업 중 단란주점영업 및 유흥주점영업 27. 숙박업 및 관광숙박업(「국제회의산업 육성에 관한 법률」제2조 제3호에 따른 국제회의시설에 부속된 숙박시설과 규모, 용도, 기간 및 학습과 학교보건위생에 대한 영향 등을 고려하여 대통령령으로 정하는 숙박업 또는 관광숙박업은 제외) 28. 삭제 〈2021.9.24.〉 29. 사고대비물질의 취급시설 중 대통령령으로 정하는 수량 이상으로 취급하는 시설

(5) 보호구역의 관리(교육환경 보호에 관한 법률 시행령 제24조 제2항)

학교간에 보호구역이 서로 중복되는 경우 그 중복된 보호구역에 대한 관리는 다음에 해당하는 학교의 장이 한다.

구 분	관리자
상·하급 학교간에 보호구역이 서로 중복되는 경우	하급학교. 다만, 하급학교가 유치원인 경우에는 그 상급학교
같은 급의 학교간에 보호구역이 서로 중복될 경우	학생수가 많은 학교
절대보호구역과 상대보호구역이 서로 중복되는 경우	절대보호구역이 설정된 학교의 장

3 건강검사 및 보건교사 등의 배치

(1) 건강검사

① 학교의 장은 매년 학생과 교직원에 대하여 건강검사를 실시하여야 한다. 다만, 교직원에 대한 건강검사는 「국민건강보험법」제52조에 따른 건강검진으로 대신할 수 있다.
② 건강검사의 실시(학교건강검사규칙 제3조)
  ㉠ 건강검사는 신체의 발달상황, 신체의 능력, 건강조사, 정신건강 상태 검사 및 건강검진으로 구분한다.
  ㉡ 신체의 발달상황, 신체의 능력, 건강조사 및 정신건강 상태 검사는 해당 학교의 장이 실시하고, 건강검진은 「건강검진기본법」제14조에 따라 지정된 검진기관에서 실시한다.

ⓒ 건강검진을 실시하는 학생에 대한 신체의 발달상황 및 건강조사는 검진기관에서 실시할 수 있다.

③ 건강검사의 검사항목 및 방법(학교건강검사규칙 제4조~제7조)

검사항목	실시 방법
신체의 발달상황	키와 몸무게 측정
건강조사	병력, 식생활 및 건강생활 행태 등에 대해서 실시
정신건강상태	• 설문조사 등의 방법으로 실시 • 검사와 관련한 구체적 내용을 학부모에게 미리 통지
건강검진	척추, 눈·귀, 콧병·목병·피부병, 구강, 기관능력, 병리검사 등에 대하여 검사 또는 진단
신체능력검사	• 체력요소를 평가하여 신체의 능력등급을 판정하는 필수평가와 신체활동에 대한 인식정도 등 필수평가에 대한 심층평가를 하는 선택평가로 구분 • 학교의 장은 초등학교 **제5학년 및 제6학년 학생, 중학교 및 고등학교 학생**을 대상으로 신체능력검사를 실시(다만, 심장질환 등으로 인한 신체허약자와 지체부자유자는 그 대상에서 제외할 수 있음)

④ 등교 중지(학교보건법 제8조)
  ㉠ 학교의 장은 건강검사의 결과나 의사의 진단 결과 감염병에 감염되었거나 감염된 것으로 의심되거나 감염될 우려가 있는 학생 또는 교직원에 대하여 대통령령으로 정하는 바에 따라 등교를 중지시킬 수 있다.
  ㉡ 교육부장관은 감염병으로 인하여 「재난 및 안전관리기본법」 제38조 제2항에 따른 주의 이상의 위기경보가 발령되는 경우 다음의 어느 하나에 해당하는 학생 또는 교직원에 대하여 질병관리청장과 협의하여 등교를 중지시킬 것을 학교의 장에게 명할 수 있다. 이 경우 해당 학교의 관할청을 경유하여야 한다. 명을 받은 학교의 장은 해당 학생 또는 교직원에 대하여 지체 없이 등교를 중지시켜야 한다. 〈신설 2020.10.20.〉
    ⓐ 「검역법」에 따른 검역관리지역 또는 중점검역관리지역에 체류하거나 그 지역을 경유한 사람으로서 검역감염병의 감염이 우려되는 사람
    ⓑ 감염병 발생지역에 거주하는 사람 또는 그 지역에 출입하는 사람으로서 감염병에 감염되었을 것으로 의심되는 사람
    ⓒ 「감염병의 예방 및 관리에 관한 법률」에 따라 자가(自家) 또는 시설에 격리된 사람의 가족 또는 그 동거인
    ⓓ 그 밖에 학교내 감염병의 차단과 확산 방지 등을 위하여 등교 중지가 필요하다고 인정되는 사람

⑤ 학생의 보건관리(학교보건법 제9조)
  학교의 장은 학생의 신체발달 및 체력증진, 질병의 치료와 예방, 음주·흡연과 마약류를 포함한 약물 오용(誤用)·남용(濫用)의 예방, 성교육, 이동통신단말장치 등 전자기기의 과의존 예방, 도박 중독의 예방 및 정신건강 증진 등을 위하여 보건교육을 실시하고 필요한 조치를 하여야 한다.

⑥ 보건교육 등(학교보건법 제9조의2)
    ㉠ 교육부장관은「유아교육법」제2조 제2호에 따른 유치원 및「초·중등교육법」제2조에 따른 학교에서 모든 학생들을 대상으로 심폐소생술 등 응급처치에 관한 교육을 포함한 보건교육을 체계적으로 실시하여야 한다. 이 경우 보건교육의 실시 시간, 도서 등 그 운영에 필요한 사항은 교육부장관이 정한다.
    ㉡ 「유아교육법」제2조 제2호에 따른 유치원의 장 또는「초·중등교육법」제2조에 따른 학교의 장은 교육부령으로 정하는 바에 따라 매년 교직원을 대상으로 심폐소생술 등 응급처치에 관한 교육을 실시하여야 한다.
    ㉢ 「유아교육법」제2조 제2호에 따른 유치원의 장 또는「초·중등교육법」제2조에 따른 학교의 장은 응급처치에 관한 교육과 연관된 프로그램의 운영 등을 관련 전문기관·단체 또는 전문가에게 위탁할 수 있다.
⑦ 예방접종 완료 여부의 검사(학교보건법 제10조 제1항)
    초등학교와 중학교의 장은 학생이 새로 입학한 날부터 90일 이내에 시장·군수 또는 구청장(자치구의 구청장)에게 예방접종증명서를 발급받아 예방접종을 모두 받았는지를 검사한 후 이를 교육정보시스템에 기록하여야 한다.
⑧ 치료 및 예방조치 등(학교보건법 제11조)
    ㉠ 학교의 장은 건강검사의 결과 질병에 감염되었거나 감염될 우려가 있는 학생에 대하여 질병의 치료 및 예방에 필요한 조치를 하여야 한다.
    ㉡ 학교의 장은 학생에 대하여 정신건강 상태를 검사한 결과 필요하면 학생 정신건강 증진을 위한 다음의 조치를 하여야 한다.
        ⓐ 학생·학부모·교직원에 대한 정신건강 증진 및 이해 교육
        ⓑ 해당 학생에 대한 상담 및 관리
        ⓒ 해당 학생에 대한 전문상담기관 또는 의료기관 연계
        ⓓ 그 밖에 학생 정신건강 증진을 위하여 필요한 조치
    ㉢ 교육감은 검사비, 치료비 등 조치에 필요한 비용을 지원할 수 있다.
    ㉣ 학교의 장은 치료 및 예방조치를 위하여 필요하면 보건소장에게 협조를 요청할 수 있으며, 보건소장은 정당한 이유 없이 이를 거부할 수 없다.
⑨ 학생의 안전관리(학교보건법 제12조)
    학교의 장은 학생의 안전사고를 예방하기 위하여 학교의 시설·장비의 점검 및 개선, 학생에 대한 안전교육, 그 밖에 필요한 조치를 하여야 한다.
⑩ 교직원의 보건관리(학교보건법 제13조)
    학교의 장은 건강검사 결과 필요하거나 건강검사를 갈음하는 건강검진의 결과 필요하면 교직원에 대하여 질병 치료와 근무여건 개선 등 필요한 조치를 하여야 한다.

(2) 보건교사 등의 배치 [기출] 2016 서울시

① 학교에 두는 의료인·약사 및 보건교사(학교보건법 제15조)
  ㉠ 학교에는 학생과 교직원의 건강관리를 지원하는 의료인과 약사를 둘 수 있다. 학교에 두는 의료인·약사는 학교장이 위촉하거나 채용한다(동법 시행령 제23조 제1항).
  ㉡ 학교(「고등교육법」 제2조 각 호에 따른 학교는 제외한다)에 보건교육과 학생들의 건강관리를 담당하는 보건교사를 두어야 한다. 다만, 대통령령으로 정하는 일정 규모 이하의 학교에는 순회 보건교사를 둘 수 있다(동법 시행령 제23조 제2항).
  ㉢ 보건교사를 두는 경우 대통령령으로 정하는 일정 규모 이상의 학교(36학급 이상의 학교)에는 2명 이상의 보건교사를 두어야 한다(동법 시행령 제23조 제3항). 〈신설 2021.6.8.〉

② 학교의사·학교약사 및 보건교사의 직무(학교보건법 시행령 제23조 제4항)

학교의사	가. 학교보건계획의 수립에 관한 자문 나. 학교 환경위생의 유지·관리 및 개선에 관한 자문 다. 학생과 교직원의 건강진단과 건강평가 라. 각종 질병의 예방처치 및 보건지도 마. 학생과 교직원의 건강상담 바. 그 밖에 학교보건관리에 관한 지도
학교약사	가. 학교보건계획의 수립에 관한 자문 나. 학교환경위생의 유지·관리 및 개선에 관한 자문 다. 학교에서 사용하는 의약품과 독극물의 관리에 관한 자문 라. 학교에서 사용하는 의약품 및 독극물의 실험·검사 마. 그 밖에 학교보건관리에 관한 지도

보건교사	가. 학교보건계획의 수립
	나. 학교 환경위생의 유지·관리 및 개선에 관한 사항
	다. 학생과 교직원에 대한 건강진단의 준비와 실시에 관한 협조
	라. 각종 질병의 예방처치 및 보건지도
	마. 학생과 교직원의 건강관찰과 학교의사의 건강상담, 건강평가 등의 실시에 관한 협조
	바. 신체가 허약한 학생에 대한 보건지도
	사. 보건지도를 위한 학생가정 방문
	아. 교사의 보건교육 협조와 필요시의 보건교육
	자. 보건실의 시설·설비 및 약품 등의 관리
	차. 보건교육자료의 수집·관리
	카. 학생건강기록부의 관리
	타. 다음의 의료행위(간호사 면허를 가진 사람만 해당한다)
	  1) 외상 등 흔히 볼 수 있는 환자의 치료
	  2) 응급을 요하는 자에 대한 응급처치
	  3) 부상과 질병의 악화를 방지하기 위한 처치
	  4) 건강진단결과 발견된 질병자의 요양지도 및 관리
	  5) 1)부터 4)까지의 의료행위에 따르는 의약품 투여
	파. 그 밖에 학교의 보건관리

02 보건교육

1 보건교육의 일반사항

(1) 보건교육의 정의
① 그라우트(R. Grout)
보건교육이란 "건강에 관한 지식을 교육이라는 수단을 통해 개인, 집단 또는 지역사회 주민의 행동을 바람직한 방향으로 바꾸어 놓는 것"이라 하였다.
② 미국 보건교육용어제정위원회
보건교육이란 "개인 또는 집단의 건강에 관여하는 지식·태도 및 행위에 영향을 미칠 목적으로 학습 경험을 베풀어 주는 과정"이라 하였다.
③ 그린(L. W. Green) & 크로이터(M. W. Kreuter)
"건강수준을 향상시키는데 이로운 행동을 자발적으로 할 수 있도록 의도한 모든 학습경험의 조합"이라고 하였다.

(2) 보건교육의 목적
① 보건교육의 궁극적인 목표 : 삶의 질 향상
② 보건교육의 목적 : 개인과 지역사회의 건강을 향상·유지·증진
③ 보건교육의 최종 목표(WHO 공중보건교육전문위원회)
  ㉠ 건강은 지역사회의 귀중한 자산임을 인식시키는데 있다.
  ㉡ 보건사업의 발전을 이룩하고 이것을 활용토록 하는데 있다.
  ㉢ 세계보건기구(WTO) 헌장에 규정된 건강을 완전히 구현하기 위하여 개인이나 작은 집단의 구성원으로서 자기 스스로 하여야 할 일을 수행하도록 하고, 그와 같은 능력을 가지도록 돕는데 있다.

(3) 보건교육의 교수 – 학습의 원리
① 자발적 참여의 원리
일방적 지식 전달이 아닌 능동적인 학습자의 이해과정과 자발적 질문과 발표 등을 통한 참여가 필요하다는 원리이다.
② 개별화의 원리
개성, 능력, 동기, 준비도, 흥미 등이 개인마다 다르므로 개인차를 최대한 수용하고 배려해야 한다는 원리이다.
③ 체험의 원리
보고, 느끼고, 맛보는 등의 체험 및 감각행동이 학습효과를 높이는데 중요한 역할을 해야 한다는 원리이다.

④ 사회적용(사회화)의 원리
학습자가 경험하는 실생활에 적용되고 현실을 이해하는데 도움이 되어야 한다는 원리이다.
⑤ 흥미의 원리
교수자는 학습자의 생각을 파악하고, 흥미와 관심을 갖도록 하여 학습자가 적극적으로 학습하도록 유도하여야 한다는 원리이다.
⑥ 통합의 원리
학습을 부분적 또는 분과적으로 지도할 것이 아니라, 종합적인 전체로 지도한다는 원리이다. 즉, 학습내용의 구성이나 학습경험의 전개가 통합적으로 이루어져야 한다는 원리이다.
⑦ 애정의 원리
교육은 학습자를 육성하고 신장시키고자 함을 목적으로 하므로 애정을 가지고 이루어져야 한다는 원리이다.

2 보건교육의 철학 및 접근방법

(1) 보건교육의 철학
① 행동변화 철학
불건강한 행동을 수정하기 위한 행동계약, 목표설정, 자기감시 등 측정 가능한 목표를 설정하여야 한다.
② 인지근거 철학
내용과 정보습득에 초점을 두고 개인과 집단이 자신의 건강에 관한 의사결정을 잘 내리도록 지식을 증가시키는 철학이어야 한다.
③ 의사결정 철학
교육대상자가 가장 적합한 방법을 선택할 수 있도록 다양한 교육방법이 사용되어야 한다.
④ 자유의지·기능 철학
자신의 이득에 근거하여 건강관련 의사결정을 스스로 결정할 수 있도록 하여야 한다.
⑤ 사회변화 철학
개인 또는 집단의 건강을 위해서 사회적·정치적·경제적 변화가 요구되어야 한다.
⑥ 절충적·다방면의 철학
보건교육자들은 대상자, 보건교육 내용, 보건교육 현장, 보건교육 목적에 따라 다양한 접근이 필요하다.

(2) 보건교육의 접근방법
① 질병 중심 접근
㉠ 건강관리에 대한 개념이 질병모형에서 비롯된 것일 때의 접근방법이다.
㉡ 병이 없으면 건강하다고 생각하던 시대의 방법으로서 보건교육 내용이 질병예방 치료에 국한된다.

② 행위변화 중심 접근
  ㉠ 건강관리에 대한 개념이 건강모형에서 비롯된 것일 때의 접근방법이다.
  ㉡ 건강에 영향을 미치는 것으로 개개인의 생활습관을 가장 중요한 변수로 본다. 따라서 건강에 영향을 주는 잘못된 건강행위변화가 보건교육 접근에 중요한 초점이 된다.
  ㉢ 현재 우리나라 건강증진 사업에서 강조하는 금연, 운동, 식습관을 변화시키고자 하는 노력이 여기에 해당한다.
③ 교육적 접근
  ㉠ 교육 자체가 대상자의 변화를 목표로 하고 있기 때문에 보건교육도 일반교육 과정에 포함하여 자연스럽게 시도하려는 방법이다.
  ㉡ 건강인들에게 건강을 유지·증진하는데 필요한 교육을 생애주기별로 교육하는 방법이다.
  ㉢ 단기적이기보다는 장기적인 효과를 가져 온다.
④ 대상자 중심 접근(Client-directed approach)
  보건 분야에서 현재 가장 많이 사용하고 있는 전략이다.
⑤ 사회변화 유도 중심 접근(Social change approach)
  건강증진이 강화되면서 더욱 강조되고 있는 전략이다.

3 개입수준별 보건교육이론

(1) 개인차원의 보건교육이론 기출 2019 서울시

① 건강신념모형
  인간이 건강행동을 취하도록 하는 데는 몇가지 신념이 있어야 한다고 하는 모형이다.

지각된 민감(감수)성	어떤 건강문제를 가질 가능성에 대한 개인의 인식
지각된 심각성	건강문제결과의 상대적 심각성에 대한 개인의 인식
지각된 유익성	제안된 건강행동들의 예상가치
지각된 장애요인	제안된 건강행동의 부정적인 측면에 대한 개인의 인식
행동의 계기	개인이 행동하도록 동기를 부여하는 외적 사건
자기효능감	행동을 취하는 능력에 대한 개인의 자신감

② 인지일관성접근모형
  "사람들은 인지들 사이의 일관성을 추구하고, 일관성이 무너지면 회복하려는 동기가 유발된다"는 기본 가정을 바탕으로 태도의 형성과 변화를 설명하는 접근모형이다.
③ 합리적 행위이론
  행위에 대한 태도, 주관적 규범이 행동의도에 영향을 미치고, 이는 실제 행동으로 이어진다고 가정한다. 따라서 인간은 자신이 이용할 수 있는 정보를 활용하여 행동을 결정하기 때문에 행위의도가 실제 행동을 예측할 수 있다는 이론이다.

④ 계획된 행동이론

개인이 어떠한 행동을 하고 싶어도 그럴 수 있는 상황하에 있지 않다면, 행동의도가 실제 행동으로 이어질 가능성이 낮다고 할 수 있다. 실제로 많은 행동의 수행이 완전한 의지적 통제하에 있지 않으며, 모든 행동의 선택은 어느 정도 불확실성을 가지고 있기 때문에 기존의 합리적 행위이론에 '지각된 행동통제감'이라는 개념을 추가해서 계획적 행동이론을 제시한 것이다.

⑤ 범이론적 모형

변화의 5단계, 변화과정 10단계, 변화에 대한 반대(변화의 비용)와 지지(변화의 이익), 자기효능감(건강행동을 할 수 있다는 자신감)과 유혹(불건강행동을 하려는 유혹)에 집중한 이론이며, 더불어 행동변화의 속성과 이러한 변화를 일으킬 수 있는 개입에 대한 가정에 기초한다.

㉠ 변화의 5단계

고려 전	앞으로 6개월 이내에 행동을 취할 의도가 없다.
고 려	앞으로 6개월 이내에 행동을 취할 의도가 있다.
준 비	앞으로 30일 이내에 행동을 취할 의도가 있고, 이 방향으로 어떤 행동을 시도한다.
행 동	6개월 이내에 드러나는 행태변화가 있다.
유 지	6개월 이상 지속하여 정착하는 행태변화가 있다.

㉡ 변화과정 10단계

자의식 고양	건강행태에 관한 정보, 교육, 개인적 환류를 통해 깨달음이 증가한다.
극적 안도	건강한 행동변화를 지지하는 새로운 사실이나 생각, 단서를 발견하고 배운다.
자기 재평가	행동변화가 개인의 주체성의 중요한 부분임을 깨닫는다.
환경 재평가	개인의 가까운 사회적·물리적 환경에 대한 건강하지 않은 행동의 부정적 영향 또는 건강한 행동의 긍정적 영향을 깨닫는다.
자기 해방	스스로 행동변화에 대한 동기를 부여하고 변화를 다짐한다.
조력 관계	건강한 행동변화를 위한 사회적 지원을 찾거나 이용한다.
반조건화	더 건강한 행동이나 인식으로 불건강행동을 대체한다.
우연성 관리	긍정적 행동변화에 대한 보상은 늘리고, 불건강행동에 대한 보상은 줄인다.
자극 조절	불건강행동을 하도록 하는 리마인더(reminder)나 단서는 없애고 건강행동을 하도록 하는 리마인더(reminder)와 단서는 늘린다.
사회적 해방	사회적 기준이 건강한 행동변화를 지지하는 방향으로 변화하는 것을 깨닫는다.

⑥ 귀인이론(attribution theory)

㉠ 자신이나 다른 사람이 보인 행동에 대하여 그 원인과 결과를 밝힘으로써 개인에 대한 판단이 어떻게 다르게 되는지를 설명하고 있다. 기본적으로 이 이론에서는 개인의 행동을 관찰했을 때, 그 원인이 내적인 것인지 외적인 것인지를 결정하고자 한다. 개인의 행위에 대한 귀인이 개인의 능력이나 기술 등과 같은 개인 내적 요인의 경우와 업무의 특성, 상급자의 특성 등 개인 외적인 원인이나 환경적 요인에 의한 경우로 나누어진다.

ⓛ 귀인의 3대 결정요인

요인	특성	원인의 귀속	예
차별성 (특이성)	개인이 여러 가지 상황에서 각기 다른 행동을 보이는지 아닌지를 의미(관찰한 행동이 보기 드문 행동인지의 여부)	높으면 외재적 낮으면 내재적	K양이 시험에서 다른 과목은 다 잘 봤는데 공중보건만 유독 못 보았다면(특이성이 높다면) 공중보건시험이 어려웠다는 외재적 요인에 의한 결과로 볼 수 있다.
합의성	동일한 상황에 직면한 사람들이 동일한 방식으로 반응하는지 여부	높으면 외재적 낮으면 내재적	K양이 시험에서 점수가 크게 떨어졌는데 다른 사람도 크게 떨어졌다면 외재적 요인의 결과로 볼 수 있다.
일관성	개인이 동일한 상황에서 같은 방식으로 오랜 시간 같은 반응을 보이는지 여부	높으면 내재적 낮으면 외재적	K양의 점수가 과거와 비슷한 점수가 나왔다면(일관성이 높다면) 내적 요인에 원인이 있다고 보고, 갑자기 점수가 크게 올라가거나 내려갔다면 외적 요인에 원인이 있다고 볼 수 있다.

(2) 개인간 차원의 교육이론 기출 2018 서울시

① 사회인지이론
  ㉠ 인간의 행동과 개인적 요인, 환경적 요인이 서로 상호작용하는 역동적인 모델(상호결정론) 이론이다.
  ㉡ 행동에 영향을 미치는 가장 중요한 개인의 인지활동은 자기효능감과 결과에 대한 기대이다.
  ㉢ 행동에 대한 자기효능감이 높고, 그 행동을 했을 경우 그 결과에 대한 기대가 긍정적일수록 특정행동을 수행할 가능성이 높아진다.
  ㉣ 특정한 상황에서 특정한 행동의 조직과 수행을 얼마나 잘 할 수 있는가에 대한 주관적인 판단을 의미한다.
  ㉤ 개인적 특성

자기효능감	행태를 수행할 수 있다는 개인의 확신
행동능력	행태에 관한 개인의 지식과 기술의 수준
예측	행태를 바꾸면 발생할 것이라 예측되는 것
기대	예측된 결과가 유리할 것이고, 포상이 있을 것이라는 기대
자기통제	변화하기 위해 개인이 수행해야 할 통제의 정도
감정적 대응	행태변화에 수반된 감정들을 조절하는 개인의 능력

ⓗ 환경적 특성

대리습득	타인의 행태와 그로인한 결과를 관찰함으로써 개인이 배우는 것
상 황	행태가 발상하는 사회물리적 환경과 그러한 요인에 대한 개인의 인지
강 화	개인의 행태에 대한 긍정적 혹은 부정적 반응
상호결정주의	개인이 개인적 특성, 사회환경적 계기에 기반을 두어 행태를 변화시키고, 행태에 적응하도록 하는 반복적인 과정

② 사회네트워크 및 사회적 지지(social network and social support)
  ㉠ 사회네트워크(social network) : 개인을 중심으로 하는 사회적 관계들의 연결망 구조(상호성, 강도, 복잡성, 밀도 등의 특성)이다.
  ㉡ 사회적 지지(social support) : 사회적 관계(social relationship)의 중요한 기능으로 정서적, 도구적, 평가적, 정보적 지지 등으로 구분된다.

정서적 지지	타인으로부터 얻는 "사랑과 보살핌, 동감과 이해 혹은 존경과 호의" 등의 지지
도구적 지지	식료품 구매, 전화, 요리, 청소와 같은 실질적 필요에 대해 도움을 주거나 지원하는 것
평가적 지지	의사결정에서 적절한 피드백을 주거나 혹은 어떤 행동경로를 취할지 결정하도록 돕는 것
정보적 지지	특정요구를 충족시키는 과정에서 충고나 정보를 주는 것

(3) 조직 및 지역사회차원의 교육이론 기출 2015 서울시

① 혁신의 전파
  단순히 프로그램이 파급되는 그 이상의 것으로 다양한 환경과 조직을 통하여 공식적, 비공식적 매체와 전달경로를 이용한 전략의 수행모형이다.

② PRECEDE – PROCEED Model(보건교육에서 사용되는 가장 대표적인 모델) 기출 2020 서울시
  ㉠ 사람들의 건강행동과 환경적인 요인을 설명하고, 이를 중재하기 위해 효과적인 보건교육의 기획부터 수행평가 과정의 연속적인 단계를 제공함으로써 포괄적인 건강증진 기획이 가능한 모형이다.
  ㉡ 투입(input)보다는 결과(output), 즉 삶의 질을 강조하는 모형이다.
  ㉢ PRECEDE – PROCEED Model 단계

PRECEDE 단계	• 보건교육 사업의 우선순위 결정 및 목적 설정을 보여주는 진단단계 • 제1단계~제4단계
PROCEED 단계	• 정책수립 및 보건교육 사업수행과 사업평가의 대상 및 그 기준을 제시하는 건강증진 계획의 개발단계 • 제5단계~제8단계

단계	구분	내용
1단계	사회적 진단	• 건강을 삶의 필수적 자원으로 보고 지역사회 주민에게 무엇이 가치 있는 일인지를 진단하는 단계 • 건강과 삶의 연계성을 확보하는 단계
2단계	역학적 진단	• 사회적 사정을 통해 밝혀진 문제점과 관련된 건강문제를 파악하는 단계 • 삶의 질에 영향을 미치는 구체적인 건강 문제 또는 건강 목표를 규명하고 우선순위를 정하여 한정된 자원을 투입할 가치가 가장 큰 건강문제가 무엇인지 규명하는 단계
3단계	교육적 및 생태학적 진단	• 보건교육의 내용설정을 위한 진단단계 • 건강행동에 영향을 줄 수 있는 요인 중에서 변화시킬 수 있는 요인들을 소인성요인, 강화요인, 촉진요인으로 분류 **분류 / 특징** **소인성(성향) 요인**: • 행동을 초래하는 동기나 근거가 되는 행동 이전의 요인, 개인이 가지고 있는 특성 • 지식, 태도, 믿음, 가치, 인식 등 **강화요인**: • 행위를 지속시키거나 그만두게 하는 요인 • 인정, 칭찬, 존경 – 사회적 보상 • 불편이나 통증해소 또는 비용 절감 – 물리적 보상 • 비난, 벌금 – 부정적 보상 **촉진(가능) 요인**: • 행위를 실천할 수 있도록 도와주는 기술과 자원요인 • 기술 : 신체운동, 휴식요법, 의료기기를 사용하는 것 등
4단계	행정적 및 정책적 진단, 중재조정	• 프로그램 및 시행과 관련되는 조직적, 행정적 능력과 자원을 검토하고 평가 및 개선방안을 제시하는 단계 • 중재조정 단계는 조합, 배치, 공유, 조화로 분류 **분류 / 특징** **조합**: • 사회·생태학적 수준에 따라 구분하고 자원별 중재활동을 조합하는 과정 • 정부·제도차원, 지역사회차원, 조직차원, 개인차원 **배치**: • 목표간의 이론적 연계를 명확히 하고 프로그램의 논리를 구성하는 작업 **공유**: 현재까지 공존하는 프로그램에 대한 파악과 이해로 기존 프로그램을 통한 경험 및 지식 활용, 유사 프로그램을 파악하여 시행착오를 줄이고 자원, 경험을 활용한 효과와 효율을 도모하는 과정 **조화**: 기획된 중재 프로그램을 검토하고 수정하는 과정으로 현장과 전문가의 의견 반영, 의견 반영을 통한 맞춤성과 전문성을 함양하는 과정
5단계	수행 진단 (실행)	프로그램을 개발하고 시행방안을 마련하는 단계
6단계	과정평가	대상 집단의 건강행위 변화를 가져오도록 계획된 프로그램의 실제 수행된 활동들에 대한 평가
7단계	영향평가	프로그램에 이용된 활동과 방법이 대상자들에게 단기적으로 나타난 바람직한 변화
8단계	결과평가	프로그램을 통하여 대상자들에게 나타난 바람직한 변화가 시간이 경과됨에 따라 나타난 효과

③ MATCH(지역사회보건 다단계 접근, Multilevel Approach To Community Health)
  ㉠ 질병과 사고예방을 위한 행동과 환경적인 요인이 알려져 있고, 우선순위가 정해졌을 때 적용가능한 모델이다. 요구도에 대한 충분한 자료가 있어 사정단계 없이 프로그램의 목적을 선택하고 기술하는 것부터 시작한다.
  ㉡ 개인의 행동과 환경에 영향을 주는 요인들을 개인부터 조직, 지역사회, 정부, 공공 정책 등 여러 수준으로 나누어 프로그램 계획으로서, 정부나 보건 관련 정책기관들이 포괄적인 건강증진 프로그램을 시행할 때 많이 사용한다.
  ㉢ MATCH 기획 단계

목적 설정	• 유병률, 문제의 상대적 중요도, 문제의 변화가능성을 고려하여 건강상태 목적 선정 • 우선순위의 인구집단 선정 • 행위요인과 관련된 목적 선정 • 환경요인과 관련된 목적 선정
중재 계획	• 중재 목표 파악 • 중재 목표 선정 • 중재 목표를 이루기 위한 매개변인(지식, 태도, 기술 등) 파악 • 중재 접근방법 선정
프로그램 개발	각 프로그램의 내용적인 구성요소 등 프로그램 개발과 관련된 내용을 상세하게 기술하는 단계
실 행	변화 채택을 위한 계획안을 작성하고 자원활동 준비
평 가	• 과정평가 : 중재기획과 과정에 대한 유용성, 실제 수행에 대한 정도와 질, 프로그램 수행 후 즉시 나타난 교육적인 효과 등 • 영향평가 : 보건프로그램의 단기적인 결과로 지식, 태도, 기술을 포함한 중간 효과와 행동 변화 또는 환경적인 변화를 포함 • 결과평가 : 장기적인 보건프로그램 효과 측정

3 보건교육의 실시

(1) 효과적인 보건교육을 위한 원칙
① 피교육자의 생활상을 반영하는 내용이어야 한다.
② 지식의 향상과 실제 행동능력의 변화를 동시에 달성할 수 있도록 계획한다.
③ 피교육자는 서로 다른 가치관, 태도, 믿음을 가지고 있다고 가정한다.
④ 피교육자들에게 자신감을 가질 수 있도록 하여야 한다.

(2) 보건교육계획의 수립과 추진
① 보건교육계획의 수립과정 기출 2017 지방직
  ㉠ 보건교육 요구 및 실상의 파악 : 지역이나 직장의 핵심인물과의 접촉과 대화를 통해 정보를 입수하거나 여론조사, 면접 등 각종의 방법을 사용하여 대상자의 요구도 및 실상을 파악한다.

ⓒ 보건교육 우선순위의 결정 : 요구도의 조사와 생활습관 조사, 건강진단 결과 등을 기초로 우선순위를 결정한 후, 내부 자원과 외부 자원의 조사에 기초하여 실행가능성을 검토한 후 내용과 목표를 결정한다.
ⓒ 보건교육 실시방법들의 결정 : 보건교육 내용과 목표를 달성하기 위한 가장 적절한 프로그램을 결정하는 단계이다.
ⓔ 보건교육의 실시
ⓜ 보건교육 평가계획의 수립 : 평가의 목적, 원칙, 내용, 범주, 방법, 시기 등을 설정한다.
ⓗ 보건교육 평가 유형의 결정
   ⓐ 진단평가 : 사업을 시작하기 전에 지역사회 주민이 원하는 것은 무엇인가에 대한 평가
   ⓑ 과정평가 : 프로젝트는 얼마나 잘 실행되었는가에 대한 평가
   ⓒ 영향평가 : 프로젝트에 의해 어느 정도 변화가 이루어 졌는가에 대한 평가
   ⓓ 결과평가 : 예상했던 변화는 이루어 졌는가에 대한 평가
   ⓔ 경제성 평가 : 투입한 단위당의 보건자원에 대해 어느 정도 효과가 있었는가에 대한 평가

② 보건교육계획의 추진
   ㉠ 보건교육은 전체 보건사업계획의 일부로서 처음부터 함께 계획되어야 한다.
   ㉡ 사전 지역사회 진단이 필요하며 주민에 대한 연구도 실시한다.
   ㉢ 보건교육 계획에 주민들이 참여하여야 한다.
   ㉣ 지역사회의 인재와 자원에 관한 실태를 파악하고 지도자를 발견한다.
   ㉤ 지역 개업의의 협력을 얻어야 하며, 다른 기관(공공기관, 행정관청, 교회, 클럽 등)의 협조도 얻도록 한다.
   ㉥ 보건교육은 뚜렷한 목표가 있어야 하며, 그 목표 달성을 위한 구체적인 계획이 세워져야 한다.
   ㉦ 시범 사업으로부터 시작하여 점차 확대하는 방법이 필요하다.
   ㉧ 모든 보건요원은 보건교육을 위한 팀웍의 일원으로서 역할을 하여야 한다. 따라서 모든 보건요원은 훌륭한 보건교육의 실천자가 되어야 한다.
   ㉨ 보건교육 전문가는 보건교육 사업의 보다 효율적 수행을 위한 역할을 할 수 있다.
   ㉩ 보건교육은 예산의 뒷받침이 요구되며, 이 예산은 사업의 우선순위에 따라 쓰여야 한다.
   ㉪ 효과적인 보건교육 사업을 위하여 적절한 평가가 이루어져야 한다.

(3) 보건교육의 방법 기출 2016 서울시

① 개인 접촉 방법(Individual Contact)
   ㉠ 방법 : 개인적 접촉을 통해서 보건교육을 하는 것으로 가정방문, 건강상담, 진찰, 전화, 예방접종, 편지 등이 방법이 있다.
   ㉡ 특 징
      ⓐ 가장 효과적인 방법으로 개인적 지도를 할 수 있다.
      ⓑ 저소득층이나 노인층에 적합하다.
      ⓒ 많은 시간과 인원이 필요하다.

② **집단 접촉 방법(Group Contact)** 기출 2022 서울시

동시에 2명 이상의 일정한 수의 집단을 대상으로 교육하는 방법으로 개인 접촉 방법만큼의 효과는 기대하기 어렵다.

- ㉠ 집단 토론(Group Discussion) : 10~20명으로 구성되어 각자 의견을 말할 수 있으며, 사회자는 전체의 의견을 종합할 수 있어서 가장 효과적인 방법이다.
- ㉡ 심포지엄(Symposium) : 여러 사람의 전문가가 각각의 입장에서 어떤 주제에 관하여 발표한 다음 청중과 질의토의 하는 형식으로 변화가 있고 지루하지 않다.
- ㉢ 패널 토론(Panel Discussion) : 몇 사람의 전문가가 청중 앞 단상에서 자유롭게 토론하는 형식으로 사회자가 있어서 이야기를 진행, 정리해 나간다.
- ㉣ 버즈 세션(Buzz Session) : 집회의 참가자가 많은 경우에 전체를 몇 개의 분단으로 나누어서 토의시키고, 다시 전체회의에서 종합하는 방법이다.
- ㉤ 강연회 : 동시에 많은 사람을 교육할 수 있어 경제적이지만, 일방적인 의사전달 방법이므로 모두를 만족시킬 수 없다.
- ㉥ 롤 플레잉(Role Playing ; 역할극) : 개인 접촉 방법, 즉 가정 방문시 교육을 하는 보건 요원과 가정주부의 대화 장면을 청중 앞에서 실현함으로써 보건교육의 효과를 얻는 방법이다.
- ㉦ 워크샵(Work Shop) : 특정 직종에 있는 사람들이 서로 경험하고 연구하고 있는 것을 발표하여 의논하는 것으로 2~3일 정도의 일정이 필요하다.

> **심화Tip** 왕래식 교육방법
>
> 두 사람 이상이 서로의 의견과 지식을 교환함으로써 이루어지는 교육 방법으로 집단토의, 심포지엄, 면접위원회의 활동, 협의회, 연극, 강습회 등이 있다.

③ **대중 접촉 방법(Mass Contact)**
- ㉠ 보조 수단, 즉 슬라이드·전시·팸플릿(Pamphlet)·리플렛(Leaflet)·포스터·녹음기·벽보·신문·라디오·텔레비전 등을 이용하는 교육 방법이다.
- ㉡ 교육 효과는 낮지만, 넓은 지역의 대중을 상대로 조직적, 계속적 작용을 함으로써 보건교육을 하고, 나아가서 교육 효과를 통하여 강력한 여론 형성을 목적으로 한다.

(4) 보건교육의 대상

① 학생에 대한 보건교육
- ㉠ 초등학교 : 저학년(1, 2, 3학년)에서는 건강습관의 형성, 고학년(4, 5, 6학년)에서는 건강습관의 실천에 중점을 둔다.
- ㉡ 중학교 : 질병예방, 사회생활에 있어서 위생적인 생활습관의 양성과 실천에 목표를 둔다.
- ㉢ 고등학교 : 정신보건, 사회보건, 성교육에 중점을 둔다.
- ㉣ 대학교 : 학교보건·국민보건·국민영양·산업위생·후생문제·인구문제·정신보건·사회보장·공중보건시설·보건통계 등에 관한 교육 실시에 중점을 둔다.

② 일반 주민에 대한 보건교육의 권장사항(WHO)
   ㉠ 대상 주민의 실정에 알맞은 보건교육을 한다.
   ㉡ 실제로 보건교육을 실시하기 전에 대상보다 작은 범위에서 연습을 해 보아야 한다.
   ㉢ 보건교육 관계 직원과 그 밖의 보건 관계 직원 사이에 팀워크가 이루어져야 한다.
   ㉣ 보건 관계 모든 직원이 교육의 방법, 매체의 사용법을 충분히 습득해야 한다.
   ㉤ 보건교육 전문가의 지도를 받아야 한다.
   ㉥ 필요한 경비는 재정 사정을 감안하여 우선순위를 정하여 쓰도록 한다.
   ㉦ 보건교육 후에는 반드시 평가를 해야 한다.
   ㉧ 보건교육 계획은 전체 보건사업의 일부분으로 이루어져야 한다.
   ㉨ 대상 지역사회나 대상 주민에 대한 예비조사가 필요하며 주민의 희망, 자원의 파악 등이 중요하다.
   ㉩ 대상 주민의 문화적 배경, 즉 신앙, 전통, 행동, 규범, 미신 등에 관한 조사가 필요하다.
   ㉪ 대상 주민의 대표와 함께 계획을 수립함으로써 자신들의 일이라는 느낌과 확신을 갖게 한다.
   ㉫ 필요한 인적, 물적 자원을 조사함으로써 그들의 효율적인 기여를 얻을 수 있다.

③ 환자들에 대한 보건교육
   ㉠ 사회환경적인 질병 발생의 요인에 대해서 인식시켜 준다.
   ㉡ 의료인의 역할에 대해서 명백하게 설명하며, 치료의학뿐만 아니라 예방의학의 중요성도 강조하여 교육시킨다.
   ㉢ 환자가 질병에 대해서 혼동하거나 잘못 인식하고 있을 때에는 바로 가르쳐 준다.
   ㉣ 건강증진과 질병예방에 필요한 지식을 전달한다.

심화Tip 「국민건강증진법 시행령」 제17조에 명시된 보건교육의 내용

1. 금연·절주 등 건강생활의 실천에 관한 사항
2. 만성 퇴행성질환 등 질병의 예방에 관한 사항
3. 영양 및 식생활에 관한 사항
4. 구강건강에 관한 사항
5. 공중위생에 관한 사항
6. 건강증진을 위한 체육활동에 관한 사항
7. 그 밖에 건강증진사업에 관한 사항

(5) 보건교육 실시상의 유의점
① 피교육자의 주의를 집중시킨다.
② 피교육자의 이해와 수용능력은 제한되어 있다는 것을 알아야 한다.
③ 교육은 말로만 그치지 않도록 한다.
④ 피교육자의 의욕을 북돋워 준다.
⑤ 배우면 유익하게 된다는 확신을 갖도록 가르친다.
⑥ 대상자가 만족을 느끼게 한다.

(6) 보건교육의 평가
① 평가 원칙
  ㉠ 보건교육의 평가는 전 과정에 수시로 실시되어야 하는 필수적인 과정이다.
  ㉡ 평가는 계획 평가, 진행 평가, 결과 평가로 수행되어야 한다.
  ㉢ 평가는 반드시 다음 계획에 반영(Feedback)되어야 한다.
  ㉣ 평가는 명확한 목표하에 명확한 기준을 명시하여 계속적으로 실시하여야 한다.
  ㉤ 평가는 객관적으로 평가하여야 하며, 명확히 장점과 단점을 지적하여야 한다.
  ㉥ 평가는 계획에 관계된 사람, 사업에 참여한 사람, 기타 평가에 영향을 받을 사람에 의해서 행하여져야 한다.
  ㉦ 평가 자료는 누구나 잘 알 수 있게 정리하여야 하며, 차후에 보건교육 자료로 활용 될 수 있도록 하여야 한다.

② 평가 방법
  시찰이나 관찰, 면접, 회합, 문제의 토의, 대조표, 질의서, 기록서, 보고서, 통계 자료, 감정표 등과 비교하고, 능력 있는 관찰자의 의견 등을 종합하여 평가 방법을 세운다.

③ 평가 내용
  ㉠ <u>보건교육 활동에 대한 평가</u> : 활동 범위, 교육 방법, 보건교육의 문제 설정, 보건교육 참여자의 협조 등에 대하여 평가한다.
  ㉡ <u>보건교육 자재에 대한 평가</u> : 교육 자재의 질, 효과, 비용 등에 대하여 평가한다.
  ㉢ <u>보건교육 결과에 대한 평가</u> : 참여자의 수, 보건 문제에 대한 태도, 지식, 습관 등의 변화 정도, 전체적 보건 수준의 변화 등에 대하여 평가한다.

CHAPTER 08 출제예상문제

학교보건과 보건교육

01 학교보건

01 학교보건의 중요성이 아닌 것은?
① 학교인구는 학교가 존재하는 그 지역사회 총인구의 1/4 정도 되는 많은 인구수를 가지고 있다.
② 학교는 지역사회의 중심체로서, 학생들을 통한 지역사회 및 가족에게 건강지식이나 정보를 전달할 수 있다.
③ 학생 시기에는 배우려는 의욕이 있으므로 보건교육적 효과를 높일 수 있는 호적기이다.
④ 학생들의 경우 장기적 치료를 요하므로 의료비가 현저히 증가한다.

장기적 치료를 요하고, 의료비의 현저한 증가가 예상되는 것은 노인보건에 해당한다.

02 학교보건사업 중 최우선적으로 실시해야 할 사업은?
① 학교보건 봉사
② 환경위생 관리
③ 보건교육
④ 학교체육

학교라는 공간과 시설은 교육의 중요한 매체이면서 학생의 성장과 발달을 지원하고 촉진하는 생활환경이며, 학생 및 교직원들이 생활하는 밀집된 공간이기 때문에 위생적이고 쾌적하게 유지·관리되어야 한다.

03 「학교보건법」상 환기 등의 기준으로 옳지 않은 것은?

① 환기용 창 등을 수시로 개방하거나 기계식 환기설비를 수시로 가동하여 1인당 환기량이 시간당 21.6세제곱미터 이상이 되어야 한다.
② 실내온도는 섭씨 18도 이상 28도 이하로 하여야 한다.
③ 난방온도는 섭씨 18도 이상 20도 이하로 한다.
④ 비교습도는 40퍼센트 이상 70퍼센트 이하로 한다.

실내온도 및 습도
- 실내온도는 섭씨 18도 이상 28도 이하로 하되, 난방온도는 섭씨 18도 이상 20도 이하, 냉방온도는 섭씨 26도 이상 28도 이하로 할 것
- 비교습도는 30퍼센트 이상 80퍼센트 이하로 할 것

04 「학교보건법」상 채광 및 조도에 대한 설명으로 옳은 것은?

① 직사광선을 포함하지 아니하는 천공광에 의한 옥외 수평조도와 실내조도와의 비가 평균 10퍼센트 이상으로 하되, 최소 2퍼센트 미만이 되지 아니하도록 할 것
② 자연조명의 경우 최대조도와 최소조도의 비율이 5대 1을 넘지 아니하도록 할 것
③ 교실의 조명도는 책상면을 기준으로 200럭스 이상이 되도록 할 것
④ 인공조명의 경우 최대조도와 최소조도의 비율이 3대 1을 넘지 아니하도록 할 것

환기·채광·조명·온습도의 조절기준과 환기설비의 구조 및 설치기준(학교보건법 시행규칙 별표 2)	
채광 (자연조명)	• 직사광선을 포함하지 아니하는 천공광에 의한 옥외 수평조도와 실내조도와의 비가 평균 **5퍼센트 이상**으로 하되, 최소 2퍼센트 미만이 되지 아니하도록 할 것 • 최대조도와 최소조도의 비율이 **10대 1**을 넘지 아니하도록 할 것 • 교실 바깥의 반사물로부터 눈부심이 발생되지 아니하도록 할 것
조도 (인공조명)	• 교실의 조명도는 책상면을 기준으로 **300럭스 이상**이 되도록 할 것 • 최대조도와 최소조도의 비율이 **3대 1**을 넘지 아니하도록 할 것 • 인공조명에 의한 눈부심이 발생되지 아니하도록 할 것

정답 01 ④ 02 ② 03 ④ 04 ④

05 「학교보건법 시행규칙」상 교실내 환경요건에 적합하지 않은 것은? `기출 2016 서울시`

① 조도 - 책상면 기준으로 200Lux
② 1인당 환기량 - 시간당 25m³
③ 습도 - 비교습도 50%
④ 온도 - 난방온도 섭씨 20도

> **해설 콕**
> 교실의 조명도는 책상면을 기준으로 300럭스(Lux) 이상이 되도록 해야 한다.

06 학교환경 보호구역이 인근 학교와 중복될 때 이를 관리하는 학교장으로 잘못된 것은?

① 상대보호구역과 절대보호구역의 중복시 절대보호구역의 학교장
② 상급학교와 하급학교의 보호구역 중복시 하급학교장
③ 동급학교의 보호구역 중복시 학생수가 많은 학교장
④ 동급학교이면서 남·여학교의 경우 여학교의 학교장

> **해설 콕**
> 환경보호구역의 관리(교육환경 보호에 관한 법률 시행령 제24조)
>
> | 구 분 | 관리자 |
> |---|---|
> | 상·하급 학교간에 보호구역이 서로 중복되는 경우 | 하급학교
다만, 하급학교가 유치원인 경우에는 그 상급학교 |
> | 같은 급의 학교간에 보호구역이 서로 중복될 경우 | 학생수가 많은 학교 |
> | 절대보호구역과 상대보호구역이 서로 중복되는 경우 | 절대보호구역이 설정된 학교의 장 |

07 학교화장실의 소독횟수로 옳은 것은?

① 3월부터 9월까지는 주 3회 이상, 10월부터 다음해 2월까지는 주 1회 이상 소독을 실시할 것
② 4월부터 9월까지는 주 3회 이상, 10월부터 다음해 3월까지는 주 1회 이상 소독을 실시할 것
③ 4월부터 9월까지는 주 2회 이상, 10월부터 다음해 3월까지는 주 1회 이상 소독을 실시할 것
④ 3월부터 9월까지는 주 2회 이상, 10월부터 다음해 2월까지는 주 3회 이상 소독을 실시할 것

악취의 발산과 쥐 및 파리·모기 등 해로운 벌레의 발생·번식을 방지하도록 화장실의 내부 및 외부를 4월부터 9월까지는 주 3회 이상, 10월부터 다음해 3월까지는 주 1회 이상 소독을 실시할 것

08 학교의 먹는물 관리기준으로 옳지 않은 것은?
① 상수도 또는 마을상수도에 의하여 먹는물을 공급하는 경우에는 저수조를 경유하여야 한다.
② 지하수 등에 의하여 먹는물을 공급하는 경우에는 저수조 등의 시설을 경유하여야 한다.
③ 지하수는「먹는물 수질기준 및 검사 등에 관한 규칙」제4조 제2항에 따라 수질검사를 실시하여야 한다.
④ 저수조를 사용하는 학교의 경우「수도법 시행규칙」제22조의3 제4항에 따라 수질검사를 실시하여야 한다.

상수도 또는 마을상수도에 의하여 먹는물을 공급하는 경우에는 저수조를 경유하지 아니하고 직접 수도 꼭지에 연결하여 공급하여야 한다. 다만, 직접 수도꼭지에 연결하기가 곤란한 경우에는 제외한다.

09 교육환경보호구역에 대해 옳지 않은 것은?
① 교육감이 교육환경보호구역을 설정, 고시하여야 한다.
② 학교설립예정지가 통보된 날부터 30일 이내에 교육환경보호구역을 설정·고시하여야 한다.
③ 절대보호구역은 학교출입문으로부터 직선거리 50m 이내 지역으로 유해시설 설치를 일체 금지한다.
④ 상대보호구역은 학교출입문으로부터 직선거리 200m 이내 지역 중 절대보호구역을 제외한 지역으로서 유해시설 설치를 원칙적으로 금지한다.

상대보호구역은 학교경계 등으로부터 직선거리로 200m 이내 지역 중 절대보호구역을 제외한 지역을 말한다.

정답 05 ① 06 ④ 07 ② 08 ① 09 ④

10 「교육환경보호에 관한 법률」상 교육환경보호구역 중 절대보호구역의 기준으로 가장 옳은 것은?

기출 2020 서울시

① 학교출입문으로부터 직선거리로 50미터까지인 지역
② 학교출입문으로부터 직선거리로 100미터까지인 지역
③ 학교출입문으로부터 직선거리로 150미터까지인 지역
④ 학교출입문으로부터 직선거리로 200미터까지인 지역

해설 콕

교육환경보호구역의 설정(교육환경보호에 관한 법률 제8조 제1항)
교육감은 학교경계 또는 학교설립예정지 경계(이하 "학교경계등"이라 한다)로부터 직선거리 200m의 범위 안의 지역을 다음의 구분에 따라 교육환경보호구역으로 설정·고시하여야 한다.

절대보호구역	학교출입문으로부터 직선거리로 **50m까지인 지역**(학교설립예정지의 경우 학교경계로부터 직선거리 50m까지인 지역)
상대보호구역	학교경계 등으로부터 직선거리로 200m까지인 지역 중 절대보호구역을 제외한 지역

11 학교에 두는 의료인·약사 및 보건교사에 대한 설명으로 옳지 않은 것은?

① 학교에는 학생과 교직원의 건강관리를 지원하는 의료인과 약사를 둘 수 있다.
② 학교에 두는 의료인·약사는 보건소장이 위촉하거나 채용한다.
③ 학교에 보건교육과 학생들의 건강관리를 담당하는 보건교사를 두어야 한다.
④ 보건교사를 두는 경우 36학급 이상의 학교에는 2명 이상의 보건교사를 두어야 한다.

해설 콕

학교에 두는 의료인·약사는 학교장이 위촉하거나 채용한다(학교보건법 시행령 제23조 제1항).

12 「학교보건법 시행령」상 보건교사의 직무내용으로 보기 어려운 것은? 기출 2016 서울시

① 학교보건계획의 수립
② 학교 환경위생의 유지, 관리 및 개선에 관한 사항
③ 학교 및 교직원의 건강진단과 건강평가
④ 각종 질병의 예방처치 및 보건지도

③은 학교의사의 직무내용이다.

13 학교보건사업의 건강검사 중 병력, 식생활 및 건강생활 행태 등에 대해서 실시하는 검사는?

① 건강조사
② 정신건강상태
③ 건강검진
④ 신체능력검사

건강검사의 검사항목 및 방법(학교건강검사규칙 제4조~제7조)

신체의 발달상황	키와 몸무게를 측정
건강조사	병력, 식생활 및 건강생활 행태 등에 대해서 실시
정신건강상태	설문조사 등의 방법으로 조사 실시(학부모에게 미리 통지)
건강검진	근·골격 및 척추, 눈·귀, 콧병·목병·피부병, 구강, 기관능력, 병리검사 등에 대하여 검사 또는 진단
신체능력검사	체력요소를 평가하여 신체의 능력등급을 판정하는 필수평가와 신체활동에 대한 인식정도 등 필수평가에 대한 심층평가를 하는 선택평가로 구분

02 보건교육

01 보건교육의 궁극적 목적으로 타당한 것은?

① 건강지식 습득　　② 건강문제 이해
③ 건강행위 실천　　④ 건강태도 이행

> 보건교육의 궁극적 목적은 보건교육을 통하여 개인 또는 지역사회의 행동을 바람직하게 바꾸기 위해 건강행위를 실천하는 것이다.

02 보건교육의 교수 – 학습의 원리에 해당하지 않는 것은?

① 단일화의 원리　　② 체험의 원리
③ 사회적용의 원리　　④ 통합의 원리

> 보건교육의 교수 – 학습의 원리
> - 자발적 참여의 원리
> - 체험의 원리
> - 흥미의 원리
> - 개별화의 원리
> - 사회적용(사회화)의 원리
> - 통합의 원리

03 보건교육 교수 – 학습의 원리 중 〈보기〉의 내용과 관련이 있는 것은?

> 학습자는 저마다 개성, 능력, 동기, 준비도, 흥미 등이 다르므로 학습활동과 반응 및 이해에 대한 개인차를 최대한 수용하고 배려해야 한다.

① 자발적 참여의 원리　　② 개별화의 원리
③ 체험의 원리　　④ 사회적용의 원리

> ① **자발적 참여의 원리** : 일방적 지식전달이 아닌 능동적인 학습자의 이해과정과 자발적 질문과 발표 등을 통한 참여가 필요하다는 원리이다.
> ③ **체험의 원리** : 보고, 느끼고, 맛보는 등의 체험 및 감각행동이 학습효과를 높이는데 중요한 역할을 해야 한다는 원리이다.
> ④ **사회적용의 원리** : 학습자가 경험하는 실생활에 적용되고 현실을 이해하는데 도움이 되어야 한다는 원리이다.

04 내용과 정보습득에 초점을 두고 개인과 집단이 자신의 건강에 관한 의사결정을 잘 내리도록 지식을 증가시키는 보건교육철학은?

① 행동변화 철학
② 인지근거 철학
③ 의사결정 철학
④ 자유의지·기능 철학

인지근거 철학
내용과 정보습득에 초점을 두고 개인과 집단이 자신의 건강에 관한 의사결정을 잘 내리도록 지식을 증가시키는 철학이어야 한다.
① **행동변화 철학** : 불건강한 행동을 수정하기 위한 행동계약, 목표설정, 자기감시 등 측정 가능한 목표를 설정하여야 한다.
③ **의사결정 철학** : 교육대상자가 가장 적합한 방법을 선택할 수 있도록 다양한 교육방법이 사용되어야 한다.
④ **자유의지·기능 철학** : 자신의 이득에 근거하여 건강관련 의사결정을 스스로 결정할 수 있도록 하여야 한다.

05 보건교육의 접근방법 중 행위변화 중심 접근방법에 대한 설명으로 옳지 않은 것은?

① 건강관리에 대한 개념이 질병모형에서 비롯된 것일 때의 접근방법이다.
② 건강에 영향을 미치는 것으로 개개인의 생활습관을 가장 중요한 변수로 본다.
③ 건강에 영향을 주는 잘못된 건강행위변화가 보건교육 접근에 중요한 초점이 된다.
④ 현재 우리나라 건강증진사업에서 강조하는 금연, 운동, 식습관을 변화시키고자 하는 노력이 여기에 해당한다.

행위변화 중심 접근
건강관리에 대한 개념이 건강모형에서 비롯된 것일 때의 접근방법이다.

06 인간은 자신이 이용할 수 있는 정보를 활용하여 행동을 결정하기 때문에 행위의도가 실제 행동을 예측할 수 있다는 이론은?

① 건강신념이론
② 합리적 행위이론
③ 사회인지이론
④ 변화단계이론

합리적 행위이론
행위에 대한 태도, 주관적 규범이 행동의도에 영향을 미치고 이는 실제 행동으로 이어진다고 가정한다. 따라서 인간은 자신이 이용할 수 있는 정보를 활용하여 행동을 결정하기 때문에 행위의도가 실제 행동을 예측할 수 있다는 이론이다.

정답 01 ③ 02 ① 03 ② 04 ② 05 ① 06 ②

07 건강신념모형에서 '지각된 민감성'에 대한 설명으로 옳은 것은?

① 어떤 건강문제를 가질 가능성에 대한 개인의 인식
② 건강문제결과의 상대적 심각성에 대한 개인의 인식
③ 제안된 건강행동들의 예상가치
④ 제안된 건강행동의 부정적인 측면에 대한 개인의 인식

건강신념(믿음)모형

지각된 민감(감수)성	어떤 건강문제를 가질 가능성에 대한 개인의 인식
지각된 심각성	건강문제결과의 상대적 심각성에 대한 개인의 인식
지각된 유익성	제안된 건강행동들의 예상가치
지각된 장애요인	제안된 건강행동의 부정적인 측면에 대한 개인의 인식
행동의 계기	개인이 행동하도록 동기를 부여하는 외적 사건
자기효능감	행동을 취하는 능력에 대한 개인의 자신감

08 금연을 위한 방법과 건강믿음모형의 구성요인을 짝지은 것으로 가장 옳은 것은?

기출 2018 서울시

① 딸 아이의 금연 독촉 – 장애요인
② 흡연은 폐암의 원인이라는 점을 강조 – 심각성
③ 흡연자 동료 – 계기
④ 간접흡연도 건강에 해롭다는 점을 강조 – 이익

① 딸 아이의 금연 독촉 – 행동의 계기
③ 흡연자 동료 – 지각된 장애요인
④ 간접흡연도 건강에 해롭다는 점을 강조 – 지각된 민감(감수)성

09 개인 수준의 건강행태 모형에 해당하지 않는 것은?

기출 2019 서울시

① 건강믿음모형(Health belief model)
② 범이론적 모형(Transtheoretical model)
③ 계획된 행동이론(Theory of planned behavior)
④ 의사소통이론(Communication theory)

개인 수준의 건강행태 모형에 속하는 것은 건강믿음(신념)모형, 범이론적 모형, 계획된 행동이론이다.

주요 건강행태이론

개인적 차원	개인간 차원	집단 및 지역사회 차원
• 지식, 태도 및 실천 모형 • **건강믿음(신념)모형** • **계획된 행동이론** • **범이론적 모형** • 예방채택과정모형	• 사회인지이론 • 동기화면담	• **의사소통이론** • 혁신의 확산모형

10 행동교정모형 중 행동변화 단계에서 6개월 이내에 행동을 취할 의도가 없고, 자신의 문제를 인식하지 못하는 단계는?

① 고려 전 단계　　② 고려 단계
③ 준비 단계　　　④ 유지 단계

행동변화의 5단계

고려 전	앞으로 6개월 이내에 행동을 취할 의도가 없다.
고 려	앞으로 6개월 이내에 행동을 취할 의도가 있다.
준 비	앞으로 30일 이내에 행동을 취할 의도가 있고, 이 방향으로 어떤 행동을 시도한다.
행 동	6개월 이내에 드러나는 행태변화가 있다.
유 지	6개월 이상 지속하여 정착하는 행태변화가 있다.

11 범이론적 모형의 10단계 중 행동변화가 개인의 주체성의 중요한 부분임을 깨닫는 단계는?

① 자의식의 고양　　② 극적 안도
③ 자기 재평가　　　④ 자기 해방

행동변화과정 10단계

자의식 고양	건강행태에 관한 정보, 교육, 개인적 환류를 통해 깨달음이 증가한다.
극적 안도	건강한 행동변화를 지지하는 새로운 사실이나 생각, 단서를 발견하고 배운다.
자기 재평가	행동변화가 개인의 주체성의 중요한 부분임을 깨닫는다.
환경 재평가	개인의 가까운 사회적·물리적 환경에 대한 건강하지 않은 행동의 부정적 영향 또는 건강한 행동의 긍정적 영향을 깨닫는다.
자기 해방	스스로 행동변화에 대한 동기를 부여하고 변화를 다짐한다.

정답 07 ①　08 ②　09 ④　10 ①　11 ③

조력 관계	건강한 행동변화를 위한 사회적 지원을 찾거나 이용한다.
반조건화	더 건강한 행동이나 인식으로 불건강 행동을 대체한다.
우연성 관리	긍정적 행동변화에 대한 보상은 늘리고, 불건강 행동에 대한 보상은 줄인다.
자극 조절	불건강 행동을 하도록 하는 리마인더(reminder)나 단서는 없애고 건강행동을 하도록 하는 리마인더(reminder)와 단서는 늘린다.
사회적 해방	사회적 기준이 건강한 행동변화를 지지하는 방향으로 변화하는 것을 깨닫는다.

12 귀인이론에 대한 설명으로 옳지 않은 것은?

① 차별성은 개인이 여러 가지 상황에서 각기 다른 행동을 보이는지 아닌지를 의미한다.
② 차별성이 높으면 외재적이다.
③ 합의성이 높으면 외재적이다.
④ 일관성이 높으면 외재적이다.

귀인의 3대 결정요인

요 인	특 징	원인의 귀속
차별성 (특이성)	개인이 여러 가지 상황에서 각기 다른 행동을 보이는지 아닌지를 의미(관찰한 행동이 보기 드문 행동인지의 여부)	높으면 외재적 낮으면 내재적
합의성	동일한 상황에 직면한 사람들이 동일한 방식으로 반응하는지 여부	높으면 외재적 낮으면 내재적
일관성	개인이 동일한 상황에서 같은 방식으로 오랜 시간 같은 반응을 보이는지 여부	높으면 내재적 낮으면 외재적

13 개인적 요인, 환경의 영향 및 행동간의 역동적 상호작용의 결과로 설명되는 보건교육이론은?

① 계획적 행위이론 ② 사회인지이론
③ 합리적 행동이론 ④ 범이론적 모형

사회인지이론
• 인간의 행동과 개인적 요인, 환경적 요인이 서로 상호작용하는 역동적인 모델(상호결정론)이론이다.
• 행동에 영향을 미치는 가장 중요한 개인의 인지활동은 자기효능감과 결과에 대한 기대이다.
• 행동에 대한 자기효능감이 높고, 그 행동을 했을 경우 그 결과에 대한 기대가 긍정적일수록 특정행동을 수행할 가능성이 높아진다.

14 사회인지이론에서 환경적 특성에 해당하는 것은?

① 자기효능감　　　　　　② 감정적 대응
③ 대리습득　　　　　　　④ 예 측

사회인지이론의 특성

개인적 특성		환경적 특성	
• 자기효능감	• 행동능력	• 대리습득	• 상 황
• 예 측	• 기 대	• 강 화	• 상호결정주의
• 자기통제	• 감정적 대응		

15 사회네트워크 및 사회적 지지이론에서 사회적 지지에 해당하지 않는 것은?

① 합리적 지지　　　　　　② 정서적 지지
③ 평가적 지지　　　　　　④ 정보적 지지

사회적 지지(social support)
사회적 관계(social relationship)의 중요한 기능은 정서적, 도구적, 평가적, 정보적 지지 등으로 구분된다.

16 PRECEDE – PROCEED Model 단계에서 PROCEED 단계에 해당하는 것은?

① 사회적 진단
② 수행 진단
③ 행정적 및 정책적 진단
④ 교육적 및 생태학적 진단

PRECEDE – PROCEED Model 단계

PRECEDE 단계	PROCEED 단계
• 1단계 : 사회적 진단	• 5단계 : 수행 진단(실행)
• 2단계 : 역학적 진단	• 6단계 : 과정평가
• 3단계 : 교육적 및 생태학적 진단	• 7단계 : 영향평가
• 4단계 : 행정적 및 정책적 진단, 중재조정	• 8단계 : 결과평가

17 PRECEDE – PROCEED 모델에서 유병률, 사망률, 건강문제 등을 규명하는 단계로 가장 옳은 것은?

기출 2020 서울시

① 사회적 진단
② 역학적 진단
③ 교육생태학적 진단
④ 행정 및 정책 진단

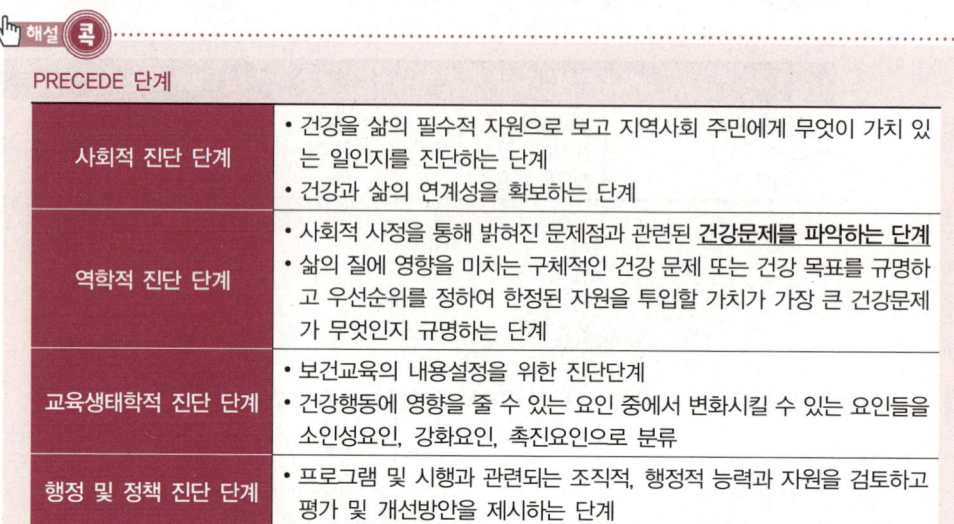

PRECEDE 단계	
사회적 진단 단계	• 건강을 삶의 필수적 자원으로 보고 지역사회 주민에게 무엇이 가치 있는 일인지를 진단하는 단계 • 건강과 삶의 연계성을 확보하는 단계
역학적 진단 단계	• 사회적 사정을 통해 밝혀진 문제점과 관련된 **건강문제를 파악하는 단계** • 삶의 질에 영향을 미치는 구체적인 건강 문제 또는 건강 목표를 규명하고 우선순위를 정하여 한정된 자원을 투입할 가치가 가장 큰 건강문제가 무엇인지 규명하는 단계
교육생태학적 진단 단계	• 보건교육의 내용설정을 위한 진단단계 • 건강행동에 영향을 줄 수 있는 요인 중에서 변화시킬 수 있는 요인들을 소인성요인, 강화요인, 촉진요인으로 분류
행정 및 정책 진단 단계	• 프로그램 및 시행과 관련되는 조직적, 행정적 능력과 자원을 검토하고 평가 및 개선방안을 제시하는 단계

18 건강행위 변화를 위한 보건교육이론 중 개인 차원의 교육이론이 아닌 것은?

기출 2015 서울시

① 건강신념모형(Health Belief Model)
② 프리시드 – 프로시드 모형(PRECEDE – PROCEED Model)
③ 귀인이론(Attribution Theory)
④ 범이론적 모형(Transtheoretical Model)

개인수준별 보건교육이론		
개인 차원의 교육이론	• 인지일관성 • 합리적 행동/계획된 행동 • 범이론적 모형	• 건강신념모형 • 귀인이론 • 생활기술접근
개인간 차원의 교육이론	• 행동주의 • 사회인지이론 • 사회네트워크 및 사회적 지지	
조직 및 지역사회 차원의 교육이론	• 조직변화단계이론 • **프리시드 – 프로시드 모형** • 사회마케팅	• 혁신의 전파 • MATCH • 건강행동의 생태학적 모형

19 효과적인 보건교육을 위한 원칙이 아닌 것은?

① 피교육자의 생활상을 반영하는 내용이어야 한다.
② 지식의 향상과 실제 행동능력의 변화를 동시에 달성할 수 있도록 계획한다.
③ 피교육자는 동일한 가치관, 태도, 믿음을 가지고 있다고 가정한다.
④ 피교육자들에게 자신감을 가질 수 있도록 하여야 한다.

> 피교육자는 서로 다른 가치관, 태도, 믿음을 가지고 있다고 가정한다.

20 보건교육계획의 수립과정 중 제일 먼저 이루어져야 할 것은?   기출 2017 지방직

① 보건교육 평가 계획의 수립
② 보건교육 평가 유형의 결정
③ 보건교육 실시 방법들의 결정
④ 보건교육 요구 및 실상의 파악

> 제일 먼저 지역이나 직장의 핵심인물과의 접촉과 대화를 통해 정보를 입수하거나 여론조사, 면접 등 각종의 방법을 사용하여 대상자의 요구도 및 실상을 파악한다.

21 보건교육의 평가원칙으로 볼 수 없는 것은?

① 명확한 목표하에 기준이 명시되어서 실시해야 한다.
② 객관적 평가와 장·단점을 명확히 지적한다.
③ 계획과 사업에 참여한 사람은 평가에 참여하지 않는다.
④ 계획평가, 진행평가, 결과평가가 수행되어야 한다.

> 평가는 계획에 관계된 사람, 사업에 참여한 사람, 기타 평가에 영향을 받을 사람에 의해 행해져야 한다.

정답 17 ② 18 ② 19 ③ 20 ④ 21 ③

22 보건교육의 평가유형 중 진단평가에 해당하는 것은?

① 사업을 시작하기 전에 지역사회 주민이 원하는 것은 무엇인가에 대한 평가
② 프로젝트는 얼마나 잘 실행되었는가에 대한 평가
③ 프로젝트에 의해 어느 정도 변화가 이루어 졌는가에 대한 평가
④ 예상했던 변화는 이루어 졌는가에 대한 평가

① 진단평가
② 과정평가
③ 영향평가
④ 결과평가

23 몇 사람의 전문가가 청중 앞 단상에 둘러앉아서 자유롭게 토론하며, 사회자가 이를 진행·정리하는 토론방식은?

① 심포지엄   ② 버즈 세션
③ 패널 토의   ④ 집단 토의

패널 토의(panel discussion)
몇 사람의 전문가가 청중 앞 단상에 둘러앉아서 자유롭게 토론하며, 사회자가 이를 진행·정리하는 토론방식이다.
① **심포지엄(symposium)** : 일정 수준 이상의 청중을 대상으로 특정 주제에 대하여 전문가가 연설하는 방법이다.
② **버즈 세션(buzz session)** : 많은 수의 참가 인원을 몇 개의 부분 집단으로 나누어 토의하고, 이를 다시 전체 회의에서 종합하는 토론방식이다.
④ **집단 토의(group discussion)** : 다수인(20명 정도)으로 구성하는 각자의 의견을 진술하고 사회자가 전체 의견을 종합하는 효과적인 방법이다.

24 보건교육 방법 중 참가자가 많을 때 여러 개 분단으로 나누어 토의한 후 다시 전체 회의를 통해 종합하는 방법으로 진행하는 것은? 기출 2016 서울시

① 집단 토의(group discussion)
② 패널 토의(panel discussion)
③ 버즈 세션(buzz session)
④ 심포지엄(symposium)

버즈 세션(buzz session)은 집회의 참가자가 많은 경우에 전체를 몇 개의 분단으로 나누어서 토의시키고, 다시 전체 회의에서 종합하는 방법이다.
① 10~20명으로 구성되어 각자 의견을 말할 수 있으며, 사회자가 전체의 의견을 종합하는 방법
② 몇 사람의 전문가가 청중 앞 단상에서 자유롭게 토론하는 형식으로 사회자가 있어서 이야기를 진행하는 방법
④ 여러 사람의 전문가가 각각의 입장에서 어떤 주제에 관하여 발표한 다음 청중과 질의토의하는 방법

25 〈보기〉에서 설명하는 교육기법은? 기출 2022 서울시

지역사회 노인들의 치매 예방 및 관리를 위해 건강증진 전문가, 신경과 전문의, 정신과 전문의 등 3명의 전문가가 발표를 한 후, 청중이 공개토론 형식으로 참여하였다.

① 집단 토론
② 심포지엄
③ 버즈 세션
④ 패널 토의

심포지엄(Symposium)은 여러 사람의 전문가가 각각의 입장에서 어떤 주제에 관하여 발표한 다음 청중과 질의토의 하는 형식으로 변화가 있고 지루하지 않다.
① **집단 토론(Group Discussion)** : 10~20명으로 구성되어 각자 의견을 말할 수 있으며, 사회자가 전체의 의견을 종합할 수 있어서 가장 효과적인 방법이다.
③ **버즈 세션(Buzz Session)** : 집회의 참가자가 많은 경우에 전체를 몇 개의 분단으로 나누어서 토의시키고, 다시 전체 회의에서 종합하는 방법이다.
④ **패널 토의(Panel Discussion)** : 몇 사람의 전문가가 청중 앞 단상에서 자유롭게 토론하는 형식으로 사회자가 있어서 이야기를 진행, 정리해 나가는 방법이다.

26 그룹 지도의 보건교육에 있어서 가장 많이 쓰이고 있고, 실천 가능한 교육방법은?
① 강 연　　　　　　　　② 토 론
③ 가정 방문　　　　　　④ 시 범

토 론
2명 이상의 일정한 수의 집단을 대상으로 하는 집단 접촉 방법으로 개인 접촉 방법보다는 효과가 없으나, 각자의 의견을 말할 수 있고 전체의 의견을 종합할 수 있으므로 효과적이어서 많이 사용되고 있다.

27 보건교육의 지도방법 중 좋지 않은 것은?
① 간단하고 알기 쉬운 말을 사용한다.
② 잘 들릴 수 있도록 음성을 조절한다.
③ 단시간에 많은 내용과 설명을 해준다.
④ 요구를 만족시키는 내용을 이야기 한다.

단시간에 많은 내용을 주입시키는 것은 좋지 않다.

28 저소득층이나 노인층에 가장 효과적인 보건교육방법은?
① 집단 토론　　　　　　② 강연회
③ 심포지엄　　　　　　④ 가정 방문

저소득층이나 노인층에 가장 효과적인 보건교육의 방법은 가정 방문이지만, 인원과 시간이 많이 드는 단점이 있다.

29 왕래식 교육방법이란?

① 개인이나 집단에게 직접 교수하는 방법
② 두 사람 이상이 의견이나 지식을 교환하는 방법
③ 외딴 모임에서 개별적으로 교육하는 방법
④ 여러 사람이 모인 곳에서 강사가 강연하는 방법

왕래식 교육방법
두 사람 이상이 서로의 의견과 지식을 교환함으로써 이루어지는 교육방법으로 집단토의, 면접위원회 활동, 협의회, 연극, 강습회 등이 있다.

30 「국민건강증진법 시행령」 제17조에 명시된 보건교육의 내용에 포함되지 않는 것은?

① 금연·절주 등 건강생활의 실천에 관한 사항
② 만성 퇴행성질환 등 질병의 예방에 관한 사항
③ 영양 및 식생활에 관한 사항
④ 호흡기 질환의 예방에 관한 사항

「국민건강증진법 시행령」 제17조에 명시된 보건교육의 내용
1. 금연·절주 등 건강생활의 실천에 관한 사항
2. 만성 퇴행성질환 등 질병의 예방에 관한 사항
3. 영양 및 식생활에 관한 사항
4. 구강건강에 관한 사항
5. 공중위생에 관한 사항
6. 건강증진을 위한 체육활동에 관한 사항
7. 그 밖에 건강증진사업에 관한 사항

31 보건교육 실시상의 유의점에 해당하지 않는 것은?

① 피교육자의 주의를 집중시킨다.
② 교육은 말로만 그치지 않도록 한다.
③ 대상자가 만족을 느끼게 한다.
④ 피교육자의 이해와 수용능력은 제한이 없다는 것을 알아야 한다.

피교육자의 이해와 수용능력은 제한되어 있다는 것을 알아야 한다.

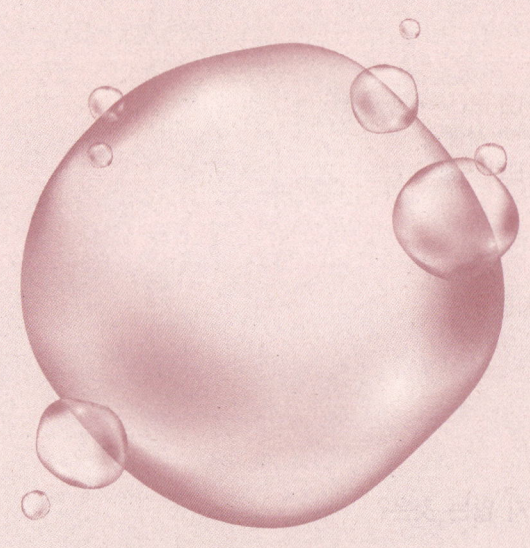

인생이란 결코 공평하지 않다.
이 사실에 익숙해져라.

- 빌 게이츠 -

CHAPTER 09
정신보건 및 노인보건

01 정신보건
02 노인보건

CHAPTER 09 정신보건 및 노인보건

공중보건

출제포인트
❶ 정신건강의 개념 및 정신보건의 목적, 정신장애에 대해 학습한다.
❷ 노인보건의 필요성과 제반 법규에 따르는 노인복지에 대해 학습한다.
❸ 인구노령화의 지표 및 노인성 질환에 대해 학습한다.

01 정신보건

1 정신보건 일반

(1) 정신보건의 개요

① 정신건강
  포괄적인 의미의 정신적 안녕과 신체적·사회적·도덕적 건강의 개념을 모두 내포하는 것으로서, "행복하고 만족하며 원하는 것을 성취하는 것 등의 안녕상태" 혹은 "정신적으로 병적인 증세가 없고 자기 능력을 최대한 발휘하고 환경에 대한 적응력이 있으며, 자주적이고 건설적으로 자기의 생활을 처리해 나갈 수 있는 성숙한 인격체를 갖추고 있는 상태"를 의미한다.

② 정신보건
  정신보건은 정신장애 치료, 국민 정신건강 향상을 도모하기 위해 생물학적·의학적·교육적·사회적 측면에서 협력하여 보다 더 좋은 인간관계를 이룩하고자 하는 것이라고 할 수 있다.

> **심화Tip** 건전한 정신기능 상태
> - 정신질환이 없는 상태
> - 자기 자신의 행동에 대한 정신적 갈등을 갖지 않는 상태
> - 자기 자신의 일에 만족할 만한 근로능력을 가지고 있는 상태
> - 존경하는 마음, 사랑하는 마음과 윤리도덕적인 사고를 할 수 있는 상태

(2) 정신보건의 목적
① 정신장애의 예방
② 발생한 정신질환의 치료
③ 치료 후의 사회 복귀(궁극적 목적)
④ 건강한 정신기능 상태의 유지, 증진

(3) 신체의 성장과 정신보건
① 태생기
어머니의 정신보건, 특히 유전학적 문제와 체내의 감염·임신 초기의 투약 등과 밀접한 관계가 있다.
② 영아기
일생 중 어머니와 가장 가깝게 생활하므로 어머니의 영향을 많이 받게 된다.
③ 소아기
부모의 세계와 밀접한 관계를 가지고, 신체적 성숙과 더불어 부모를 모방함으로써 적응의 단계를 밟는 공생적 태도를 익히는 시기이다.
④ 학동기
최초의 사회화 과정으로, 이 시기에는 학교에서의 교육과 병행해서 어버이와 자식간의 대화와 가정 내의 지도를 소홀히 하면 안 된다.
⑤ 사춘기
정신적 제2의 탄생기 또는 질풍노도의 시기로 이성보다는 감성이 앞서는 시기이다. 가치관의 붕괴 및 새로운 가치윤리관에 대한 도전 등으로 인한 혼란스러움 등으로 가출, 비행, 약물남용, 성문제 등을 표출하게 된다. 2차 성징(性徵)인 내분비계의 기능이 활발해짐에 따라 성적(性的)인 면에서 정신보건 문제를 일으키기 쉬우므로, 가정과 사회에서 각별히 주의·보호해야 한다.
⑥ 성인기
일생 중 가장 의욕적이고 사회적 추구를 갈망하는 시기이며, 또한 스스로 모든 것을 이성적 판단에 의해 해결해야 하므로 감성적 욕구와의 심리적 갈등을 겪는 시기이다.
⑦ 갱년기
심리적으로 자신이 늙어간다는 강박관념과 성인기의 술이나 담배 등의 기호품에 의한 정신상·건강상의 장애가 노출되는 시기이다.
⑧ 노년기
신체·정신·사회적으로 퇴행이 일어나는 시기로, 소외감과 노인병 특히 현대의 핵가족화에 의한 가정생활에서 오는 소외감이 노년기 사람들의 자학적·도피적 행위를 유발하기 쉽다.

2 정신장애

(1) 정신장애의 유형

① 정신분열증(조현증 ; schizophrenia) 기출 2017 지방직
  ㉠ 망상, 환각, 현실에 대한 왜곡된 지각, 비조직적 언어와 행동, 정서적 둔감 등의 증상과 더불어 사회적 기능에 장애를 일으킬 수도 있는 질환이다.
  ㉡ 가장 많은 질환으로, 20~40세에 다발적으로 발생하며, 만성적으로 진행한다.
  ㉢ 유전성(양친 중 한쪽, 9~10% 발현)이 있다.

② 기분장애(정동장애)
  ㉠ 장기간의 과도한 슬픔(우울증)이나 과도한 기쁨이나 들뜬 기분(조증), 또는 이 두 감정이 복합적으로 이루어진 정서장애가 수반되는 정신건강장애이다.
  ㉡ 우울증만 나타나면 단극성 장애라고 한다. 양극성 장애라고 부르는 다른 기분장애는 우울증 에피소드가 조증 에피소드와 번갈아 나타난다. 우울증을 나타내지 않는 조증(단극성 조증)은 매우 드물게 나타난다.

우울증	일상생활에 지장을 초래할 정도로 큰 슬픔을 느끼거나 활동의 흥미나 즐거움이 감소하는 장애
양극성 장애	과도하게 슬퍼하고 삶에 대한 흥미를 상실하는 기간(우울증)이 한 번 이상이고, 들뜨고 활기가 과도하게 넘치며 종종 흥분하는 기간(조증)이 한 번 이상이며, 이 기간 사이에는 상대적으로 기분이 정상적인 기간이 있는 장애
단극성 조증	조증만 나타나는 장애
순환기분장애	양극성 장애와 유사하지만 심각도가 상대적으로 낮은 장애이다. 기분 상승 및 슬픔 상태의 강도가 적게 나타나며, 통상적으로 며칠간만 지속되며, 매우 비정기적인 간격으로 재발한다. 이 장애는 양극성 장애로 발전하거나 극도의 변덕스러움으로 계속 진행될 수 있다. 순환기분장애는 사업 성공, 리더십, 성취, 예술적 창의력에 기여할 수 있다.

③ 불안장애
  ㉠ 현실적인 위험이 없는 상황이나 대상에 대해서 불안을 느끼는 경우, 현실적인 위험의 정도에 비해 과도하게 심한 불안을 느끼는 경우, 또한 불안을 유발하는 위협적인 요인이 사라졌음에도 불구하고 불안이 과도하게 지속되는 장애이다.
  ㉡ 공황장애, 공포증, 분리불안장애 등이 있다.

④ 강박장애
  ㉠ 반복적이고 지속적인 생각, 충동 또는 심상을 경험하며 대부분 현저한 불안이나 괴로움을 유발하는 장애이다.

> **The 알아보기**
> **공황장애**
> 공황장애는 여러 번의 공황발작이 일어나는 불안장애이다. 공황장애는 한 달 이상의 행동적 특성이 나타나며, 다른 공황발작에 대한 두려움을 유발한다. 많은 공황장애가 광장공포증을 유발한다. 첫 공황발작은 대인관계 갈등, 질병, 이별, 파산과 같은 스트레스 상황에서 갑작스럽게 나타나며, 특히 가까운 대인관계 마찰이 매우 밀접하게 관련된다.

ⓒ 손씻기나 정리정돈하기, 확인하기와 같은 반복적 행동이 불안감이나 괴로움을 예방하거나 감소시키고, 또는 두려운 사건이나 상황의 발생을 방지하려는 목적으로 수행된다.
⑤ 진성뇌전증(간질)
　　㉠ 경련발작, 정신발작, 불쾌증 등을 동반하는 장애이다.
　　ⓒ 알코올 중독, 뇌막염, 매독감염 등에 의한 외적 원인도 있다.
　　ⓒ 유전성(양친 중 한쪽, 10% 발현)이 있다.
⑥ 지적장애
　　㉠ 정신 발육이 항구적으로 지체되어 지적 능력의 발달이 불충분하거나 불완전하고 자신의 일을 처리하는 것과 사회생활에 적응하는 것이 상당히 곤란한 장애를 말한다.
　　ⓒ 부모의 알코올 중독, 매독감염, 임신 중의 장애나 출산시 손상, 뇌염감염 등의 외적 요인과 유전적 요인이 중요 발생 원인이 된다. 부모 모두 정신박약이면 자녀에게서 나타날 확률은 70%이고, 한쪽만 정신박약일 경우는 50% 발병한다.
　　ⓒ 지적장애의 분류

심 도	IQ가 20~34인 상태
중등도	IQ가 35~49인 상태
경 도	IQ가 50~70인 상태

⑦ 신경증(neurosis)
　　㉠ 흔히 노이로제라고도 하며, 신경쇠약(neurasthenia), 히스테리, 강박신경증 등을 총칭하는 증후군을 말한다.
　　ⓒ 신경증은 욕구불만・갈등・억압・불안 등이 원인이 되어 나타나는 심한 정신적 긴장 때문에 생기는 행동장애이다. 불안장애, 그 외 불면증, 두통, 심인성 위장장애, 화병과 비현실적인 행동을 보일 수 있다.
　　ⓒ 신경증 환자는 제한된 범위 내에서 어느 정도 적응할 수 있는 능력이 있으며, 성격붕괴나 현실과의 접촉상실은 없다.
⑧ 인격장애
　　㉠ 한 개인이 지닌 지속적인 행동양상과 성격이 현실에서 자신에게나 사회적으로 주요한 기능의 장애를 일으키게 되는 성격이상이라 할 수 있다.
　　ⓒ 인격장애는 인격의 경향이 보통 사람보다 수준을 벗어나는 편향된 상태로 보여서 사회생활이나 가족생활에 지장을 주거나, 자기자신의 생활에 피해를 주게 된다.
⑨ 기질성 정신장애
　　㉠ 정신장애는 기질성 정신장애와 기능성 정신장애로 분류된다.

기질성 정신장애	확인할 수 있는 뇌기능적 장해 혹은 구조적 손상에 기인하는 정신장애
기능성 정신장애	뇌의 기질적 병변 없이 나타나는 정신병 상태

ⓛ 기질성 정신장애의 증상은 뇌 병변의 위치와 손상의 정도에 따라 특징적인 증상을 나타낸다. 특징적인 증상은 의식장애, 각성 및 집중장애, 지각장애, 기억 및 지남력장애, 정서 불안정, 사고장애, 수면장애 등이다.

> **심화Tip** 정신장애 = 정신병 + 정신질환
>
> - **정신병(psychosis)** : 일반에 의해 널리 사용되는 용어이나 사실상 특수한 증상(비현실적인 이야기, 이상행동 등)을 가리키는 것으로 기질적이거나 기능적인 증상을 일컫는 제한적인 의미를 지닌다.
> - **정신질환(mental illness)** : 정신병적(psychotic)이고 신경증적(neurotic)인 것을 모두 포함하고 증상을 질병으로 진단하여 정신과적 병명을 부여한 후 적절한 치료를 강조한다.
> - **정신장애(mental disorder)** : 정신병과 정신질환의 개념을 포괄하는 용어로 사고, 감정, 행동이 병리학적으로 특징지어지는 장애를 일컫는다. 질병의 진행과 함께 질병으로 인한 기타 기능의 파손까지 포함한다.

(2) 정신장애 등에 따른 사회문제

① 약물, 알코올 등 중독문제

약물, 알코올 등으로 인한 자살이나 사회부적응, 타인에 대한 예측할 수 없는 즉흥적이고 비이성적 공격 등의 범죄 등이 사회문제로 대두되고 있다.

② 성문제

성문제는 각 개인의 생물학적인 욕구와 사회문화적 조건, 그리고 성을 통해 궁극적으로 추구되어야 하는 자기실현문제가 종합적으로 다루어져야 한다.

③ 자살 문제

전체 자살자의 1/3은 심각한 정신장애에 이환되어 있음이 밝혀지고 있다. 정신분열증을 비롯하여 우울증에서 기인되는 공격적 충동성 때문에 자신을 파괴하는 경우가 많다.

④ 정신박약아 문제

선천적으로나 출생 후의 뇌기능 장애 때문에 오는 지능장애는 흔히 정서적 장애도 동반하게 된다.

⑤ 집단 행동화 문제

개인의 공격적이고 파괴적인 동기는 때로 사회적, 정치적인 여러 돌파구를 통해 집단행동함으로써 사회정신·의학적 관심의 초점이 되고 있다.

(3) 정신장애에 대한 보건정책

① 진료의 계속성이 가장 필요한 질환이다.
② 정신질환을 위한 포괄적인 서비스를 제공해야 한다.
③ 강제 격리보다는 조기진단 및 치료와 심리적인 안정감을 제공하는 것이 가장 중요하다.
④ 정신질환에 대한 전문시설을 확충하는 것이 필요하다.

(4) 정신장애의 예방활동
정신보건에서의 예방은 정신질환자의 발병률과 유병률의 감소에 목표를 둔다.

구 분	예방활동
1차 예방	• 정신병이 발병하지 않도록 미연에 예방하는 활동 • 스트레스원을 피하거나 보다 적응적으로 대처함 • 더 이상 스트레스를 야기하지 않게 하고, 기능을 향상시키도록 함
2차 예방	• 발병했을 때 조기 발견, 조기 치료하여 악화나 만성화를 막는 예방활동
3차 예방	• 질병의 중증도를 감소시키고 재발을 방지함 • 치료된 사람이 사회 복귀 후 재발을 막는 예방활동

3 정신건강증진 및 정신질환자 복지서비스 지원에 관한 법률

(1) 목 적
정신질환의 예방·치료, 정신질환자의 재활·복지·권리보장과 정신건강 친화적인 환경 조성에 필요한 사항을 규정함으로써 국민의 정신건강증진 및 정신질환자의 인간다운 삶을 영위하는데 이바지함을 목적으로 한다.

(2) 기본이념 [기출] 2019 서울시
① 모든 국민은 정신질환으로부터 보호받을 권리를 가진다.
② 모든 정신질환자는 인간으로서의 존엄과 가치를 보장받고, 최적의 치료를 받을 권리를 가진다.
③ 모든 정신질환자는 정신질환이 있다는 이유로 부당한 차별대우를 받지 아니한다.
④ 미성년자인 정신질환자는 특별히 치료, 보호 및 교육을 받을 권리를 가진다.
⑤ 정신질환자에 대해서는 입원 또는 입소(이하 "입원 등"이라 한다)가 최소화되도록 지역사회 중심의 치료가 우선적으로 고려되어야 하며, 정신건강증진시설에 자신의 의지에 따른 입원 또는 입소(이하 "자의입원 등"이라 한다)가 권장되어야 한다.
⑥ 정신건강증진시설에 입원 등을 하고 있는 모든 사람은 가능한 한 자유로운 환경을 누릴 권리와 다른 사람들과 자유로이 의견교환을 할 수 있는 권리를 가진다.
⑦ 정신질환자는 원칙적으로 자신의 신체와 재산에 관한 사항에 대하여 스스로 판단하고 결정할 권리를 가진다. 특히 주거지, 의료행위에 대한 동의나 거부, 타인과의 교류, 복지서비스의 이용 여부와 복지서비스 종류의 선택 등을 스스로 결정할 수 있도록 자기결정권을 존중받는다.
⑧ 정신질환자는 자신에게 법률적·사실적 영향을 미치는 사안에 대하여 스스로 이해하여 자신의 자유로운 의사를 표현할 수 있도록 필요한 도움을 받을 권리를 가진다.
⑨ 정신질환자는 자신과 관련된 정책의 결정과정에 참여할 권리를 가진다.

(3) 용어의 정의
① 정신질환자

　망상, 환각, 사고(思考)나 기분의 장애 등으로 인하여 독립적으로 일상생활을 영위하는데 중대한 제약이 있는 사람을 말한다.

② 정신건강증진사업

　정신건강 관련 교육·상담, 정신질환의 예방·치료, 정신질환자의 재활, 정신건강에 영향을 미치는 사회복지·교육·주거·근로 환경의 개선 등을 통하여 국민의 정신건강을 증진시키는 사업을 말한다.

③ 정신건강복지센터

　정신건강증진시설, 「사회복지사업법」에 따른 사회복지시설, 학교 및 사업장과 연계체계를 구축하여 지역사회에서의 정신건강증진사업 및 정신질환자 복지서비스 지원사업(이하 "정신건강증진사업 등"이라 한다)을 하는 다음의 기관 또는 단체를 말한다.

　㉠ 국가 또는 지방자치단체가 설치·운영하는 기관
　㉡ 국가 또는 지방자치단체로부터 위탁받아 정신건강증진사업 등을 수행하는 기관 또는 단체

④ 정신건강증진시설

　정신의료기관, 정신요양시설 및 정신재활시설을 말한다.

정신의료기관	다음의 어느 하나에 해당하는 기관을 말한다. • 「의료법」에 따른 정신병원 • 「의료법」에 따른 의료기관 중 기준에 적합하게 설치된 의원 • 「의료법」에 따른 병원급 의료기관에 설치된 정신건강의학과로서 기준에 적합한 기관
정신요양시설	법 제22조에 따라 설치된 시설로서 정신질환자를 입소시켜 요양 서비스를 제공하는 시설을 말한다.
정신재활시설	법 제26조에 따라 설치된 시설로서 정신질환자 또는 정신건강상 문제가 있는 사람 중 다음의 **대통령령으로 정하는 사람**(이하 "정신질환자 등"이라 한다)의 사회적응을 위한 각종 훈련과 생활지도를 하는 시설을 말한다. • 기질성 정신장애 • 알코올 또는 약물중독에 따른 정신장애 • 조현병 또는 망상장애 • 기분장애 • 정서장애, 불안장애 또는 강박장애 • 그 밖에 위의 장애에 준하는 장애로서 보건복지부장관이 정하여 고시하는 장애

(4) 정신건강전문요원(법 제17조)
① 보건복지부장관은 정신건강 분야에 관한 전문지식과 기술을 갖추고 보건복지부령으로 정하는 수련기관에서 수련을 받은 사람에게 정신건강전문요원의 자격을 줄 수 있다.

② 정신건강전문요원은 그 전문분야에 따라 <u>정신건강임상심리사, 정신건강간호사, 정신건강사회복지사 및 정신건강작업치료사로 구분</u>한다.

③ 자격기준

종류 \ 등급	1급	2급
정신건강 임상심리사	1. 심리학에 대한 석사학위 이상을 소지한 사람(석사 이상 학위 취득 과정에서 보건복지부장관이 정하는 임상심리관련 과목을 이수한 경우로 한정한다)으로서 법 제17조 제1항에 따른 정신건강전문요원 수련기관에서 3년(2급 자격취득을 위한 기간은 포함하지 아니한다) 이상 수련을 마친 사람 2. 2급 정신건강임상심리사 자격을 취득한 후 정신건강증진시설, 보건소 또는 국가나 지방자치단체로부터 정신건강증진사업 등을 위탁받은 기관이나 단체에서 5년 이상 근무한 경력(단순 행정업무 등 보건복지부장관이 정하는 업무는 제외한다)이 있는 사람 3. 「국가기술자격법 시행령」 제12조의2 제1항에 따른 임상심리사 1급 자격을 소지한 사람으로서 보건복지부장관이 지정한 수련기관에서 3년(2급 자격취득을 위한 기간은 포함하지 아니한다) 이상 수련을 마친 사람	1. 심리학에 대한 학사학위 이상을 소지한 사람(학위 취득 과정에서 보건복지부장관이 정하는 임상심리관련 과목을 이수한 경우로 한정한다)으로서 수련기관에서 1년(1급 자격취득을 위한 기간을 포함한다) 이상 수련을 마친 사람 2. 「국가기술자격법 시행령」 제12조의2 제1항에·따른 임상심리사 2급 자격을 소지한 사람으로서 수련기관에서 1년(1급 자격취득을 위한 기간을 포함한다) 이상 수련을 마친 사람
정신건강 간호사	1. 「의료법」에 따른 간호사 면허를 취득하고, 간호학에 대한 석사학위 이상을 소지한 사람으로서 보건복지부장관이 지정한 수련기관에서 3년(2급 자격 취득을 위한 기간은 포함하지 아니한다) 이상 수련을 마친 사람 2. 2급 정신건강간호사 자격을 취득한 후 정신건강증진시설, 보건소 또는 국가나 지방자치단체로부터 지역사회 정신건강증진사업 등을 위탁받은 기관이나 단체에서 5년 이상 근무한 경력(단순 행정업무 등 보건복지부장관이 정하는 업무는 제외한다)이 있는 사람 3. 2급 정신건강간호사 자격을 소지한 사람으로서 간호대학에서 5년 이상 정신간호 분야의 조교수 이상의 직에 있거나 있었던 사람	1. 「의료법」에 따른 간호사 면허를 가진 자로서 수련기관에서 1년(1급 자격취득을 위한 기간을 포함한다) 이상 수련을 마친 사람 2. 「의료법」에 따른 정신전문간호사 자격이 있는 사람
정신건강 사회복지사	1. 사회복지학 또는 사회사업학에 대한 석사학위 이상을 소지한 사람으로서 보건복지부장관이 지정한 수련기관에서 3년(2급 자격 취득을 위한 기간은 포함하지 아니한다) 이상 수련을 마친 사람 2. 2급 정신건강사회복지사 자격을 취득한 후 정신건강증진시설, 보건소 또는 국가나 지방자치단체로부터 정신건강증진사업 등을 위탁받은 기관이나 단체에서 5년 이상 근무한 경력(단순 행정업무 등 보건복지부장관이 정하는 업무는 제외한다)이 있는 사람	「사회복지사업법 시행령」 제11조 제2항에 따른 사회복지사 1급 자격을 소지한 사람으로서 수련기관에서 1년(1급 자격취득을 위한 기간을 포함한다) 이상 수련을 마친 사람

4 지역사회 정신보건관리

(1) 정신보건관리의 목표
① 공중보건이 지향하는 정신보건사업의 가장 중요한 목표는 지역사회 전체 주민의 정신건강 증진과 유지, 정신질환의 예방활동과 정신질환자의 조기발견·조기치료 및 정신질환 치료 후 사회복귀를 돕는 것이다.
② 가장 중요한 것은 정신장애 발생의 예방사업이라 할 수 있다.

(2) 지역사회 정신보건관리의 활동
① 정신질환자의 실태를 우선적으로 파악하여야 한다.
② 정신의학교육에 대한 정부의 다각적인 지원이 필요하다.
③ 지역사회의 정신질환자를 위한 시설(정신병원의 정신과, 진료소, 정신보건 상담소 등)을 확충하고 전문인력의 확보가 필요하다.
④ 「정신건강증진 및 정신질환자 복지서비스 지원에 관한 법률」 등 법률의 정비는 물론 법적·제도적·행정적 관리 및 보건교육이 강화활동이 중요하다.

> **심화Tip** 정신건강증진센터
>
> 지역사회내 정신질환자의 등록관리, 사례관리, 주간재활(Day care), 교육·훈련, 타 기관 연계 등 정신질환자 관리, 재활사업 추진 및 지역주민의 정신건강, 자살예방 등 지역사회 정신건강 증진사업을 수행한다.

(3) 블룸(Bloom, 1984)의 지역사회 정신건강의 특성
① 지역사회 정신건강사업이란 지역사회를 기반으로 한 실천 활동이다.
② 지역사회 전체를 대상으로 한다.
③ 질병의 예방과 건강증진을 강조한다.
④ 서비스는 지속적이고 포괄적이어야 한다.
⑤ 자문 또는 교육과 같은 간접서비스가 필요하다.
⑥ 개혁적인 임상 전략이 필요하다.
⑦ 프로그램은 지극히 현실적으로 계획되어야 한다.
⑧ 비전문인력이나 준전문인력 등의 새로운 인력이 참여하여야 한다.
⑨ 지역사회가 적극적으로 참여해 주어야 한다.
⑩ 지역사회 내에서의 스트레스요인이나 병리적 원인이 발견되고 관리되어야 한다.

(4) 램(H. R. Lamb, 1988)의 지역사회 정신건강사업의 원칙

지역주민에 대한 책임	• 지역사회의 정신보건센터가 관장하는 지역을 진료권 또는 관할구역(catchment area)이라고 하며, 그 지역주민의 정신건강에 대한 책임을 진다. • 지역주민들에게 예방 및 직접적인 치료에 이르는 다양한 서비스를 제공하는 책임을 말한다(유아, 노인, 소수민족, 만·급성 환자 등).
근접성	자신의 집과 가까운 곳에서 관리를 받음으로써 집, 지역사회로부터 단절되는 것을 예방한다.
포괄적 서비스	자문, 상담, 응급처치, 입원, 부분입원, 외래치료, 정신사회 재활, 소아·노인 특수서비스, 알코올중독과 약물남용관리, 추후관리, 사례관리 등 모두 포함한다.
팀 접근	정신과의사, 정신보건간호사, 사회복지사, 임상심리사, 작업치료사 등 여러 전문 분야의 전문가들이 하나의 팀으로 구성되어 다양한 치료적 접근을 하는 것을 말한다.
치료의 연속성	현재의 치료가 과거의 치료와 연계되고 조화를 이루는 것을 말한다.
지역주민의 참여	• 지역주민의 욕구를 반영하여 치료프로그램을 결정한다. • 주민들의 참여가 클수록 성과가 좋아질 수 있다.
간접서비스	• 집단의 삶에 영향을 미칠 수 있는 교사, 종교지도자 또는 방문보건간호사 등을 적극적으로 활용한다. • 각 분야의 책임자들을 통한 정신보건과 관련된 전문적인 지식과 기술을 논의하고, 조언한다.
평가와 연구	현재 제공되고 있는 서비스가 지역주민의 요구와 일치하며 계획에 맞게 제공되었는지 평가하고, 여기에 더하여 새로운 계획을 세운다.
예방활동	• 적극적인 1차 예방 : 정신장애의 발생을 감소시키는 일 • 진단과 치료로서 2차 예방 : 조기발견과 즉각적인 중재 • 재활개념으로서 3차 예방 : 재활과 지속적인 건강관리
자 문	정신보건전문가가 자신의 전문적인 지식과 경험을 바탕으로 논의, 조언 등을 해주는 과정을 말한다.
정신보건과 사회복지 서비스의 연결	사회적·직업적 재활서비스와 주거서비스 등 사회복지서비스가 필요하다.

(5) 지역사회 정신건강사업 수행의 9가지 원칙(Bachrach, 1989)

① 가장 심한 정신장애인의 치료와 관리에 최우선 순위를 부여한다.
② 지역사회의 다른 자원과 현실적인 연계를 유지한다.
③ 병원치료를 최대한 활용하는 것 외에 병원 밖의 대안적 치료를 개발한다.
④ 각 환자에게 맞는 개별적 치료계획을 수립한다.
⑤ 문화적 차이와 특성을 고려한다.
⑥ 수용가료를 받지 않는 만성 정신질환자의 실생활 문제에 초점을 맞출 수 있는 치료진의 비율을 높인다.
⑦ 환자 대 치료진의 비율을 높인다.
⑧ 일정기간 치료를 필요로 하는 환자를 위하여 병원 병상의 일부를 활용한다.
⑨ 프로그램이 항상 환자의 필요에 의해 운영되고 있는지를 평가한다.

02 노인보건

1 노인보건의 개요

(1) 노인의 특성
① 65세 이상인 사람을 노인이라고 한다(노인복지법 제1조의2 제5호).
② 인체기능, 조직기능 등이 감퇴하고 환경변화에 적절히 적응할 수 있는 자체조직이 결핍된다.

(2) 노인보건의 필요성
인구구조의 노령화로 인한 4고(빈곤, 질병, 역할상실, 고독)문제가 증가하고 있으므로, 노인의 삶의 질의 향상을 위한 광범위한 보건의료 대책이 요청된다.

> **심화Tip** 65세 이상 고령자비율에 따른 사회구조[국제연합(UN) 기준]
>
> | 65세 이상 인구 / 전체인구 | 사회구조 |
> | --- | --- |
> | 7% 이상~14% 미만인 사회 | 고령화 사회 |
> | 14% 이상~20% 미만인 사회 | 고령 사회 |
> | 20% 이상 | 초고령 사회 |

2 노인복지법

(1) 기본이념(법 제2조)
① 노인은 후손의 양육과 국가 및 사회의 발전에 기여하여 온 자로서 존경받으며 건전하고 안정된 생활을 보장받는다.
② 노인은 그 능력에 따라 적당한 일에 종사하고 사회적 활동에 참여할 기회를 보장 받는다.
③ 노인은 노령에 따르는 심신의 변화를 자각하여 항상 심신의 건강을 유지하고 그 지식과 경험을 활용하여 사회의 발전에 기여하도록 노력하여야 한다.

> **The 알아보기**
>
> **노인복지법**
> 「노인복지법」은 노인의 질환을 사전예방 또는 조기발견하고 질환상태에 따른 적절한 치료·요양으로 심신의 건강을 유지하고, 노후의 생활안정을 위하여 필요한 조치를 강구함으로써 노인의 보건복지증진에 기여함을 목적으로 한다.

(2) 노인실태조사(법 제5조 제1항)
보건복지부장관은 노인의 보건 및 복지에 관한 실태조사를 3년마다 실시하고 그 결과를 공표하여야 한다.

(3) 노인의 날 등(법 제6조)

① 노인에 대한 사회적 관심과 공경의식을 높이기 위하여 매년 10월 2일을 노인의 날로, 매년 10월을 경로의 달로 한다.
② 부모에 대한 효사상을 앙양하기 위하여 매년 5월 8일을 어버이날로 한다.
③ 범국민적으로 노인학대에 대한 인식을 높이고 관심을 유도하기 위하여 매년 6월 15일을 노인학대예방의 날로 지정하고, 국가와 지방자치단체는 노인학대예방의 날의 취지에 맞는 행사와 홍보를 실시하도록 노력하여야 한다.

(4) 건강진단(법 제27조, 동법 시행령 제20조)

① 국가 또는 지방자치단체는 65세 이상의 자에 대하여 건강진단과 보건교육을 실시할 수 있다. 이 경우 성별 다빈도 질환 등을 반영하여야 한다.
② 건강진단은 보건복지부장관, 시·도지사 또는 시장·군수·구청장(이하 "복지실시기관"이라 한다)이 2년에 1회 이상 국·공립병원, 보건소 또는 보건복지부령이 정하는 건강진단기관에서 대상자의 건강상태에 따라 1차 및 2차로 구분하여 실시한다.
③ 보건교육은 복지실시기관이 보건소 또는 보건·의료관련 기관·단체로 하여금 실시하게 할 수 있다.
④ 국가 또는 지방자치단체는 건강진단 결과, 필요하다고 인정한 때에는 그 건강진단을 받은 자에 대하여 필요한 지도를 하여야 한다.

3 노인장기요양보험법

(1) 용어의 정의(법 제2조)

① 노인 등
65세 이상의 노인 또는 65세 미만의 자로서 치매·뇌혈관성질환 등 대통령령으로 정하는 노인성 질병을 가진 자를 말한다.

② 장기요양급여
6개월 이상 동안 혼자서 일상생활을 수행하기 어렵다고 인정되는 자에게 신체활동·가사활동의 지원 또는 간병 등의 서비스나 이에 갈음하여 지급하는 현금 등을 말한다.

③ 장기요양사업
장기요양보험료, 국가 및 지방자치단체의 부담금 등을 재원으로 하여 노인 등에게 장기요양급여를 제공하는 사업을 말한다.

④ 장기요양기관
장기요양기관으로 지정을 받은 기관으로서 장기요양급여를 제공하는 기관을 말한다.

> **The 알아보기**
>
> **노인장기요양보험법**
> 「노인장기요양보험법」은 고령이나 노인성 질병 등의 사유로 일상생활을 혼자서 수행하기 어려운 노인 등에게 제공하는 신체활동 또는 가사활동 지원 등의 장기요양급여에 관한 사항을 규정하여 노후의 건강증진 및 생활안정을 도모하고 그 가족의 부담을 덜어 줌으로써 국민의 삶의 질을 향상하도록 함을 목적으로 한다.

⑤ 장기요양요원

장기요양기관에 소속되어 노인 등의 신체활동 또는 가사활동 지원 등의 업무를 수행하는 자를 말한다.

(2) 장기요양급여 제공의 기본원칙(법 제3조)
① 장기요양급여는 노인 등이 자신의 의사와 능력에 따라 최대한 자립적으로 일상생활을 수행할 수 있도록 제공하여야 한다.
② 장기요양급여는 노인 등의 심신상태·생활환경과 노인 등 및 그 가족의 욕구·선택을 종합적으로 고려하여 필요한 범위 안에서 이를 적정하게 제공하여야 한다.
③ 장기요양급여는 노인 등이 가족과 함께 생활하면서 가정에서 장기요양을 받는 재가급여를 우선적으로 제공하여야 한다.
④ 장기요양급여는 노인 등의 심신상태나 건강 등이 악화되지 아니하도록 의료서비스와 연계하여 이를 제공하여야 한다.

(3) 장기요양급여의 종류(법 제23조)
① 재가급여

방문요양	장기요양요원이 수급자의 가정 등을 방문하여 신체활동 및 가사활동 등을 지원하는 장기요양급여
방문목욕	장기요양요원이 목욕설비를 갖춘 장비를 이용하여 수급자의 가정 등을 방문하여 목욕을 제공하는 장기요양급여
방문간호	장기요양요원인 간호사 등이 의사, 한의사 또는 치과의사의 지시서(이하 "방문간호지시서"라 한다)에 따라 수급자의 가정 등을 방문하여 간호, 진료의 보조, 요양에 관한 상담 또는 구강위생 등을 제공하는 장기요양급여
주·야간보호	수급자를 하루 중 일정한 시간 동안 장기요양기관에 보호하여 신체활동 지원 및 심신기능의 유지·향상을 위한 교육·훈련 등을 제공하는 장기요양급여
단기보호	수급자를 보건복지부령으로 정하는 범위 안에서 일정 기간 동안 장기요양기관에 보호하여 신체활동 지원 및 심신기능의 유지·향상을 위한 교육·훈련 등을 제공하는 장기요양급여
기타 재가급여	수급자의 일상생활·신체활동 지원 및 인지기능의 유지·향상에 필요한 용구를 제공하거나 가정을 방문하여 재활에 관한 지원 등을 제공하는 장기요양급여로서 대통령령으로 정하는 것

> **심화Tip** 단기보호 급여기간
>
> 단기보호 급여를 받을 수 있는 기간은 월 9일 이내로 한다. 다만, 가족의 여행, 병원치료 등의 사유로 수급자를 돌볼 가족이 없는 경우 등 보건복지부장관이 정하여 고시하는 사유에 해당하는 경우에는 1회 9일 이내의 범위에서 연간 4회까지 연장할 수 있다.

② 시설급여

장기요양기관에 장기간 입소한 수급자에게 신체활동 지원 및 심신기능의 유지·향상을 위한 교육·훈련 등을 제공하는 장기요양급여

③ 특별현금급여

가족요양비	가족장기요양급여
특례요양비	특례장기요양급여
요양병원간병비	요양병원장기요양급여

4 인구의 노령화와 평균 여명

(1) 인구노령화의 지표 기출 2016, 2020 서울시

① 노년부양비 = $\dfrac{\text{노년인구}}{\text{생산연령인구}} \times 100 = \dfrac{\text{65세 이상 인구}}{\text{15세 ~ 64세 인구}} \times 100$

② 노령화지수 = $\dfrac{\text{노년인구}}{\text{연소인구}} \times 100 = \dfrac{\text{65세 이상 인구}}{\text{15세 미만 인구}} \times 100$

③ 부양인구지수 = $\dfrac{\text{연소인구 + 노년인구}}{\text{생산연령인구}} \times 100$

> **심화Tip** 노년부양비의 활용
>
> 노년인구에 대한 생산가능인구의 경제적 부담을 나타내는 지표로서 사회의 고령화 추세를 파악하고, 이에 대한 정책기초 및 노후생활 안정대책과 젊은 세대의 부담완화방안을 마련하기 위한 자료로 활용한다.

(2) 평균여명
① **평균수명** : 출생시의 평균여명
② **평균여명** : x세의 인구가 앞으로 몇 년이나 더 살 수 있는가 하는 확률적 기대 생존연수이며, 0세의 평균여명은 평균수명과 같은 의미를 갖는다.

(3) 노인성 질환
노인성 질환이란 청·장년기에 발생하기 시작하여 나이가 많아짐에 따라 유병률이 증가되어 노인에서 가장 많은 빈도를 보이는 비감염성 질환을 말한다.
① **고혈압** : 동맥의 혈압이 언제나 정상보다 높은 상태
② **당뇨병** : 혈액 성분 속에 당분이 다량 포함된 과혈당으로 다량의 당분이 오줌으로 배출되는 만성의 신진대사 병
③ **퇴행성 관절염** : 관절의 연골이 손상되면서 국소적으로 퇴행성 변화가 나타나는 질환
④ **골다공증** : 남아 있는 뼈에는 구조상으로 아무런 이상이 없으면서 뼈를 형성하는 무기질과 기질의 양이 동일한 비율로 과도하게 감소된 상태
⑤ **뇌혈관 질환** : 뇌에 혈관이 터지거나(뇌출혈) 막혀서(뇌경색) 발생하게 되는 질환을 말하며, 암 다음으로 가장 많이 발생할 수 있는 질환

⑥ **치매** : 뇌손상으로 인해서 기억력이 떨어져 일상생활이 힘들어지는 복합적인 증상을 가진 질환
⑦ **동맥경화** : 동맥의 안쪽 벽이 상처를 입어 콜레스테롤, 지방, 세포의 비정상적인 증식 등으로 동맥벽이 두꺼워지고 굳어져서 혈액공급이 제대로 안되거나 동맥의 파열로 일어나는 질환
⑧ **백내장** : 눈의 수정체가 흐려져 시력장애를 일으키는 질병
⑨ **녹내장** : 주로 안압(눈 속의 압력)이 원인이 되어 시신경의 손상을 야기하는 시신경 질환
⑩ **파킨슨병** : 도파민이라는 신경전달 물질이 부족해져서 발생하는 것으로, 지속적인 떨림(진전 증), 근육경직, 느린 운동 및 자세 불안정이 특징적으로 나타나는 신경계 만성 진행성 퇴행성 질환

심화Tip 노인성 질병의 종류(노인장기요양보험법 시행령 별표 1)

한국표준질병·사인분류	
• 알츠하이머병에서의 치매	• 혈관성 치매
• 달리 분류된 기타 질환에서의 치매	• 상세불명의 치매
• 알츠하이머병	• 지주막하출혈
• 뇌내출혈	• 기타 비외상성 두개내출혈
• 뇌경색증	• 출혈 또는 경색증으로 명시되지 않은 뇌졸중
• 뇌경색증을 유발하지 않은 뇌전동맥의 폐쇄 및 협착	
• 뇌경색증을 유발하지 않은 대뇌동맥의 폐쇄 및 협착	
• 기타 뇌혈관질환	• 달리 분류된 질환에서의 뇌혈관장애
• 뇌혈관질환의 후유증	• 파킨슨병
• 이차성 파킨슨증	• 달리 분류된 질환에서의 파킨슨증
• 기저핵의 기타 퇴행성 질환	• 중풍후유증
• 진전(震顫)	

[비고]
1. 질병명 및 질병코드는 「통계법」 제22조에 따라 고시된 한국표준질병·사인분류에 따른다.
2. 진전은 보건복지부장관이 정하여 고시하는 범위로 한다.

CHAPTER 09 출제예상문제

정신보건 및 노인보건

01 정신보건

01 정신건강(mental health)에 대해 올바르게 설명한 것은?

① 정신적 안녕과 신체적·사회적·도덕적 건강의 개념이 모두 내포된 개념이다.
② 정신건강을 유지하기 위해 최적의 적응과 원만한 인간관계를 유지해 나가는 소극적이고 실천적인 자세를 말한다.
③ 정신위생과 같은 말로 실천적 수단을 강조한 용어이다.
④ 정신적으로 건강하지 못한 상태의 예방을 말한다.

정신건강
포괄적인 의미의 정신적 안녕과 신체적·사회적·도덕적 건강의 개념을 모두 내포하는 것으로서, "행복하고 만족하며 원하는 것을 성취하는 것 등의 안녕 상태" 혹은 "정신적으로 병적인 증세가 없고 자기능력을 최대한 발휘하고 환경에 대한 적응력이 있으며, 자주적이고 건설적으로 자기의 생활을 처리해 나갈 수 있는 성숙한 인격체를 갖추고 있는 상태"를 의미한다.

02 정신보건의 목적이 아닌 것은?

① 정신 건강을 유지·증진
② 정신병의 예방과 치료
③ 치료자의 사회 복귀
④ 유전병의 예방

정신보건의 목적
건강한 정신으로 정신질환을 예방하는데 있다. 즉, 정신장애를 예방하고 건전한 정신 건강을 유지·증진 시키며, 정신질환이 발생했을 경우에는 이를 치료하고, 궁극적으로 치료자를 사회에 복귀 시키는데 있다.

정답 01 ① 02 ④

03 정신보건에 대한 설명으로 옳지 않은 것은?
① 예방보다는 치료중심의 보건사업
② 환자 가정과 가까운 곳에서 치료
③ 환자 중심으로 정신보건사업
④ 보건의료서비스와 사회복지서비스와의 연계

치료보다 예방중심의 보건사업이 진행되어야 한다.

04 정신건강과 관련된 내용에 대한 설명으로 가장 옳지 않은 것은? `기출 2021 서울시`
① 세계보건기구는 정신건강증진을 긍정적 정서를 함양하고 질병을 예방하며, 역경을 이겨내는 회복력(resilience)을 향상시키는 것이라고 정의하였다.
② 「정신건강증진 및 정신질환자 복지서비스 지원에 관한 법률」에서 정신건강증진사업을 규정하고 있다.
③ 정부는 정신건강을 위한 다양한 정책, 제도, 법률서비스 개발을 강화하고 실행하여야 한다.
④ 지역사회 기반의 정신건강서비스는 입원을 강화하도록 하고, 병원이 중심이 되어야 한다.

지역사회 기반의 정신건강서비스는 <u>입원이 최소화</u>되도록 하고, 지역사회 전체 주민의 정신건강 증진과 유지, 정신질환의 예방활동이 중심이 되어야 한다.

05 다음의 정신장애에 대한 설명에 해당하는 것은? `기출 2017 지방직`

- 현실에 대한 왜곡된 지각
- 망상, 환각, 비조직적 언어와 행동
- 20~40세 인구에서 호발하며, 만성적으로 진행
- 부모 중 한명이 이환된 경우 자녀의 9~10%에서 발병

① 조울병(manic depressive psychosis)
② 신경증(neurosis)
③ 인격장애(personality disorder)
④ 정신분열증(schizophrenia)

정신분열증은 망상, 환각, 현실에 대한 왜곡된 지각, 비조직적 언어와 행동, 정서적 둔감 등의 증상과 더불어 사회적 기능에 장애를 일으킬 수도 있는 질환이다.

06 다음 〈보기〉의 내용에 해당하는 정신질환은?

- 우울증상과 기분이 고조되는 조증증상이 주기적으로 교차하면서 나타나는 감정장애이다.
- 유전성(양친 중 한쪽 30% 전후, 양쪽은 60%)이 있다.

① 조울증 ② 조현병
③ 지적장애 ④ 인격장애

조울증에 대한 설명이다.
② **조현병** : 정신분열증(schizophrenia)이라고도 한다.
③ **지적장애** : 정신 발육이 항구적으로 지체되어 지적 능력의 발달이 불충분하거나 불완전하고 자신의 일을 처리하는 것과 사회생활에 적응하는 것이 상당히 곤란한 장애를 말한다.
④ **인격장애** : 한 개인이 지닌 지속적인 행동양상과 성격이 현실에서 자신에게나 사회적으로 주요한 기능의 장애를 일으키게 되는 성격이상을 말한다.

07 다음 설명 중 옳지 않은 것은?

① 정신병은 사실상 특수한 증상(비현실적인 이야기, 이상행동 등)을 가리키는 것으로 기질적이거나 기능적인 증상을 일컫는 제한적인 의미를 지닌다.
② 정신질환은 정신병적(psychotic)이고 신경증적(neurotic)인 것을 모두 포함하고 증상을 질병으로 진단하여 정신과적 병명을 부여한 후 적절한 치료를 강조한다.
③ 정신질환은 정신병과 정신장애를 포함하는 개념이다.
④ 정신장애는 사고, 감정, 행동이 병리학적으로 특징된 장애를 일컫는다.

정신장애는 정신병과 정신질환의 개념을 포괄하는 용어이다.

08 정신장애의 예방활동 중 정신병이 발병하지 않도록 미연에 예방하는 활동은 어느 것에 해당하는가?

① 1차 예방
② 2차 예방
③ 3차 예방
④ 4차 예방

캐플란(P. J. Caplan)의 정신장애의 예방활동

구 분	예방활동
1차 예방	• 정신병이 발병하지 않도록 미연에 예방하는 활동 • 스트레스원을 피하거나 보다 적응적으로 대처함 • 더 이상 스트레스를 야기하지 않게 하고 기능을 향상시키도록 함
2차 예방	• 발병했을 때 조기발견, 조기치료하여 악화나 만성화를 막는 예방활동
3차 예방	• 질병의 중증도를 감소시키고 재발을 방지함 • 치료된 사람이 사회 복귀 후 재발을 막는 예방활동

09 정신질환자에 대한 보건정책을 결정할 때 옳지 않은 것은?

① 진료의 계속성이 가장 필요한 질환이다.
② 정신질환을 위한 포괄적인 서비스를 제공해야 한다.
③ 정신박약자를 강제적으로 격리시켜 보호해야 한다.
④ 정신질환에 대한 전문시설을 확충하는 것이 필요하다.

정신박약자는 강제 격리보다는 조기진단 및 치료와 심리적인 안정감을 제공하는 것이 가장 중요하다.

10 「정신건강증진 및 정신질환자 복지서비스 지원에 관한 법률」상 정신건강증진의 기본이념으로 가장 옳지 않은 것은?   기출 2019 서울시

① 모든 정신질환자는 인간으로서의 존엄과 가치를 보장받고, 최적의 치료를 받을 권리를 가진다.
② 정신질환자의 입원 또는 입소가 최소화되도록 지역사회 중심의 치료가 우선적으로 고려되어야 한다.
③ 정신질환자는 원칙적으로 자신의 신체와 재산에 관한 사항에 대하여 보호자의 동의가 필요하다.
④ 정신질환자는 자신과 관련된 정책의 결정과정에 참여할 권리를 가진다.

정신질환자는 원칙적으로 자신의 신체와 재산에 관한 사항에 대하여 스스로 판단하고 결정할 권리를 가진다(정신건강증진 및 정신질환자 복지서비스 지원에 관한 법률 제2조 제7항).

11 「정신건강증진 및 정신질환자 복지서비스 지원에 관한 법률」의 기본이념에 대한 설명으로 옳지 않은 것은?

① 모든 정신질환자는 인간으로서의 존엄과 가치를 보장받고, 최적의 치료를 받을 권리를 가진다.
② 모든 정신질환자는 정신질환이 있다는 이유로 부당한 차별대우를 받지 아니한다.
③ 정신질환자에 대해서는 입원 또는 입소가 최대화되도록 지역사회 중심의 치료가 우선적으로 고려되어야 한다.
④ 미성년자인 정신질환자는 특별히 치료, 보호 및 교육을 받을 권리를 가진다.

정신질환자에 대해서는 입원 또는 입소(이하 "입원 등"이라 한다)가 최소화되도록 지역사회 중심의 치료가 우선적으로 고려되어야 하며, 정신건강증진시설에 자신의 의지에 따른 입원 또는 입소(이하 "자의입원 등"이라 한다)가 권장되어야 한다(정신건강증진 및 정신질환자 복지서비스 지원에 관한 법률 제2조 제5항).

12 다음 중 정신건강전문요원에 해당하지 않는 자는?

① 정신건강임상심리사
② 정신건강간호사
③ 정신심리상담사
④ 정신건강사회복지사

정신건강전문요원은 그 전문분야에 따라 정신건강임상심리사, 정신건강간호사, 정신건강사회복지사 및 정신건강작업치료사로 구분한다(정신건강증진 및 정신질환자 복지서비스 지원에 관한 법률 제17조 제2항).

13 다음 〈보기〉는 정신건강임상심리사 1급 자격기준이다. 괄호 안에 들어갈 알맞은 숫자는 무엇인가?

> 심리학에 대한 석사학위 이상을 소지한 사람(석사 이상 학위 취득 과정에서 보건복지부장관이 정하는 임상심리관련 과목을 이수한 경우로 한정한다)으로서 정신건강전문요원 수련기관에서 ( )년(2급 자격취득을 위한 기간은 포함하지 아니한다) 이상 수련을 마친 사람

① 2년 ② 3년
③ 4년 ④ 4년

정신건강임상심리사 1급 자격기준
- 심리학에 대한 석사학위 이상을 소지한 사람(석사 이상 학위 취득 과정에서 보건복지부장관이 정하는 임상심리관련 과목을 이수한 경우로 한정한다)으로서 정신건강전문요원 수련기관에서 **3년**(2급 자격취득을 위한 기간은 포함하지 아니한다) 이상 수련을 마친 사람
- 2급 정신건강임상심리사 자격을 취득한 후 정신건강증진시설, 보건소 또는 국가나 지방자치단체로부터 정신건강증진사업 등을 위탁받은 기관이나 단체에서 5년 이상 근무한 경력(단순 행정업무 등 보건복지부장관이 정하는 업무는 제외한다)이 있는 사람
- 「국가기술자격법 시행령」 제12조의2 제1항에 따른 임상심리사 1급 자격을 소지한 사람으로서 보건복지부장관이 지정한 수련기관에서 3년(2급 자격취득을 위한 기간은 포함하지 아니한다) 이상 수련을 마친 사람

14 지역사회 정신보건관리에 관한 설명으로 옳지 않은 것은?

① 정신의학교육에 대한 정부의 지원이 필요하다.
② 정신보건사업의 중요 목표는 지역사회 전체 주민의 정신건강 증진에 있다.
③ 정신질환자의 발병률과 유병률의 감소를 지향한다.
④ 중년기 및 노년기의 정신보건관리를 중시한다.

지역사회 정신보건관리는 <u>모든 국민의 정신보건관리를 대상으로</u> 한다.

15 지역사회 정신보건사업의 내용이 아닌 것은?

① 정신질환자의 격리　　　② 정신질환자의 상담
③ 정신질환자의 발견　　　④ 정신질환자의 사회복귀훈련

지역사회 정신보건사업은 정신질환의 예방활동과 정신질환자의 조기발견·조기치료 및 정신질환 치료 후 사회복귀를 돕는 것이다. 정신질환자의 격리는 지역사회 정신보건사업의 내용으로 볼 수 없다.

16 블룸(Bloom, 1984)의 지역사회 정신건강의 특성에 해당하지 않는 것은?

① 지속적이고 포괄적인 서비스이어야 한다.
② 간접서비스가 필요하다.
③ 개혁적인 임상 전략이 필요하다.
④ 프로그램은 지극히 이상적으로 계획되어야 한다.

프로그램은 지극히 현실적으로 계획되어야 한다.

17 램(H. R. Lamb, 1988)의 지역사회 정신건강사업의 원칙 중 다음 보기의 내용과 관련이 있는 것은?

- 집단의 삶에 영향을 미칠 수 있는 교사, 종교지도자 또는 방문보건간호사 등을 적극적으로 활용
- 각 분야의 책임자들을 통한 정신보건과 관련된 전문적인 지식과 기술을 논의, 조언

① 팀 접근　　　　　　　　② 간접서비스
③ 자 문　　　　　　　　　④ 지속적이고 포괄적인 서비스

간접서비스에 대한 설명이다.
① **팀 접근**: 정신과의사, 정신보건간호사, 사회복지사, 임상심리사, 작업치료사 등 여러 전문 분야의 전문가들이 하나의 팀으로 구성되어 다양한 치료적 접근을 하는 원칙
③ **자문**: 정신보건전문가가 자신의 전문적인 지식과 경험을 바탕으로 논의, 조언 등을 해주는 과정
④ **지속적이고 포괄적인 서비스**: 자문, 상담, 응급처치, 입원, 부분입원, 외래치료, 정신사회 재활, 소아·노인 특수서비스, 알코올 중독과 약물남용 관리, 추후관리, 사례관리 등 모두 포함하는 원칙

02 노인보건

01 노인보건의 정의로 옳지 않은 것은?
① 국제연합에서 65세 이상을 노인으로 정의하고 있다.
② 전체 인구 중 65세 이상 인구가 차지하는 비중이 5% 이상 14% 미만인 사회는 고령화 사회이다.
③ 전체 인구 중 65세 이상 인구가 차지하는 비중이 14% 이상 20% 미만인 사회는 고령 사회이다.
④ 전체 인구 중 65세 이상 인구가 차지하는 비중이 20% 이상인 사회는 초고령 사회이다.

65세 이상 고령자비율에 따른 사회구조(UN 기준)

65세 이상 인구 / 전체 인구	사회구조
7% 이상~14% 미만인 사회	고령화 사회
14% 이상~20% 미만인 사회	고령 사회
20% 이상	초고령 사회

02 노인보건에서 노인인구의 증가에 따른 '4고(苦)'가 아닌 것은?
① 빈 곤
② 부양비
③ 질 병
④ 역할 상실

4고(苦) : 빈곤, 질병, 역할 상실, 고독

03 「노인복지법」에서 "노인학대관련 범죄"가 적용되는 노인의 기준은 몇 세부터인가?
① 60세 이상
② 65세 이상
③ 70세 이상
④ 75세 이상

"노인학대관련 범죄"란 보호자에 의한 65세 이상 노인에 대한 노인학대관련 범죄를 말한다(노인복지법 제1조의2 제5호).

04 노인의 보건 및 복지에 관한 실태조사 주기는?

① 1년   ② 2년
③ 3년   ④ 4년

보건복지부장관은 노인의 보건 및 복지에 관한 실태조사를 3년마다 실시하고, 그 결과를 공표하여야 한다(노인복지법 제5조 제1항).

05 「노인복지법」의 기본이념으로 옳지 않은 것은?

① 노인은 후손의 양육과 국가 및 사회의 발전에 기여하여 온 자로서 존경받으며 건전하고 안정된 생활을 보장받는다.
② 노인은 그 능력에 따라 적당한 일에 종사하고 사회적 활동에 참여할 기회를 보장받는다.
③ 노인은 노령에 따르는 심신의 변화를 자각하여 항상 심신의 건강을 유지하도록 노력하여야 한다.
④ 보호자는 노인이 그 지식과 경험을 활용하여 사회의 발전에 기여하도록 노력하여야 한다.

노인은 노령에 따르는 심신의 변화를 자각하여 항상 심신의 건강을 유지하고 그 지식과 경험을 활용하여 사회의 발전에 기여하도록 노력하여야 한다(노인복지법 제2조 제3항).
④는 보호자의 의무가 아니라 노인 자신의 의무이다.

06 「노인복지법」의 내용으로 옳지 않은 것은?

① 노인에 대한 사회적 관심과 공경의식을 높이기 위하여 매년 10월 2일을 노인의 날로 한다.
② 매년 12월을 경로의 달로 한다.
③ 부모에 대한 효사상을 앙양하기 위하여 매년 5월 8일을 어버이날로 한다.
④ 범국민적으로 노인학대에 대한 인식을 높이고 관심을 유도하기 위하여 매년 6월 15일을 노인학대예방의 날로 지정하고, 국가와 지방자치단체는 노인학대예방의 날의 취지에 맞는 행사와 홍보를 실시하도록 노력하여야 한다.

매년 10월을 경로의 달로 한다(노인복지법 제6조 제1항).

정답 01 ② 02 ② 03 ② 04 ③ 05 ④ 06 ②

07 「노인장기요양보험법」에서 규정한 용어의 정의로 옳지 않은 것은?

① "노인 등"이란 65세 이상의 노인성 질병을 가진 자를 말한다.
② "장기요양급여"란 6개월 이상 동안 혼자서 일상생활을 수행하기 어렵다고 인정되는 자에게 신체활동·가사활동의 지원 또는 간병 등의 서비스나 이에 갈음하여 지급하는 현금 등을 말한다.
③ "장기요양사업"이란 장기요양보험료, 국가 및 지방자치단체의 부담금 등을 재원으로 하여 노인 등에게 장기요양급여를 제공하는 사업을 말한다.
④ "장기요양기관"이란 지정을 받은 기관으로서 장기요양급여를 제공하는 기관을 말한다.

"노인 등"이란 65세 이상의 노인 또는 65세 미만의 자로서 치매·뇌혈관성 질환 등 대통령령으로 정하는 노인성 질병을 가진 자를 말한다(노인장기요양보험법 제2조 제1호).

08 「노인장기요양보험법」에서 규정한 장기요양급여 제공의 기본원칙을 잘못 설명한 것은?

① 장기요양급여는 노인 등이 자신의 의사와 능력에 따라 최대한 자립적으로 일상생활을 수행할 수 있도록 제공하여야 한다.
② 장기요양급여는 노인 등의 심신상태·생활환경과 노인 등 및 그 가족의 욕구·선택을 종합적으로 고려하여 필요한 범위 안에서 이를 적정하게 제공하여야 한다.
③ 장기요양급여는 시설급여를 우선적으로 제공하여야 한다.
④ 장기요양급여는 노인 등의 심신상태나 건강 등이 악화되지 아니하도록 의료서비스와 연계하여 이를 제공하여야 한다.

장기요양급여는 노인 등이 가족과 함께 생활하면서 가정에서 장기요양을 받는 재가급여를 우선적으로 제공하여야 한다(노인장기요양보험법 제3조 제3항).

09 「노인장기요양보험법」에서 규정한 장기요양급여 중 재가급여가 아닌 것은?

① 방문간호 ② 주·야간보호
③ 단기보호 ④ 시설급여

장기요양급여의 종류(노인장기요양보험법 제23조 제1항)
1. **재가급여** : 방문요양, 방문목욕, 방문간호, 주·야간보호, 단기보호, 기타 재가급여
2. **시설급여**
3. **특별현금급여** : 가족요양비, 특례요양비, 요양병원간병비

10 노인성 질병이라고 할 수 없는 것은?

① 당뇨병   ② 뇌혈관질환
③ 폐결핵   ④ 동맥경화

노인성 질환은 주로 비감염성 만성 질환을 말하며, 폐결핵은 감염성 질환에 속한다.

11 노인인구에 대한 보건교육 방법으로 가장 효과적인 것은?

① 개별 접촉   ② 라디오
③ 신문, 잡지   ④ 토론회

개별 접촉 : 개인적 접촉을 통해서 보건교육을 하는 것으로, 저소득층이나 노인층에 적합하다.

12 우리나라 노인인구의 특징으로 볼 수 없는 것은?

① 2000년을 기점으로 고령화 사회에 진입하였다.
② 노인인구의 증가속도가 급속도로 진행되고 있다.
③ 독거노인의 비율이 급증하고 있다.
④ 노령화지수는 점차 감소하고 있다.

노령화지수는 15세 미만의 유소년 인구에 대한 65세 이상의 노령인구의 비율로, 점차 증가하고 있다.

13

어느 지역사회의 인구구조가 다음과 같은 경우 노령화지수는?

- 0~14세 : 5,000명
- 45~64세 : 6,000명
- 75세 이상 : 200명
- 15~44세 : 4,000명
- 66~74세 : 800명

① 5%
② 10%
③ 15%
④ 20%

노령화지수 = (65세 이상 인구수 / 15세 미만 인구수) × 100
= [(800 + 200) / 5,000] × 100 = 20%

14

〈보기〉와 같은 인구구조를 가진 지역사회의 노년부양비는?   기출 2020 서울시

〈보기〉

연령(세)	인구(명)
0~14	200
15~44	600
45~64	400
65~79	110
80 이상	40

① 11.1%
② 13.3%
③ 15%
④ 25%

노년부양비란 경제활동인구(15 ~ 64세) 100명에 대한 고령(65세 이상)인구의 비를 말한다.

$$\text{노년부양비} = \frac{65세 \ 이상의 \ 인구수}{경제활동인구(15세 \sim 65세의 \ 인구수)} \times 100$$

$$= \frac{(110 + 40)}{(600 + 400)} \times 100 = 15\%$$

※ **부양비**

$$부양비 = \frac{14세 \ 이하의 \ 인구수 + 65세 \ 이상의 \ 인구수}{경제활동인구(15세 \sim 65세의 \ 인구수)} \times 100$$

$$= \frac{200 + (110 + 40)}{(600 + 400)} \times 100 = 35\%$$

15 다음과 같은 인구구조를 가진 지역사회의 노년부양비는?　　　기출 2016 서울시

[연령별 인구수]
- 0~14세 : 300명
- 15~44세 : 600명
- 45~64세 : 400명
- 65~74세 : 90명
- 75세 이상 : 30명

① 20.0%　　　② 13.3%
③ 12.0%　　　④ 9.23%

노년부양비 = [65세 이상 인구 / 15세~64세 인구] × 100
　　　　 = [(90 + 30) / (600 + 400)] × 100
　　　　 = 12%

16 인구의 특성 중 부양비의 증가와 거리가 먼 것은?

① 노령인구의 상대적 증가
② 소아인구의 상대적 증가
③ 생산가능인구의 상대적 감소
④ 비생산층인구의 감소

부양비의 증가는 비생산층인구의 증가를 의미한다.

17 보건학적 측면에서 노인문제의 특징으로 볼 수 없는 것은?

① 노인인구는 다른 연령층에 비해 질병의 유병률이 높다.
② 인구의 노령화가 급속히 진행되고 있다.
③ 노인문제 해결을 위한 사회적 비용이 증가하고 있다.
④ 노인인구는 다른 연령층에 비해 의료비가 적게 든다.

노인인구는 다른 연령층에 비해 의료비가 많이 들며, 특히 생의 마지막 3년 동안의 의료비가 가장 많이 드는 것으로 알려지고 있다.

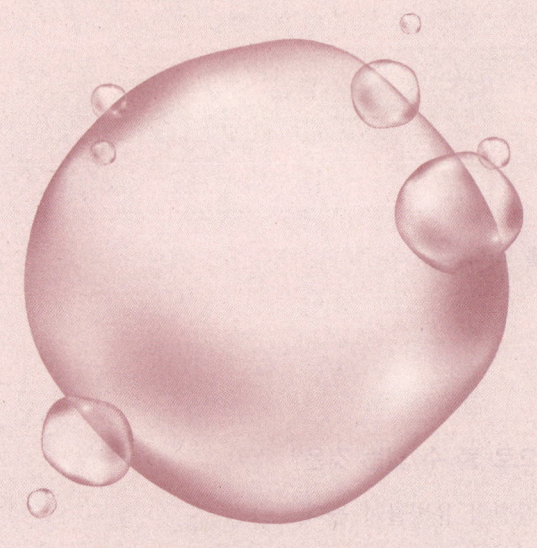

배우기만 하고 생각하지 않으면 얻는 것이 없고,
생각만 하고 배우지 않으면 위태롭다.

-공자-

CHAPTER 10
보건행정과 보건통계

01 보건행정
02 보건통계

CHAPTER 10 보건행정과 보건통계

공중보건

출제포인트
❶ 보건행정조직, 보건기획의 필요성, 원칙, 과정 및 보건조직 전략에 대해 학습한다.
❷ 사회보장제도와 의료보장체계(구성요소, 조건, 유형 등)에 대해 학습한다.
❸ 보건통계의 전반적 내용과 보건지표 등의 구체적 사례를 학습한다.

01 보건행정

1 개념

(1) 보건행정의 정의
① 행정이란 공통의 목적을 수행하기 위하여 법적인 테두리 내에서 상호협동하는 집단의 합리적 활동이라 할 수 있다.
② 보건행정은 국민의 건강과 사회복지의 향상을 도모하는 행정활동으로서, 공공기관이 주체가 되어 지역사회 전주민을 대상으로 공중보건의 목적인 질병예방, 생명연장, 육체적·정신적 효율 증진 등의 사업을 효과적으로 보급·발달시키는 적극적인 활동을 말한다.

(2) 보건행정의 특징
① 보건행정의 목적은 지역사회 주민의 건강증진에 주안점을 두어야 한다.
② 지역사회 주민의 욕구와 수요를 반영하며, 시대와 환경의 변화에 부응하여야 한다.
③ 국가나 지방자치단체가 주도적으로 업무를 관장한다.
④ 관리적 측면에서 볼 때 보건의료사업을 기획, 집행 및 통제함으로써 국민의 건강증진을 달성하는 기능을 수행한다.
⑤ 공공행정으로서의 역할과 공익성을 수행한다.

2 보건행정 기구 및 조직

(1) 우리나라 보건행정조직 기출 2021 서울시
우리나라는 보건의료행정이 다원화되어 보건의료정책상 어려운 점이 많다.
① 보건의료사업에 관한 중추적 일선조직인 시·군·구 보건소와 읍·면 보건지소, 그리고 시·도의 보건과는 행정안전부 행정체계를 통해 운영되고 있다.
② 보건의료행정은 보건복지부가 주관하고 있으나, 일반 지방행정기구에 대한 업무상 감독권을 보유하고 있을 뿐이다.

(2) 중앙 보건행정조직
① 보건복지부
  ㉠ 보건행정조직의 중앙조직은 보건복지부에서 관장하고 있다.
  ㉡ 보건복지부장관은 보건위생, 방역, 의정, 약정, 생활보호, 자활지원, 아동(영유아 보육 포함), 노인, 장애인 및 사회보장에 관한 사무를 관장하고 있다.
② 보건복지부 중앙부서별 수행 업무

기획조정실	정책통계, 정보화, 보건복지콜센터, 정책기획, 국제협력, 비상안전기획
보건의료정책실	보건의료정책, 공공보건정책, 한의약정책
사회복지정책실	복지정책, 복지행정지원, 사회서비스 정책
인구정책실	인구정책, 아동복지정책, 노인정책, 보육정책
건강보험정책국	보험정책, 보험급여, 보험약제, 보험평가
건강정책국	건강정책, 건강증진, 구강정책, 정신건강정책
보건산업정책국	보건산업정책, 보건의료정책, 보건산업진흥, 의료정보정책, 첨단의료지원
장애인정책국	장애인정책, 장애인권익지원, 장애인자립기반, 장애인서비스
연금정책국	국민연금정책, 국민연금재정, 기초연금
사회보장위원회사무국	사회보장총괄, 사회보장조정, 사회보장평가

(3) 지방 보건행정조직
① 보건소 기출 2014 서울시 기출 2017 지방직
  ㉠ 의의 : 시·군·구 보건소는 지역보건행정의 중추적 기관이며, 핵심적 일선조직이다.
  ㉡ 보건소의 설치·운영(지역보건법 제10조 및 동법 시행령 제8조)
    ⓐ 지역주민의 건강을 증진하고 질병을 예방·관리하기 위하여 시·군·구에 1개소의 보건소(보건의료원을 포함한다)를 설치한다.
    ⓑ 다만, 시·군·구의 인구가 30만명을 초과하는 등 지역주민의 보건의료를 위하여 특별히 필요하다고 인정되는 경우에는 대통령령으로 정하는 기준에 따라 해당 지방자치단체의 조례로 보건소를 추가로 설치할 수 있다.

The 알아보기
지역보건법
「지역보건법」은 보건소 등 지역보건의료기관의 설치·운영에 관한 사항과 보건의료 관련기관·단체와의 연계·협력을 통하여 지역보건의료기관의 기능을 효과적으로 수행하는 데 필요한 사항을 규정함으로써 지역보건의료정책을 효율적으로 추진하여 지역주민의 건강증진에 이바지함을 목적으로 한다.

> **보건소의 추가 설치(지역보건법 제8조)**
> ① 보건소를 추가로 설치할 수 있는 경우는 다음 각 호의 어느 하나에 해당하는 경우로 한다. 〈개정 2022.8.9.〉
>   1. 해당 시·군·구의 인구가 30만명을 초과하는 경우
>   2. 해당 시·군·구의 「보건의료기본법」에 따른 보건의료기관 현황 등 보건의료 여건과 아동·여성·노인·장애인 등 보건의료 취약계층의 보건의료 수요 등을 고려하여 보건소를 추가로 설치할 필요가 있다고 인정되는 경우
> ② 보건소를 추가로 설치하려는 경우에는 「지방자치법 시행령」 제73조에 따른다. 이 경우 해당 지방자치단체의 장은 보건복지부장관과 미리 협의해야 한다. 〈개정 2022.11.1.〉

  ⓒ 동일한 시·군·구에 2개 이상의 보건소가 설치되어 있는 경우 해당 지방자치단체의 조례로 정하는 바에 따라 업무를 총괄하는 보건소를 지정하여 운영할 수 있다.
  ⓓ 보건소장은 시장·군수·구청장의 지휘·감독을 받아 보건소의 업무를 관장하고 소속 공무원을 지휘·감독하며, 관할 보건지소, 건강생활지원센터 및 보건진료소의 직원 및 업무에 대하여 지도·감독한다(지역보건법 시행령 제13조 제3항).
ⓒ 보건소의 기능 및 업무(지역보건법 제11조) 기출 2016, 2019 서울시
  ⓐ 건강 친화적인 지역사회 여건의 조성
  ⓑ 지역보건의료정책의 기획, 조사·연구 및 평가
  ⓒ 보건의료인 및 「보건의료기본법」에 따른 보건의료기관 등에 대한 지도·관리·육성과 국민보건 향상을 위한 지도·관리
  ⓓ 보건의료 관련기관·단체, 학교, 직장 등과의 협력체계 구축
  ⓔ 지역주민의 건강증진 및 질병예방·관리를 위한 다음의 지역보건의료서비스의 제공
    • 국민건강증진·구강건강·영양관리사업 및 보건교육
    • 감염병의 예방 및 관리
    • 모성과 영유아의 건강유지·증진
    • 여성·노인·장애인 등 보건의료 취약계층의 건강유지·증진
    • 정신건강증진 및 생명존중에 관한 사항
    • 지역주민에 대한 진료, 건강검진 및 만성 질환 등의 질병관리에 관한 사항
    • 가정 및 사회복지시설 등을 방문하여 행하는 보건의료 및 건강관리사업
    • 난임의 예방 및 관리
② 보건의료원(지역보건법 제12조)
  보건소 중 「의료법」에 따른 병원의 요건을 갖춘 보건소는 보건의료원이라는 명칭을 사용할 수 있다.
③ 보건지소의 설치(지역보건법 제13조, 동법 시행령 제10조)
  ㉠ 지방자치단체는 보건소의 업무수행을 위하여 필요하다고 인정하는 경우에는 해당 지방자치단체의 조례로 보건지소를 설치할 수 있다.
  ㉡ 보건지소는 읍·면(보건소가 설치된 읍·면은 제외한다)마다 1개씩 설치할 수 있다. 다만, 지역주민의 보건의료를 위하여 특별히 필요하다고 인정되는 경우에는 필요한 지역에 보건지소를 설치·운영하거나 여러 개의 보건지소를 통합하여 설치·운영할 수 있다.

④ 건강생활지원센터의 설치(지역보건법 제14조, 동법 시행령 제11조)
  ㉠ 지방자치단체는 보건소의 업무 중에서 특별히 지역주민의 만성 질환 예방 및 건강한 생활습관 형성을 지원하는 건강생활지원센터를 해당 지방자치단체의 조례로 설치할 수 있다.
  ㉡ 건강생활지원센터는 읍·면·동(보건소가 설치된 읍·면·동은 제외한다)마다 1개씩 설치할 수 있다.

[도시보건지소와 건강생활지원센터의 비교]

구 분	도시보건지소('07~'13년)	건강생활지원센터('14년~)
대상지역	• 도시 지역(행정구역상 '동' 지역) • 설치단위 : 인구 5만 이상	도시 지역(행정구역상 '동' 지역)
수행사업	• 핵심사업 : 건강생활실천·만성 질환관리, 재활보건, 방문보건, 지역사회 연계활성화 • 선택사업 : 모자보건, 구강보건 등 지역사회 여건을 고려한 사업 선택적 수행 ※ 만성 질환관리·재활보건 등 핵심사업과 연계한 필수적인 진료는 수행하되, 단순 감기환자와 같은 급성기 질환을 대상으로 하는 일반진료는 수행 불가함	「지역사회 통합건강증진사업」 13개 사업분야에서 자율적으로 선정하되, 아래 사업을 필수로 포함하여 추진한다. 〈필수사업〉 • 관할지역 전체에 대한 금연, 절주, 신체활동, 영양사업 • 건강위험군 등에 대한 만성 질환 예방 및 관리사업 ※ 13개 사업분야 : 금연, 절주, 신체활동, 영양, 비만, 구강, 심뇌혈관, 한의약, 아토피·천식, 임산부·어린이, 치매, 재활, 방문 ※ 진료 수행은 불가함(건강보험 급여 청구 불가)
인력구성	15명 이상 ※ 15명 중 정규직 10명 이상 배치, 총 인력의 60% 이상 핵심사업에 배치	상근인력 최소 3인 이상, 지역사회 연계·협력 및 사업기획·관리 인력 포함 5~10인 이상 배치 권장 ※ 상근인력은 의사, 간호사, 영양사, 운동전문인력으로 구성하여 배치 ※ 의사배치는 필요하나 상근인력 확충 혹은 보건소 의사 순환근무, 지역내 자원 활용
설치규모	핵심사업 수행에 필요한 시설 면적 825m² (250평)	소규모 모형[99m²(30평)~198m²(60평)]을 권장하되, 해당 지역여건에 따라 최대 825m²까지 지원 가능

⑤ 보건진료소(농어촌 등 보건의료를 위한 특별조치법 제2조 제4호, 제15조)

정의 및 설치목적	의사가 배치되어 있지 아니하고 계속하여 의사를 배치하기 어려울 것으로 예상되는 의료 취약지역에서 보건진료 전담공무원으로 하여금 의료행위를 하게 하기 위하여 시장·군수가 설치·운영하는 보건의료시설을 말한다.
설치·운영	• 시장(도농복합형태의 시의 시장을 말하며, 읍·면 지역에서 보건진료소를 설치·운영하는 경우만 해당한다) 또는 군수는 보건의료 취약지역의 주민에게 보건의료를 제공하기 위하여 보건진료소를 설치·운영한다. • 다만, 시·구의 관할구역의 도서지역에는 해당 시장·구청장이 보건진료소를 설치·운영할 수 있다. • 군 지역에 있는 보건진료소의 행정구역이 행정구역의 변경 등으로 시 또는 구 지역으로 편입된 경우에는 보건복지부장관이 정하는 바에 따라 해당 시장 또는 구청장이 보건진료소를 계속 운영할 수 있다.
구 성	보건진료소장 1명과 필요한 직원을 두되, 보건진료소장은 보건진료 전담공무원으로 보한다.

(4) 국제보건 관계 조직
① 국제공중보건처(IOPH ; International Office of Public Health)
1851년 파리에서 12개국의 대표가 모여 국제적 무역으로 인한 감염병을 예방하기 위한 논의를 하였고, 1921년 산하 조직으로 국제연맹보건기구를 발족시켜 여러 가지 활동을 진행한 후 1950년 세계보건기구에 흡수되었다.
② 범미보건기구(PAHO ; Pan American Health Organization)
최초의 국제보건기구로서 미주 각국의 보건 조직, 교육 및 조사 연구 사업 개발을 자극하기 위해 워싱턴 D. C.에 본부를 둔 단체이다. 각 회원국들을 통하여 정보를 얻고 상호 교류하는 책임과 권한을 가지며, 회원 국가의 기술적인 자문 지원과 학술 교류 및 상호 연구 활동을 진행한다.
③ 세계보건기구(WHO ; World Health Organization)의 주요 기능
㉠ 국제보건사업의 지도 조정
㉡ 각국 정부에 대한 기술 지원 및 긴급 원조
㉢ 식품·약품 및 생물학적 제제에 대한 국제적 표준화
㉣ 감염병 및 풍토병 등 기타 질병의 박멸
㉤ 영양, 노동 및 환경 위생 상태의 개선
㉥ 국제보건조약·규칙의 제안 및 수행
㉦ 모자보건과 복지 증진
㉧ 정신보건
㉨ 보건 분야의 조사 연구 사업
㉩ 국제 질병·사인의 분류의 작성 및 개정
㉪ 진단 방법의 표준화
④ 국제연합아동구호기금(UNICEF ; U. N. International Children's Emergency Fund)
국제연합 총회에 의해 1946년 12월에 전쟁피해지역 아동에 대한 영양보충 및 식량공급의 목적으로 설립되었으나, 그 후 자원이 증가되고 긴급한 사태가 감소됨에 따라 사업과 활동 영역이 전 세계적으로 확대됨으로써 1953년에 명칭이 국제연합아동기금으로 변경되어 주로 WHO와 공동으로 모자보건의 향상에 치중하고 있다.
⑤ 기타 보건의료와 관련된 국제기구
국제연합인구활동기금(U. N. Fund for Population Activities), 국제연합개발계획(U. N. Development Programme), 국제식량농업기구(FAO), 국제노동기구(ILO), 국제연합환경계획(U. N. Environment Programme) 등이 있다.

3 보건기획

(1) 개 요
① 보건기획이란 보건활동을 하기 전에 무엇을 어떻게 해야 하는지를 결정하는 것이며, 미래를 예측하는 것이다.

② 미래 지향적, 목표 지향적이며, 의식적으로 최적수단을 탐색하고 선택하는 의사결정과정으로 지속적인 과정이다.
③ 기획은 계획을 작성하는 과정이다. 계획은 기획을 통해 산출된 결과이다. 기획은 절차와 과정을 의미하고 계획은 문서화된 활동목표와 수단이다.

(2) 보건기획의 필요성
① 자원의 효과적인 배분
  사업별로 요구되는 인력, 시설 및 예산 등의 자원을 충족시키기 위하여 자원의 효과적인 배분이 필요하다.
② 합리적 의사결정
  희소자원의 효과적인 배분을 위한 합리적인 의사결정을 하기 위해서는 상황분석과 장래추이분석, 우선순위 및 목표설정 등을 통한 효율성의 원리가 기초되어야 한다.
③ 상충되는 의견조정
  각 정책간에는 목표달성을 위한 방법과 수단의 결정과정에서 발생할 수 있는 갈등을 사전에 해결하기 위하여 기획이 요구된다.
④ 새로운 지식과 기술개발
  현대 정보사회와 같이 정보가 급속도로 발전하는 사회에서는 보건정책에 필요한 새로운 지식과 기술을 필요로 한다. 그러나 사전에 검토나 조정 없이 새로운 지식과 기술만 도입한다면 지역사회 발전에 장애가 될 수 있다.
⑤ 조직관리 통제의 용이성
  기획은 보건의료조직의 목표와 그에 필요한 직무가 수행되어야 할 일정 등을 명시함으로써 구성원의 직무를 통제하고, 제반활동이 수행되는 과정을 판단할 수 있으며, 문제가 있을 경우 필요한 조치를 취할 수 있다.

(3) 보건기획의 원칙
① 목적성의 원칙
  보건기획은 그 실시과정에 있어서 비능률과 낭비를 피하고, 그 효과를 높이기 위해 명확하고 구체적인 목적이 제시되어야 한다.
② 단순성의 원칙
  보건기획은 간명하여야 하며, 가능한 난해하고 전문적인 술어는 피해야 한다.
③ 표준화의 원칙
  보건기획의 대상이 되는 예산, 서비스 및 사업방법 등의 표준화를 통하여 용이하게 보건기획을 수립할 수 있으며, 장래의 보건기획에도 이바지할 수 있다.
④ 신축성의 원칙
  유동적인 보건행정 상황에 대응하여 수정될 수 있도록 작성되어야 한다.
⑤ 안전성의 원칙
  보건기획은 소기의 목적을 달성하기 위하여 고도의 안전성이 요구된다. 즉 빈번한 보건기획의 수정은 피해야 한다.

⑥ 경제성의 원칙

보건기획의 작성에는 막대한 물적·인적자원과 시간이 소요되므로 가능한 한 현재 사용 가능한 자원을 활용하도록 한다.

⑦ 장래예측성의 원칙

보건기획에 있어서 예측은 그 달성 여부에 결정적인 영향을 미치므로 그것은 어디까지나 명확할 것이 요구된다.

⑧ 계속성의 원칙

보건기획은 조직의 계층을 따라 연결되고 계속되어야 하며, 구체화 되어야 한다.

(4) 보건기획과정

① 전 제
  ㉠ 전제란 내적이나 외적 환경에 대하여 가정하는 것을 말한다.
  ㉡ 즉, 대상주민의 건강 상황에 직접 또는 간접적으로 영향을 미치는 결정요인을 규명하고 요인간의 상호관계를 파악하여 대상주민들의 건강상태를 향상시키기 위한 보건사업 설계에 소요되는 기초자료를 얻는 과정이다.

② 예 측
  ㉠ 예측이란 과거와 현재에 대한 정보를 수집하고, 그것을 분석하여 미래에 대하여 추정하는 것을 말한다.
  ㉡ 양질의 보건행정 서비스를 위해서는 적절한 시설과 인력, 장비, 물자 등을 준비해야 하기 때문에 미래 보건행정수요에 대한 예측은 중요하다.

③ 목표설정
  ㉠ 목표설정은 궁극적으로 달성하려는 목적을 구체화하는 것이다. 기획의 목표는 현실에 대한 불만이나 장래에 대한 희망 등에서 도출되는 것이 가장 큰 목표가 된다.
  ㉡ 목표의 요건으로는 표방된 목표와 실제 목표 사이에 괴리가 없어야 하고, 목표설정에 있어서 타당성, 내적 일관성, 실제성, 현실가능성이 있어야 한다.
  ㉢ 전통적으로 보건의료분야의 목표는 보건의료의 접근성과 생산성, 의료비 절감, 보건의료서비스의 질 향상 등이었다. 그러나 최근에는 국민의 삶의 질을 향상시키기 위한 방법으로 생산적 복지를 추구하는 것으로 변화하고 있다.

④ 행동계획의 전개

조직이 달성하려는 바가 결정되었을 때 기획과정의 활동 과정을 어떻게, 언제, 누구에 의해서 달성할 것인가를 구체화한다. 즉, 보건의료서비스를 생산·공급함으로써 보건부문의 목표를 달성하는데 직접적으로 기여하는 사업들의 목표, 발전방법, 소요자원, 예산, 인력계획 등을 구체화시키는 작업이다.

⑤ 계획의 검토와 확정

계획의 검토는 사업의 실현가능성, 그 사업의 예견되는 성과와 능률을 분석하고 확정하여 내용을 충실히 하는 과정이다. 보건부문 계획의 검토에 있어서도 보건의료의 발전뿐만 아니라 국가발전이라는 차원에서 접근해야 한다.

⑥ 계획의 집행

행정관리과정에서 계획의 집행은 기획, 조직, 지휘, 조정, 통제와 같은 각 요소별 절차를 밟는데, 이들을 크게 집행계획과 시행으로 나눌 수 있다.
  ㉠ 집행계획이란 예비단계를 거쳐 계획추진방안을 구상하며, 추진계획을 작성하는 작업을 말한다.
  ㉡ 시행이란 집행계획을 보건사업화 하여 실제적으로 추진(동작화)하는 것을 의미한다. 이러한 과정에서 사업의 궁극적 목적을 달성하기 위하여 각 행정수준에서의 각종 보건사업체들 간의 협조와 기능적 분업이 요구된다.

⑦ 평가

사업평가란 사업목적의 달성이 효과적으로 이루어지고 있는가를 분석하는 과정을 말한다.

(5) 지역보건사업의 기획 기출 2017, 2019 서울시

① 지역사회 진단 (현황 분석, 필요 평가)
- 지역주민의 건강을 향상하기 위한 보건의료사업의 계획수립
- 평가에 필요한 기초자료 확보

② 우선순위의 결정
- **문제의 크기**: 얼마나 많은 사람들이 가지고 있는 문제인가?
- **문제의 심각성**: 해결하지 않을 때 얼마나 큰 영향을 미칠 것인가?
- **지역사회의 관심도**: 지역주민이 특정 보건문제 해결에 얼마나 관심을 가지고 있는가?
- **문제 해결 가능성(문제 해결의 난이도)**: 주어진 가용자원의 범위 내에서 해결 가능한 보건문제인가?

③ 사업 목적 및 목표 설정
- **목적**: 사업이 궁극적으로 추구하려는 바를 의미
- **목표**
  - 목적을 구체적으로 만든 것
  - 단기간에 달성 가능한 수준으로 명시적으로 제시
- **목표 설정의 원칙**
  - 구체적이어야 함
  - 측정 가능해야 함
  - 달성 가능하지만, 전향적이어야 함
  - 설정된 목표가 사업 내용에 합당해야 함
  - 시간 계획이 제시되어야 함

⑥ 사업 평가
- 목표 달성 정도를 파악
- 사업과정을 평가
- 사업의 효율적 관리
- 사업의 취약점 발견
- 투입한 노력이 효과적인지 파악
- 경제적 효율성 확인
- 경험을 공유
- 보다 발전된 다음 계획을 수립

⑤ 사업 수행
- **Adequacy(적절)**: 사업에 투입된 자원의 양이 사업을 통해 달성하고자 하는 목표에 상응하도록 적절한가?
- **Progress(= Management, Monitoring: 진행, 관찰)**
  - 애초의 계획대로 사업이 차질 없이 진행되고 있는가?
  - '자체 평가'를 시행하는 목적

④ 전략 및 실행계획 수립
- **전략**: 목표 달성을 위한 접근 방향
- **실행계획(사업계획)**: 누가, 누구를 대상으로, 언제, 어떤 일을, 얼마만큼 해야 하는지 구체적이고 명확하게 기술
- **실행계획에 포함되어야 하는 내용**
  - 개인별 책임과 권한
  - 필요한 예산과 자원
  - 일정계획
  - 모니터링 계획: 해당 사업이 애초의 계획대로 진행되고 있는지를 파악하는 과정

4 보건조직론

(1) 개 요
① 조직이란 유형화된 상호관계, 즉 조직구성원들에 대한 효율적인 업무수행을 위해 책임을 구별하며, 자원과 다른 업무 등의 경계와 한계를 설정하는 일차적인 수단을 말한다.
② 조직의 목적은 요원을 업무단위로 배치한 뒤 비슷한 기능이나 목적에 따라 이들을 종합하고 집단 활동에 의해 소기의 목적을 보다 능률적으로 수행하는데 있다.

(2) 조직의 제 원리
① 계층제(계층화의 원리)
  권한과 책임의 정도에 따라 직무를 등급화 함으로써 상하계층간의 직무상의 지휘, 복종관계가 이루어지도록 하는 원리이다.
② 통솔범위의 원리
  ㉠ 업무의 성질, 부하의 능력, 관리자의 능력 등을 고려하여 한 사람의 상급자가 효과적으로 감독할 수 있는 이상적인 부하의 수를 말한다.
  ㉡ 이상적인 통솔범위의 결정에는 업무의 성질, 부하의 능력, 관리자의 능력 등을 고려하여야 한다. 일반적으로 상부 관리층에서는 8~15명의 부하를 거느리는 것이 적당하다.
③ 명령통일의 원리
  한 사람의 하위자는 오직 한 사람의 상관에게서만 지시나 명령을 받아야 한다는 원리이다.

장 점	책임의 소재가 명확하고 명령과 보고의 대상이 명확하다는 것이다.
단 점	너무 지나치게 명령통일의 원리를 강조하게 되면 전문가의 영향력이 감소되고 업무지연을 초래할 수 있다.

④ 분업화(전문화)의 원리
  ㉠ 조직원 개개인에게 동일 업무만 분담시킴으로써 업무의 전문성을 기할 수 있도록 하는 것이다.
  ㉡ 분업화(전문화)의 원리는 업무의 분담이나 업무의 중복성, 균형된 업무량, 적정량의 업무가 이루어지도록 조직 편성이나 관리를 할 때 고려하여야 한다.
⑤ 조정의 원리
  공동목표를 원활히 달성할 수 있도록 구성원간의 업무수행을 질서정연하게 배정하는 원리이다. 이러한 조치의 목적은 다음과 같다.
  ㉠ 전 조직활동과 개별적 활동을 기존 방침에 일치시킨다.
  ㉡ 능률적인 업무표준과 집행을 유지한다.
  ㉢ 사업의 계속성을 보장한다.
  ㉣ 해당 조직의 각 부 및 국 사이에 적절한 균형을 유지한다.
  ㉤ 업무관계의 조화 및 증진을 통하여 요원의 불필요한 긴장이나 노고를 사전에 예방하는 데 있다.

⑥ 참모조직의 원리
  ㉠ 상위관리자의 관리능력을 보완하고 전문적인 감독을 촉진하기 위하여 참모조직을 따로 구성함으로써 계선조직과 구별해야 한다는 원리이다.
  ㉡ 스텝은 자료수집과 연구 및 계획 등의 업무를 수행함으로써 상급자를 돕는 조직이라 할 수 있다. 참모조직은 행정업무를 추진함에 최종목표가 있으며, 계선조직의 권한과 책임을 침해하지 않는 범위 내에서 계선기능부서를 지원하게 된다.
⑦ 책임과 권한의 원리(일치의 원칙)
  ㉠ 조직구성원들이 직무를 분담함에 있어서 각 직무사이의 상호관계를 명확히 해야 한다는 원리로서 직무의 분담에 관한 책임과 직무를 수행하는데 필요한 일정한 권한이 부여되어야 한다는 것을 의미한다.
  ㉡ 한편으로는 권한이 있는 만큼 책임도 있어야 한다는 원칙을 의미하기도 한다.

(3) 환경변화에 대한 조직의 전략

① SWOT(Strengths, Weakness, Opportunity, Threats) 분석 기출 2016, 2020 서울시

SWOT 분석은 경영기법의 하나로 조직 내의 경영능력과 환경변화를 동시에 고려하여 적절한 대응전략을 구사하는 것이다. SWOT은 조직의 환경 분석에 필요한 강점(Strength), 약점(Weakness), 기회(Opportunity), 위협(Threat) 분석이라고 하는 4가지 요인들의 영문 머리글자를 따서 붙인 이름으로 매트릭스를 사용하여 분석한다.

  ㉠ 내부환경 분석 : 나의 상황(경쟁자와 비교)

Strength(강점)	경쟁자와 비교하여 볼 때 조직(내부)의 장점
Weakness(약점)	경쟁자와 비교하여 볼 때 조직(내부)의 단점

  ㉡ 외부환경 분석 : 자신을 제외한 모든 것

Opportunity(기회)	조직에 우호적인 여건, 성공가능성을 높여주는 외부환경 요인
Threats(위협)	조직의 활동을 위축시키거나 장애가 되는 외부환경 요인

  ㉢ SWOT 전략

외적 요소 \ 내적 요소	강점(Strength)	약점(Weakness)
기회(Opportunity)	〈SO전략〉 기회이익을 획득하기 위해 조직의 강점이 활용되는 전략	〈WO전략〉 조직의 약점을 극복하기 위해 기회를 활용하는 전략
위협(Threat)	〈ST전략〉 위협을 회피하기 위해 조직의 강점을 적극 활용하는 전략	〈WT전략〉 위협을 회피하고 조직의 약점을 최소화하기 위한 전략

② 틈새전략(Niche Strategy)

틈새전략은 1980년에 포터(M. E. Porter)가 제시한 경쟁전략을 말한다. 이 전략은 경쟁에서 우위를 점하고 시장에서 확고한 위치를 차지하기 위해서는 조직이 보유하고 있는 기술, 생산, 재무, 마케팅 등 기능적 강점을 어느 부문에 어떻게 활용할 것인가를 결정하는 분석의 틀을 말한다. 틈새전략의 유형으로는 원가우위 전략, 차별화 전략, 집중화 전략 등이 있다.

⊙ 원가우위 전략 : 원가를 절감시킬 수 있는 요소들은 최대한 원가를 절감시키고, 기업의 가치사슬을 최대한 효율화하여 원가를 낮추는 전략이다.
ⓒ 차별화 전략 : 고객이 가치가 있다고 생각하는 요소를 제품이나 서비스에 반영하고, 경쟁자의 제품과 차별화하여 고객충성도를 확보하는 전략이다.
ⓒ 집중화 전략 : 주류시장(main market)과는 다른 특성을 가지고 있는 틈새시장을 대상으로 고객의 니즈를 원가우위 혹은 차별화전략을 통해 충족시키는 전략이다.

③ 벤치마킹(Benchmarking)
벤치마킹이란 1980년대 미국의 제록스사가 최초로 도입하여 실시한 경영전략으로 자신이나 근무하고 있는 기관이 보다 탁월한 상대나 기관을 목표로 성과를 비교·분석하고, 그러한 성과 차이를 가져오는 운영방식을 체득하여 조직의 혁신을 도모하는 경영혁신 기법을 말한다.

④ TQM(Total Quality Management)
TQM은 생산성 향상보다 품질개선을 중시하고 품질개선이 이루어지면 생산성도 따라서 향상된다고 보며, 단기적 대책이 아니라 장기적으로 끊임없는 개선과정에 중점을 두는 경영전략이다.

⑤ 리스트럭처링(Restructuring)
리스트럭처링은 급변하는 환경에 대응하고 생산성과 경쟁력을 확보하기 위해 조직구조를 혁신적으로 재구축하는 것을 말한다.

⑥ CI(Corporate Identity)
CI란 조직과 기업의 이미지를 높이는 기법으로서 조직의 존속과 성장을 계속하기 위하여 조직을 둘러싸고 있는 환경을 자신에게 유리하도록 조성하는 전략을 말한다. 조직 스스로가 자기 확인, 자기 확신을 바탕으로 조직의 가치와 개성을 창출하고 그것을 내외부에 알림으로써 외부에서 바라보는 자기 조직의 이미지를 향상시켜 외부의 호감과 공감대를 형성시키는 조직의 전략기법을 말한다.

⑦ 팀제 조직
팀제란 환경변화에 능동적·적극적으로 대응하기 위해 고객중심의 서비스를 제공하는 운영전략이다. 급변하는 환경변화에 성공적으로 대처하기 위해서 의사결정방식과 의사결정주체가 팀 경영에 의한 실무자 위주로 운영하는 것을 말한다.

5 사회보장

(1) 사회보장의 개요
  ① 사회보장의 개념
    ⊙ 협의의 사회보장과 광의의 사회보장

협의의 사회보장 (social security)	사회적 위험으로부터 국민을 보호하기 위하여 국가 책임하에 이루어지는 사회보험, 공적부조
광의의 사회보장 (social protection)	사회보험·공공부조·사회복지서비스를 포함하는 개념

ⓛ 「사회보장기본법」 제3조 제1호에서는 "사회보장이란 출산, 양육, 실업, 노령, 장애, 질병, 빈곤 및 사망 등의 사회적 위험으로부터 모든 국민을 보호하고 국민 삶의 질을 향상시키는데 필요한 소득·서비스를 보장하는 사회보험, 공공부조, 사회서비스를 말한다."라고 규정하고 있는데, 이는 광의의 사회보장(social protection)에 대한 정의라고 할 수 있다.

> **The 알아보기**
> **사회보장기본법**
> 「사회보장기본법」은 사회보장에 관한 국민의 권리와 국가 및 지방자치단체의 책임을 정하고 사회보장정책의 수립·추진과 관련 제도에 관한 기본적인 사항을 규정함으로써 국민의 복지증진에 이바지하는 것을 목적으로 한다.

② 사회보장제도의 변천
  ㉠ 1601년에 공적부조의 원류라고 일컬어지는 영국의 「구빈법(The Poor Law)」이 만들어졌다.
  ㉡ 독일의 비스마르크에 의해 현대적 의미의 사회보장제도인 근로자 보호를 위한 「질병보험법(1883)」, 「근로자재해보험법(1884)」, 「폐질·양로보험법(1889)」이 제정·공포되었다.
  ㉢ 사회보장에 해당하는 'Social Security'라는 말은 세계대공황을 극복하기 위하여 미국의 제32대 루즈벨트(F. D. Roosevelt) 대통령이 1934년 의회에서 뉴딜(New Deal) 정책을 설명하면서 최초로 사용하였으며, 그 다음 해인 1935년 미국에서 「사회보장법(Social Security Act)」이 제정되면서 최초의 법률용어로 등장하였다.
  ㉣ 2차 세계대전 중(1942)에 발표된 비버리지 보고서를 통하여 「요람에서 무덤까지」의 생활보장 원칙이 영국의 사회보장 입법의 기초가 되었다.
  ㉤ 2차 세계대전 이후 영국에서는 1946년에 「국민보건서비스법」과 「국민보험법」을, 1948년에는 「국민부조법」을 제정하였다.

(2) 사회보장의 유형

① **사회보험** 기출 2020 서울시

사회보장제도의 가장 큰 주류를 형성하는 것으로서 일반적으로 사회보험은 국민이 질병, 사망, 노령, 실업, 기타 신체장애 등으로 인하여 소득의 감소나 활동 능력의 상실이 발생하였을 때 보험의 방식으로 대처함으로써 국민의 건강과 소득을 보장하는 제도를 말한다(사회보장기본법 제3조 제2호). 이러한 사회보험제도를 운영하는데 중요한 것은 일반적으로 기여제도와 급여제도, 자격관리와 관리운영이다.

  ㉠ 기여제도 : 사회보험에서 재원은 기여제도와 비기여제도에 의해 충당된다.

기여제도	• 어느 정도 능력이 있는 경우에 피용자와 고용주에게 적용된다. • 연금, 건강보험, 산재보험은 기여금으로 운영된다.
비기여제도	• 조세를 통해 빈민을 도와주기 위해 마련된다. • 기초생활보장사업이나 사회복지서비스는 비기여금, 즉 조세로서 운영된다. • 조세는 일반적으로 누진되므로 소득재분배의 효과가 크다.

  ㉡ 급여제도 : 급여는 수혜자가 받을 서비스 수준을 의미한다. 일반적으로 사회보장이 생존에 필요한 최저소득을 보증하는 것이라는 의미는 생존에 필요한 수준을 단순한 생리적 기능만을 의미하는 것이 아니라, 문화적 내용이 포함된 합리적 수준을 포함하는 것이다.

ⓒ 적용대상 : 사회보험은 강제성과 보편성이 있다. 강제성은 법에 의해 실시되므로 임의로 가입탈퇴가 되지 않으며, 보편성은 국민 누구나 참여해야 한다는 것이다. 우리나라도 국민연금, 국민건강보험, 노인장기요양보험, 산재보험, 고용보험 등이 이런 경우에 해당된다.
② 관리운영 : 사회보험의 행정은 경제적으로 효율성이 있어야 하고, 공공이 참여하며, 인간적인 면모를 보이는 행정이라야 바람직하다.
⑩ 민간보험과 사회보험 기출 2016 서울시

구 분	민간보험	사회보험
목 적	개인적 필요에 따른 보장	기본적 수준 보장
가입방식	임의가입	강제가입
적용대상	생명보험, 자동차보험, 화재보험, 암보험 등	질병, 분만, 산재, 노령, 실업, 폐질
수급권	계약적 수급권	법적 수급권
보험료 부담방식	• 본인 부담 • 주로 정액제	• 피용자·사용자·정부의 3자 부담 혹은 사용자·정부의 2자 부담 • 주로 정률제
재원부담	동일부담(능력무관)	차등부담(능력비례)
보험료 산정원리	• 개인적 등가성 원리(본인부담) • 위험률 비례 • 개인별 위험보험	• 집단적 등가성 원리(공동부담) • 소득비례 – 차등결정(형평) • 상호위험 보험
급 여	• 차등급여(계약된 급여내용 제공) • 소득재분배 기능 없음	• 균등급여 • 소득재분배

ⓑ 사회보험의 목적에 따른 분류

목 적	보 험
의료보장	건강보험
소득보장	상병수당, 실업보험, 연금보험
의료보장 + 소득보장	산업재해보상보험

② 공공부조
㉠ 국가와 지방자치단체의 책임하에 생활유지 능력이 없거나 생활이 어려운 국민의 최저생활을 보장하고 자립을 지원하는 제도를 말한다(사회보장기본법 제3조 제3호).
㉡ 사회보험과 공공부조

구 분	공공부조	사회보험
재 원	조세로 재정확보	기여금으로 재정확보
대 상	일정기준 해당자	모든 참여자
급여수준	필요한 사람에게 지급하되 최저 필요범위로 한정	자격을 갖춘 사람에게 급여 지급
지불능력	보험료를 지불할 능력이 없는 계층을 대상으로 함	보험료를 지불할 능력이 있는 국민을 대상으로 함
개별성	이들을 종합하여 하나의 제도로 행함	의료, 질병, 실업, 노동재해, 폐질 등을 개별적으로 제도화

③ 사회서비스

국가·지방자치단체 및 민간부문의 도움이 필요한 모든 국민에게 복지, 보건의료, 교육, 고용, 주거, 문화, 환경 등의 분야에서 인간다운 생활을 보장하고 상담, 재활, 돌봄, 정보의 제공, 관련 시설의 이용, 역량 개발, 사회참여 지원 등을 통하여 국민의 삶의 질이 향상되도록 지원하는 제도를 말한다(사회보장기본법 제3조 제4호).

④ 평생 사회안전망

생애주기에 걸쳐 보편적으로 충족되어야 하는 기본욕구와 특정한 사회위험에 의하여 발생하는 특수욕구를 동시에 고려하여 소득·서비스를 보장하는 맞춤형 사회보장제도를 말한다(사회보장기본법 제3조 제5호).

(3) 우리나라의 사회보험

① 우리나라의 4대보험

우리나라의 4대사회보험제도는 업무상의 재해에 대한 산업재해보상보험, 질병과 부상에 대한 건강보험 또는 질병보험, 폐질·사망·노령 등에 대한 연금보험, 실업에 대한 고용보험제도이다.

② 주요 특징

구 분	연금보험	건강보험	고용보험	산재보험
시행년도	1988년	1977년 (노인장기요양보험 2008.7.1. 실시)	1995년	1964년
기본성격	소득보장 장기보험	의료보장 단기보험	실업고용 중기보험	산재보상 단기보험
급여방식	현금급여 소득비례	현물급여 균등급여	현금급여 소득비례	현물 – 균등급여 현금 – 소득비례
보험료관장	보건복지부장관	보건복지부장관	고용노동부장관	고용노동부장관

심화Tip 주요국의 사회보험제도 도입시기

구 분	한 국	미 국	영 국	스웨덴	독 일	프랑스
산재보험	1964년	1908년	1897년	1901년	1884년	1898년
건강보험	1977년	–	1948년	1962년	1880년	1945년
연금보험	1988년	1935년	1908년	1913년	1889년	1905년
고용보험	1995년	1935년	1911년	1934년	1927년	1905년

6 의료보장

(1) 보건의료체계

① 개 요
국가에서 국민에게 예방, 치료, 재활서비스 등의 의료서비스를 제공하기 위한 종합적인 체계를 말한다. 국민들의 건강욕구를 파악하여 보건의료체계의 효율적 운영을 통해 국민건강증진을 도모하는 것이 보건의료체계의 목표이다.

② 보건의료체계의 구성 요소 [기출] 2015, 2019 서울시

의료서비스의 제공	• 1차 의료 : 초기진단과 일상적인 질환에 대한 환자의 일상적인 요구에 대응하는 진료로서 고도의 진단장비나 인력을 필요로 하지 않는 의료(의원, 보건소, 보건의료원 및 보건지소)이다. • 2차 의료 : 수술 등 단기간 입원치료가 필요한 진료 또는 보다 복잡한 치료법이 적용되는 외래치료(의료법에 따른 시·도지사의 개설허가를 받은 의료기관)를 말한다. • 3차 의료 : 심장수술 같이 중등도가 높고 고도의 전문성이 필요한 시술로서 비교적 장기간의 입원치료가 필요한 시술(2차 의료급여기관 중 보건복지부장관이 지정한 의료기관)이다.
정책 및 관리	• 의료체계의 운영을 위해 통상 기획, 행정, 규제, 법률 제정으로 분류된다. • 기획은 중앙이나 지역 수준에서 모두 수행할 수 있으며, 의료체계의 목적 설정, 의료자원 확보, 의료체계의 개발, 특정 서비스의 제공 등 다양한 내용을 포함한다. • 행정은 공적 권한 사용, 자원의 조직, 책임의 위임, 감독, 이해 조정, 평가와 같은 여러 가지 기능을 포함하며, 그 목적은 최대한의 효율과 효과를 달성하는 것이다. • 규제는 의료체계의 기준을 설정하고, 주로 시장에서 의료서비스를 통제하고 감시하기 위해 사용하거나 관리·감독을 위한 것이다. • 마지막으로 의료체계의 운영을 위하여 다양한 법률을 제정한다.
자원의 조직화	• 국가 보건당국 : 보건복지부 • 건강보험기구 : 국민건강보험공단, 건강보험심사평가원 등 • 보건과 관련된 정부기관 : 고용노동부, 과학기술정보통신부, 행정안전부 • 민간기관 : 조직화 역할을 수행하고 있으며, 특정질환(결핵, 암 등)에 노출된 집단을 대상으로 의료서비스를 제공하는 비영리단체나 산업체와 같은 비정부기구도 그 역할을 담당하고 있다.
의료자원의 개발	• 보건의료인 : 의사, 간호사, 약사, 보건기사, 행정요원 및 기타 관련 인력 • 의료시설 : 병원, 의원, 약국 및 진료소 등 • 의료기기 및 소모품 : 진단, 치료 등 의료 활동에 소요되는 관련 기기와 소모품 • 의료지식 : 질병의 예방, 치료, 재활과 건강증진에 관련된 제반지식과 기술
재정적 지원	보건의료체계의 운영에는 재원 확보를 통한 경제적 지원이 필수적인데, 정부재정, 사회보험, 영리 및 비영리 민간보험, 자선, 개인부담 등을 통해 재원을 조달하게 된다.

③ **바람직한 보건의료가 갖추어야 할 조건** 기출 2014 서울시

미국 의학원(Institute of Medicine, IOM)은 이상적인 보건의료가 갖추어야 할 요건으로 환자중심성, 안전성, 효과성, 적시성, 효율성, 형평성을 제시하였다.

㉠ 환자중심성(Patient – Centered) : 환자를 존중하고 환자 개인의 선호, 필요 및 가치에 상응하는 치료의 제공, 그리고 모든 임상적 결정에 환자의 가치를 보장하는 것을 말한다.

㉡ 안전성(Safe) : 환자를 돕기 위한 치료로부터 해를 입히는 것을 방지하는 것이다.

㉢ 효과성(Effective) : 과학적 지식에 근거한 의료서비스를 제공함에 있어서 도움이 될 수 있는 환자에게 제공하고, 그렇지 않은 환자에게는 제공하지 않도록 조정하는 것이다.

㉣ 적시성(Timely) : 기다리는 시간과 치료를 받거나 제공하는 사람 모두에게 해가 될 수 있는 지체시간을 감소시켜야 한다.

㉤ 효율성(Efficient) : 장비, 용품, 아이디어 및 에너지 낭비를 방지한다.

㉥ 형평성(Equitable) : 성별, 민족, 지리적 위치, 사회경제적 지위 등으로 인해 질이 달라지지 않는 치료를 제공해야 한다.

④ **일차보건의료(Primary Health Care)**

㉠ 의 의

ⓐ 일차보건의료란 필수 보건의료를 지역사회의 각 개인과 가족이 받아들일 수 있고, 비용 지불이 가능한 방법으로 그들의 적극적인 참여하에 손쉽게 골고루 활용할 수 있도록 하는 실제적 접근 방법이다.

ⓑ 즉, 단순히 1차 진료만을 의미하는 것이 아니라, 제도적·기술적으로는 개인, 가족 및 지역사회를 위한 건강증진, 예방, 치료 및 재활 등의 서비스를 모두 포함하는 포괄적 보건의료를 의미한다.

㉡ 일차보건의료의 목표를 달성하기 위한 다섯 가지 핵심요소(WHO)

ⓐ 건강에 있어 배제와 사회적 격차 감소(유니버설 보험 개혁)

ⓑ 사람들의 요구와 기대에 맞는 보건서비스 조직화(서비스 전달체계의 개혁)

ⓒ 모든 부문에 있어 건강의 통합(공공 정책 개혁)

ⓓ 정책 소통 협력 모델 추구(리더십 개혁)

ⓔ 이해 관계자의 참여 증가

㉢ 일차보건의료의 기본 원칙

ⓐ 보건의료의 평등한 재분배

ⓑ 지역 사회 참여

ⓒ 보건 인력 개발

ⓓ 적정 기술의 사용

ⓔ 다양한 접근

㉣ 일차보건의료의 필수사업 내용(알마아타 선언문)
  ⓐ 주요 보건문제와 보건교육(보건 문제 인식과 예방 방법)
  ⓑ 적절한 식생활 및 영양개선
  ⓒ 안전한 식수공급, 기본적 환경위생 및 적당한 주거생활
  ⓓ 모자보건 사업(가족계획 포함)
  ⓔ 예방접종 관리
  ⓕ 지방풍토병 예방 및 관리
  ⓖ 질병의 조기진료
  ⓗ 필수의약품 공급
  ⓘ 심신장애자의 사회의학적 의료

⑤ 보건의료서비스의 특성 기출 2018, 2019 서울시

구분	내용
외부효과	외부효과는 한 사람의 행위가 다른 사람에게 일방적으로 이익을 주거나 손해를 끼치는 경우를 말한다. 예 감염병
소비자의 무지 (정보의 비대칭)	질병의 원인이나 치료방법, 의약품 등에 관한 지식과 정보는 매우 전문적인 내용이어서 의사나 간호사 등 의료 인력을 제외하고, 일반 소비자는 거의 알지 못 하는 경우가 대부분이다. 소비자의 무지는 공급유인 수요현상을 창출해 국민 의료비 증가를 초래할 개연성이 있다.
보건의료의 비탄력성	면허제도는 의료시장에서 법적 독점권을 부여하는 장치이며, 또한 관련학과 졸업자만 면허시험에 응시할 수 있으므로 의료서비스 공급시장에 대한 진입장벽을 높이는 원인이 된다.
수요발생의 예측불가능성	일반적인 상품에 대한 수요는 소비자의 구매의지에 의해 결정되지만 의료에 대한 수요는 질병이 발생해야 나타나기 때문에 수요를 예측하기가 매우 어려우며, 개별적 수요의 불확실성과 불규칙성에 대한 집단적 대응을 위해 건강보험이 필요하다.
치료의 불확실성	질병에 대한 다양성 때문에 명확한 결과를 측정하기 곤란하다.
비경합성	타인의 소비로 자기의 소비가 지장을 받지 않는 비경합성을 가지고 있다.
비배제성	대가를 지불하지 않아도 모든 사람이 소비할 수 있는 재화나 서비스를 의미한다.
노동집약적 성격	병원시설에 막대한 자본이 필요한 자본집약적인 특성을 가지고 있는 한편, 보건의료서비스는 다양한 직종의 인력들의 협력이 필요한 노동집약적 서비스이다.
소비적 요소와 투자적 요소의 혼재	• 소비자는 의료서비스를 구입하고 진료비를 지불하는데, 이 금액만큼 다른 재화의 소비에 지출할 소득이 감소하고, 저축할 여력이 줄어들게 되므로 의료서비스에 대한 지출은 소비자의 소비로 분류된다. • 환자가 건강을 회복하는데 지출한 비용은 미래를 위한 투자라는 개념으로 접근하게 되면 건강에 대한 지출은 곧 투자라는 논리이다.

(2) 의료보장의 유형

의료보장제도는 각국의 고유한 문화와 전통을 배경으로 하는 역사적 산물로서 단순 분류에는 어려움이 있으나, 일반적으로 사회보험방식(SHI ; Social Health Insurance)과 국가보건서비스 방식(NHS ; National Health Service)으로 대별된다.

구 분	국민보건서비스방식(NHS) (조세방식, 베버리지 방식)	국민건강보험방식(NHI) (비스마르크 방식)	사회보험방식(SHI)
정부의 역할	국민의 의료문제는 국가가 책임져야 한다는 관점에서 국가가 모든 국민에게 무상으로 직접 의료를 제공하는 방식	의료비에 대한 국민의 자기 책임의식을 견지하되 정부는 후견적 지원과 감독을 행하는 방식	국가가 기본적으로 의료보장에 대한 책임을 지지만, 의료비에 대한 국민의 자기 책임을 일정 부분 인정하는 체계이다. 정부기관이 아닌 보험자가 보험료를 통해 재원을 마련하여 의료를 보장하는 방식으로, 정부에 대해 상대적으로 자율성을 지닌 기구를 통한 자치적 운영을 근간으로 하며 의료공급자가 국민과 보험자간에서 보험급여를 대행하는 방식이다.
재 원	정부의 일반조세	보험료	
의료기관	• 공공 의료기관 • 의료의 사회화	• 일반 의료기관 • 의료의 사유화	
급여방식	예방 중심적	치료 중심적	
장 점	• 소득수준에 관계없이 모든 국민에게 포괄적이고 균등한 의료를 보장 • 정부가 관리주체이므로 의료공급이 공공화 되어 의료비증가에 대한 통제가 강함 • 조세제도를 통한 재원조달로 소득재분배효과	• 조합원이 의사결정에 참여함으로써 제도운영이 민주성을 기할 수 있음 • 국민의 비용의식이 강하게 작용하며, 상대적으로 양질의 의료를 제공	
단 점	• 상대적으로 의료의 질이 낮음 • 조세에 의한 의료비재원조달에 많은 어려움을 겪고 있어 정부의 과다한 복지비용 부담 • 의료 수요자 측의 비용의식부족, 장기간 진료 대기문제 등 부작용 • 민간 사보험의 가입 경향 증가로 국민의 2중 부담 초래	• 소득유형 등이 서로 다른 구성원에 대한 단일 보험료 부과기준 적용의 어려움 • 의료비 증가에 대한 억제기능이 취약	
적용 국가	영국, 스웨덴, 이탈리아 등	우리나라, 일본, 대만 등	독일, 프랑스 등

> **심화Tip** 우리나라의 의료보장제도
>
> 우리나라 의료보장제도의 유형은 사회보험방식을 취하면서 전 국민을 대상으로 단일한 보험자가 운영하는 **국민건강보험방식(NHI ; National Health Insurance)**이다.

(3) 의료보장의 종류

① **건강보험** 기출 2017, 2021 지방직

㉠ 의의 : 질병이나 부상으로 인해 발생한 고액의 진료비로 가계에 과도한 부담이 되는 것을 방지하기 위하여 국민들이 평소에 보험료를 내고 보험자인 국민건강보험공단이 이를 관리·운영하다가 필요시 보험급여를 제공함으로써 국민 상호간 위험을 분담하고 필요한 의료서비스를 받을 수 있도록 하는 사회보장제도이다.

㉡ 적용대상 : 의료급여 수급권자, 「독립유공자 예우 등에 관한 법률」과 「국가유공자 등 예우 및 지원에 관한 법률」에 의하여 의료보호를 받는 자를 제외한 국내외 거주하는 국민은 건강보험의 가입자 또는 피부양자가 대상이다.

㉢ 특 성

ⓐ <u>의무적인 보험가입 및 보험료 납부</u> : 보험가입을 기피할 수 있도록 제도화될 경우 질병위험이 큰 사람만 보험에 가입하여 국민 상호간 위험분담 및 의료비 공동해결이라는 건강보험제도의 목적을 실현할 수 없기 때문에 일정한 법적 요건이 충족되면 본인의 의사와 관계없이 건강보험가입이 강제되며, 보험료 납부의무가 부여된다.

ⓑ <u>부담능력에 따른 보험료 부과</u> : 민간보험은 보장의 범위, 질병위험의 정도, 계약의 내용 등에 따라 보험료를 부담하는데 비해, 사회보험방식으로 운영되는 국민건강보험은 사회적 연대를 기초로 의료비 문제를 해결하는 것을 목적으로 하므로 소득수준 등 보험료 부담능력에 따라서 보험료를 부과한다.

ⓒ <u>균등한 보장</u> : 민간보험은 보험료 수준과 계약내용에 따라 개인별로 다르게 보장되지만, 사회보험인 국민건강보험은 보험료 부담수준과 관계없이 관계법령에 의하여 균등하게 보험급여가 이루어진다.

㉣ 보험급여

법정급여	• 요양급여, 요양비, 건강검진 등이 있다. • 요양급여는 가입자나 피부양자가 질병, 부상, 출산 등으로 요양기관에서 받는 의료서비스로서 현물급여를 말하며, ① 진찰·검사, ② 약제·치료재료의 지급, ③ 처치·수술 기타의 치료, ④ 예방·재활, ⑤ 입원, ⑥ 간호, ⑦ 이송이 포함된다.
부가급여	• 임신·출산 진료비

㉤ 재원 : 건강보험에 소요되는 재원은 보험료, 정부부담금 등에 의해 조달되며, 주된 재원은 보험료에 의한 것이다.

심화Tip 우리나라 국민건강보험의 특성 기출 2021 서울시

- 강제 적용
- 보험료 차등 부담
- 균등 보험 급여
- 단기 보험

② 산업재해보상보험
  ㉠ 의의 : 근로자가 업무수행 중이거나 업무와 관련하여 질병에 걸렸거나, 부상 또는 사망했을 경우 근로자를 치료해 주고, 근로자 및 부양가족의 생계를 보장해 주기 위한 제도이다.
  ㉡ 운영 : 사회보험과 민간보험의 두 가지 형태가 병행되는데 우리나라에서도 1964년 1월부터 「산업재해보상법」에 의하여 사회보험의 형태로 적용하기 시작해 2000년부터는 모든 사업장에 적용되고 있다.
③ 의료급여
  ㉠ 의의 : 생활유지능력이 없거나 생활이 어려운 저소득 국민의 의료문제를 국가가 보장해 주는 공적 부조제도이다.
  ㉡ 재원 : 국민으로부터 걷은 일반조세로 한다.
④ 노인장기요양보험제도
  ㉠ 의의 : 고령화초기에 공적 노인요양보장 체계를 확립하여 국민의 노후 불안을 해소하고 노인부양가정의 부담을 경감시키는데 있다.
  ㉡ 급여대상 : 65세 이상 노인 또는 치매, 중풍, 파킨슨병 등 노인성 질병으로 6개월 이상의 기간 동안 혼자서 일상생활을 수행하기 어려운 사람으로 장기요양 등급은 1등급(最重症), 2등급(重症), 3등급(中等症. 다만, 3등급은 재가급여만 허용)으로 분류한다.
  ㉢ 급여내용
    ⓐ 시설급여 : 요양시설에 장기간 입소하여 신체활동 지원 등 제공
    ⓑ 재가급여 : 가정을 방문하여 신체활동, 가사활동, 목욕, 간호 등 제공, 주간보호센터 이용, 복지용구 구입 또는 대여
    ⓒ 특별현금급여 : 도서벽지지역에 가족요양비 지급

(4) 국민의료비

① 개 념 [기출] 2016 서울시
  ㉠ 개인 및 기관이 보건의료와 관련하여 소비하고 투자한 총지출을 의미한다.
  ㉡ 국민의료비는 보건재화와 서비스 등에 대한 최종소비 즉, 경상의료비(current health expenditure)와 보건의료의 하부구조에 대한 자본투자(capital formation)를 합한 것이다.

> 국민의료비 = 경상의료비 + 자본투자

  ㉢ 경상의료비는 의료서비스 및 재화에 대한 지출 즉, 개인의료비와 집단의료비를 포함한다.

> 경상의료비 = 개인의료비 + 집단의료비
> - **개인의료비** : 개인에게 직접 주어지는 서비스 내지 재화에 대한 지출, 의료기관이용, 약국 이용에 대한 지출
> - **집단의료비** : 공중을 대상으로 하는 보건의료지출, 예방 및 공중보건사업비

② 의료비 지불제도 `기출` 2018, 2022 서울시
　㉠ 행위별수가제 : 행위별수가제는 진료수가가 진료행위의 내역에 의하여 결정되는 방식으로 진료내역이라 함은 진료내용과 진료의 양을 의미한다. 즉 제공된 의료서비스의 단위당 가격에 서비스의 양을 곱한 만큼 보상하는 방식이다.

장점	• 열심히 일하면 의료의 질과 수입을 동시에 높일 수 있다. • 전문화를 유도하여 의료의 발달을 가져온다. • 진료에 대한 광범위한 자료를 얻을 수 있다. • 환자들에게도 이해가 쉽고 환자에게 친절해 의사와 환자의 관계가 양호하다. • 진료행위와 진료비와의 관계 설명이 합리적이다. • 개인의 동기유발을 촉진시켜 의료기술 발전이나 생산성 증대에 기여 할 수 있다.
단점	• 과잉진료를 할 소지가 매우 크다. • 항목별로 행위를 점수화하여 진료비를 정산하는 것은 매우 복잡하고 어려운 작업이다. 따라서 관리운영비가 많이 소요된다. • 진료가 모두 끝나기 전에는 진료비에 대하여 알 수 없다. • 의료의 자본주의화를 초래하기 쉬우며 예방보다 치료에 치중하는 경향이 있다. • 사회 각 부분간의 소득불균형으로 국민 총의료비에 악영향을 끼칠 수 있다. • 행위별 보수를 많이 받을 수 있는 도시로 몰리게 되어 자원의 불균형 분포에 크게 영향을 준다.

　㉡ 총액계약제 : 독일에서 채택되고 있는 제도로 행위별수가제와 인두제를 혼합한 형태이다. 보험자 측과 의사단체(보험의협회)간에 인두방식 또는 건수방식으로 1년간의 진료비 총액을 추계 협의한 후 그 총액을 개산불로 지급한다.

장점	• 총의료비의 억제가 가능하다. • 의료인 단체에 의한 과잉진료의 자율적 억제가 가능하다.
단점	• 첨단의료서비스 도입의 동기가 상실될 우려가 있다. • 매년 진료비 계약을 둘러싼 교섭의 어려움으로 의료공급의 혼란을 초래할 우려가 있다.

　㉢ 포괄수가제 : 의사에게 환자나 진료일당 또는 병원별 단가를 정하여 보상하는 방법이다. 빈도가 높고 납득이 갈만한 질환에 대해 진료행위별로 합산을 해서 진료비를 계산하지 않고 진단별로 수가가 결정된다.

장점	• 의료비 상승을 통제할 수 있다. • 경제적인 진료수행을 유도한다. • 행정적으로 간편하다.
단점	• 같은 진단인데도 질병의 다른 조치에 대한 행위별 차이에 대하여 진료수가를 따로 받을 수 없다. • 서비스가 최소화되는 경향이 있다. • 서비스가 규격화되는 경향이 있다. • 불확실한 진단이나 질병의 진료수가에 적용시키는 데는 무리가 있다. • 진단이 정확해야 하며 복잡한 질병 특히 합병증, 만성 퇴행성 질환을 다룰 수 없다. • 신약의 사용이나 새로운 의학기술을 적용하였을 때의 비용 차이에 둔감하다.

② 인두제 : 행위별수가제와 반대되는 제도로서 등록환자수나 실이용자수를 기준으로 진료수가가 결정되며, 서비스의 내용과 수가가 전혀 무관하다. 즉 등록환자 또는 사람 수에 따라 일정액을 보상받는 방식이다. 인두제는 지역사회 등 1차 기관에 적합하다.

장 점	• 진료행위가 예방측면에 초점을 맞출 수 있어 국민 총의료비의 앙등 억제효과를 기대할 수 있다. • 계산과정이 단순하며, 제도운영의 행정비가 크게 경감된다. • 의사의 수입이 안정되어 있다. • 진료의 계속성이 증대한다. • 비용이 상대적으로 저렴하다.
단 점	• 수가가 진료행위와 서로 연계되어 있지 않다. • 환자를 성실히 치료하지 않고 상급의료기관에 의뢰하려고 한다. • 불친절하고 서비스가 형식적이 될 수 있다. • 의료의 질이 떨어지며, 치료의 계속성을 유지할 수 없다. • 근본적으로 인두제가 성공하기 위해서는 의료전달체계가 확고해야 한다.

⑪ 봉급제 : 근무시간, 능력, 자격증, 나이(경험), 수련기관 등에 의해서 보수가 결정된다. 즉, 봉급제는 의료인의 능력에 의한 지급방식으로 모든 공직 의료인과 조직화되어 있는 병원급 의료기관에서 많이 이용되고 있다. 서비스 양이나 제공받는 사람의 수에 상관없이 일정기간에 따라 보상받는 방식이다.

장 점	• 경험을 쌓아갈수록 봉급과 수당이 올라간다. • 수입이 안정되어 있고, 대부분 시간제 근무이므로 연구할 기회가 많다. • 의사간 불필요한 경쟁을 할 필요는 없으나 의료인 상호간의 지식과 의료기술의 숙련도를 평가하기 쉽고 동료들이 진료행위를 감시하므로, 의료의 질을 유지·향상시키는데 도움이 된다.
단 점	• 보건의료서비스가 관료주의화 되기 쉽다. • 의료인들의 불만(보수, 승진 등)으로 조직 이탈을 초래할 가능성이 있다. • 진료행위와 수입간 직접적인 연계가 없으므로 환자에 대한 관심이 적고 형식적일 수 있다. • 시간제근무이므로 진료의 계속성 유지가 어렵다.

③ 국민의료비의 증가원인 기출 2018 서울시
 ㉠ 노인인구의 증가 : 65세 이상 노인인구는 비노인인구에 비해 의료이용 지출이 더 많다.
 ㉡ 소득수준의 향상 : 의료서비스는 소득이 증가함에 따라 수요가 증가하는 우등재이므로 소득이 늘수록 필연적으로 증가하게 된다. 주의할 점은 의료비 지출이 증가할 경우, 후생수준이 증가(노령인구에 대한 의료지원)할 수 있고 후생수준이 낮아질(과잉의료서비스의 제공) 수도 있다.
 ㉢ 건강보험의 확대 : 건강보험 실시로 의료접근성이 증가하였다.
 ㉣ 행위별수가제(사후지불제) : 행위별수가제는 병원, 의원 의사에 따라 제각기 진료비를 매기는 행위를 말한다. 따라서 같은 질병이라 하더라도 진료를 한 병원에 따라 또는 의사에 따라 진료비가 달라진다. 반면에 포괄수가제(사전지불제)는 진료비정찰제로 모든 병원과 의원에서 특정질병은 정부가 지정해 준 진료비만큼만 동일하게 받아야하는 제도이므로 의료비가 절감된다.
 ㉤ 의료생산비용 증가 : 인건비, 의료 소모품비, 약품비 등이 인상되었다.

④ 국민의료비 증가에 대한 대책
  ㉠ 소비자 측면
    ⓐ 법정본인부담금제의 실시
    ⓑ 소비자들이 특정의료기관 이용시 진료비 할인
    ⓒ 소비자에게 의료공급자 정보와 충분한 의학정보를 제공하여 효과적인 의료공급자를 이용하도록 유도
  ㉡ 의료 제공 측면
    ⓐ 포괄수가제의 실시
    ⓓ 건강증진 및 예방보건서비스 확대
  ㉢ 국가적 측면
    ⓐ 고가 의료장비 도입시 국가의 허가를 받도록 함
    ⓑ 건강보험심사평가원에서의 의료심사 강화
    ⓒ 국가보건예방사업, 만성 질환관리사업, 보건의료기술개발연구비 지원, 공공건강시설을 설립하여 국민의료비를 감소시키는 정책 수행

7 보건의료기본법

(1) 총칙

① 기본 이념(법 제2조)
  ㉠ 보건의료를 통하여 모든 국민이 인간으로서의 존엄과 가치를 가지며 행복을 추구할 수 있도록 한다.
  ㉡ 국민 개개인이 건강한 삶을 영위할 수 있도록 제도와 여건을 조성한다.
  ㉢ 보건의료의 형평과 효율이 조화를 이룰 수 있도록 함으로써 국민의 삶의 질을 향상시킨다.

> **The 알아보기**
> **보건의료기본법**
> 「보건의료기본법」은 보건의료에 관한 국민의 권리·의무와 국가 및 지방자치단체의 책임을 정하고 보건의료의 수요와 공급에 관한 기본적인 사항을 규정함으로써 보건의료의 발전과 국민의 보건 및 복지의 증진에 이바지하는 것을 목적으로 한다.

② 정의(법 제3조)

보건의료	국민의 건강을 보호·증진하기 위하여 국가·지방자치단체·보건의료기관 또는 보건의료인 등이 행하는 모든 활동
보건의료서비스	국민의 건강을 보호·증진하기 위하여 보건의료인이 행하는 모든 활동
보건의료인	보건의료 관계법령에서 정하는 바에 따라 자격·면허 등을 취득하거나 보건의료서비스에 종사하는 것이 허용된 자
보건의료기관	보건의료인이 공중(公衆) 또는 특정 다수인을 위하여 보건의료서비스를 행하는 보건기관, 의료기관, 약국, 그 밖에 대통령령으로 정하는 기관
공공보건의료기관	국가·지방자치단체, 그 밖의 공공단체가 설립·운영하는 보건의료기관
보건의료정보	보건의료와 관련한 지식 또는 부호·숫자·문자·음성·음향·영상 등으로 표현된 모든 종류의 자료

③ 국가와 지방자치단체의 책임(법 제4조)
  ㉠ 국가와 지방자치단체는 국민건강의 보호·증진을 위하여 필요한 법적·제도적 장치를 마련하고 이에 필요한 재원(財源)을 확보하도록 노력하여야 한다.
  ㉡ 국가와 지방자치단체는 모든 국민의 기본적인 보건의료 수요를 형평에 맞게 충족시킬 수 있도록 노력하여야 한다.
  ㉢ 국가와 지방자치단체는 식품, 의약품, 의료기기 및 화장품 등 건강 관련 물품이나 건강 관련 활동으로부터 발생할 수 있는 위해(危害)를 방지하고, 각종 국민건강 위해 요인으로부터 국민의 건강을 보호하기 위한 시책을 강구하도록 노력하여야 한다.
  ㉣ 국가와 지방자치단체는 민간이 행하는 보건의료에 대하여 보건의료 시책상 필요하다고 인정하면 행정적·재정적 지원을 할 수 있다.
④ 보건의료인의 책임(법 제5조)
  ㉠ 보건의료인은 자신의 학식과 경험, 양심에 따라 환자에게 양질의 적정한 보건의료서비스를 제공하기 위하여 노력하여야 한다.
  ㉡ 보건의료인은 보건의료서비스의 제공을 요구받으면 정당한 이유 없이 이를 거부하지 못한다.
  ㉢ 보건의료인은 적절한 보건의료서비스를 제공하기 위하여 필요하면 보건의료서비스를 받는 자를 다른 보건의료기관에 소개하고 그에 관한 보건의료 자료를 다른 보건의료기관에 제공하도록 노력하여야 한다.
  ㉣ 보건의료인은 국가나 지방자치단체가 관리하여야 할 질병에 걸렸거나 걸린 것으로 의심되는 대상자를 발견한 때에는 그 사실을 관계 기관에 신고·보고 또는 통지하는 등 필요한 조치를 하여야 한다.
⑤ 환자 및 보건의료인의 권리(법 제6조)
  ㉠ 모든 환자는 자신의 건강보호와 증진을 위하여 적절한 보건의료서비스를 받을 권리를 가진다.
  ㉡ 보건의료인은 보건의료서비스를 제공할 때에 학식과 경험, 양심에 따라 환자의 건강보호를 위하여 적절한 보건의료기술과 치료재료 등을 선택할 권리를 가진다. 다만, 보건의료기본법 또는 다른 법률에 특별한 규정이 있는 경우에는 그러하지 아니하다.
⑥ 보건의료정책과 사회보장정책과의 연계(법 제7조)
  국가와 지방자치단체는 보건의료정책과 관련되는 사회보장정책이 연계되도록 하여야 한다.
⑦ 국민의 참여(법 제8조)
  국가와 지방자치단체는 국민의 권리·의무 등 국민생활에 중대한 영향을 미치는 보건의료정책을 수립·시행하려면 이해관계인 등 국민의 의견을 수렴하여야 한다.

(2) 보건의료에 관한 국민의 권리와 의무

① 건강권 등(법 제10조)
  ㉠ 모든 국민은 「보건의료기본법」 또는 다른 법률에서 정하는 바에 따라 자신과 가족의 건강에 관하여 국가의 보호를 받을 권리를 가진다.
  ㉡ 모든 국민은 성별, 나이, 종교, 사회적 신분 또는 경제적 사정 등을 이유로 자신과 가족의 건강에 관한 권리를 침해받지 아니한다.

② 보건의료에 관한 알 권리(법 제11조)
  ㉠ 모든 국민은 관계법령에서 정하는 바에 따라 국가와 지방자치단체의 보건의료시책에 관한 내용의 공개를 청구할 권리를 가진다.
  ㉡ 모든 국민은 관계법령에서 정하는 바에 따라 보건의료인이나 보건의료기관에 대하여 자신의 보건의료와 관련한 기록 등의 열람이나 사본의 교부를 요청할 수 있다. 다만, 본인이 요청할 수 없는 경우에는 그 배우자·직계존비속 또는 배우자의 직계존속이, 그 배우자·직계존비속 및 배우자의 직계존속이 없거나 질병이나 그 밖에 직접 요청을 할 수 없는 부득이한 사유가 있는 경우에는 본인이 지정하는 대리인이 기록의 열람 등을 요청할 수 있다.

③ 보건의료서비스에 관한 자기결정권(법 제12조)
  모든 국민은 보건의료인으로부터 자신의 질병에 대한 치료방법, 의학적 연구 대상 여부, 장기이식(臟器移植) 여부 등에 관하여 충분한 설명을 들은 후 이에 관한 동의 여부를 결정할 권리를 가진다.

④ 비밀 보장(법 제13조)
  모든 국민은 보건의료와 관련하여 자신의 신체상·건강상의 비밀과 사생활의 비밀을 침해받지 아니한다.

⑤ 보건의료에 관한 국민의 의무(법 제14조)
  ㉠ 모든 국민은 자신과 가족의 건강을 보호·증진하기 위하여 노력하여야 하며, 관계법령에서 정하는 바에 따라 건강을 보호·증진하는 데에 필요한 비용을 부담하여야 한다.
  ㉡ 누구든지 건강에 위해한 정보를 유포·광고하거나 건강에 위해한 기구·물품을 판매·제공하는 등 다른 사람의 건강을 해치거나 해칠 우려가 있는 행위를 하여서는 아니 된다.
  ㉢ 모든 국민은 보건의료인의 정당한 보건의료서비스와 지도에 협조한다.

(3) 보건의료의 제공 및 이용

① 보건의료의 제공 및 이용체계(법 제29조)
  ㉠ 국가와 지방자치단체는 보건의료에 관한 인력, 시설, 물자 등 보건의료자원이 지역적으로 고루 분포되어 보건의료서비스의 공급이 균형 있게 이루어지도록 노력하여야 하며, 양질의 보건의료서비스를 효율적으로 제공하기 위한 보건의료의 제공 및 이용체계를 마련하도록 노력하여야 한다.
  ㉡ 국가와 지방자치단체는 보건의료의 제공 및 이용체계를 구축하기 위하여 필요한 행정상·재정상의 조치와 그 밖에 필요한 지원을 할 수 있다.

② 응급의료체계(법 제30조)

국가와 지방자치단체는 모든 국민(국내에 체류하고 있는 외국인을 포함한다)이 응급상황에서 신속하고 적절한 응급의료서비스를 받을 수 있도록 응급의료체계를 마련하여야 한다.

③ 평생국민건강관리사업(법 제31조)

㉠ 국가와 지방자치단체는 생애주기(生涯週期)별 건강상 특성과 주요 건강위험요인을 고려한 평생국민건강관리를 위한 사업을 시행하여야 한다.

㉡ 국가와 지방자치단체는 공공보건의료기관이 평생국민건강관리사업에서 중심역할을 할 수 있도록 필요한 시책을 강구하여야 한다.

㉢ 국가와 지방자치단체는 평생국민건강관리사업을 원활하게 수행하기 위하여 건강지도·보건교육 등을 담당할 전문인력을 양성하고 건강관리정보체계를 구축하는 등 필요한 시책을 강구하여야 한다.

02 보건통계

1 보건통계의 개념

(1) 보건통계의 개요
① 보건통계의 정의
보건통계란 출생, 사망, 질병, 인구 변동 등 인구의 특성을 연구하는 일과 보건에 관한 여러 가지 현상 및 대상물을 다량 관측 또는 계측하여 얻은 숫자를 집계, 정리, 분석하여 결론을 구하는 것을 말한다.

② 보건통계와 유사한 용어
㉠ 생정통계 : 인류의 생활 현상에 관계하는 과학의 일부분으로서 출산, 결혼, 질병, 사망 등 인구동태를 중심으로 하는 통계이다.
㉡ 의학통계 : 해부학, 인류학, 생리학상의 여러 계측치에 관한 통계를 포함한다.

> **심화Tip 생정통계(Biostatistics)의 종류**
>
> - **출생률** : 조출생률, 출산율, 합계출산율
> - **사망률** : 조사망률, 사산율, 신생아사망률, 영아사망률
> - **혼인율과 이혼율**
> - **인구증가율** : 인구자연증가율, 인구성장률
> - **부양비** : 총부양비, 노년 부양비, 노령화지수

(2) 보건통계의 목적
① 인구, 출생, 사망, 사산, 혼인, 질병 등의 제 현상의 수량 관계를 명백히 해서 한 나라 또는 한 지방의 보건상태를 파악하는데 있다.
② 보건 입법을 촉구하며, 보건사업에 대한 공공지원을 촉구하게 할 수 있다.
③ 보건사업의 우선순위를 결정하여 보건사업 수행상 지휘, 관제에 도움을 주고 보건사업의 기술 발전에 도움을 주며 절차, 규정, 분류, 기술의 발전에 도움을 준다.
④ 보건사업의 행정활동에 지침이 될 수 있다.
⑤ 보건사업의 성패를 결정하는 자료가 되며, 보건사업의 기초자료가 된다.
⑥ 지역사회나 국가의 보건 수준 및 보건 상태의 평가에 이용된다.
⑦ 보건사업의 필요성을 결정해 주고, 사업의 평가에 이용된다.

2 통계 방법

(1) 모집단과 표본
① 모집단
어느 집단의 관측이나 조사 연구의 대상 전체를 모집단이라 한다.
② 표 본
모집단에서 추출한 조사대상이 되는 일부를 표본이라 한다.

(2) 척 도
① 명목척도
단순한 분류의 목적을 위한 것으로, 가장 낮은 수준의 측정에 해당한다.
예 성, 인종, 종교, 결혼 여부, 직업, 야구선수 등번호 등
② 서열척도
서열이나 순위를 매길 수 있도록 수치를 부여한 척도로, 서열간의 간격은 동일하지 않다. 즉 서열척도는 측정대상(제품의 선호도나 서비스의 만족도, 정치성향 등)간의 서열관계를 나타내는 척도이다. 즉 각각의 측정대상이 다른 대상과 비교하여 '더 좋다 / 더 싫다', '더 크다 / 더 작다' 등의 서열문제와 관련되며, 상대적 지위의 순위만을 구분한다.
예 사회계층, 선호도, 병원에 대한 평가, 학력, 등수, 서비스 효율성 평가 등
③ 등간척도
서열을 정할 수 있을 뿐만 아니라, 이들 분류된 범주간의 간격까지도 측정할 수 있는 척도이다.
예 지능, 온도, 시험점수 등
④ 비율척도
척도를 나타내는 수가 등간일 뿐만 아니라, 의미 있는 절대영점(nothing)을 가지고 있는 경우에 이용되는 척도이다.
예 연령, 무게, 키, 수입, 출생률, 사망률, 이혼율, 가족수 등

(3) 산포도
① 산포도란 대푯값을 중심으로 자료들이 흩어져 있는 정도를 의미한다. 이는 하나의 수치로서 표현되며 수치가 작을수록 자료들이 대푯값에 밀집되어 있고, 클수록 자료들이 대푯값을 중심으로 멀리 흩어져 있다.
② 산포도는 자료의 분포에 대한 정보를 제공해 주는데 자료의 평균이 같다고 하더라도 산포도에 따라 자료의 내용이나 성질이 달라질 수 있다. 따라서 여러 자료들의 특성을 서로 비교하기 위해서는 평균뿐만 아니라, 자료들이 평균으로부터 어떻게 흩어져 분포하고 있는가를 알 필요가 있다.

③ 편차, 분산 및 표준편차
  ㉠ 편차 = 평균 – 특정 자료값
  ㉡ 각각의 자료값들은 평균값의 양 쪽에 위치하여 편차들은 양수 혹은 음수값을 갖게 되어 이 편차들을 모두 합하면 항상 0이 된다. 따라서 단순히 편차들의 합은 산포도로 사용될 수 없어, 각각의 편차를 제곱하여 이를 산술평균한 분산을 사용한다.
  ㉢ 분산은 편차를 제곱해 계산하기 때문에 실제 편차보다 큰 수치를 만들어내 체감 편차가 실제편차보다 크게 나온다는 단점이 있다.
  ㉣ 이러한 문제점을 없애기 위해서 분산에 제곱근을 씌어 값을 구한 것이 표준편차이다. 표준편차는 산포도를 나타내는 지표로 가장 널리 이용되고 있다.
④ 변이계수(변동계수, CV)
  ㉠ 변이계수 = (표준편차 ÷ 평균) × 100으로 구한다.
  ㉡ 비교집단 자료들의 평균이 같다면 표준편차를 이용하여 산포도를 알 수가 있지만, 만약 평균이 다른 경우에는 산포도의 정도를 비교하기가 곤란해지므로, 이 때 변이계수를 사용하게 된다.

심화Tip 변이계수의 예

구 분	평균임금	표준편차
A병원	200만원	20만원
B병원	300만원	27만원

- A병원 변이계수 = (20만원 ÷ 200만원) × 100 = 10%
- B병원 변이계수 = (27만원 ÷ 300만원) × 100 = 9%
- 표준편차만을 비교했을 때는 B병원이 A병원보다 커서 B병원의 임금이 고르지 않은 것으로 보이지만, 두 병원의 평균임금이 다르므로 변이계수를 계산해보면, A병원의 임금이 B병원보다 더 고르지 않다는 것을 알 수 있다.

(4) 도수분포와 정규분포 기출 2021 서울시
  ① 도수분포
    ㉠ 변량 : 여러 자료를 수량으로 표시한 것
    ㉡ 계급 : 변량을 일정한 간격으로 나눈 구간
    ㉢ 계급값 : 계급을 대표하는 값으로서 계급의 가운데 값
    ㉣ 도수 : 변량의 범위를 몇 개의 계급으로 나누었을 때 그 계급에 속하는 개수
    ㉤ 도수분포 : 계급에 대응하는 도표의 계열

> **심화Tip** 도수분포표의 예
>
> - 키의 변량 : 10명 학생의 키가 각각 144, 168, 148, 139, 162, 130, 153, 154, 167, 135일 경우 각 키가 변량이 된다.
>
> | 키 | 학생수 |
> | --- | --- |
> | 130 이상~140 미만 | 3 |
> | 140 이상~150 미만 | 2 |
> | 150 이상~160 미만 | 2 |
> | 160 이상~170 미만 | 3 |
>
> - 계급 : 키 란에 있는 각 키 구간
>   (130 이상~140 미만, 140 이상~150 미만, 150 이상~160 미만, 160 이상~170 미만 등)
> - 계급의 크기 : 계급의 간격이므로 10이 된다.
> - 계급값 : 135, 145, 155, 165가 각각 계급값이 된다.
> - 도수는 각 계급에 해당하는 값이므로 3, 2, 2, 3이 된다.

② 산술평균

모집단 또는 표본집단에 나타나는 모든 값을 더해서 그 더한 개수로 나누면 평균을 얻을 수 있다.

$$산술평균 = \frac{x_1 + x_2 + \ldots + x_n}{n} = \frac{1}{n}\sum_{i=1}^{n} x_i$$

③ 중앙치(중위수)

어떤 집단의 개체 측정치를 크기의 순서로 나열했을 때 그 중앙에 오는 값으로 Md 또는 Me로 표시한다.

㉠ 개체수 n개가 홀수일 때 : $\frac{n+1}{2}$ 번 째의 측정치

㉡ 개체수 n개가 짝수일 때 : $\frac{n}{2}$ 번 째와 $\frac{n}{2}+1$번 째의 산술평균

④ 최빈치(최빈수)

도수분포에 있어서 그 변량 중에서 가장 많이 나타나는 것으로 최빈값이라고도 한다. 예컨대 어느 마을의 노인들 연령이 72, 84, 88, 76, 72, 72, 92, 84, 68, 96세인 경우, 최빈치는 72세이다.

⑤ 정규분포

도수분포를 히스토그램(Histogram)으로 옮겨 종을 덮어 놓은 것 같은 모양으로 되는 분포로서 좌우 대칭으로 평균치가 중앙에 있고, 평균치 = 중앙치 = 최빈치가 성립되는 분포이며, 그 분포를 나타내는 곡선을 정규곡선이라 한다.

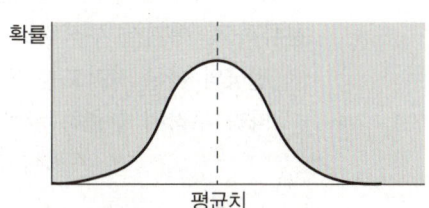

[평균치 = 중앙치 = 최빈치]

⑥ 상관계수 기출 2015 서울시

상관관계, 즉 어떤 모집단에서 2개의 변량에 있어서 한쪽 값이 변함에 따라 다른 한쪽 값이 변하는 정도를 나타내는 값이다.

$$상관계수 \ 공식(r) = \frac{Y가 \ 변하는 \ 정도}{X가 \ 변하는 \ 정도}$$

[X, Y값과 r의 관계]

X, Y의 관계	r
완전 동일한 경우(강한 양적 상관관계) = 순상관 = 완전상관	$+1$
전혀 다른 경우(완전 독립적)	0
반대방향으로 완전 동일한 경우(강한 음적 상관관계) = 역상관	-1

심화Tip 대푯값과 산포도

대푯값(중심위치의 측도)	산포도(흩어짐의 척도)
1. 평 균 2. 중앙값 3. 최빈값 4. 기하평균 5. 조화평균 6. 절사평균 7. 분위수	1. 편 차 2. 분 산 3. 표준편차 4. 평균편차 5. 변이계수

(5) 표본추출의 방법

① 확률표집

㉠ 단순확률추출법 기출 2019 서울시

프레임(Frame)이 된 추출 단위들을 표본으로 뽑게 되는 가장 기본적인 방법으로 프레임 내의 추출 단위들을 무작위로 뽑는 것을 말한다.

예 한마을에서 무작위로 60세 이상 노인 5명을 뽑는 방법

㉡ 층화확률방법 기출 2017 지방직

단순확률추출법의 단점인 모집단이 질적으로 여러 개의 부분으로 구성될 경우, 그 신빙성을 갖기 위해 조사 단위를 성질이 비슷한 것끼리 모아 모집단을 몇 개의 부분 집단으로 분류하고, 여기서 무작위로 추출하는 방법이다.

예 전국의 여론 지지도를 조사할 경우 16개 시·도로 구분한 후 각 시·도별로 비율에 따라 무작위 추출하는 방법이다.

ⓒ 집락(군집)추출법
　모집단 중 조사 대상의 표본이 너무 클 때, 조사 단위가 각각 달라지더라도 표준추출에 있어서는 조사 단위를 행정 구역(통, 반, 부락 단위 등) 또는 기타 어떤 기준에 따른 조사 구역(집락 Cluster 등)으로 나누고, 이 집락을 표준추출 단위로 하여 조사하는 방법이다.
　예 서울시민 여론조사를 위해 25개구로 구분하고 그 중 5개구를 선정하여 여론조사하는 방법

ⓓ 계통확률추출법(Systematic Random Sampling) 기출 2020 서울시
　표본추출 단위들이 일련의 순서로 나열되어 있는 경우(학생, 명단, 통, 반 등), 뽑으려는 표본의 크기만큼의 간격으로 등분해 나감으로써 첫번째 간격 내에서 단순확률추출법을 통해 1개 단위로 뽑고, 다음부터는 간격의 크기만큼씩 떨어진 위치의 단위를 자동적으로 뽑는 방법을 말한다.

② 비확률표집
ⓐ 할당표집
　모집단을 일정한 범주로 나누고, 각 특성에 비례하여 사례수를 할당하고, 사례를 작위적으로 추출하는 표집이다.
　예 모집단에 20대가 20%, 30대가 80%가 있고, 이로부터 100명을 추출할 경우 20대 20명, 30대 80명을 가족이나 친구 등 접근하기 쉬운 사람을 대상으로 조사하는 방법

ⓑ 임의표집
　조사자의 임의대로 사례를 추출하는 방법으로, 시간과 비용이 절약되나 일반화가 어렵고 편견이 개입되기 쉽다.
　예 거리에 나가 제일 먼저 만나는 사람에게 조사하는 방법

ⓒ 유의표집
　조사자의 판단에 의해 표집을 선정하는 방법으로, 대표성을 확인할 수 없고 모집단에 대한 사전지식이 필요한 표집방법이다.
　예 청소년비행에 관한 연구에서 가정환경이 좋지 못한 청소년을 집중 선정하여 조사하는 방법

ⓓ 눈덩이표집
　표본을 구하기 어려워 연결망을 가진 사람이나 조직을 대상으로 표본을 수집하는 방법이다.
　예 불법체류자의 실태를 파악하기 위해 불법체류자를 조사한 후에 그 불법체류자로부터 다른 불법체류자를 소개받아 조사하는 방법

3 보건지표

(1) 보건지표의 개요

① 보건지표

보건지표란 인간의 건강상태뿐만 아니라, 이와 관련된 제반 사항, 즉 보건정책, 보건의료제도, 보건의료자원, 환경, 인구 규모와 구조, 보건에 대한 의식 및 가치관 등에 대한 전반적인 수준이나 특성을 나타내는 척도를 말한다.

② 건강지표

건강지표란 인간의 건강수준이나 특성을 나타내는 수량적인 척도로 보건지표보다는 축소된 개념이다.

③ 보건지표의 조건(WHO)

이용가능성	보건지표는 국가보건통계체계 등을 통해 주기적으로 생산되고 쉽게 접근하여 지표를 이용할 수 있어야 한다.
일반화	원칙적으로 모든 인구집단에 적용이 가능해야 한다.
수용성	개발방법이 타당하여 결과를 받아들일 수 있어야 한다.
재현성	동일한 대상을 동일한 방법으로 측정시 동일한 결과가 나와야 한다.
특이성	측정하고자 하는 현상만을 반영하여야 한다.
민감성	측정하고자 하는 변화정도(크기)를 나타낼 수 있어야 한다.
정확성	측정하고자 하는 현상을 정확히 나타내어야 한다.

(2) 검사방법의 타당도와 신뢰도 기출 2016, 2019, 2022 서울시

① 타당도

어떤 측정방법이나 검사도구가 측정하려고 하는 현상(속성)을 정확하게 판별해 내는 정도로, 타당도 높은 검사도구는 건강한 사람에게선 검사결과가 음성, 환자에게선 검사결과가 양성으로 나와야 한다.

검사결과 \ 질병유무	있음	없음	합계
양성	A	B	A + B
음성	C	D	C + D
합계	A + C	B + D	A + B + C + D

㉠ 민감도(sensitivity) : 질환에 실제로 이환된 사람이 검사를 받았을 때 양성 판정을 받는 비율

$$\frac{검사\ 양성자수}{총환자수} = \frac{A}{A+C} \times 100$$

ⓒ 특이도(specificity) : 질환에 이환되지 않은 정상인이 검사를 받았을 때 음성 판정을 받는 비율

$$\frac{검사 음성자수}{총비환자수} = \frac{D}{B+D} \times 100$$

ⓒ 양성 예측도 : 결과가 양성으로 나온 경우 실제로 질환이 있는 비율

$$\frac{검사 양성자 중 환자수}{검사 양성자수} = \frac{A}{A+B} \times 100$$

ⓔ 음성 예측도 : 결과가 음성으로 나온 경우 실제로 정상인 비율

$$\frac{검사 음성자 중 정상인수}{검사 음성자수} = \frac{D}{C+D} \times 100$$

② 신뢰도
같은 대상을 반복 측정했을 때 얼마나 일관성을 가지고 일치하느냐를 검정하는 것으로, 안정성, 예측가능성 등이 내포된 개념이다.

(3) 질병통계 〔기출〕 2017 지방직

① 발생률(Incidence Rate)
㉠ 단위 인구당 일정 기간에 새로 발생한 환자수를 표시한 것으로서 이 질병에 걸릴 확률 또는 위험도를 나타내 준다.

$$\frac{어느 기간의 환자 발생수}{그 지역의 인구} \times 100$$

㉡ 급성 질환이나 만성 질환에 관계없이 질병의 원인을 찾는 연구에서 가장 필요한 측정지표이다.

② 유병률(Prevalence Rate) 〔기출〕 2022 서울시
㉠ 일정 시점 또는 일정 기간 동안의 인구 중에 존재하는 환자수의 비율을 말한다.
㉡ 유병률은 특히 만성 질환의 경우 질병관리에 필요한 인력, 자원 소요 정도를 추정할 수 있다.

$$\frac{어느 시점(기간)에 있어서의 환자수}{인구} \times 1,000$$

㉢ 유병률과 발생률 및 이환기간과의 관계(유병률 = 발생률 × 이환기간)

구 분	낮은 유병률	높은 유병률
발생률	발생률이 낮은 질병	발생률이 높은 질병
이환기간	이환기간이 짧은 질병	이환기간이 긴 만성 질환
생존기간	발생 후 바로 사망	생존기간이 긴 질병

③ 발병률(Attack Rate)
　㉠ 일차발병률 : 어떤 집단이 한정된 기간에 어느 질병에 걸릴 위험에 폭로되었을 때 폭로자 중 새로 발병한 총수의 비율을 의미한다.

$$\frac{\text{연간 발생자수}}{\text{위험에 폭로된 인구}} \times 1,000$$

　㉡ 이차발병률 : 발단환자(일차환자)를 가진 가구의 감수성 있는 가구원 중 이 병원체의 최장 잠복기간 내에 발병하는 환자 비율을 말한다. 병원체의 감염력을 간접적으로 측정할 수 있다.

$$\frac{\text{해당 병원체의 최장 잠복기간 내에 발병하는 환자수}}{\text{발달환자(일차환자)와 접촉한 감수성 있는 사람수}} \times 100$$

④ 치명률(Case Fatality Rate)
어떤 질병에 걸린 환자수 중에서 그 질병으로 인한 사망자수를 나타낸다.

$$\frac{\text{연내 어떤 질병에 의한 사망수}}{\text{그 질병의 환자수}} \times 100$$

⑤ 이환율(Morbidity Rate)
어떤 일정한 기간 내에 발생한 환자의 수를 인구당의 비율로 나타낸 것이다.

$$\frac{\text{연간 환자수}}{\text{연간 인구}} \times 1,000$$

(4) 병원관리 지표
① 병상점유율
단위 인구가 하루에 점유하고 있는 병상의 비를 말한다.

$$\frac{\text{1일 평균 병상 점유수}}{\text{인구}} \times 1,000$$

② 병상이용률
환자가 이용할 수 있도록 가동되는 병상이 실제 환자에 의해 이용된 비율로 병원의 인력 및 시설의 활용도를 간접적으로 알 수 있다.

$$\frac{\text{총재원일수}}{\text{연 가동 병상수}} \times 100$$

③ 병원이용률

병상이용률이 입원환자만을 대상으로 한 지표임에 비하여 병원이용률은 입원과 외래를 동시에 평가하는 지표라 할 수 있다.

$$\frac{조정환자수}{연\ 가동\ 병상수} \times 1,000$$

④ 병상회전율

1병상당 몇 명의 입원환자를 수용하였는가 나타내는 지표이다. 병상회전율은 일정기간 중 병원에서 평균적으로 1병상당 몇 명의 입원환자를 수용하였는가를 의미하는 것으로서, 병상이용률이 높을 경우에는 병상회전율이 증가할수록 병원의 수익성 측면에서 바람직하다.

$$\frac{퇴원실인원수}{평균병상수} \quad 또는 \quad \frac{(퇴원실인원수\ +\ 입원실인원수) \div 2}{평균병상수}$$

⑤ 평균재원일수 [기출] 2014 서울시

기간 중 퇴원한 환자들이 평균 며칠씩 재원했는 지를 나타내는 수이다.

$$\frac{기간\ 중\ 총재원일수}{기간\ 중\ 퇴원환자수}$$

⑥ 외래환자 초진율

일정기간 연 외래환자 중 초진환자가 차지하는 비율이다. 이는 병원의 환자유인력 상태를 나타낸다. 이 비율이 높아진다면 병원진료권 인구가 증가하고 병원의 신뢰도가 커지고 있다는 것을 의미한다.

$$\frac{초진환자수}{연\ 외래환자수} \times 100$$

⑦ 외래환자 입원율

일정기간 연 외래환자 중에서 그 병원에 입원한 환자의 비율이다. 이는 병원에 내원하는 환자들의 질병중증도를 간접적으로 설명한다. 외래환자 입원율이 증가한다면 환자가 선호하는 진료방식이나 의사의 저명도와 관계가 있다.

$$\frac{실입원\ 환자수}{연\ 외래환자수} \times 100$$

⑧ 100병상당 1일 평균 외래환자수

$$\frac{(연\ 외래환자수\ /\ 외래진료일수)}{(평균가동병상수\ /\ 100병상)}$$

CHAPTER 10 출제예상문제

보건행정과 보건통계

01 보건행정

01 지방보건행정 조직의 업무상 감독기관은?
① 행정안전부
② 보건복지부
③ 외교통상부
④ 고용노동부

보건의료행정은 보건복지부가 주관하고 있지만, 일반 지방행정기구에 대한 업무상 감독권을 보유하고 있을 뿐이다.

02 우리나라 보건행정조직에 대한 설명으로 가장 옳지 않은 것은?   기출 2021 서울시
① 「지역보건법」에 기반하여 보건소와 보건지소가 설치되어 있다.
② 「보건소법」은 1995년 「지역보건법」으로 개정되었다.
③ 보건진료소는 보건의료 취약지역에 설치되며, 보건진료소장은 보건진료 전담공무원이 맡는다.
④ 건강생활지원센터는 시·군·구 단위로 설치되고, 감염병 관리 및 치료 기능을 담당하고 있다.

건강생활지원센터는 읍·면·동(보건소가 설치된 읍·면·동은 제외한다)마다 1개씩 설치할 수 있으며, 도시취약지역 주민에 대한 질병예방, 건강증진 등 보건의료서비스를 제공한다.

03 우리나라의 보건소가 설치되어 있는 행정 단위는?

① 시·도
② 시·군·구
③ 농어촌
④ 읍·면

지역주민의 건강을 증진하고 질병을 예방·관리하기 위하여 시·군·구에 1개소의 보건소(보건의료원을 포함한다)를 설치한다.

04 보건소에 대한 보건복지부의 지휘 감독업무에 해당하는 것은?

① 인사권
② 예산권
③ 조직관리
④ 기술지도

보건소는 중앙정부조직인 보건복지부로부터 보건행정과 보건의료사업의 기능을 지도·감독 받고, 행정안전부로부터 인력, 예산, 조직관리의 지원을 받는 하부 행정단위로서 이원화된 지도 감독제로 이루어져 있다.

05 「지역보건법」상 보건소의 기능에 해당하지 않는 것은?　　기출 2019 서울시

① 건강 친화적인 지역사회 여건의 조성
② 지역보건의료정책의 기획, 조사·연구 및 평가
③ 보건의료기관의 평가인증
④ 지역주민의 건강증진 및 질병예방·관리를 위한 각종 지역보건의료서비스의 제공

보건소의 기능 및 업무(지역보건법 제11조 제1항)
보건소는 해당 지방자치단체의 관할 구역에서 다음 각 호의 기능 및 업무를 수행한다.
1. 건강 친화적인 지역사회 여건의 조성
2. 지역보건의료정책의 기획, 조사·연구 및 평가
3. 보건의료인 및 「보건의료기본법」 제3조 제4호에 따른 보건의료기관 등에 대한 지도·관리·육성과 국민보건 향상을 위한 지도·관리
4. 보건의료 관련기관·단체, 학교, 직장 등과의 협력체계 구축
5. 지역주민의 건강증진 및 질병예방·관리를 위한 지역보건의료서비스의 제공

06 지방보건 행정조직 중에서 보건소의 기능과 역할에 대한 설명으로 가장 옳은 것은?

기출 2017 지방직

① 보건의료기관 등에 대한 지도와 관리
② 지역보건의료에 대한 재정적 지원
③ 보건의료인력 양성 및 확보
④ 지역보건의료 업무 추진을 위한 기술적 지원

보건소는 해당 지방자치단체의 관할 구역에서 보건의료인 및 보건의료기관 등에 대한 지도·관리·육성과 국민보건 향상을 위한 지도·관리 업무를 수행한다(지역보건법 제11조 제1항 제3호).
②·③·④ <u>국가와 지방자치단체의 책무에 해당한다</u>(지역보건법 제3조).

국가와 지방자치단체의 책무(지역보건법 제3조)
1. 국가 및 지방자치단체는 지역보건의료에 관한 조사·연구, 정보의 수집·관리·활용·보호, 인력의 양성·확보 및 고용 안정과 자질 향상 등을 위하여 노력하여야 한다.
2. 국가 및 지방자치단체는 지역보건의료 업무의 효율적 추진을 위하여 기술적·재정적 지원을 하여야 한다.
3. 국가 및 지방자치단체는 지역주민의 건강 상태에 격차가 발생하지 아니하도록 필요한 방안을 마련하여야 한다.

07 「지역보건법」상 보건소의 기능 및 업무 중 지역주민의 건강증진과 질병예방·관리를 위한 지역보건의료서비스 제공에 대한 내용으로 옳지 않은 것은?

기출 2016 서울시

① 감염병의 예방 및 관리
② 모성과 영유아의 건강유지·증진
③ 건강보험에 관한 사항
④ 정신건강증진 및 생명존중에 관한 사항

지역주민의 건강증진과 질병예방·관리를 위한 지역보건의료서비스 제공에 대한 내용(지역보건법 제11조 제1항 제5호)
- 국민건강증진·구강건강·영양관리사업 및 보건교육
- 감염병의 예방 및 관리
- 모성과 영유아의 건강유지·증진
- 여성·노인·장애인 등 보건의료 취약계층의 건강유지·증진
- 정신건강증진 및 생명존중에 관한 사항
- 지역주민에 대한 진료, 건강검진 및 만성 질환 등의 질병관리에 관한 사항
- 가정 및 사회복지시설 등을 방문하여 행하는 보건의료 및 건강관리사업
- 난임의 예방 및 관리

08 한국의 지방보건행정조직을 설명한 것으로 적절한 것은? *기출* 2014 서울시 변형

① 시·군·구 보건행정조직으로 보건소가 설치되어 있다.
② 보건소를 추가로 설치하려는 경우에는 보건복지부장관은 행정안전부장관과 미리 협의하여야 한다.
③ 보건소는 보건복지부의 직접적인 지휘·감독을 받는다.
④ 특별시에도 보건소의 하부조직으로 보건지소와 보건진료소가 설치되어 있다.
⑤ 보건소는 취약계층에 대한 보건의료서비스 제공을 주된 기능으로 한다.

보건소(보건의료원을 포함한다)는 시·군·구에 1개소를 설치한다. 다만, 시·군·구의 인구가 30만 명을 초과하는 등 지역주민의 보건의료를 위하여 특별히 필요하다고 인정되는 경우에는 대통령령으로 정하는 기준에 따라 해당 지방자치단체의 조례로 보건소를 추가로 설치할 수 있다(지역보건법 제8조 제1항).
② 보건소를 추가로 설치하려는 경우에는 「지방자치법 시행령」 제73조에 따른다. 이 경우 해당 지방자치단체의 장은 보건복지부장관과 미리 협의해야 한다(지역보건법 시행령 제8조 제2항).
〈개정 2022.11.1.〉
③ 보건소장은 시장·군수·구청장의 지휘·감독을 받아 보건소의 업무를 관장하고 소속 공무원을 지휘·감독하며, 관할 보건지소, 건강생활지원센터 및 「농어촌 등 보건의료를 위한 특별조치법」 제2조 제4호에 따른 보건진료소의 직원 및 업무에 대하여 지도·감독한다(지역보건법 시행령 제13조 제3항).
④ 보건지소는 읍·면(보건소가 설치된 읍·면은 제외한다)마다 1개씩 설치할 수 있다(지역보건법 시행령 제10조).
⑤ 보건소의 주된 기능은 지역주민의 건강을 증진하고 질병을 예방·관리하는 것이며, 취약계층에 대한 보건의료서비스 제공은 보건소의 여러 기능 중의 하나이지만 주된 기능은 아니다.

09 다음 〈보기〉에서 설명하고 있는 기관은? *기출* 2017 서울시

- 도시 취약지역 주민의 보건의료서비스 필요를 충족시키기 위함
- 「지역보건법 시행령」 제11조에 따라 지방자치단체의 조례로 읍·면·동마다 1개씩 설치 가능(보건소가 설치된 읍·면·동은 제외)
- 진료수행은 불가하며, 질병예방 및 건강증진을 위해 지역에 특화된 통합건강증진사업으로 추진
- 기획단계부터 건강문제를 해결하는 주체로서 지역주민의 참여를 통해 운영

① 보건지소
② 보건진료소
③ 보건의료원
④ 건강생활지원센터

정답 06 ① 07 ③ 08 ① 09 ④

건강생활지원센터는 보건소의 업무 중에서 특별히 지역주민의 만성 질환 예방 및 건강한 생활습관 형성을 지원하며, 지방자치단체의 조례로 읍·면·동마다 1개씩 설치할 수 있다(지역보건법 제14조, 동법 시행령 제11조).
① 지방자치단체는 보건소의 업무수행을 위하여 필요하다고 인정하는 경우에는 보건지소를 설치할 수 있다(지역보건법 제13조).
② 보건진료소는 보건의료 취약지역의 주민에게 보건의료를 제공하기 위하여 보건진료소를 설치·운영한다(농어촌 등 보건의료를 위한 특별조치법 제15조 제1항).
③ 보건소 중 「의료법」에 따른 병원의 요건을 갖춘 보건소는 보건의료원이라는 명칭을 사용할 수 있다(지역보건법 제12조).

10 우리나라에서 보건진료소가 설치된 법적 근거는?

① 의료법
② 농어촌 등 보건의료를 위한 특별조치법
③ 지역보건법
④ 국민건강증진법

「농어촌 등 보건의료를 위한 특별조치법」 제2조 제4호에 규정되어 있다.

11 의료취약지역의 주민에 대한 보건의료를 행하기 위하여 보건진료소를 설치·운영하는 자는?

① 의 사
② 시장·군수
③ 보건소장
④ 보건복지부장관

보건진료소란 의사가 배치되어 있지 아니하고 계속하여 의사를 배치하기 어려울 것으로 예상되는 의료취약지역에서 보건진료 전담공무원으로 하여금 의료행위를 하게 하기 위하여 시장·군수가 설치·운영하는 보건의료시설을 말한다(농어촌 등 보건의료를 위한 특별조치법 제2조 제4호).

12 보건진료소에 대한 설명으로 옳지 않은 것은?

① 보건의료 취약지역의 주민에게 보건의료를 제공을 목적으로 한다.
② 설치운영권자는 시·도지사이다.
③ 보건진료소장 1명과 필요한 직원을 둔다.
④ 보건진료소장은 보건진료 전담공무원으로 보한다.

시장[도농복합형태의 시의 시장을 말하며, 읍·면 지역에서 보건진료소를 설치·운영하는 경우만 해당한다] 또는 군수는 보건의료 취약지역의 주민에게 보건의료를 제공하기 위하여 보건진료소를 설치·운영한다. 다만, 시·구의 관할구역의 도서지역에는 해당 시장·구청장이 보건진료소를 설치·운영할 수 있으며, 군 지역에 있는 보건진료소의 행정구역이 행정구역의 변경 등으로 시 또는 구 지역으로 편입된 경우에는 보건복지부장관이 정하는 바에 따라 해당 시장 또는 구청장이 보건진료소를 계속 운영할 수 있다(농어촌 등 보건의료를 위한 특별조치법 제15조 제1항).

13 우리나라 공중보건행정조직에 대한 설명으로 가장 옳은 것은? `기출` 2018 서울시

① 보건진료소에는 보건의료서비스 접근성을 높이기 위하여 의사가 배치되어 있다.
② 지역내 관할 의료인과 의료기관에 관한 지도업무는 보건소의 소관업무가 아니다.
③ 보건의료원은 보건복지부와 보건소를 연결하는 중간조직이다.
④ 중앙보건행정조직은 보건소 업무에 직접적인 행정적 연계가 없다.

보건소는 대표적인 지방보건행정조직으로 중앙보건행정조직과 직접적인 행정적 연계가 없다.
① 보건진료소는 의사가 배치되어 있지 아니한 의료 취약지역에서 보건진료 전담공무원으로 하여금 의료행위를 하게 하기 위하여 시장·군수가 설치·운영하는 보건의료시설이다.
② 지역내 관할 의료인과 의료기관에 관한 지도업무는 보건소의 소관업무이다.
③ 보건의료원이란 보건소 중 「의료법」에 따른 병원의 요건을 갖춘 보건소를 말하며, 보건복지부와 보건소의 중간조직으로 볼 수는 없다.

14 보건기획에 대한 설명으로 옳지 않은 것은?

① 보건기획이란 보건활동을 하기 전에 무엇을 어떻게 해야 하는지를 결정하는 것이며, 미래를 예측하는 것이다.
② 미래 지향적, 목표 지향적이며, 의식적으로 최적수단을 탐색하고 선택하는 의사결정과정으로 지속적인 과정이다.
③ 기획은 계획을 통해 산출된 결과이다.
④ 기획은 절차와 과정을 의미하고 계획은 문서화된 활동목표와 수단이다.

기획은 계획을 작성하는 과정이며, 계획은 기획을 통해 산출된 결과이다.

15 보건기획의 원칙에 해당하지 않는 것은?

① 목적성의 원칙
② 신축성의 원칙
③ 표준화의 원칙
④ 전문성의 원칙

보건기획은 간명하여야 하며, 가능한 난해하고 전문적인 술어는 피해야 하므로 전문성의 원칙과는 관계가 없다.
① **목적성의 원칙** : 보건기획은 그 실시과정에 있어서 비능률과 낭비를 피하고 그 효과를 높이기 위해 명확하고 구체적인 목적이 제시되어야 한다.
② **신축성의 원칙** : 유동적인 보건행정 상황에 대응하여 수정될 수 있도록 작성되어야 한다.
③ **표준화의 원칙** : 보건기획의 대상이 되는 예산, 서비스 및 사업방법 등의 표준화를 통하여 용이하게 보건기획을 수립할 수 있으며, 장래의 보건기획에도 이바지할 수 있다.

16 다음 중 보건소에서 지역사회의 보건문제를 발견하고 사업계획을 수립하기 위해 가장 먼저 해야 할 일은?

① 우선순위의 결정
② 지역사회 진단
③ 사업개요 작성
④ 사업목표 설정

• 1단계 : 지역사회 진단
• 2단계 : 우선순위의 결정
• 3단계 : 목적과 목표 설정
• 4단계 : 전략 및 실행계획 수립
• 5단계 : 사업 수행
• 6단계 : 사업 평가

17 지역보건사업의 기획 단계에 있어 문제의 크기, 문제의 심각도, 사업의 해결 가능성, 주민의 관심과 같은 점을 고려하는 단계는?

기출 2017 서울시

① 지역사회 현황 분석
② 우선순위의 결정
③ 목적과 목표 설정
④ 사업의 평가

우선순위의 결정 단계
- **문제의 크기** : 얼마나 많은 사람들이 가지고 있는 문제인가?
- **문제의 심각성** : 해결하지 않았을 때, 얼마나 큰 영향을 미칠 것인가?
- **지역사회의 관심도** : 지역주민이 특정 보건문제 해결에 얼마나 관심을 가지고 있는가?
- **문제 해결의 가능성** : 주어진 가용자원의 범위 내에서 해결 가능한 보건문제인가?

18 미국 메릴랜드 주의 '골든 다이아몬드(Golden diamond)' 방식은 보건사업 기획의 어느 단계에 사용되는가?

기출 2019 서울시

① 현황분석
② 우선순위의 결정
③ 목적과 목표 설정
④ 전략과 세부사업 결정

골든 다이아몬드 모델(Golden diamond model)
- 미국 메릴랜드(Maryland) 주에서 보건지표의 상대적 크기와 변화의 경향(Trend)을 이용하여 <u>우선순위를 결정하는 방법</u>으로, 상대적 기준을 사용한다.
- 지방자치단체별 건강지표 자료 및 과거의 Trend가 확보되어 있다면 쉽게 우선순위를 정할 수 있으며, 형평성을 추구하는데 매우 적합한 우선순위 결정방법이다.

19 생태학적 보건사업 접근방법 중 행동을 제약하거나 조장하는 규칙, 규제, 시책, 비공식적인 구조를 활용하는 수준은?

기출 2018 서울시

① 개인 수준
② 개인간 수준
③ 조직 수준
④ 지역사회 수준

사회생태학적 보건사업

개인 수준	지식, 가치, 태도, 믿음, 기질에 영향을 주는 개인 특성
개인간 수준	가족, 친구, 동료 등 공식적, 비공식적 사회적 관계망과 사회적 지지
조직 수준	행동을 제약하거나 조장하는 규범, 보상, 규칙, 규제, 시책, 비공식적 구조
지역사회 수준	개인, 집단, 조직간에 공식적, 비공식적으로 존재하는 네트워크, 규범 또는 기준
정책 수준	질병예방, 관리 등 건강관련 행동과 실천을 규제하거나 지지하는 정부의 정책, 세금, 법률, 조례

20 행정조직의 원칙 중 권한이 있는 만큼 책임도 있어야 한다는 원칙은 무엇인가?

① 조정의 원칙 ② 분업의 원칙
③ 명령 통일의 원칙 ④ 일치의 원칙

책임과 권한의 원리(일치의 원칙)
- 조직구성원들이 직무를 분담함에 있어서 각 직무사이의 상호관계를 명확히 해야 한다는 원리로서 직무의 분담에 관한 책임과 직무를 수행하는데 필요한 일정한 권한이 부여되어야 한다는 것을 의미한다.
- 한편으로는 권한이 있는 만큼 책임도 있어야 한다는 원칙을 의미하기도 한다.

21 보건소의 지리적 접근도가 낮아 주민들의 보건소 이용률이 감소하였다. 중앙정부의 재정적 지원으로 보건지소를 설치하여 취약지역 주민에 대한 보건서비스를 강화하였다면 이는 SWOT 분석에서 무슨 전략인가? *기출 2016 서울시*

① SO전략(strength – opportunity strategy)
② WO전략(weakness – opportunity strategy)
③ ST전략(strength – threat strategy)
④ WT전략(weakness – threat strategy)

SWOT분석

구 분		내부환경	
		강 점	약 점 (지리적 접근도가 낮음)
외부환경	기 회 (정부의 재정적 지원)	SO전략	WO전략 (보건지소의 설립)
	위 협 (주민의 이용률 감소)	ST전략	WT전략 (보건소의 이전)

22 SWOT전략 중 외부의 위험을 피하기 위해 사업을 축소 및 폐기하는 방어적 전략은?

기출 2020 서울시

① SO전략 ② WO전략
③ ST전략 ④ WT전략

SWOT전략

외적 요소 \ 내적 요소	강점(Strength)	약점(Weakness)
기회(Opportunity)	〈SO전략〉 기회이익을 획득하기 위해 조직의 강점이 활용되는 전략	〈WO전략〉 조직의 약점을 극복하기 위해 기회를 활용하는 전략
위협(Threat)	〈ST전략〉 위협을 회피하기 위해 조직의 강점을 적극 활용하는 전략	〈WT전략〉 위협을 회피하고 조직의 약점을 최소화하기 위한 전략

23 환경변화에 대한 조직의 전략 중 조직과 기업의 이미지를 높이는 기법으로서 조직의 존속과 성장을 계속하기 위하여 조직을 둘러싸고 있는 환경을 자신에게 유리하도록 조성하는 전략은?

① 벤치마킹(Benchmarking)
② TQM(Total Quality Management)
③ CI(Corporate Identity)
④ 리스트럭처링(Restructuring)

CI란 조직과 기업의 이미지를 높이는 기법으로서 조직의 존속과 성장을 계속하기 위하여 조직을 둘러싸고 있는 환경을 자신에게 유리하도록 조성하는 전략을 말한다.
① **벤치마킹(Benchmarking)** : 1980년대 미국의 제록스사가 최초로 도입하여 실시한 경영전략으로 자신이나 근무하고 있는 기관이 보다 탁월한 상대나 기관을 목표로 성과를 비교·분석하고, 그러한 성과차이를 가져오는 운영방식을 체득하여 조직의 혁신을 도모하는 경영혁신 기법을 말한다.
② **TQM(Total Quality Management)** : TQM은 생산성 향상보다 품질개선을 중시하고 품질개선이 이루어지면 생산성도 따라서 향상된다고 보며, 단기적 대책이 아니라 장기적으로 끊임없는 개선과정에 중점을 두는 경영전략이다.
④ **리스트럭처링(Restructuring)** : 리스트럭처링은 급변하는 환경에 대응하고 생산성과 경쟁력을 확보하기 위해 조직구조를 혁신적으로 재구축하는 것을 말한다.

정답 20 ④ 21 ② 22 ④ 23 ③

24 우리나라에서 4대 사회보험이 시작된 순서가 바르게 나열된 것은?

① 건강의료보험 → 산재보험 → 국민연금 → 고용보험
② 건강의료보험 → 고용보험 → 국민연금 → 산재보험
③ 산재보험 → 건강의료보험 → 국민연금 → 고용보험
④ 산재보험 → 건강의료보험 → 고용보험 → 국민연금

> **해설 콕**
>
> **4대 사회보험 시행년도**
> • 산재보험 : 1964년
> • 건강보험 : 1977년(노인장기요양보험 2008.7.1. 실시)
> • 국민연금 : 1988년
> • 고용보험 : 1995년

25 사회보험과 민간보험을 비교한 것이다. ㉠~㉣을 올바른 내용으로 나열한 것은?

`기출` 2016 서울시

구 분	민간보험	사회보험
목 적	개인적 필요에 따른 보장	기본적 수준 보장
가입방식	㉠	㉡
수급권	㉢	㉣
보험료 부담방식	주로 정액제	주로 정률제

	㉠	㉡	㉢	㉣
①	임의가입	강제가입	법적 수급권	계약적 수급권
②	임의가입	강제가입	계약적 수급권	법적 수급권
③	강제가입	임의가입	계약적 수급권	법적 수급권
④	강제가입	임의가입	법적 수급권	계약적 수급권

> **해설 콕**
>
> **사회보험과 민간보험 비교**
>
> | 구 분 | 민간보험 | 사회보험 |
> | --- | --- | --- |
> | 목 적 | 개인적 필요에 따른 보장 | 기본적 수준 보장 |
> | 가입방식 | ㉠ (**임의가입**) | ㉡ (**강제가입**) |
> | 수급권 | ㉢ (**계약적 수급권**) | ㉣ (**법적 수급권**) |
> | 보험료 부담방식 | 주로 정액제 | 주로 정률제 |

26 사회보험의 목적을 소득보장과 의료보장으로 구분할 때 의료보장적인 성격에 해당하는 것을 모두 고른 것은?

ㄱ. 고용보험	ㄴ. 산재보험
ㄷ. 연금보험	ㄹ. 건강보험

① ㄱ, ㄴ, ㄷ
② ㄱ, ㄷ
③ ㄴ, ㄹ
④ ㄹ

> 해설 콕
>
> 사회보험의 목적에 따른 분류
>
> | 목 적 | 보 험 |
> | --- | --- |
> | 의료보장 | 건강보험 |
> | 소득보장 | 상병수당, 실업보험, 연금보험 |
> | 의료보장 + 소득보장 | 산업재해보상보험 |

27 사회보험(social insurance)에 대한 설명으로 가장 옳은 것은? `기출 2020 서울시`

① 보험료는 지불능력에 따라 부과한다.
② 주로 저소득층을 대상으로 한다.
③ 가입은 개인이 선택하는 임의가입 방식이다.
④ 급여는 보험료 부담수준에 따라 차등적으로 제공한다.

> 해설 콕
>
> ① 보험료는 지불능력에 따라 차등 부과한다.
> ② 전 국민을 대상으로 한다.
> ③ 가입은 개인이 선택하는 임의가입 방식이 아니라 강제가입 방식이다.
> ④ 급여는 가입자 모두에게 균등적으로 제공한다.

28 건강보험을 설명하는 내용 중 틀린 것은?

① 질병이나 부상으로 인해 발생한 고액의 진료비로 가계에 과도한 부담이 되는 것을 방지하기 위한 제도이다.
② 보장의 범위, 질병위험의 정도, 계약의 내용 등에 따라 보험료를 부담한다.
③ 보험료 부담수준과 관계없이 관계법령에 의하여 균등하게 보험급여가 이루어진다.
④ 일정한 법적 요건이 충족되면 본인의 의사와 관계없이 건강보험가입이 강제된다.

정답 24 ③ 25 ② 26 ④ 27 ① 28 ②

민간보험은 보장의 범위, 질병위험의 정도, 계약의 내용 등에 따라 보험료를 부담하는데 비해, 사회보험 방식으로 운영되는 국민건강보험은 사회적 연대를 기초로 의료비 문제를 해결하는 것을 목적으로 하므로 소득수준 등 보험료 부담능력에 따라서 보험료를 부과한다.

29 우리나라 국민건강보험의 특성에 해당하지 않는 것은? 기출 2021 서울시

① 강제 적용
② 보험료 차등 부담
③ 차등 보험 급여
④ 단기 보험

국민건강보험은 보험료 부담수준과 관계없이 관계법령에 의하여 균등하게 보험 급여가 이루어진다.

30 보건의료체계의 운영을 위한 것으로 기획, 행정, 규제, 법률 제정으로 분류할 수 있는 것은? 기출 2015 서울시

① 관리
② 경제적 지원
③ 의료서비스 제공
④ 자원의 조직화

정책 및 관리
의료체계의 운영을 위해 통상 기획, 행정, 규제, 법률 제정으로 분류된다.
- 기획은 중앙이나 지역 수준에서 모두 수행할 수 있으며, 의료체계의 목적 설정, 의료자원 확보, 의료체계의 개발, 특정 서비스의 제공 등 다양한 내용을 포함한다.
- 행정은 공적 권한 사용, 자원의 조직, 책임의 위임, 감독, 이해 조정, 평가와 같은 여러 가지 기능을 포함하며, 그 목적은 최대한의 효율과 효과를 달성하는 것이다.
- 규제는 의료체계의 기준을 설정하고, 주로 시장에서 의료서비스를 통제하고 감시하기 위해 사용하거나 관리·감독을 위한 것이다.
- 마지막으로 의료체계의 운영을 위하여 다양한 법률을 제정한다.

31 바람직한 보건의료가 갖추어야 할 조건으로 가장 거리가 먼 것은? 기출 2014 서울시

① 전문성
② 효과성
③ 효율성
④ 환자중심성
⑤ 형평성

바람직한 보건의료가 갖추어야 할 조건 : 환자중심성, 안전성, 효과성, 적시성, 효율성, 형평성 등

32 알마아타 선언에서 제시한 일차보건의료 필수사업내용으로 가장 옳은 것은?

ㄱ. 가족계획을 포함한 모자보건
ㄴ. 안전한 식수의 공급
ㄷ. 예방접종과 풍토병의 예방 및 관리
ㄹ. 고가의료 장비의 지원

① ㄱ, ㄴ, ㄷ
② ㄱ, ㄷ
③ ㄴ, ㄹ
④ ㄱ, ㄴ, ㄷ, ㄹ

ㄹ. 고가의료 장비의 지원은 해당하지 않는다.

33 일차보건의료의 개념으로 옳은 것은?

① 구체적이고 완전한 접근법
② 정부기관중심의 접근법
③ 의료기관중심의 접근법
④ 기본적이고 포괄적인 접근법

일차보건의료를 담당하는 보건소의 사업은 기본적이면서도 포괄적인 사업이다.

34 우리나라에서의 의료보장 발전과정 사항 중 틀린 것은?

① 1961년 처음으로 「사회보장에 관한 법률」이 제정되었다.
② 1977년 1월부터 의료보호 사업이 시작되었다.
③ 1977년 7월부터 500인 이상 사업장 근로자를 대상으로 제1종 의료보험을 실시하였다.
④ 1981년에는 100인 이상을 고용하는 사업장으로 확대되었다.

우리나라에서도 1963년 「사회보장에 관한 법률」이 공포되었는데, 이 법에서 "사회보장이라 함은 사회보장에 의한 제급여와 무상으로 행하는 공적부조를 말한다"라고 규정하여 사회보장의 개념을 정의하고 있다.

35 우리나라 건강보험체제로 옳은 것은?

① NHS, 치료중심적
② NHI, 예방중심적
③ NHI, 치료중심적
④ NHS, 예방중심적

우리나라는 국민건강보험방식(NHI)이며, 급여방식은 치료중심이다.

36 조세로 모든 사람에게 무료로 의료보장해 주는 방식은?

① 사회보험방식
② 국민보건서비스방식
③ 민간보험방식
④ 사회주의방식

의료보장의 유형
- **국민보건서비스방식(NHS)** : 국민의 의료문제는 국가가 책임져야 한다는 관점에서 국가가 모든 국민에게 무상으로 직접 의료를 제공하는 방식(조세방식, 베버리지 방식)
- **국민건강보험방식(NHI)** : 의료비에 대한 국민의 자기 책임의식을 견지하되 정부는 후견적 지원과 감독을 행하는 방식(비스마르크 방식)
- **사회보험방식(SHI)** : 국가가 기본적으로 의료보장에 대한 책임을 지지만, 의료비에 대한 국민의 자기 책임을 일정부분 인정하는 체계이다.

37 보건의료체계의 개념과 구성요소에 대한 설명으로 가장 옳지 않은 것은? [기출] 2019 서울시

① 보건의료체계는 국민에게 예방, 치료, 재활 서비스 등 의료서비스를 제공하기 위한 종합적인 체계이다.
② 자원을 의료 활동으로 전환시키고 기능화 시키는 자원 조직화는 정부기관이 전담하고 있다.
③ 보건의료체계의 운영에 필요한 경제적 지원은 정부재정, 사회보험, 영리 및 비영리 민간보험, 자선, 외국의 원조 및 개인 부담 등을 통해 조달된다.
④ 의료자원에는 인력, 시설, 장비 및 물자, 의료 지식 등이 있다.

자원의 조직화는 국가 보건당국, 건강보험기구, 보건과 관련된 정부기관, 민간기관, 독립된 민간부문 등에 의해 수행된다.

38 다음 중 건강보험제도의 특성에 대한 설명으로 옳지 않은 것은? [기출] 2017 지방직

① 일정한 법적 요건이 충족되면 본인 의사에 관계없이 강제 적용된다.
② 소득수준 등 보험료 부담능력에 따라 차등적으로 부담한다.
③ 부과수준에 따라 관계법령에 의해 차등적으로 보험급여를 받는다.
④ 피보험자에게는 보험료 납부의무가 주어지며, 보험자에게는 보험료 징수의 강제성이 부여된다.

부과수준에 따라 관계법령에 의해 차등적으로 보험급여를 받는 것은 사보험제도의 특성이다.

사보험과 건강보험제도의 비교

구 분	사보험	건강보험
가입방법	가입자유	강제가입
보험료	위험의 정도, 급여수준에 따른 부과	소득수준에 따른 차등 부과
보험급여	보험료 부담수준에 따른 차등 급여	보험재정 조달규모를 감안한 필요에 따른 균등 급여
보험료 징수	개인과 보험사와의 계약에 의한 징수	법률에 의한 강제 징수

정답 34 ① 35 ③ 36 ② 37 ② 38 ③

39 국민의료비에 관한 설명 중 옳은 것은? `기출 2016 서울시`

① 보건의료와 관련하여 소비하고 투자한 총 지출을 의미한다.
② 국제비교를 위하여 직접 조사를 통해 얻어지는 수치이다.
③ 의료비 지출이 증가하면 후생수준도 반드시 높아진다.
④ 국민의료비를 산출할 때 개인의료비는 제외된다.

② 국민의료비는 기존의 통계를 활용한 추계를 통하여 작성한다.
③ 의료비 지출의 증가는 의료체계의 기본적 구조가 과잉공급과 과잉수요를 초래할 가능성이 높아 자원의 비효율적 사용을 초래할 수 있기 때문에 반드시 후생수준이 높아지는 것은 아니다.
④ 국민의료비는 보건재화와 서비스 등에 대한 최종소비, 즉 경상의료비와 보건의료의 하부구조에 대한 자본투자를 합한 것이다. 개인의료비는 경상의료비에 포함되므로 국민의료비를 산출할 때 개인의료비도 포함된다.

40 「국민건강보험법」상 요양급여비용의 산정에서 요양급여비용을 계약하는 사람을 옳게 짝지은 것은? `기출 2022 서울시`

① 보건복지부장관과 시·도지사
② 대통령과 의약계를 대표하는 사람들
③ 보건복지부장관과 국민건강보험공단의 이사장
④ 국민건강보험공단의 이사장과 의약계를 대표하는 사람들

요양급여비용은 국민건강보험공단의 이사장과 대통령령으로 정하는 의약계를 대표하는 사람들의 계약으로 정한다. 이 경우 계약기간은 1년으로 한다(국민건강보험법 제45조 제1항).

41 보건의료서비스의 특성 중 〈보기〉에 해당하는 것은? `기출 2018 서울시`

> 올해 전원 독감예방접종을 맞은 우리 반은 작년에 비해 독감에 걸린 학생이 현저히 줄었다.

① 치료의 불확실성
② 외부효과성
③ 수요의 불확실성
④ 정보와 지식의 비대칭성

한 사람의 행위가 다른 사람에게 일방적으로 이익을 준 경우이므로, 외부효과에 해당한다.

42 버스정류장을 금연구역으로 지정하는 것과 관련된 보건의료의 사회경제학적 특성은?

기출 2019 서울시

① 불확실성
② 외부효과
③ 공급의 독점성
④ 정보의 비대칭성

보건의료 분야에서 외부효과가 나타나는 사례로는 감염병, 간접흡연 등을 들 수 있다.

43 지역사회 보건사업의 향후 전망에 관한 설명으로 옳은 것은?

ㄱ. 노인증가로 노인보건사업 증가
ㄴ. 주민의 치료 요구가 증가함에 따라 보건소에서 치료 확대
ㄷ. 만성 질환 증가로 보건교육사업 증가
ㄹ. 병의원 등의 증가로 보건소사업은 점차 감소

① ㄱ, ㄴ, ㄷ
② ㄱ, ㄷ
③ ㄴ, ㄹ
④ ㄱ, ㄴ, ㄷ, ㄹ

주민의 치료 요구가 증가함에 따라 보건소에서 치료가 확대된다거나, 병의원 등의 증가로 보건소사업이 점차 감소하는 것은 아니다.

44 다음 글에서 설명하는 의료서비스 지불방법은?

의료서비스 공급자의 생산성을 크게 높일 수 있고 의료의 기술발전을 가져올 수 있는 반면, 의료비 억제효과는 낮고 과잉진료의 염려와 자원분포의 불균형을 초래할 가능성이 높다.

① 행위별수가제
② 인두제
③ 총액계약제
④ 포괄수가제

행위별수가제는 행위별 보수를 많이 받을 수 있는 도시로 몰리게 되어 자원의 불균형 분포에 크게 영향을 준다.

45 인두제에 대한 설명으로 가장 옳은 것은? 기출 2022 서울시

① 의료진의 과잉진료가 증가한다.
② 진료의 지속성이 증대된다.
③ 신의료기술 및 신약개발 등에 집중한다.
④ 의료진의 재량권이 확대되어 의료의 질적 수준이 높다.

> **해설 콕**
> 인두제는 행위별수가제와 반대되는 제도로서 등록환자수나 실이용자수를 기준으로 진료수가가 결정되며, 서비스의 내용과 수가가 전혀 무관하다. 즉 등록환자 또는 사람수에 따라 일정액을 보상받는 방식이다. 비용이 상대적으로 저렴하며, 진료의 계속성이 증대한다.
> ①·③·④ 행위별수가제에 대한 설명이다. 행위별수가제는 진료수가가 진료행위의 내역에 의하여 결정되는 방식으로, 제공된 의료서비스의 단위당 가격에 서비스의 양을 곱한 만큼 보상하는 방식이다.

46 진료비 지불제도에 대한 설명으로 옳은 것은? 기출 2018 서울시

① 행위별수가제는 행정적 비용이 상대적으로 적게 든다.
② 총액예산제는 사후보상제도의 대표적인 예이다.
③ 진료단위가 포괄화될수록 보험자의 재정적 위험이 줄어드는 경향이 있다.
④ 인두제에서는 위험환자를 회피하려는 유인이 적다.

> **해설 콕**
> ① **행위별수가제** : 제공된 의료서비스의 단위당 가격에 서비스의 양을 곱한 만큼 보상하는 방식으로, 과잉진료를 할 소지가 매우 크며 <u>행정적 비용이 상대적으로 많이 든다</u>.
> ② **총액예산(계약)제** : 보험자 측과 의사단체간에 1년간의 진료비총액을 사전에 추계 협의한 후 그 총액을 개산불로 지급하는 <u>사전보상제도</u> 방식이다.
> ④ **인두제** : 등록환자 또는 사람수에 따라 일정액을 보상받는 방식으로, 환자를 성실히 치료하지 않고 상급의료기관에 의뢰하려고 하는 등 <u>위험환자를 회피하려는 유인이 크다</u>.

47 국민의료비 상승 억제를 위한 수요측 관리방안으로 가장 옳은 것은? 기출 2018 서울시

① 고가 의료장비의 과도한 도입을 억제한다.
② 의료보험하에서 나타나는 도덕적 해이를 줄인다.
③ 의료서비스 생산비용 증가를 예방할 수 있는 진료비 보상방식을 도입한다.
④ 진료비 보상방식을 사전보상방식으로 개편한다.

> **해설 콕**
> ②는 수요 측면의 관리방안, ①·③·④는 공급 측면의 관리방안이다.

48 「보건의료기본법」상 보건의료와 관련된 국가 및 지방자치단체의 책임에 대한 설명으로 옳지 않은 것은?

① 전 국민의 모든 보건의료 수요를 충족시킬 수 있도록 노력하여야 한다.
② 각종 국민건강 위해 요인으로부터 국민의 건강을 보호하기 위한 시책을 강구하도록 노력하여야 한다.
③ 국민건강의 보호·증진을 위하여 필요한 법적·제도적 장치를 마련한다.
④ 민간이 행하는 보건의료에 대하여 보건의료 시책상 필요하다고 인정하면 행정적·재정적 지원을 할 수 있다.

국가와 지방자치단체는 모든 국민의 기본적인(모든 ×) 보건의료 수요를 형평에 맞게 충족시킬 수 있도록 노력하여야 한다(보건의료기본법 제4조 제2항).

49 「보건의료기본법」상 보건의료에 대한 국민의 권리에 포함되지 않는 것은?

① 건강권
② 보건의료에 관한 알권리
③ 국민의 의료비용 부담권
④ 보건의료서비스에 관한 자기결정권

국민의 의료비용 부담권은 '권리'가 아니라, 보건의료에 관한 '국민의 의무'에 해당한다(보건의료기본법 제14조).
① 보건의료기본법 제10조
② 보건의료기본법 제11조
④ 보건의료기본법 제12조

02 보건통계

01 보건통계의 목적과 가장 거리가 먼 것은?

① 지역사회나 국가의 보건상태 평가
② 보건행정 활동의 지침
③ 인구의 구성상태 평가
④ 보건사업의 우선순위 결정

보건통계의 목적
- 지역사회나 국가의 보건수준 및 보건상태의 평가에 이용된다.
- 보건사업의 행정활동에 지침이 될 수 있다.
- 보건사업의 성패를 결정하는 자료가 되며, 보건사업의 기초 자료가 된다.
- 보건사업의 필요성을 결정해 주고, 사업의 평가에 이용된다.
- 보건사업의 우선순위를 결정하여 보건사업 수행상 지휘, 관제에 도움을 주고 보건사업의 기술 발전에 도움을 주며 절차, 규정, 분류, 기술의 발전에 도움을 준다.
- 보건 입법을 촉구하며, 보건사업에 대한 공공 지원을 촉구하게 할 수 있다.

02 의료이용자에게 의료기관 이용 후 설문지를 나누어 준 후 만족도를 아래와 같이 구분한 후 작성하도록 하였다. 이때 적용한 측정 척도 방식은?

- 전혀 만족하지 않는다 (1)
- 보통이다 (3)
- 매우 만족한다 (5)
- 만족하지 않는다 (2)
- 만족한다 (4)

① 명목척도
② 서열척도
③ 등간척도
④ 비율척도

서열척도
서열이나 순위를 매길 수 있도록 수치를 부여한 척도로, 서열간의 간격은 동일하지 않다. 즉 서열척도는 측정대상(제품의 선호도나 서비스의 만족도, 정치성향 등)간의 서열관계를 나타내는 척도이다. 즉 각각의 측정대상이 다른 대상과 비교하여 '더 좋다 / 더 싫다', '더 크다 / 더 작다' 등의 서열문제와 관련되며, 상대적 지위의 순위만을 구분한다.

03 반드시 존재하고 하나의 값을 가지며, 측정분포에 상관없이 적용되고 특이값에 치우치지 않는 대푯값은?

① 분 산
② 최빈치
③ 중위수
④ 준편차

중앙치(중위수)
어떤 집단의 개체 측정치를 크기의 순서로 나열했을 때 그 중앙에 오는 값으로 Md 또는 Me로 표시한다.
- 개체수 n개가 홀수일 때 : $\frac{n+1}{2}$ 번 째의 측정치
- 개체수 n개가 짝수일 때 : $\frac{n}{2}$ 번 째와 $\frac{n}{2}+1$번 째의 산술평균

04 자료로부터 얻은 5개의 관찰값이 다음과 같을 때, 대푯값으로 가장 적합한 것은?

| 10, 20, 30, 40, 100 |

① 최빈수
② 중위수
③ 산술평균
④ 조화평균

최빈수는 따로 없으며, 100이라는 극단값이 있어서 산술평균과 조화평균도 대푯값으로 적당하지 않다. 주어진 문항 중 극단값의 영향을 받지 않는 중위수가 대푯값으로 가장 적당하다.

05 지역주민의 건강문제에 대한 조사결과가 정규분포를 따른다고 할 때 이 곡선에 대한 설명으로 가장 옳은 것은? [기출] 2021 서울시

① 평균 근처에서 낮고 양측으로 갈수록 높아진다.
② 평균에 따라 곡선의 높낮이가 달라진다.
③ 표준편차에 따라 곡선의 위치가 달라진다.
④ 표준편차가 작으면 곡선의 모양이 좁고 높아진다.

표준편차가 커질수록 곡선의 모양은 점점 옆으로 퍼지고, 표준편차가 작아질수록 곡선의 모양이 좁고 높아진다.
① 평균 근처에서 높고 양측으로 갈수록 낮아진다.
② 표준편차에 따라 곡선의 높낮이가 달라진다.
③ 평균에 따라 곡선의 위치가 달라진다.

정답 01 ③ 02 ② 03 ③ 04 ② 05 ④

06 상관계수(r)에 관하여 옳지 않은 것은?   기출 2015 서울시

① 상관계수는 변수의 선형관계를 나타내는 지표이다.
② $r = -1$인 때는 역상관이라 하고, 2개의 변수가 관계없음을 의미한다.
③ 상관계수의 범위는 $-1 \leq r \leq 1$이다.
④ $r = 1$인 경우는 순상관 또는 완전상관이라 한다.

$r = -1$인 때는 역상관이라 하고, 2개의 변수가 강한 음적 상관관계에 있음을 의한다.

07 다음 중 중심위치를 나타내는 측도가 아닌 것은?

① 평균
② 표준편차
③ 중위값
④ 최빈값

대푯값과 산포도		
대푯값 (중심위치의 측도)	• 평균 • 최빈값 • 조화평균 • 분위수	• 중앙값 • 기하평균 • 절사평균
산포도 (흩어짐의 척도)	• 편차 • 표준편차 • 변이계수	• 분산 • 평균편차

08 모집단을 구성하고 있는 구성요소들이 자연적인 순서 또는 일정한 질서에 따라 배열된 목록에서 매 K번째의 구성요소를 추출하여 표본을 형성하는 표본추출방법은?

① 계층적 표본추출(Systematic Sampling)
② 무작위표본추출(Random Sampling)
③ 층화표본추출(Stratified Sampling)
④ 집락표본추출(Cluster Sampling)

계층적 표본추출(Systematic Random Sampling)
표본추출 단위들이 일련의 순서로 나열되어 있는 경우(학생, 명단, 통, 반 등), 뽑으려는 표본의 크기만큼의 간격으로 등분해 나감으로써 첫번째 간격 내에서 단순확률추출법을 통해 1개 단위로 뽑고, 다음부터는 간격의 크기만큼씩 떨어진 위치의 단위를 자동적으로 뽑는 방법을 말한다.

09 모집단의 모든 대상이 동일한 확률로 추출될 기회를 갖게 하도록 난수표를 이용하여 표본을 추출하는 방법은?   기출 2019 서울시

① 단순무작위표본추출(Simple random sampling)
② 계통무작위표본추출(Systematic random sampling)
③ 편의표본추출(Convenience sampling)
④ 할당표본추출(Quota sampling)

문제의 지문은 단순무작위표본추출에 대한 설명이다. 단순확률추출법 또는 단순임의추출법이라고도 한다.
② **계통무작위표본추출** : 표본추출 단위들이 일련의 순서로 나열되어 있는 경우, 뽑으려는 표본의 크기만큼의 간격을 등분해 나감으로써 첫 번째 간격 내에서 단순확률추출법을 통해 1개 단위를 뽑고, 다음부터는 간격의 크기만큼씩 떨어진 위치의 단위를 자동적으로 뽑는 방법
③ **편의표본추출** : 조사자의 임의대로 사례를 추출하는 방법
④ **할당표본추출** : 모집단을 일정한 범주로 나누고, 각 특성에 비례하여 사례수를 할당하고 사례를 작위적으로 추출하는 방법

10 다음의 보건통계 자료마련을 위한 추출방법에 해당하는 것은?   기출 2017 지방직

모집단이 가진 특성을 파악하여 성별, 연령, 지역, 사회적, 경제적 특성을 고려하여 계층을 나눠서 각 부분집단에서 표본을 무작위로 추출하는 방법

① 층화표본추출법
② 계통적 표본추출법
③ 단순무작위추출법
④ 집락표본추출법

② **계통적 표본추출법** : 표본추출 단위에 일련번호를 부여하고 등간격으로 나눈 후 첫 구간에서 하나의 번호를 랜덤으로 선정한 다음 등간격으로 떨어져 있는 번호들을 계속하여 추출하는 방법
③ **단순무작위추출법** : 모집단에 속하는 개체를 표본으로 하여 추출할 때 모든 개체에 직접 동일한 추출 확률을 부여하면서 행하는 추출하는 방법
④ **집락표본추출법** : 모집단을 소집단(군집)들로 나누고, 일정수의 소집단을 무작위로 표본추출한 다음, 추출된 소집단 내의 구성원을 모두 조사하는 방법

정답 06 ② 07 ② 08 ① 09 ① 10 ①

11 〈보기〉에서 설명하는 표본추출 방법으로 가장 옳은 것은? 기출 2020 서울시

> 모집단에서 일련의 번호를 부여한 후 표본추출 간격을 정하고 첫 번째 표본은 단순임의추출법으로 뽑은 후 이미 정한 표본추출 간격으로 표본을 뽑는 방법이다.

① 집락추출법(cluster sampling)
② 층화임의추출법(stratified random sampling)
③ 계통추출법(systematic sampling)
④ 단순임의추출법(simple random sampling)

해설 콕

계통추출법(systematic sampling)은 체계적 표집, 체계적 추출법(systematic sampling)이라고도 하며, 첫 번째 요소는 무작위로 선정한 후 목록의 매번 k번째 요소를 표본으로 선정하는 표집방법이다. 즉 표본추출 단위들이 일련의 순서로 나열되어 있는 경우(학생, 명단, 통, 반 등), 뽑으려는 표본의 크기만큼의 간격으로 등분해 나감으로써 첫번째 간격 내에서 단순임의추출법을 통해 1개 단위로 뽑고, 다음부터는 간격의 크기만큼씩 떨어진 위치의 단위를 자동적으로 뽑는 방법을 말한다.
① **집락추출법(cluster sampling)** : 모집단에서 집단을 일차적으로 표집한 다음, 선정된 각 집단에서 구성원을 표본으로 추출하는 다단계 표집방법
② **층화임의추출법(stratified random sampling)** : 모집단을 먼저 중복되지 않도록 여러 층으로 나눈 다음 각 층에서 표본을 추출하는 방법
④ **단순임의추출법(simple random sampling)** : 유한모집단에서 n개의 추출단위로 구성된 모든 부분집합들이 표본으로 선택될 확률이 같도록 설계된 표본추출 방법

12 다음 사례의 표본추출 방법은?

> 외국인 불법체류 근로자의 취업실태를 조사하려는 경우, 모집단을 찾을 수 없어 일상적인 표집절차로는 조사수행이 어려웠다. 그래서 첫 단계에서는 종교단체를 통해 소수의 응답자를 찾아 면접하고, 다음 단계에서는 첫 번째 응답자의 소개로 면접 조사하였으며, 계속 다음 단계의 면접자를 소개받는 방식으로 표본수를 충족시켰다.

① 할당표집(Quota Sampling)
② 유의표집(Purposive Sampling)
③ 편의표집(Convenience Sampling)
④ 눈덩이표집(Snowball Sampling)

눈덩이표집은 불법체류자, 마약복용자, 전과자처럼 잘 드러나지 않는 대상에 대한 조사를 할 경우, 처음에는 드러난 소수의 인원을 표본으로 추출하여 그들을 조사한 다음, 그 소수인원을 활용하여 그 주위 사람들을 조사하는 방식으로 표본의 크기를 조사할 때까지 표본을 추출하여 다시 조사하는 과정을 반복하는 방법으로 마치 조그만 눈뭉치를 굴려 커다란 눈덩이를 만드는 것과 같다고 하여 붙여진 이름이다.

13 시간적 간격을 두고 동일한 조건 아래 있는 측정 대상을 반복하여 측정하였을 때 각 반복측정치들 사이에 나타나는 일관성의 정도를 의미하는 것은?

① 신뢰도　　　　　　　② 타당도
③ 정밀도　　　　　　　④ 판별도

- **신뢰도** : 시간적 간격을 두고 동일한 조건 아래 있는 측정 대상을 반복하여 측정하였을 때 각 반복측정치들 사이에 나타나는 일관성 정도를 의미한다.
- **타당도** : 측정도구가 측정하고자 하는 개념을 왜곡하지 않게 제대로 측정하고 있는가 또는 측정치가 연구자가 설명하고자 하는 개념을 잘 설명하고 있는가의 정도를 의미한다.

14 질환에 실제로 이환된 사람이 검사를 받았을 때 양성 판정을 받는 비율을 뜻하는 것은?

① 민감도　　　　　　　② 특이도
③ 양성예측도　　　　　④ 음성예측도

민감도 : 질환에 실제로 이환된 사람이 검사를 받았을 때 양성 판정을 받는 비율
② **특이도** : 질환에 이환되지 않은 정상인이 검사를 받았을 때 음성 판정을 받는 비율
③ **양성예측도** : 결과가 양성으로 나온 경우 실제로 질환이 있는 비율
④ **음성예측도** : 결과가 음성으로 나온 경우 실제로 정상인 비율

15 당뇨환자를 발견하기 위한 집단검진으로 공복시 혈당검사를 하려고 한다. 검사의 정확도(Validity)를 높이기 위하여 혈당측정 검사도구가 갖추어야 할 조건은? **기출** 2016 서울시

① 높은 감수성(susceptibility)
② 높은 민감도(sensitivity)
③ 낮은 양성예측도(positive predictive value)
④ 낮은 특이도(specificity)

민감도(sensitivity)는 질환에 실제로 이환된 사람이 검사를 받았을 때 양성 판정을 받는 비율이다.

16 코로나19 확진자를 발견하기 위해 1,000명을 대상으로 선별검사를 실시한 후, 〈보기〉와 같은 결과를 얻었다. 선별검사의 민감도(%)는? `기출 2022 서울시`

〈보기〉

검사결과	코로나19 발생 여부		계
	발생(+)	미발생(-)	
양성(+)	91	50	141
음성(-)	9	850	859
계	100	900	1,000

① 64.5
② 91.0
③ 94.4
④ 98.9

민감도 : 실제 병이 있는 사람을 검사한 후 병이 있다고 판정할 수 있는 정도

$$\frac{양성}{양성 + 음성} \times 100 = \frac{91}{91 + 9} \times 100 = 91.0(\%)$$

17 다음에 나타나는 측정상의 문제점은?

아동 100명의 몸무게를, 실제 몸무게보다 항상 1킬로그램이 더 나오는 불량 체중기를 사용하여 측정한다.

① 타당성이 없다.
② 대표성이 없다.
③ 안정성이 없다.
④ 일관성이 없다.

측정결과의 일관성은 있으므로 신뢰성은 있지만, 측정도구가 잴 것을 제대로 측정하지 못한 경우이므로 타당성은 없다.

18 ○○질환의 유병률은 인구 1,000명당 200명이다. ○○질환의 검사법은 90%의 민감도, 90%의 특이도를 가질 때 이 검사의 양성예측도는?   기출 2019 서울시

① 180 / 260
② 80 / 260
③ 180 / 200
④ 20 / 200

검사 결과 \ 질병 유무	있음	없음	합계
양성	A	B	A + B
음성	C	D	C + D
합계	A + C	B + D	A + B + C + D

- 유병률이 인구 1,000명당 200명이므로 A + C = 200, B + D = 800
- 민감도(Sensitivity) = $\dfrac{검사양성자수}{총환자수}$ = $\dfrac{A}{A+C} \times 100$ = 90(90%)

  A + C = 200이므로, A = 90 ÷ 100 × 200 = 180
- 특이도(Specificity) = $\dfrac{검사음성자수}{총비환자수}$ = $\dfrac{D}{B+D} \times 100$ = 90(90%)

  B + D = 800이므로, D = 90 ÷ 100 × 800 = 720, 따라서 B = 80
- 양성예측도 = $\dfrac{검사양성자 중 환자수}{검사양성자수}$ = $\dfrac{A}{A+B} \times 100$

  A = 180, B = 80이므로, $\dfrac{180}{180 + 80} = \dfrac{180}{260}$

19 세계보건기구(WHO)가 제시한 보건지표의 조건에 해당하지 않는 것은?

① 효율성
② 특이성
③ 재현성
④ 일반화

보건지표(보건통계)의 조건(WHO)
- 이용가능성
- 수용성
- 특이성
- 정확성
- 일반화
- 재현성
- 민감성

정답 16 ② 17 ① 18 ① 19 ①

20 건강수준이나 특성을 나타내는 수량적인 척도를 무엇이라 하는가?

① 병원지표
② 건강지표
③ 의료관리지표
④ 출산력지표

인간의 건강수준이나 특성을 나타내는 수량적인 척도를 건강지표라고 한다.

21 당뇨병과 같은 만성질환 관리사업의 약품 수급에 대한 계획시 가장 유용한 지표는?

기출 2022 서울시

① 유병률(prevalence rate)
② 발생률(incident rate)
③ 발병률(attack rate)
④ 치명률(case fatality rate)

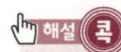

유병률(prevalence rate)
어느 한 시점에 특정 인구집단 또는 지역에서 질병을 가지고 있는 인구의 수를 대응되는 전체 인구의 수로 나눈 것을 말한다. 유병률은 특히 당뇨병과 같은 만성질환의 경우 질병관리에 필요한 인력, 자원 소요 정도를 추정할 수 있다.
② **발생률(incident rate)** : 단위 인구당 일정 기간에 새로 발생한 환자수를 표시한 것
③ **발병률(attack rate)**
  • 일차발병률 : 어떤 집단이 한정된 기간에 어느 질병에 걸릴 위험에 폭로되었을 때 폭로자 중 새로 발병한 총수의 비율
  • 이차발병률 : 발단환자(일차환자)를 가진 가구의 감수성 있는 가구원 중 이 병원체의 최장 잠복기간 내에 발병하는 환자 비율
④ **치명률(case fatality rate)** : 어떤 질병에 걸린 환자수 중에서 그 질병으로 인한 사망자수

22 발생률과 유병률을 비교했을 때 틀린 것은?

① 유병률은 발생률과 이환기간에 따라 다르다.
② 발생률의 분모는 질병이 발생할 가능성을 지닌 그 지역의 인구수이다.
③ 유병률은 질병의 원인을 추정하기 위한 자료로 사용될 수 있다.
④ 발생률은 일정기간 동안 발생한 환자수이다.

- 유병률은 일정 시점 또는 일정 기간 동안의 인구 중에 존재하는 환자수의 비율을 말한다.
- 발생률은 단위 인구당 일정 기간에 새로 발생한 환자수를 표시한 것으로서 질병의 원인을 찾는 연구에서 가장 필요한 측정지표이다.

23 1년 동안 한 지역의 결핵 발생률이 0.5%, 유병률이 3.0%였다. 이 질병의 이환기간은?

① 3.5년 ② 5.0년
③ 6.0년 ④ 이환 기간을 알 수 없다.

유병률 = 발생률 × 이환기간
3.0% = 0.5% × 이환기간이므로, 이환기간은 6.0년이 된다.

24 군대, 학교에서 감염병의 유행시 감염성의 정도를 측정하기 위해 사용하는 것은?

① 치명률 ② 유병률
③ 이차발병률 ④ 발생률

이차발병률
발단환자(일차환자)를 가진 가구의 감수성 있는 가구원 중 이 병원체의 최장 잠복기간 내에 발병하는 환자 비율을 말한다. 병원체의 감염력을 간접적으로 측정할 수 있다.

25 유치원에서 홍역이 전교생 200명 중 40명이 발병했다. 이 중 예방접종을 한 사람이 70명이고, 예전에 앓은 사람이 30명이라면 발병률은 얼마인가?

① (40 / 200)×1,000
② (40 / 100)×1,000
③ (70 / 200)×1,000
④ (30 / 100)×1,000

발병률 = $\dfrac{\text{연간 발생자수}}{\text{위험에 폭로된 인구}} \times 1{,}000$

홍역은 한번 앓으면 면역되므로, 위험에 폭로된 인구는 예방접종도 하지 않고, 예전에 앓았던 적이 없는 사람이다.
즉, (200명 − 70명 − 30명) = 100명이 위험에 폭로된 인구이고, 연간 발생자수는 40명이 된다.

---

26 다음 중 질병통계에 대한 설명으로 옳은 것은? 　　　기출 2017 지방직

① 발병률은 위험 폭로기간이 수개월 또는 1년 정도로 길어지면 유병률과 같게 된다.
② 유병률의 분자에는 조사시점 또는 조사기간 이전에 발생한 환자수는 포함되지 않는다.
③ 발생률의 분모에는 조사기간 이전에 발생한 환자수는 포함되지 않는다.
④ 2차 발병률은 환자와 접촉한 감수성자수 중 발병한 환자수로 나타내며, 질병의 위중도를 의미한다.

발생률에는 특정 기간 동안 새로운 사건 혹은 새롭게 질병이 발생된 사람만이 분자에 포함되기 때문에 해당 기간 동안 질병 발생 위험도를 측정할 수 있다. 따라서 발생률의 분모에는 조사기간 이전에 발생한 환자수는 포함되지 않는다.
① 질병의 이환기간이 짧을 때 발생률과 유병률이 거의 같다.
② 유병률은 일반적으로 발생된 시점이 고려되지 않는다. 결과적으로 유병률의 분자는 각각 다른 시점에서 발병되었지만 현재 질병을 앓고 있는 사람들이 분자가 되기 때문에 질병발생 위험도를 측정할 수 없다.
④ 질병의 위중도를 나타내는 것은 독력(병독력)이다. 2차 발병률은 환자와 접촉한 감수성자수 중 발병한 환자수로 나타내며, 질병의 감염도를 알 수 있다.

27 병원지표로 총재원일수를 연 가동병상수로 나눈 것은?

① 병상이용률　　② 병상회전율
③ 병원이용률　　④ 평균재원일수

병상이용률에 대한 설명이다. 병상이용률은 환자가 이용할 수 있도록 가동되는 병상이 실제 환자에 의해 이용된 비율로 병원의 인력 및 시설의 활용도를 간접적으로 알 수 있다.

28 외래환자 초진율에 대한 설명으로 옳지 않은 것은?

① 일정기간 연 외래환자 중 초진환자가 차지하는 비율이다.
② 입원과 외래를 동시에 평가하는 지표라 할 수 있다.
③ 병원의 환자유인력 상태를 나타낸다.
④ 이 비율이 높아진다면 병원진료권 인구가 증가하고 병원의 신뢰도가 커지고 있다는 것을 의미한다.

입원과 외래를 동시에 평가하는 지표라 할 수 있는 지표는 <u>병원이용률</u>이다.

외래환자 초진율
일정기간 연 외래환자 중 초진환자가 차지하는 비율이다. 이는 병원의 환자유인력 상태를 나타낸다. 이 비율이 높아진다면 병원진료권 인구가 증가하고 병원의 신뢰도가 커지고 있다는 것을 의미한다.

29 병원에 내원하는 환자들의 질병중증도를 간접적으로 설명해 주는 것은?

① 평균재원일수　　② 외래환자 초진율
③ 외래환자 입원율　　④ 병상회전율

외래환자 입원율
일정기간 연 외래환자 중에서 그 병원에 입원한 환자의 비율이다. 이는 병원에 내원하는 환자들의 질병중증도를 간접적으로 설명한다. 외래환자 입원율이 증가한다면 환자가 선호하는 진료방식이나 의사의 저명도와 관계가 있다.

정답　25 ②　26 ③　27 ①　28 ②　29 ③

30 다음 중 병원관리에서 병상이용의 효율성을 높이기 위해 숫자를 낮추는 것이 유리한 지표는?

기출 2014 서울시

① 병상이용률
② 병상점유율
③ 병상회전율
④ 평균재원일수
⑤ 100병상당 일평균 재원환자수

평균재원일수가 낮아 병상회전율이 높아야 병상이용의 효율성을 높일 수 있다.

31 의료기관의 관리지표에 대한 설명으로 옳지 않은 것은?

① 병상수는 병원의 규모를 설명하는 변수이다.
② 병상이용률은 병원인력 및 시설의 활용도를 보여준다.
③ 병상이용률이 높을 경우 병상회전율이 증가할수록 의료기관의 수익성은 악화된다.
④ 병원이용률은 입원과 외래를 동시에 평가하는 지표라 할 수 있다.

병상이용률이 높을 경우 병상회전율이 증가할수록 병원의 수익성 측면에서 바람직하다.

2023 SD에듀 공중보건 단기완성

개정5판1쇄 발행	2023년 04월 10일(인쇄 2023년 03월 15일)
초 판 발 행	2018년 02월 15일(인쇄 2017년 12월 29일)
발 행 인	박영일
책 임 편 집	이해욱
편 저	보건교육행정연구회
편 집 진 행	서정인
표지디자인	박수영
편집디자인	김민설 · 윤준호
발 행 처	(주)시대고시기획
출 판 등 록	제 10-1521호
주 소	서울시 마포구 큰우물로 75 [도화동 538 성지 B/D] 9F
전 화	1600-3600
팩 스	02-701-8823
홈 페 이 지	www.sdedu.co.kr
I S B N	979-11-383-4629-0 (13510)
정 가	29,000원

※ 이 책은 저작권법의 보호를 받는 저작물이므로 동영상 제작 및 무단전재와 배포를 금합니다.
※ 잘못된 책은 구입하신 서점에서 바꾸어 드립니다.

행운이란 100%의 노력 뒤에 남는 것이다.

– 랭스턴 콜먼(Langston Coleman) –

혼자 공부하기 힘드시다면 방법이 있습니다.
SD에듀의 동영상 강의를 이용하시면 됩니다.
www.sdedu.co.kr → 회원가입(로그인) → 강의 살펴보기